LEONARDO DER ERFINDER

io leonardo

LUDWIG H. HEYDENREICH
UNIVERSITÄT MÜNCHEN
BERN DIBNER
DIREKTOR DER BURNDY LIBRARY
LADISLAO RETI
UNIVERSITY OF CALIFORNIA

LEONARDO DER ERFINDER

BELSER VERLAG
Stuttgart und Zürich

CIP-Kurztitelaufnahme
der Deutschen Bibliothek

Leonardo. - Sonderausg. -
Stuttgart; Zurüch: Belser
ISBN 3-7630-1716-X
NE: Leonardo ‹da Vinci› [Ill.]
Leonardo, der Erfinder.
- Sonderausg. - 1987

Leonardo, der Erfinder/
Ludwig H. Heydenreich; Bern Dibner;
Ladislao Reti.
- Sonderausg. -
Stuttgart; Zürich: Belser, 1987.
(Leonardo) Einheitssacht.:
Leonardo, the inventor ‹dt.›
ISBN 3-7630-1716-X (Gesamtw.)
NE: Heydenreich, Ludwig H. [Mitverf.];
Dibner, Bern [Mitverf.];
Reti, Ladislao [Mitverf.];
Leonardo ‹da Vinci› [Ill.]; EST

Eine McGraw-Hill Ko-Produktion

Titel der Originalausgabe:
Leonardo The Inventor

Sonderausgabe 1987

Anschrift: Belser Verlag,
Falkertstraße 73,
D-7000 Stuttgart 1

ISBN 3-7630-1716-X

Printed in Germany

«LIES MICH, LESER,
WENN ICH DIR FREUDE MACHE,
DENN SEHR SELTEN
KEHRE ICH ZU DIESER WELT
ZURÜCK.
DENN DIE GEDULD
DIESES BERUFES FINDET
SICH BEI WENIGEN,
DASS SIE WIEDER VON NEUEM
ÄHNLICHE DINGE
ERFINDEN MÖCHTEN.
UND KOMMT, IHR MENSCHEN,
DIE WUNDER ZU SEHEN,
DIE MAN BEI SOLCHEN STUDIEN
IN DER NATUR ENTDECKT.»

MADRID I, 6r

INHALT

»Die mechanische Wissenschaft
ist die vortrefflichste und nützlichste,
durch sie üben alle lebenden Körper,
die Bewegung besitzen,
ihre Tätigkeit aus.«

EINLEITUNG

Der Perspektograph, eine Erfindung Leonardos, war ein Gerät, das es dem Künstler ermöglichte, von einer bestimmten Stelle aus perspektivisch richtig zu sehen und zu zeichnen.

Fast fünf Jahrhunderte sind vergangen, seitdem Leonardo seine Ideen und Entwürfe für Maschinen aufzeichnete, die helfen sollten, die vielen Aufgaben zu erleichtern, die in seiner Umgebung zu bewältigen waren. Sein Ziel war, unter Einhaltung von Gleichförmigkeit und Präzision die Arbeit schneller und leichter durchzuführen. Als Berater von Staatsoberhäuptern, Heerführern, Adelsfamilien und Gutsverwaltern schlüpfte er in die Rolle eines Konstrukteurs, Ingenieurs, Architekten, Geologen, Anatomen, eines Meisters des Artilleriewesens und eines Propheten. Leonardo füllte unzählige Notizbücher mit kühnen Erfindungen und Spekulationen, Zeichnungen und schriftlichen Abhandlungen über theoretische und angewandte Technik, entwarf Modelle der verschiedensten Apparaturen, von Werkzeugen und Maschinen.

Zwei seiner Notizbücher, die seit 1830 amtlich als verschollen galten, wurden 1965 in der Biblioteca Nacional in Madrid wieder aufgefunden. Diese beiden Notizbücher hatten Anlaß zu den wildesten Spekulationen in der Wissenschaft gegeben, insbesondere da seit dem Tod Leonardos seine Schriften weit herum verstreut waren. Die beiden Bände, heute unter der Bezeichnung Codex Madrid I und II bekannt, befanden sich zu Beginn des frühen 18. Jahrhunderts in der Hofbibliothek Philipps V. von Spanien, wo ihr Verbleib bis etwa 1830 gesichert ist. Bei ihrer Eingliederung in die heute so genannte Biblioteca Nacional wurden sie falsch katalogisiert, was erst 1965 entdeckt wurde. Die Verlage McGraw-Hill und Taurus Ediciones erhielten in der Folge die Genehmigung zur Publikation einer Faksimile-Ausgabe der Codices Madrid. Diese Publikation umfaßt neben den beiden Faksimiliebänden zwei Bände mit Transkriptionen sowie einen Kommentarband von Ladislao Reti.

Das umfangreiche Material erlaubte es einer Gruppe von zehn führenden Wissenschaftlern, die vielseitigen Betätigungsgebiete Leonardos in einer Sammlung von Essays als großformatiges und reich illustriertes Buch herauszugeben *(Leonardo – Künstler, Forscher, Magier)*. Der vorliegende Band, *Leonardo – Der Erfinder,* ist ein Teil dieses Werkes in reduziertem Format.

Ludwig Heydenreich bearbeitet im ersten Kapitel über militärische Architektur Leonardos Aufzeichnungen aus dem Codex Madrid II. Diese enthalten die Pläne für eine Umleitung des Arno zum Vorteil der Florentiner im Krieg gegen Pisa sowie Studien über die Befestigungsanlagen der Hafenstadt Piombino. Dabei sind diese letzteren Notizen und Berechnungen durchsetzt von schwärmerischen Randbemerkungen über die Schönheit dieser Küstenstadt.

Das Kapitel von Bern Dibner über Maschinen und Waffen ist mehr technischer Art. Dibner behandelt im Detail Leonardos ballistische Überlegungen und Skizzen, so etwa die Berechnung der Flugbahn einer Kugel, deren Kurve durch den Luftwiderstand beeinflußt wird, seine Entwürfe für ein Luntenschloßgewehr, leichte Geschütze, Dampfkanonen, Mörser ... Abschließend behandelt Ladislao Reti in seinem Kapitel über die Elemente der Maschinen Leonardos Grundgedanken zur Mechanik, die im Codex Madrid I enthalten sind. Hier zeigt sich deutlich, daß Leonardo zu rein wissenschaftlichem Denken fähig war, indem er aus Einzelbeispielen allgemeine Grundsätze abzuleiten vermochte.
In jedem Kapitel, in jedem Text und in jeder Zeichnung offenbart sich der ruhelose Forschergeist Leonardos in einer unerhört fruchtbaren Verbindung von Kunst und Technik. Die Studien lassen aber auch Leonardo als Menschen erkennen – ausharrend, ungewöhnlich ideenreich und fasziniert von jedem kleinsten Detail. Obwohl ihm die brillantesten Köpfe seiner Zeit bekannt waren – Verrocchio, Machiavelli, Luca Pacioli, Lodevico Sforza –, war ihm keiner im Geiste ebenbürtig, so daß er am Ende mit seinem unbändigen Drängen doch allein war. Letztlich lassen sich nur Mutmaßungen anstellen über Leonardo, den Kenneth Clark den »in seiner Wißbegier unerbittlichsten Menschen der Geschichte« genannt hatte.

Die Abbildung oben zeigt verschiedene Skizzen zu einem Turm der Befestigungsanlage der Küstenstadt Piombino; auf der rechten Seite Studien zu einer Wurfmaschine.

Von Zeit zu Zeit wurde Leonardo als Berater in mechanischen und militärischen Angelegenheiten aufgesucht. Als Künstler, Erfinder und Forscher sprengte er die Grenzen seiner Zeit.

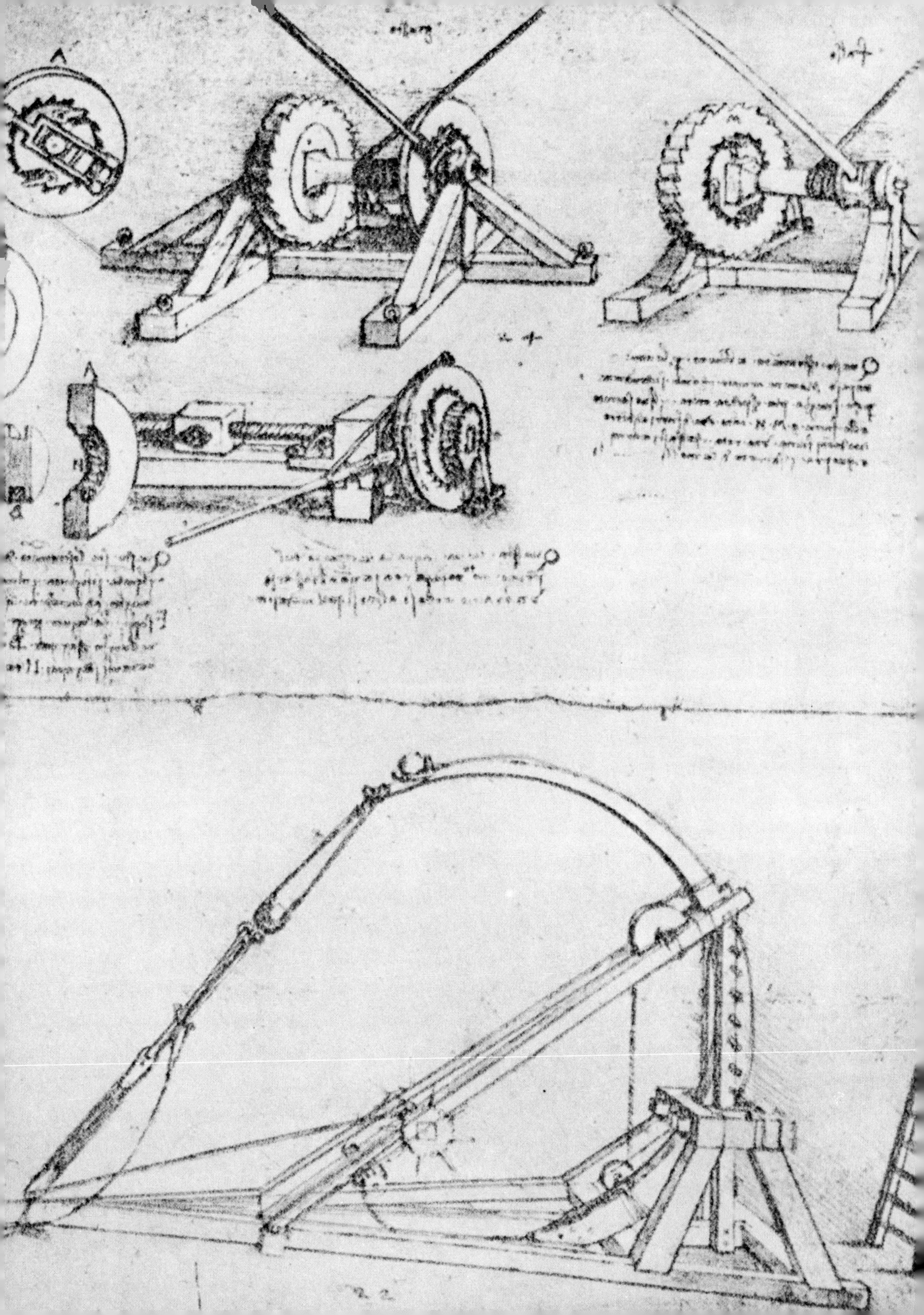

»Trotz seiner Jugend war Leonardo
der erste, der vorschlug, den Arno
durch einen Kanal
von Pisa nach Florenz
schiffbar zu machen.
Er konstruierte Mühlen, Walkmaschinen
und andere Apparate...«

Vasari, *Das Leben Leonardos*

DER MILITÄR-ARCHITEKT

LUDWIG H. HEYDENREICH

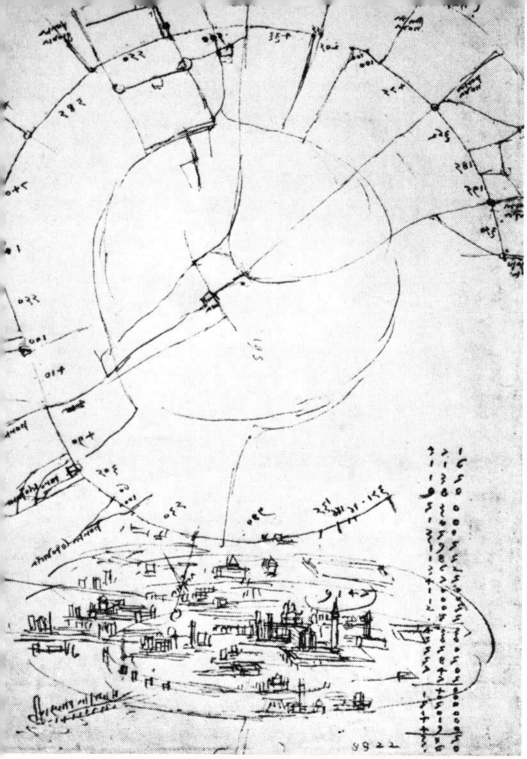

Leonardos längste Dienstzeit waren die siebzehn Jahre, die er als Architekt, Militäringenieur, Maler und Zeremonienmeister am Hof von Lodovico Sforza in Mailand verbrachte. Hier zeichnete er den Grundriß und benannte die Tore an ihrer Peripherie. Darunter skizzierte er eine perspektivische Ansicht der Stadt mit den wichtigsten Gebäuden, dem Dom in der Mitte und dem Sforza-Kastell links.

Die unausgesetzten Kriege und Feldzüge, die um die Wende vom 15. zum 16. Jahrhundert im Zuge der politischen Konflikte zwischen den Großmächten Frankreich, Neapel, Mailand, Venedig und dem Kirchenstaat auf italienischem Boden – vorwiegend in Ober- und Mittelitalien – geführt wurden, brachten es mit sich, daß gerade in dieser Zeitphase die technischen Mittel der Kriegsführung, nämlich Wehrbau- und Militäringenieurwesen (wir würden heute sagen »Pionierwesen«), eine ungemein verstärkte Bedeutung gewannen. Denn alle betroffenen Parteien, auch die in Mitleidenschaft gezogenen kleineren Mächte, ob Stadtrepubliken oder Fürstenherrschaften, waren in gleichem Maße darauf angewiesen, ihre Verteidigungssysteme, aber auch ihre Angriffsmittel auf höchstem Stand zu halten, zumal die neuen Feuerwaffen – Sprengminen und Geschütze – sich rasch entwickelten und durchgreifende Veränderungen im Fortifikationswesen wie in der technischen Kriegführung überhaupt erforderlich machten.

So fielen dem Militärarchitekten und -ingenieur der Zeit neue Aufgaben von großer Tragweite zu, die vor allem auch ein sehr erweitertes spezialisiertes Fachwissen voraussetzten. Wohl waren schon Brunelleschi und Laurana in der ersten Jahrhunderthälfte versierte Festungsbauer gewesen, doch erfährt der Berufsstand des »architetto militare« gegen Ende des Quattrocento eine spezifische Prägung und gesteigerte Wertschätzung. Der bedeutendste Vertreter ist Francesco di Giorgio Martini (1439–

1501), der, so angesehen er als Maler, Bildhauer und Architekt war, zu seinen Lebzeiten vor allem als genialer Festungsbaumeister und Militäringenieur höchste Ehrungen erfuhr. Er war der oberste Baudirektor und »Camerlingo delle Acque« seiner Heimatstadt Siena, dem das gesamte Festungsbau- und Wasserbauwesen unterstand; seine für den Herzog von

Urbino, Federico da Montefeltre, gebauten Festungen sind eindrucksvolle Wahrzeichen fürstlicher Herrschaft: Sassocorvaro (1470–1478), Rocca San Leo (1479) [S. 16/17], Cagli (1481) und die 1501 für Francesco della Rovere gebaute Festung Mongavio legen noch heute dafür Zeugnis ab. Francescos zwischen 1480 und 1490 geschriebener *Trattato di architet-*

Leonardos Vaterstadt Florenz stand im Brennpunkt vieler Kriege, die auf der italienischen Halbinsel wüteten. Auf dem Gemälde von Giorgio Vasari (links) ist die Belagerung der Stadt durch Truppen des Heiligen Römischen Reiches und des Kirchenstaates im Jahre 1527 dargestellt; sie sollten die Medici unterstützen bei der Niederschlagung eines Versuchs, die Republik in Florenz wiederherzustellen. In solchen Zeiten rasch wechselnder Bündnisse und ständiger Gefahr für den Staat war die Kriegskunst die wichtigste aller Künste. Maler, Bildhauer und Architekten waren sehr gesucht, denn viele von ihnen besaßen die praktischen Kenntnisse des Ingenieurwesens, die für den Bau von Waffen und Befestigungen erforderlich waren.

tura, ingenieria e arte militare schließlich reichte als erste umfassende und systematisch angelegte Behandlung des Themas über die Arbeiten seiner Vorgänger Taccola und Valturio weit hinaus und gewann eminente Bedeutung in seiner Zeit.

Die meisten Architekten von Rang im ausgehenden Jahrhundert waren

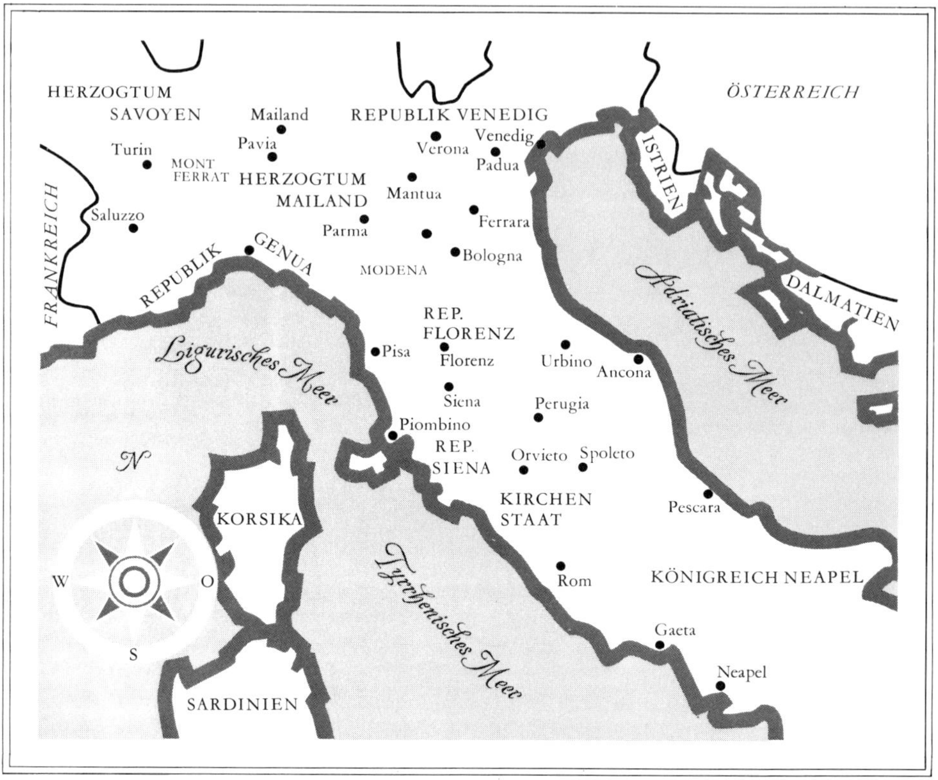

Die Karte oben verdeutlicht die Machtkonzentration in Italien zu Beginn des 16. Jahrhunderts: Der Kirchenstaat, die (französische) Lombardei, Venedig, Florenz und Neapel waren damals die mächtigsten Staaten.

In den sechs Jahren nach dem Sturz seines Gönners Lodovico Sforza (links) im Jahre 1499 diente Leonardo mehreren Herren als militärischer Berater. Von links nach rechts: Agostino Barbarigo, Doge von Venedig; Cesare Borgia, Herzog der Romagna; Republik Florenz (Wappen); Jacopo IV. Appiani, Herrscher von Piombino (Wappen).

erfahrene Festungsbauer. Nur drei Namen seien als Beispiele genannt: Baccio Pontelli (1450–1492), der die Rocca von Ostia baute, Luca Fancelli (1430–1495), der Architekt der Gonzaga in Mantua, der auch als Ingenieur und Kanalbauer im mediceischen Florenz Ansehen besaß, und die Brüder Giuliano (1445–1516) und Antonio (1455–1534) da Sangallo. So erscheint es nur als natürlich, daß auch Leonardo da Vinci, der sich sein ganzes Leben hindurch intensiv mit der Architektur in Theorie und Praxis befaßt hat, den Bereich der Festungsbaukunst und des Militäringenieurwesens von Beginn an in seine Studien einschloß. Zwischen 1490 und 1505 hat Leonardo als Militärarchitekt und Ingenieur nicht weniger als fünf verschiedenen Herren gedient. Bis zum Sturze Lodovico Sforzas im Sommer 1499 war er »pictor et ingeniarius ducalis« am Mailänder Hof gewesen und hat an den Fortifikationsanlagen des Herzogs in Pavia, Vigevano und Mailand als Ratgeber gewirkt; doch läßt sich diese Tätigkeit nicht genauer bestimmen.

Als er Mailand wenige Wochen nach dem triumphalen Einzug der Franzosen verließ und auf dem Wege nach Florenz in Venedig Station machte, scheint die Regierung der Serenissima – schwer getroffen durch die Niederlage von Lepanto am 26. August 1499 und wegen eines möglichen Angriffs der Türken von der Landseite her besorgt – bei dieser Gelegenheit Leonardos Rat eingeholt zu haben: das Fragment eines Briefentwurfes an die Signoria[1] bezeugt, daß der Meister offensichtlich im Auftrag der Republik das mutmaßliche Einfallsgebiet der Türken, das Isonzotal im Friaul, bereist und als wirksames Abwehrmittel des Angreifers eine künstliche Überschwemmung der Zone erwogen hat. Eine kleine Kartenskizze mit den Angaben »Ponte di Gorizia« und »Vilpago« beweist seine Anwesen-

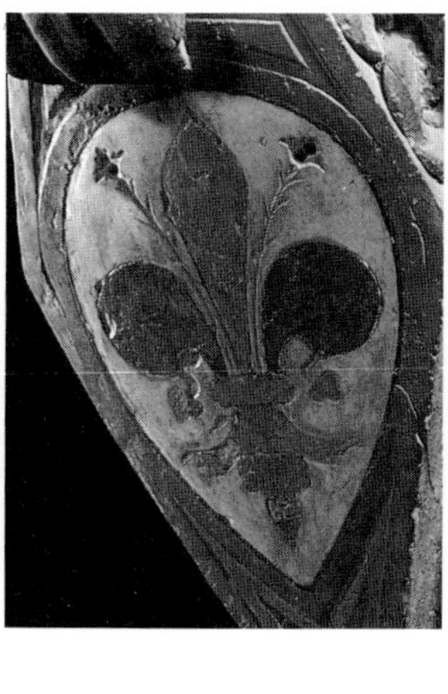

Die Festung bei San Leo (rechts) wurde 1479 von Francesco di Giorgio Martini erbaut, dessen systematische Abhandlung über Militärarchitektur Leonardo stark beeinflußte.

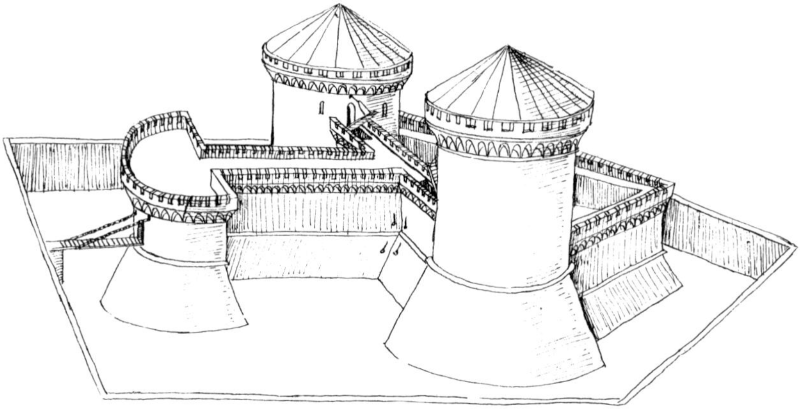

Francesco di Giorgio Martini (1439bis 1501) war ein Zeitgenosse Leonardos, dessen Interessen und Talente jenen Leonardos sehr ähnlich waren. Bevor Francesco Chefarchitekt und Militäringenieur des Herzogs von Urbino wurde, wirkte er als Maler, Bildhauer und Baudirektor seiner Heimatstadt Siena. Für Alfonso von Kalabrien brach er 1495 mit einer Mine eine Bresche in die Mauer der französisch besetzten Festung Castelnuovo in Neapel. Francesco hat weit über hundert Festungen erbaut. Drei Entwürfe aus seinem Traktat sind auf dieser Doppelseite abgebildet.

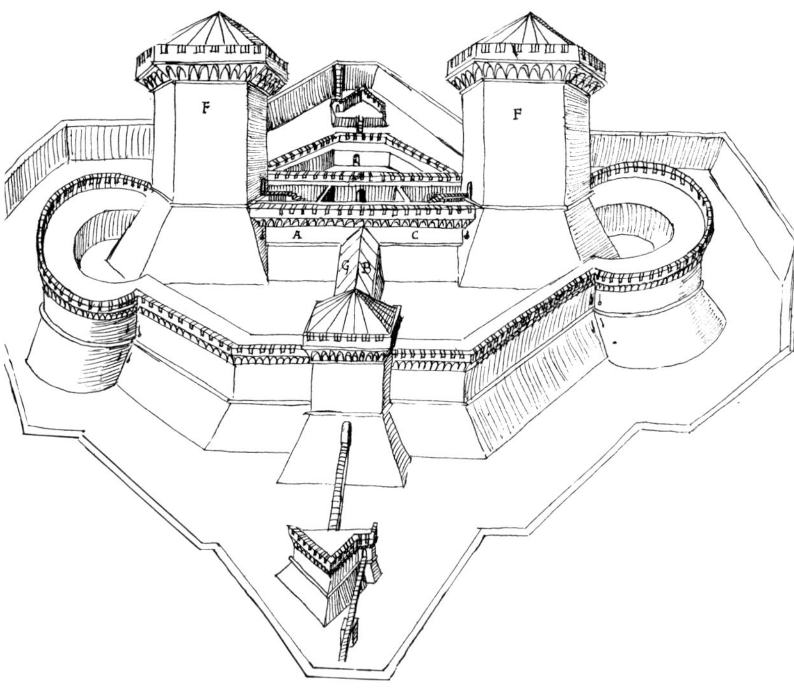

heit am Ort, doch ist unbekannt, wie weit sein Vorschlag, den wir nur aus diesen Andeutungen erschließen können, Berücksichtigung fand.
Dies geschah im März 1500. Ostern war Leonardo bereits in Florenz, um zunächst seine Tätigkeit als Maler wieder auszuüben. Aber schon nach anderthalb Jahren unternimmt der Meister den überraschenden Schritt, als »architetto ed ingegnere generale« in die Dienste Cesare Borgias zu treten. Cesare Borgia, der Sohn Papst Alexanders VI. und Marschall der päpstlichen Truppen, von Ludwig II. von Frankreich zum Herzog des Valentinois erhoben, stand damals im Zenit seiner so kurzen Ruhmesbahn. Der Papst hatte ihn soeben zum Herzog der Romagna ernannt und dabei die bestehenden legitimen Lehnsträger des Territoriums im Namen

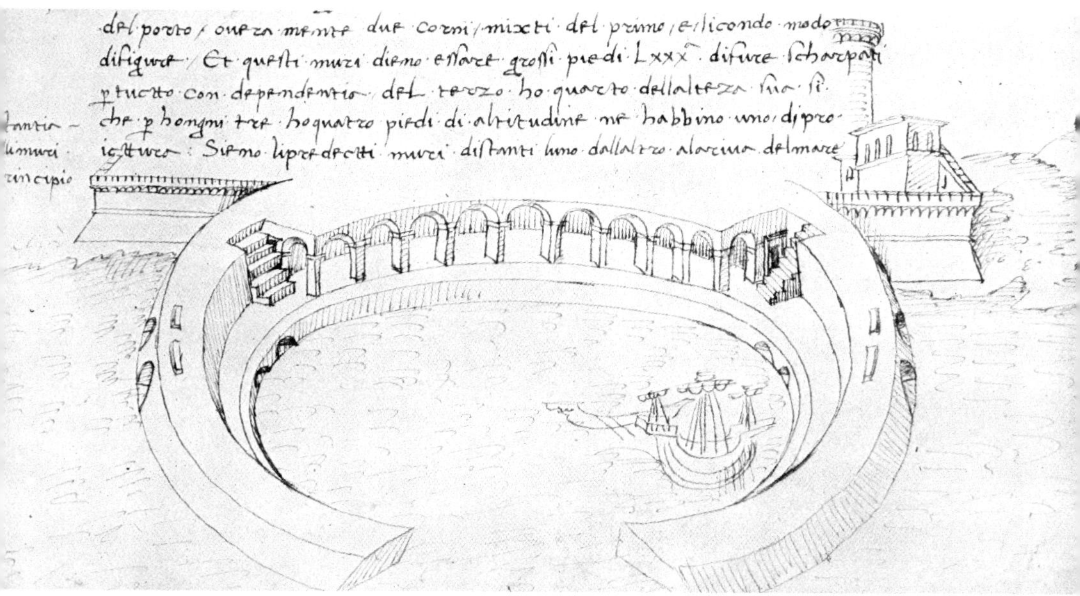

der Kirche als abgesetzt erklärt. Das vorsichtige Florenz hatte sich durch einen Vertrag, der Cesare mit einem Jahresgehalt von 30 000 Golddukaten zum Condottiere der Republik machte, das Wohlwollen des gefährlich mächtigen Nachbarn gleichsam »erkauft«. Kein geringerer als Machiavelli wurde wiederholt über längere Fristen als diplomatischer Geschäftsträger an seinen Hof delegiert und hatte keine andere Aufgabe als die des politischen Beobachters, der über Gunst oder Ungunst der Lage zu berichten hatte. So war der »Duca Valentino« sicher die bedeutendste Gestalt der

Zeichnung aus der Abhandlung des Francesco di Giorgio Martini, Trattato di architettura, ingenieria e arte militare. *Der Hafen wird durch Türme bei der Ein- und Ausfahrt gesichert.*

ntaie · opria · non · incorraio · co
ca · ilmanifesto ·:
ctezza · del · porto · sipuo · fare · inmare
occha · sua · p · piedi · dugento · Cinquanta
-XXX · come · appare · limuri · antedicti ·
a chalice · informa · di · angulo · obtuso
e · licholpi · delonde · delmare · Questi
sono · essare · difesi · ilprimo · facendo · in
-· grossa · torre · tirando · dalluna
gno · ple · quali · non · sipossi · ne · intrare
rincipe · Come · appare · disegniato ·

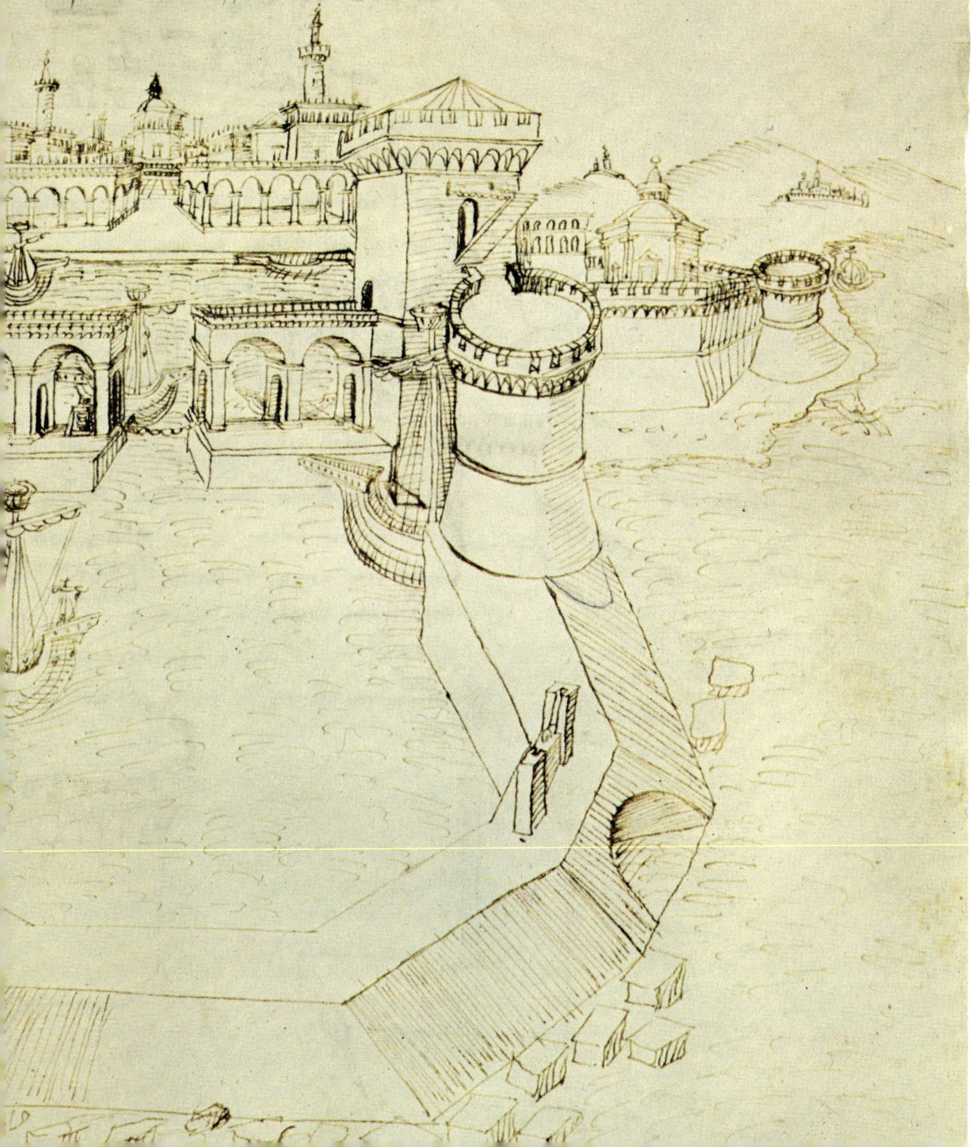

Zeit, und unter diesem Aspekt scheint uns auch der seltsame Entschluß Leonardos, in den Dienst dieser faszinierenden Persönlichkeit zu treten, eine gewisse Rechtfertigung zu finden. Zwischen dem Sommer 1502 und dem Frühjahr 1503 – also über einen Zeitraum von acht bis neun Monaten – hat Leonardo sein Amt als oberster Inspizient des Militärbauwesens ausgeübt und den »Valentino« auf seinen Eroberungsfeldzügen durch die Emilia und die Marken begleitet. Leonardos Tagebuch dieser Reise ist das kleine Manuskript L in Paris, ein Notizbuch, aus dem wir Leonardos Route im Gefolge Cesares genau verfolgen können. Er notiert seine Aufenthalte im Gebiet zwischen Imola, Cesena, Rimini, Urbino und Pesaro, aber abgesehen von flüchtigen Notizen über eine Verbesserung der Hafenanlagen von Porto Cesenatico gewinnen wir auch hier, wie im Falle von Venedig, keinen genaueren Einblick in die Tätigkeit Leonardos in seinem Amt. Doch hat er das Operationsgebiet Borgias genau vermessen: ein Teil der Landkarten, die er von der Toskana und der Romagna zeichnete, insbesondere der prachtvolle Plan von Imola [S. 24/25], sind für seinen Dienstherrn ausgeführt.
Imola, seit dem 27. November 1499 in Händen Cesare Borgias, bildete einen wichtigen strategischen Stützpunkt im Kampfgebiet des Usurpators. Leonardo wird den Stadtplan im Herbst 1502 gezeichnet haben, als Cesare sich von hier aus zu einem neuen Feldzug gegen die Condottieri und Adelsherren rüstete, die sich gegen ihn verbündet hatten. Um diese Zeit war auch Machiavelli in Imola, wo er sich sicher mit Leonardo traf. Der Plan ist farbig angelegt. Das Areal der Stadt ist mit größter Exaktheit wiedergegeben, wie ein Studienblatt in Windsor[2] beweist, auf welchem die einzelnen Stadtteile Imolas genau vermessen und die Festung wie die Stadttore skizziert sind. Ähnliche Vorstudien Leonardos für andere Städte (Cesena und Urbino) im Manuskript L lassen darauf schließen, daß Leonardo mehrere Stadtpläne in gleicher Ausführung wie den von Imola angefertigt hat. Der Plan von Imola ist der einzige dieser Art, der uns überliefert ist: ein Meisterwerk der »rationalen Phantasie« des Künstlers. In den Jahren um 1490 hat Leonardo einen Stadtplan von Mailand skizziert, der noch weitgehend in der Tradition des Kreis-Schemas mittelalterlicher Stadtbilder steht, wie der Vergleich mit einem Mailand-Plan des 13. Jahrhunderts (Ambrosiana) und einem solchen aus einer Ptolemäus-Handschrift (um 1450) lehrt. In seiner schönen Zeichnung gibt Leonardo den Grundriß und eine perspektivische Ansicht der Stadt. Ebenso waren Leonardo auch die einfachen Katasterpläne, also Aufmessungen des Grundbesitzes, bekannt, die in den städtischen Behörden lagen.

Aus diesen vorgeprägten Formen erarbeitete Leonardo sein Darstellungsprinzip, wie es im Plan von Imola, einem der frühesten Beispiele moderner Kartographie, erstmalig in Erscheinung tritt.
Schließlich geht aus den Äußerungen im Manuskript L eindeutig hervor, daß Leonardo innerhalb dieser Zeitphase auch das Gebiet von Piombino, ein weiteres Herrschaftsgebiet Cesares am Tyrrhenischen Meer, besuchte. Diese befestigte Hafenstadt gegenüber der Insel Elba, wirtschaftlich wichtig als Umschlagsplatz für das aus Elba kommende Eisenerz, politisch ein »Interessenschnittpunkt« zwischen den angrenzenden Territorien des Kirchenstaats im Süden, Genuas und der Lombardei im Norden und von Florenz im Osten, hatte Cesare Borgia schon im September 1501 nach langer Belagerung dem Herrscher der Stadt, Jacopo IV. Appiani, entrissen, und Papst Alexander hatte ihm die Herrschaft übertragen. Seit dieser Zeit führt Cesare unter seinen vielen Titeln auch den des »Signore di Piombino«. Es muß ein wichtiges Anliegen für ihn gewesen sein, diese Herrschaft gegen innere und äußere Gegner zu festigen.

Cesare Borgia, die zentrale Figur der militärischen und politischen Macht der Kirche unter seinem Vater, Papst Alexander VI. (oben links), vermochte während seines ersten Feldzuges in der Romagna 1499 Imola zu besetzen. Im folgenden Jahr übergab der Papst diese Stadt offiziell seinem Sohn, der Leonardo beauftragte, die Möglichkeiten für bauliche Änderungen zu prüfen. Nach dem Tod des Papstes im August 1503 und dem darauf folgenden Sturz Borgias wurde die Stadt unter dem damaligen Papst Julius II. (oben rechts) schließlich dem Vatikan unterstellt. In seiner Karte von Imola (auf den nächsten Seiten) läßt Leonardo jede Einzelheit deutlich hervortreten. Die Stadt und ihre Festung am unteren Rand links sind von blauen Wallgräben umgeben. Quer über die Karte zog Leonardo Linien, und an den acht Punkten, wo sie auf die äußere Kreislinie treffen, trug er die Namen der Winde ein.

Im Manuskript L[3] findet sich eine geographische Skizze der felsigen Landzunge von Piombino, auf deren äußerster Spitze das dort befindliche Bollwerk, die »Rocchetta«, durch ein Rechteck angedeutet ist. Auf den nächstfolgenden Seiten ist die ganze Küstenlinie Piombinos – von der antiken Hafenbucht (Porto Vecchio oder Porto Falesia) bis zum Golf von Baratta mit dem befestigten Ort Populonia – etruskischen Ursprungs – in flüchtigen Strichen festgehalten.[4] Auch in den im einzelnen nicht identifizierbaren Skizzen der nächsten zwei Doppelblätter[5] darf man die Wiedergabe eines Stückes der an Piombino angrenzenden Maremmensümpfe vermuten; sie mögen im Zusammenhang mit einer Notiz im Codex Atlanticus: »Methode, den Sumpf von Piombino trockenzulegen«[6] stehen, die auch um die Zeit um 1503–1505 zu datieren ist. Daß Leonardo demnach

Einer der Hauptförderer des Projekts, den Arno abzuleiten, war der Florentiner Staatsmann und Schriftsteller Niccolò Machiavelli (links). Er war damals Minister für Kriegswesen und fand Unterstützung für den Plan bei Piero Soderini, dem Präsidenten der Republik Florenz (rechts). Machiavelli kannte Leonardo persönlich, nachdem sie sich im Jahr zuvor im Feldlager von Cesare Borgia getroffen hatten. Im Sommer 1503 wurde Leonardo mindestens zweimal von der Republik in das Gebiet von Pisa entsandt, um die Befestigungen zu überwachen und offenbar auch, um die Vorbereitungen für das Arno-Projekt zu untersuchen. Folio 52 verso/53 recto enthält die rechts abgebildete Karte, die den Arno und das militärische Operationsgebiet um Pisa zeigt, aber Ableitungspläne sind in der Karte nicht eingetragen.

schon im Zeitraum seiner Tätigkeit für Cesare Borgia in Piombino gewesen sein muß, bezeugt schließlich eine kleine Skizze von Wellenbewegungen im Manuskript L[7], mit dem Vermerk: »gemacht am Meer von Piombino«. Diese Tatsache wird im Hinblick auf den zweiten Aufenthalt Leonardos im Jahre 1504, der uns erst aus dem Madrider Codex bekannt geworden ist, von gewichtiger Bedeutung sein.
Im Frühjahr 1503 ist Leonardo wieder in Florenz, hat seine Stellung bei

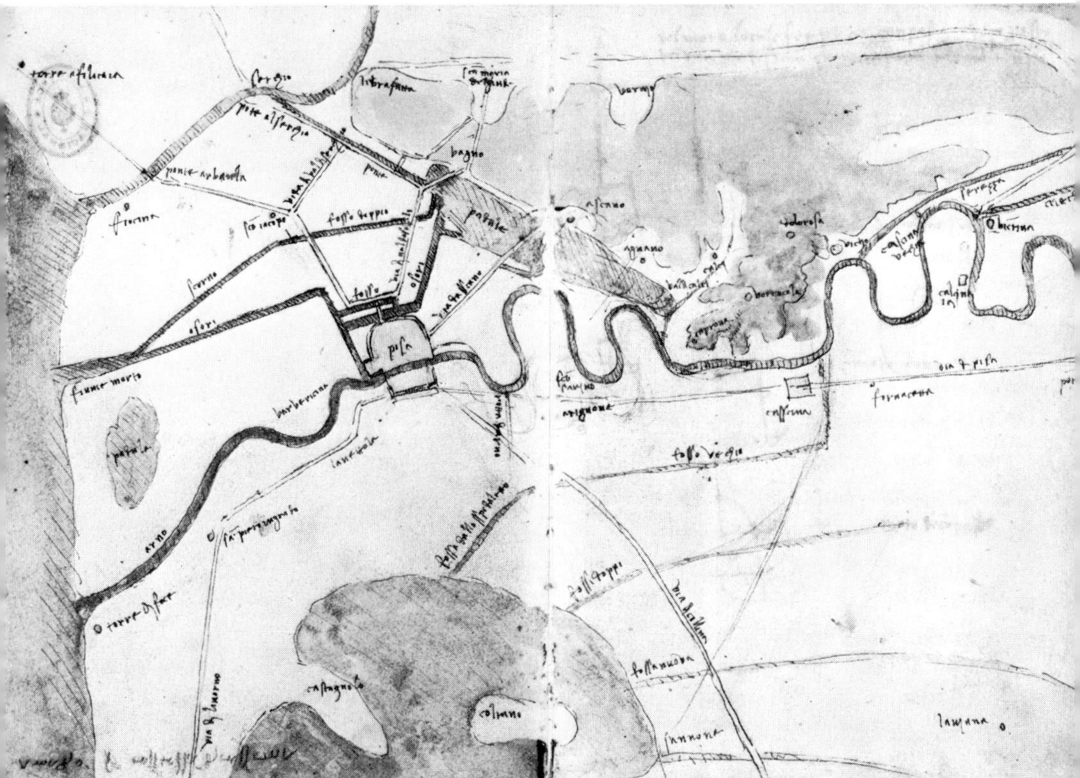

Cesare Borgia also wohl im Laufe des Winters aufgegeben. Doch alsbald nimmt ihn auch seine Heimatstadt als Militäringenieur in ihren Dienst. Florenz befand sich in einem mühevollen und langwierigen Krieg mit Pisa, das, 1406 in unrühmlicher Weise an die Florentiner verkauft, sich 1494 unter dem Schutz Karls VIII. von Frankreich von dieser ihm auferzwungenen Abhängigkeit losgesagt hatte und seitdem seine wiedergewonnene Selbständigkeit mit Leidenschaft und Geschick verteidigte.

1503 eröffnete die Florentiner Republik einen neuen Feldzug gegen Pisa, und hier entstand das kühne Projekt, den Lauf des Arno abzuleiten, um den Pisanern den Zugang zum Meer – von wo aus die belagerte Stadt sich ständig neu versorgen konnte – abzuschneiden. Die historischen Quellen und Dokumente bezeugen, daß dieses gewaltige Projekt hauptsächlich von Machiavelli, dem Staatssekretär für Kriegswesen im Florentiner Rat, gefördert wurde und die Unterstützung von Piero Soderini, dem »Präsidenten« der Republik Florenz, fand. Leonardo hat fraglos von ihm Kenntnis gehabt; ob er an der Ausarbeitung des Planes Anteil hatte, wie ältere Fachgelehrte glauben, muß dahingestellt bleiben.

Jedenfalls wird Leonardo im Juli 1503 im Auftrag der Signoria in das Feldlager der Florentiner entsandt, um die in Angriff genommenen Grabungsarbeiten zu begutachten. Über ein Jahr wurde an dem Ableitungssystem gearbeitet, das im Mündungsgebiet des Flusses einen Kanal vorsah, der das Wasser des Arno in den Fluß Serchio umlenken sollte, und ferner eine zweite Ableitung von Vico Pisano zum »Stagno di Livorno« enthielt. Die Anweisungen, die vom Florentiner Rat in Briefen Machiavellis an das Hauptquartier ergehen, lassen klar erkennen, daß das Projekt genau errechnet war: 2000 Arbeiter sollten in 150–200 Arbeitstagen Erdbewegungen bewältigen, die erforderlich waren, um die Kanäle von zwölf bis achtzehn Metern Breite und fünf bis sieben Metern Tiefe auszuschachten. Die Kalkulation erwies sich als irrig; die fünffache Zeit wäre nach richtigerer Berechnung anderer Experten notwendig gewesen. Außerdem waren die Arbeiten mit den größten Schwierigkeiten verbunden: es erwies sich als unmöglich, die Tausende von Arbeitskräften aufzubringen und bei der Arbeit zu halten, zumal häufig die Lohnzahlungen ausblieben. Ein fertiggestellter Kanalabschnitt hielt den ihm zugeführten Wassermassen nicht stand und stürzte zusammen. Aufgrund solcher Fehlschläge spalteten sich im Bereich der Heerführung die Meinungen. Bis zum Herbst 1504 verteidigt Machiavelli seine Idee in beschwörenden Briefen und Berichten

Leonardo war nach wie vor an der Änderung des Arnolaufs interessiert – aber nicht, um Pisa vom Meer abzuschneiden. Er wollte eine große Wasserstraße schaffen, die Florenz den Zugang zum Meer erschließen und der ganzen Toskana land- und volkswirtschaftliche Vorteile bieten würde. Der Arno war wegen seiner starken Krümmungen und Höhenunterschiede zwischen Florenz und Pisa nicht schiffbar. Leonardo zeichnete eine Reihe von Karten und Studien. In der Zeichnung rechts aus dem Codex Madrid II, Folio 2 recto, skizziert er den geschlängelten Flußlauf von Pisa unten auf der Karte bis Empoli in der Nähe von Florenz. Die Entfernungen zwischen den Städten am Fluß werden vermerkt.

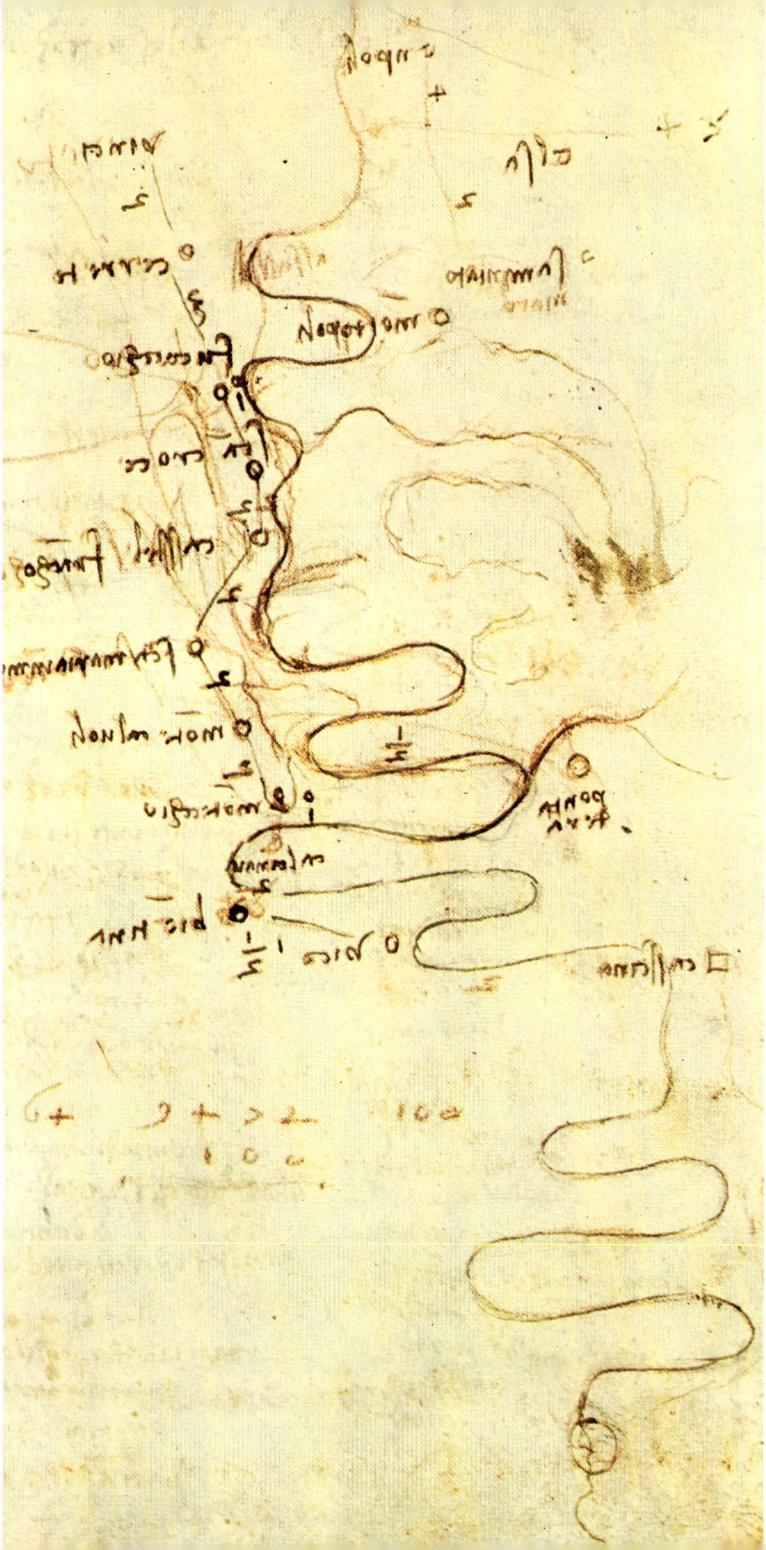

»Ich habe das Ausheben des Grabens im Ganzen vor mir, dieser ist insgesamt 17 Ellen breit, 16 Ellen tief und 640 Ellen lang, was in Quadratellen (gemeint Kubikellen) umgerechnet 174,080 Ellen sind und in Quadratruten (Kubikruten) ausgedrückt 2720 Ruten. Diese kosten am Berg, wegen der Schwierigkeiten des Gesteins, fünf Lire pro Rute, und für diesen Preis wurden sie auch sonst in Arbeit gegeben.«

MADRID II, 10r

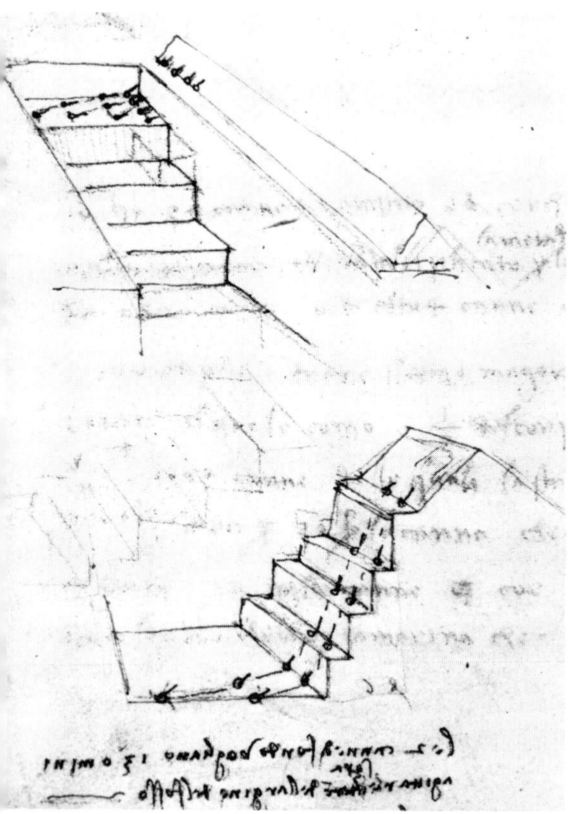

Man bezweifelt inzwischen, daß Leonardo Urheber des Florentiner Plans war, den Arno abzuleiten. Der Plan erforderte das Ausschachten von Kanälen von zwölf bis achtzehn Metern Breite und fünf bis sieben Metern Tiefe, um den Fluß um mehr als zehn Kilometer von seinem bisherigen Lauf zu verlegen. Die Skizze links – die zu seinen Plänen für eine Ausschachtung in Piombino im Codex Madrid II, Folio 10 verso, gehört – macht deutlich, mit welcher Genauigkeit er bei solchen Projekten vorging. Die kleinen Figuren auf den oberen Stufen sind ein Hinweis darauf, daß, um den Aushub bequem aus dem Graben herauszubekommen, mehr Arbeiter am Rand der Ausschachtung gebraucht werden. Er war sich auch über die geringe Leistungsfähigkeit von Männern klar, die nur mit Schaufeln ausgerüstet sind, und entwarf den mit einem Tretrad angetriebenen Baggerkran, dessen Skizze aus dem Codex Atlanticus, Folio 1 verso-b, rechts abgebildet ist. Für das Arno-Projekt hatten Leonardos Auftraggeber berechnet, daß etwa 2000 Arbeiter in rund sechs Monaten die notwendigen Kanäle würden graben können. Sie hatten sich um das Fünffache verrechnet. Ein Abschnitt der Ausschachtung stürzte ein, und obwohl Machiavelli versuchte, den Plan voranzutreiben, wurde das Projekt schließlich aufgegeben.

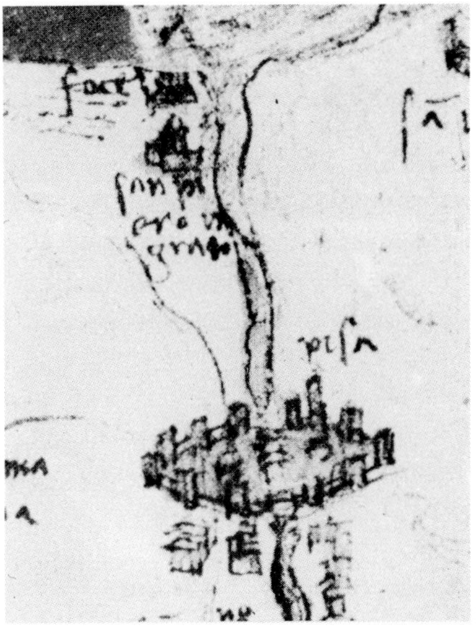

Die Stadt Pisa – in der Karte links dargestellt – spielte eine Rolle bei einem kühnen Florentiner Plan, an dem Leonardo beteiligt war. Die Pisaner, seit 1406 unter Florentiner Herrschaft, hatten sich 1494 von der ihnen aufgezwungenen Abhängigkeit befreit und danach ihre Selbständigkeit erfolgreich verteidigt. 1503, als Leonardo nach Florenz zurückkehrte und seinen Dienst als Militäringenieur aufnahm, faßte seine Vaterstadt den kühnen Plan, den Lauf des Arno abzuleiten und die belagerten Pisaner von ihren Nachschubverbindungen zum Ligurischen Meer abzuschneiden.

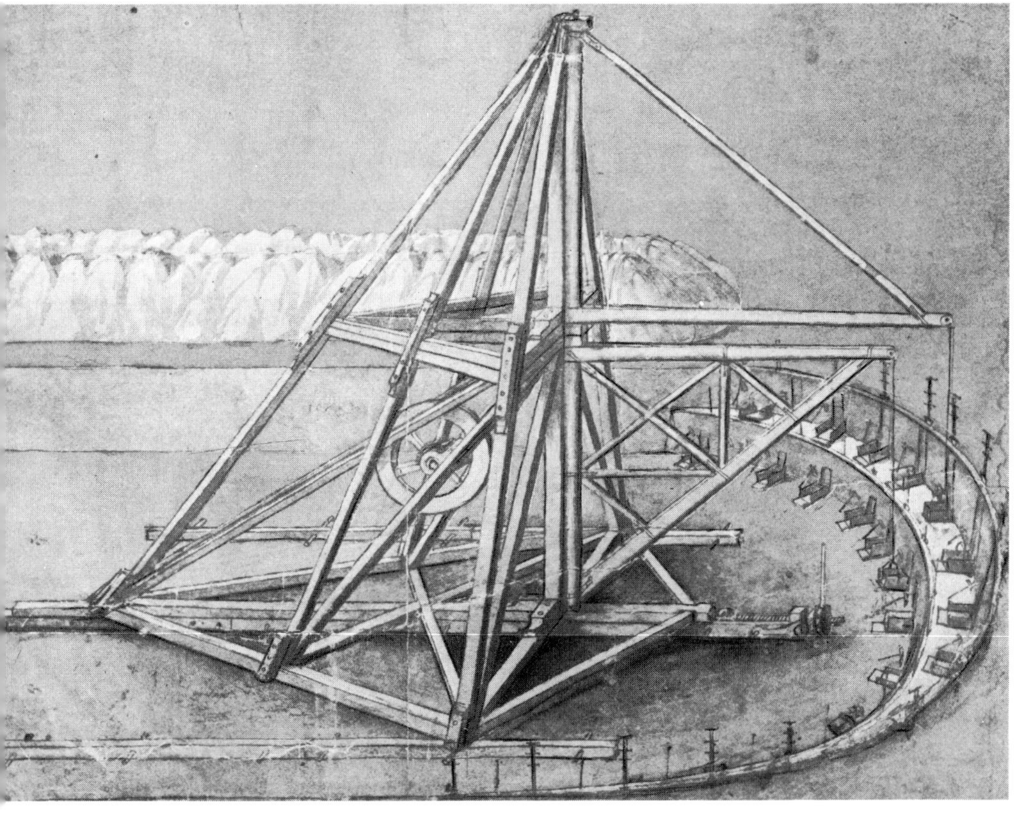

vor dem Rat, jedoch vergeblich: im Oktober wird das Unternehmen abgebrochen zum Triumph der Pisaner. Noch fünf Jahre mußten die Florentiner um Pisa kämpfen; erst 1509 ergab sich die erschöpfte Stadt.

Für uns heute Urteilende scheint es fast unerklärlich, daß Männer von so realistischem Sinn, wie Machiavelli und Piero Soderini es waren, einer Idee erliegen konnten, die sich jedem vernünftig Denkenden von vornherein als utopisch darstellen mußte. Einen Fluß vom Volumen und von der Potenz des Arno über so weite Strecken umzuleiten, war ein Unternehmen, das niemals in einem eng befristeten Zeitraum bewältigt werden konnte, wie er taktisch und strategisch durch die Belagerung Pisas gegeben war. Trotzdem müssen die Ingenieure der Zeit – es wurden erfahrene Hydrauliker aus Florenz und Ferrara ins Lager geschickt – die Aufgabe zunächst als realisierbar angesehen haben; kritische Stimmen wurden indessen sehr bald laut, und als das Unternehmen zusammengebrochen war, hat es nicht an bitteren Kommentaren gefehlt.

Wie Leonardo zu diesem Plane stand, ist schwer auszumachen. Die Tatsache, daß er als Gutachter von der Regierung berufen wurde und sich dieser Aufgabe unterzog, zwingt zu der Folgerung, daß er mit dem Projekt wohl vertraut war. Aber sein eigenes Urteil ist unbekannt, und aus den jetzt durch die Madrider Skizzenbücher bekanntgewordenen neuen Materialien muß man wohl den Schluß ziehen, daß er nicht der Urheber des Gedankens war, sondern sich eher unentschieden, sicher aber sehr kritisch verhalten hat.

Im Codex Madrid II befindet sich faktisch nur ein Hinweis auf Leonardos Anwesenheit im Feldlager von Pisa [S. 27]. Über ein Doppelblatt gezeichnet ist so etwas wie eine Generalstabskarte des militärischen Operationsgebietes zwischen Pisa und dem Meer. Die eingetragenen topographischen Namen – wie Serchio, Librafatta, Barbaricina, Arno, Torre di Foce, Verrucola, Vico [Pisano], Cascina, Calci – entsprechen genau den Orten, die in der Korrespondenz zwischen Machiavelli und den Kommissaren im Florentiner Feldlager als Operationszentren genannt werden; ebenso geben die eingezeichneten Kanalläufe (»fossi«) – sowohl im Mündungsgebiet des Serchio (»fiume morto«) nördlich von Pisa wie zwischen dem Arno und dem Stagno di Livorno südlich von Pisa – einen genauen Überblick über das Kanalnetz dieses Küstenstreifens. Die Ortsbezeichnungen Leonardos sind in normaler rechtsläufiger Schrift – nicht in Spiegelschrift – eingetragen, so daß diese Karte sicher den Auftraggebern vorgelegt werden sollte. Aber ein eigener Vorschlag oder Ausführungsplan Leonardos kann aus dieser Karte nicht erschlossen werden; der Madrider Codex

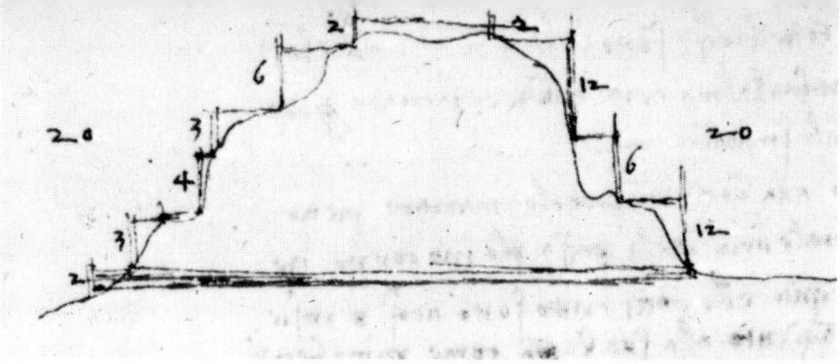

Das gewaltige Ausmaß von Leonardos Plan, Florenz den Zugang zum Meer zu erschließen, ist aus der Karte (S. 34/35) aus dem Codex Madrid II, Folios 22 verso und 23 recto, ersichtlich. Der Arno schlängelt sich, über das Doppelblatt gezeichnet, von Florenz in der rechten unteren Ecke bis nach Pisa ganz links. Von Pistoia läuft der Kanal am Monte Albano entlang, überwindet in einem Durchstich den Paß bei Serravalle und wendet sich dann nach Süden, um sich bei Vico Pisano mit dem Arno zu vereinigen. Das ist zum Teil die Route, der mehr als 450 Jahre später die Erbauer der Autobahn von Florenz zum Meer folgten. Aus dem Diagramm oben aus dem Codex Madrid I, Folio 111 recto, geht Leonardos Absicht hervor, Serravalle zu untertunneln – an derselben Stelle, die für den Autobahntunnel gewählt wurde.

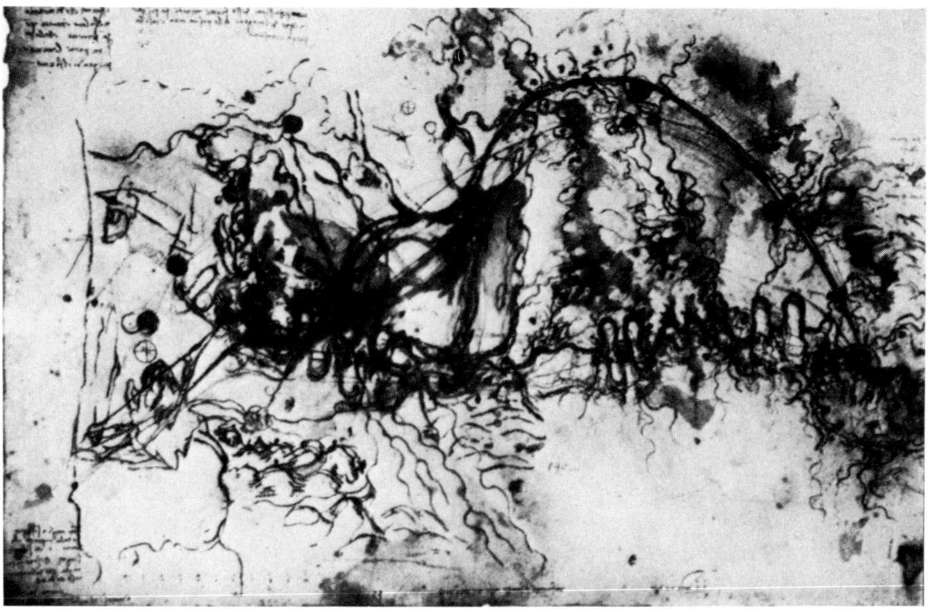

Diese Karte, Windsor Nr. 12279, ist eine weitere Studie für den Arnokanal. Leonardo macht präzise Angaben über die Entfernungen – er sagt, der Kanal werde den Wasserweg um achtzehn Kilometer verkürzen – und über die Vorteile: »Prato, Pistoia und Pisa sowie Florenz werden jährlich 200 000 Dukaten einnehmen und das Werk tatkräftig und mit Geld unterstützen.«

pisa
cascina

prato
campi
empoli

gibt auch keine weitere Auskunft über dieses Projekt. Aus einer Eintragung auf einem Blatt der Sammlung Windsor kann man vielmehr Leonardos Zweifel an diesem Unternehmen herauslesen. Um so mehr Gewicht gewinnt deshalb die Tatsache, daß eine große Anzahl weiterer Zeichnungen im Madrider Codex enthalten sind, die sich zwar auch mit dem Flußlauf des Arno befassen, aber, wie wir sogleich sehen werden, ein ganz anderes – unkriegerisches – Thema zum Gegenstand haben.

Über ein Doppelblatt des Codex gezeichnet und farbig angelegt, finden wir eine Landkarte des Arnolaufs von Florenz bis zur Mündung ins Meer hinter Pisa [S. 34/35]. Die beiden Gebirgsgruppen nördlich des Flusses – der Monte Albano mit seinen Ausläufern von Serravalle bis Signa und die Pisaner Berge von Lucca bis Vico Pisano – sind gegen das weite Flachland abgesetzt; eine große Anzahl von Orten ist, wieder in rechtsläufiger Schrift, von Leonardo eingetragen. In dem Blatt aus der Sammlung Windsor ist eine Vorstudie zu der Karte im Madrider Codex enthalten [S. 33]. In ihr wird der Anlaß oder Zweck dieser topographischen Aufnahme deutlich: Leonardo trägt hier den Lauf eines großen Kanals ein, der unter Umgehung des unschiffbaren Teils des Arno mit seinen starken Krümmungen zwischen Florenz und Vico Pisano eine Wasserstraße bis zum Meere schaffen soll. Was auf dem Windsorblatt in immer wieder neuen Ansätzen erprobt wird, ist in der Karte des Madrider Codex zu

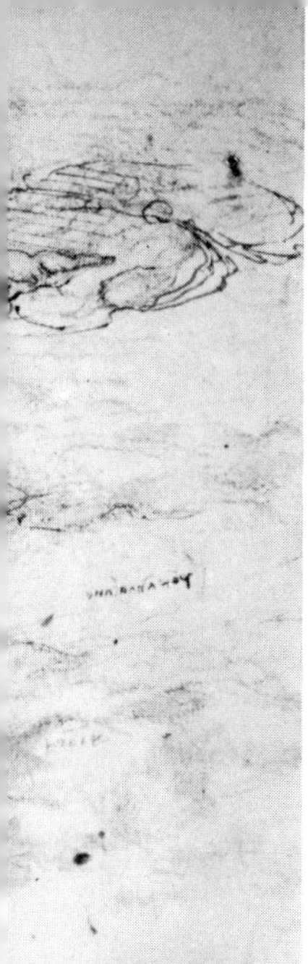

Die Landkarten links und unten scheinen auf den ersten Blick aus der Vogelperspektive gezeichnet zu sein, als ob Leonardo imstande gewesen wäre, seine Flugmaschine zu bauen und mit ihr aufzusteigen. Seine nur gedachte Perspektive verbindet frühere Ansichten und neue, rasch gezeichnete fragmentarische Studien. Beide Karten (Windsor 12682 und 12278 recto) zeigen Arezzo und das Chianatal (Val di Chiana); sie wurden wahrscheinlich 1502 angefertigt, als Leonardo im Dienst von Cesare Borgia stand. Auf der unteren Karte sind die Orts- und Flußnamen in sorgfältiger, rechtsläufiger Schrift eingetragen, ein Hinweis darauf, daß es sich höchstwahrscheinlich um eine Militärkarte für Borgia handelte. In der Mitte das Chianatal, damals ein Sumpf, aus dem links der Arno in Richtung Florenz hinausfließt. Das Chianatal und der Tiber (oben) spielten eine Rolle in Leonardos Plänen für das Arno-Projekt – als ein Mittel, einen gleichbleibenden Wasserstand für die Schiffahrt auf dem Fluß zu sichern.

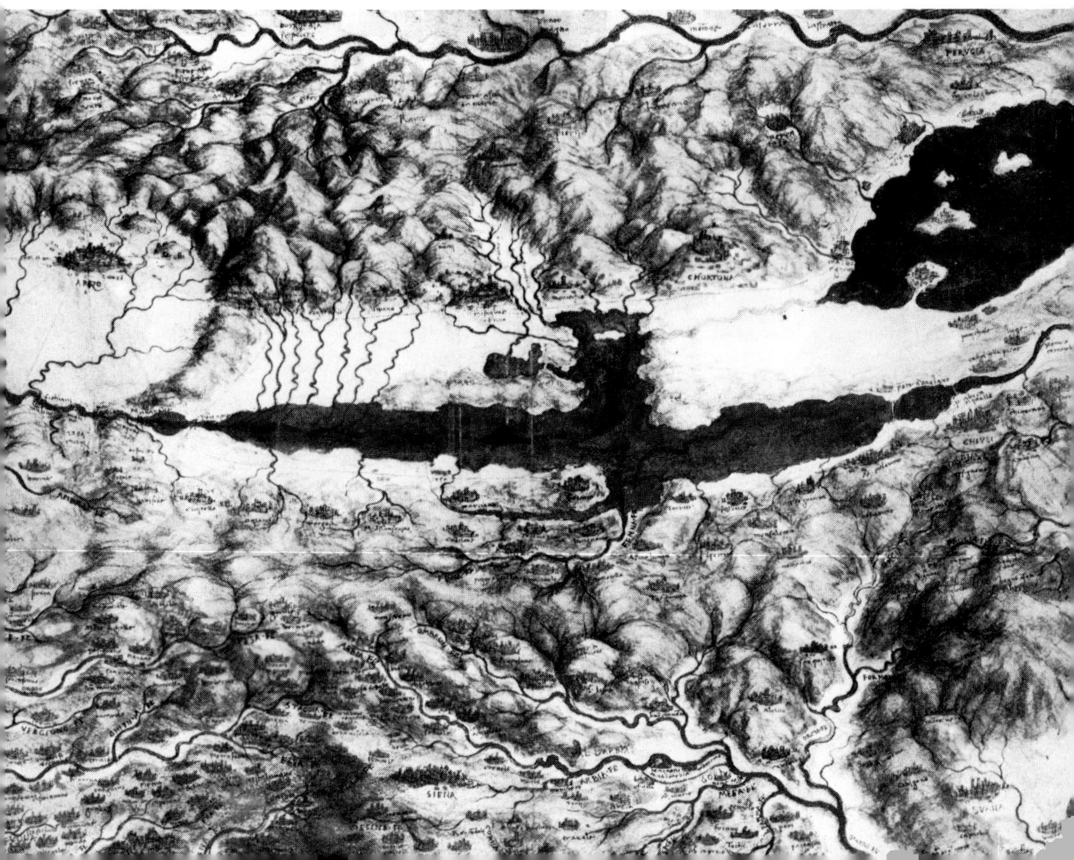

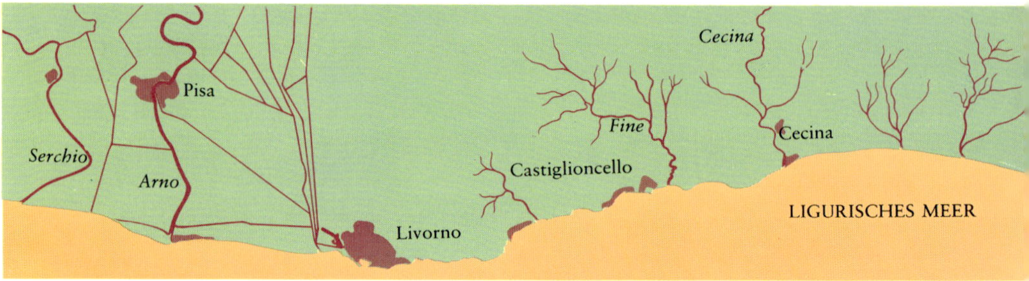

Am unteren Rand von Leonardos Karte vom Stromgebiet des Arno ist die Küste des Ligurischen Meeres zu sehen. Die Sümpfe in der Nähe von Pisa sind seitdem trockengelegt worden, wie aus der Karte oben ersichtlich.

einer klareren Lösung gebracht worden. Wir erkennen den großen Bogen des Kanals, der von Florenz über Prato (mit einer Alternativlösung über Poggio a Caiano) nach Pistoia führt und von dort durch das Tal von Serravalle wieder in die Ebene geleitet wird, um schließlich bei Vico Pisano den Arno wieder zu erreichen. Die Idee, den Arno durch einen umleitenden

Leonardo zeichnete die Karte links unten während seiner Tätigkeit für Cesare Borgia, 1502–1503; sie enthält die Grenzen des nach Expansion strebenden »Reiches« des Herrschers über Mittelitalien. Obwohl die Karte auch für strategische Zwecke gezeichnet war, ist sie ein Meisterstück, das bei Leonardos langjährigen Studien über den Arno und seine Nebenflüsse entstand – und vielleicht die erste moderne Landkarte. In ihrer Konzeption und Ausführung nimmt sie die Arbeit moderner Kartographen vorweg. Durch dunkle Schattierungen deutet Leonardo die Gebirgsketten des Apennin an und zeigt und benennt sorgfältig die Flüsse, Seen und Städte. Vom Meer windet sich der Arno hinauf durch Pisa und Florenz (Mitte), wendet sich dann hinter der Einmündung des Sieve nach Süden in Richtung Arezzo und wiederum nach Norden.

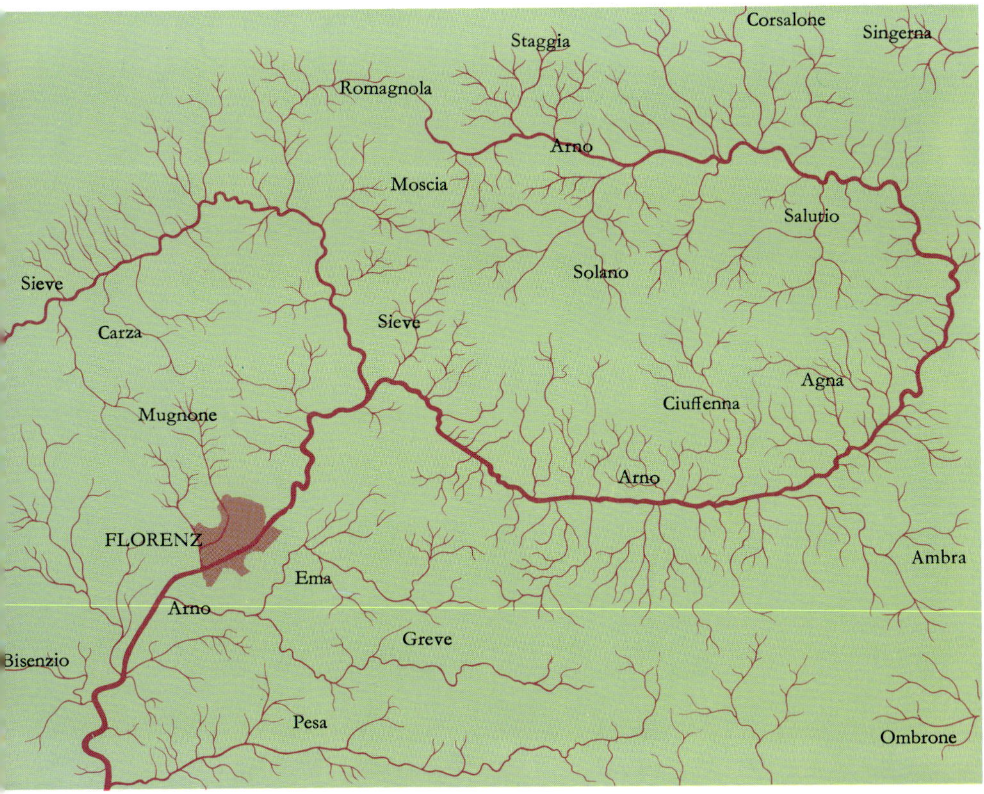

Kanal von Florenz bis zum Meere schiffbar zu machen, ist alt. Schon 1347 hatte die Florentiner Signoria beschlossen, ein solches Unternehmen ins Werk zu setzen, ebenso 1458. 1487 hatte der Baumeister Luca Fancelli von Mailand aus Lorenzo de' Medici gegenüber ein Projekt dieser Art in Erinnerung gebracht, das er mit dessen Vater Piero besprochen hatte. So greift Leonardo einen seit langem bestehenden Plan auf: die Schaffung eines Wasserweges zum Meer und die mit diesen hydraulischen Arbeiten verbundene Erschließung weiter Gebiete für die Landwirtschaft.

Zur Vorbereitung des Arnoprojekts muß Leonardo viele Tage damit verbracht haben, am Fluß entlangzuwandern und das schwierige Gelände zu erkunden, das der Kanal durchqueren sollte. Was er gesehen hatte, hielt er in wenigen Worten und vielen meisterhaften Zeichnungen fest.
Die Skizze rechts aus dem Codex Madrid II, Folio 4 recto, zeigt das Felsmassiv des Monte Veruca mit dem ihn krönenden Kastell, der untere Teil des Blattes ist mit technischen Berechnungen angefüllt. Das Kastell auf dem Monte Veruca, das die Florentiner in ihrem Krieg gegen Pisa 1503 wiedereroberten und das Leonardo am 21. Juni inspizierte, war die äußerste Bastion in dem stark umstrittenen Grenzbereich. Es steht noch heute (vgl. die Photographie).

Auf mehreren Blättern des Codex Atlanticus[8] hat Leonardo dieses große Projekt entwickelt. Erfahrene Gelehrte haben sich damit befaßt und es auf seine Realisierbarkeit geprüft. Nüchterne Berechnungen der Tagesleistung eines Arbeiters, die als Grundlage für die Gesamtkalkulation des Unternehmens dienen, treten dabei in Widerspruch zu utopischen Vorstellungen: der Durchstich im Tal von Serravalle hätte wegen der zu überwindenden Niveauunterschiede (etwa achtzig Meter) getreppte Schleusenanlagen von solchen Ausmaßen erforderlich gemacht, daß deren praktische

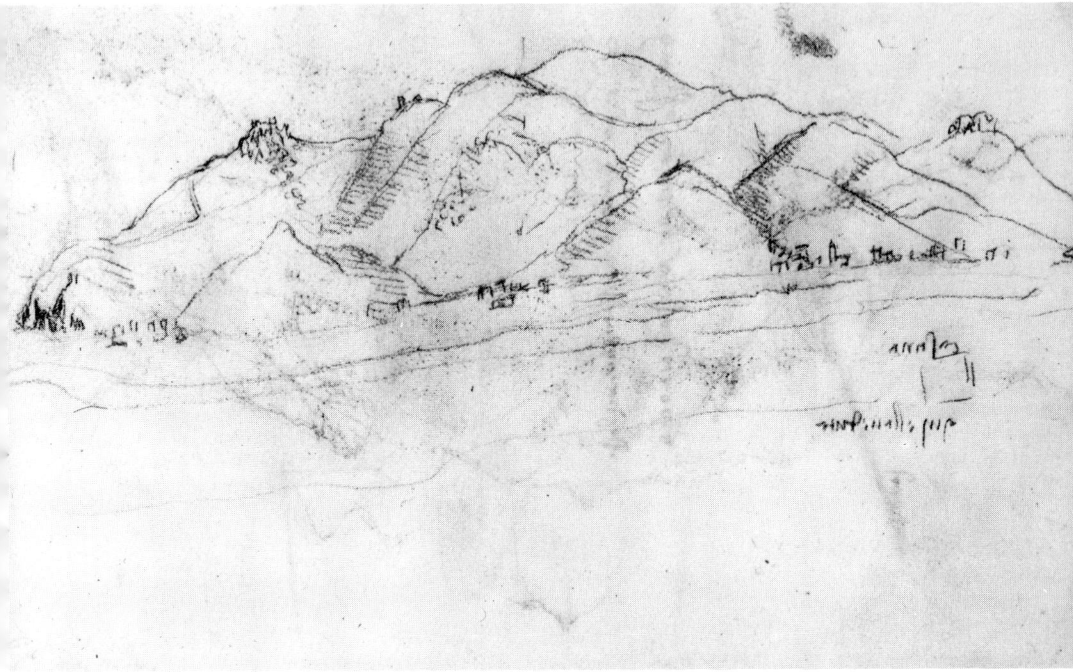

Die Skizze oben aus dem Codex Madrid II, Folio 7 verso, stellt das Panorama der Pisaner Berge an den Ufern des Arno dar.

Durchführbarkeit in Zweifel gezogen werden muß. Im Codex Atlanticus deutet Leonardo die Absicht an, einen Tunnel zu bauen – genau an der Stelle, wo sich der Tunnel für die heutige Autobahn von Florenz zum Meer befindet. Schon Jahre zuvor hatte Leonardo sich mit der Anlage von Tunnels unter Bergen befaßt [S. 33] und dabei eine Meßmethode untersucht, die garantieren sollte, daß auf zwei einander gegenüberliegenden Seiten des Berges begonnene Bohrungen sich genau an der vorgesehenen Stelle treffen.[9] Codex Madrid I gehört in die Mailänder Zeit Leonardos, in die auch sein Zusammentreffen mit Luca Fancelli fällt. Um 1503, als Leonardo in seiner Eigenschaft als Militäringenieur ins Kriegslager nach Pisa geschickt wird, um die geplante Ableitung des Arno durch einen Kanal oberhalb von Pisa zu prüfen, hat er sich dieses Auftrags zwar gewissenhaft entledigt, wie seine bereits erwähnte »Generalstabskarte« des

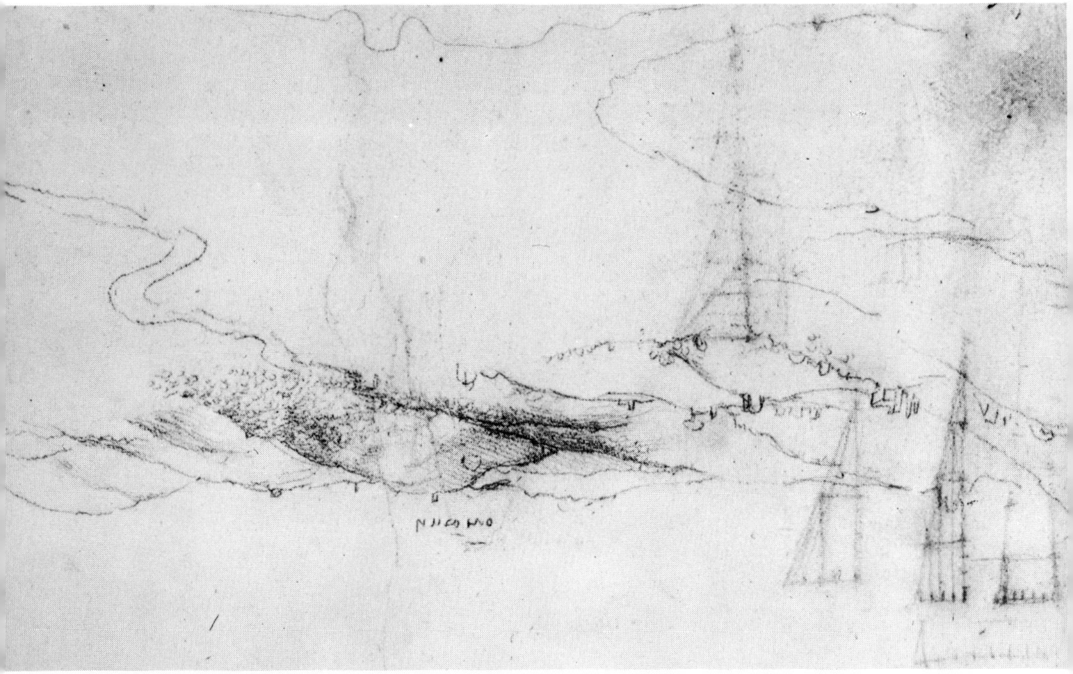

Oben, aus Codex Madrid II, Folio 17 recto, die Hügelkette von Incontro oberhalb von Florenz mit dichtem Buschwerk auf den Hängen.

militärischen Operationsgebietes [S. 27] im Codex Madrid II zeigt; aber es ist tröstlich zu sehen, daß das Hauptinteresse des Meisters nicht diesem Kriegsziel, sondern dem großen Friedensprojekt – eben dem Arnokanal als Wasserstraße – zugewendet bleibt.

Leonardo ist sich dabei der Größe und der technischen Schwierigkeiten wohl bewußt, die in der Realisierung des Unternehmens lagen; manche warnende Notiz in seinen Manuskripten bezeugt dies.[10] Seine Planung muß deshalb als ein längeres und systematisches Studium aller Gegebenheiten verstanden werden, und hierfür bieten die Aufzeichnungen im Codex Madrid II den besten Beweis. Sie bieten aufschlußreiche Ergänzungen zu den Studien im Codex Atlanticus und in der Sammlung Windsor und zeigen Leonardo bei der Arbeit an einem Projekt von höchster volkswirtschaftlicher Bedeutung.

Das Scheitern des Planes, das belagerte Pisa seiner Wasserstraße zu berauben, führte zur vorübergehenden Einstellung der Kriegshandlungen; die Florentiner Streitkräfte wurden abberufen. Um so mehr nutzte die Signoria die Pause der Kriegsführung, um auf politisch-diplomatischem Wege den Gegner zu isolieren. Im April 1504 wurde Machiavelli nach Piombino entsandt, um mit Jacopo IV. Appiani, der nach dem Sturz der Borgia-Herrschaft wieder in seine Stadt zurückgekehrt war, zu verhan-

Bei seiner Wiedergabe von Berglandschaften verschmelzen Leonardos Fähigkeiten als Künstler, Ingenieur und Geologe, und das Ergebnis sind Naturstudien von seltenem Zauber. Die wunderbaren Landschaftsdetails oben stammen aus den Gemälden Die Hl. Anna Selbdritt *(links) und* Mona Lisa. *Bei der Zeichnung Windsor Nr. 12410 befolgte er seinen eigenen Rat: »O Maler, wenn du Berge darstellst, sorge dafür, daß der Fuß des Berges immer heller ist als der Gipfel … und je höher sie emporragen, um so deutlicher sollten sie ihre wahre Form und Farbe erkennen lassen.«*

deln und wieder freundschaftliche Beziehungen anzuknüpfen. Die Mission war heikel. Wenige Jahre vorher – 1499 – hatte Machiavelli Jacopo mit einem hochbesoldeten Condottiere-Posten für Florenz zu gewinnen getrachtet. Die Verhandlungen hatten sich hinausgezogen und wurden offensichtlich von Florentiner Seite abgebrochen, als der Stern Cesare Borgias aufging und es den Florentinern ratsamer erschien, mit diesem mächtigen Günstling des Papstes in gute Beziehungen zu treten. Anstelle

Die lebhafte Phantasie Leonardos ließ immer neue Perspektiven erstehen, deren Blickpunkte damals nur in seiner Vorstellung existieren konnten. Die Zeichnung links aus Windsor 12409 gibt den Blick auf einen Ort in einem Alpental wieder, in dem ein Gewitter tobt, und auf die sonnenbeschienenen Berggipfel oberhalb der Gewitterwolken.

von Jacopo Appiani bot man Cesare Borgia einen Condottiere-Posten an und sprach ihm in der Bestallungsurkunde sogar den Titel des »Signore di Piombino« zu, bevor Cesare die Herrschaft über dieses Gebiet angetreten hatte. So hatte Machiavelli 1504 eine schwierige diplomatische Mission: Er mußte in Jacopo Appiani das Vertrauen gegenüber der Signoria von Florenz zurückgewinnen und sich der – wir würden heute sagen – »wohlwollenden Neutralität« des Herrschers von Piombino in den Spannungen versichern, die Florenz mit Siena und Pisa hatte. In bezug auf Pisa, das die Appiani vor vier Generationen recht unrühmlich verlassen hatten, war diese wohlwollende Neutralität Jacopos unschwer zu erhalten; um so wichtiger war es für Florenz, seine Einstellung im Hinblick auf Siena genau zu kennen. Der diplomatische Auftrag Machiavellis wird ihm von

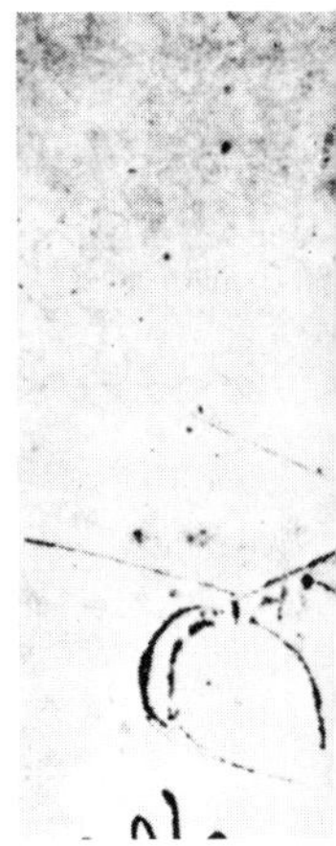

der Signoria genauestens dargelegt. Im April 1504 begibt Machiavelli sich nach Piombino, und sicher ist es kein Zufall, daß im Spätherbst desselben Jahres Leonardo da Vinci nach Piombino geht, um Jacopo Appiani beim Ausbau der Befestigungsanlagen der Stadt zu beraten. Dies ist ein völlig neuer, bisher unbekannter Auftrag, über den wir zum ersten Mal aus dem Codex Madrid II Kenntnis gewonnen haben.

In dem Codex findet sich die Eintragung Leonardos: »Am letzten Tag des Novembers [müßte heißen Oktobers], an Allerheiligen [also 1. November] 1504, zeigte ich dem Herrn in Piombino folgendes.«[11] Der Text ist begleitet von einer kleinen Zeichnung, die die Planierung einer Hügelgruppe im Rahmen einer Befestigungsanlage vorsieht [S. 56]. Auf dem vorausgehenden Blatt ist ein tunnelartiger Festungsgraben skizziert [S. 58]; der

danebenstehende Text besagt: »Bedeckte Straße. Zitadelle von Piombino, am 20. November 1504. Den Graben, den ich gerade mache.«[12]
Das Datum des 1. November 1504 findet sich noch einmal im Codex[13] in ganz anderem Zusammenhang: Leonardo notiert hier eine Beobachtung über farbige Reflexschatten an einer Hausmauer: »1504 in Piombino, an Allerheiligen.« – Ende Dezember 1504, mutmaßlich vor Weihnachten, ist Leonardo wieder in Florenz, wie wir aus anderen Urkunden wissen. Da er am 31. Oktober 1504 Geld in Florenz abhebt, kann er erst an diesem Tage nach Piombino abgereist sein. Schon am nächstfolgenden Tage – also dem ersten seiner Anwesenheit am Ort – erläutert er dem »Signore«, Jacopo Appiani, seinen Bauplan. Er muß also bereits sehr exakte Kenntnisse von der örtlichen Situation und von seiner Aufgabe gehabt haben. Dann

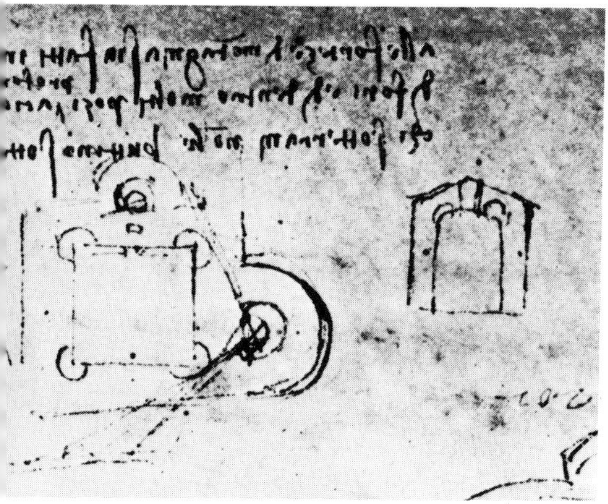

Im Oktober 1502 verbrachte Leonardo mehrere Wochen in Imola mit dem Herrscher der Stadt, Cesare Borgia, der nach einer Revolte seiner Generäle hier festgehalten wurde. In dieser Zeit studierte er die dortige Festung, die Rocca. Sie wird links außen in einer Photographie und auf der nächsten Doppelseite in einer Zeichnung aus dem 17. Jahrhundert gezeigt. Leonardos Skizze (links) mag durch die Rocca angeregt worden sein.

verbringt er sechs bis sieben Wochen in Piombino. Das ist eine äußerst knappe Frist, die es ausschließt, daß größere Bauvorgänge unter seiner Aufsicht durchgeführt wurden. Aus diesem Sachverhalt müssen wir folgern, daß Leonardo also auch hier in Piombino – ähnlich wie in Venedig und im Kriegslager von Pisa – als Sachgutachter und Berater, nicht aber als praktischer Architekt gewirkt hat.
Unseres Erachtens kann kein Zweifel bestehen, daß Leonardo da Vincis Auftrag in Piombino in Zusammenhang mit der politischen Mission Machiavellis stand. Es erscheint nur »logisch«, daß der Florentiner Diplomat dem wieder inthronisierten Herrscher das Anerbieten machte, ihm den berühmtesten Experten seiner Stadt zur Verfügung zu stellen, um sich in der wichtigsten Aufgabe, die Jacopo Appiani bevorstand – der

Die Rocca, hier in einer Zeichnung aus dem 17. Jahrhundert, war die Hauptfestung von Imola. Leonardos spätere Vorstellungen von Festungsanlagen mögen beeinflußt gewesen sein durch die halbkreisförmigen Wallgräben, die die Außentürme der Rocca schützen.

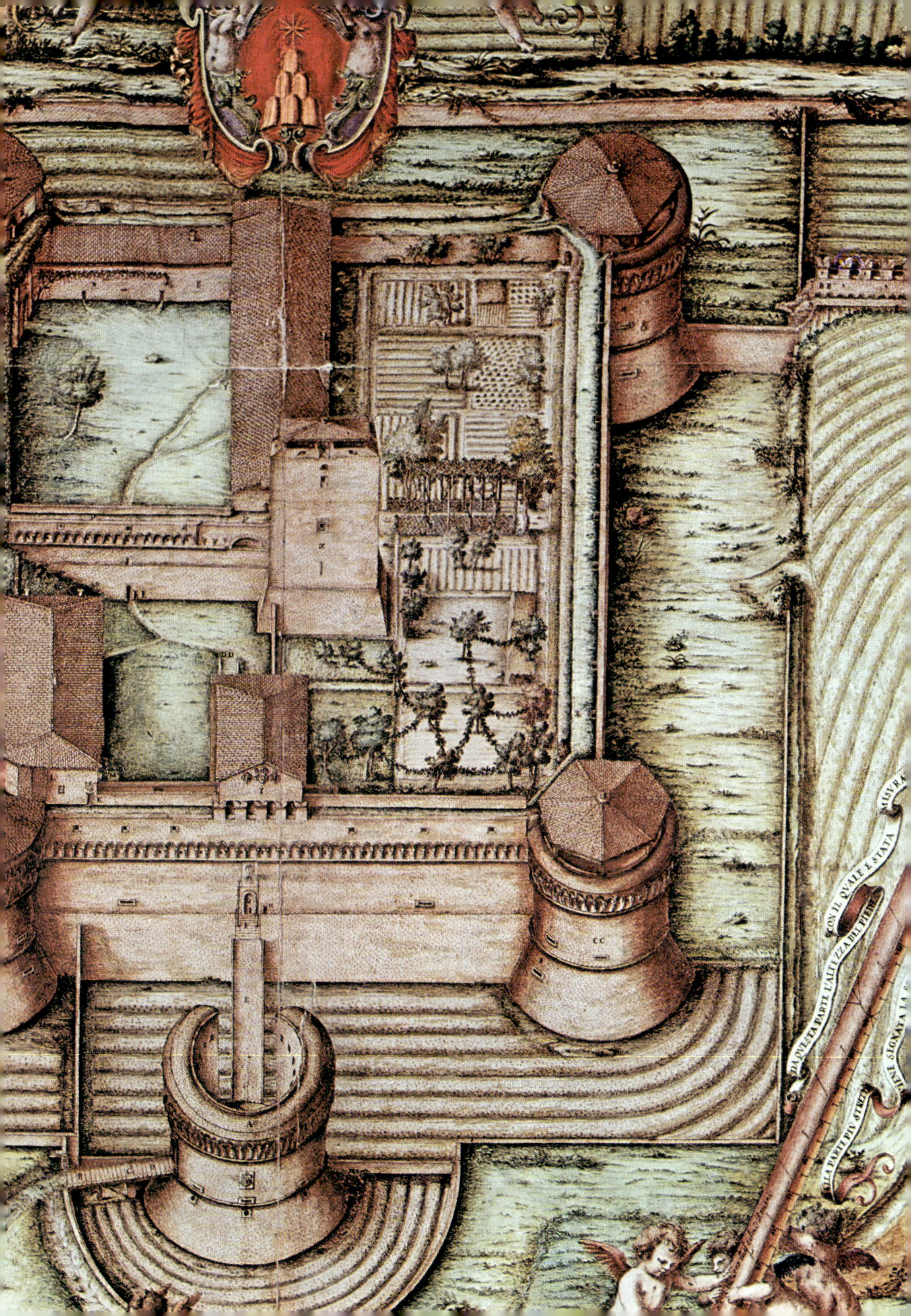
DA QVESTA PARTE L'ALTEZZA DEL PIEDE CON IL QVALE È STATA MISVRA
ALLA PARTE PIV STRETTA
VIENE SEGNATA LA

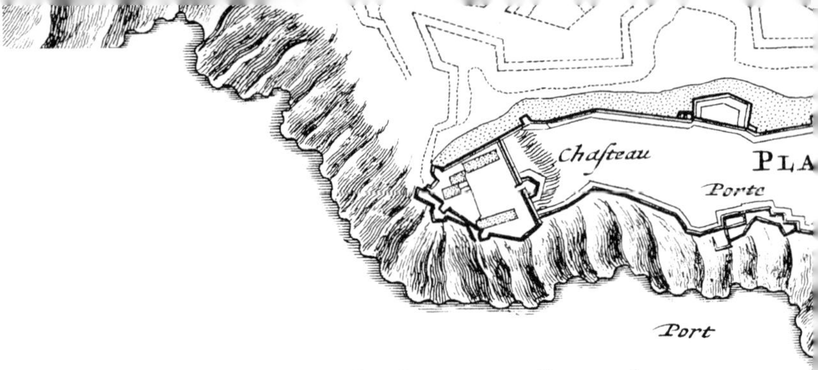

Befestigung seiner zurückgewonnenen Stadt – von diesem beraten zu lassen. Gerade Leonardo war hierfür die bestgeeignete Persönlichkeit, weil er von seiner Tätigkeit für Cesare Borgia – den kurzfristigen Usurpator Piombinos – mit den Gegebenheiten bereits völlig vertraut war. So ist es ein ironisches Spiel der geschichtlichen Umstände, daß Jacopo Appiani nunmehr das Fortifikationsprojekt zugute kam, das ursprünglich für seinen verhaßtesten Feind erarbeitet worden war.

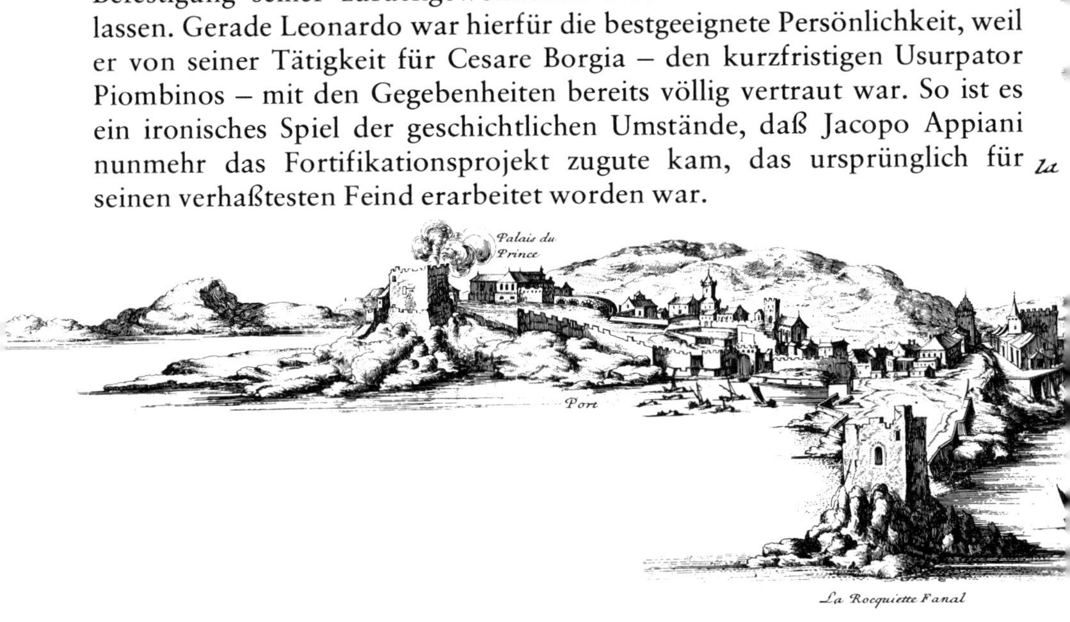

Die Hauptstütze der Verteidigungsanlagen der Stadt war die Zitadelle, die im rechten Teil der Karte und in der Mitte des Gemäldes rechts aus dem Jahre 1894 zu sehen ist.

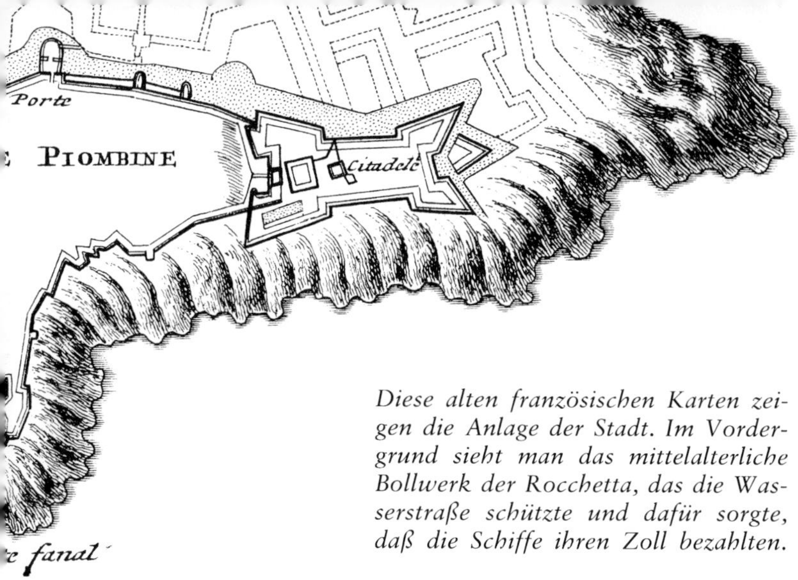

Diese alten französischen Karten zeigen die Anlage der Stadt. Im Vordergrund sieht man das mittelalterliche Bollwerk der Rocchetta, das die Wasserstraße schützte und dafür sorgte, daß die Schiffe ihren Zoll bezahlten.

Nach den im Codex Madrid II verstreuten Notizen und Skizzen lassen sich vier verschiedene, aber miteinander in Zusammenhang stehende Bauprojekte für die Befestigungsanlagen in Piombino unterscheiden. Jeder dieser geplanten Bauten geht von dem Kastell an der Ostecke der Stadt aus.

Militärische Aufträge von zwei verschiedenen Herren führten Leonardo in die reizvolle Hafenstadt Piombino an der Westküste der Halbinsel. Seine beiden Besuche brachten ihn auf geniale Ideen für Festungsbauten. Die Abbildungen auf diesen beiden Seiten, alle aus dem 19. Jahrhundert vor dem Verfall des alten Piombino stammend, zeigen, wie die Stadt ausgesehen haben muß, als Leonardo 1502 im Auftrag von Cesare Borgia in Piombino war. Porto Falesia, schon zur Zeit des alten Rom ein wichtiger Hafen, war voll von Schiffen, die Eisenerz von der nahegelegenen Insel Elba brachten.

Das erste dieser Vorhaben war die Anlage eines etwa 350 Meter langen Grabens durch felsiges Gelände von dem Kastell zur Landzunge und der Rocchetta.[14] Ein Vergleich mit modernen Karten von Piombino zeigt, daß die Entfernung von der Zitadelle bis zur Landzunge ziemlich genau der in Leonardos Zeichnung angegebenen entspricht.
Das zweite Projekt bestand in dem Bau eines Tunnels – einer »bedeckten

Leonardos erster Besuch in Piombino hatte den Zweck, die Frage der Trokkenlegung der dortigen Sümpfe zu untersuchen und die Befestigungen zu verbessern. Piombino war für Florenz, Siena und die anderen angrenzenden Mächte von großem strategischem Interesse. 1499 hatte Borgia den Herrscher von Piombino, Jacopo IV. Appiani, abgesetzt. Aber 1504 wurde Borgia vertrieben, und Jacopo übernahm wieder die Macht. Florenz wollte Jacopos Freundschaft wiedererlangen und schickte im Sommer Machiavelli als Botschafter zu ihm; Ende Oktober 1504 wurde Leonardo nach Piombino entsandt, um ihn beim Ausbau der Befestigungsanlagen zu beraten. Er zeichnete detaillierte Pläne und machte Notizen für eine Reihe von Bauvorhaben (vgl. folgende Seiten). Niemand weiß, ob tatsächlich ein Bau ausgeführt wurde, aber der Turm am Haupttor (Photographie oben) heißt bis zum heutigen Tag im Volksmund «der Turm von Leonardo da Vinci».

Straße«, auch als »Graben« (fosso) bezeichnet –, dessen Länge Leonardo mit 300 Ellen (etwa 180 Meter) angab. Er sollte in gerader Linie von der Zitadelle zum Stadttor von Piombino verlaufen.[15] Nach modernen Stadtplänen stimmt die Entfernung von der Zitadelle zum Stadttor ziemlich genau mit Leonardos Angaben überein.

Das dritte Bauvorhaben war eine Erweiterung der Zitadelle durch einen massiven Turm mit einer Höhe von zwanzig Ellen oder etwa zwölf Metern – was nicht sehr viel ist – und einem Durchmesser von rund fünfzehn Metern.

Als viertes sollte eine Hügelgruppe abgetragen werden, um eine offene Schußlinie für den nicht sehr großen Befestigungsturm zu schaffen. Mit Geschützen hätte dann das offene Land im Osten, in der Umgebung des Hafens, kontrolliert werden können. Mit relativer Genauigkeit kann nur die Lage des Tunnels zwischen dem Kastell und dem Stadttor festgestellt werden. Für die Form des Tunnels machte Leonardo verschiedene, voneinander abweichende Skizzen und Notizen. Es ist kein endgültiger Plan mit einer Bestimmung der Lage innerhalb der Befestigung oder der Bauweise vorhanden. Auch zu dem Plan für einen 350 Meter langen Graben sind keine weiteren Einzelheiten zu finden. Die wiederholten Notizen über das felsige Gelände, das das Projekt verteuerte, und die Notiz »lungo la marina« (die Küste entlang) lassen jedoch darauf schließen, daß dieser Graben zur Landzunge führen sollte.

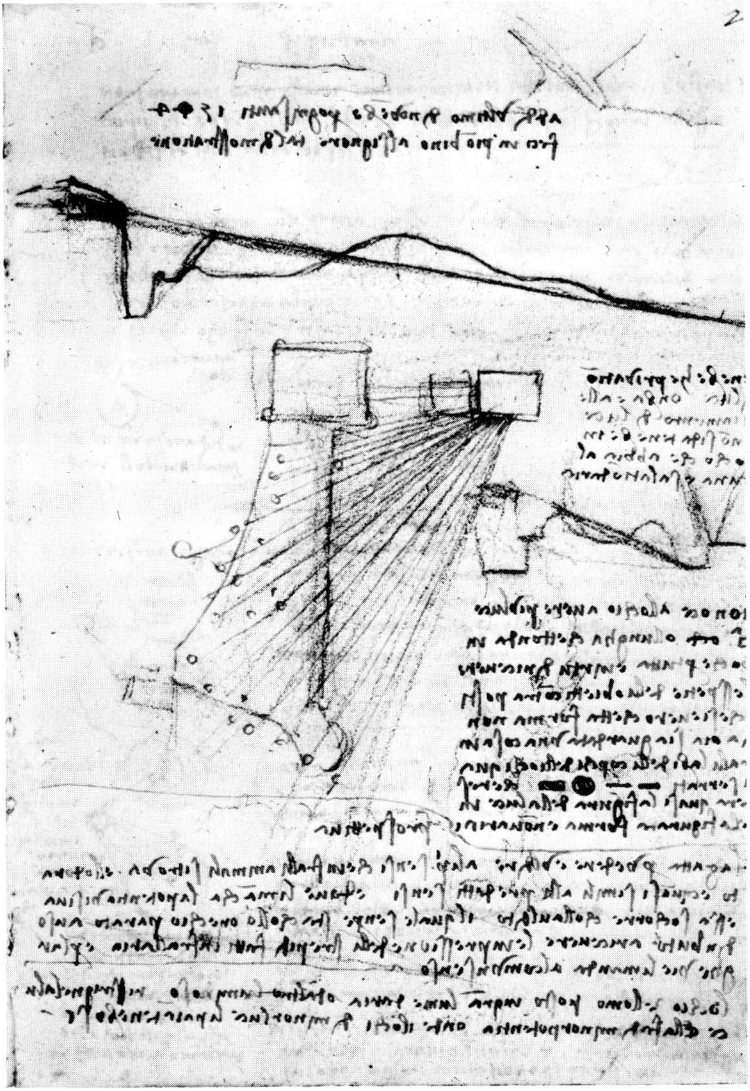

Die Zeichnung oben aus Codex Madrid II, Folio 25 recto, zeigt das Vorhaben Leonardos, eine Hügelgruppe abzutragen, um eine freie Schußlinie zwischen dem Rundturm und dem alten Hafen im Osten zu schaffen.

Rechts eine Skizze aus dem Codex Madrid II, Folio 88 verso, in der Leonardo einen Plan zum Umbau des alten Hafens (Porto Falesia) niederlegt, dessen Wellenbrecher schon damals verfallen war. Links vom Wellenbrecher sieht er ein Festungswerk vor.

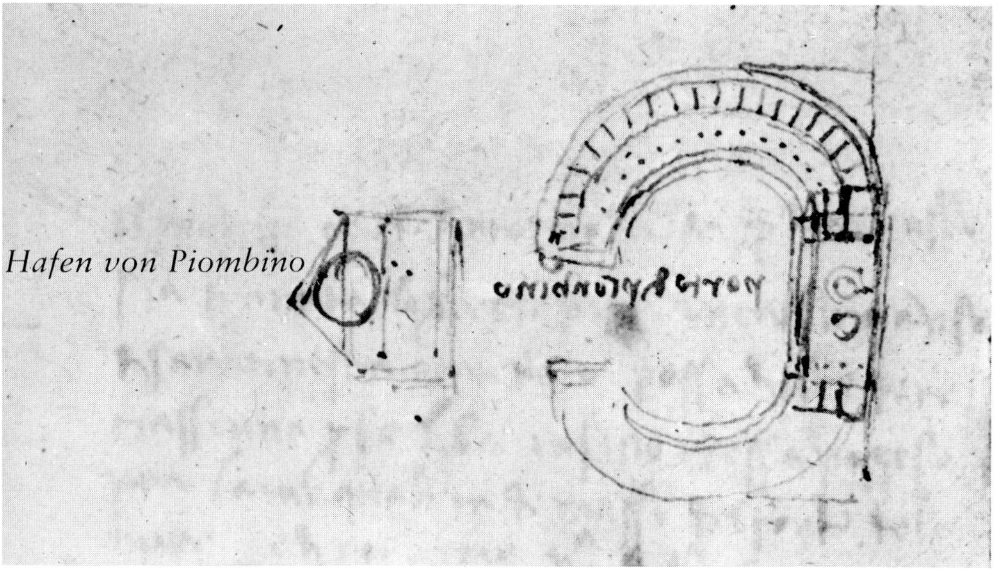

Hafen von Piombino

Die ausführlichen Begleittexte, meist Berechnungen der Kosten, lassen erkennen, daß Leonardo ein versierter Bauingenieur war, der die Tagesleistung eines Arbeiters genau nach der Beschaffenheit des Bodens – sandiges oder felsiges Gelände – differenzierte. Auch für den Bau des Laufgrabens macht Leonardo genaue Angaben über eine zweckmäßige Verteilung der Arbeitskräfte vom tiefsten Punkt des Grabenbodens bis zum Wall am oberen Rand, damit die zu bewegenden Erdmassen zügig bewältigt werden könnten.[16]

Höchst interessant ist Leonardos – mathematisch recht primitive – Errechnung der Erdmassen, die bei der Abtragung der Hügelgruppe zu bewältigen sind. Sein Umgang mit kubischen Maßen ist sehr empirisch, und für die Exaktheit seiner Kalkulation möchten wir uns nicht verbürgen. Aber die Umsetzung des Hügelmassivs in ein geometrisches Kegeldiagramm und die rechnerische Bestimmung des Kegelvolumens zeigen, daß er sich eines gewissen mathematischen Prinzips bediente, um die realen Dimensionen der praktischen Bauaufgabe zu fassen.[17]

Sehr bezeichnend für die politischen Zeitverhältnisse ist die Vorsorge Leonardos, den gedeckten Verbindungsgang zwischen Kastell und Stadttor doppelt zu sichern, d.h. nicht nur gegen den äußeren, sondern auch gegen den inneren Feind: für den Fall, daß das Volk (»il popolo«) – also die Bürger von Piombino – sich gegen ihren Herrn erheben und versuchen

Diese Karte von Piombino aus dem 16. Jahrhundert zeigt die vier Hauptprojekte, die Leonardo für Jacopo IV. Appiani durchführen wollte. Das größte Vorhaben war die Aushebung eines Grabens von der Zitadelle zur Rocchetta auf der Landzunge (I). Dieser Graben sollte etwa 350 Meter lang sein. Als nächstes sollte die Zitadelle durch einen Tunnel mit dem Haupttor von Piombino verbunden werden (II). Zwei Skizzen aus dem Codex Madrid II, Folios 9 verso und 24 verso (links oben und unten), zeigen den Tunnel. Um den Stadtherrn vor Verrat durch seine eigenen Soldaten oder die Einwohner der Stadt – was häufig vorkam – zu schützen, sah Leonardo für den einzigen Zugang zum Tunnel eine Zugbrücke vor. Neben der Festung und im Anschluß an den unterirdischen Gang sollte ein Turm (III) der Verteidigung der Festung und der alten Stadtmauer dienen. Rechts sind Skizzen zu diesem dritten Projekt zu sehen; sie stammen beide aus Codex Madrid II, Folio 37 recto.

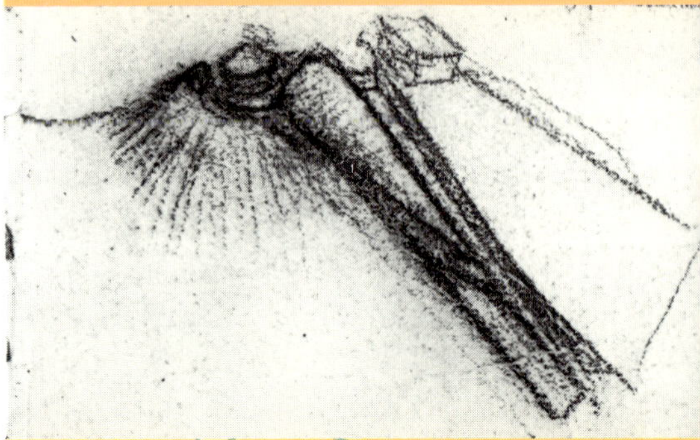

bedeckte Straße

Zitadelle von Piombino, am 20. November 1504.

den Graben, den ich gerade mache

Tor

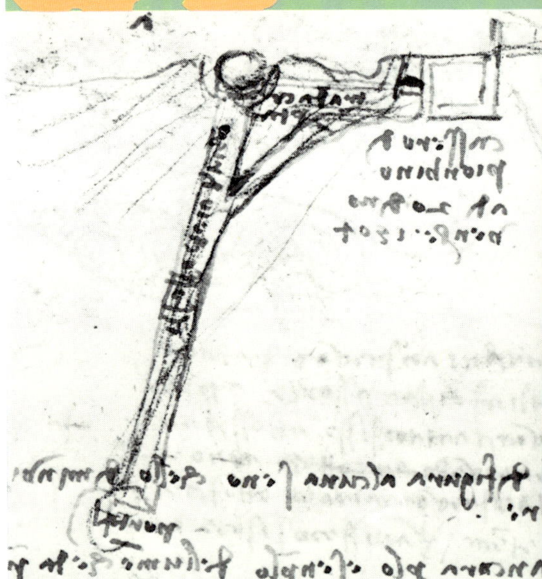

Das vierte Projekt sah die Planierung einer Hügelgruppe vor, um eine freie Schußlinie zu schaffen (IV).

'e kleine Karte von Piombino
chts sieht eine neue Mauer außer-
lb der alten vor sowie Verteidi-
ngsanlagen um das Haupttor.
bwohl die Karte im Codex Atlan-
us, Folio 41 recto, gefunden wur-
, stammt die Zeichnung vermut-
h von Antonio da Sangallo dem
teren, einem bedeutenden floren-
ischen Architekten und Inge-
eur, der zur selben Zeit im Dienst
r Republik stand.

sollten, den Verbindungsgraben gegen das Stadttor abzuschneiden, sieht Leonardo entsprechende Sicherungs- bzw. Gegenmaßnahmen vor; ein sprechendes Beispiel dafür, unter welchem Mißtrauen ein Herrscher jener Tage seine Regentschaft ausübte.[18]
Auch beim Bau des großen Rundturms des Kastells, des Kernstückes der Festungsanlage, ist er bedacht, durch ein System von Sicherungsmaßnahmen die Funktionen des Kastellans, des Festungskommandanten, unter Kontrolle zu halten, um jede Möglichkeit einer Überrumpelung durch den Gegner, aber auch ebenso des Verrats an den Gegner, zu verhindern. Die schmähliche Preisgabe der mächtigen Zitadelle von Mailand, die der Kommandant 1499 ohne jede Gegenwehr den Franzosen nach ihrem

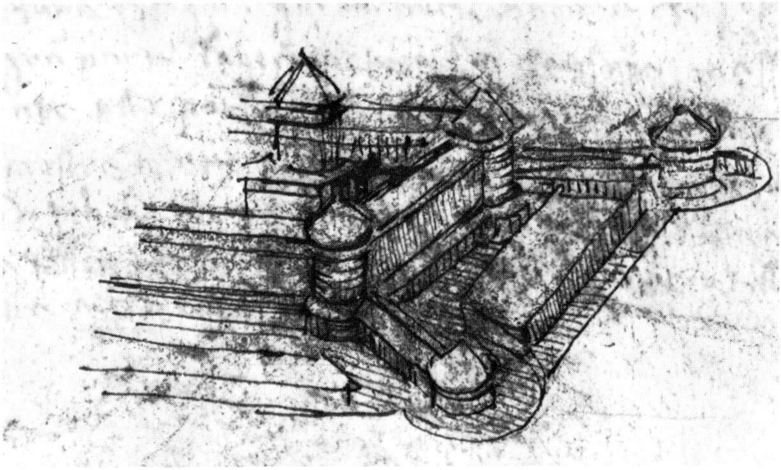

Gegen Ende des 15. Jahrhunderts änderten sich infolge der raschen Entwicklung und zunehmenden Wirkungskraft der Feuerwaffen die Grundsätze des Festungsbaues. Bis zu den siebziger Jahren wurden bei Festungsbauten viereckige Türme mit Schießscharten und hohe Mauern vorgezogen – eine typische Festung dieser Art wird auf der gegenüberliegenden Seite gezeigt, das Castello di Torrechiara in der Nähe von Parma, das noch heute steht. Dann begannen die Architekten Festungen mit runden Türmen und dicken, schrägen Mauern zu bauen, die der Wirkung der schweren Artillerie, sowohl der offensiven als der defensiven, angepaßt waren. Francesco di Giorgio Martini war einer der bekanntesten Festungsbauer und Militäringenieure seiner Zeit. Leonardo – 13 Jahre jünger – hat gewiß sehr viel von ihm gelernt. Er wurde von Francesco zu dem oben gezeigten Festungsentwurf (Codex Madrid II, Folio 79 recto) angeregt – einem Kastell, das den Übergang zu der niedrigen, abgerundeten Bastion späterer Zeiten darstellt.

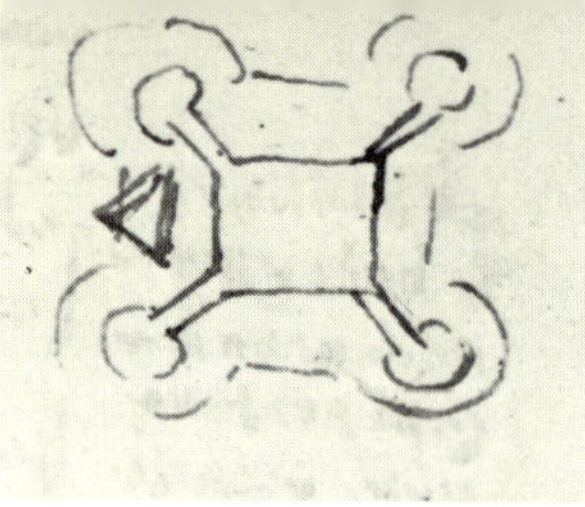

»An den stärkeren Ecken versehe man die Türme mit seitlichen Wehren, welche die Mauern mit den massiven Ecken verteidigen.«

»Der Burgherr muß über verschiedene Geheimgänge die ganze Festung abschreiten können, oben, in der Mitte und unten, durch Höhlungen und unterirdische Gänge, die so angelegt sein müssen, daß man ohne seinen Willen durch keinen von ihnen in seine Wohnung gelangen kann. Längs dieser Wege vermag er mit Hilfe von Fallgattern und sonstigen Einrichtungen jeden in seinen Räumen gefangen zu setzen, der eine Verschwörung gegen ihn anzetteln will, und er kann kommen, das Tor des Haupteinganges und das des Notausganges zu öffnen und zu schließen.

»Wenn ein viereckiger Turm an den Ecken dreieckige Vorbauten hat, die geteilten Unterschlupf verschiedener Art gewähren, dann ist er als solcher sehr widerstandsfähig.«

In den beiden oberen Skizzen von Leonardo geht es um die Anordnung der Türme innerhalb der Festung. Die beiden darunter beziehen sich auf die Form der Türme selbst. In den Notizen dazu und zu den Entwürfen auf der rechten Seite gibt Leonardo genaue Baubeschreibungen für die Anlage von Wallgräben, die Errichtung von Türmen und die Anordnung der Geschütze gegen den Feind vor den Toren. Aber er ist auch bestrebt, mögliche Feinde innerhalb der Festung in Schach zu halten – vgl. die Transkription (oben).

»Die Wachttürme müssen niedrig und dick, mit einem dicken Gewölbe überdeckt und in einem sehr stumpfen Winkel abgeschrägt sein, damit sie von den Querschlägen nicht erreicht werden.«

»Wenn eine viereckige Festung an zwei Ecken von den Kriegsmaschinen angegriffen werden kann, mache man die Ecken massiv…«

»Turm des Burgherrn«

»Hier blicken die Schießscharten des einen Außenwerks auf die Seiten des anderen und halten sie frei, und so machen sie es alle gegenseitig. Und hier kann man keine Leitern aufstellen.«

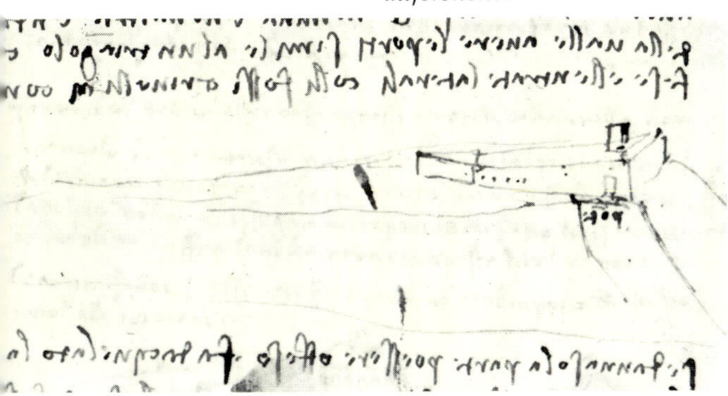

»Wenn nur von einer Seite angegriffen werden kann, dann mache auf dieser Seite den spitzen Winkel auf 25 bis 30 Fuß massiv, und mit seitlichen Befestigungen. An die Seiten setze man die Tore mit Wachttürmen dahinter und den zu diesen gehörigen Unterständen.«

Eindringen in die Stadt überließ, womit er Lodovico Sforzas Niederlage besiegelte, mag Leonardo ebenso im Gedächtnis gewesen sein wie die Überrumpelung der Festung von Fossonbrone im Oktober 1502, wo es den Truppen Borgias gelungen war, nachts in den geheimen Zugang zum Kastell unter Nutzung der gegnerischen Parole »Feltre« einzudringen.
So hat Leonardo, wie wir aus der kurzen Zeit seines Aufenthalts in Piombino folgern dürfen, dem Grafen Appiani im wesentlichen ein Projekt der Fortifikation entwickelt, dessen Ausführung längere Zeit in Anspruch nehmen mußte. Nur der Vermerk »den Graben, den ich mache« läßt vermuten, daß schon in den zwei Monaten seiner Anwesenheit mit der Anlage dieses Grabens begonnen wurde. Es wäre von großer Wichtigkeit, durch eine Versuchsgrabung am Kastell von Piombino zu ermitteln, ob noch Spuren dieses geheimen Verbindungsganges vorhanden sind.
Eine Zeichnung im Codex Atlanticus, die nicht von der Hand Leonardos ist, gibt das Fortifikationssystem von Piombino mit relativer Exaktheit wieder [S. 59]. Ob sie, wie angenommen wird, Antonio da Sangallo zuzuschreiben ist, muß dahingestellt bleiben. Antonio war ja mit

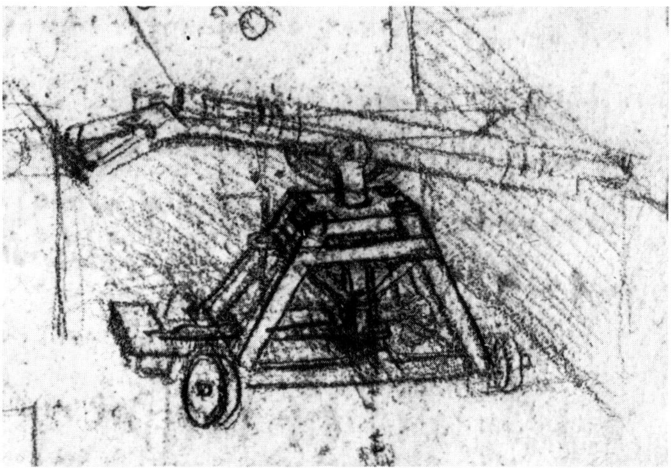

Bei den Plänen für Piombino wurde eine neue Technik besonders berücksichtigt – der Einsatz von Feuerwaffen. Eine der Hauptaufgaben der Soldaten in den alten Festungstürmen war es gewesen, heißes Pech auf die Angreifer zu schütten, die mit Leitern die Mauern zu erklimmen versuchten. Leonardo war einer der ersten Militärarchitekten, die ein Geschütz in einem Turm aufstellten, wie aus der Zeichnung oben aus dem Codex Madrid II, Folio 36 recto, ersichtlich ist. In einer anderen Zeichnung aus dem Codex Atlanticus, Folio 48 recto-b (rechts), trägt er die Schußbahnen des Geschützes ein.

Leonardo bereits im Kriegslager von Pisa zusammengetroffen, und so ist es gut möglich, daß er – gleichfalls ein angesehener Militäringenieur der Stadt Florenz – von diesem Auftrag Kenntnis hatte. Aufhellung über dies Problem der Wehranlage von Piombino können erst weitere Forschungen erbringen. Wie intensiv jedoch Leonardo sich mit dieser Aufgabe befaßt hat – zuerst, wie wir überzeugt sind, schon im Dienst Cesare Borgias, dann aber auch im Dienst des Jacopo Appiani – wird noch durch ein weiteres Beweismittel erhärtet, das gleichfalls im Codex Madrid II enthalten ist. Eine Reihe von Blättern desselben sind angefüllt mit Auszügen Leonardos aus dem Architekturtraktat von Francesco di Giorgio Martini. Eine genauere Prüfung dieser Auszüge ergibt, daß diese Auswahl der Texte entscheidend im Hinblick auf die Fortifikation von Piombino bestimmt wurde. Die meisten Texte, die Leonardo exzerpierte, stehen im Zusammenhang mit dieser spezifischen Aufgabe, und sie mögen Leonardo für seine »dimostrazione« gegenüber Jacopo Appiani, die wir uns doch wohl als eine zusammenhängende Exposition seines Projektes vorzustellen haben, dienlich gewesen sein. Die überwiegende Zahl der übrigen Auszüge

betrifft die Anlage eines Festungsturms, wie auch in Leonardos Entwürfen für Piombino der Turm den weitesten Raum einnimmt.

Unter diesem Aspekt einer bewußten Auswahl der Texte Francescos gewinnt es auch an Bedeutung, daß zwei Seiten sich mit der Anlage eines Hafens befassen. Auf einer dieser beiden Seiten befindet sich eine kleine Skizze Leonardos [S. 57], die durch die Notiz »Hafen von Piombino«

Aus seinen Arbeiten in Piombino entwickelt Leonardo so durchgreifende Neuerungen im Festungsbau, wie es ihresgleichen auf Jahrhunderte hinaus nicht mehr gab. In seinen Skizzen oben und unten aus dem Codex Atlanticus, Folio 48 recto-b, beginnt die erste moderne Bastion Gestalt anzunehmen. Außenposten an allen vier Ecken sorgen für Flankierungsfeuer. Konzentrische Festungsringe bieten den Verteidigern des Kastells Feuerstellungen. Zwischen den Ringen befinden sich grabenartige Bereiche, die überflutet werden können, wenn der Feind die äußeren Mauern durchbrochen hat, und den Verteidigern die Möglichkeit bieten, sich auf Stützpunkte in den innersten Ringen zurückzuziehen.

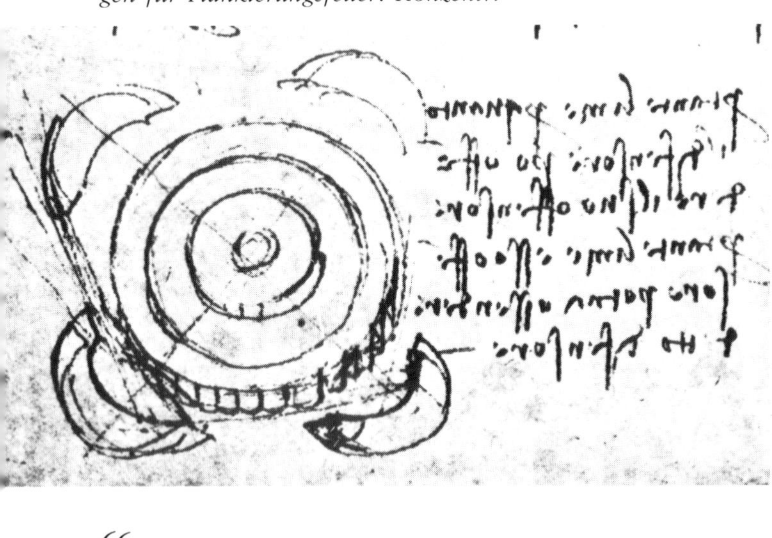

»Die Wissenschaft ist der Kapitän, und die Praxis, das sind die Soldaten.«

LEONARDO I, 130r

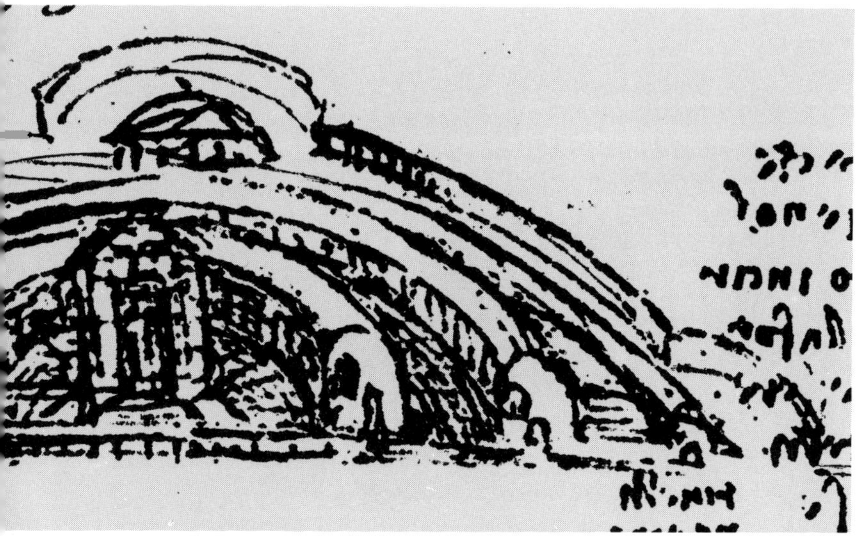

Das Modell eines Querschnitts (oben) von Leonardos neuer Festung wurde nach Leonardos Entwürfen im Codex Atlanticus angefertigt. Seine Zeichnung links aus dem Codex Atlanticus, Folio 48 recto-a, zeigt den Querschnitt eines der tunnelartigen Befestigungsringe mit Feuerstellungen.

Diese Photomontage ergänzt das halbkreisförmige Modell der vorhergehenden Seite. Sie zeigt Leonardos konzentrische Befestigungsringe, die je durch einen Graben geschützt sind. Der Übergang vom quadratischen Grundriß zu einem völlig runden Befestigungsbau ist hier, zumindest in der Theorie, vollendet.

gekennzeichnet ist. Es hat zwar den Anschein, als ob Leonardo hier zunächst eine, wenngleich flüchtige, Idealrekonstruktion des antiken Hafens von Piombino skizzierte (noch heute sind unter Wasser Reste der antiken Mole vorhanden und deutlich zu erkennen), aber darüber hinaus ist es sehr wahrscheinlich, daß Leonardo auch vorhatte, die bestehende Hafenanlage seiner Zeit zu ändern, oder dies jedenfalls gedanklich erwog. Die Abbildungen von bestimmten Vorrichtungen, um unter Wasser zu bauen, wie sie Leonardo den Texten Francescos beigibt, unterscheiden sich beträchtlich von den Zeichnungen Francescos und berechtigen zu der Vermutung, daß Leonardo hier eigene Modifikationen skizziert hat. Mehr als zehn Jahre später hat Leonardo noch einmal ein ähnliches Thema aufgegriffen, als er während seines Aufenthalts in Rom zwischen 1513 und 1516 die antike Hafenanlage von Civitavecchia studierte und rekonstruierte.

Alles gezeichnete und geschriebene Material, das uns der Madrider Codex über Leonardos Aufenthalt in Piombino bietet, gewährt uns einen selten lebendigen Einblick in die ungemein vielseitige und dabei gleichsam »simultane« Wachsamkeit des Leonardoschen Auges und Geistes. Wenn er am 1. November 1504 – seinem Ankunftstage – in Piombino dem Herrn der Stadt seinen großen Bauplan vorlegt, wenn er am selben Tage am Hafen steht und beim Betrachten der Takelage der Fischerboote zugleich das Spiel farbiger Schatten an der hellen Mauerfläche eines Hauses beobachtet, das sein Malerauge entzückt und zu Reflexionen über dies optische Phänomen anregt, so spüren wir die Allaufgeschlossenheit und Vitalität dieses großen Geistes, als ob wir neben ihm stünden.

Leonardos Idee von einer niedrigen, runden Festung bedeutet einen gewaltigen Sprung nach vorn. Hier ist sein Gedanke einer typischen Bauweise seiner Zeit gegenübergestellt. Das Modell auf dieser Seite hat die mit Türmen versehenen und leicht angewinkelten Mauern, die Festungen während des Aufkommens der schweren Feuerwaffen kennzeichneten.

Am aufregendsten ist die Seitenansicht seiner Festung unten, deren bedrohliches, stromlinienförmiges Profil tatsächlich Befestigungsanlagen späterer Jahrhunderte ahnen läßt.

»Die Muskelkraft von Bauer,
Pferd und Ochse ersetzte Leonardos Stift
durch Wind und Wasser, Schießpulver
und Dampf. Und in den späteren Jahren
wurde die Maschine mit ihren
Elementen für ihn zum Ausdrucksmittel
seiner Verbundenheit mit der Welt.«

Maschinen und Waffen

BERN DIBNER

Fast fünf Jahrhunderte sind vergangen, seitdem Leonardo seine Ideen und Entwürfe für Maschinen und Waffen aufzeichnete. Dieses Detail einer Zeichnung zeigt Männer beim Montieren einer riesigen Kanone.

Leonardo war ungefähr dreißig Jahre alt, als er den Brief an Lodovico Sforza (Seite 7) verfaßte, in dem er ihm seine Dienste und seine vielfältigen Talente anbot. Die Aufzählung der etwa sechsunddreißig verschiedenen Fertigkeiten, die er dem Herzog zur Verfügung stellte, kann als Maßstab für Leonardos Interessen zu jener Zeit gelten. Dreißig der genannten Fähigkeiten sind technischer Natur, sechs liegen auf dem Gebiet der Kunst. Verrocchios Werkstatt, wo Leonardo gearbeitet hatte, war durchaus unmilitärisch. Daher vermutet man, daß Leonardo von der Mechanik und dem Bau der Kriegsgeräte angezogen wurde, dem Problem, die Wirkung der Feuerwaffen zu erweitern und neue Kombinationen von Maschinen und Waffen zu entwickeln. Dieses Interesse an gesteigerter Leistungskraft von Maschinen zeigt sich in seiner Notiz: »Die Wissenschaft von den Werkzeugen und der Mechanik ist die edelste und vor allen anderen die nützlichste, da man sieht, wie durch ihr Vermögen alle belebten und in Bewegung befindlichen Körper alle ihre Tätigkeiten durchführen; und der Ursprung dieser Bewegungen liegt im Zentrum ihrer Schwere...«.[1]
Leonardos Hingabe an die Erfindungen der mechanischen Künste ist nur zu verstehen als seine natürliche Einstellung zu dem Gewinn, den ihre

Anwendung mit sich bringt, zur Allgemeingültigkeit der Naturgesetze, von denen ihre Wirksamkeit abhängt, und zur unveränderlichen Zuverlässigkeit ihres Verhaltens: Ungleich den Frauen und Männern in seiner Umgebung verrichtet die Mechanik ihre Arbeit frei von Gefühl, Eitelkeit oder Beeinflussung. Er war bemüht, durch Experimentieren mit den Grundelementen der Maschinen allgemeingültige Gesetze zu entdecken und zahlenmäßige Werte zu bestimmen, wo immer er es vermochte.

Sobald ihm die technische Lösung eines Problems klar wurde, skizzierte er die Teile und den Zusammenhang im Ganzen, notierte den Arbeitsvor-

gang, stellte sich selbst weitere Aufgaben zum Studium und ging dann zu anderen Problemen über. Doch keine Lösung war je erschöpfend, denn oftmals kehrte er später zu einer ähnlichen Erfindung zurück, um die gleiche Aufgabe durch Verwendung anderer Bestandteile oder mit anderer Anordnung der Teile durchzuführen. So zum Beispiel bei seinen Überlegungen, wie hin- und hergehende in rotierende Bewegung umzusetzen sei, einer Grundvoraussetzung für den Maschinenbau. Leonardo skizzierte Dutzende von Entwürfen und war niemals gänzlich zufrieden mit den Lösungen, die er fand.

Als Entwurfzeichner von Maschinen und Waffen zum Gebrauch an Land entwickelte Leonardo die größte Vielfalt neuartiger Erfindungen, und er hinterließ ein unvergleichliches Erbe von Zeichnungen über militärische Gegenstände. Er lebte in einer Zeit des Übergangs, in der die geschlossenen Heere von Armbrustschützen und berittenen, gewappneten Truppen den Füsilieren und Kanonieren wichen. Mit diesem Wandel der westlichen Gesellschaft gingen Veränderungen auf sozialem und politischem Gebiet einher, deren Auswirkungen bis ins 20. Jahrhundert reichen. Die einfacheren Geräte und Werkzeuge seiner Zeit verwandelten sich in seinem frucht-

Die Blütezeit der Renaissance hatte kaum eine direkte Wirkung auf die Menschen, die mit ihrer Hände Arbeit ihr Brot verdienen mußten. Der Adel verachtete manuelle Arbeit und die Menschen, die sie ausführten. Sogar die Künstler ignorierten das arbeitende Volk und malten lieber Heiligenleben, Engel, Madonnen und Herzöge. Leonardo war eine bedeutsame Ausnahme. Er skizzierte Szenen wie die hier gezeigten von Bauern und Arbeitern bei ihrer Tätigkeit.
In wachsendem Maße konzentrierte er seine schöpferische Phantasie, seine technische Erfahrung, seine Erfindungsgabe auf die Dinge, die Hauptaufgaben der modernen Epoche werden sollten: Maschinenentwürfe, die die schwachen physischen Kräfte des Menschen vervielfachen.

baren Geist zu unzähligen Erfindungen. Die Muskelkraft von Bauer, Pferd und Ochse ersetzte Leonardos Stift durch Wind und Wasser, Schießpulver und Dampf. Und in den späteren Jahren wurde die Maschine mit ihren Elementen für ihn zum Ausdrucksmittel seiner Verbundenheit mit der Welt. Doch die Entwicklung Leonardos vom Künstler zum Techniker war selbst von einigen modernen Historikern noch nicht völlig akzeptiert worden. Es bedurfte der Wiederentdeckung der zwei Codices in Madrid im Jahre 1965, um zu bestätigen, daß das Hauptinteresse seiner reifen

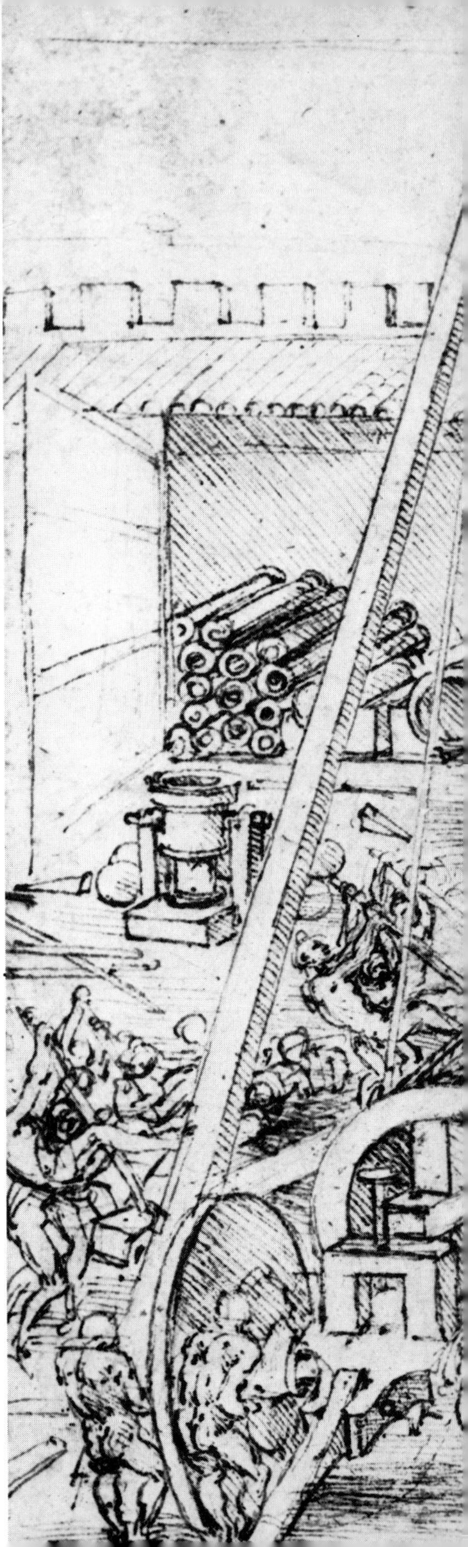

Leonardos Zeichnung einer Gießerei (rechts) beschreibt die ungeheure Schwierigkeit, eine Kanone mit Hilfe der groben Mechanismen aufzustellen, die damals zur Unterstützung der Muskelkraft zur Verfügung standen. In der Mitte schieben nackte Männer die große Lafette unter die Kanone, während andere sich an den Hebeln des Krans abmühen, um die Kanone emporzuheben. Im Vordergrund der auf Walzen ruhende Schlitten, der die Kanone beförderte. 1487, als diese Zeichnung entstand, war Leonardo mit dem Guß von Bronzekanonen für Lodovico Sforza beschäftigt. Oft hielt er sich in Schmieden und Gießereien in Mailand auf, aber sein Hauptinteresse waren nicht die Kanonen. Er suchte nach besseren Methoden für den Guß seines großen Reiterdenkmals.

Jahre Maschinen waren, Erfindungen und Dinge der materiellen Welt des homo faber.

Neun Zehntel der Codices Madrid sind technischen Objekten gewidmet. Sie ergänzen Leonardos übrige Studien der Mechanik und liefern den Gelehrten heute ein äußerst umfangreiches Corpus der Renaissance-Technik. Besonders für Ingenieure war dies neue Material aufschlußreich, denn Codex Madrid I betrifft fast ausschließlich Mechanik und Technik – während Codex Madrid II vieles über Geometrie, Mechanik, Navigation und Topographie enthält.

Betrachtet man die unzähligen technischen Entwürfe Leonardos,[2] so erweisen sie sich als Versuche, Bewegungen zu kombinieren und Maschinen zu übertragen, um damit automatisierte Wirkungen zu erzielen. Diese Entwicklungsstufe war ganz entschieden den Ergebnissen der klassischen Mechanismen überlegen. Der Begriff der Automation bezieht sich nicht auf Komplexität, sondern auf Rückkoppelung. Ein mechanischer Vorgang ist von einem anderen abhängig, wodurch der Zwang einer Entscheidung entfällt, den zweiten Vorgang nach Ablauf des ersten durchzuführen. Die Reihenfolge wird beim Entwurf des Mechanismus festgelegt. Beim Ausarbeiten so vielfältiger Pläne empfand Leonardo offensichtlich Befriedigung, und die hier getroffene repräsentative Auswahl soll sein Genie in der Erfindung wie in der anschaulichen perspektivischen Darstellung zeigen. Diese Zeichnungen vermitteln uns Leonardos gründliche Kenntnis von Getrieben, Flaschenzügen, Sperrklinken, Nocken, Keilen, Gelenken, Kurbeln und Zahnstangengetrieben. Hinzu kam seine Erfahrung mit der Herstellung und praktischen Verwendung von Maschinen sowie Verständnis für die Grundlagen der Physik und Chemie.

Um Leonardos Zeichnungen zu erklären, beginnt man gewöhnlich bei der Verwendung der Antriebskraft – der Kurbel. Obgleich Kraft zu Leonardos Zeit die Muskelkraft von Mensch oder Tier war, verwandte er die Energie von fallendem Wasser oder die Kraft des Windes, wo viel Kraft erfordert wurde. Er kannte auch die Speicherkraft von Quellen und gestautem Wasser und die Trägheit von Schwungrädern. Spekulationen über das, was Leonardo erreicht haben könnte, hätten ihm andere Energiequellen zur Verfügung gestanden, sind freilich sinnlos.

Leonardos Maschinen waren zur allgemeinen Verwendung im Gewerbe bestimmt – zum Hämmern, zum Formen von Holz, Stein und Metall, zum Heben großer Gewichte, Gießen von Metall, Ziehen von Bändern und Draht, Weben von Textilien, zur Münzprägung, zum Schleifen, Graben von Kanälen, zum Wenden, Winden, Heben und Bewegen – also für die

In seinem berühmten Brief an Lodovico Sforza hatte Leonardo neue und geheime Kriegsgeräte versprochen. Er skizzierte die Ausführung in der Zeichnung unten – die Lanze, die ein Krieger in der Hand trägt, wird um zwei andere, am Sattel seines Pferdes angebrachte vermehrt – nur etwa ein Jahr nach seiner Ankunft am Sforza-Hof in Mailand. Die Verdreifachung der Lanzenkraft des Reiters mußte Leonardos Bestreben entsprechen, eine einfache Kraft zu vervielfachen. Aber wahrscheinlich entlehnte er die Grundidee aus Berichten über Kriegstechnik der Antike.

grundlegenden Bedürfnisse einer städtischen Gesellschaft. So reizvoll die Maschinen für Leonardo waren, man sieht in seinen Zeichnungen die Bemühung um verschiedenartige Lösungen des Problems der Übertragung von Kraft – das heißt mehr das Bemühen um den Geist des Mechanismus als um dessen einzelne Teile. Was war sein Zweck? Wie würde er am besten funktionieren? Wie sonst müßte er konstruiert werden? Könnte er einfacher, schneller, nützlicher arbeiten? Könnten Vorgänge kombiniert werden?

Eine Aufstellung teilt Leonardos Maschinen in zwei große Kategorien ein: die einen – produktiven – zur Verbesserung mechanischer Arbeit, die anderen – destruktiven – zur Anwendung im militärischen Bereich. Florenz, Mailand und Venedig waren damals am weitesten mit ihren Konstruktionen von Mühlen, Pumpen, Winden, Wagen, Werkzeugen und

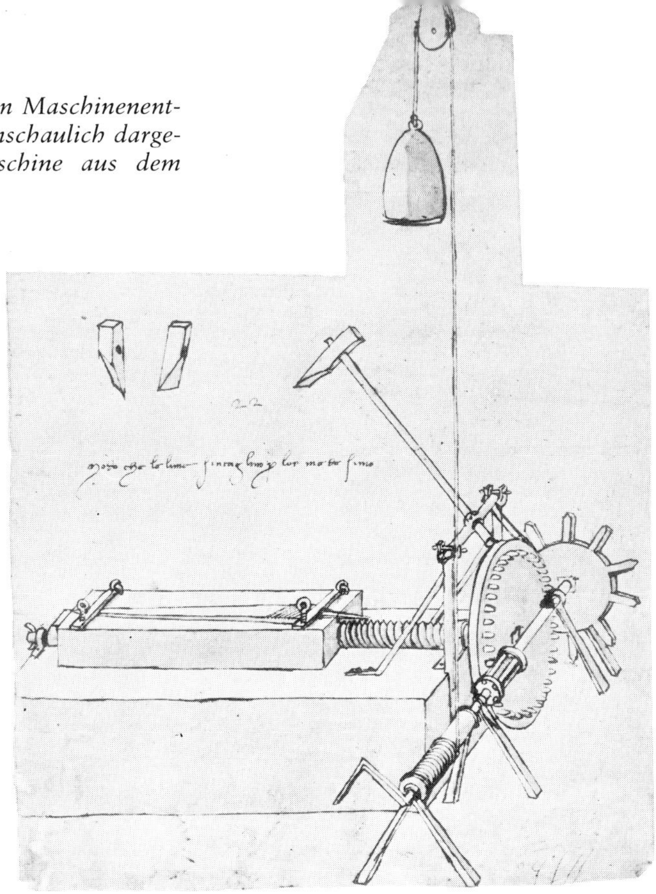

Von Leonardos frühen Maschinenentwürfen spiegelt die anschaulich dargestellte Feilenhau-Maschine aus dem Codex Atlanticus, Folio 6 recto, sein intuitives Erfassen des modernen Automations-Begriffs. In die Mechanismen baut er eine Folge koordinierter, aufeinander bezogener Verrichtungen ein, die, einmal in Gang gesetzt, keines weiteren menschlichen Eingreifens bedürfen (oben).

Leonardo benutzte im Codex Atlanticus, Folio 21 recto-a, die gleichen Vorteile bei dem Mechanismus rechts, der Goldfolie für dekorative Zwecke hämmert. Die Montage-Ansicht links oben zeigt die sechs Hämmer-Anlagen, die durch ein Haupt-Kronengetriebe in Gang gesetzt werden.

Kriegswaffen, und solche Entwürfe reizten Leonardo. Immer wieder war er bei Arbeitern und Meistern in den Schmiede- und Verarbeitungswerkstätten, um Veränderung und Fortschritt eines Entwurfs zu beobachten und in seinem Notizbuch zu verzeichnen.

Abgesehen von den allgemeinen Kategorien der Anwendung im zivilen und militärischen Bereich lassen sich Leonardos Entwürfe nicht gut unterteilen, denn meistens folgt der Skizze für eine Erfindung eine andere, die

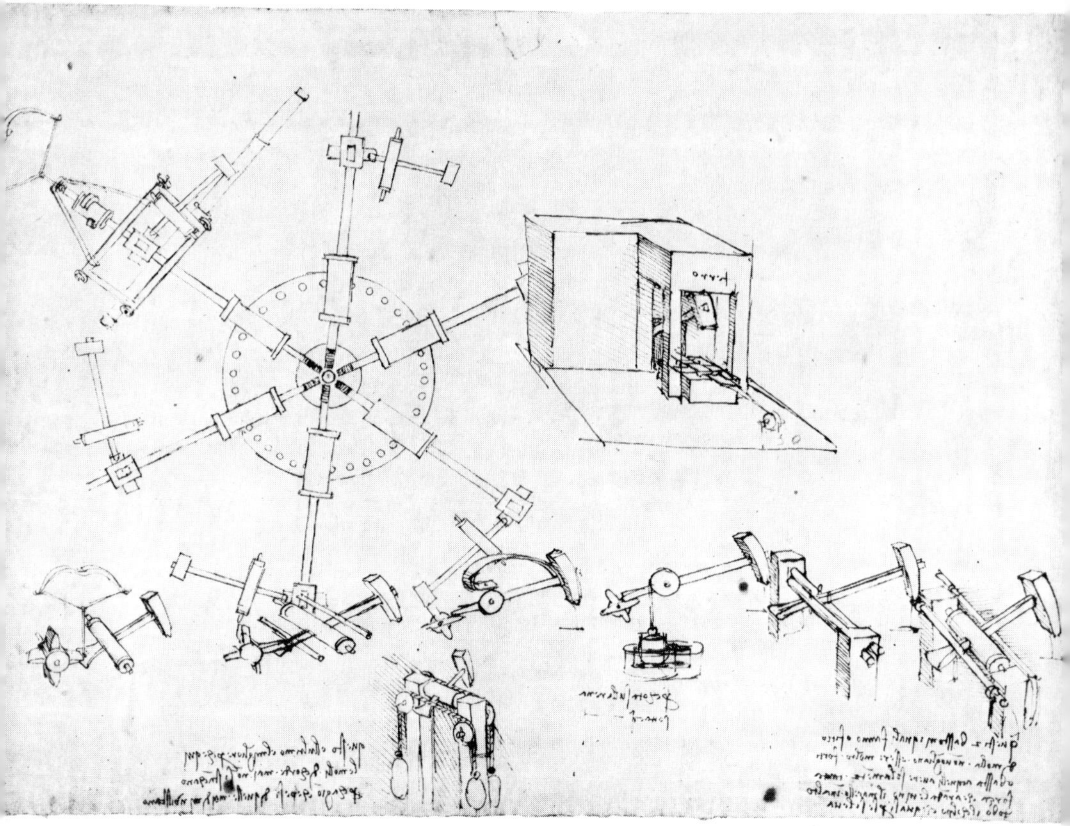

gar nicht damit in Zusammenhang steht. Daher wählen wir eine leicht verständliche Erfindung, konzentrieren uns auf den geistreichen Entwurf und wenden uns dann zu anderen.

Wir betrachten eine Maschine zur Herstellung eines Gerätes, das fast so häufig ist wie der Hammer, und das Holz, Metall oder Stein bearbeitet: der Raspel oder Feile. Sie ist leicht zu verwenden, aber schwer herzustellen. Wie bei vielen anderen wichtigen Handwerkszeugen erfordert ihre Verfertigung größere Geschicklichkeit als der Gebrauch. Zur Lösung des Problems der Feilen-Herstellung entwarf Leonardo eine Maschine, die die Feilenzähne gleichmäßig in die Oberfläche einer Metallplatte hineinschlug, welche anschließend mit den damals unter Handwerkern bekannten Methoden gehärtet werden konnte [S. 80].

Mit der gleichen Absicht, individuelle Geschicklichkeit auf Vorrichtungen zu übertragen, die eine größere Gleichmäßigkeit des Produkts und eine

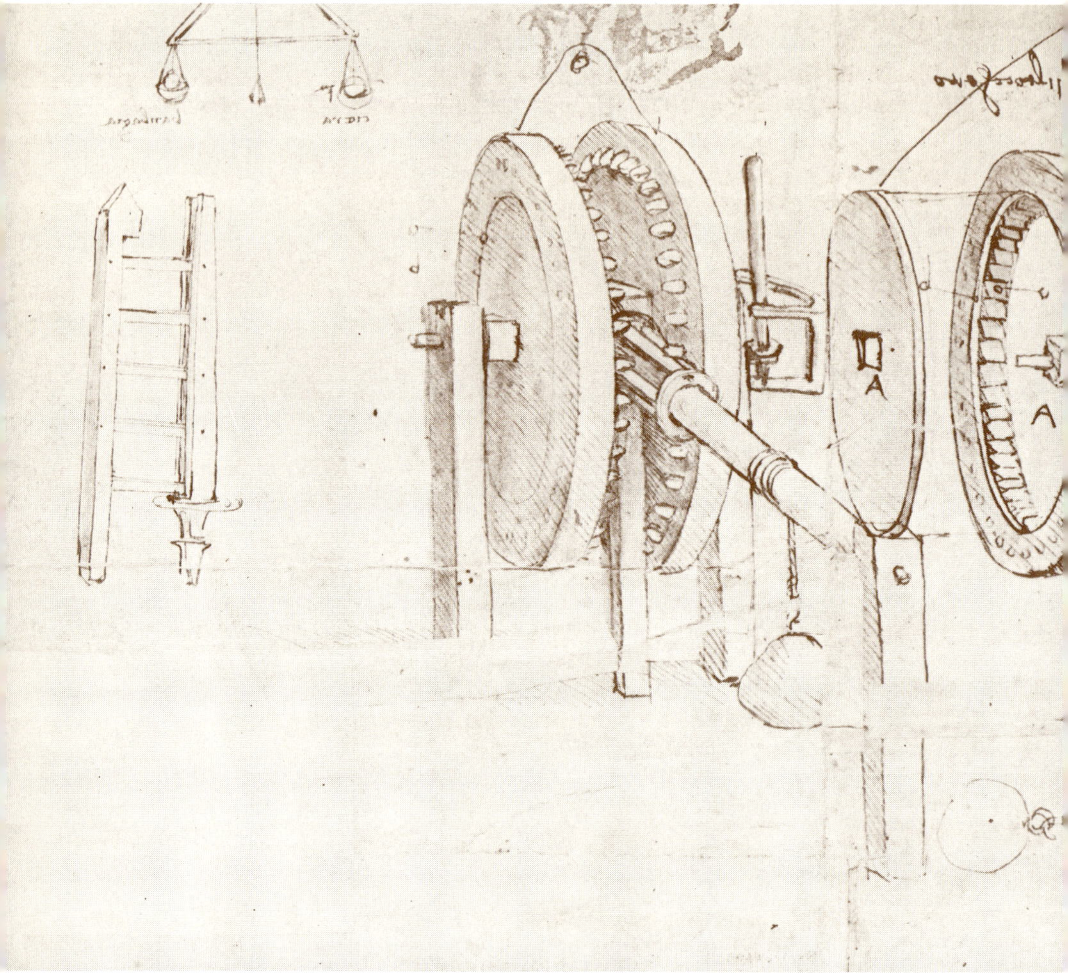

höhere Leistung je Arbeitskraft gewährleisten (bei geringeren Herstellungskosten je Produkteinheit), entwarf Leonardo eine Maschine zum automatischen Hämmern von Goldfolie. Die Anlage läßt einen Plan für sechs Einheiten erkennen, die ein Hauptantriebsrad in Bewegung setzt, welches von einer Wassermühle oder einem Tier gedreht wird [S. 81]. Von diesen praktikablen Erfindungen wandte sich Leonardo einer abstrakteren Aufgabe zu. Er skizzierte eine glänzende Lösung bei seiner beständigen Suche nach Plänen, rotierende in hin- und hergehende Bewegung umzusetzen und umgekehrt. Diese Erfindung veranschaulichte er in

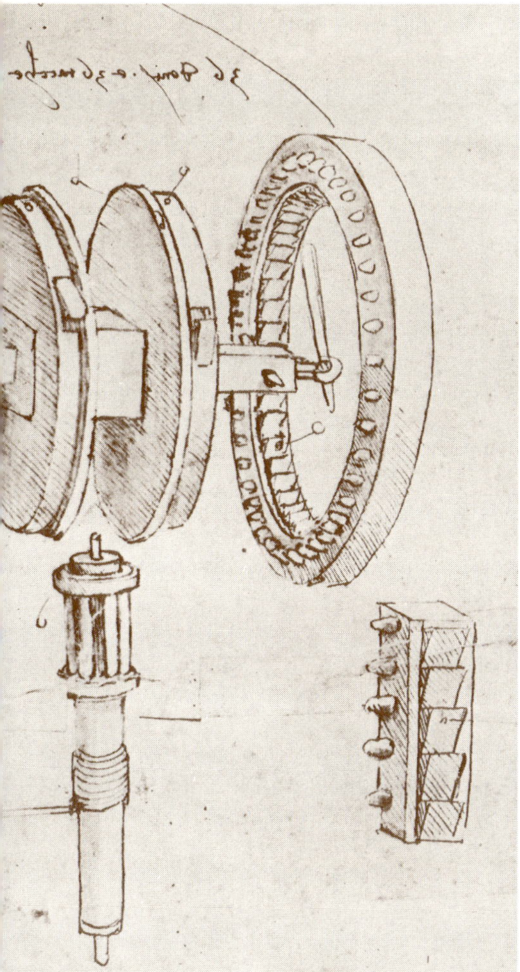

Diese Zeichnung einer Winde (links) zum Heben schwerer Gewichte ist so genau und so scharf im Detail, daß sie den Neid eines technischen Zeichners des 20. Jahrhunderts erregt. Links die Ansicht der montierten Anlage, rechts die Teile nebeneinander. Das zu hebende Gewicht sieht man am Drehgetriebe hängen. Die Bewegung beginnt, wenn der Maschinist den vertikalen Hebel hin- und zurückgehen läßt, der in einem viereckigen Schaft rechts an der Maschine sitzt. Diese hin- und hergehende Bewegung setzt das in die Räder hineingebaute System in Gang, wie es in der auseinandergezogenen Ansicht zu sehen ist. Sperrklinken auf den beiden inneren Scheiben greifen in Zähne, mit denen die beiden äußeren Kreise besetzt sind. Getriebezähne auf denselben äußeren Kreisen greifen in das gemeinsame Laternenrad am Ende der Welle, die das Gewicht trägt. Wenn der Hebel vorwärts bewegt wird, so treibt eine Sperrklinke ein Zahnrad. Wenn der Hebel zurückgeht, greift die andere Sperrklinke in das Zahnrad und dreht die Welle. Welcher Gang auch immer arbeitet, stets wird das Laternenrad gegen den Uhrzeigersinn bewegt und das Gewicht gehoben. ATLANTICUS 8v-b

einer so klaren und lehrreichen Zeichnung, daß sie kaum einer Erklärung im einzelnen bedarf [oben].

Dieser sinnreiche Mechanismus läßt sich als Kran oder Winde benutzen oder, in einigen Plänen Leonardos, zum Bewegen von Fahrzeugen. Eine Verwendung des Mechanismus, den Leonardo skizzierte, war der Antrieb eines Schiffes [S. 84]. Eine andere Verwendung regt Leonardo an in der Zeichnung einer Kornmühle mit Fußantrieb im Codex Madrid I [S. 84]. Noch eine Studie über das Problem der Bewegungsumwandlung bringt eine Lösung, die um 1495 im Codex Madrid I gezeichnet wurde [S. 85].[3]

Leonardo lebte in einer unruhigen Epoche der europäischen Geschichte, einem Zeitalter, das durch die Wiederentdeckung der Antike ebenso charakteristisch geprägt wurde wie durch einen beispiellosen Aufbruch des menschlichen Geistes ins Unbekannte. 1452 – im Geburtsjahr Leonardos – erfand Gutenberg den Buchdruck mit beweglichen Lettern – eine der revolutionierendsten Errungenschaften der Menschheitsgeschichte.

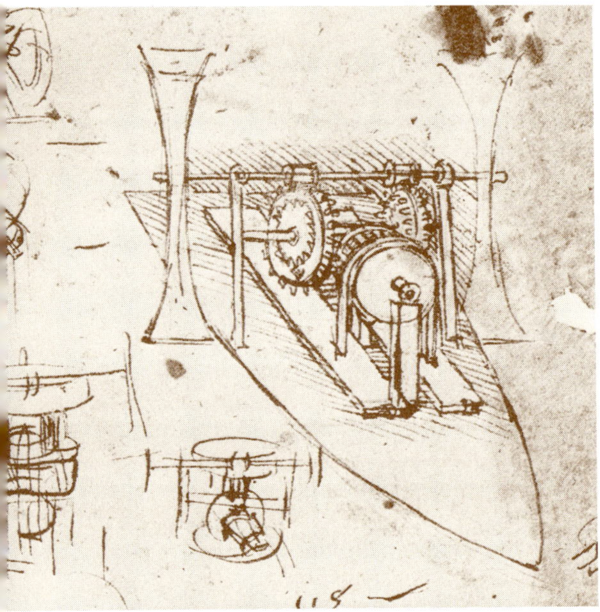

Links wird ein Schiff mit vertikalen Paddeln durch das gleiche System angetrieben wie die Winde auf der vorigen Seite. Pedale, die von einem ähnlichen Mechanismus wie bei der Winde angetrieben werden, bewegen die Paddel.

Eine fußbetriebene Kornmühle (unten) zeigt eine andere Version der Windenkonstruktion. Das Auf- und Niedertreten der Pedale, die man in der Mitte der Vorrichtung sieht, setzt die Hebel in abwechselnde Bewegung, so daß die Welle sich dreht und über das Hauptgetriebe den Mühlstein bewegt.

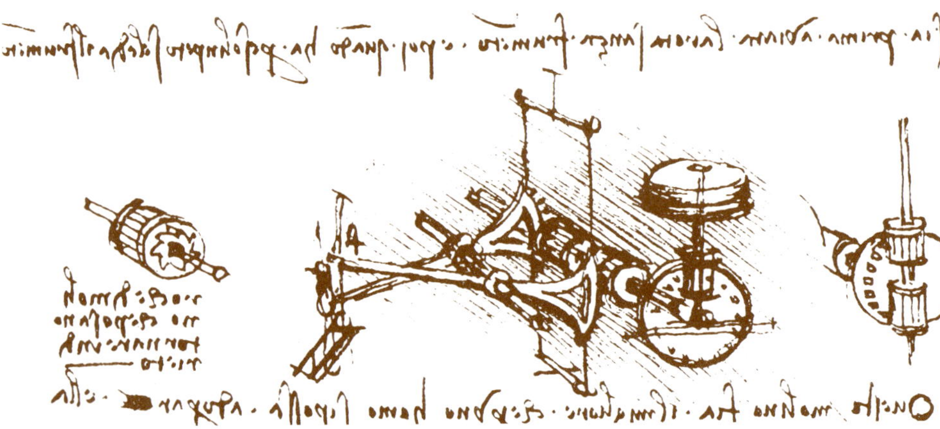

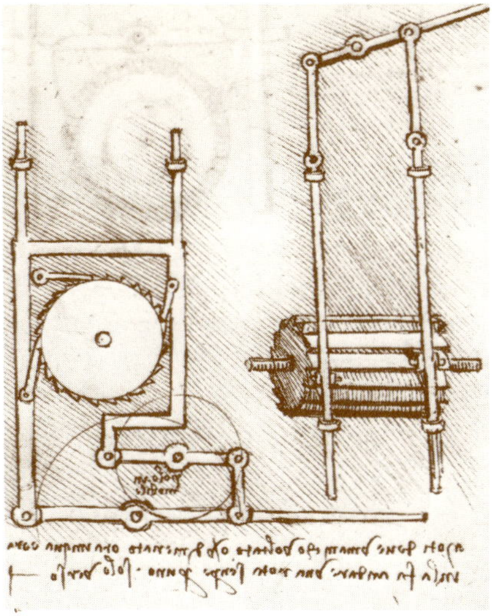

Links zwei Skizzen zur Umsetzung von hin- und hergehender in rotierende Bewegung. Der Hebel wird auf und ab bewegt; beim Aufwärtsgang greifen die Sperrklingen auf den vertikalen Stangen in die Zapfen des Zylinders. Beim Abwärtsgang gleiten sie an den Zapfen vorbei.

Die Maschine unten sieht durchaus einer modernen Drehbank ähnlich und wird auch oft dafür gehalten. Tatsächlich hat sie die Funktion, Löcher in Holzklötze zu bohren, die man für Wasserleitungen verwandte, bis sie im späten 17. Jahrhundert von gußeisernen Röhren abgelöst wurden. Im Vordergrund der Bohrmechanismus. Das Neue daran ist der Satz automatisch verstellbarer Klammern, die, wie man sieht, den Baumstamm in radialer Stellung halten.

In der unten skizzierten Hobelmaschine verwendet Leonardo einen ähnlichen Satz verstellbarer Klammern wie bei dem Bohrgerät links. Die Hauptskizze zeigt die gegenüberliegenden Backen, die je nach der Grösse des zu hobelnden Holzstücks sich öffnen oder schließen. Diese gleichzeitig erfolgende Bewegung wird durch ein Seil reguliert, das um eine Welle im Vordergrund gewunden ist. Mit Gewinde versehene Schraubenmuttern heben das Holz empor, so daß der Hobel die Oberfläche bearbeiten kann.

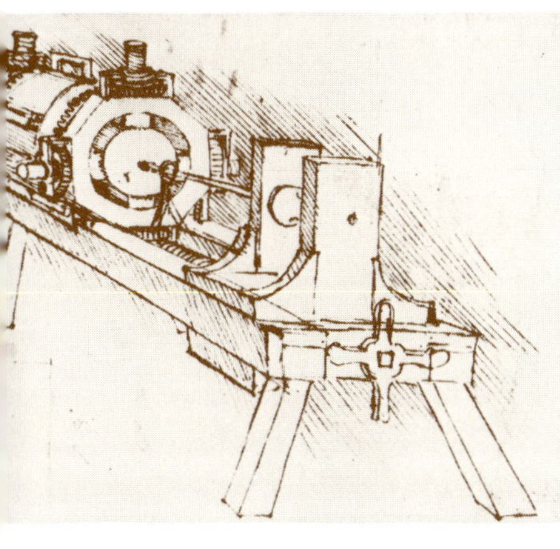

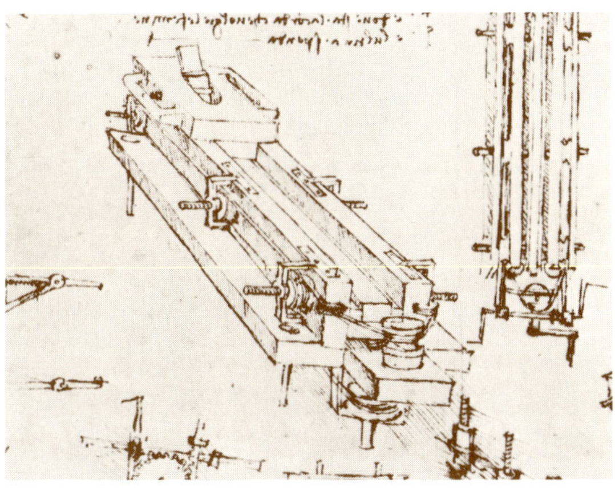

Der Entwurf unten mechanisiert die damals übliche primitive Methode zur Herstellung von Draht, indem man ihn durch Zieheisen zog. Die Hauptansicht, ein Querschnitt, zeigt den großen, von einer Kurbel betriebenen Bolzen, der in Haken und Öse endet, die über den Griffen einer Zange angebracht sind. Die Zange ergreift das Drahtband (Skizzen unten und rechts neben der Hauptansicht), und je stärker gezogen wird, desto fester preßt die Zange den Draht. Die Kurbel links oben ist von einer lockeren Hülle umgeben, damit der Arbeiter besser zufassen kann. Der vertikale, mit Gewinde versehene Bolzen, rechts in der Hauptansicht, bewirkt die richtige Einstellung der Zieheisen. Rechts neben der Zeichnung sehen wir zusätzliche Preßformen in horizontalen und vertikalen Stellungen.

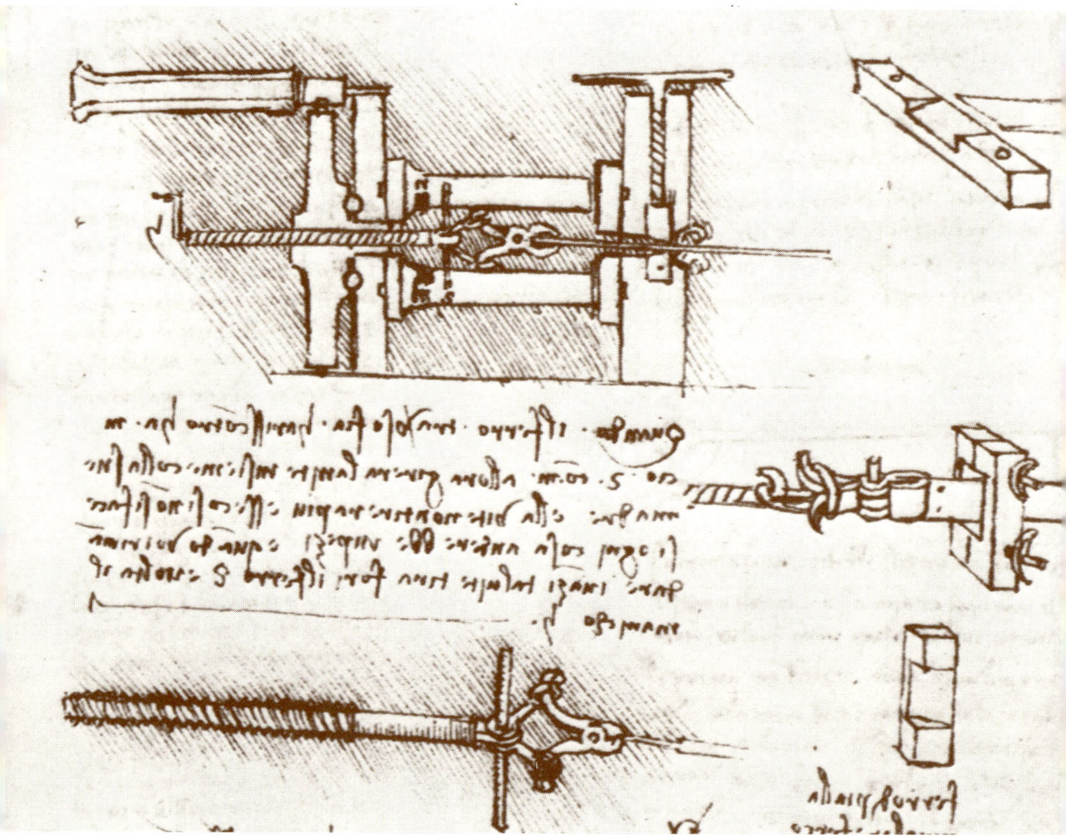

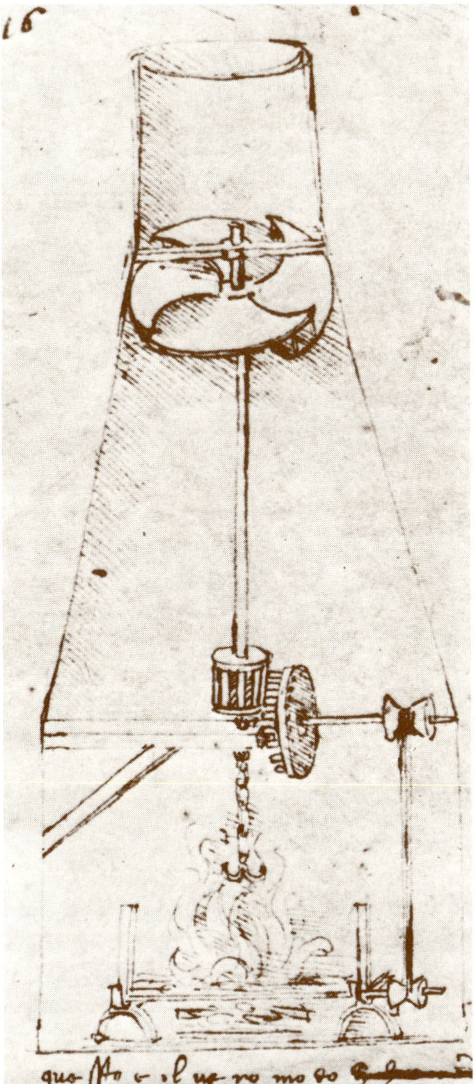

Leonardo erkannte sehr früh, welche Kraft erhitzter Luft innewohnt. Seine Entdeckung benutzte er zum praktischen Gebrauch in der Küche. Die Bratvorrichtung links, in einer der frühesten technischen Studien um 1480, benutzt die Hitze des Feuers, um das Fleisch automatisch zu drehen. In einer Zeit, in der man alles über offenem Feuer kochte, versprach Leonardos Entwurf nicht nur Entlastung für den Koch, sondern lieferte auch den Beweis für die erste bekannte Verwendung einer echten Luft-Schraube. Die aufsteigende heiße Luft dreht die im Kamin angebrachte Flügelturbine. Die Turbine ist über ein Getriebe mit einem Riementrieb verbunden, der den Bratspieß dreht. »Der Spieß dreht sich langsam oder schnell, je nachdem, ob das Feuer klein oder groß ist«, schreibt Leonardo. Auf derselben Seite des Codex Atlanticus, Folio 5 verso-a, skizzierte er einen anderen mechanischen Bratspieß (oben), der – weniger einfallsreich – angetrieben wird von einem absteigenden, an einem Flaschenzug-Getriebe befestigten Gewicht.

Als junger Mann erlernte Leonardo das Textilhandwerk in Florenz, dem damaligen Mekka für Liebhaber feinen Tuchs, und später skizzierte er eine Vielzahl von Verbesserungsvorschlägen. Der Entwurf unten sichert das gleichmäßige Wickeln des Fadens auf eine Spule. Der kompliezierte Spulmechanismus ist im einzelnen an einer anderen Abbildung zu sehen (unten rechts). Die obere Skizze gibt die ganze Vorrichtung wieder; unten die Teile nebeneinander. Wenn der Hebel die Hauptwelle des Mechanismus dreht, bewegt die Verbindungsstange die Spule axial in die hohle Welle hinein und wieder heraus. Auf diese Weise wird der Faden gleichmäßig auf die zylindrische Spule gewickelt.

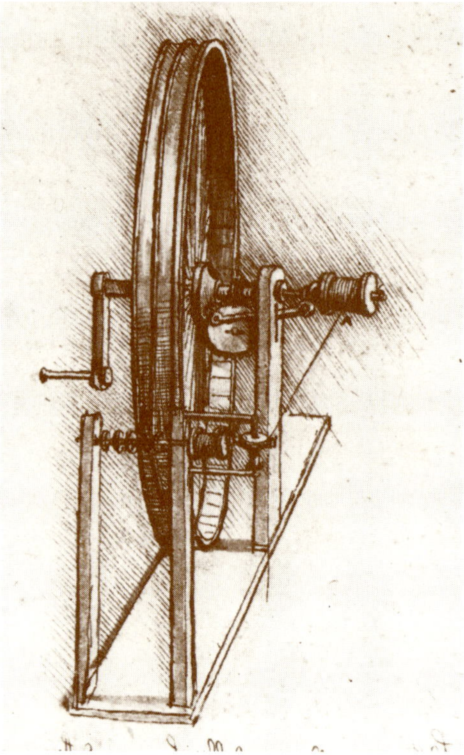

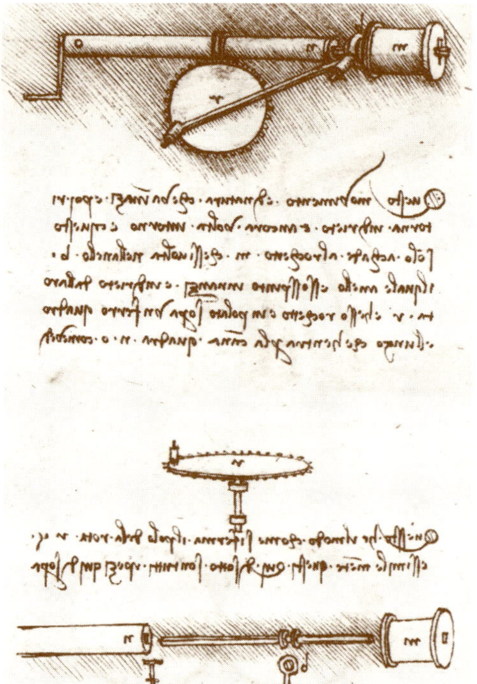

Um 1495 erfand Leonardo die Schneidemaschine (rechts) zum Scheren der Noppe an Wollstoffen – ein Vorgang, den Schermänner mit riesigen Scheren ausführten, die Noppe (Haarseite des Tuchs) scherend wie ein Friseur. In Leonardos Entwurf ist das Tuch auf einen gleitenden Rahmen gespannt, der durch die Maschine hindurchgezogen wird. Das Getriebe setzt die Hilfsschneiden scherenähnlicher Vorrichtungen in Gang. Leonardo entwarf auch einen Mechanismus, Rauhmaschine genannt, der die Noppe am Wollstoff aufrichtete.

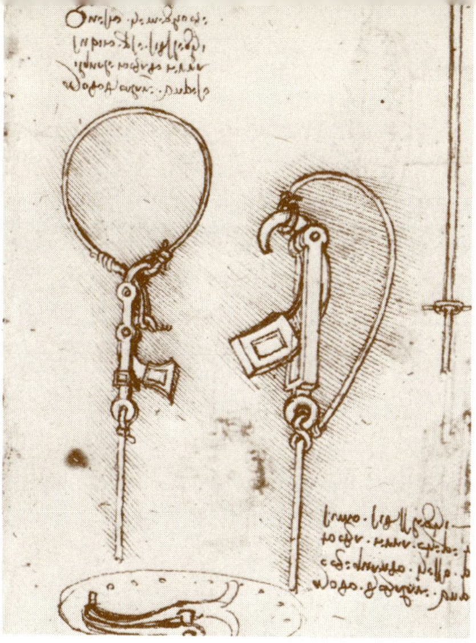

Leonardos Geburt fällt in die Zeit, da Gutenberg den Buchdruck mit beweglichen Lettern erfand. Die Druckpresse in Leonardos Entwurf (unten) geht automatisch in die Ausgangsposition zurück, wenn ein Abzug gemacht ist. Leonardo nahm auch moderne Kupferstichmethoden vorweg, mit reliefgeätzten Kupferplatten, die eine viel feinere Wiedergabe seiner komplizierten Zeichnungen ermöglicht hätten als die damals gebräuchlichen Holzschnitte.

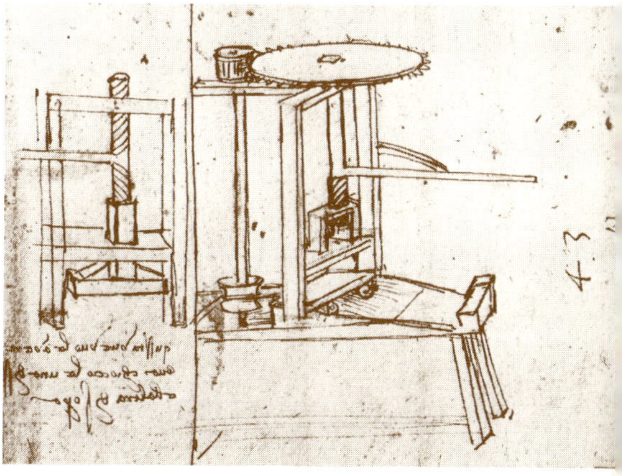

Die Erfindungen oben, aus Codex Madrid I, sind Löse-Mechanismen zum Auslösen einer Last, wenn sie den Boden erreicht. In jeder Vorrichtung wird das eingehakte Gewicht durch die Belastung in der Lage gehalten. Wenn die Fracht den Boden erreicht und die Spannung sich lockert, dreht sich das Gewicht abwärts und entkoppelt den Haken.

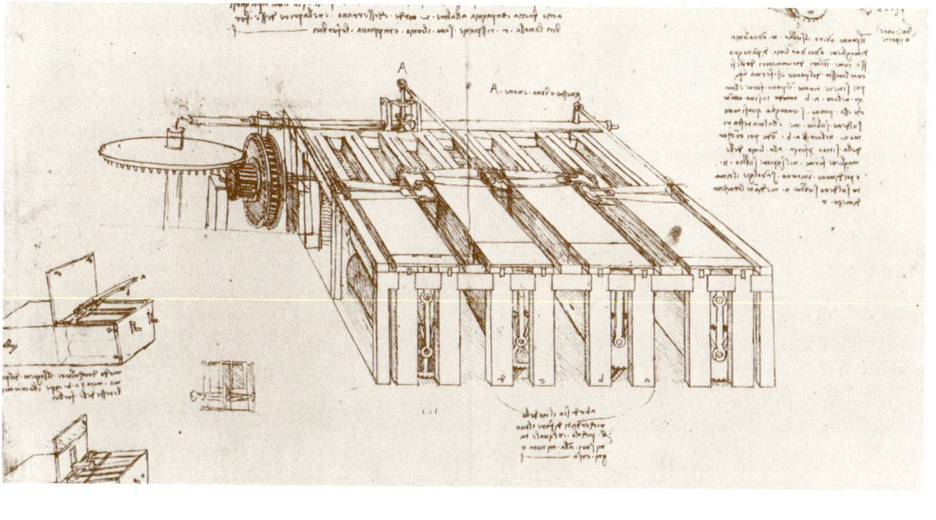

Einige Bestandteile der vorerwähnten Maschinen enthält ein fortschrittlicher Mechanismus zum Ausschleifen eines Innen-Zylinders, wie er für ein Kugellager erforderlich sein kann – ein Gerät zum Schleifen und Polieren [rechts]. Leonardo skizzierte die unbearbeitete Walze, die mit zwei seitlich ausgerundeten Schraubstockbacken festgeklammert ist, welche wiederum durch ansitzende Flügelmuttern gehalten werden (die, um Druck zu erzeugen, eigentlich an der Innenseite der Stifte sitzen müßten). Die Reibahle oder der Schleifer reicht teilweise in das Bohrloch hinein. In die Außenfläche der Reibahle sind Rillen eingeschnitten, die das Poliergemisch von Öl und Schmirgel aufnehmen. Die Spitze der Reibahle wird von einem komplizierten und sinnreichen Mechanismus angehoben, nämlich einem Stirnrad, wie man sieht, das ein Innengewinde von großer Steigung besitzt. In dieses Gewinde ist ein Bolzen eingepaßt, der außen die passende Teilung und innen ein rechteckiges Loch besitzt. Das Getriebe wird von zwei horizontalen Platten eingeschlossen, so daß es sich zwar drehen, aber nicht vertikal bewegen kann. Der mit dem Gewinde versehene Bolzen geht mit der Drehung des Getriebes auf und nieder, denn er ist durch den rechteckigen Innenschaft gehalten. An der kreisförmigen Scheibe ist ein Halbkreis von Zähnen angebracht, die das horizontale Getriebe in Gang setzen. An der äußersten Linken sitzt eine vertikale Federstange. Von der Spitze dieser Feder läuft ein Seil durch den Knauf und wird um einen Ring gewunden, der über das Getriebe hinausragt. Nun ist die Anlage bereit, den Zylinder zu polieren. Die große Scheibe dreht sich, die Zacken setzen das Getriebe in Bewegung, es dreht sich und veranlaßt den Bolzen, sich zu drehen und in das Bohrloch hinabzusenken. Aber nach der Halbdrehung sind die Zacken der Scheibe und das Getriebe getrennt. Nun tritt die Feder in Aktion, und unter dem Zug der Feder windet sich das straffe Seil ab und kehrt die Getriebe-Bewegung um, wodurch der Bolzen emporsteigt und die Polierbewegung in umgekehrter Richtung einsetzt. Ist die Spitze erreicht, setzen die Scheibenzähne wieder ein, und der Zyklus wird so lange wiederholt, wie die Scheibe sich dreht. So dreht sich die Reibahle hin und her entsprechend ihrer Auf- und Niederbewegung.[4] Das überschüssige Poliergemisch tropft auf einen kleinen Teller unterhalb des Zylinders.

Leonardos Hang und Bemühungen, so viele zusammenwirkende Bewegungen wie möglich zu automatisieren, sind in dieser Anordnung klar zu erkennen. Daß es für solch eine Erfindung praktische Verwendung gab, ist bei der wachsenden Zahl und Verschiedenheit der damals gebräuchlichen Maschinen offenkundig. Bohrvorrichtungen waren erforderlich für

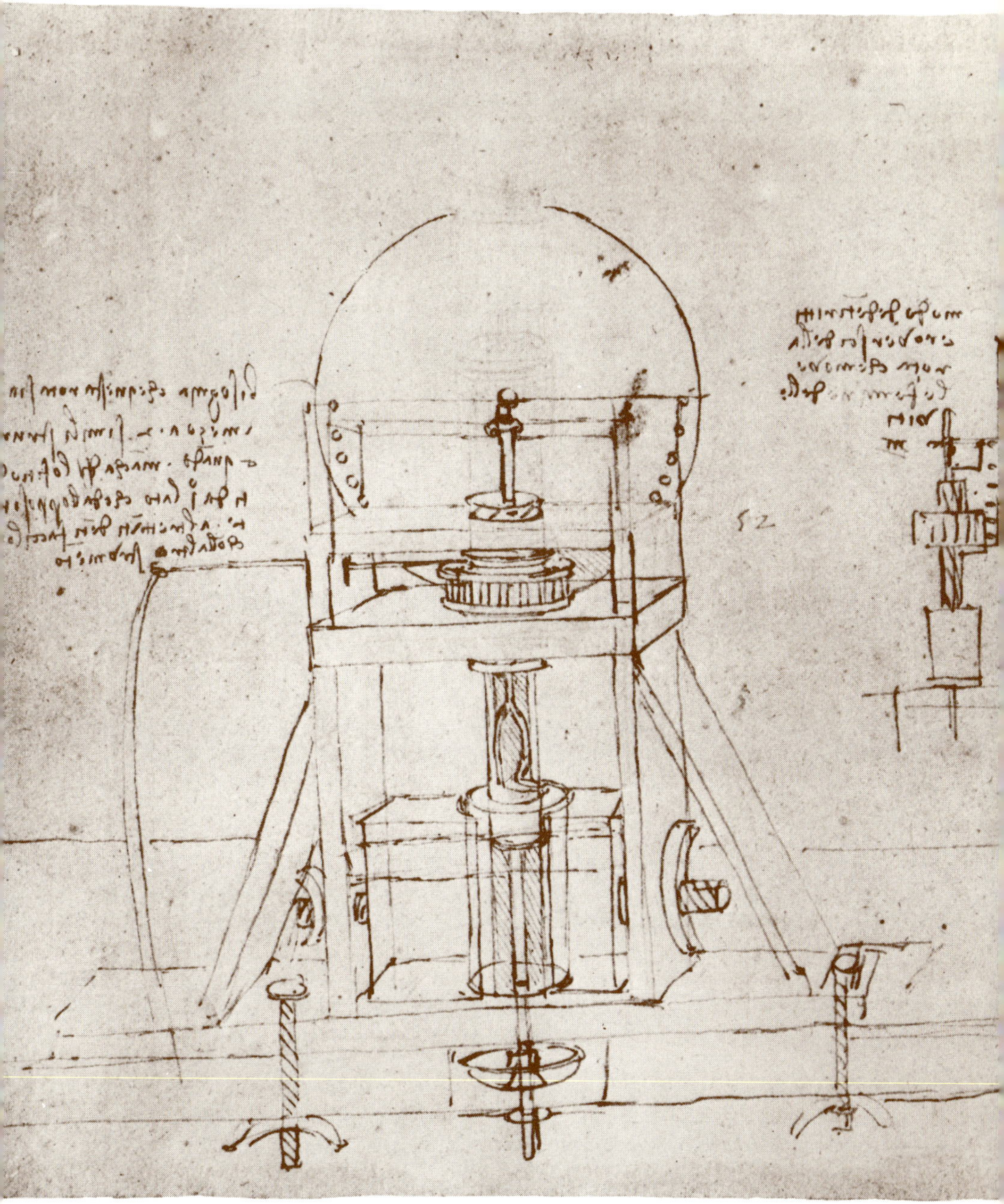

Der Mechanismus oben diente zum Schleifen und Polieren zylindrischer Bohrlöcher.

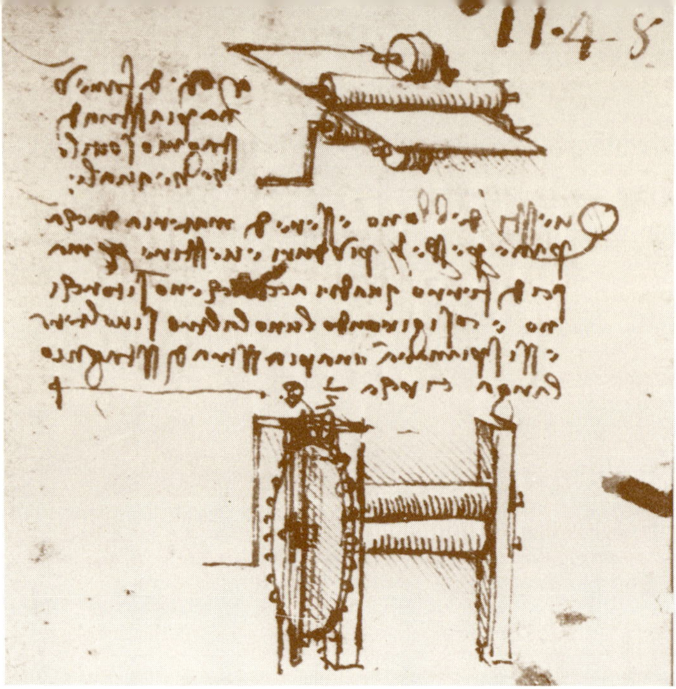

Oben: Metallwalze zum Ausziehen von Zinnplatten. Hier tritt, wie die Gelehrten glauben, zum ersten Mal in der Geschichte der Technik ein einfacher Kniff auf: zwei kleine Druckwalzen verhindern, daß sich die Hauptwalzen in der Mitte biegen, und garantieren damit die Herstellung einer glatten, flachen Platte von gleichmäßigem Querschnitt. MS. I 48v

Ziemlich spät, um 1517, entwarf Leonardo den Mechanismus zur Fertigung von Kupferbändern (unten). Im oberen Teil der Zeichnung sieht man den Entwurf von der Seite, im unteren in Aufsicht. Er besteht aus einer Werkbank mit Kurbel und Schneckengetriebe, die ein horizontales Getriebe mit Eisenzähnen drehen.

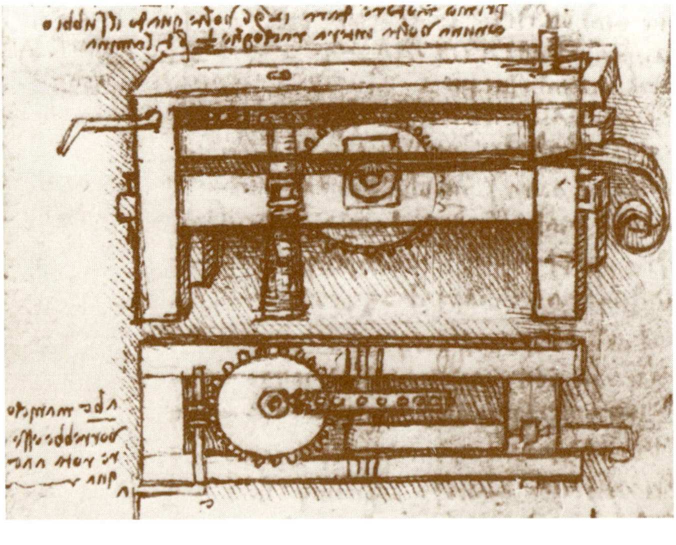

Pumpen und Walzen, Mühlen, Schleusen, Schiffsgetriebe, hydraulische Anlagen, Flüssigkeitsventile für Kanonen und andere Kriegsausrüstung. Enge Toleranzen waren nötig für ineinandergreifende Getriebe und exakte Lager. Leonardo wußte, daß eine Mechanisierung der Lager-Herstellung der Anfertigung von Hand überlegen war.

Daß Leonardo ein an der Praxis orientierter Ingenieur und kein Phantast war, zeigt sich an seinem Interesse für die Grundmaterialien, aus denen Handwerksgeräte und Maschinen gefertigt wurden. Ein Arbeiter braucht zum Bau von Maschinen Metallbänder und Platten, Vorrichtungen zum Gießen besonderer Formen und Werkzeuge zum Schneiden, Biegen, Winden und Drehen grober und feiner Metallteile. Leonardo wußte, daß nach Herstellung der Rohform die Oberflächen präpariert, geschliffen, angepaßt oder poliert werden mußten. Mit zunehmender Industrialisierung wurde eine wachsende Standardisierung unabweislich, größere Mengen von Metall zum Schneiden und Formen sowie stärker mechanisierte Geräte wurden gebraucht. Wir untersuchen deshalb einige von Leonardo ersonnene Geräte für die Metallbearbeitung. Er verwandte neuartige Maschinen, die einfache Bewegung und begrenzte Energiemengen in die erforderlichen Grundformen aus Metall und Holz umwandeln sollten.

Eine aus der großen Familie der metallverformenden Maschinen, die Leonardo zeichnete [S. 92], besteht aus einer Anordnung von Walzen zum Herstellen flacher Zinnplatten. Die Vorrichtung ist unten in einer Skizze dargestellt. Sie zeigt ein mit Kurbel betriebenes Getriebe von geringem Durchmesser, das ein großes Getriebe in Gang setzt, um so eine höhere mechanische Leistung zu erreichen, denn das Walzen von Metall ist äußerst schwierig. Die Anordnung ist einfach, aber Leonardo hat in einer oberen Skizze eine für ihn typische Einzelheit hinzugefügt. Da er wußte, daß der enorme Druck bei dieser Methode der Metallbearbeitung eine noch so stabile Walze in der Mitte einbiegen würde (das Resultat wäre also ein konvexes Stück gewalzter Platte), setzte er zwei Gegengewichte ein, eines in der Mitte der oberen Walze und ein entsprechendes an der unteren. Diese Hilfswalzen sollen den divergierenden Schub in der Mitte der Hauptwalze mindern und der gewalzten Platte einen gleichmäßigen Querschnitt geben. So einfach die Walzen erscheinen, so sind sie doch, nach Feldhaus[5], die ersten, von denen die Geschichte der Technik weiß. Sie wurden um 1497 gezeichnet.

Weitere Überlegungen zum Auswalzen von Metall enthüllte Leonardo in der Darstellung einer Vorrichtung zum Ausziehen von Kupferbändern

[S. 92]. Der Entwurf ist ziemlich spät (um 1515) entstanden und besteht in einer Werkbank mit einer Kurbel und einem Schneckengetriebe, das langsam ein horizontales, mit Eisenzapfen besetztes Stirnrad dreht. An der Getriebewelle ist ein zweites Schneckengetriebe, und dieses greift in ein vertikales Rad. Als Ergänzung sitzt an dieser Getriebewelle ein Zylinder, um den das ausgezogene Kupferband gewickelt wird. Die Zieheisen sind rechts auf Leonardos Plan zu sehen. Ein eingetriebener Keil kontrolliert den Druck des oberen Zieheisens. Die Zeichnung des Grundrisses (von oben her auf das Modell gesehen) würde besser über und nicht unter dem (seitlichen) Aufriß stehen.
Nach den Schrecken vier großer Kriege in unserem Jahrhundert ist uns heute jeglicher Gedanke an Krieg unerträglich. Ein Dokument wie die Madrider Manuskripte bietet daher ein Kriterium, wonach sich der historische Wandel und die Einstellung eines ungewöhnlichen Geistes zu seiner Zeit beurteilen lassen. Leonardo haßte den Krieg sehr und nannte ihn »bestialischen Wahnsinn«. Aber er lebte in den ungesicherten Verhältnissen Norditaliens am Ende des 15. Jahrhunderts, den Erfordernissen unaufhörlicher Kriege und dem Ansturm einfallender Heere ausgesetzt, die seine Landsleute in der Toskana und der Lombardei angriffen.
Leonardo diente drei Herren in einer Art militärisch beratender Funktion und entfaltete anhaltendes Interesse an Entwurf und Technik militärischer Konstruktionen und Waffen, weniger an Manövern und Kriegstaktik. Leonardos Entwürfe für Waffen gliedern sich in drei allgemeine Kategorien: Wurfmaschinen (Schleudern), Kanonen und Hakenbüchsen (Flinten). Die Wurfmaschine war klassischen Ursprungs. Viele mechanische und militärische Kenntnisse hat Leonardo aus der Lektüre diesbezüglicher Hinweise in technischen Texten der zeitgenössischen militärischen Literatur gewonnen, und aus der Beziehung zu Kriegsmännern, die gleich ihm im Dienst des Herzogs von Mailand standen. Durch seinen Vater Piero d'Antonio, Notar des Rates von Florenz, hatte er Kontakt mit den Generälen dieses mächtigen Stadtstaates. In den Werken des Archimedes, des Plinius und vor allem Vitruvs lernte er die Methoden und die Technologie der römischen Kriegsführung kennen. Von den Zeitgenossen beeinflußte ihn Francesco di Giorgio Martini[6] und Roberto Valturio, dessen Buch *De re militari* zuerst 1472 und wieder 1483 erschien. Eine ältere Variante zu seinem Werk findet sich bei Flavius Vegetius, einem römischen Schriftsteller, dessen Abhandlung über taktische Kriegführung durch die Jahrhunderte hindurch immer wieder aufgelegt und fortlaufend modernisiert wurde. Beide Bücher hatten rohe, naive, anachronistische Holz-

schnitt-Illustrationen, im Gegensatz zu Leonardos klarer, eindrucksvoller Zeichenkunst.

Eine der berühmtesten Zeichnungen Leonardos ist die einer großen Wurf-

Bis zur Vervollkommnung der Kanone war die Hauptwaffe der Artillerie die Schleuder oder Wurfmaschine – wie die größeren Objekte, z.B. das Leonardos auf der nächsten Seite, genannt wurden. Die Abbildung oben aus einem Kupferstich von 1588 zeigt eine Wurfmaschine und die »Sprengkugeln«, die ihre zahlreichen Bogen auf den Feind schleudern konnten.

Nächste Doppelseite: Bei diesem Entwurf einer großen Wurfmaschine wirkt der Bogenschütze am Auslöser wie ein Zwerg. Wegen der höheren Flexibilität und Feuerkraft ist der Bogen aus laminierten Teilstücken gefertigt. Die schräg gestellten Räder des Wagens ergeben eine stabilere Basis beim Feuern. Diese Besonderheit übernahm man später für die Räder von Artilleriegeschützen.

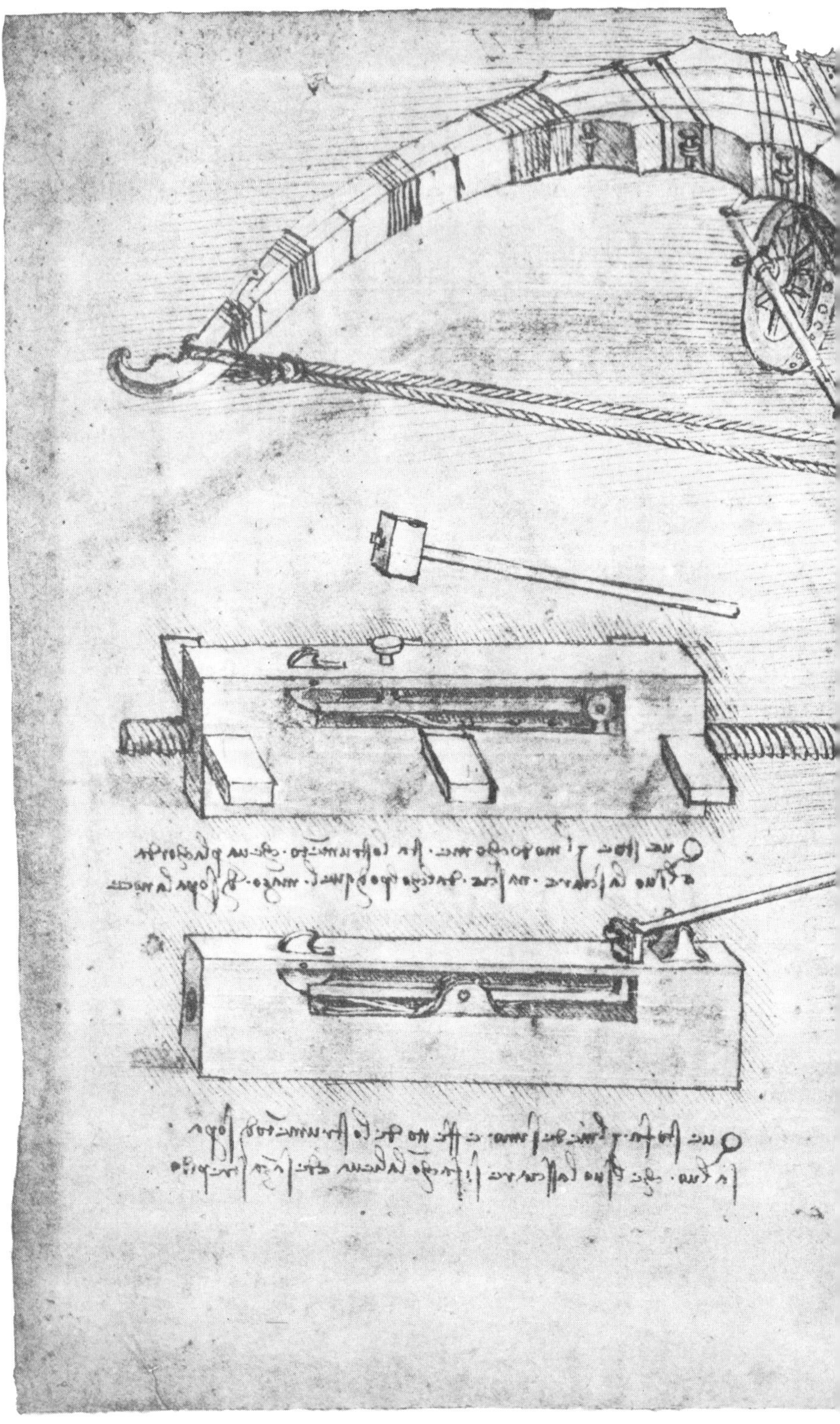

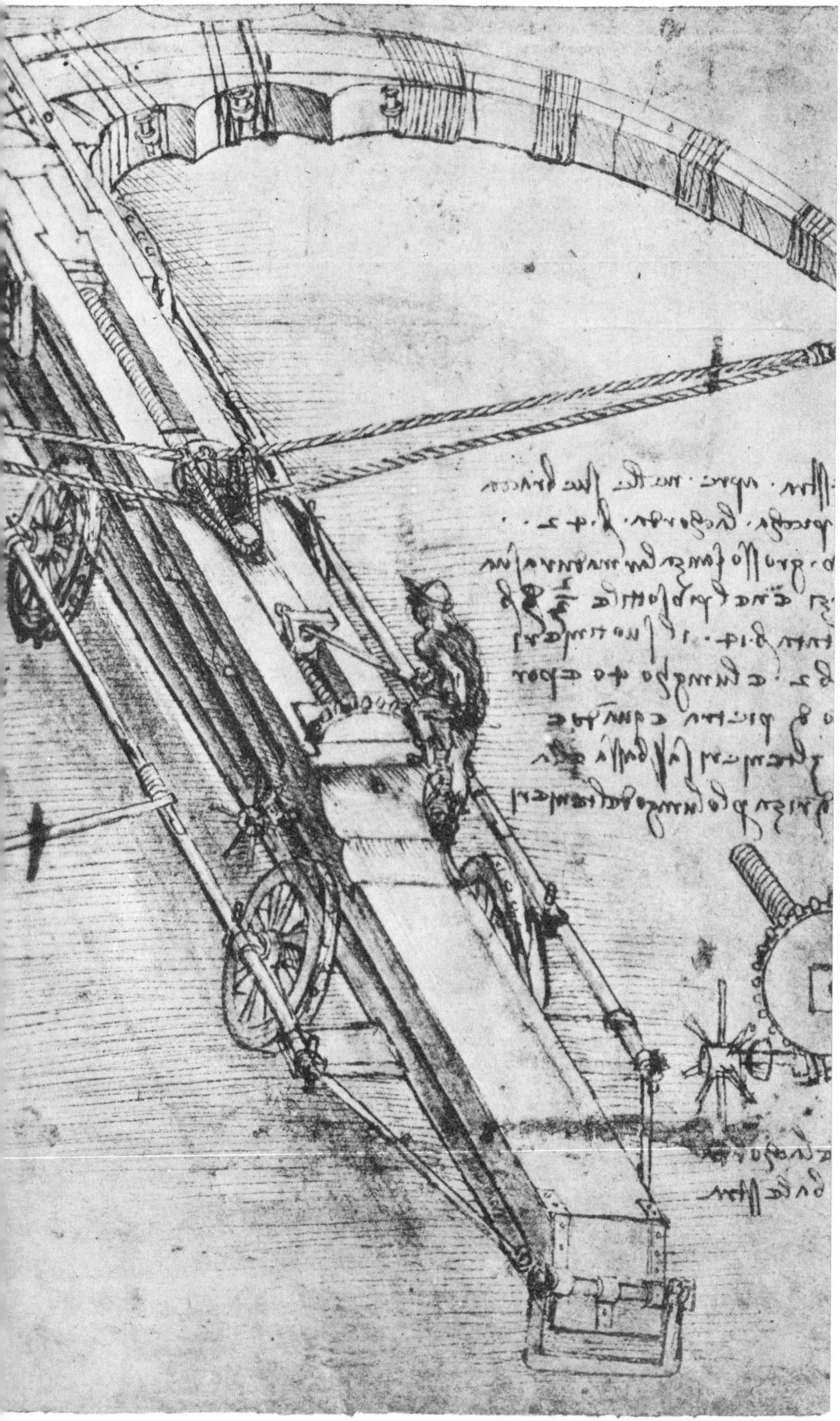

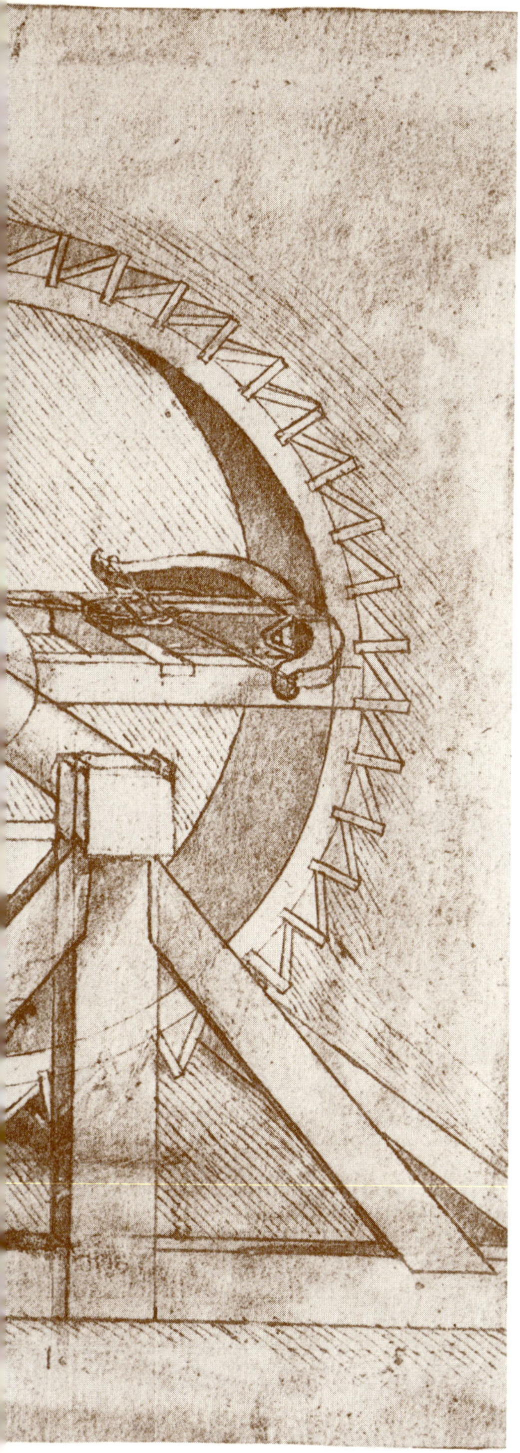

Dieser prächtige Apparat ist eine Art Armbrust-Maschinengewehr. Es ermöglicht dem Bogenschützen, der innerhalb des großen Tretrades hängt, die Pfeile ununterbrochen in schneller Folge abzuschießen. Seine Kameraden bewegen das Rad mit der Kraft ihrer Füße unter dem Schutz eines Bretterdachs. Rechts davon eine vorbereitende Skizze, die Rad und Schützen in voller Tätigkeit zeigt.

Nächste Seite: Diese Skizze einer automatischen Armbrust zeigt das Rad und die Bogenschützen in voller Bewegung. Im Codex Atlanticus ist sie zur Verdeutlichung der Hauptzeichnung beigegeben.

maschine, einer Waffe, die mit einigen fortschrittlichen Zügen der Konstruktion so kunstvoll dargestellt ist, daß sie als klassische technisch-graphische Darstellung des Ingenieurwesens gilt [S. 96/97]. Leonardo hat den großen Bogen, der höheren Flexibilität wegen, in ausgewalzten Teilstücken angegeben. Die Bogensehne wird mittels einer Schnecke, die von einem Getriebe bewegt wird, zurückgezogen, wie rechts unten in der Ecke zu sehen ist. Links unten sind zwei Auslöser gezeichnet. Der obere wird von einer Feder gedreht und durch Hammerschlag ausgelöst, der untere durch einen Hebelmechanismus. In der Hauptzeichnung sieht man, wie der Bogenschütze sich zur Führungsstange niederbeugt und durch Anheben des vertieften Hebels die Sehne freisetzt. Die Räder sind schräg gestellt, um eine größere und stabilere Basis zu geben und die Erschütterung zu vermindern. Ähnliche Kunstgriffe wandte man später bei der Schrägstellung der Speichen an vielen Artillerierädern an.

Ein Armbrust-Schnellfeuer-Mechanismus ist ebenso eindrucksvoll als Entwurf wie als Zeichnung Leonardos [S. 98]. Es handelt sich um das Spannen von vier Sehnen, deren Bogen an der Innenseite eines großen Tretrades angebracht sind. Das Tretrad dreht sich um eine horizontale Achse und wird von einer Gruppe von Männern bewegt, die auf der Außenseite des Tretrads laufen und dadurch die ständige Rotation für das Schnellfeuern erzeugen. Ein Bogenschütze hängt schwebend im Zentrum des Mechanismus: er hat die Aufgabe, jede Armbrust auszulösen, die den Viertelkreis vor ihm erreicht, und sie durch den Schlitz der Anlage zur Linken zu schießen. Die Hauptachse dreht sich nicht und kann daher mit Seilen und Haken versehen werden, um die einzelnen Sehnen zu spannen, wenn der Bogen in Schußposition gelangt ist. Ein in die Schußrichtung geschobenes Brett zeigt Leonardos Absicht, das Rad zum genaueren Zielen anzuhalten. Bemerkenswert ist auch die schwere, in Angeln bewegliche Tarnwand aus Brettern zum Schutz der Tretenden. Leonardo plaziert die Läufer an die äußere Peripherie des Radkranzes (und nicht, wie damals üblich, an die innere) wegen der größeren Hebelkraft und Nutzleistung. Die Zeichnung offenbart sowohl Spuren eiliger Überzeichnung von Linien und Kreisen wie auch präzise Verfugung von Querbalken und Stützen und sorgfältige Verschalung der Lauf-Tritte. Die langen exakten Schattierungen gelten nicht dem Objekt, sondern dem Hintergrund, um die Maschine hervorzuheben. Rechts neben der Hauptzeichnung ist eine vorausgegangene Skizze, die die Anlage in voller Tätigkeit zeigt.

In vielen anderen Skizzen Leonardos werden Wurfmaschinen und Schleudern bewegt durch die aufgestaute Energie von gekrümmten und gespannten Holzhebeln, durch Metallfedern oder durch die Drehkraft von Seilen, die von Schnecken und Zahnrädern oder Zahnstangen und Wellen gedreht werden. Viele dieser Entwürfe gehen auf ältere Quellen zurück, denn Leonardo übertrug alles in sein Notizbuch, was ihn interessierte. Die Feuerkraft von Gewehren und Artillerie-Waffen fesselte Leonardo beständig, und einige seiner schönsten Blätter befassen sich mit diesem Problem. 150 Jahre waren seit jenem schicksalhaften Tag von Crécy im Jahre 1346 vergangen, als zwei der von zwölf englischen Kanonieren bedienten Kanonen zum ersten Mal einen durch Schießpulver ausgelösten Schuß gegen einen Feind auf dem Schlachtfeld feuerten. Und doch würde die flüchtige Prüfung einiger Skizzen Leonardos ergeben, daß seine Methoden die eines Artilleristen aus der Mitte des 19. Jahrhunderts waren, in mancher Hinsicht sogar jener Zeit voraus. So beschäftigten ihn Pläne für wirksame Schrapnells[7] mit Hinter- statt Vorderlader, mit regulierbarem und vervielfachtem Feuer, mit fortschrittlichen Konstruktionsmethoden für Gewehre einschließlich einer Wasserkühlung von Gewehrläufen. Leonardo schlug vor, den Lauf eines Hinterladers in ein versiegeltes, mit Wasser gefülltes Kupfergehäuse zu setzen, »so daß nach dem Feuern das Kupfer gleich die Hitze verliert.« Dieses wassergekühlte Gewehr verschoß Bolzen mit Eisenspitzen, und Leonardo nannte es »fulminaria« wegen seiner blitzartigen Feuerkraft [unten].

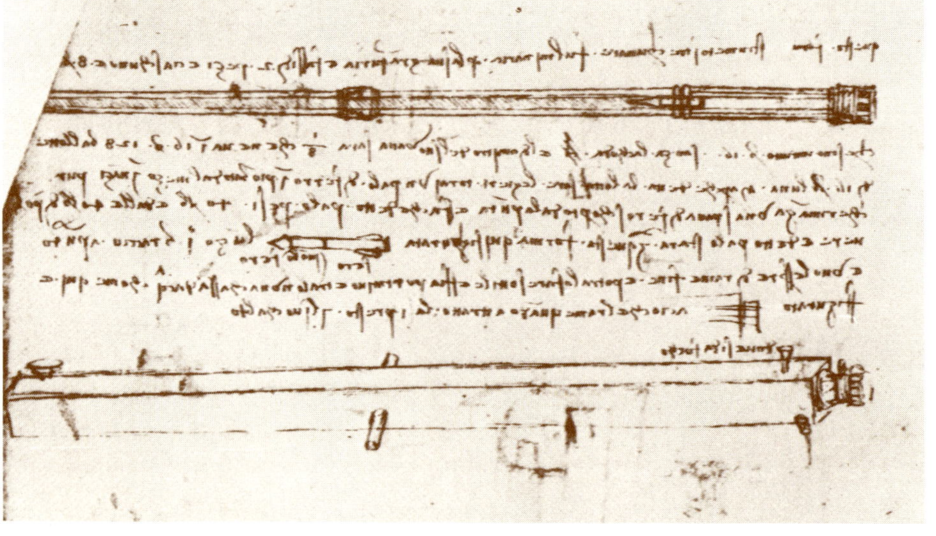

Im Codex Madrid I gibt es mehr als ein Dutzend auf Waffen und Kriegsgerät bezogene Notizen und Diagramme. Es sind im wesentlichen Untersuchungen über die theoretische Leistung gespannter Bogensehnen und das Verhalten abgeschnellter Bolzen. Doch noch interessanter sind zwei Notizen, die die Koppelung von Raketen und Kugeln beim Abfeuern aus Kanonen betreffen. In den Armbrust-Serien[8] versuchte Leonardo, die Bogenspannung zur Schußweite in Beziehung zu setzen und erinnerte den Leser an den Einfluß des Luftwiderstandes. Auf Folio 59 beschreibt er eine sorgfältig ausgearbeitete Testserie über die Wirkungskraft der Armbrust, wobei der vertikale Flug eines beschwerten, mit Meß-Skala und Eisenspitzen versehenen Pfeils gemessen wird, um festzustellen, wie tief er in den Boden des Versuchsgeländes eindringt [S. 104]. Er erkannte, daß sich die angezeigte Tiefe des Eindringens direkt proportional zu dem vertikalen Flug des Pfeils und zu dem Spannungsgrad der Bogensehne verhielt, was durch immer größere Gewichte gemessen wurde. Leonardo verwandte Gewichte zur Kontrolle der ausgeübten Kraft und hielt die Schwerkraft und die vertikale Flugbahn für konstant. Leonardo bestätigte die Ansicht, daß ein senkrecht in die Luft geschossener Pfeil senkrecht herunterfalle.[9] Bei der Beschreibung der Flugbahn eines Geschosses folgte er den Regeln Alberts von Sachsen, und er war der erste, der die Flugbahn als fortlaufende Kurve beschrieb.

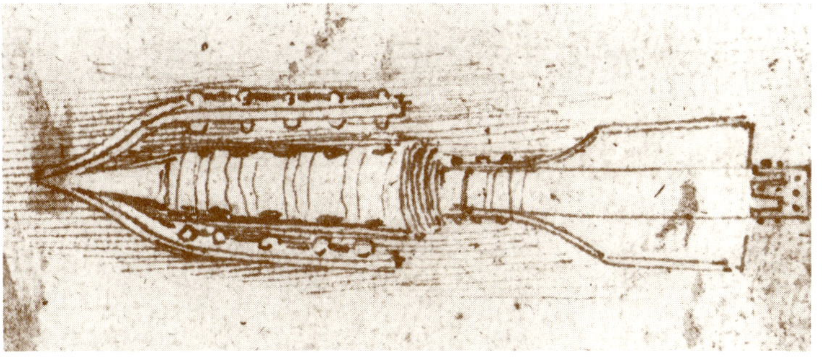

Links: Leonardo gelangte zu so modernen Vorstellungen wie wassergekühlten Kanonenrohren. Der Gewehrlauf oben ist ein Hinterlader – als solcher schon eine Neuheit. Er wird in einen kupfernen, mit Wasser gefüllten Behälter gesetzt, »so daß«, wie Leonardo schreibt, »nach dem Feuern das Kupfer gleich die Hitze verliert«.

Oben: Dieses bedrohlich aussehende, pfeilähnliche Geschoß ist eine frühe Form der hochexplosiven Artilleriegranate. Leonardo plante, es von einer Schleuder abzuschießen. Die zwei von der scharfen Spitze zurückspringenden Flossen – Leonardo nannte sie Hörner – enthalten Pulver, das sich beim Aufprall entzündet.

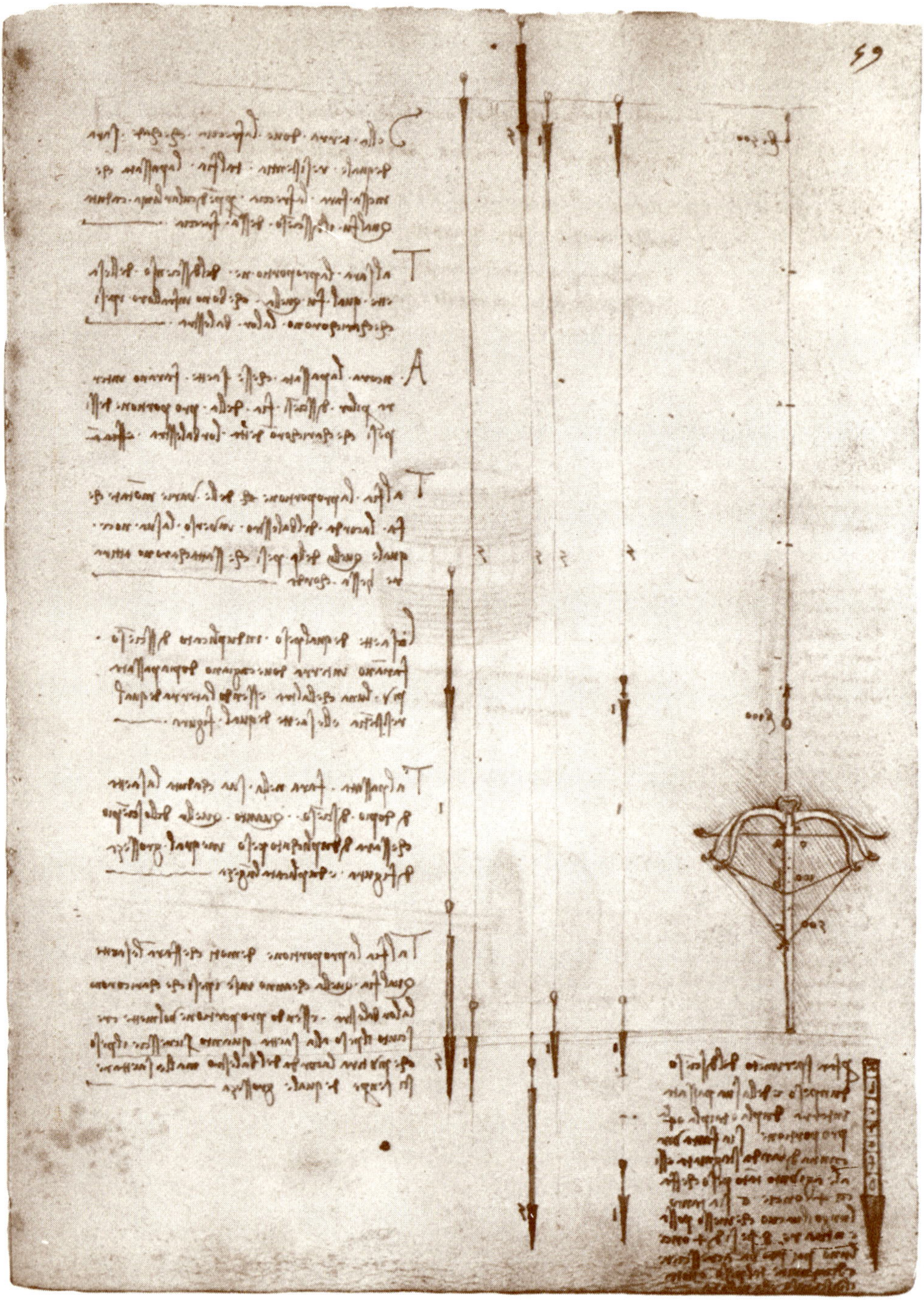

Aufschlußreichere ballistische Pläne Leonardos finden sich auf Folio 58 verso, wo er das vertikale Abschießen zweier Kugeln (die getrennt sind durch gleiche Schießpulverladungen zwischen dem Geschützboden, der unteren und der oberen Kugel) aus demselben Kanonenrohr beabsichtigt. Er beschreibt das gleichzeitige Abfeuern, wobei die obere Kugel die Mündung für die zweite freimacht. Aber er glaubte, die erste (obere) Kugel würde höher fliegen, weil ihre Ladung sich durch die Ladung der zweiten Kugel verstärke. Dann nennt er die Faktoren für die Verstärkung oder Abschwächung der Reichweite, des Schalls, des Mündungsfeuers, des Aufschlags der Geschosse unter dem Einfluß der Windrichtung. Schießen im Nebel verursacht einen lauteren Knall, ebenso das Schießen auf einer Wasserfläche oder gegen eine Wand. Zur Schußrichtung in der Vertikalen sagte Leonardo: »...die nach oben geschossene Kugel [macht] eine länge-

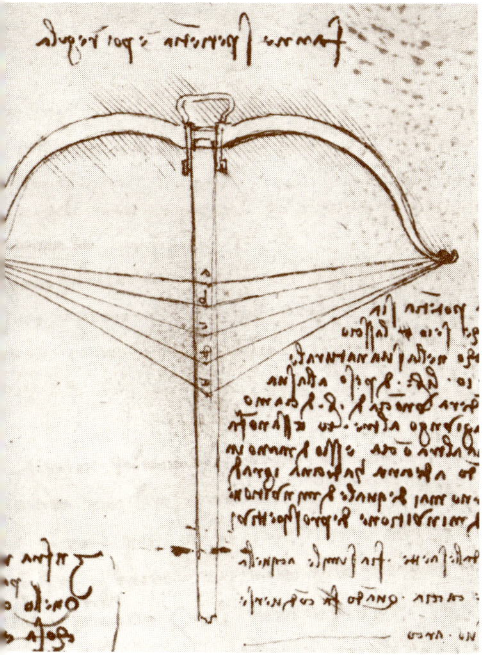

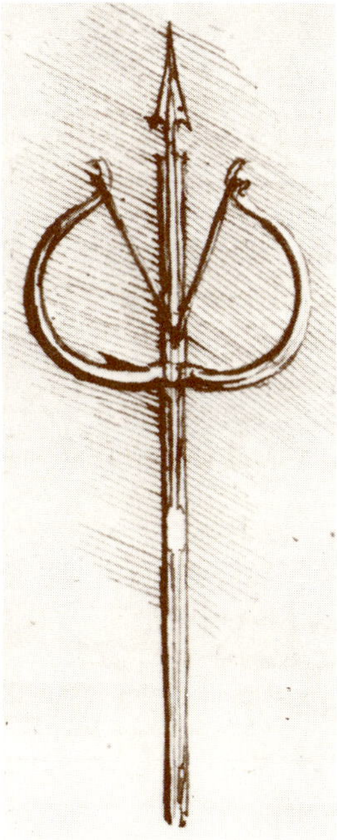

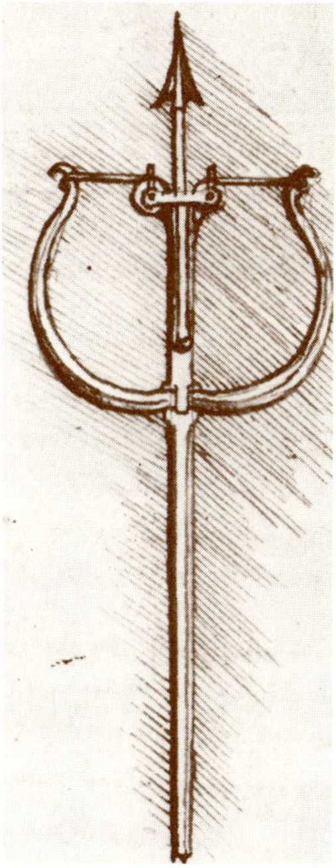

Leonardo entwarf diese Armbrustskizzen im Codex Madrid I zu einem Bericht über eine Reihe ballistischer Versuche. »Mache Versuche und dann die Regel«, lautet seine Ermahnung am Kopf einer Skizze (oben).

Linke Seite: Am Rand dieser Seite stellt er seine Regel auf: »Das Verhältnis des Abstiegs der Pfeile ist dasselbe wie dasjenige, welches zwischen den Gewichten bestand, die die Armbrust luden.«

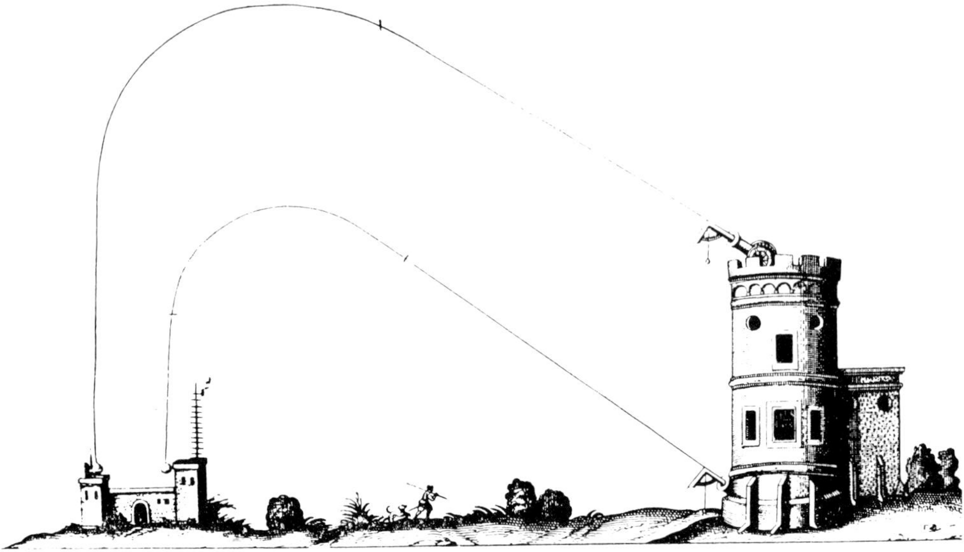

re zusätzliche Bahn als in jeder anderen Richtung, sei es dank der Vermehrung des Feuers, das nach oben gerichtet ist und die Bewegung begleitet, sei es dank der Unterstützung durch die Luft, die sich mit zunehmender Höhe verdünnt und weniger Widerstand leistet.«[10]

In einer Notiz auf Folio 59 verso enthüllt Leonardo seinen Plan zum gleichzeitigen Abschießen eines Pfeils und einer Rakete, um eine größere Schußhöhe – »eine Meile oder mehr« – zu erreichen. Das Projekt umschließt das Problem der senkrechten Aufstellung einer Hakenbüchse mit Pfeil und Rakete von gleichem Gewicht. Leonardo schlug vor, die Rakete zuerst zu zünden, oder mit der Raketenflamme das Pulver im Gewehr zu entzünden.

Eine Erweiterung dieses Projekts zeigt Leonardo auf Folio 81 verso. Er schrieb dazu: »Um eine Rakete in große Höhe zu schießen, könntest du es so machen: Stelle deine Feldschlange aufrecht, wie du hier siehst. Dann lege die Kugel so in die Feldschlange, daß sie durch eine Kette mit der Rakete verbunden ist, wobei die Rakete draußen bleibt, wie du auf der Zeichnung siehst. Dann mache ein Brettchen mit Pulver auf der Höhe des Pulverloches der Feldschlange zurecht. Wenn dies getan ist, zünde die Rakete. Sobald das Feuer auf das Brettchen und das Pulverloch fällt, entzündet sich die Ladung. Und die Rakete wird von der Kugel mehr als drei Meilen gezogen, und man sieht ständig hinter der Rakete eine Flamme von mehr als einer halben Meile.« Wieder soll hier durch das

Wie man glaubte, bildete die Flugbahn einer Kanonenkugel zwei gerade, durch eine kleine Kurve verbundene Linien – so in der Zeichnung links aus einer 1613 veröffentlichten militärischen Abhandlung. Obgleich diese irrige Annahme bis ins späte 17. Jahrhundert vorherrschte, hatte Leonardo schon im Codex Madrid I, Folio 147 recto (rechts), die parabolische, vom Luftwiderstand verformte Kurve richtig gezeichnet.

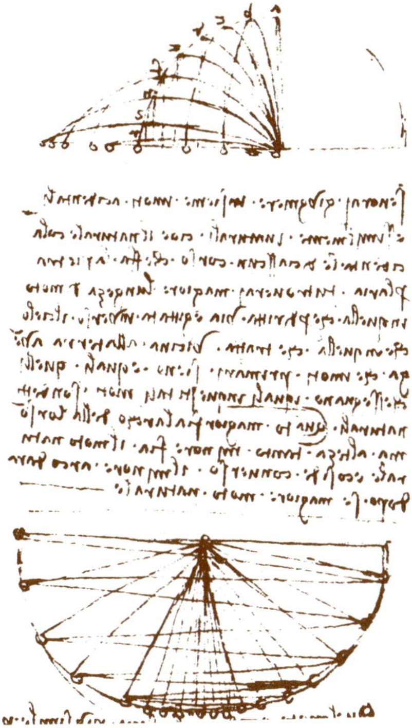

Zusammenkoppeln von Rakete und Kanonenkugel ungewöhnlich große Höhe erzielt werden.

Offensichtlich beschäftigte sich Leonardo mit diesen Projekten ohne einen unmittelbaren militärischen Zweck, denn es gab gar kein Ziel in der Vertikale. So ist anzunehmen, daß es Studien für neuartige ballistische Kombinationen waren, um mit schon vorhandenen Methoden die Reichweite nach dem Eindringen in den Boden zu messen. Als Überschrift für eine Seite mit solchen Untersuchungen schrieb Leonardo auf Folio 51 recto: »Mache Versuche und dann die Regel.«

Er erklärte dynamische Phänomene mit der Theorie des »Impetus«, womit er meinte, daß ein sich bewegender Körper die Bewegung in gerader Linie fortsetzt. Doch war er kein Anhänger der Ansicht Alberts von Sachsen, der die Flugbahn eines Geschosses in drei Perioden zerlegte: den heftigen Anfangsantrieb, die zweite Phase, in der die Schwerkraft sich auszuwirken beginnt, und die dritte, in der Schwerkraft und Luftwiderstand stärker sind als der gehemmte Antrieb.[11] Der italienische Mathematiker Nicolo Tartaglia folgte in seinem ersten Buch (1537)[12] noch dieser Tradition; in einem zweiten, fast zehn Jahre späteren[13] nahm er das gleiche Thema wieder auf und gelangte zu dem zaghaften Schluß, daß kein Teil einer Flugbahn vollkommen geradlinig sein könne. Doch sind wir noch weit entfernt von den parabolischen Flugbahnen, wie sie von Galilei gezeichnet und von Newton mathematisch berechnet wurden (1687).

Tatsächlich stellen noch bis ins späte 17. Jahrhundert alle militärischen Abhandlungen über Artillerie die Flugbahn einer Kanonenkugel mit zwei geraden Linien dar, die zweite vollkommen senkrecht, beide durch ein kleines gebogenes Stück verbunden [S. 106].

Leonardo konnte keine mathematische Ballistik entwickeln. Doch sein untrügbares Auge sah die Wahrheit, und seine exakte Feder setzte die richtige Kurve, eine vom Luftwiderstand verformte Parabel, in viele Illu-

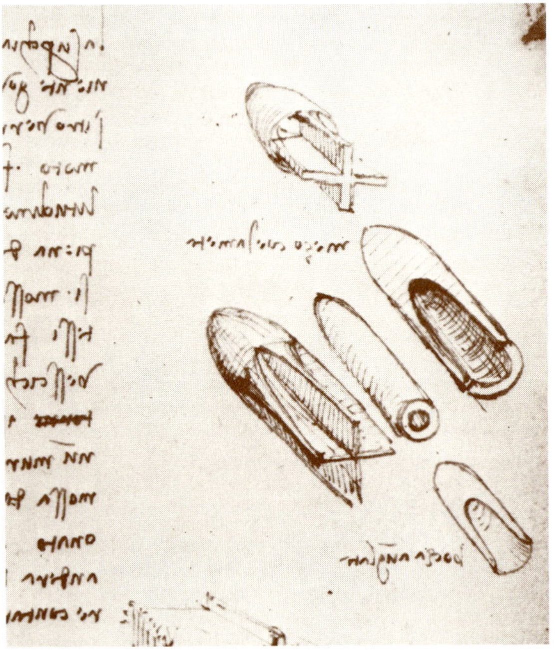

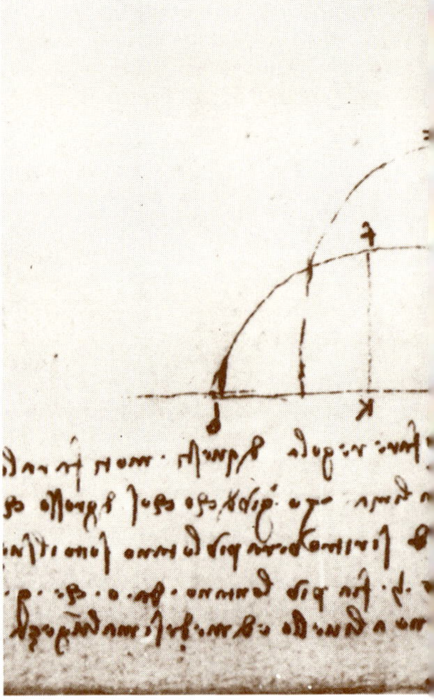

Anders als Galilei 100 Jahre später erkannte Leonardo die Rolle des Luftwiderstandes. Er plante, seiner Zeit weit voraus, zur Verminderung dieses Widerstandes die Stromlinienform von Geschossen und versah sie mit Steuerungsflossen in einer Zeichnung (oben) im Codex Arundel, Folio 54 recto.

Leonardo fehlte die experimentelle Ausrüstung für die genaue Überwachung der tatsächlichen Flugbahnen von Kanonenkugeln. Statt dessen befaßte sich der erfolgreiche Ingenieur mit der Beobachtung und Analyse von Wasserstrahlen im Manuskript C, Folio 7 recto (rechts).

strationen – im Codex Madrid I zum Beispiel dort, wo er seine Theorie über zusätzliche und natürliche Bewegung entwickelt und die Pendelbewegung mit der eines Geschosses vergleicht [S. 107]. Die gleiche Beweisführung wird von Galilei 1632 aufgestellt.
Leonardo nahm die Steigerung des Luftwiderstandes bei zunehmender Geschwindigkeit eines Geschosses wahr, ohne das genaue Verhältnis dieser Steigerung zu bestimmen. »Die Luft wird vor schnell sie durchdringenden Körpern dichter, und zwar um so mehr oder weniger dicht als die Geschwindigkeit größer oder geringer ist.«[14] Trotz der Unzulänglichkeit seiner experimentellen Ausrüstung sah Leonardo die Parabelgestalt (ohne sie so zu benennen) der ballistischen Flugbahnen. Er erkannte die wichtige

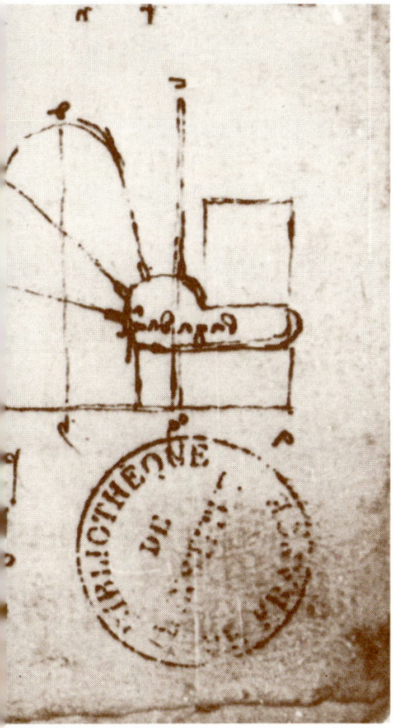

Versuch, um eine Regel für diese Bewegungen zu finden. Du mußt den Versuch mit einem wassergefüllten Ledersack machen, in dem, in einer Linie angeordnet, viele kleine Röhren von gleichem Innendurchmesser stecken.

Rolle des Einflusses der Luft auf die Kurve, wohingegen Galilei den Luftwiderstand für unwichtig hielt.[15] Die wunderbaren, an der Spitze bogenförmigen Geschosse mit Steuerflossen, die Leonardo mehrmals zeichnete, illustrieren eine praktische Verwendung dieser Erkenntnis [S. 108]. Leonardo studierte auch die leichter lenkbaren Kurven von Wasserstrahlen, die aus Öffnungen unter wechselndem Druck strömen, und setzte sie in

Beziehung zu Geschoßkurven [S. 108/109]. Torricelli folgt Galileis Spuren, vernachlässigt aber noch den Luftwiderstand beim Zeichnen seiner ballistischen Kurven.[16] Aber bei seinen Experimenten mit Wasserstrahlen beobachtete er, wie Leonardo 150 Jahre zuvor, daß selbst wenn die Wasserstrahlen eine Parabel beschreiben, die absteigende Linie »magis prona« sei, das heißt vom Widerstand des Mediums verformt.[17] Newton lieferte 1687 die mathematische Lösung der ballistischen Kurve unter Berücksichtigung des Luftwiderstandes.

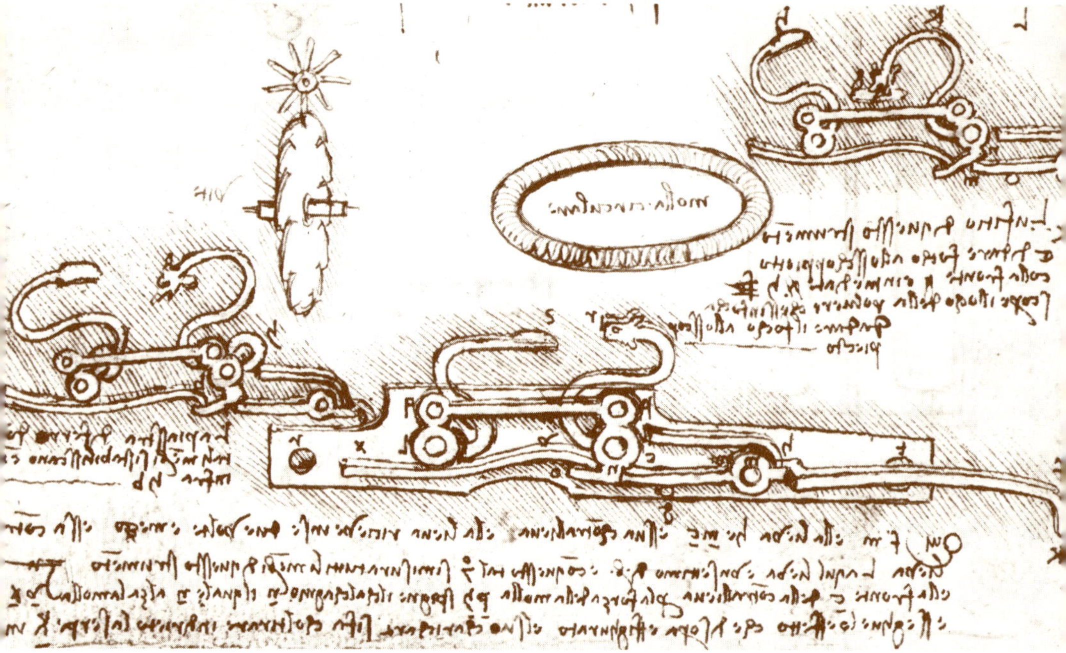

Leonardo gab einen Beitrag zu dem damals noch neuartigen Mechanismus für Handfeuerwaffen, dem Luntengewehr. In einer Reihe von Zeichnungen um 1495 zeigt er drei Luntengewehr-Vorrichtungen, bei denen die Pfanne, die das Schießpulver enthält, geöffnet und zugleich eine brennende Lunte in Form eines langsam brennenden, in Salpeter getauchten Dochtes angelegt wird, was in der Zeichnung nicht zu sehen ist [oben]. Dazu schrieb Leonardo: »Der Zweck dieses Gerätes besteht darin, der Büchse mit der Stirn *g* [des Hakens] Feuer zu geben. Und unmittelbar darauf macht *h* das Pulver frei, das sich entzündet.« Die

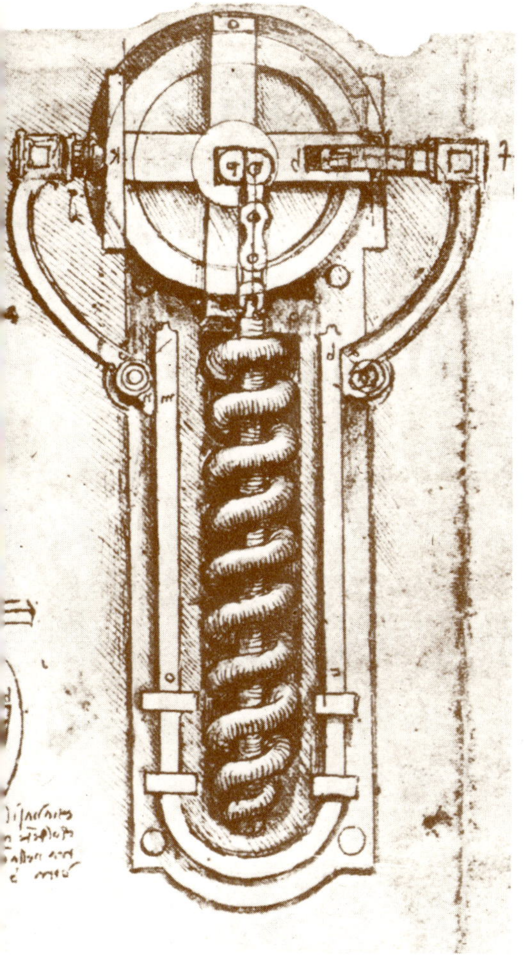

Leonardo war schon dabei, es zu verbessern. In der wundervollen Zeichnung links außen aus Codex Madrid I, Folio 18 verso, skizziert er drei Mechanismen für das Öffnen der Pulverladung und gleichzeitige Zündung im Zündloch. Die Lunte wird von den Backen der «Schlange» (oben rechts in der Zeichnung) erfaßt und entzündet, sobald man den Abzug löst. Dennoch war das Luntenschloß beim Abfeuern eines Gewehrs recht schwerfällig, und ungefähr fünf Jahre später hatte Leonardo eine entschieden bessere Methode entwickelt. Die hier abgebildeten Zeichnungen aus dem Codex Atlanticus, Folio 56 verso-b, sind die frühesten Darstellungen des Radschlosses. Die Skizze links zeigt das Stahlrad und die spiralförmige Hauptfeder. Daneben der Halter für das Schwefelkiesgemisch, das als Feuerstein diente. Die Skizze unten zeigt den Abzugsmechanismus, der das Rad an dem Feuerstein reibt und einen Funken produziert wie beim modernen Feuerzeug.

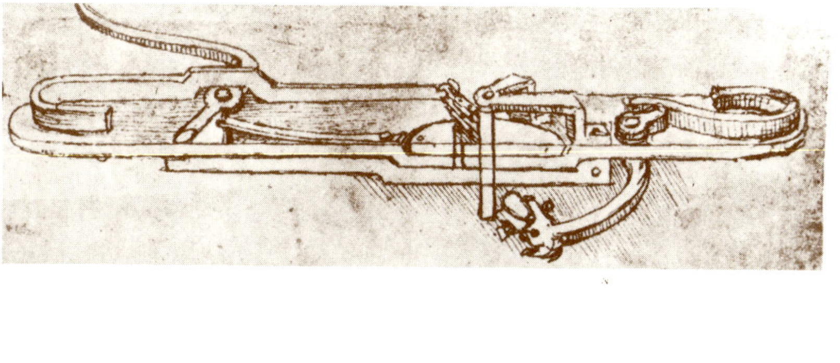

Leonardos Leidenschaft für Mehrfach-Wirkung in der Waffentechnik führte ihn zu genialen Entwürfen von Vorläufern der modernen Schnellfeuerwaffen wie dem Maschinengewehr. Er war bestrebt, ein einziges, mit mehreren Rohren ausgestattetes Artilleriegeschütz wie das Gatling-Gewehr (rechts) zu entwickeln, das erst 1862 im amerikanischen Bürgerkrieg erfunden wurde.

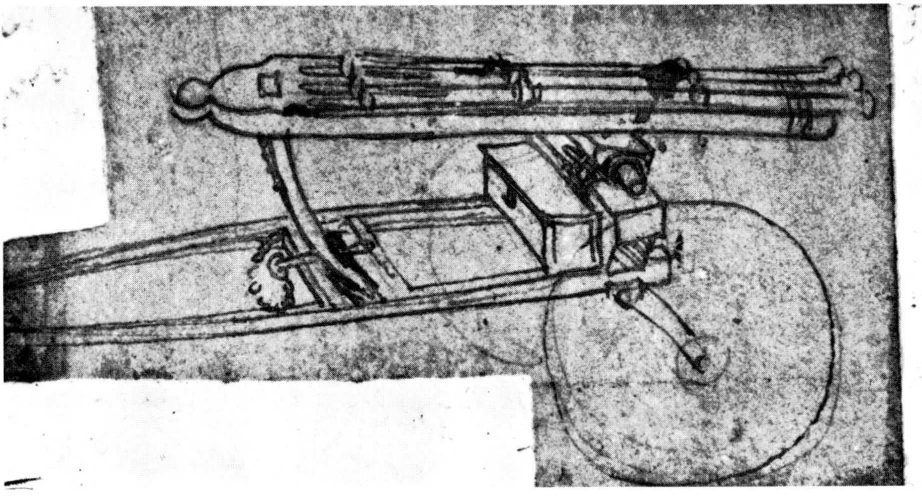

Lösung des Abzugs veranlaßt den Komplex von Hebeln, Federn und Kugellagern, die Schutzplatte über der Pfanne zu heben und die von den Backen der »Schlange« gehaltene Lunte anzulegen, wie es rechts von dem ineinanderwirkenden Mechanismus gezeigt wird.

In dem Jahrhundert von 1470–1570 erkannte man die Wirkung des Handfeuergewehrs. Die Hakenbüchse mit ihrem umständlichen Luntenschloß wurde zur Flinte und den verschiedenen Typen von Schießmechanismen weiterentwickelt, das Steinschloßgewehr eingeschlossen. Leonardo gebührt der Ruhm für die erste Darstellung eines funktionierenden Radschlosses.[18] Man sieht das an einigen Alternativformen im Codex Atlanticus[19], wo eine verbindende Kette von der Hauptfeder zur Radspindel läuft [S. 111]. Leonardo skizzierte im Querschnitt die schwere Schraubenfeder, den Auslöse-Mechanismus rechts, und den funkensprühenden Schwefelkieshalter links. Aber für die Technikhistoriker war an diesem Entwurf die klare Ausführung eines Zahn-Ketten-Getriebes bemerkenswerter als die Verwendung für die Schießpulverzündung. Leonardos Skizze soll um 1500 entstanden sein, doch wird andererseits der früheste Radschloß-Mechanismus fünfzehn Jahre später einem Nürnberger Uhrmacher zugeschrieben. Das Radschloß bleibt zwei Jahrhunderte lang in Gebrauch. Obgleich es leistungsfähiger war als das Steinschloß, ging man später zum einfacheren und billigeren Steinschloß über, bis dieses wiederum von dem Perkussionsgewehr mit dem knallenden Zündhütchen, um

Ein relativ einfacher Entwurf Leonardos mit mehreren Läufen ist auf der gegenüberliegenden Seite zu sehen, aus dem Codex Atlanticus, Folio 340 recto-b. Eine kompliziertere Version (oben), Codex Atlanticus, Folio 3 verso-a, hat drehbare Gestelle mit Rohren (Ausschnitt links). Die Kanoniere können eine Lage Rohre laden, während mit der anderen schon gefeuert wird.

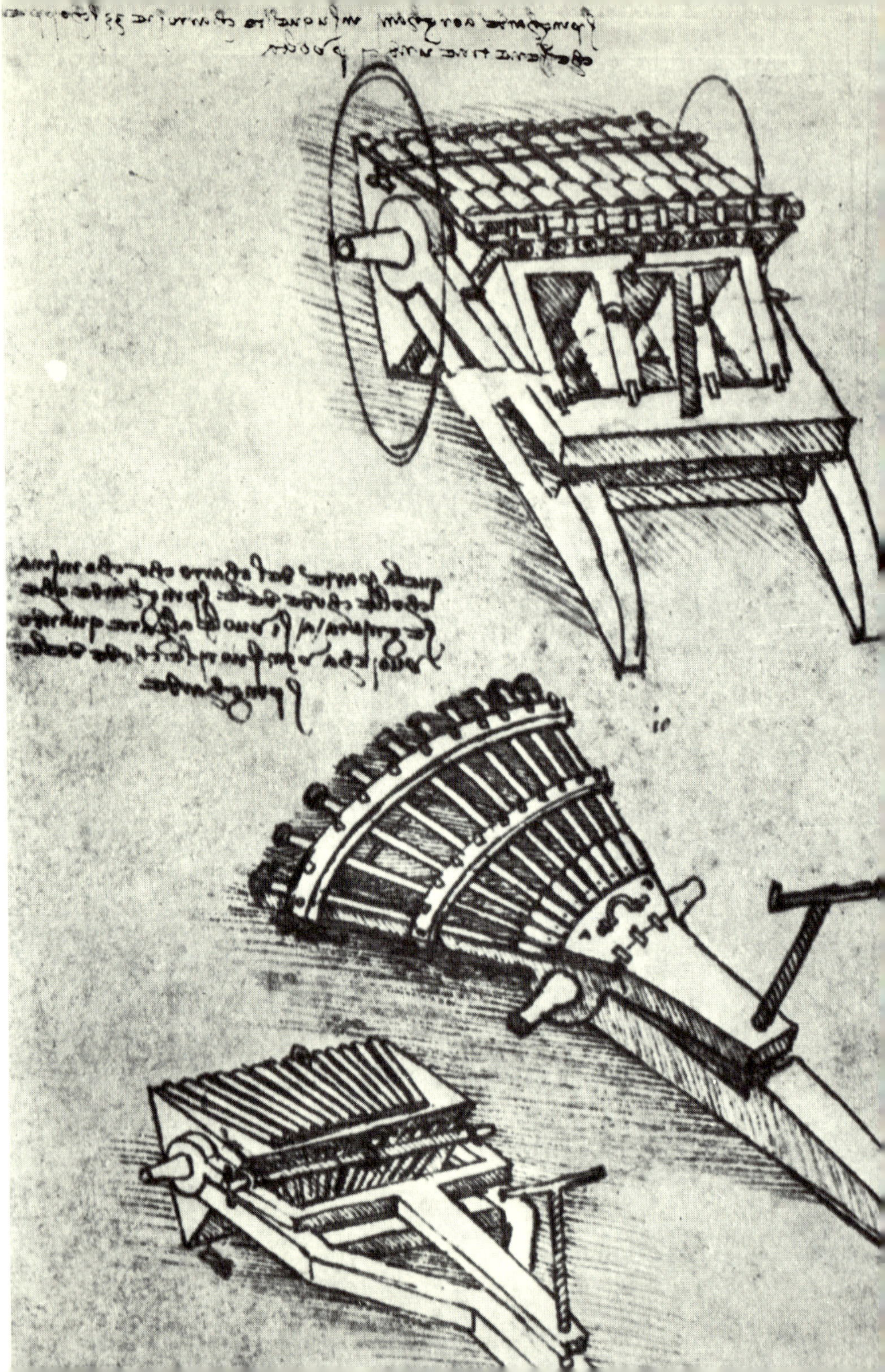

Steinbüchsen oder Orgeln. Dieser Karren trägt 33 Büchsen, von denen jeweils 11 gleichzeitig abgefeuert werden.

Der Teil des Karrens, der sich nahe am Ende der Läufe befindet und mit a bezeichnet ist, hebt sich von selbst, wenn du die Enden der Läufe herausziehen willst.

Die berühmte Zeichnung (links) aus dem Codex Atlanticus, Folio 56 verso-a, vereinigt zwei Entwürfe. In der Mitte legt Leonardo die Rohre schräg, um die Streuweite des Schusses zu steigern, und fügt einen Hebegriff dazu, der die Flugbahn senkt oder emporhebt. Die Entwürfe oben und unten sehen rotierende Rohrgestelle vor. Die Abbildung oben zeigt ein Modell, das man nach der Zeichnung der Batterie oben rekonstruiert hat.

Nächste Seite: Der Entwurf für die Kanone, die er architronito *nennt – ein von ihm geprägter Ausdruck – arbeitet mit Dampf anstatt mit Schießpulver zum Abfeuern des Geschosses.*

1835, und dem Magazingewehr von 1890 ersetzt wurde. Das Radschloß-Prinzip leitet über zu dem modernen Zigaretten-Feuerzeug mit Feuerstein. Ein bevorzugtes Thema bei Leonardos Entwürfen ist ein leichtes Geschütz mit mehreren Läufen, das in seinem Aufbau bereits dem Gatling-Gewehr ähnelt. Damit sollte eine rasche Schußfolge, einfachere Bedienung und genaueres Zielen (oder auch breitere Streuung der Geschosse) ermöglicht werden [S. 112]. Bei diesen Entwürfen ist auch ein Nachladen mit Pulver und Geschoß möglich, während der Artillerist einen Teil der Geschütze abfeuert und der zweite Teil auskühlt, bevor er neu geladen wird [S. 114]. Diese Zeichnungen von mehrläufigen Gewehren sind ein gutes Beispiel sowohl für Leonardos künstlerische Fähigkeiten als auch die seiner Zeit

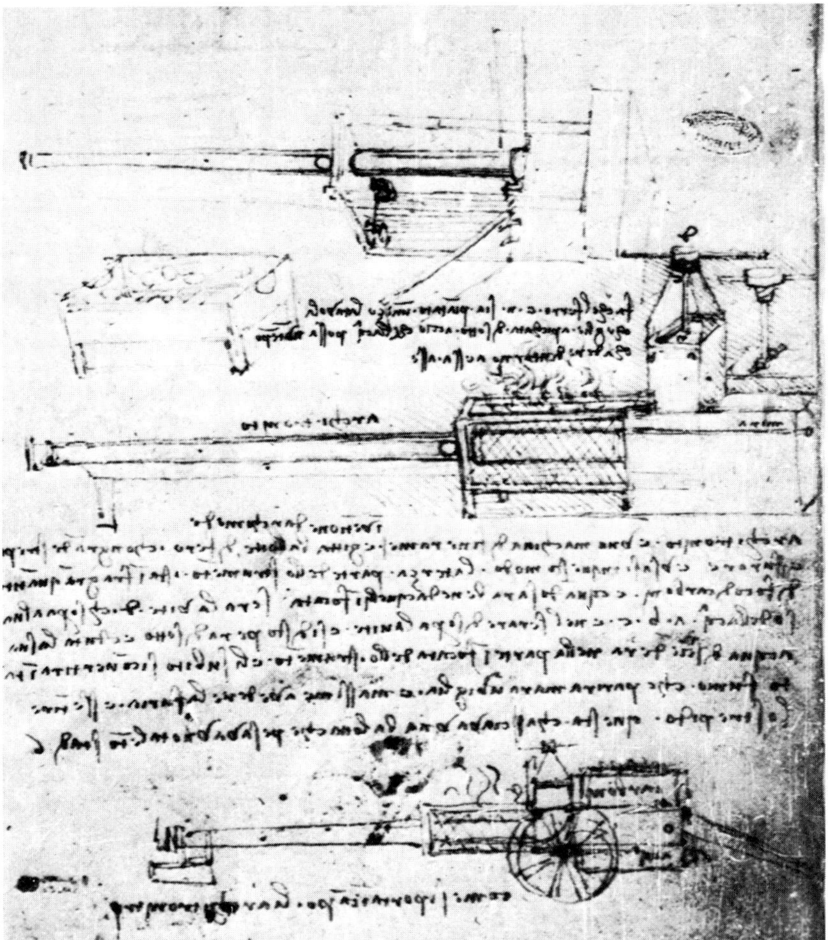

vorauseilenden Erfindungen. Die Räder zum Fahren sind nur mit einfachen Kreisen angedeutet.
Ein ungewöhnliches Artilleriegeschütz hat Leonardo entworfen und *architronito* genannt. Es bestand aus einer Kanone, bei der durch einen plötzlichen Dampfausstoß die Kugel aus dem Rohr getrieben wird. Der Verschlußteil war in eine korbähnliche Kohlenpfanne eingebaut, die brennende Kohlen enthielt. Wenn die Kugel in den Lauf gestoßen und der Verschlußteil genügend aufgeheizt war, wurde ein wenig Wasser dorthin geleitet, wo normalerweise der Verbrennungsraum war. »Und wenn demzufolge das Wasser herausgelaufen ist, fällt es auf den heißen Teil der Maschine, und dort wird es augenblicklich in so viel Dampf verwandelt, daß es wunderbar erscheint, ganz besonders wenn man die Gewalt sieht und das Getöse hört. Diese Maschine hat eine Kugel von 1 Talent und 6 Stadien Gewicht abgeschossen« [S. 116]. Das würde bedeuten, daß solch ein Geschütz tatsächlich gebaut worden ist. Offensichtlich war die Feuerleistung von geringerer Bedeutung. Die kostspielige Dampfkraft arbeiten zu lassen, war wirklich zu Leonardos Zeit eine Neuerung. Der Gedanke war keineswegs unpraktisch. Dampfgetriebene Kanonen wurden im amerikanischen Bürgerkrieg und sogar im Zweiten Weltkrieg verwendet (Holman-Projektoren).[20]
Mit einem bedeutenden Entwurf, einer Anordnung von Elementen zum Gießen von Kanonenrohrteilen, beschritt Leonardo den Weg der zukünftigen Mechanisierung und der Verwendung hydraulischer Kraft (nämlich Turbinenflügel vom Pelton-Typ). Große Kanonen wurden gebaut, indem man aus schmiedeeisernen, konischen Segmentteilen das Rohr formte und die Segmente mit auf den Rohrteilen befestigten Metallringen zusammenfügte, ähnlich wie man Reifen um Gewehrlaufteile legte oder viele Lagen Stahldraht aufwickelte. Leonardos Plan zum Herstellen von Gewehrlauf-Segmenten ist eine von mehreren vorgesehenen Methoden [S. 119]. Angetrieben von der Energie einer horizontalen, wasserbetriebenen Gegendruck-Turbine, wie sie Leonardo unten links an der Vorrichtung zeigt, treibt die vertikale Welle die zwei Getrieberäder durch eine gewöhnliche Schnecke. Diese veranlaßt die am linken Rad befestigte Welle, sich zu drehen und ihre eigene Schnecke anzutreiben. Das horizontal gelagerte Zahnrad wird dadurch gedreht und bewegt so eine andere vertikale Welle und noch eine weitere Schnecke. Das hinten angeschlossene große Zahnrad kommt dadurch zum Rotieren, und seine jetzt sehr vervielfachte Kraft wird (bei geringerer Drehgeschwindigkeit) durch die quadratische Welle an das rechte Rad weitergegeben. Dieses Rad ist sehr stabil und noch

bewehrt durch eine spiralförmige Nocke, wie die Skizze oben links zeigt. Sein Zweck kann an der Abfolge der Vorgänge abgelesen werden, die, am Antrieb beginnend, durch das rechts an der Schnecke befestigte Zahnrad verlaufen. An diesem Rad ist eine mit Innengewinde versehene Buchse angebracht, durch die eine lange Gewindestange läuft.

Wenn sich das rechte Zahnrad dreht, wird die mit Gewinde ausgestattete Stange vorwärts gezogen und zieht ihrerseits eine glatte Stange nach sich. Diese glatte Stange ist in eine Segmentform eingepaßt, wie oben, rechts von der Schrift, zu sehen ist. Außerdem wird durch den schweren Nockendruck das Ende stark, der Mündungsteil leicht gezogen, während die inneren Bogenradien die gleichen bleiben. In dem Diagramm unter der Zeichnung erscheint das von dem Getriebe bewirkte schematische Kraftverhältnis. Sicherlich kannte Leonardo die Energieverminderung durch Reibung, obwohl er sie hier nicht zu berücksichtigen scheint. Rollen- und Kugellager zur Reibungsverminderung gehören zu den häufig verwendeten Bestandteilen seiner Entwürfe.[21]

Einige sorgfältig ausgearbeitete Verwendungsmöglichkeiten von Kugel- und Rollenlagern werden in mehreren Plänen in den wiederentdeckten Madrider Handschriften gezeigt. Auch das allgemeine Thema der Reibung und des Reibung erzeugenden Materials wird behandelt. Man bemerkt auch in diesen neuen Notizen Leonardos Bemühung um optimale mechanische Nutzung bei minimaler Reibung. Die Madrider Codices enthalten eine große Anzahl von Mechanismen, die auf Kugel- und Walzenlagern und, zum Erstaunen vieler moderner Konstrukteure, auf konischen Lagern beruhen. Leonardo bestimmte auf experimentellem Wege einen durchschnittlichen Reibungskoeffizienten auf ebener Oberfläche von einem Viertel des Gewichts eines Gegenstandes.[22] Er spottete über immerwährende Bewegung und wandte sich den Grundlagen der Automation zu, wie man sie vom modernen Mechanismus erwartet. Im militärischen Bereich strebte er danach, das verwundbare Pferd in der Schlacht durch geschützte, mit Muskelkraft betriebene Fahrzeuge zu ersetzen. Er war sich des Fehlens einer Grundantriebskraft bewußt (die erst in unserer Zeit mit Dampfmaschine, Benzin- und Elektromotor kam).

Rechts zeichnet Leonardo eine Maschine zur Herstellung von Kriegsgerät. Eine hydraulisch betriebene Turbine treibt das Walzwerk, und dieses formt Kanonenrohre, die zu groß sind für das übliche Schmiede-Verfahren. In einer erstaunlich komplizierten Folge koordinierter Abläufe formt, glättet und ebnet das Walzwerk die Teilstücke (Dauben) der Rohre. Dann werden die Teile zusammengefügt und -geschweißt.

ATLANTICUS 2r-a

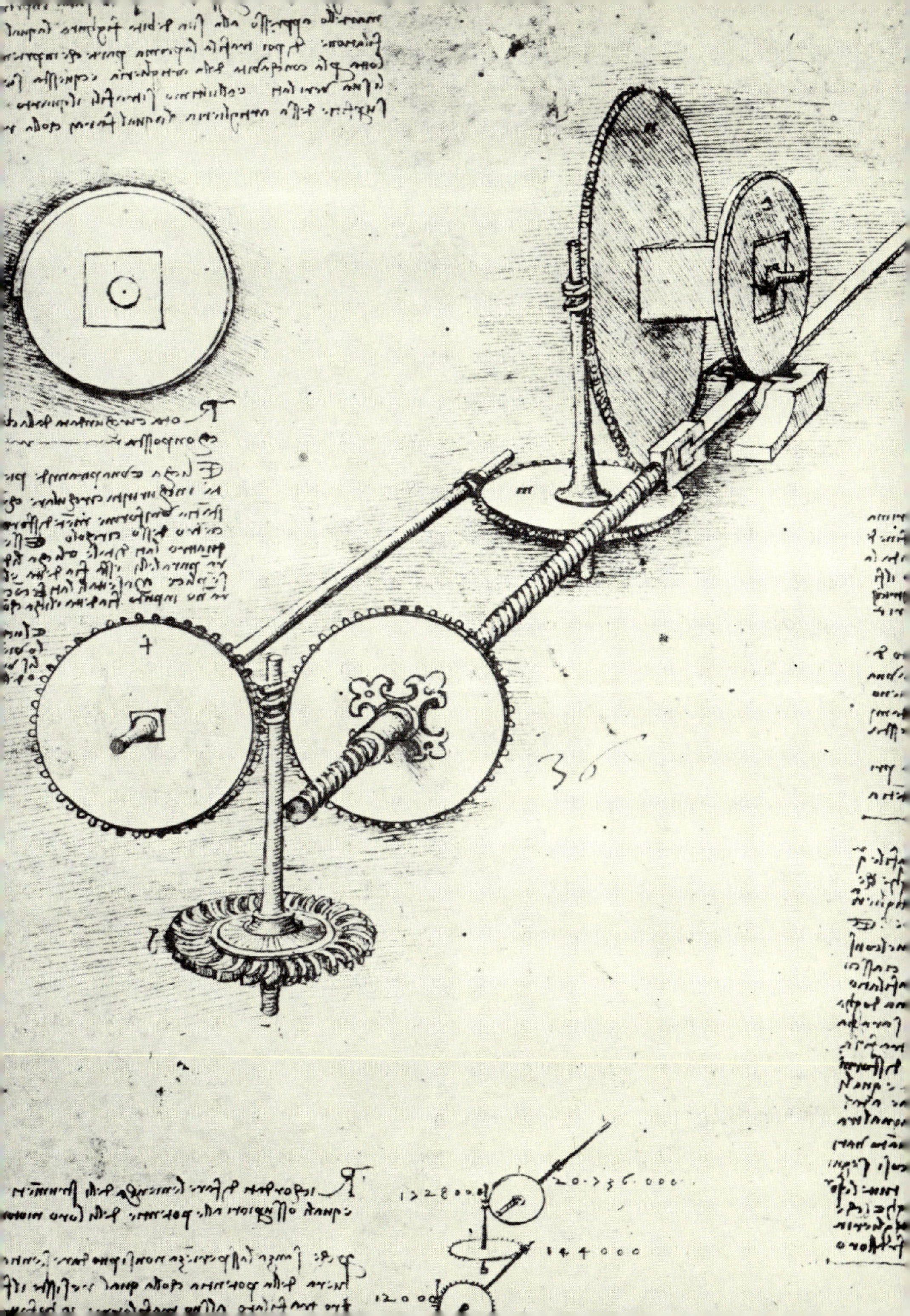
36
1728000
20.736.000
144000
12000

Der phantasievolle Künstler, der praktische Militäringenieur vereinigen hier ihre Talente für eine Seeschlacht. Oben sieht man zwei Gewehre, die Läufe auf lange Schäfte montiert. Das erste muß mit Zunder abgefeuert werden, der auf einem durch einen langen Strick regulierbaren Hebel liegt. Das Rohr darunter enthält Pulver für das zweite Gewehr. Unter diesen Skizzen sieht man einen Satz Zünder für ein sechsläufiges Gewehr. Doch sicher hat das Einmann-Kriegsschiff Leonardos Phantasie besonders gefesselt. Ein kastenartiger Mörser ist auf einem drehbaren Schlitten montiert und mit einem einzigen Matrosen bemannt. Der Mörser stößt seitlich schreckenerregende Feuersalven aus, deren Brandbomben die feindlichen Schiffe verwüsten. Gewöhnliche Kanonenkugeln erscheinen Leonardo altmodisch. Seine Idee war eine mit Stacheln besetzte Brandbombe, und er schlug vor, vergiftete Granaten auf den Feind zu schleudern, damit »alle, die das besagte Pulver einatmen, daran ersticken«.

Die Schrapnells sind pulvergefüllt und durchlöchert, so daß sie beim Aufprall explodieren und tödliche Splitter durch die Luft fliegen. Leonardo beschreibt im Manuskript B die Schrapnellbombe als »die tödlichste Maschine, die es gibt... die Kugel im Zentrum birst, sie verstreut die anderen, die sofort, in der Zeitspanne eines Ave Maria, feuern«. Leonardo haßte den Krieg. Er nannte ihn »bestialischen Wahnsinn«. Selbst darin scheint er vielen Wissenschaftlern des 20. Jahrhunderts vorauszugehen – den Krieg hassen und ihm doch mit Erfindungen dienen. Der riesige Mörser wirkt fast so wie die mächtige neue Kanone aus dem amerikanischen Bürgerkrieg (unten).

»Sein kraftvoller Geist
kam nie zur Ruhe und
brachte unaufhörlich neue,
scharfsinnige Erfindungen hervor.«

ANONIMO GADDIANO

DER INGENIEUR

LADISLAO RETI

Mit seiner präzisen Vorstellungskraft und seinen genauen Zeichnungen kann Leonardo seine mechanischen Erfindungen in Skizzen klarer als in Worten mitteilen. Die Zeichnungen links aus dem Codex Atlanticus, Folio 393 verso-a, zeigen die Arbeitsweise einer automatisierten Spulmaschine.

Leonardos Interessen waren außerordentlich breit gestreut. Seine Aufzeichnungen und Skizzen verraten einen Wissensdurst, der alle Gebiete der Forschung umfaßt, von der Geometrie und Mechanik, Anatomie, Botanik und Geologie bis zur Astronomie. Selbst wenn man berücksichtigt, daß der größte und vielleicht beste Teil von Leonardos Hinterlassenschaft verlorenging – eine vorsichtige Schätzung taxiert den Verlust auf fast drei Viertel seines Werkes –, kann man doch annehmen, daß das heute erhaltene Material sowohl in quantitativer wie in qualitativer Hinsicht einen guten Überblick über die von Leonardo behandelten Themen bietet.
Während man in den großen Galerien der Welt nicht mehr als zehn Gemälde von der Hand des Meisters bewundern kann (ein erschütterndes Inventar der erhaltenen Stücke seines Werkes) und die Zahl der rein künstlerischen Zeichnungen noch schätzungsweise einige hundert beträgt, weisen Tausende von Zeichnungen und Studien aus der Geometrie, der Mechanik und dem Ingenieurwesen auf Leonardos vorherrschende Interessengebiete. Die zwei 1965 in Madrid entdeckten Manuskriptbände bereichern die schon eindrucksvolle Sammlung um fast vierhundert Seiten mit technischen Zeichnungen und Notizen, nur gelegentlich von anderen Themen unterbrochen.

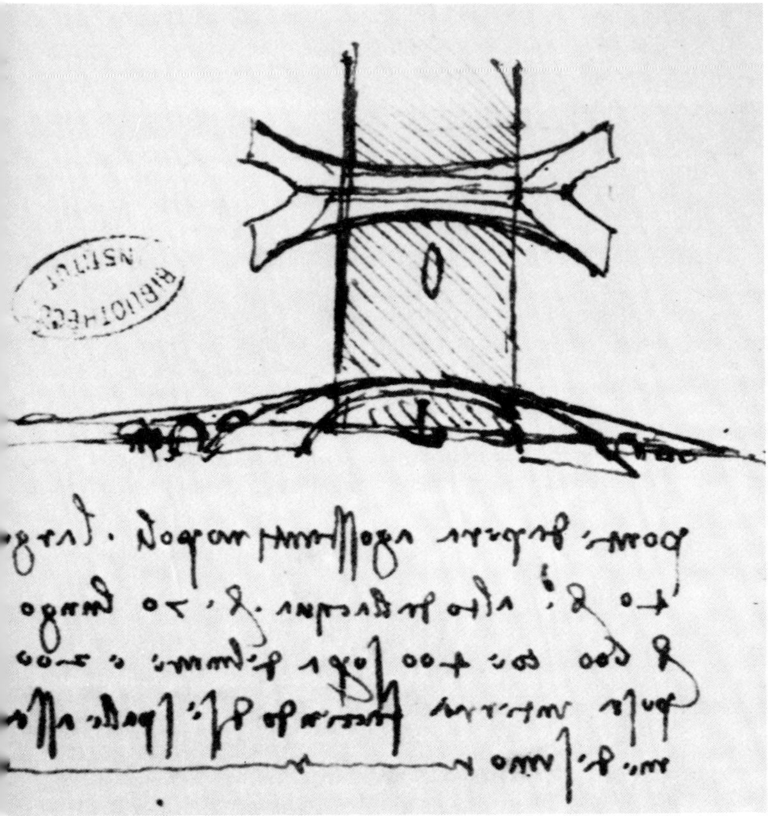

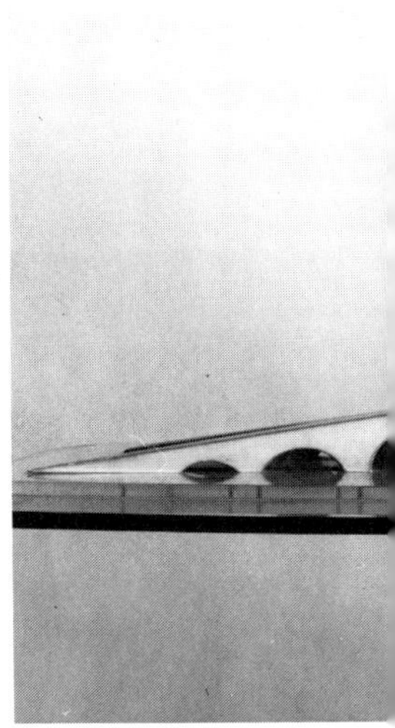

Brücke von Pera nach Konstantinopel, 40 Ellen breit, 70 Ellen hoch über dem Wasser und 600 Ellen lang; nämlich 400 über dem Meer und 200 über dem Festland, wo sie sich stützt.

Zu Leonardos kühnen technischen Vorhaben gehörte der Bau einer riesigen Brücke über das Goldene Horn bei Konstantinopel. Oben, im Manuskript L, Folio 66 recto, skizziert er die Brücke im Grundriß und Aufriß und notiert die Dimensionen der 355 Meter langen Konstruktion. Die Photographien rechts zeigen zum Vergleich Ansichten eines Modells der Brücke im Nationalmuseum für Wissenschaft und Technik in Mailand.

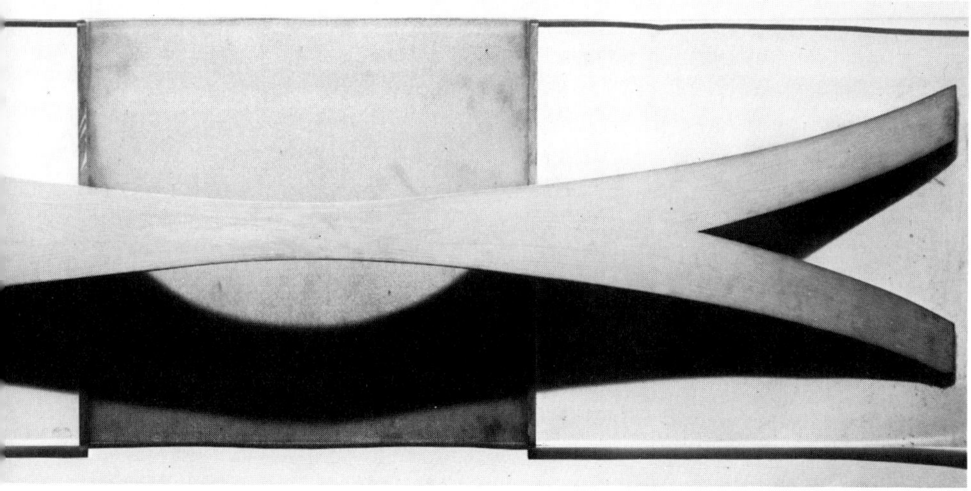

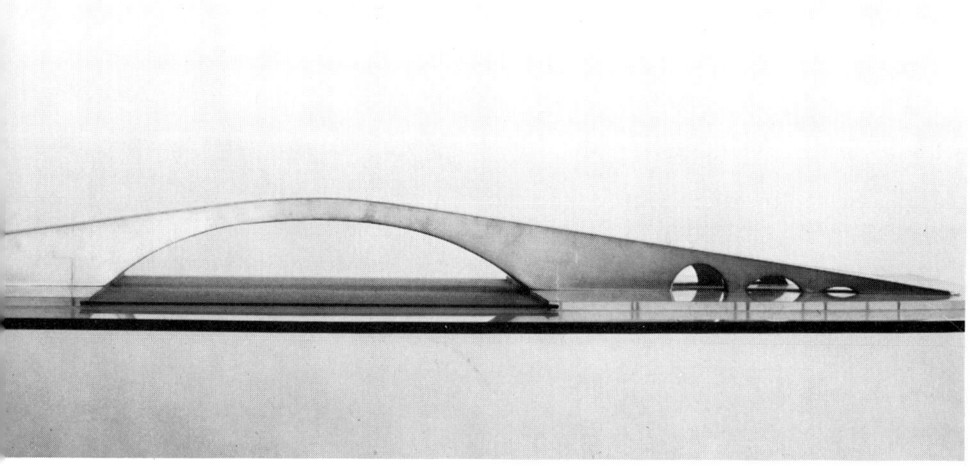

In jeder amtlichen Stellung wird Leonardo nicht nur als Künstler, sondern auch als Ingenieur bezeichnet – am Hof des Lodovico il Moro, wo er fast zwanzig Jahre blieb, war er »Ingenieur und Maler«[1], und so waren auch seine wissenschaftlichen und technologischen Unternehmungen den Zeitgenossen und ersten Biographen wohl bekannt, wenn auch nicht immer von ihnen gebilligt. Sie traten stärker in den Vordergrund, als er anfing, die künstlerischen Arbeiten zu vernachlässigen, da Naturwissenschaft und Technik ihn mehr und mehr faszinierten. Im April 1501 schrieb Fra Pietro di Novellara, der Beauftragte von Isabella d'Este, der Herzogin von Mantua, im Laufe seiner Bemühungen, Leonardo zur Annahme eines künstlerischen Auftrags seiner Herrin zu bewegen, an sie und schilderte ihr einige der in Ausführung stehenden künstlerischen Arbeiten des Meisters. Er beteuerte, Leonardo sei besten Willens, wies aber auch darauf hin, daß er durch seine mathematischen Experimente so sehr von der Malerei abgelenkt sei, daß er den Pinsel nicht mehr sehen wolle.[2] Isabella bedrängte Leonardo jahrelang mit eigenen Briefen und durch Vermittler, um ein Gemälde von ihm zu erhalten. Aber ihre Geduld war vergebens.

Leonardos Gesichtskreis reichte in der Technik weit über die Grenzen Italiens, ja Europas, hinaus. So gibt es auf einer Seite im Manuskript L, datierbar auf die Jahre 1502–1503, die kleine Skizze von Plan und Aufriß einer Brücke mit folgendem Text: »Brücke von Pera nach Konstantinopel, 40 Ellen breit, 70 Ellen über dem Wasser und 600 Ellen lang; nämlich 400 über dem Meer und 200 über dem Festland, wo sie sich stützt.«[3]

Dieses grandiose Projekt könnte man für ein Phantasiegebilde halten, hätte nicht J. P. Richter als erster auf einige bezeichnende Umstände hingewiesen.[4] Er glaubt, die Skizze müsse um 1502 entstanden sein, als Gesandte des Sultans Bajazid II. aus dem Osmanischen Reich in Rom waren, um italienische Ingenieure zu suchen, die die Pontonbrücke über das Goldene Horn durch eine dauerhafte Konstruktion ersetzen konnten. Richter zitiert Vasaris Leben Michelangelos, wo die Pläne des Sultans auf Michelangelo bezogen werden. Es heißt dort: »Er plante, nach Konstantinopel zu gehen, um dem Sultan zu dienen mit Hilfe einiger Franziskanermönche, von denen er erfuhr, er solle auf Wunsch des Sultans eine Brücke von Konstantinopel nach Pera bauen.«[5] Aber 1952 wurde ein erstaunliches Beweisstück entdeckt, das Leonardo betrifft. Franz Babinger untersuchte ein in den Archiven des Topkapi Seraji befindliches Dokument und fand die türkische Übersetzung eines Briefes von Leonardo, in dem er dem Sultan Bajazid II. seine Dienste für vier Ingenieurvorhaben anbietet.[6]

Diese Projekte waren: eine besondere Windmühlenart, eine Vorrichtung zum automatischen Auspumpen von Schiffen, die Konstruktion einer Brücke von Galata nach Konstantinopel und die Errichtung einer Zugbrücke zur anatolischen Küste. Babinger, unterstützt von Ludwig H. Heydenreich, datiert dieses Dokument auf etwa 1502–1503. Das entspricht der Zeit des Manuskripts L. Und im Manuskript L finden wir nicht nur die Skizze und Beschreibung der Brücke von Pera oder Galata nach Konstantinopel, sondern auch bauliche Details für Windmühlen[7] und die Skizze einer Pumpe zur Trockenlegung von Schiffsrümpfen.[8]

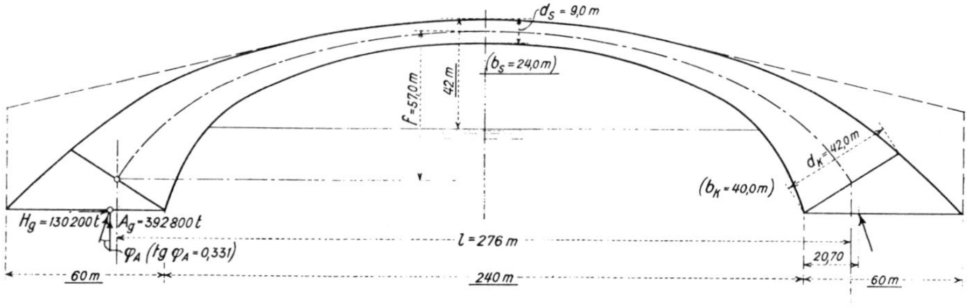

Die Brücke würde sich so hoch über dem Wasser wölben, schrieb Leonardo an den Sultan Bajazid II., daß ein Segelschiff darunter hindurchfahren könne. Das Diagramm oben zeigt die Dimensionierung des Schweizer Wissenschaftlers D. F. Stüssi aus Zürich, der festgestellt hat, daß die Pläne technisch durchführbar waren. Unten das Modell im Mailänder Museum.

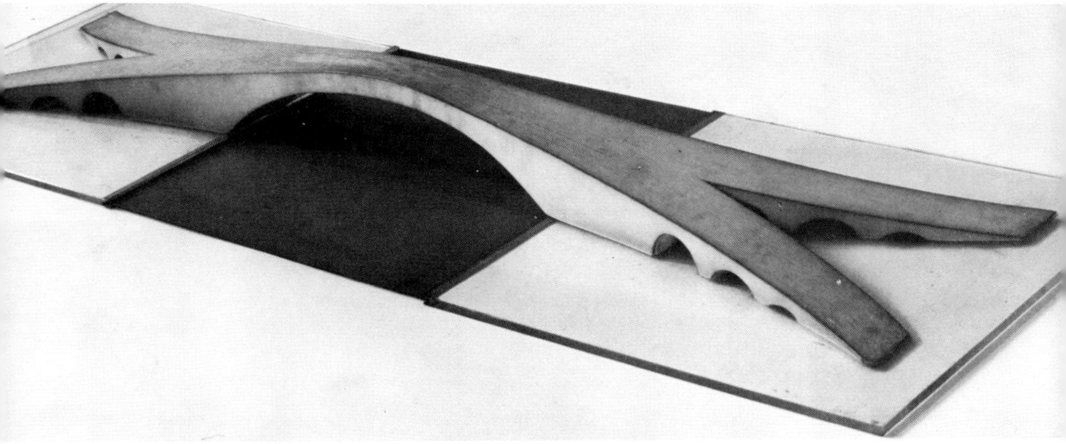

Giorgio Vasaris Leonardo-Biographie[9] spiegelt die Gefühle der Zeitgenossen dem Mann gegenüber, den die Vorsehung mit so großen künstlerischen Gaben ausgestattet hatte. Und sie gibt Kunde über die Vielfältigkeit der technischen Projekte Leonardos, die für seinen Einfluß auf die Entwicklung der Technologie so wichtig sind. »Er würde in Gelehrsamkeit und Kenntnis der Wissenschaften Großes geleistet haben, wenn er minder unbeständigen und wandelbaren Geist gehabt hätte; dies war Ursache, daß er viele Dinge unternahm und die begonnenen wieder liegen ließ... Er arbeitete nicht nur in der Skulptur ... sondern entwarf auch in der Baukunst viele Zeichnungen zu Grundrissen und Gebäuden und war, obwohl

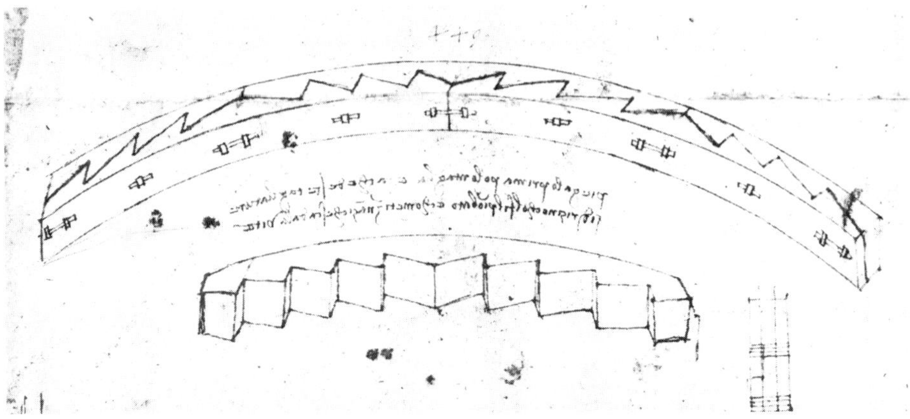

Leonardos Methode, Balken bogenförmig zu biegen, wurde mehr als 300 Jahre später bei Schweizer Holzbrücken angewandt. Seine Zeichnung oben aus dem Codex Atlanticus, Folio 344 verso-a, demonstriert, wie die Balken genutet werden können, ohne daß die Holzfasern splittern. Die Holzbrücke unten in Signau im Kanton Bern, 1839 erbaut, hat zwei tragende Bögen, die genau wie in Leonardos Zeichnung konstruiert sind. Ein Detail der Brücke zeigt das Ineinandergreifen der gebogenen und gekerbten Hölzer in einem der Stützbögen. Die Brücke über die Emme ist etwa siebenundvierzig Meter lang

und hat eine Tragfähigkeit von über vierzig Tonnen. Eine andere Brücke in diesem Kanton von ähnlicher Konstruktion hat eine Spannweite von fast sechzig Metern. Brücken dieses Typs waren vor dem 19. Jahrhundert unbekannt.

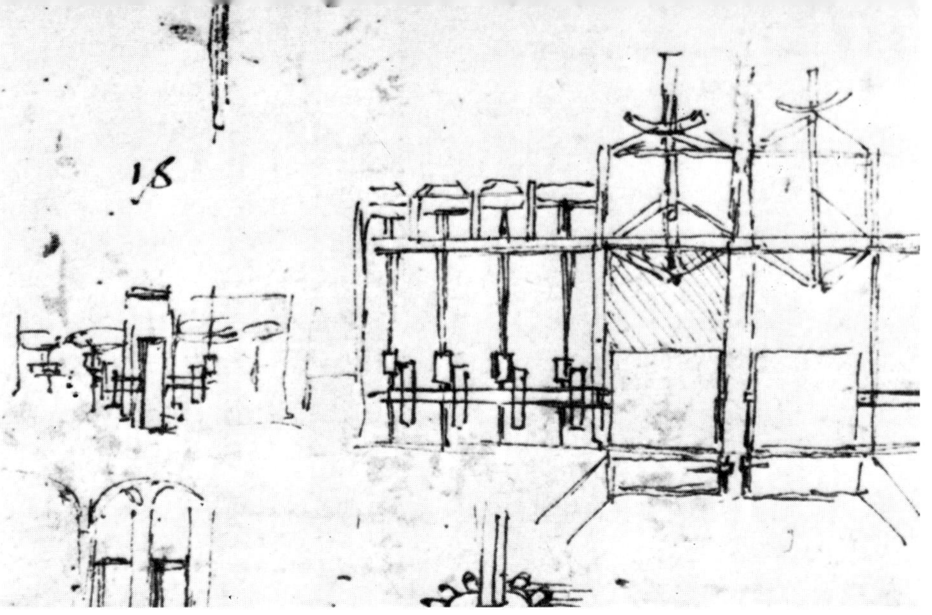
18

noch jung, doch der erste, welcher Vorschläge machte, den Arnofluß in einen Kanal von Florenz bis Pisa zu fassen. Von ihm sind verschiedene Zeichnungen zu Mühlen, Walkmühlen und anderen Maschinen, welche durch Wasser getrieben werden...«

Und es scheint, daß mehr als nur Modelle und Entwürfe nach Leonardos Tod erhalten geblieben sind. Der hohe Mailänder Geistliche Giovanni Ambrogio Mazenta (1565–1635), der einst dreizehn Manuskripte Leonardos besaß, gibt in seinen Memoiren Zeugnis von Leonardos Tätigkeit in der Lombardei.[10] Diese Information ist bedeutsam, da sie auf der damals noch weit verbreiteten Tradition beruht und sich auf den Inhalt von Büchern Leonardos bezieht, die Mazenta besaß. Er spricht von »Leonardos Erfindung von Maschinen und Schleusen«, welche die Wasserwege zwischen den lombardischen Seen »ausgleichen, miteinander verbinden und schiffbar machen«. Außerdem erwähnt er die »vielen in

Leonardos erhaltene Zeichnungen und Schriften und die Berichte von Zeitgenossen bezeugen sein Interesse für die Konstruktion wassergetriebener Kornmühlen. Die Skizze links oben aus dem Codex Atlanticus, Folio 304 verso-b, bezieht sich auf eine sehr große Mühle. Links das Modell der Mühle. In dem Detail des Modells auf der nächsten Seite sieht man die zwei vorn liegenden Wasserräder und die verbindenden Wellen, die die Mühle auf der oberen Stufe antreiben. Ein italienischer Maler und Schriftsteller des 16. Jahrhunderts, Giovanni Paolo Lomazzo, erinnerte sich an eine Sammlung von dreißig Leonardo-Blättern, die Mühlen darstellten: »einige mit Wasser betrieben, andere nicht, alle verschieden«. Im Atlanticus zählt Leonardo elf verschiedene Verwendungsarten für Wassermühlen auf; dazu gehört auch das Spinnen von Seide und die Herstellung von Schießpulver.

den ... Büchern abgebildeten Vorrichtungen, die im Gebiet von Mailand verwendet werden wie Wehre, Schleusen und Gatter, meist von Leonardo erfunden.« Er berichtet auch von Leonardos anderen technischen Errun-

genschaften: »In den Werkstätten der Künstler werden viele von Leonardo erfundene Maschinen zum Schneiden und Polieren von Kristall, Eisen und Stein verwendet; und eine ist in den Mailänder Kellern häufig im Gebrauch zum Zerkleinern großer Mengen Fleisch für den *cervellato* (eine Mailänder Spezialität, eine Wurst aus Schweinefleisch und Hirn); das Rad dreht ein Junge, ohne daß Fliegen oder Gestank ihn dabei belästigen.«

»Auch gibt es viele Sägemühlen für Marmor und Holz an den Flüssen und auf Schiffen Sand-Bagger, die vom Strom angetrieben werden.«
Alle diese und noch weit mehr historische Zeugnisse weisen auf Leonardos doppelte Berufung und auf die tatsächliche Fertigstellung bedeutender technischer Werke hin. Sie treten damit in Widerspruch zu der Ansicht zahlreicher Gelehrter unserer Zeit, die Leonardos Einfluß auf die Entwicklung der Mechanik und die Durchführbarkeit seiner technischen Projekte in Frage stellen. Um nur zwei von vielen Beispielen zu zitieren:
In einem 1949 von Leonardo Olschki veröffentlichten Buch wird Leonardos technisches Werk wie folgt beschrieben: »Die von ihm angewandten mechanischen Hilfsmittel haben sich nicht wesentlich von den Überlieferungen des Altertums und des Mittelalters unterschieden ... Er [hat]

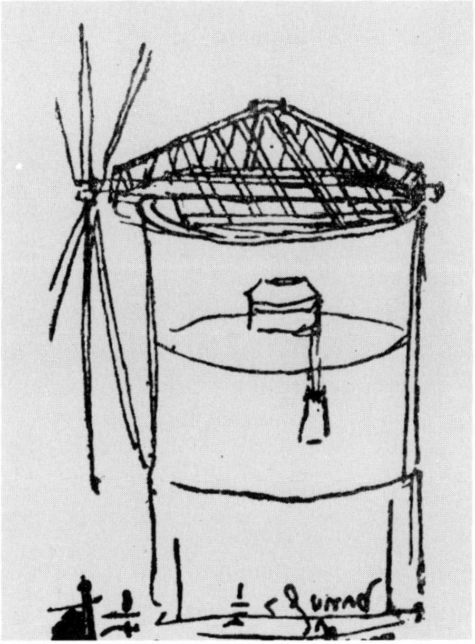

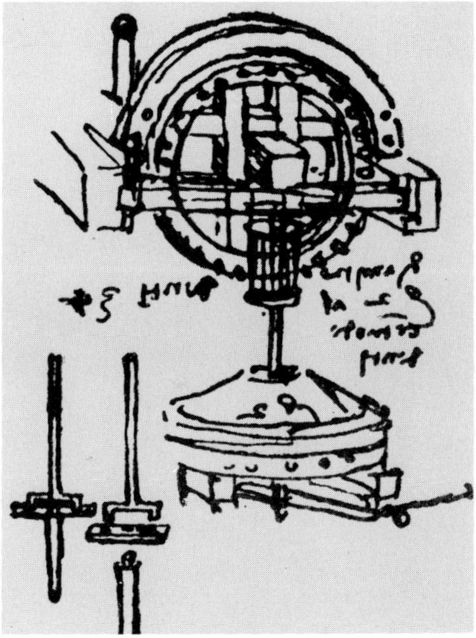

Windmühlen hatten in Italien wegen der ungünstigen metereologischen Bedingungen geringe Bedeutung. Die zwei Skizzen für eine Windmühle (oben) entstanden vermutlich, als Leonardo dem Sultan Bajazid II. seine Dienste anbot. Leonardos Brief an den Sultan ist um 1502 geschrieben und kam in einer 1952 aufgefundenen türkischen Übersetzung wieder zum Vorschein. Leonardo sagt darin, daß er außer einer Windmühle und der Brücke über das Goldene Horn eine Zugbrücke und eine automatische Vorrichtung zum Auspumpen von Schiffsrümpfen bauen könne.

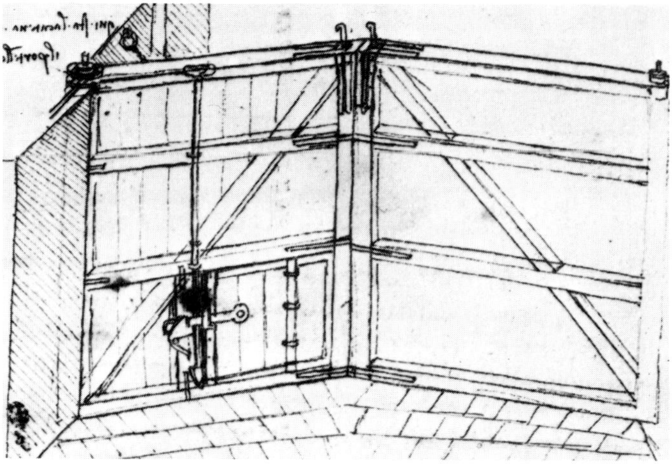

Die Leonardo so lange faszinierende Idee eines Wasserwegs von Florenz zum Meer schlug sich in einer Reihe von Erfindungen in der Hydraulik nieder. Er entwarf die Schleusentore im Codex Atlanticus, Folio 240 recto-c, die die Wasserhöhe regulieren. Der Schlüssel für die Funktion der Anlage liegt im unteren Teil des linken Tors – es ist eine einfache Falltür, die von oben durch einen Schnappriegel gehandhabt wird.

Beim Öffnen der Falltür fließt das Wasser herein und gleicht den Druck auf beiden Seiten aus, so daß die Haupttore geöffnet werden können. Die Photographie links zeigt ein vollständiges Modell der Schleusentore mit Falltür, das A. De Rizzardi gebaut hat. Ein anderes Modell von De Rizzardi (Photo oben) stützt sich auf den Codex Atlanticus, Folio 46 verso-a. Schleusentore regeln den Wasserstand eines Kanals, auf dem ein Schiff über eine Brükke fährt.

niemals versucht, neue wissenschaftliche Grundsätze für die Anwendung oder Theorie der Mechanik aufzustellen ... Aus diesen Gründen bleibt vom wissenschaftlichen und technologischen Teil seiner Werke kaum mehr als eine Menge anregender literarischer Fragmente, naturgetreuer Zeichnungen, geistvoller Entwürfe von zuweilen auch zweifelhaftem Wert für die Praxis übrig.«[11]

Ein Kommentar erübrigt sich. Doch wäre Olschki im Recht, so hätten viele Forscher, die sich vom Gegenteil überzeugen konnten, vergebliche Arbeit geleistet.

Das zweite Beispiel geht mehr in Einzelheiten. Auf einem internationalen Kongreß anläßlich Leonardos 500. Geburtstag im Jahre 1952 sagte Bertrand Gille im Zusammenhang mit Leonardos Versuchen, rotierende in hin- und hergehende Bewegung zu überführen: »Wenn Leonardo versucht, die Lösung des Problems der Transformation einer kontinuierlichen Kreisbewegung in eine hin- und hergehende Längsbewegung zu finden, ersinnt er die unwahrscheinlichsten Lösungen, um schließlich einfach bei dem System Stange-Kurbel zu landen, das seit Anfang des 15. Jahrhunderts bekannt war.«[12] Auch Joseph Needham hat in den sechziger Jahren in seinem grundlegenden Werk »Science and Civilization in China« Gilles Behauptung unterstützt.[13]

Bei der Durchsicht des Vinci-Corpus zählt man in der Tat 137 Einzelkurbel- und 67 Kurbelstangen-Bewegungen, diese meist mit einer Kolbenstange verbunden; einige übertragen die Bewegung auf eine zweite Kurbel oder auf schwingende Einrichtungen. Hinzu kommt, daß im neuentdeckten Codex Madrid I 104 einfache und 24 zusammengesetzte Kurbelbewegungen enthalten sind.

Auf einer besonders interessanten Seite dieses Codex[14] behandelt Leonardo nicht nur die der Anwendung zugrundeliegende Theorie, sondern er spricht auch von der Kurbel als einer den Praktikern allgemein bekannten Erfindung. Man erzählt sich, James Watt habe auf ein kompliziertes Übertragungssystem zurückgreifen müssen, weil die Übertragung mit Kurbelstangen kurz zuvor patentiert worden war. In Wahrheit hatten die Ingenieure Bedenken, die einfache Kurbelstangenbewegung bei der Dampfmaschine anzuwenden, weil man fürchtete, die Maschine würde anhalten oder rückwärts gehen oder irgend etwas würde sich lockern infolge der stoßhaften Bewegung des Dampfkolbens. Niemand, nicht einmal Watt, glaubte, daß die mit hin- und hergehender Bewegung arbeitende Maschine durch ein Schwungrad und eine Kurbel ausreichend beherrscht werden konnte.[15] Hätte Watt dieses Blatt gesehen, auf dem

Giorgio Vasari ist ein wichtiger Zeuge für Leonardos Einfluß auf die Technik seiner Zeit. In seinen Lebenbeschreibungen der Maler *schreibt er über Leonardos Errungenschaften und seine Notizen und erwähnt, daß schon damals – sein Buch erschien 1550 – vieles von Leonardos Werk verstreut war.*

Leonardo die Theorie der Kurbelstangen-Bewegung in Verbindung mit der des Schwungrades untersucht, so wäre vielleicht sein Widerstreben gegen ihre Verwendung bei seiner Dampfmaschine geringer gewesen.
Doch ich möchte Leonardos wissenschaftliches und technisches Werk nicht des längeren zur Stützung meiner positiven Stellungnahme behandeln, sondern lieber versuchen, Leonardo für sich selbst sprechen zu lassen. Ich will mich darauf beschränken, seine Aussagen zu erläutern, wenn der zeitliche Abstand die Interpretation seiner Ausdrucksweise erschwert, und seinen Gedanken den Platz einzuräumen, der ihnen in der Geschichte der Technik zukommt.
In der Einleitung zu seinem Lehrbuch der Kinematik (1875), einem klassischen Werk auf diesem Gebiet, behandelt Franz Reuleaux, der Begründer der modernen Theorie des Maschinenwesens, die Prinzipien, nach denen eine Maschine untersucht und definiert werden muß. Er sagt unter anderem: »In früherer Zeit betrachtete man jede Maschine als ein Ganzes, bestehend aus ihm eigenthümlichen Theilen; jene Gruppen von Theilen, welche wir Mechanismen nennen, sah das geistige Auge an der Maschine noch gar nicht oder nur selten. Eine Mühle war eine Mühle, ein Pochwerk ein Pochwerk und nicht zugleich etwas anderes. Deshalb beschreiben die älteren Bücher jede Maschine von Grund aus bis zu Ende. So z.B. erläutert Ramelli, 1588, verschiedene durch Wasserräder betriebene Pumpen immer aufs neue vom Obergraben des Rades oder gar vom Flusse an bis zum Aussgussrohr der Pumpe. Der Begriff „Wasserrad" ist allerdings so ziemlich vorhanden; man begegnete doch solchen Rädern auf Weg und Steg; allein der Begriff „Pumpe" und deshalb auch das Wort

Ein bedeutender Zeitgenosse, der von Leonardos künstlerischen und technischen Projekten beeinflußt wurde, war Albrecht Dürer (links). Dürer, der Sohn eines Nürnberger Goldschmieds, hat viele Reisen unternommen. Mindestens zweimal war er in Italien, 1494 und nochmals 1505 für längere Zeit in Venedig. Seine Kupferstiche, Holzschnitte und Gemälde lassen die Berührung mit dem Werk Leonardos und anderer italienischer Meister erkennen. Es gibt zwar keinen Beweis dafür, daß Dürer Leonardo begegnet ist, aber er muß einiges von seinen Werken und den inzwischen verlorenen Manuskripten gesehen haben. Er übernahm das Schlingenmotiv, mit dem Leonardo die Dekoration der Sala delle Asse *durchzog, entlehnte einige seiner Ideen für Zeichengeräte (S. 140) und ließ sich von Leonardos Pferdedarstellungen beeinflussen (unten links)*

Leonardos Wirkung auf Dürer zeigt sich am deutlichsten in dem Kupferstich Ritter, Tod und Teufel *(unten). Der Ritter ist fast unverändert aus Dürers fünfzehn Jahre früherer Zeichnung* Reiter mit Rüstung *übernommen. Aber das in der früheren Arbeit hölzern und leblos wirkende Pferd ist jetzt lebendig – und den Leonardo-Studien zum Sforza-Denkmal (unten, Windsor 12347 recto) erstaunlich ähnlich. Die Gelehrten vermuten, daß Dürer Leonardos verlorengegangenes Werk über die Anatomie der Pferde und seine Studien über die menschliche Anatomie kannte und stark von ihnen beeinflußt wurde.*

dafür fehlt ihm noch gänzlich. Es gehört auch in der That ein schon vorgeschrittenes Denken über einen Gegenstand dazu, um an dem Besonderen desselben das Allgemeine zu sehen, der erste Unterschied des wissenschaftlichen Denkens vom gewöhnlichen. Erst bei Leupold, 1724, finden wir eine Abtrennung einzelner Mechanismen von den Maschinen vor, welche für sich, nur mit nebensächlicher Rücksicht auf ihre mannigfachen Verwendungen betrachtet werden. Weit entwickelt wird allerdings der Gedanke noch nicht. Dies erklärt sich daraus, dass damals die Maschinen noch nicht einem besonderen Lehrzweige zugewiesen waren; sie fielen zu jener Zeit noch dem Lehrkreise der Physik im weiteren Sinne zu. Sobald

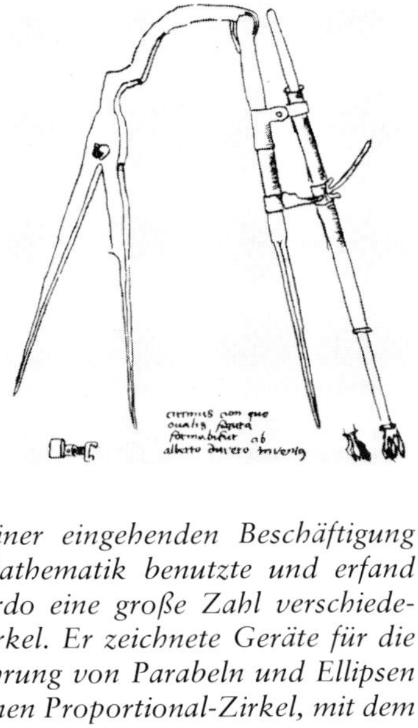

Zwei Erfindungen Leonardos für die Arbeit des Künstlers wurden von Albrecht Dürer übernommen und sind oben zu sehen. Der Perspektograph aus dem Codex Atlanticus, Folio 1bis recto-a, war ein Gerät, das es dem Künstler ermöglichte, von einer bestimmten Stellung aus perspektivisch richtig zu sehen und zu zeichnen. Der Ellipsograph ganz rechts – eine Kopie nach Dürer (Wien, Albertina) – war den arabischen Mathematikern im Mittelalter bekannt und könnte aus dem Altertum stammen. In Leonardos Version bildeten die drei Beine des Zirkels ein Dreieck, und mit der Röhre, die den Pinsel hielt, konnte man vollkommene Ellipsen beschreiben.

Bei seiner eingehenden Beschäftigung mit Mathematik benutzte und erfand Leonardo eine große Zahl verschiedener Zirkel. Er zeichnete Geräte für die Ausführung von Parabeln und Ellipsen und einen Proportional-Zirkel, mit dem man ähnliche Figuren in gegebener Proportion konstruieren konnte. Der rechts abgebildete Zirkel stammt aus dem Manuskript H, Folio 108 verso. Der gleiche Zirkel erscheint auch in einem Buch des Benvenuto Lorenzo della Volpaia, einer Sammlung von Zeichnungen, die auf Erfindungen seines Vaters und mehrerer Zeitgenossen, darunter Leonardos, zurückgehen. Der Band enthält viele Hinweise auf Leonardos technische Leistungen.

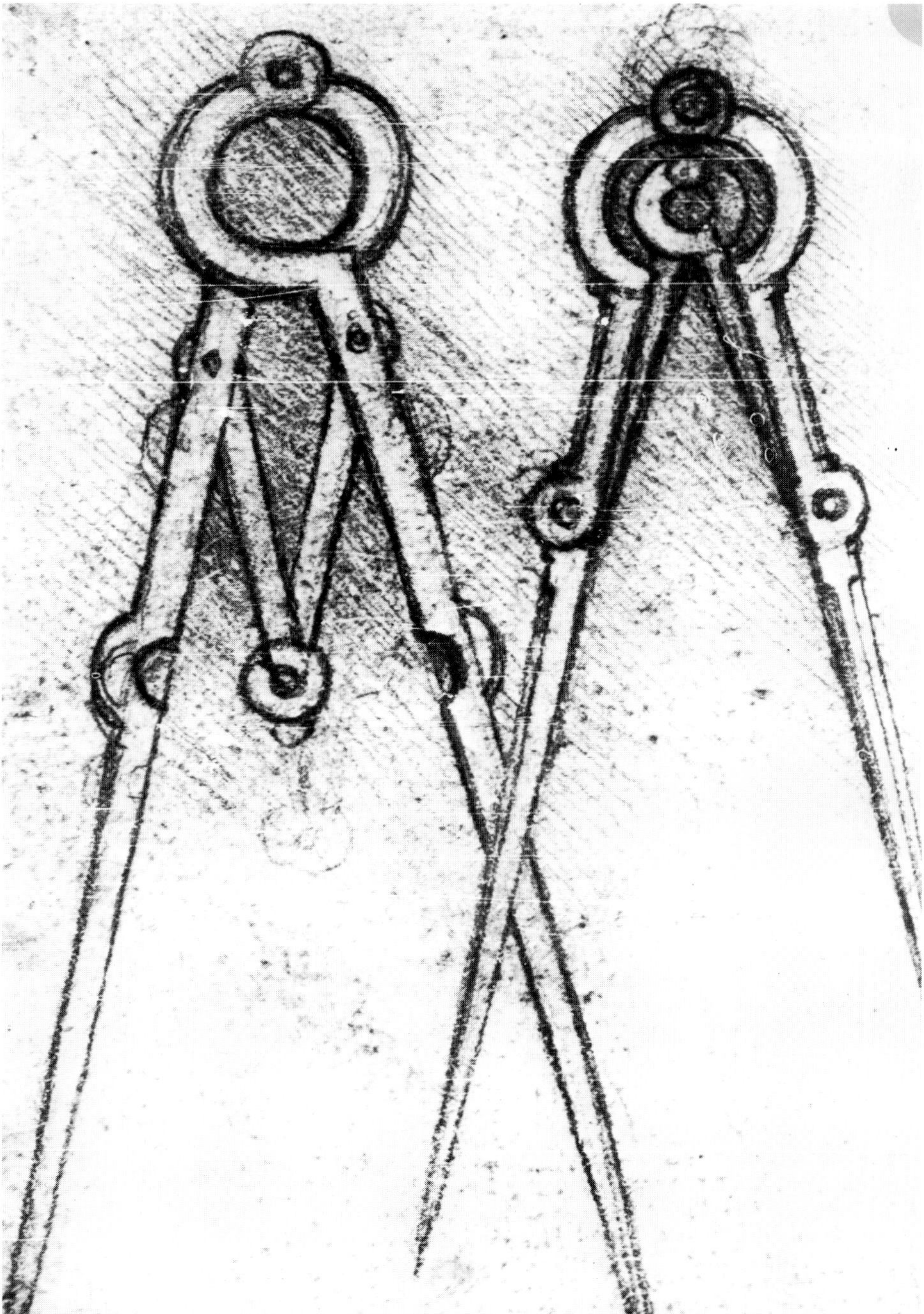

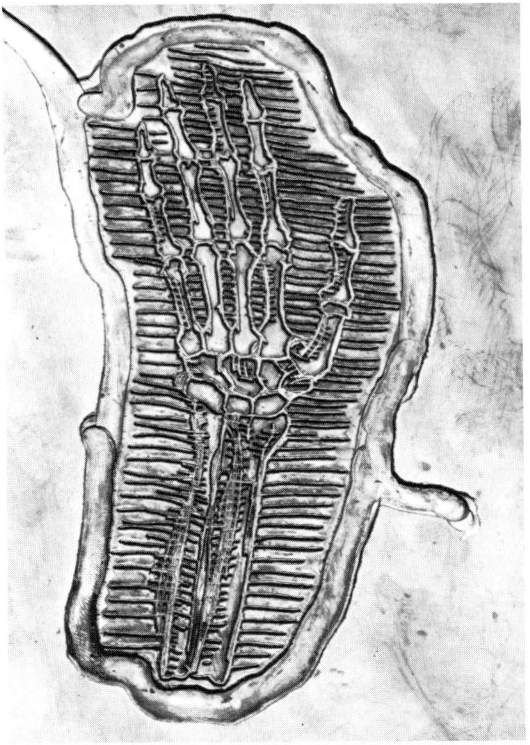

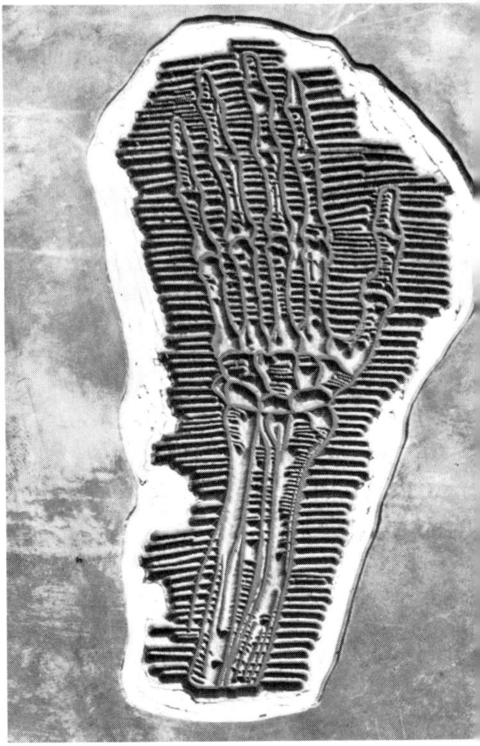

Die Madrider Codices führten zu einer erstaunlichen Entdeckung: Leonardo hatte eine Druckmethode vorgeschlagen, die seine Zeichnungen und Texte in großem Umfang hätte erhältlich machen können. Er wußte, daß die damals gebräuchlichen Holzschnitte seine fein ausgearbeiteten Zeichnungen nicht befriedigend wiedergeben konnten, und die neuen Kupferstiche waren zu kostspielig. Seine Methode war eine neue Art des Radierens auf Metall. Im Codex Madrid I legt er genau die Einzelheiten fest: »Über die Drucklegung dieses Werkes. Bestreiche die [verkupferte] Eisenplatte mit Bleiweiß, das mit Ei vermischt ist, dann schreibe linkshändig [spiegelbildlich] und ritze den Grund. Wenn du das gemacht hast, bestreiche alles mit Lack, d.h. Lack und Galmei oder Mennige. Weiche sie ein, sobald die Mischung trocken ist. Den Grund mit den auf das Bleiweiß mit Ei geschriebenen Buchstaben wird man zusammen mit der Mennige ablösen, welcher infolge Zerbrechlichkeit abbrechen und dabei die Buchstaben am Kupfer angeheftet lassen wird. Dann höhle den Grund auf deine Weise aus, und die Buchstaben werden erhöht im Relief über dem Grund stehen.« Ein moderner italienischer Künstler, Attilio Rossi, befolgte diese Anweisungen, und es gelang ihm, einen schönen Stich von Leonardos Zeichnung einer Hand (Windsor 19009 verso) herzustellen.

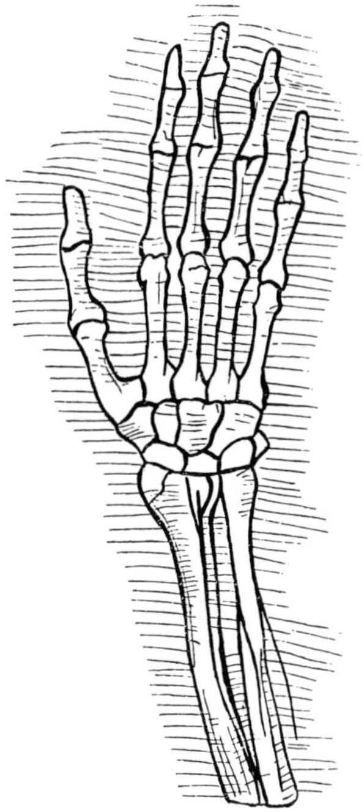

Leonardos anatomische Zeichnung ist in eine Relief-Radierung nach seiner eigenen Methode (ganz links) und mit modernen Mitteln (Mitte) übertragen worden. Links die nach Leonardos Radierungsmethode reproduzierte Hand.

aber die erste polytechnische Schule gegründet wird –, Paris, 1794 – sehen wir die schon angebahnte Sonderung der Bewegungsmechanismenlehre von der allgemeinen Maschinenlehre sich systematisch vollziehen.«[16]
Daß Leonardo diese Trennung erkannte, wurde schon anhand der ausführlichen Belege in seinen Notizbüchern gezeigt.[17] Bis zur Wiederentdeckung der Leonardo-Manuskripte war dieses Beweismaterial verstreut und fragmentarisch. Aber der Codex Madrid I, datierbar etwa auf 1495, beweist, daß Leonardo diese moderne Einstellung angenommen hatte und auch versucht hat, eine wirkliche Abhandlung über die Zusammensetzung und Arbeitsweise von Maschinen und Mechanismen zu verfassen.
Das ist eine überraschende Erkenntnis für die Historiker der Technik, die traditionsgemäß in der Arbeit der Gelehrten in der 1794 gegründeten École Polytechnique den ersten Versuch zum systematischen Studium der Maschinenelemente oder Mechanismen sahen.

Gemäß Reuleaux kann die Liste der Maschinenelemente folgendermaßen lauten:

1. Schrauben
2. Keile
3. Nieten
4. Lager und Lagerblöcke
5. Zapfen, Achsen, Wellen
6. Kupplungen
7. Seile, Riemen und Ketten
8. Reibungsräder
9. Zahnräder
10. Schwungräder
11. Hebel, Kurbeln, Pleuelstangen
12. Sperräder und Getriebe
13. Klinkengesperre
14. Bremswerke
15. Aus- und Einrückungen
16. Röhren
17. Pumpenzylinder und Kolben
18. Ventile
19. Federn
20. Kurbeln und Stangen
21. Nocken
22. Flaschenzüge

Unter den von Reuleaux aufgezählten Teilen fehlen in Leonardos Manuskripten offenbar nur die Nieten. Nicht etwa, weil Nieten zu seiner Zeit unbekannt waren, sondern weil er ganz bewußt »Einrichtungen ... ohne Zurüstungen oder andere Dinge« darstellen wollte, »die den Blick dessen hindern, der die Sache studiert.«
Daß Leonardo ein Buch über Mechanismen und nicht einfach über Maschinen abfassen wollte, ergibt sich aus der äußerst interessanten Seite, die den soeben zitierten Satz enthält – eine Seite, die offensichtlich als Einleitung gedacht war:

»Hier wird gezeigt, was die Eigenart der Schraube und ihres Hebels ist, wie die Schraube eher zum Ziehen als zum Stoßen verwendet werden soll und weshalb sie mehr Kraft hat, wenn sie einfach statt doppelt ist und dünn statt dick, während sie an gleicher Hebellänge mit gleicher Kraft bewegt wird. Und so wird man ein wenig erörtern, auf wieviele Arten man sie anwenden kann, wieviele Sorten endloser Schrauben man machen kann, wieviele Bewegungen ohne Schrauben vor sich gehen, obwohl sie eigentlich die Schraubenfunktion erfüllen; auch auf welche Weise die endlose Schraube mit den Zahnrädern verbunden wird und wie man viele Schrauben zusammen anwendet. Es wird ferner über die Eigenart der Schraubenmuttern geredet, ob sie nützlicher sind mit vielen Zähnen oder nicht. Und man wird sprechen über die rückläufigen Schrauben und über Schrauben, die bei einem gleichen Zug das Gewicht stoßen und ziehen, und über Schrauben, die mit einer einzigen Umdrehung ihre Mutter ver-

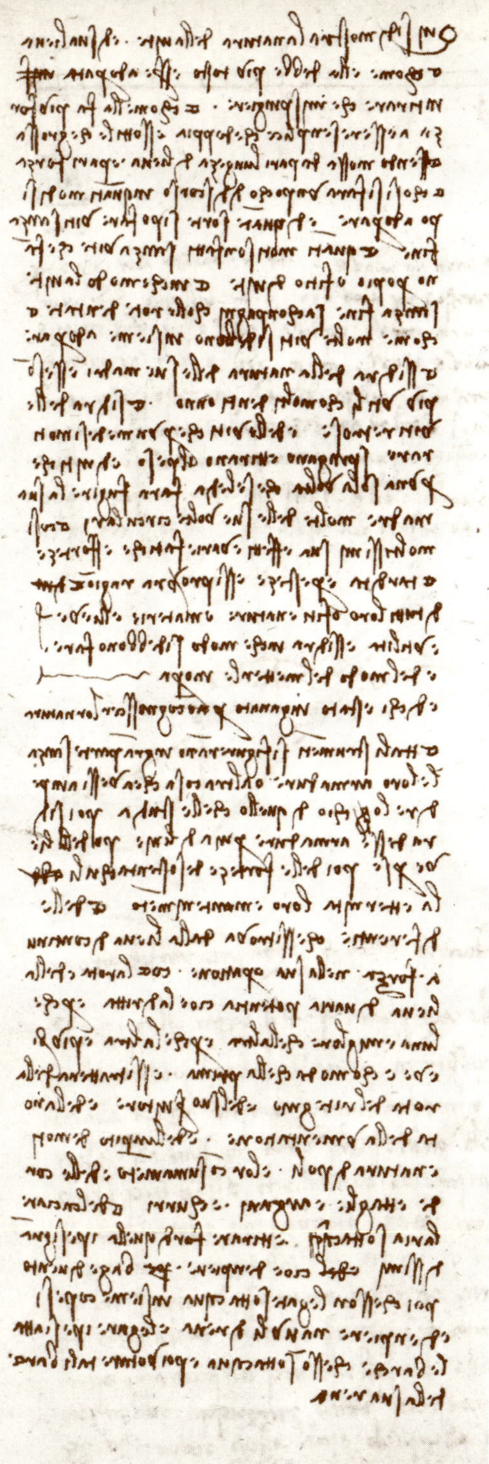

Das Vorhaben, ein Buch über Maschinenelemente zu schreiben, wird im Codex Madrid I, Folio 82 recto, weiter verfolgt. In seinem Text, der links in der Übersetzung wiedergegeben ist, zeigt sich, wie sehr Leonardo sich von den Technikern seiner und weit späterer Zeit unterscheidet: wesentliche mechanische Elemente begreift er als gesondert von der ganzen Maschine.

Die Tabelle auf S. 146–149 vergleicht die Leonardo bekannten Mechanismen mit den zweiundzwanzig Maschinenelementen, die Franz Reuleaux 1875 in seinem Lehrbuch der Kinematik *aufzählt. Fast vierhundert Jahre vorher beschrieb und zeichnete Leonardo im Codex Madrid I alle diese Elemente, mit Ausnahme der Pumpenzylinder und Kolben, die im Codex Atlanticus zu finden sind, und der Nieten, die er absichtlich ausließ.*

LISTE DER MASCHINENELEMENTE

REULEAUX — LEONARDO

1. SCHRAUBEN — 26r
2. KEILE
3. NIETEN
4. LAGER UND LAGERBLÖCKE
5. ZAPFEN, ACHSEN, WELLEN — 1
6. KUPPLUNGEN — 62r

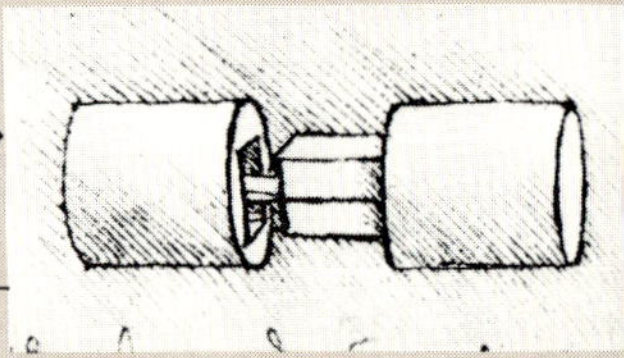

7. SEILE, RIEMEN UND KETTEN
8. REIBUNGSRÄDER — 102r
9. ZAHNRÄDER — 15v

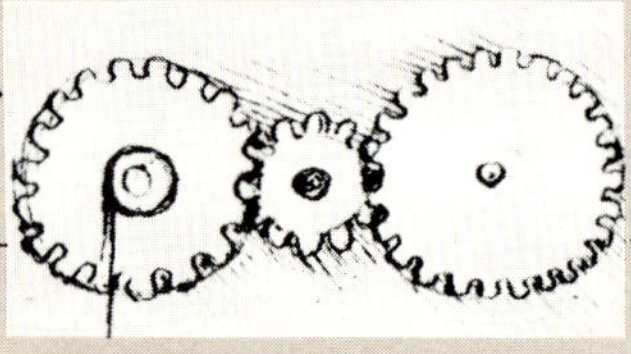

10. SCHWUNGRÄDER
11. HEBEL, KURBELN, PLEUELSTANGEN
12. SPERRÄDER UND GETRIEBE — 11
13. KLINKENSPERRE — 12r

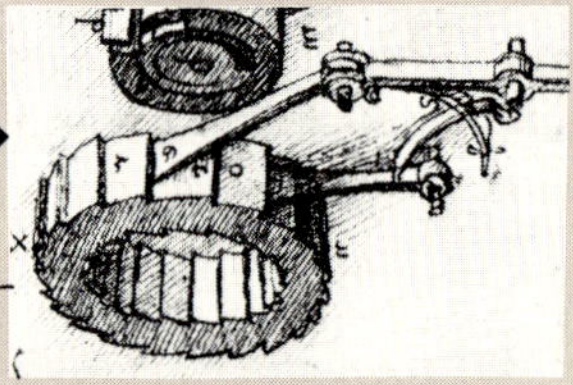

14. BREMSWERKE
15. AUS- UND EINRÜCKUNGEN

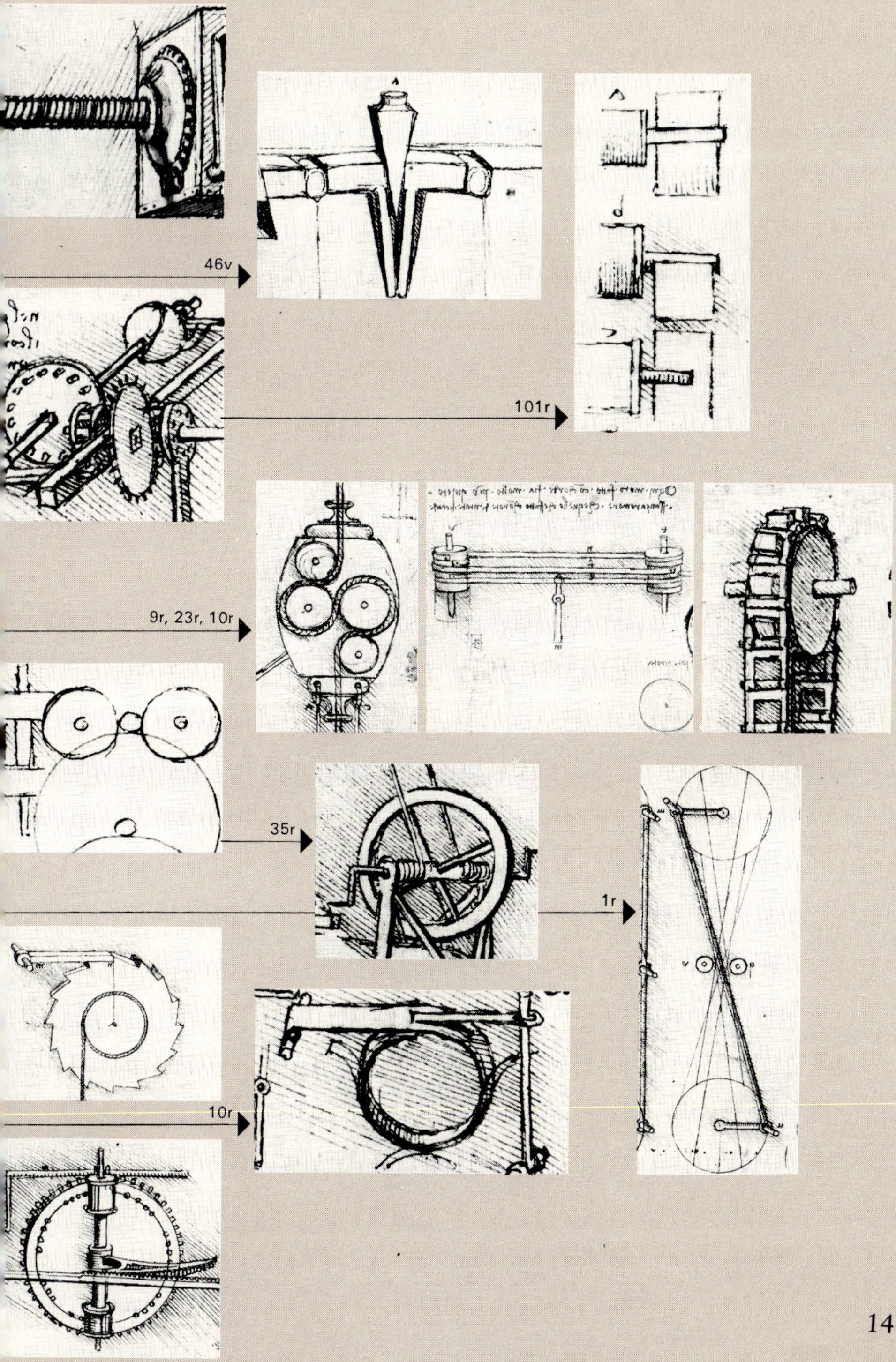
46v
101r
9r, 23r, 10r
35r
1r
10r

16. RÖHREN

17. PUMPENZYLINDER UND KOLBEN — Atl. 5r-b

18. VENTILE

19. FEDERN

20. KURBELN UND STANGEN

21. NOCKEN — 6v

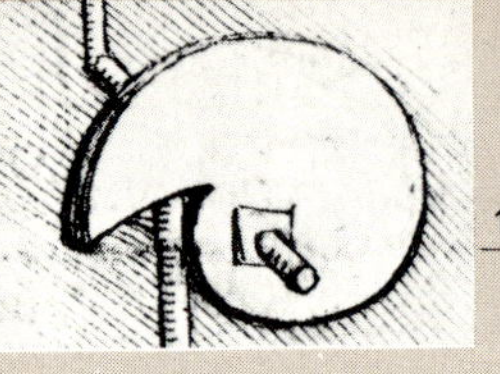

22. FLASCHENZÜGE

15

schieben wie [sonst] durch viele Umdrehungen. Und gleicherweise werden viele ihrer Wirkungen behandelt, verschiedene Belastungen und Festigkeiten, Langsamkeiten und Schnelligkeiten. Und es werden Gründe vorgelegt für alle ihre Funktionen und Eigenarten, sowohl für ihr Material, wie für ihre Hebel und ihre Nützlichkeit. Und es wird gesagt, auf welche Weise man sie herstellen muß, wie man sie verwendet und wie mancher durch Unkenntnis ihres Wesens [natura] getäuscht wird. Und solche Einrichtungen werden zum größten Teil ohne ihre Zurüstungen oder andere Dinge gezeichnet, die den Blick dessen hindern, der die Sache studiert. Dann wird mittels Linien über die Zurüstungen selbst zu reden sein, dann über die Hebel als solche, dann über die Stärke der Träger und über ihre Dauerhaftigkeit und ihren Unterhalt, ferner über den Unterschied zwischen dem Hebel mit kontinuierlicher Belastung während seiner Arbeit, d.h. dem Rad, und dem Hebel mit unterschiedlicher Belastung, d.h. dem geraden; warum der eine besser ist als der andere und warum der zweite kürzer ist und bequemer als der erste. Es wird sodann über das Sperrad und seine Klinke gesprochen, über das Schwungrad und den Schwung der

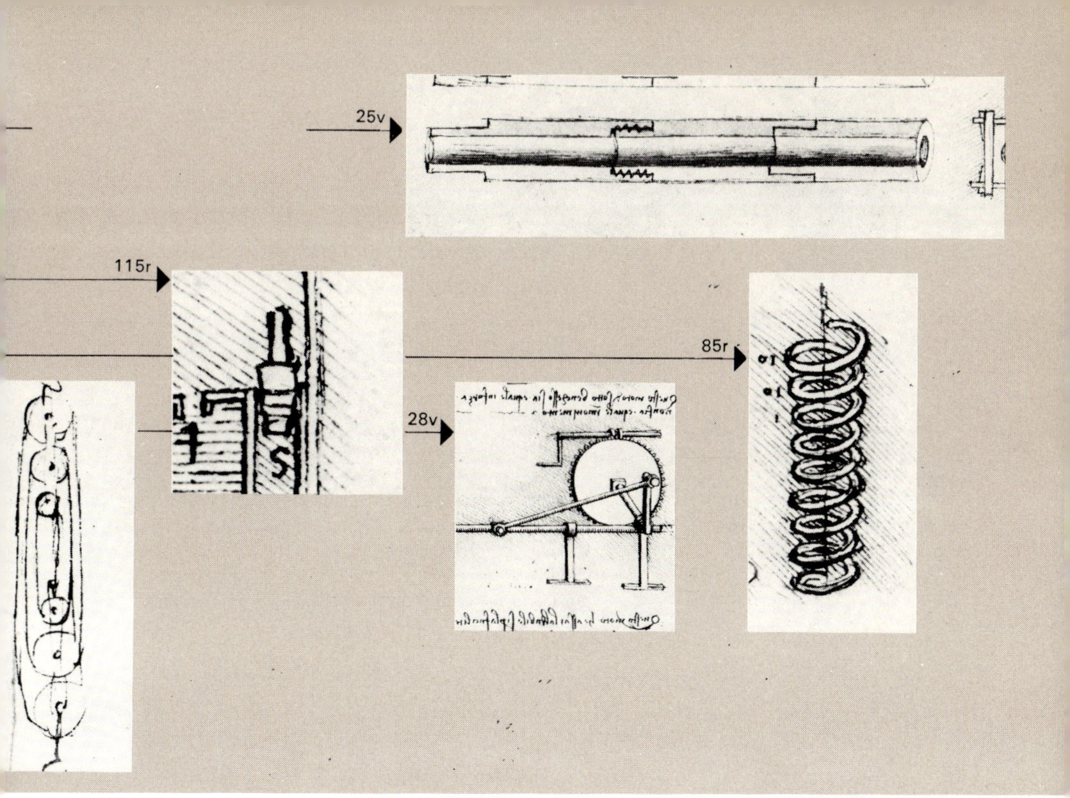

Bewegung, über die Beschaffenheit der Achsen und ihre Abnützung, über Seile, Flaschenzüge, Winden und Walzen. Es geht auch darum, Luft unter Wasser zu bringen und sehr große Gewichte aus ihm hochzuziehen, d.h. Luftsäcke zu füllen, die dann unter Wasser mit den Gewichten zusammengebunden werden, ferner darum, Schiffe mit Sand zu füllen und die Gewichte an die Schiffe zu binden, die unter Wasser sind, und dann den Sand aus den besagten Schiffen zu entfernen.«[18]

Die letzten Sätze müssen sich auf ein Thema beziehen, das auf einer fehlenden Seite behandelt wird, denn in dem Buch findet sich keine Spur davon. Das ist sehr wichtig und zeigt wieder einmal, wie sehr Leonardos Gedanken ausgebeutet wurden. Der Text spricht von einer Methode, die Ladung versunkener Schiffe zu bergen, indem man Luft in Behälter pumpte, die an dem zu hebenden Gegenstand befestigt wurden. Diese Erfindung wird um 1688 Bakker in Amsterdam zugeschrieben, und die Behälter nannte man Kamele (Schwimmkörper) oder caissons. Man benutzte sie, um die größeren Kriegsschiffe über die Untiefen der Zuidersee zu bugsieren. Eine verbesserte Ausführung dieses Systems ist noch heute in Gebrauch.

Leonardos oben zitierte Zusammenfassung ist unvollständig. Sie wird aber durchaus verständlich, wenn man sie durch eine ähnliche Aufstellung aus einer Aufzeichung im Codex Atlanticus ergänzt.[19] Diese Aufzeichnung ist wichtig, da sie gemäß dem vorhandenen Beweismaterial in die Zeit des Codex Madrid I gehört und achtzehn weitere Maschinenteile in ihr aufgezählt sind, wodurch wahrscheinlich die Inhaltsangabe des Madrider Manuskripts vervollständigt werden sollte.

Es ist bemerkenswert, daß Arturo Uccelli in seinem Buch über Leonardo[20] bei der Rekonstruktion seines technischen Werkes den Abschnitt über »Elementi macchinali« als wichtigen Teil einbezieht und zu Anfang bemerkt, daß Leonardo sehr wahrscheinlich ein Werk mit diesem Titel

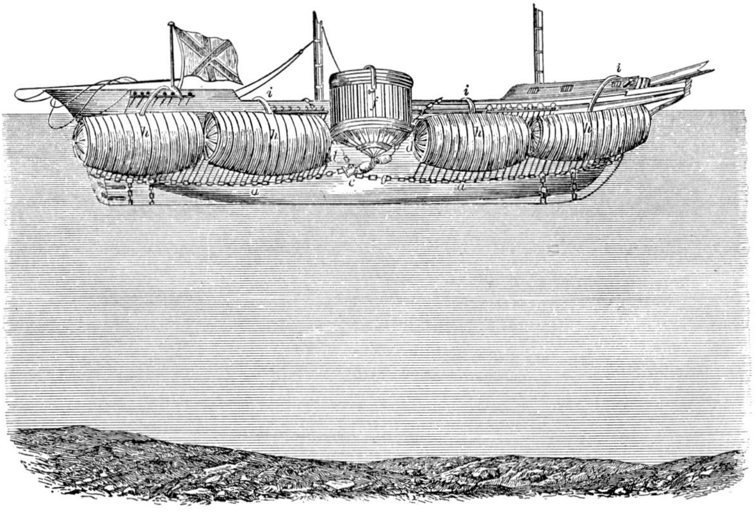

Eine neue Methode zur Bergung gesunkener Schiffe findet sich als letzter Punkt auf Leonardos Liste mit den Plänen für ein Buch über Mechanismen. Die Holländer entwickelten einen ähnlichen Gedanken wie Leonardo. Sie pumpten Luft in Behälter, sogenannte Kamele (Schwimmkörper) oder Caissons, befestigten sie an den Schiffen und hoben sie auf diese Weise über die Untiefen der Zuidersee. Einem Erfinder namens Bakker aus Amsterdam wurde um 1688 das Verdienst für diese Erfindung zuteil. Im 19. Jahrhundert entwickelte der englische Kapitän Austin eine ähnliche Methode zum Heben gesunkener Schiffe mittels aufgeblasener Ballons (oben). Eine verbesserte Ausführung dieses Systems ist noch heute in Gebrauch, ebenso wie verschiedene andere Erfindungen Leonardos für die Seefahrt.

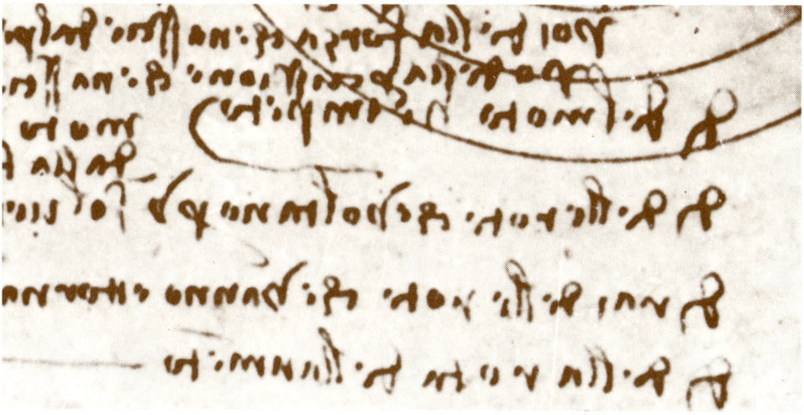

Eine weitere Liste, die Leonardos Pläne für eine Untersuchung von Mechanismen enthält, findet sich im Codex Atlanticus, Folio 155 verso-b (oben). Sie ist ungefähr zur gleichen Zeit entstanden wie das Blatt aus dem Codex Madrid I auf der linken Seite, und die Liste mit achtzehn Teilen sollte offensichtlich die Inhaltsangabe im Madrider Codex ergänzen. Leonardos Schriften beziehen sich oft auf ein Werk über »die Elemente von Maschinen«, das aus vier Bänden bestand. Es gehört zu den verlorenen Schriften und Zeichnungen, die wohl fünfundsiebzig Prozent seines Werkes ausmachen.

geschrieben habe. Ein Werk über »Maschinenelemente« wird auch von Leonardo in seinen Schriften oft erwähnt. Wir wissen jetzt, daß er nicht im Codex Madrid I, sondern in einem anderen, in vier Bücher oder Bände eingeteilten Werk die Theorie der mechanischen Bewegung behandelt hat. Auf einer Seite des Codex Madrid I sagt Leonardo: »Wenn der Apparat einmal geschaffen ist, erfordert die Notwendigkeit seines Funktionierens die Form seiner Glieder. Diese sind von unbegrenzter Vielfalt, aber alle müssen den Regeln der 4 Bände unterworfen sein.«[21] Eine Seite im Codex Atlanticus beschäftigt sich mit den Bauarbeiten am Kanal für Cesare Borgia und kann daher auf 1502 datiert werden. Hier erwähnt er »die 15. Schlußfolgerung in meinem 4. Buch über die Elemente der Maschinen.«[22] Offensichtlich wird auf diese Bücher auf zahlreichen Seiten des Codex Madrid I hingewiesen, zum Nachweis mechanischer Demonstrationen und mit Zahlen, die ähnliche Unterteilungen bezeichnen: »...und seine Zähne werden [daher] sehr dauerhaft sein, entsprechend dem 7. [Abschnitt] des 4. [Kapitels] über Kraft und Widerstand.«[23]
Da der Codex Madrid I nicht so eingeteilt ist, kann er nicht mit dem Werk *Elementi macchinali* identifiziert werden, das man leider für verloren

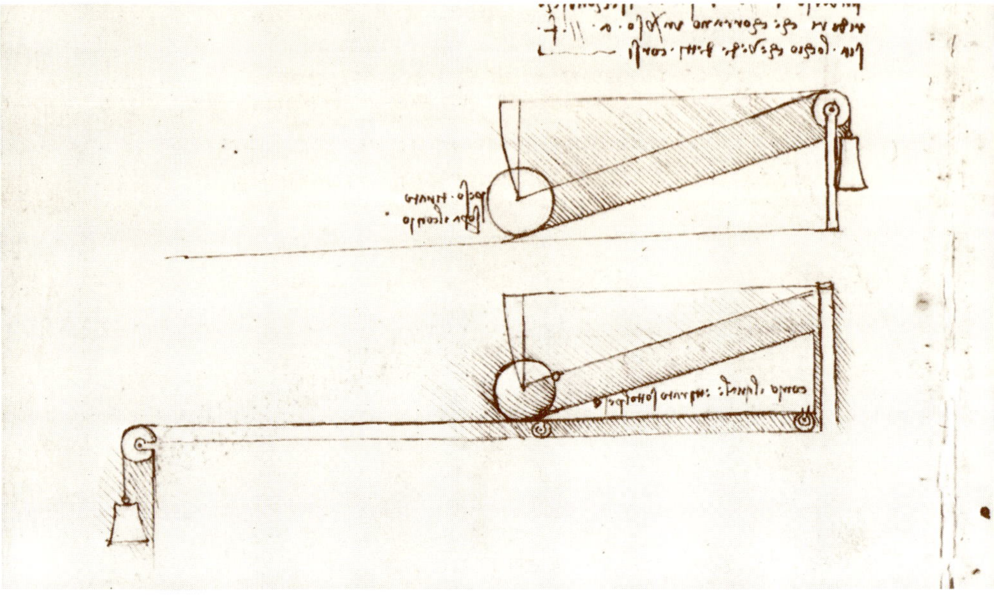

Bei seiner Untersuchung der Mechanismen erfaßte Leonardo deutlich die mechanische Äquivalenz einzelner Elemente. Oben, im Codex Madrid I, Folio 64 verso, zeigt er, daß man den gleichen Kraftaufwand benötigt, um ein Gewicht auf einer schiefen Ebene heraufzuziehen wie um einen äquivalenten Keil unter dasselbe Gewicht zu schieben. Folio 86 verso (rechts oben) vergleicht die Leistung einer schiefen Ebene und einer Schraube.

erklären muß. Was Leonardo genau mit dieser Bezeichnung meinte, ist schwer zu sagen; jedenfalls entspricht der Ausdruck nicht der modernen Bedeutung. Das eigentliche Buch über Maschinenelemente ist der erste Abschnitt des Codex Madrid I, der sich mit angewandter Mechanik befaßt. Der zweite Teil, über die Theorie, könnte mit den vier verlorenen Büchern Leonardos Ähnlichkeit haben, ist aber nicht das Original.
Es ist leider nicht möglich, hier alles, was Leonardo an Maschinenbestandteilen zeichnete und erläuterte, auch nur kurz aufzuzählen. Ich muß mich darauf beschränken, ein paar der wichtigsten Beispiele zu zeigen.
Eine Schraube ist eine um einen Zylinder gewundene schiefe Ebene. Ein Keil ist ebenfalls eine schiefe Ebene, doch während die schiefe Ebene per se stationär ist, bewegt sich der Keil und hebt, spaltet oder trennt ein Material. Für Leonardos analytischen Verstand sind diese einfachen

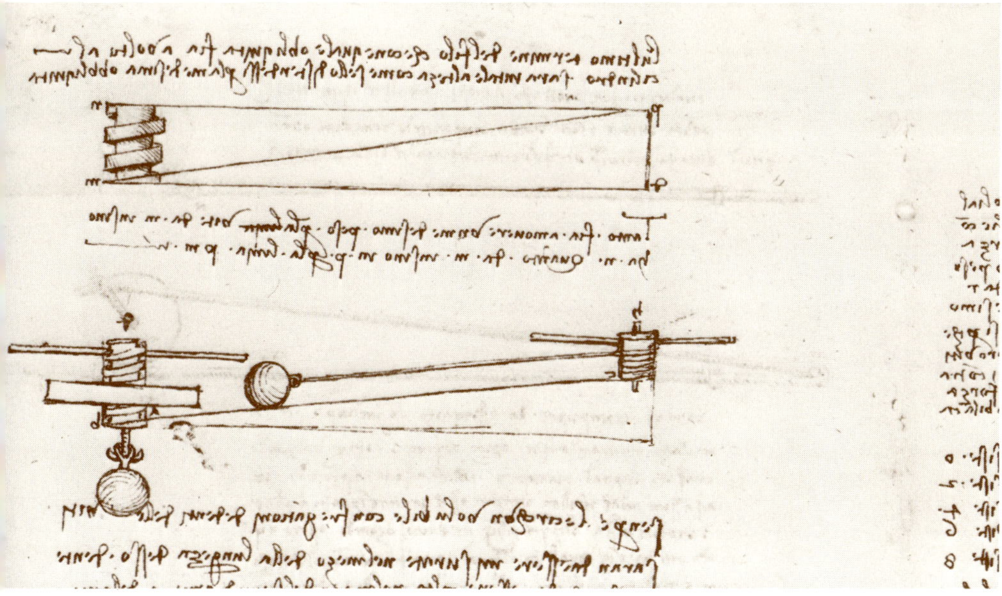

Mechanismen eng aufeinander bezogen und mechanisch äquivalent. Wunderbare Zeichnungen illustrieren die ihm wichtigen Fragen. Nur wenige können hier wiedergegeben werden.

Die Schraube nimmt in Leonardos mechanischen Studien einen bedeutenden Platz ein, wie ihre ausführliche Behandlung in der oben zitierten Übersicht zeigt. In Leonardos Werk wird die Geometrie der Schraube auf vielen Seiten untersucht. Im Codex Madrid I wie auch in anderen Schriften Leonardos finden wir eine Vielfalt von Schrauben mit ihren Verwendungsmöglichkeiten.

Schrauben lassen sich je nach ihrem Zweck modifizieren. Die Form des Gewindes ändert sich entsprechend der Verwendung, für die man sie einsetzt. Leonardo kannte Schrauben mit V-förmig oder rechteckig eingeschnittenem Gewinde und auch rechts und links gewundene Schrauben. Eine bevorzugte Erfindung war seine Kombination rechts- und linksläufiger Gewinde auf einer einzigen Spindel, um besondere mechanische Wirkungen zu erzielen. Man kann auch Schrauben kombinieren, um die Distanz zwischen den durch sie verbundenen Teilen rasch zu vergrößern. Aber Leonardo bemerkt: »Nichtsdestoweniger ist auch diese Erfindung, obwohl sie spekulativ und einfallsreich ist, doch zu verwickelt und schwierig. Darum soll man lieber die Schraube mit mehr Windungen

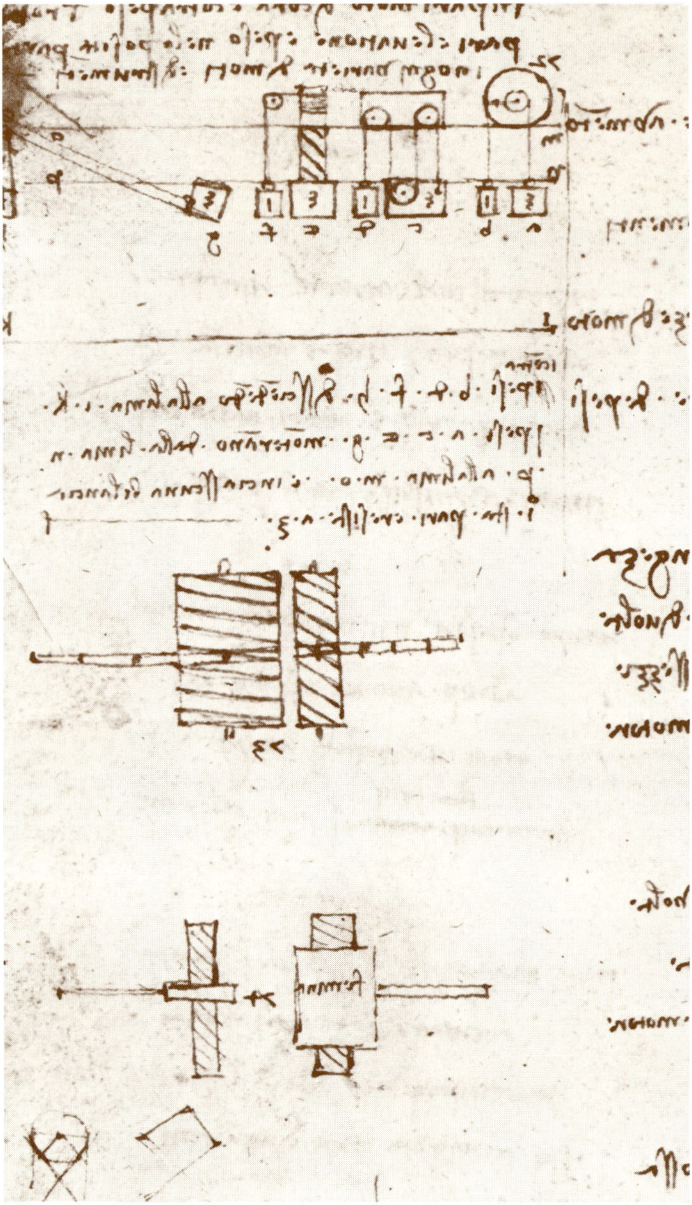

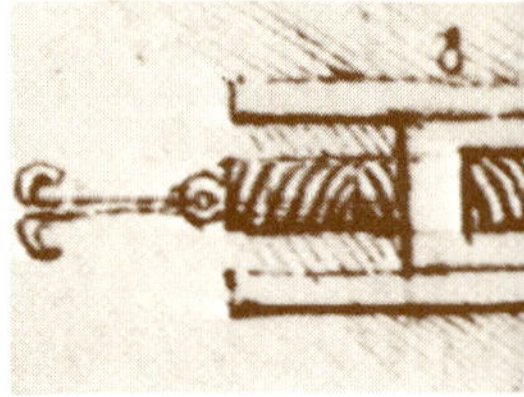

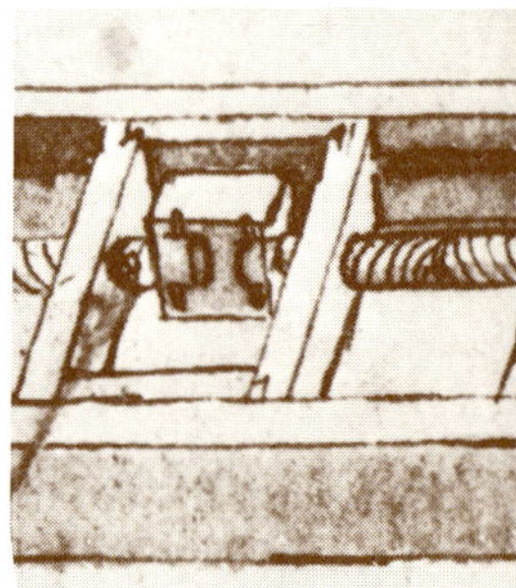

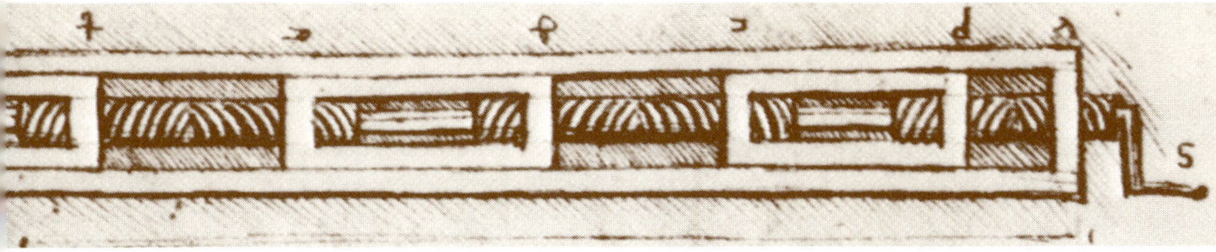

Die Wirkung kombinierter rechts- und linksgängiger Schrauben kann durch Verwendung von Vielfach-Gewinden an derselben Welle gesteigert werden, wie Die Zeichnungen oben aus dem Codex Madrid I, Folio 57 verso, und unten aus dem Codex Atlanticus, Folio 379 verso-a, zeigen. Solche Schrauben, bekannt als »schnelle« Gewinde, werden in vielen modernen Mechanismen benutzt.

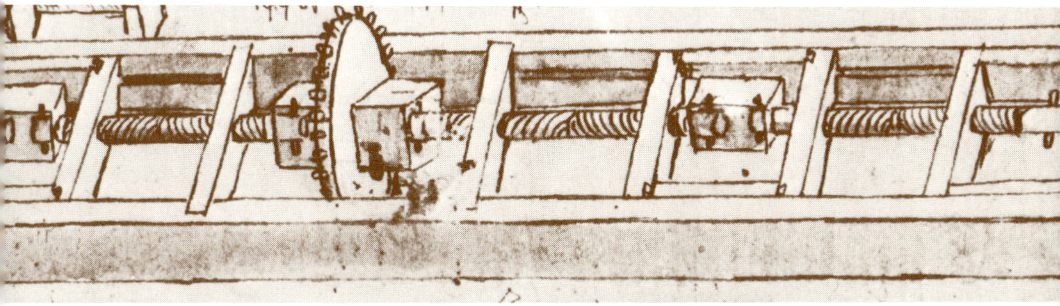

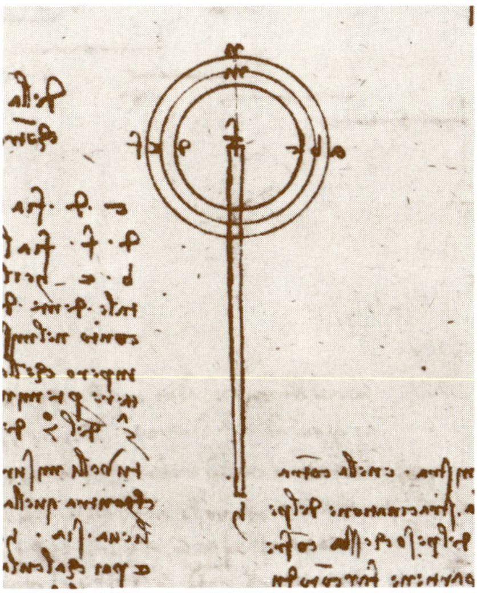

Folio 94 recto (links) liefert den geometrischen Beweis dafür, daß eine Schraube wie ein Hebel arbeitet. Folio 175 verso (links außen) erläutert in der oberen Skizze das mechanische Äquivalent von vier Mechanismen: schiefe Ebene, Schraube, Flaschenzug und Differentialaufzug.

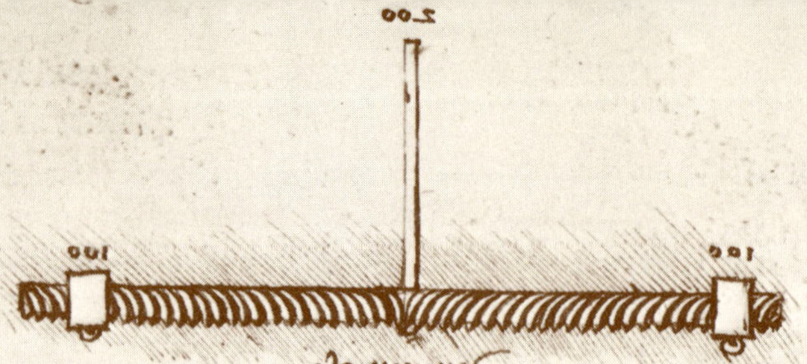

Vite perpetua

Vite perpetua è di più [illegible] quella della quale le sue volte comincia-
no al mezzo della sua lunghezza ⊕ [illegible] mezzo [illegible] e quali
si spartano e poi finiscano alli stremi della vite e
acciò che tal vite si cerchi 2 madri perchè son 2 viti appiccate
di 2 nature e congiunte insieme.

Se volterai la vite perpetua per contrari moti le sue madri [illegible]
le si faranno e quali [illegible] [illegible] [illegible]

Se volterai della vite perpetua un termine, l'una delle 2
sue madri per moto dell'altra madre ~~[illegible]~~ fia [illegible]
al primo per lunghezza [illegible]

Ogni ponta che si move fa più forza nel suo bene [illegible] l'appoggio che
~~[illegible]~~ nella cosa mossa.

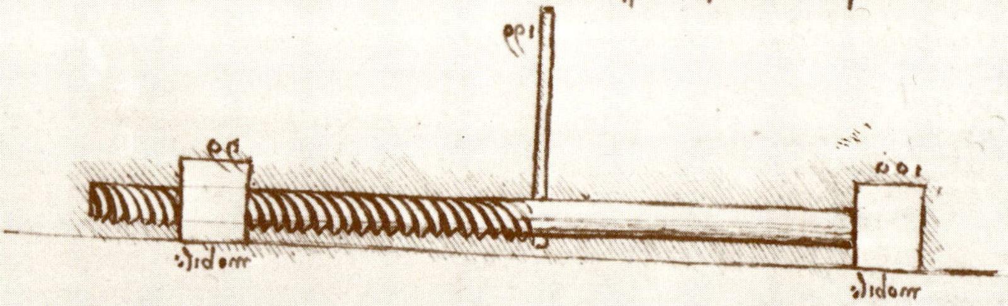

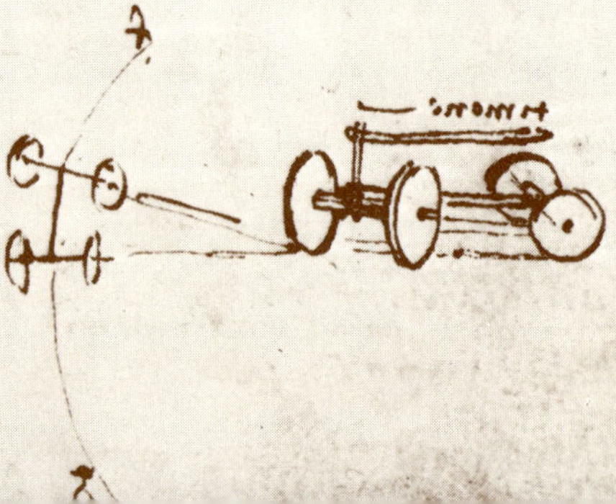

questo carro si move per moto
circulare della rota f g.

Man sagt von einer Schraube, sie sei rückläufig, wenn deren Windungen in der Mitte ihrer Länge beginnen. Und sie gehen gleichmäßig von der Mitte aus und hören dann an den entgegengesetzten Enden der Schraube auf. Dieser Schraube kann man 2 Muttern geben, denn es sind eigentlich 2 Schrauben von verschiedener Art aneinandergefügt.

Wenn du die rückläufige Schraube mit entgegengesetzen und verschiedenen Bewegungen drehst, dann machen auch ihre Muttern verschiedene und entgegengesetzte Wege.

Wenn du beim Drehen dieser rückläufigen Schraube eine der beiden Muttern anhältst, dann wird die Bewegung der anderen Mutter gegenüber der ersten Bewegung in Länge und Aufwand verdoppelt.

Jede Kraft, die bewegt, übt dort, wo sie sich abstützt,
mehr Druck aus als auf dem von ihr bewegten Gegenstand.

In unzähligen mechanischen Skizzen zeigt Leonardo die vielen Abwandlungen und Verwendungsarten von Schrauben. Im Codex Madrid I, Folio 58 recto (links), demonstriert er die mechanischen Wirkungen, die man mit kombinierten links- und rechtsgängigen Gewinden an derselben Welle erzielen kann. Das Drehen des Hebels in dem oberen Diagramm bewirkt ein Anziehen oder Lockern beider Muttern zur gleichen Zeit und verdoppelt so die Wirksamkeit der Leistung.

gebrauchen …« Solche »schnellen« Gewindeschrauben kennt und benutzt man heute allgemein.

Wir finden in Leonardos Papieren auch die Zeichnung und genaue Beschreibung der ersten Differential-Schraube, einer Spindel, an der zwei Schraubengewinde von verschiedener Ganghöhe sitzen. Leider erzählt uns

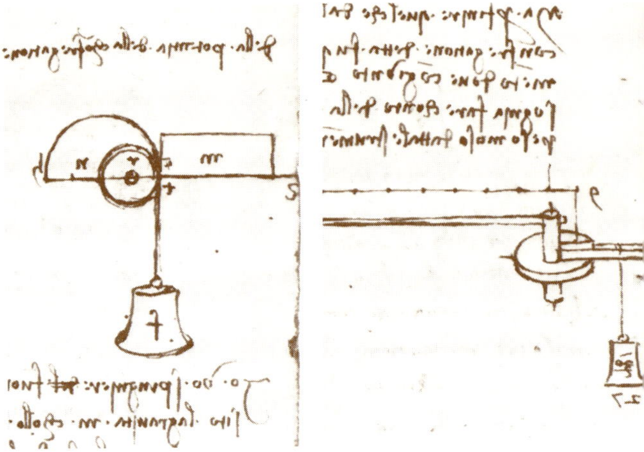

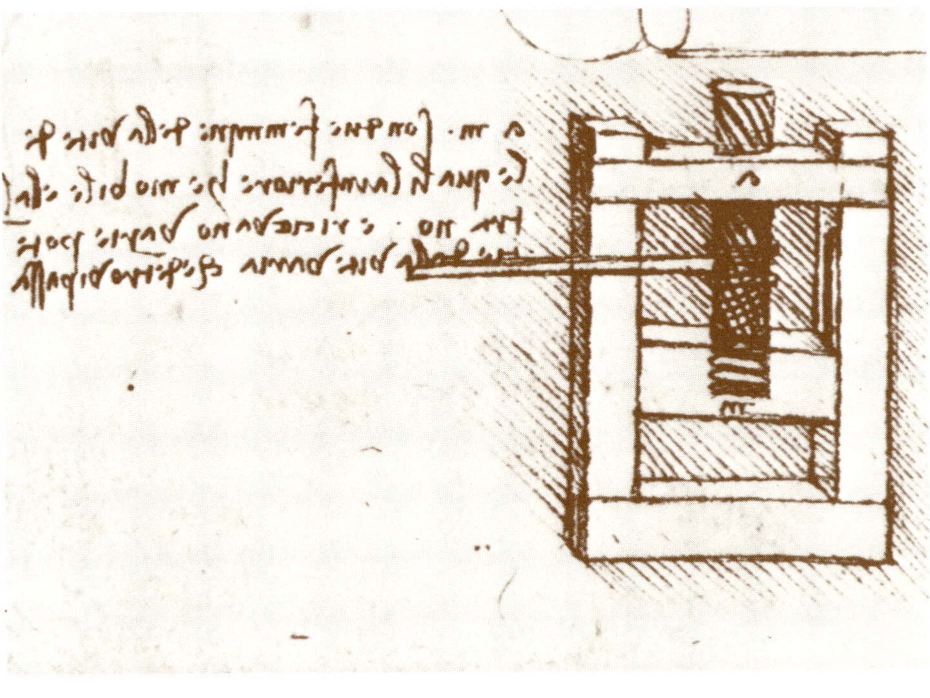

Um die Schraubenwirkung zu prüfen, entwickelte Leonardo im Codex Madrid I die fünf unten abgebildeten Entwürfe. Sie zeigen die Verwendung von Gewichten zum Messen der Kraft. Von links: Folios 121 recto, 121 verso (zwei Illustrationen von dieser Seite), 4 verso und 81 verso.

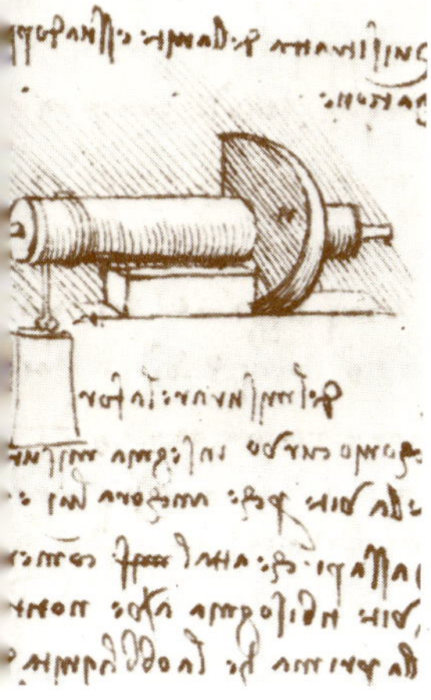

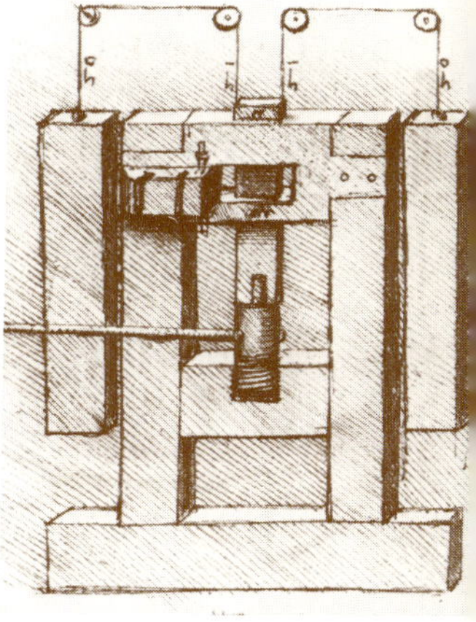

Die erste geschichtliche Erwähnung einer Differentialschraube – einer Welle, die mit zwei Schraubengewinden verschiedener Steigung ausgestattet ist – erscheint im Codex Madrid I, Folio 33 verso (links). Abb. rechts zeigt ein modernes Diagramm der Erfindung, die man 1781 Hunter zugeschrieben hat und die für wissenschaftliche Instrumente wie astronomische Teleskope von Bedeutung ist.

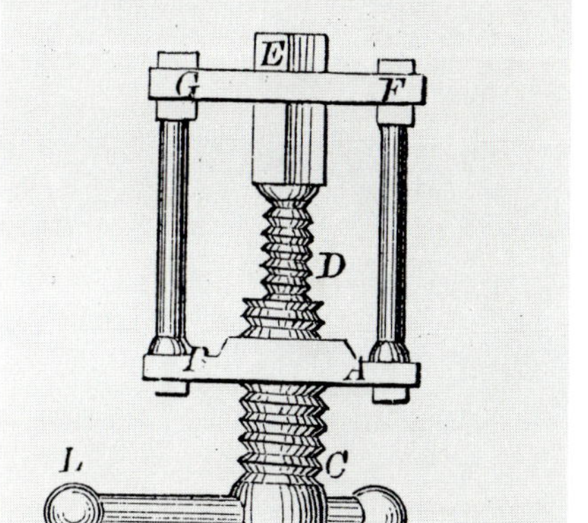

Leonardo nichts über die Verwendung dieser Vorrichtung. Die Erfindung der Differential-Schraube, die für die Konstruktion von Präzisionsinstrumenten so wichtig ist, wurde Hunter (1781) zugeschrieben.

Wie gründlich Leonardo vorging, zeigt sein Bemühen, nicht nur die Form, sondern auch die Arbeitsweise und Funktion der mechanischen Teile zu

untersuchen und zu prüfen. Er scheint hier mit der gleichen Beweisführung zu arbeiten wie als Anatom und Physiologe bei seinem Studium des menschlichen Körpers. Oder war es umgekehrt?
Schrauben müssen vor dem Gebrauch geprüft werden, damit die Richtigkeit der Form und die Grenze der Leistung und Festigkeit festgestellt

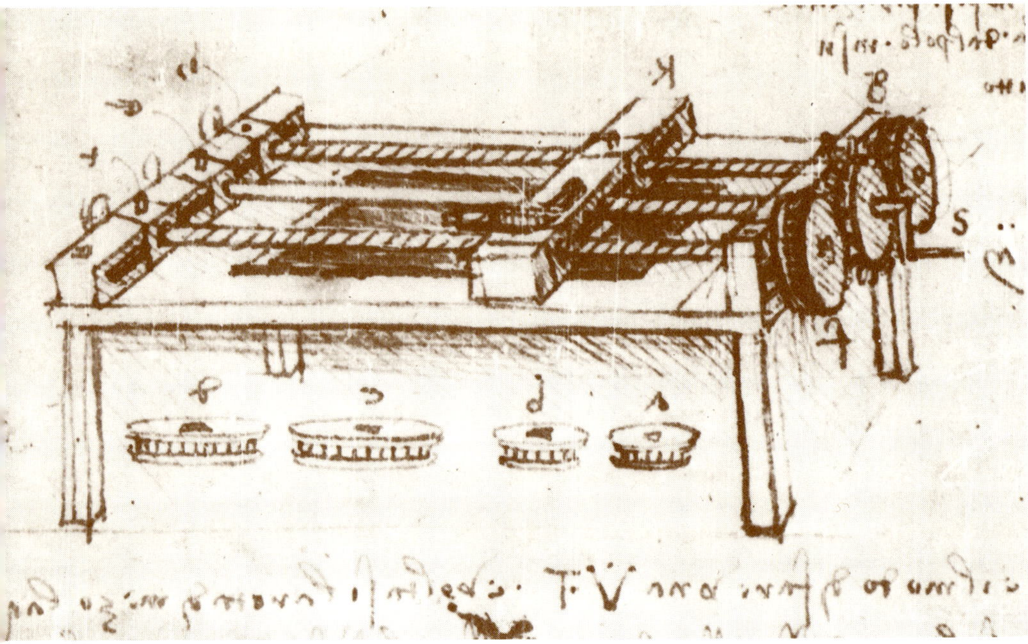

werden. Im Codex Madrid I finden wir Erklärungen zur Theorie der Schraubenwirkung und die Darstellung zweier Schraubenprüfmaschinen. Aber es ist sinnlos, Schrauben zu untersuchen, bevor man den Herstellungsprozeß und genaue Geräte entwickelt hat. In unserem Codex wird ein handliches Instrument zum Schraubenschneiden beschrieben, doch noch erstaunlicher ist das bekannte, im Manuskript B dargestellte. Dieser Schraubenschneider ist mit den austauschbar arbeitenden Rädern und doppelten Schraubenstangen, die Stabilität und Präzision sichern, ein echter Vorläufer moderner maschineller Verfahren.
Bis jetzt wurden die Schrauben als selbständige Einheiten untersucht. Sie lassen sich in Verbindung mit anderen Maschinenteilen für die verschiedensten Zwecke verwenden. Leonardo plante Hunderte von Instrumenten mit der Schraube als Hauptelement. Er stellt als allgemeine Regel auf:

Die Schrauben-Schneidemaschine unten erscheint im Codex Madrid I, Folio 91 verso. Ein eleganteres Modell (unten links) aus dem Manuskript B, Folio 70 verso, ist ein Vorläufer der modernen Werkstattmaschinen.

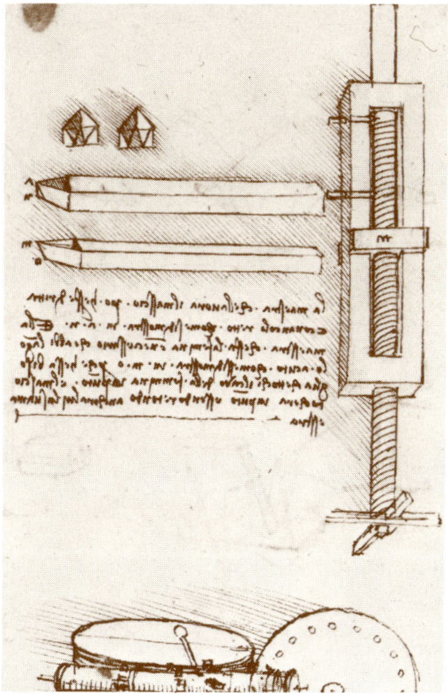

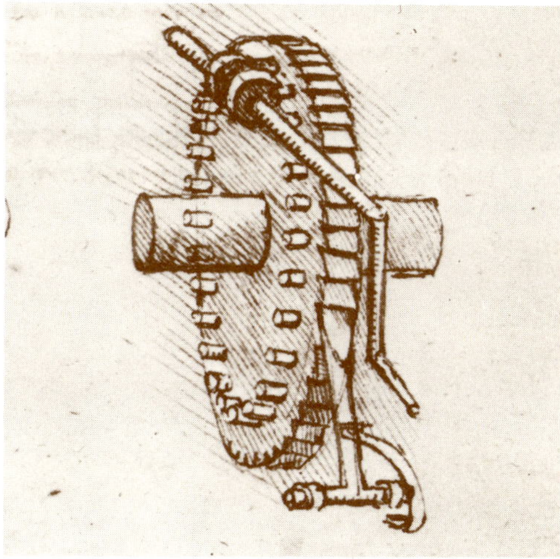

Auf Folio 17 verso zeichnete Leonardo den traditionellen Typ des Schneckengetriebes und notierte seinen Nachteil: »Für den Fall, daß du deine [übliche] Schraube verwendest, die einen einzigen Zahn des Rades erfaßt, ist es nötig, daß du ihm eine Stütze [Sperrklinke] gibst, damit das Zahnrad nicht rückwärts läuft, falls der Zahn bricht.« Solche Schrauben, sagt er, könnten »großen Schaden und Zerstörungen anrichten«.

»Wenn du mit schweren Gewichten zu tun hast, lasse dich nicht auf Eisenzähne ein, denn leicht könnte ein Zahn abbrechen; nimm dafür die Schraube, bei der ein Zahn mit dem anderen verbunden ist.« Aber eine Schraube soll »zum Ziehen, nicht zum Stoßen benutzt werden, denn das Stoßen biegt die Welle der Schraube, während die gebogene Welle durch Ziehen gerade wird.«[24]

Schneckengetriebe, also die Kombination von Schraube und Zahnrad, gehören für den Maschinenbauer zu den bevorzugten Mechanismen; dies aus zwei Gründen: ihre Bewegung ist nicht umkehrbar, und sie verbürgen großen mechanischen Vorteil. Auf einer Seite des Codex Madrid I betrachtet Leonardo zwei Arten von Schneckengetrieben. Die eine folgt dem herkömmlichen Entwurf. Doch bemerkt Leonardo: »Für den Fall, daß du deine [übliche] Schraube verwendest, die einen einzigen Zahn des Rades

Leonardos Schneckengetriebe (unten) aus dem Codex Madrid I, Folio 17 verso, gleicht dem Hindley-Schneckengetriebe (rechts), das nach dem englischen Uhrmacher Henry Hindley aus dem 18. Jahrhundert benannt ist, der den Ruhm für diese Erfindung erntete.

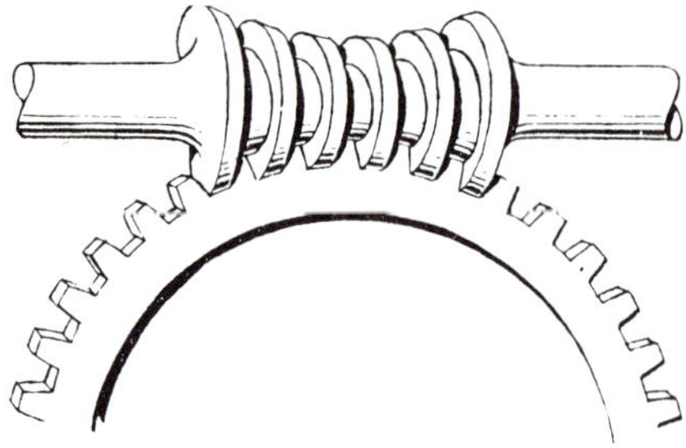

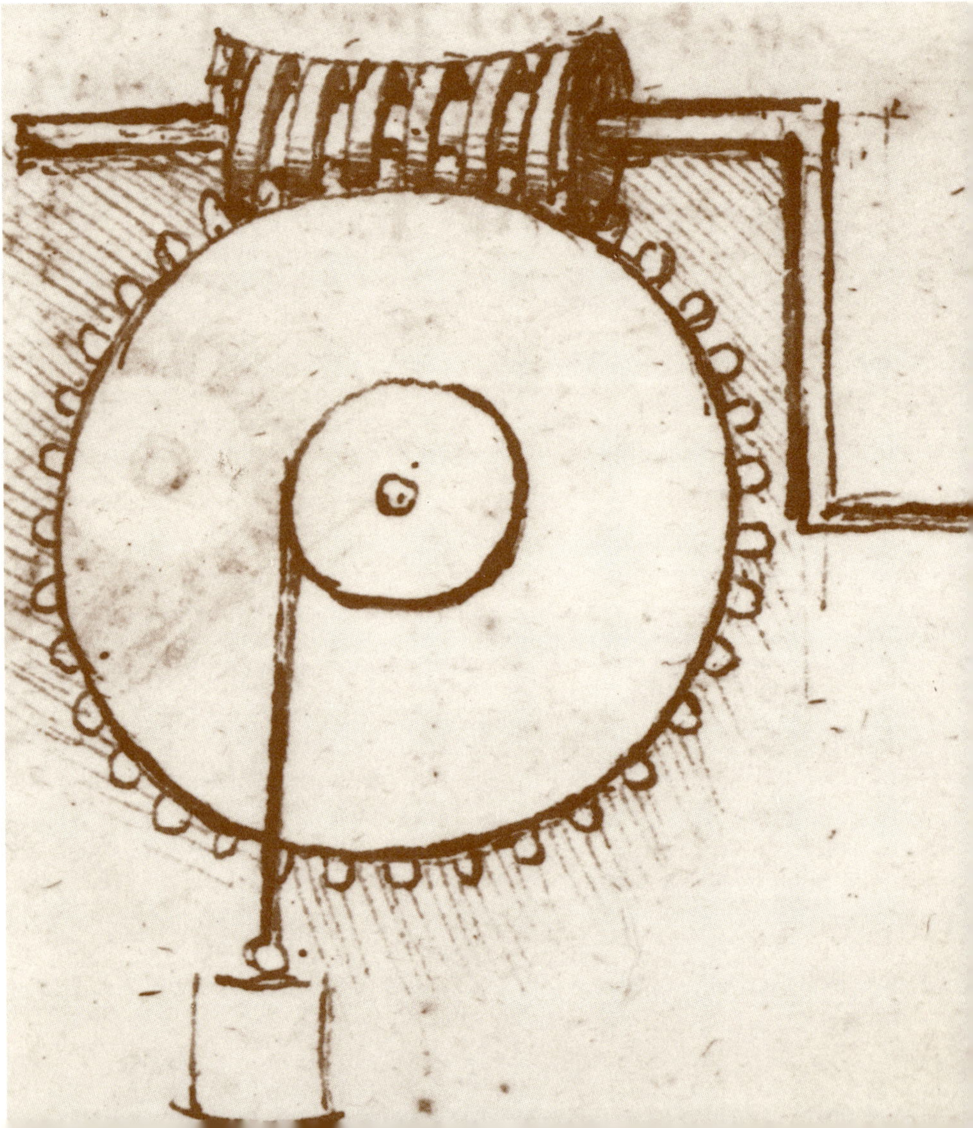

Leonardo arbeitete mit einem einfachen und wirksamen Mechanismus, der den Maschinenbauern heute als Schneckengetriebe bekannt ist (Photo unten). Es ist ein Getriebe oder Zahnrad, das in eine gewundene Schraube greift. Wegen ihres unbegrenzt schraubenden Gewindes nannte Leonardo sie eine »endlose« Schraube. Die Ingenieure schätzen an den Schneckengetrieben die niedrige Drehgeschwindigkeit und relativ große Kraftsteigerung, die sich erzielen lassen.

erfaßt, ist es nötig, daß du ihm eine Stütze [Sperrklinke] gibst, damit das Zahnrad nicht rückwärts läuft, falls der Zahn bricht.« Der andere Entwurf zeigt Leonardos eigene Vorstellung von der Konstruktion eines Schneckengetriebes.
Leonardos gezeichnete Erfindung ist modernen Maschinenbauern wohlbekannt. Man nennt sie Globoidschraube oder Hindley-Schneckengetriebe nach dem englischen Uhrmacher Henry Hindley, der sehr stolz auf seine Erfindung war. Er starb 1770.

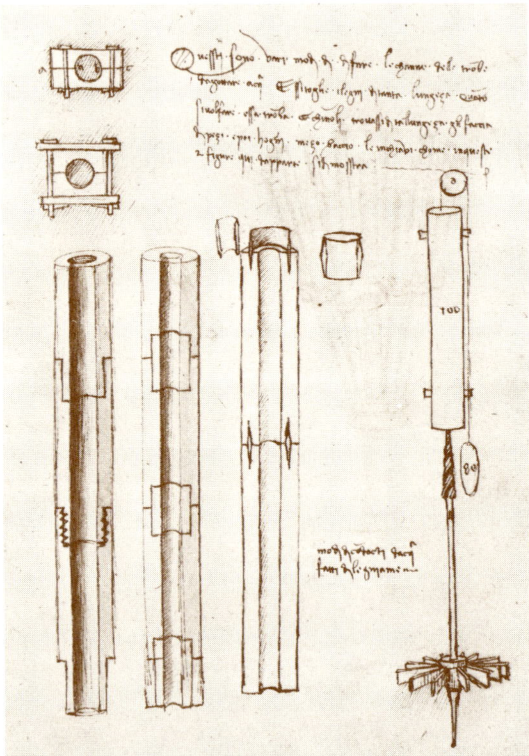

Auch Fragen der Tischlerei behandelte Leonardo im Codex Madrid I. Auf Folio 25 verso (links) beschreibt er eine Methode, wie man mit der Bohrvorrichtung ganz links Wasserrohre aus Holzteilen herstellt. Wenn die Hölzer nicht lang genug sind, schlägt er vor, die Röhren aus fußlangen Teilen anzufertigen. Die Teile werden dann mit Metallkopplungen zusammengekeilt.

Eine andere im Codex Madrid I abgebildete Zusammenstellung von Schrauben und Schnecken zeigt zwei lange Schrauben, die von einer einzigen Welle mit zwei gleichen Schnecken in gleicher Geschwindigkeit gedreht werden. Die Welle wird von einer anderen, mit einer Handkurbel verbundenen Schnecke gedreht. Die Vorrichtung ist eine doppelte Spannschraube mit langsamer Bewegung und enormer Kraftwirkung.

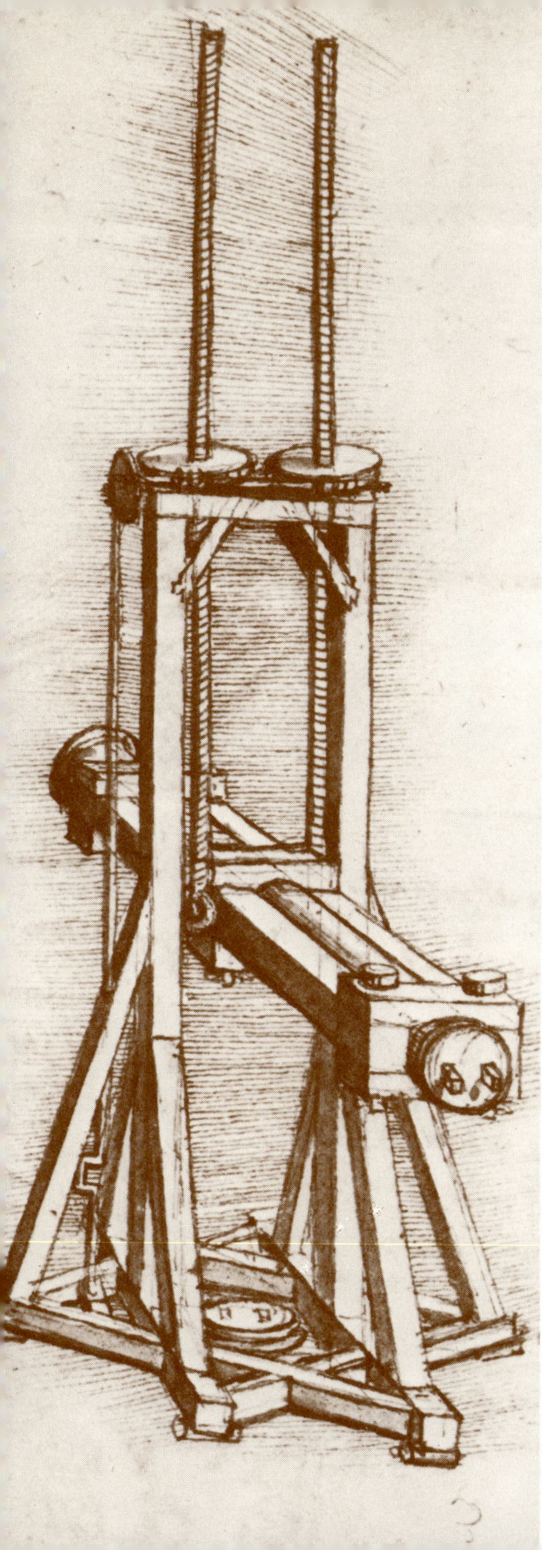

Durch Abwandlung der Schneckengetriebe-Idee konnte Leonardo Maschinen entwerfen, die die menschliche Hubkraft um ein Vielfaches multiplizierten. Diese doppelte Schraubenwinde wird von der Kurbel an der linken Seite bewegt. Ein Schneckengetriebe dreht die horizontale Welle, die mit zwei gleichen Schnecken versehen ist. Diese drehen die beiden langen, vertikalen Schrauben mit gleicher Geschwindigkeit. Diese Vorrichtung hatte wohl den Zweck, große, schwere Gegenstände wie Steinsäulen oder Kanonenrohre an Ort und Stelle zu setzen.

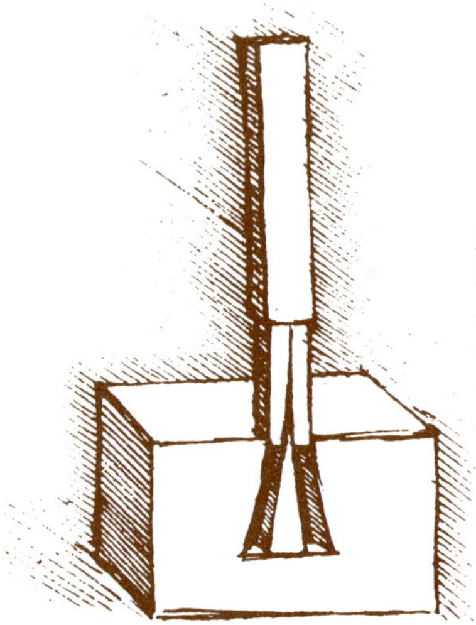

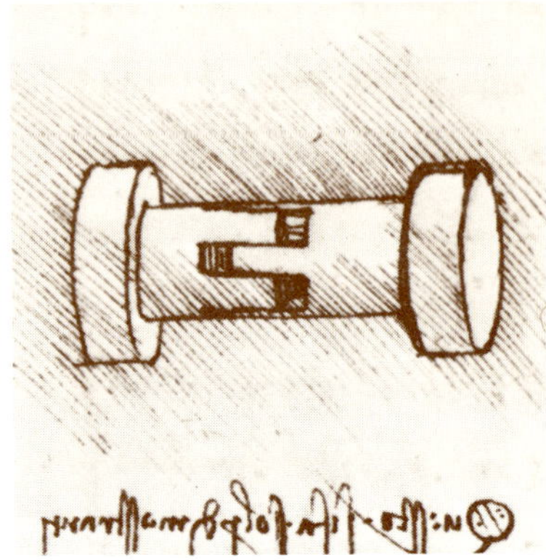

Im Codex Madrid I, Folio 62 recto, gibt Leonardo Hinweise, wie man die Stifte bei Zirkeln und die Beine an Möbeln befestigt. »Das ist das Verfahren, ein Holzstück in ein anderes zu schieben«, schreibt er, »so daß man es nie aus seiner Höhlung ziehen kann«. Dazu die praktische Bemerkung: »So, wie man die Beine in einen Tisch einsetzen würde.«

Im Codex Madrid I gibt es auch interessante Beispiele von Keilen als verbindende Elemente. Dargestellt ist das Verkeilen hölzerner Röhren, dazu Scharniere für die Beine von Möbeln, und Zapfen für Zirkel.

Zu Leonardos Zeit und später waren die Lager, in denen Wellen und Angeln rotierten, im allgemeinen kaum mehr als Löcher in den Holz- oder Metallgestellen der Maschine. Zwischen die Flächen, die sich bei der Bewegung berührten, versuchte man Öl zu gießen oder Talg zu schmieren. Als ich mehrere Archive in der alten spanischen Stadt Simancas durchforschte nach Berichten über die vergessenen, von Juanelo Turriano in Toledo erbauten Wasserwerke, die etwa von 1569–1620 in Gebrauch waren, fand ich nur zwei Posten mit großen Ausgaben für Instandhaltung: Talg zum Schmieren und Holzkohle für die Schmieden, die dauernd in Betrieb sein mußten, um die abgenutzten oder beschädigten Maschinenteile zu reparieren.

Leonardo untersuchte und beschrieb die Abnutzung bei Achsen und Wellen. Er fragte nach den Ursachen und fand Mittel zur Abhilfe. Er zeigt im Codex Madrid I, daß der Grad der Abnutzung eines Lagers, das eine

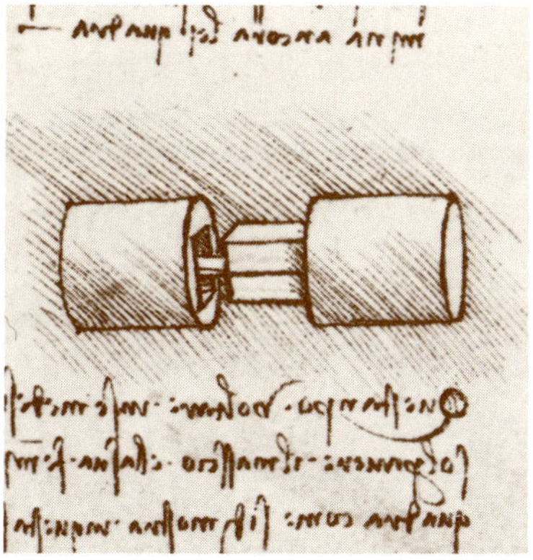

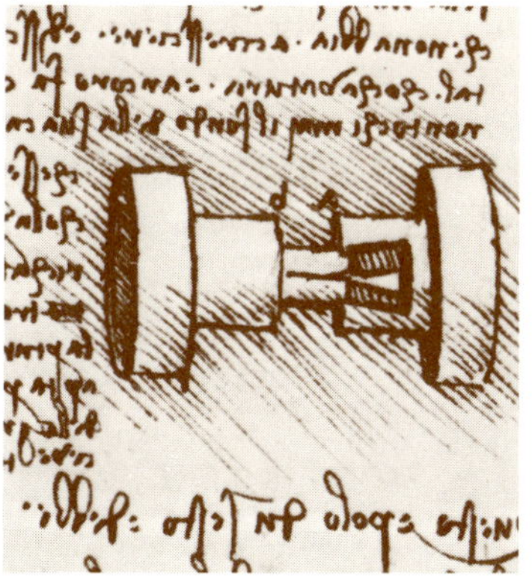

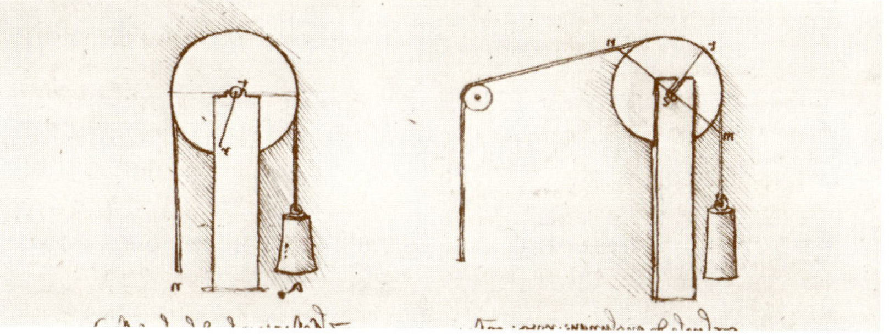

Leonardos Untersuchungen über Reibung und Lager sind für moderne Ingenieure besonders interessant. Oben erforscht er die Richtung der Abnutzung bei Wellen und Lagern und kommt zu dem Schluß, daß sie der Richtung der Last folgt.

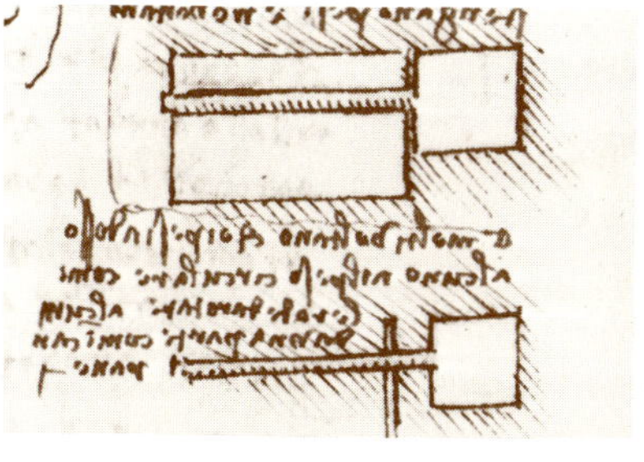

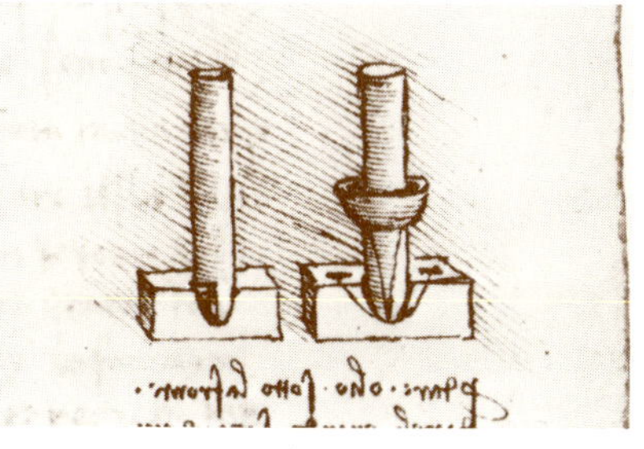

Folio 118 recto (oben) prüft die Abnutzung im Verhältnis zur Länge und Dicke der Wellen. In der rechten Skizze ist eine Welle mit einer modern wirkenden Selbstschmiereinrichtung ausgestattet, aber Leonardo verwirft sie.

horizontale Achse trägt, in Beziehung zur Last steht und daß die Richtung der Abnutzung nicht notwendigerweise vertikal abwärts verläuft, sondern dem Hauptvektor oder der Richtung der Last folgt.
Auf einer anderen Seite des Codex wird noch einmal die Abnutzung von Achsen und Lagern im Verhältnis zur Länge und Dicke der Wellen geprüft. Die mittlere Skizze zeigt zwei horizontale Spindeln, deren eine mit einer modern wirkenden Schmiervorrichtung versehen ist. Leonardo bemerkt aber, ein solches System würde nicht gut funktionieren, weil die Feilspäne der Abnutzung, Staub und Öl die Ausgänge verstopfen würden. Eine interessante Darstellung gibt die untere Zeichnung: die gegenseitige Abnutzung von Welle und Lager bei horizontaler Achse. Die Welle wird langsam vom Lager abgenutzt, aber auch das Lager selbst, was zu dem abgebildeten zugespitzten Einschnitt führt. Auf vielen Seiten wird die Verformung der Achse durch Abnutzung untersucht.
Leonardo erkannte, daß Schmieren allein die schnelle Abnutzung einer Achse in ihrem Lager nicht verhindern würde, und suchte daher nach neuen Wegen wie der Verwendung von Materialien mit geringerer Reibung oder nach Möglichkeiten für den Ausgleich der unvermeidlichen Abnutzung. Eine erstaunlich moderne Vorstellung dieser Art finden wir in demselben Codex Madrid. Leonardo entwarf ein Lager in Form eines zweiteiligen Blocks, bei dem das Herausspringen der Achse aus dem Lager »bei gegebener Belastung« verhindert werden sollte. Nach seiner Beschreibung dieser Vorrichtung sollten die Backen des Blocks, in dem die Achse

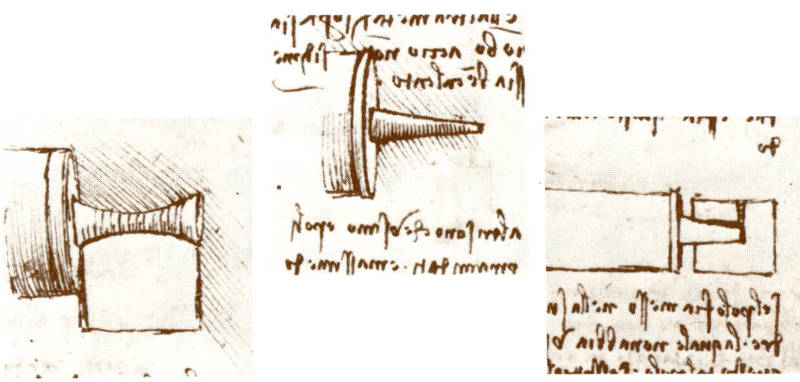

Folio 119 recto (oben) zeigt das Problem der durch Abnutzung verformten Wellen. Links sind Welle und Lager so geformt, daß sie die seitliche Bewegung während der Abnutzung vermindern. Rechts konisch geformte Wellen.

Auf Folio 100 (unten) gelangt Leonardo zu einem modernen Konzept zur Verringerung der Reibung. Er schlägt ein Blocklager mit Einsätzen aus einer Legierung von Kupfer und Zinn vor. Wenn sich die Welle abnutzt, kann der Einsatz angezogen werden – links mit einem Keil, rechts mit einer Daumenschraube.

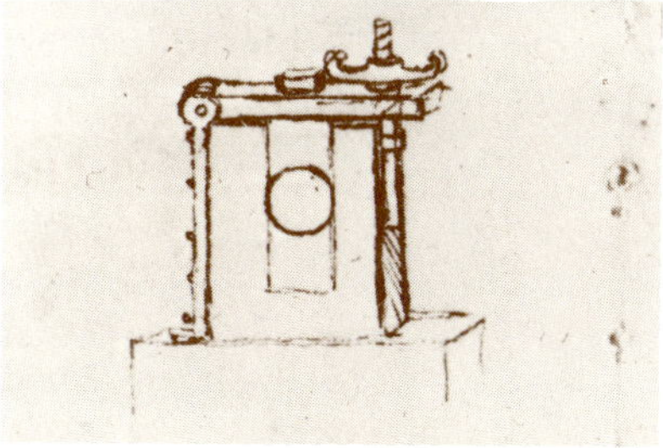

rotierte, aus glattem »Spiegelmetall« gefertigt werden, das aus »3 Teilen Kupfer und 7 Teilen Zinn« gegossen wurde. Diese »Mutter«, wie Leonardo sie nennt, sollte an der Spitze mit einem Keil oder mit einem Deckel geschlossen werden, der durch eine Schraube eingestellt werden konnte. So konnten bei fortschreitender Abnutzung die Backen oder Lagerschalen um die Achse herum angezogen werden. Hier, in Leonardos detaillierter Beschreibung, haben wir den ersten Vorschlag für ein Blocklager mit getrennten, verstellbaren Backen aus reibungsarmem Metall, fast zwei Jahrhunderte bevor Robert Hooke der Royal Society in London die Benutzung eines solchen Metalls vorschlug, und mehr als zwei Jahrhunderte bevor die geteilten Lagerschalen in Metall ausgeführt wurden.[25]

Leonardo untersuchte weiterhin Möglichkeiten zur Reibungsverminderung mit Hilfe von rollenden Elementen. Denn seine Experimente hatten gezeigt, daß rollende Reibung der gleitenden immer vorzuziehen ist. Die Verwendung von Rollen und Kugeln zur Erleichterung von Maschinenbewegungen ist keineswegs eine Neuerung Leonardos. Schon die alten Griechen hatten solche Anordnungen für Maschinen verwandt. Ferner müssen hier die Kugellager der drehbaren Plattformen des römischen Schiffes genannt werden, das zwischen 44 und 54 n. Chr. gebaut und im Nemisee bei Rom entdeckt wurde.[26] Das waren aber noch keine nützlichen Kugellager; jede Kugel verlängerte sich vielmehr an zwei Enden in kurze Wellen oder Zapfen und wurde durch Bügel in der Stellung gehalten.

Scheibenlager – Achsen, die zwischen zwei gekreuzten oder sich fast berührenden Scheiben rotieren – müssen schon vor Leonardo bekannt gewesen sein. Er zeichnet solche Entwürfe in dem frühen Manuskript B (um 1489)[27] und in anderen Manuskripten. Sie erscheinen auch in Georg Agricolas *De re metallica*[28], waren also in der ersten Hälfte des 16. Jahrhunderts in der Praxis wohl bekannt. Aber in einer interessanten Notiz auf Folio 12 verso im Codex Madrid I bemerkt Leonardo unter der Zeichnung eines Scheibenlagers: »Julius sagt, er habe in Deutschland gesehen, wie eines dieser Räder von der Welle *m* abgenützt worden sei.« Julius (Giulio) war ein deutscher Mechaniker, der 1493 in Leonardos Dienste trat.[29] Die Notiz ist nicht nur für die Datierung des Madrider Manuskripts, wichtig, sie zeigt auch, daß die Unzulänglichkeit von Scheibenlagern den Maschinenbauern durchaus bekannt war.

Folio 12 verso des Madrider Codex ist ein Dokument, das uns Leonardos Arbeitsweise zeigt. Er geht von dem Bekannten aus und erprobt Lösungen, die ihm als Verbesserung der bestehenden Praktiken erscheinen.

Was ihn beschäftigt, ist die bestmögliche Anordnung für ein horizontales Lager. In der ersten Skizze oben rechts wendet sich Leonardo wieder den zusammengesetzten Scheibenlagern zu, die er schon verworfen hatte – im Manuskript B ist die gleiche Zeichnung mit einem Federstrich und dem Wort *falsa* (»falsch«) entwertet. In der oberen Mitte der Madrider Seite ist wiederum die Abnutzung eines horizontalen Lagers skizziert. Unter der Skizze sind drei Studien über Scheibenlager mit Giulios Bericht. Dann kommt Leonardo auf einen neuen Gedanken: Anstatt eine Achse zwischen zwei Scheibenräder zu setzen, die eine unvermeidlich scherende Wirkung auf die Welle ausüben, welche ihrerseits dauernd die Scheiben auseinandertreibt, könnte man versuchen, die Welle auf die Radscheibe zu setzen. Die Antwort auf diesen Vorschlag gibt der rechts neben der Scheibenlager-Serie skizzierte Plan.

Sogleich erhebt sich eine unerwartete Schwierigkeit: wenn die Achse sich dreht, wird ein seitlicher Druck ausgeübt, der nicht von einer unter der Welle angebrachten Scheibe aufgefangen werden kann. Daher gibt man der Anlage zwei zusätzliche Radscheiben, die den seitlichen Druck ausgleichen. Das Drei-Scheiben-System ist von Leonardo unter die Skizze der Achse mit einer Radscheibe gezeichnet. Darunter setzt er stolz hinzu: »Wenn du willst, daß sich die Welle immer ganz herumdreht, so ist das das beste Verfahren, das man anwenden kann.«

Für eine kontinuierlich drehende Spindel ist das eine gute Lösung. Doch was geschieht, wenn die Achse sich nicht ganz dreht, sondern sich wie bei

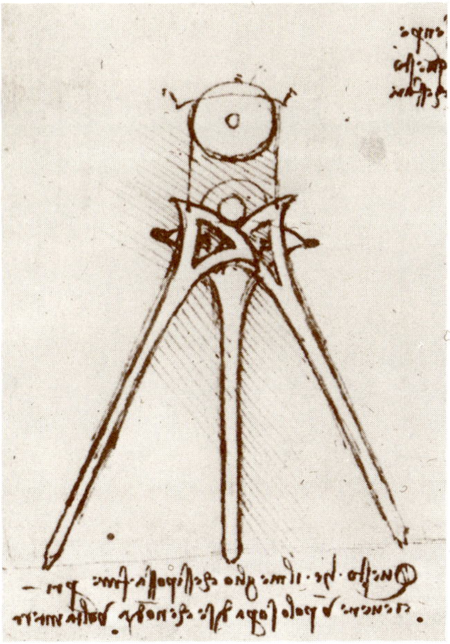

Rollenlager, schrieb Leonardo, seien »Wunder mechanischen Genies«. Mit ihnen entwarf er die auf dieser Seite dargestellte Glockenaufhängung mit relativ geringer Reibung. Unten, im Codex Madrid I, Folio 12 verso, skizzierte er gewöhnliche Scheibenlager. Doch er wußte, daß die Scheiben die Welle abnutzten, und hatte sie schon im Manuskript B, Folio 33 verso (ganz unten) verworfen. Auf dieser gleichen Madrider Seite setzt er die die Glocke haltende Welle auf eine einzige Rollenscheibe und gibt zwei zusätzliche Sektoren hinzu, die den seitlichen Druck aufnehmen (links und unten rechts).

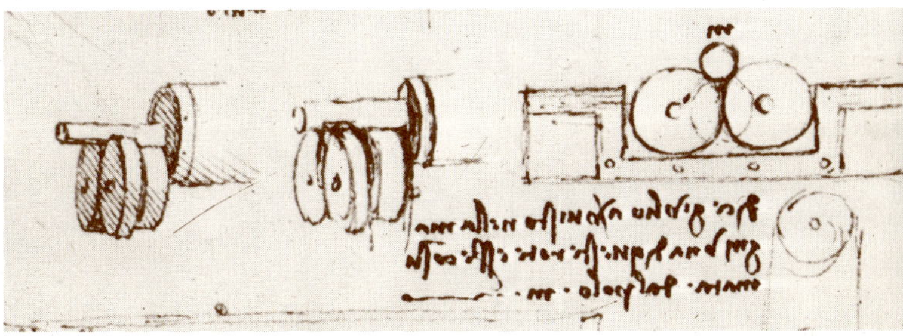

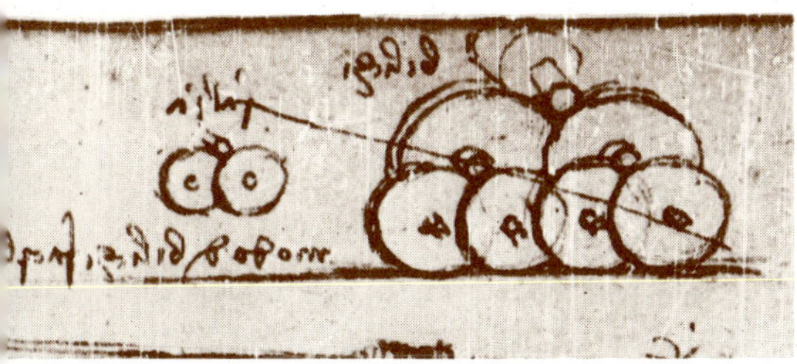

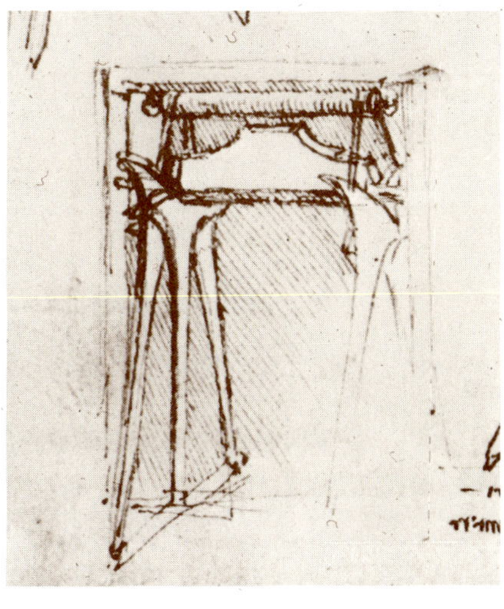

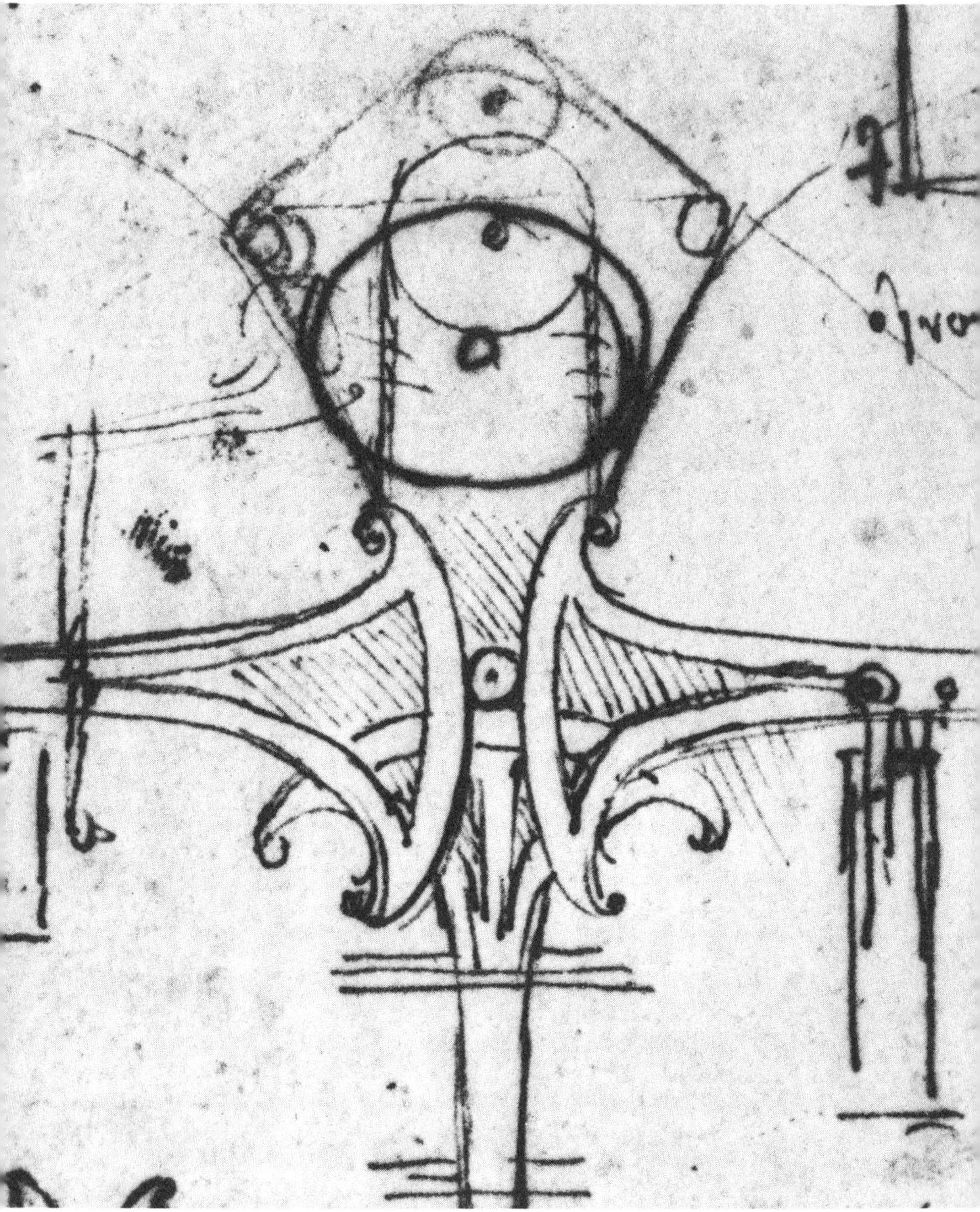

In der endgültigen Lösung (links) im Codex Atlanticus, Folio 392 recto-b, setzt Leonardo die seitlichen Scheiben rechtwinklig zu der vertikalen.

Obwohl Leonardos Glockenaufhängung mit den Rollenscheiben-Sektoren bei der Mutte *in der Kathedrale von Metz praktische Anwendung fand, bleibt es ein Geheimnis, auf welche Weise die Idee den Weg zu dieser Kathedrale fand, wie das bei so vielen Auswertungen von Leonardos Ideen der Fall ist. Die ursprüngliche Glocke der Kathedrale soll im Jahre 1381 aufgehängt worden sein. Sie war ein Fehlschlag, und in den folgenden zweihundert Jahren wurden mehrere neue Glocken gegossen. Zum letzten Mal hat man die Glocke 1605 erneuert. Leonardos vorläufige Lösung des Problems der Glockenaufhängung wurde um 1495 im Codex Madrid I gezeichnet. Danach erscheint dieser Gedanke nicht mehr in der Literatur, nicht einmal in einer Abhandlung Biringuccios von 1540, in der er vier Kapitel den Glocken widmete, bis er plötzlich 1724 in Jakob Leupolds Buch auftaucht. Er nennt sie »die älteste und verbreitetste Vorrichtung«, sagt aber nichts über Leonardos Rolle. J. V. Poncelets Abhandlung von 1845 macht deutlich, daß man dieselbe Methode in Metz benutzt hatte.*

der Uhrspindel hin- und herbewegt? Offenbar konnten Teilausschnitte an die Stelle einer vollständigen Scheibe treten. Leonardo probiert es zuerst mit zwei geneigten Sektoren, merkt aber, daß die Scherwirkung wiederkehrt. Die endgültige Lösung erscheint in den zwei Zeichnungen unten auf der Seite; die Spindel wird von einem einzigen Sektor gestützt, und zwei zusätzliche, geneigte Sektoren nehmen den seitlichen Druck auf. Leonardo erklärt darunter: »Das ist das beste Verfahren, um eine Welle zu lagern, die keine ganze Umdrehung macht.«

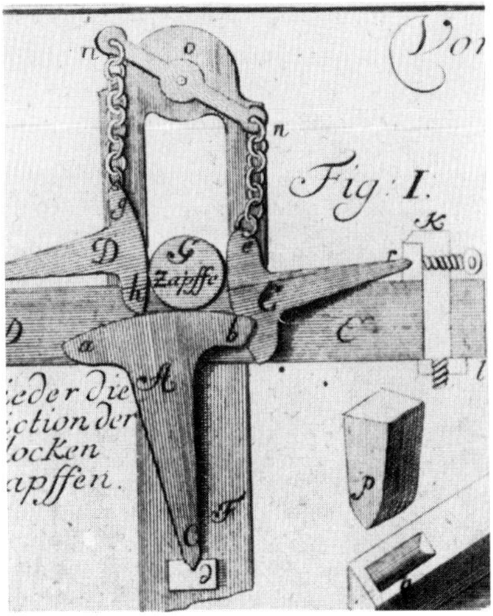

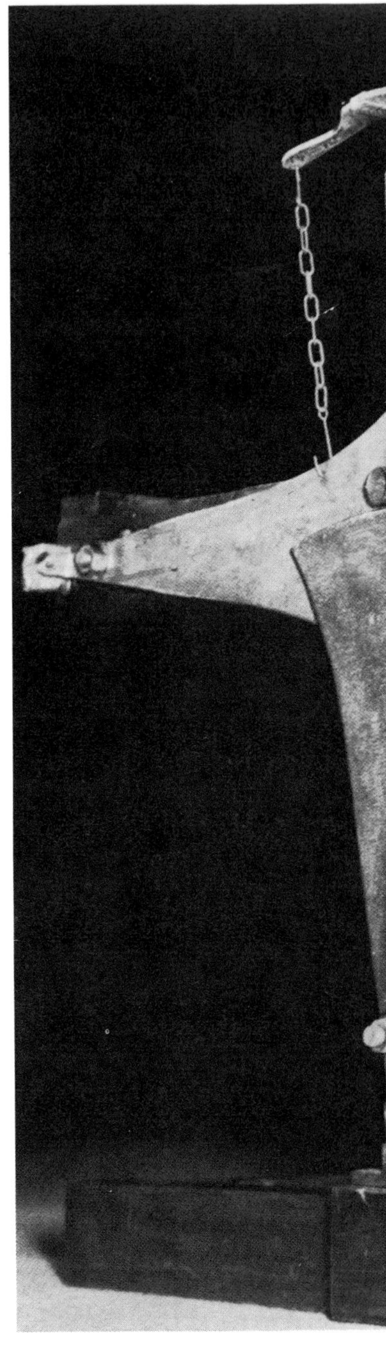

Mehr als zweihundert Jahre nach Leonardos Glockenaufhängung (S.171/172) erschien in Jakob Leupolds Theatrum Machinarum Generale *eine ebensolche Anordnung (oben). Weitere hundert Jahre später beschrieb J. V. Poncelet in seinem* Traité de Mécanique Industrielle *die Aufhängung der bekannten Glocke* Mutte *in der Kathedrale von Metz (unten), eine genaue Kopie von Leonardos Lösung. Der Verfasser dieses Kapitels hat ein funktionsfähiges Modell (Photo rechts) nach Leonardos Zeichnungen anfertigen lassen.*

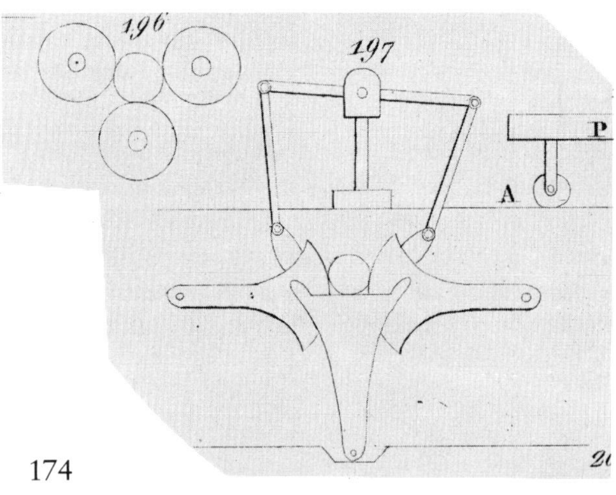

Die vorkommenden Glocken-Aufhängungen in den Zeichnungen deuten auf die wichtigste Anwendung hin, die Leonardo im Sinn hatte. Die Lösung mußte aber noch verbessert werden: die seitlichen Segmente können wirksamer sein, wenn man sie horizontal anbringt. Das tut Leonardo in anderen Skizzen im Codex Atlanticus – auf den Folios 351 recto-a und 392 recto-b. Dies alles könnte als interessantes Spiel mit Fragen der Kinematik erscheinen, wenn nicht die gleiche Erfindung mehr als zweihundert Jahre später in Leupolds *Theatrum Machinarum*[30] erschienen wäre. Dort wird eine Glockenaufhängung, die mit der Leonardos identisch ist, als »die älteste und verbreitetste Vorrichtung« bezeichnet. Anscheinend skizzierte Leonardo die erste Lösung im Codex Madrid I um 1495. Später arbeitete er andere aus, die mit dem von Leupold beschriebenen Modell identisch waren.[31]

Hat Leonardo dieses System erfunden? Offensichtlich! Jedenfalls war es ihm noch unbekannt, als er das Problem im Manuskript B, ein paar Jahre vor dem Codex Madrid I, behandelte. Auch Francesco di Giorgio Martini, der mit Glocken und Glockenherstellung gut Bescheid wußte, kannte es nicht. In einer Abhandlung, die er vor diesen Aufzeichnungen Leonardos verfaßte, untersucht Francesco verschiedene Lösungen. Doch keine ist gut, da der Schwerpunkt der Glocke nicht sinnvoll angeordnet ist. Er scheint die zwischen, nicht aber auf den Radscheiben liegenden Wellen zu kennen. Doch unsere Überraschung wächst, wenn wir die von Biringuccio 1540 in seiner Abhandlung über Metallurgie mit dem Titel *Pirotechnia* vorgesehene Lösung betrachten.[32] Er war ein erfahrener Glockengießer und widmete diesem Thema vier Kapitel seines Buches; doch als sich das Problem der Aufhängung erhebt, fällt ihm nichts Besseres ein, als Francesco di Giorgio zu kopieren. Er zeichnet die Abbildungen neu, aber die Quelle ist offensichtlich.

Wann also gelangen diese Lösungen Leonardos in den Strom der technischen Entwicklung, Lösungen, die nach Leupold in der ersten Hälfte des 18. Jahrhunderts »verbreitet« waren?

Leupold sagt nichts über die Entstehung dieser interessanten Erfindung. Aber etwa einhundertzwanzig Jahre später, als man die ersten schüchternen Versuche zur besseren Reibungsverminderung unternahm, erfahren wir von dem großen französischen Ingenieur J.V. Poncelet in seinem *Traité de mécanique industrielle,* 1845 in Lüttich erschienen, wie das Problem bei der berühmten Glocke *Mutte* (von »Mutter«) der Kathedrale von Metz gelöst wurde, die eine genaue Kopie der Leonardo'schen Glockenaufhängung aufweist. Ein Sektor stützt die Welle, die auf ihm nicht gleitet, sondern rollt, während zwei Seiten-Sektoren die seitlichen Abweichungen aufnehmen. Poncelet schlug vor, zur Stützung die Drehachsen mit drei vollständigen Rollen zu umgeben – eine weitere Übereinstimmung mit Leonardos Vorschlag.[33]

Die ursprüngliche *Mutte* soll 1381 in der Kathedrale von Metz angebracht worden sein. Doch diese Glocke taugte nichts, und man machte im gleichen Jahr eine neue. Die neue Glocke hielt nur ganz kurze Zeit. 1427 unternahm man einen neuen Versuch, doch ohne Erfolg, denn am 21. März 1442 zerbarst die Glocke, und man beschloß, sie neu zu gießen.

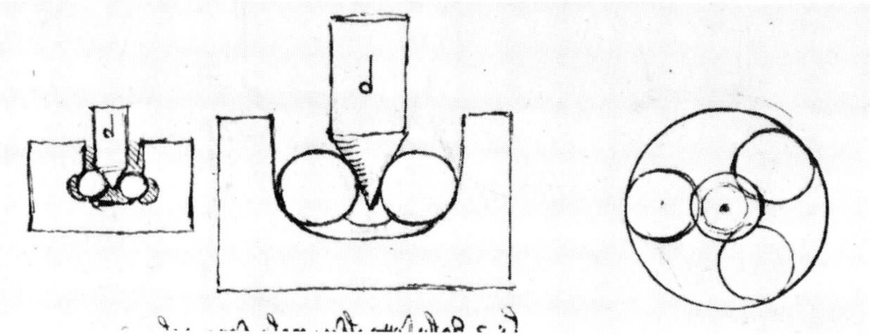

Eine Anordnung von Lagern, die eine vertikale Achse stützen sollen, ist auf Folio 101 verso (oben und S. 178) dargestellt. In der oberen Skizze liegt ein konisch geformter Zapfen in einem Satz dreier Kugeln – ein Konzept, das nach 1920 für die Blindflug-Instrumente in Flugzeugen neu entdeckt werden mußte.

Beim Herunternehmen gab es zwei Tote und eine Reihe von Verletzten. Eine neue Glocke war 1443 vollendet, doch sie hielt nicht lange; 1459 war sie nicht mehr in Gebrauch. 1479 wurde eine neue Glocke gegossen, diesmal von erfahrenen Gießern, und 1482 aufgehängt. Sie hielt fast ein Jahrhundert – bis 1569. Zum letzten Mal wurde die *Mutte* im Jahre 1605 neu gegossen.[34] Daß sie bis jetzt hielt, deutet auf die damals entwickelten besseren Methoden hin.

Wie aber kann man das gleiche Problem lösen, wenn die drehende Achse vertikal anstatt horizontal verläuft? Hebezeuge, die mittels Drehung einer Schraube schwere Gewichte hoben, waren in Leonardos Zeit weit verbreitet. Doch ihre Brauchbarkeit war begrenzt, denn unter schwerem Druck entstand starke Reibung zwischen der drehenden Schraubenmutter und der Platte, auf die sie drückte.

Daher entschloß sich Leonardo zu einem Druck-Lager, wie wir heute

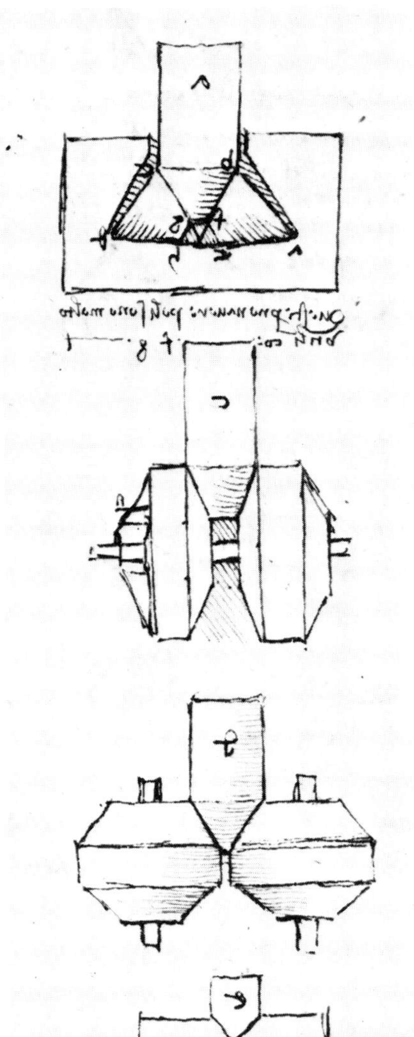

Leonardo führte das Druck-Lager ein, wie es heute genannt wird. In den Skizzen links sind verschiedene Rollenlager dargestellt, die den Druck einer vertikalen Achse aushalten sollen. Der begleitende Text zeigt klar, daß Leonardo die Reibungsprobleme bei Rollenlagern kannte.

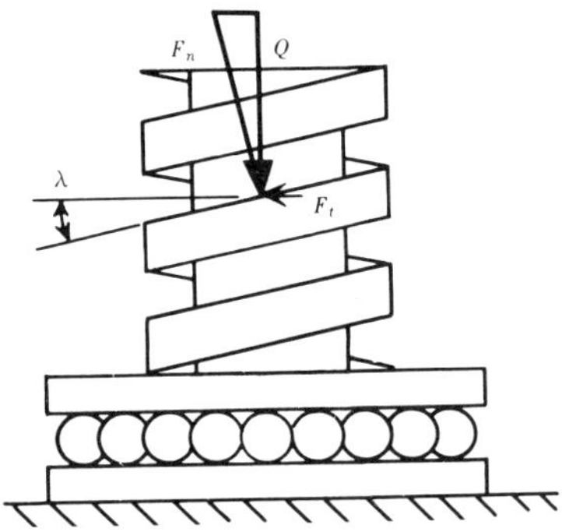

Ein Vorläufer des heutigen Druck-Lagers erscheint in der Skizze einer Schraubenwinde (rechts) aus dem Codex Madrid I, Folio 26 recto. Leonardo benutzt Kugellager, um die Reibung zwischen der drehenden Mutter und der Platte seines Hebezeugs zu verringern – ähnlich wie in dem oben abgebildeten modernen Drucklager.

sagen. Im Codex Madrid I wird die Verwendung von Kugel- und Rollenlagern dargestellt, und es gibt eine Skizze, die man mit einem modernen Kugel-Druck-Lager vergleichen kann. Leonardos besonders interessanter Text zeigt, daß er die Reibungsprobleme bei Rollenlagern kannte.

Der Gedanke wird auf anderen Seiten des Codex Madrid I weiterentwickelt, und wir können eine erstaunliche Anzahl Rollen- und Kugellager bewundern, die den Druck einer vertikalen Achse aushalten. Im Kommen-

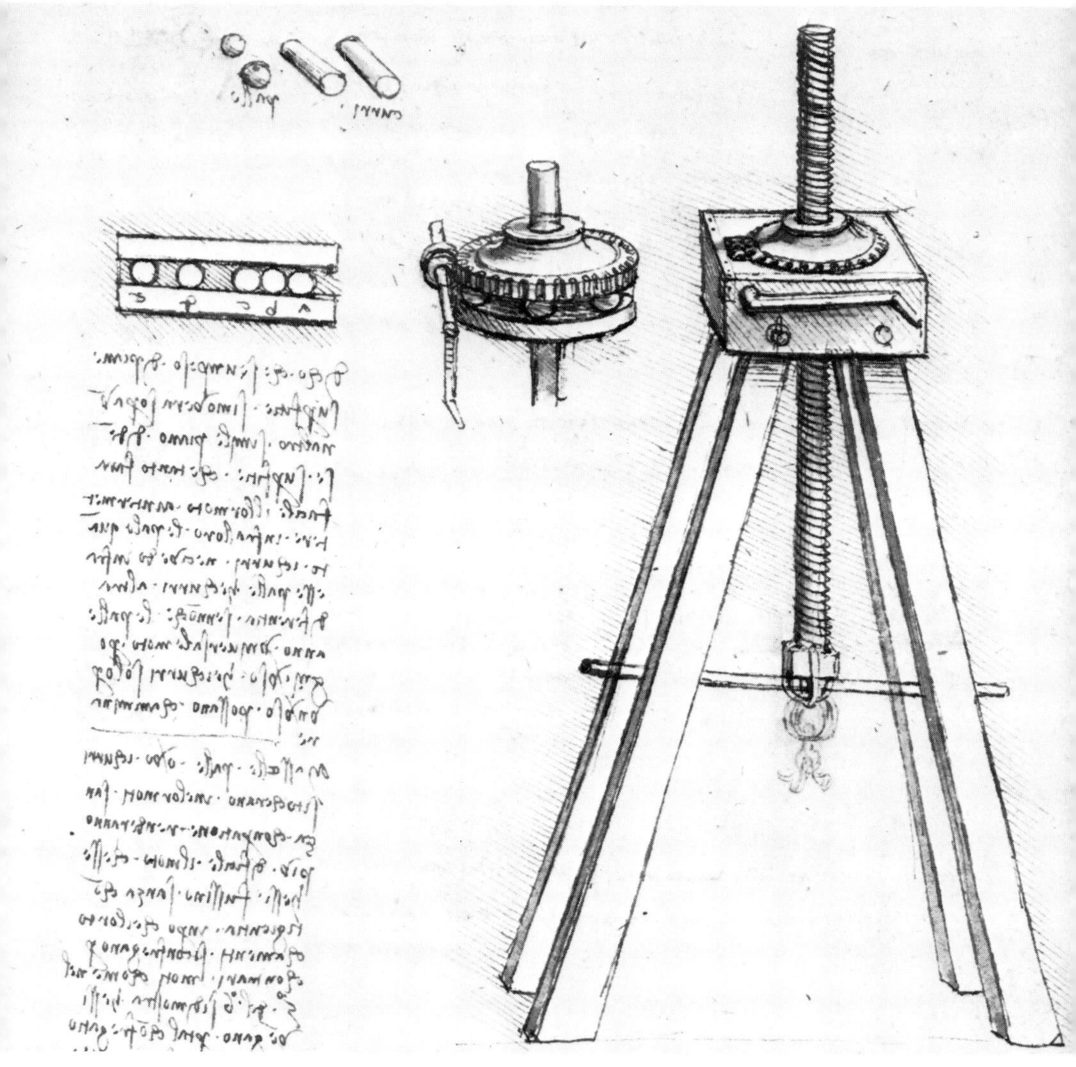

tar zu dem Kugellager erklärt Leonardo: »3 Kugeln unter der Welle sind besser als 4, weil die 3 mit Sicherheit und Notwendigkeit immer von der Welle berührt und gleichmäßig bewegt werden. Bei vier bestünde die Gefahr, daß eine von ihnen unberührt bliebe.«
Leonardo bevorzugt den Entwurf *a*. Er enthält drei kegelförmige Walzen, die einen Zapfen mit einer kegelförmigen Spitze von gleicher Größe und Form wie die Walzen stützen. Er sagt: »Auf diese Art wird man bei jeder

vollen Umdrehung der Welle immer in ähnlicher Weise eine volle Umdrehung jedes der Kegel feststellen, welche die Welle tragen.«
Dem früheren Präsidenten der Sperry Gyroscope Company, Preston Bassett, und Bern Dibner, dem Gründer der Burndy Library in Norwalk,

Leonardos Weitblick auf dem Gebiet der Mechanik läßt sich an den beiden Abbildungen auf dieser Seite ermessen. Oben die Photographie eines modernen Kugellagers, rechts in Leonardos klarer Zeichnung und Beschriftung sein Kugellager-Laufring, vor fast fünfhundert Jahren auf Folio 20 verso des Codex Madrid I aufgezeichnet. Als Leonardo mit seinen Studien über Lager und Reibung begann, war der Stand der Technik primitiv. Die alten Griechen hatten grobe Rollen- und Kugellager verwandt, und die Reste eines römischen Schiffes beweisen, daß man bald nach Christi Geburt einen Typ statischer Kugellager für drehbare Plattformen benutzte.
Leonardo erarbeitete in seinen Studien einige allgemeine Reibungsprinzipien und erfand echte Kugel- und Rollenlager, die wesentliche Komponenten moderner Apparate, von Rollschuhen bis zum Auto, bis ins einzelne vorwegnahmen. Er erkannte, daß »Kugeln oder Rollen, wenn sie sich bei der Bewegung berühren, die Bewegung mehr erschweren, als wenn sie sich nicht berühren«. In seiner Lösung ordnete er die Kugeln in der hier abgebildeten ringförmigen Bahn an, wo sie frei rotieren konnten.

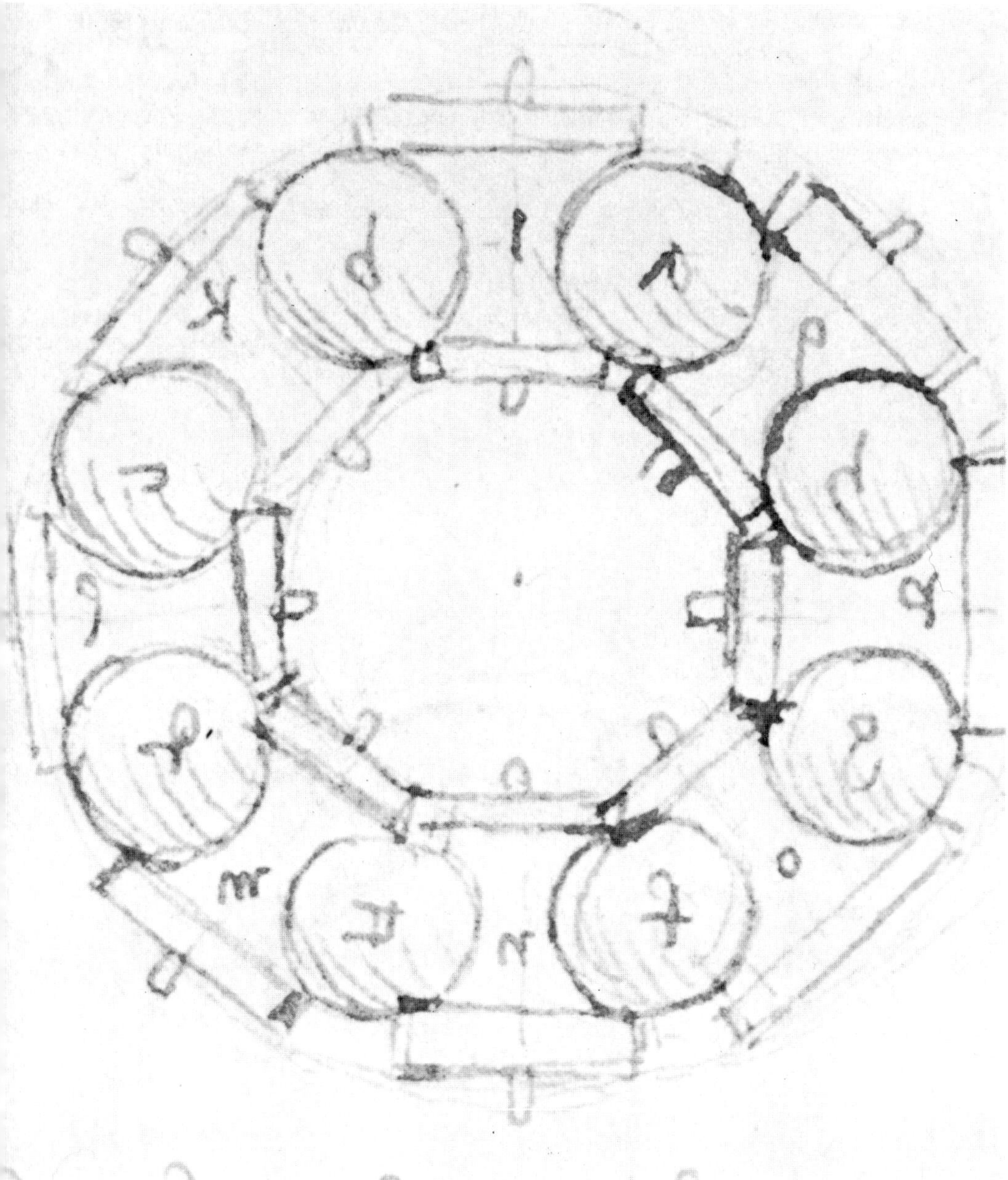

Connecticut, danke ich für die Erlaubnis, aus einem Brief Dr. Bassetts an Dr. Dibner vom 8. März 1967 zu zitieren. Er schrieb, nachdem er diese – in *Life* abgebildete – Zeichnung Leonardos gesehen hatte: »Ich muß Ihnen sagen, daß die größte Überraschung bei der Durchsicht der Leonardo-Skizzen die um einen kegelförmigen Zapfen angeordneten Kugeln waren. Als wir in den zwanziger Jahren unsere Blindflug-Kreisel-Instrumente entwickelten, standen wir vor der Aufgabe, ein Kugellager zu entwerfen, das absolut kein Spiel hat. Wir glaubten, mit unserer konischen Welle im Kugellager eine Neuerung gefunden zu haben, aber sie ist ein Abklatsch von da Vincis Zeichnung!«

Leonardo erkannte sehr bald, daß ein Lager nur dann befriedigend arbeitet, wenn die Kugeln oder Rollen sich nicht während des Laufs berühren. Im Codex Madrid I findet sich der Entwurf einer kreisförmigen Bahn für ein Kugellager. Sie sollte die Reibung verhindern, die bei der gegenseitigen Berührung der einzelnen Kugeln eines Lagers entsteht.

Leonardos wesentliche Sprache war die zeichnerische Darstellung. Seine experimentellen Forschungen über Reibung lassen sich daher am besten aus seinen Zeichnungen erschließen. Wir sehen den Entwurf einer Bank zum Messen von gleitender Reibung (identisch mit einer von Charles Augustin de Coulomb dreihundert Jahre später erfundenen Reibungs-Bank) und auch einen Apparat zum Messen rollender Reibung. Andere Zeichnungen illustrieren Versuche, bei denen Leonardo den Reibungswiderstand auf einer schiefen Ebene maß. Er fragte sich, ob der Reibungswiderstand von der Reibungsfläche abhängt oder nicht, und untersuchte, wie die Leichtigkeit der Rollbewegung einer Welle von ihrem Durchmesser beeinflußt wird.

Aus seinen Messungen leitete Leonardo einige allgemeine Regeln ab; der Reibungswiderstand nämlich verändert sich entsprechend der Beschaffenheit der sich berührenden Flächen, er ist abhängig von der Glätte dieser Flächen, aber unabhängig von der Größe der berührenden Flächen; er nimmt direkt proportional zur Last zu und kann durch zwischengeschobene Rollen oder Schmiermittel verringert werden. Diese Gesetze klingen heute selbstverständlich, aber man darf nicht vergessen, daß Leonardo sie zweihundert Jahre vor dem Beginn der wissenschaftlichen Untersuchung der Reibung quantitativ demonstriert hat – dreihundert Jahre bevor Coulomb die Untersuchung dieser Frage ausarbeitete.

Ob zum Guten oder Schlechten, unsere Zeit wird von der Technik beherrscht. In der Vergangenheit war es genauso, wenn es uns auch heute nicht so erscheint. Und wir haben keinen Grund, zu glauben, es werde in der Zukunft anders sein. Die Technik sollte jedoch dem Menschen dienen, nicht ihn beherrschen. Man kann die Mängel beseitigen und das Wertvolle entwickeln. In diesem Zusammenhang denken wir an eine Welt, in der alle von der Rüstung verschlungenen Geldmittel und Anstrengungen für die Lösung der ökologischen Probleme bereitgestellt würden, die uns unsere politischen und wirtschaftlichen Bestrebungen aufgezwungen haben.

Mit seinem Scharfblick erkannte Leonardo die ambivalenten Wirkungen der Technik auf die menschlichen Verhältnisse in einer Epoche, in der die uns heute bedrängenden Probleme gerade erst Gestalt annahmen.
Nichts charakterisiert Leonardos Einsicht in diese Probleme besser als einige seiner »Prophezeiungen«, ein, wie es scheint, ihm eigenes literarisches Genre. Die »Prophezeiungen« waren in Wirklichkeit Rätsel, die bei höfischen Zusammenkünften oder in fröhlicher Gesellschaft erzählt wurden und von den Anwesenden gelöst werden mußten. So gelang es Leonardo, in feiner, spielerischer Verschleierung die Laster und Mißstände seiner Zeit zu geißeln, ohne in Ungnade zu fallen, und seine Verzweiflung über die Bosheit der Menschen im allgemeinen auszudrücken. Hier als Beispiel eine »Prophezeiung« aus dem Codex Atlanticus: »Aus den dunklen, unheimlichen Höhlen wird etwas kommen, was die ganze Menschheit in große Not, Gefahr und Tod bringen wird. Zwar wird es manchen seiner Anhänger nach vielen Leiden eine gewisse Genugtuung gewähren; doch wer ihm nicht huldigt, der wird sterben in Kummer und Elend. Es wird unendlich viel Niedertracht heraufbeschwören, es wird die schlechten Menschen zu Mord, Diebstahl und Bedrückung reizen und treiben, es wird seine Anhänger einschüchtern, es wird die freien Staaten um ihre Verfassung bringen, es wird vielen das Leben nehmen, es wird den Menschen hart zusetzen mit viel Arglist, Heimtücke und Verrat.

O scheußliches Wesen, wieviel besser wäre es doch für die Menschen, wenn du in die Hölle zurückkehren würdest! Deinetwegen werden die großen Wälder verwüstet werden, deinetwegen werden unzählige Geschöpfe ihr Leben verlieren.« Die Lösung findet sich im Titel: »Vom Edelmetall«.[35]

Eine noch unheilvollere Prophezeiung trägt den Titel »Von der Grausamkeit des Menschen«. In diesem bemerkenswerten Dokument macht Leonardo die Menschheit verantwortlich für die Übel der Gesellschaft und die Zerstörung der Gaben und der Schönheit der Natur:

»Man wird Geschöpfe auf Erden sehen, die einander fortwährend bekämpfen werden, und zwar unter sehr großen Verlusten und oft auch Todesfällen auf beiden Seiten. Sie werden keine Grenze kennen in ihrer Bosheit. Durch ihre rohen Glieder werden die Bäume in den riesigen Wäldern der Welt größtenteils dem Erdboden gleichgemacht werden, und wenn sie satt sein werden, dann werden sie zur Befriedigung ihrer Gelüste Tod und Leid, Drangsal, Angst und Schrecken unter allen lebendigen Wesen verbreiten. In ihrem maßlosen Übermut werden sie sogar zum Himmel fahren wollen, aber die allzu große Schwere ihrer Glieder wird sie unten halten. Da wird auf der Erde, unter der Erde oder im Wasser nichts übrigbleiben, was sie nicht verfolgen, aufstöbern oder vernichten werden, und auch nichts, was sie nicht aus einem Land in ein anderes schleppen werden. Ihr Leib aber wird allen lebendigen Körpern, die sie getötet haben, als Grab und Durchgang dienen.

O Erde, warum tust du dich nicht auf? Warum stürzest du sie nicht in die tiefen Spalten deiner riesigen Abgründe und Höhlen und bietest dem Himmel nicht mehr den Anblick eines so grausigen und entsetzlichen Unwesens?«

Im menschlichen Bereich wie in der Technik erwies sich Leonardo als Prophet der modernen Zeit. Niemand in der Renaissance scheint die Widersprüche der conditio humana so lebhaft verkörpert und so klar gesehen zu haben wie Leonardo. In der Kunst diente er der Schönheit, im Krieg der Brutalität, die er doch beklagte. Er zeichnete die hier abgebildeten herrlichen Bäume (Windsor 12431 recto) und war zugleich ein Meister der noch in den Anfangsgründen steckenden Technik, deren Mißbrauch einst ihre Schönheit bedrohen sollte. Leonardo drückte seine Besorgnis in einer Reihe von »Prophezeiungen« aus – Rätseln, die unter der spielerischen Einkleidung seine Verzweiflung über die Menschheit enthüllten. Als Prophet der ökologischen Veränderungen der modernen Zeit sah er voraus, daß »die großen Wälder verwüstet werden« und die Menschen »Tod und Leid, Drangsal, Angst und Schrecken unter allen lebendigen Wesen verbreiten«.

ANMERKUNGEN

DER MILITÄR-ARCHITEKT

[1] Codex Atlanticus, Folio 234v-b.
[2] Windsor 12686r.
[3] Manuskript L, Folio 80v.
[4] Ibid., Folios 81v und 81r.
[5] Ibid., Folios 82v, 83r, 83v, 84r.
[6] Codex Atlanticus, Folio 130r-c.
[7] Manuskript L, Folio 6v.
[8] Zum Beispiel auf Folio 46r.
[9] Codex Madrid I, Folios 110v und 111r.
[10] Codex Atlanticus, Folios 289 und 398r.
[11] Codex Madrid II, Folio 25r.
[12] Ibid., Folio 24v.
[13] Ibid., Folio 125r.
[14] Ibid., Folios 1v, 6r, 10r, 37v.
[15] Ibid., Folios 9r, 15r, 21v, 24r, 25r, 32r (?), 36v, 38r, 38v, 62v bis, 64v.
[16] Ibid., Folios 9r und 10r.
[17] Ibid., Folio 32v.
[18] Ibid., Folio 38r.

MASCHINEN UND WAFFEN

[1] Codex über den Vogelflug, Folio 3r.
[2] Theodor Beck führt mehr als 400 Maschinen und Apparate auf *(Beiträge zur Geschichte des Maschinenbaues,* Berlin 1899). In den Codices Madrid sind Hunderte mehr enthalten.
[3] Vgl. L. Reti, »The Double-acting Principle in East and West«, in: *Technology of Culture,* Band 11 (1970), S. 178 ff.
[4] Leonardos Absicht ist klar, aber der Mechanismus ist, wie er ihn skizziert hat, nicht voll funktionsfähig.
[5] F. M. Feldhaus, *Leonardo der Techniker und Erfinder* (Jena 1913).
[6] Ingenieur des Herzogs von Urbino. Er arbeitete zusammen mit Leonardo an Projekten wie der Errichtung des *tiburio*, des Mittelturms des Mailänder Doms, und dem Bau einer Kathedrale in Pavia. Ein Traktat über Zivil- und Militärarchitektur, das er schrieb und selbst mit Illustrationen versah (jetzt in der Laurenziana in Florenz), enthält Bemerkungen in Leonardos Handschrift.
[7] Nach dem britischen Artillerieoffizier Henry Shrapnel (1761–1842).
[8] Folios 51r, 53r, 54v, 59r, 59v, 131r, 143r.
[9] Vgl. A. R. Hall, *Ballistics in the Seventeenth Century* (London 1952), S. 42 und 83.
[10] Der Begriff »zusätzliche Bewegung« wird im Gegensatz zu »natürliche Bewegung« verwendet.
[11] Vgl. A. C. Crombie, *Augustine to Galileo* (London 1952), S. 254 und 280, sowie Hall, a.a.O. L. Reti behandelt Leonardos Ballistik in: »Il moto dei projetti e del pendolo secondo Leonardo e Galileo«. In: *Le Macchine,* Mailand, Dezember 1968.
[12] Tartaglia, *La nova scientia* (Venedig 1537).
[13] Tartaglia, *Quesiti e inventioni diverse* (Venedig 1546).
[14] Manuskript E, Folio 70v.
[15] Galileo Galilei, *Dialogo . . . sopra i due massimi sistemi del mondo . . .* (Florenz 1632). *Der Dialog über die beiden hauptsächlichsten Weltsysteme.* Übersetzt und erläutert von Emil Strauß. Leipzig 1892.
[16] E. Torricelli, *De motu gravium et proiectorum,* in: *Opere* (Faenza 1919), S. 157.
[17] Torricelli, a.a.O. S. 188.
[18] Vgl. H. L. Peterson, *Pageant of the Gun* (New York 1967), S. 18, und T. Lenk, *The Flintlock* (New York 1965), S. 13, wo es heißt: »Most recent research accepts the Leonardo drawings as the earliest record of the wheellock and certain Italian combined crossbows and wheel-lock guns in the Palazzo Ducale, Venice, as the earliest surviving examples of the construction.« Diese Bemerkung erschien zwei Jahre bevor die Codices Madrid an die Öffentlichkeit gelangten.
[19] Codex Atlanticus, Folios 56v-b, 217r-a, 353r-c.
[20] Vgl. L. Reti, »Il Mistero dell'architronito«, in: *Raccolta Vinciana* XIX, 1962, S. 171 ff.
[21] Codex Madrid I, Folios 26r und 84v
[22] Codex Atlanticus, Folio 198v.

DER INGENIEUR

[1] Gerolamo Calvi, *Notizie dei principali professori di belle arti che fiorirono in Milano durante il governo de'Visconti e degli Sforza,* Teil III: Leonardo da Vinci (Mailand 1969).
[2] Luca Beltrami, *Documenti e memorie riguardanti la vita e le opere di Leonardo da Vinci* (Mailand 1919), Nr. 108. Siehe auch Nr. 107.
[3] Manuskript L, Folio 66r.
[4] J. P. Richter, *The Literary Works of Leonardo da Vinci,* 2nd ed. London 1939, Vol. II, S. 215, Nr. 1109.
[5] *Le Vite de'piu eccellenti architetti, pittori e scultori* (1. Aufl. Florenz, 1550; 2. Aufl. 1568). Deutsche Übersetzung hrsg. von Ernst Jaffé. *Lebensbeschreibungen der ausgezeichnetsten Maler, Bildhauer und Architekten der Renaissance.* Berlin: Julius Bard 1911.
[6] Franz Babinger, »Vier Bauvorschläge Leonardo da Vinci's an Sultan Bajezid II. (1502/3) mit einem Beitrag von Ludwig H. Heydenreich«, in: *Nachrichten der Akad. der Wissensch. in Göttingen,* Philologisch-Hist. Klasse, Jahrg. 1952, Nr. 1, S. 1–20.
[7] Manuskript L. Folios 34v, 35r, 36r.
[8] Ibid., Folio 25v.
[9] In *Le Vite de'piu eccellenti architetti, pittori e scultori.* Deutsche Übersetzung hrsg. von Ernst Jaffé.
[10] Die Memoiren, Teil des Codex H 227 inf. der Biblioteca Ambrosiana in Mailand, wurden von Luigi Gramatica übertragen als *Le Memorie su Leonardo da Vinci di Don Ambrogio Mazenta* (Mailand: Alfieri & Lacroix 1919).
[11] Leo Olschki, *The Genius of Italy,* New York 1949. Autorisierte, vom Verfasser durchgesehene deutsche Übersetzung von Adolf Drucker (Darmstadt 1958), S. 374.
[12] Übersetzt aus: »Léonard de Vinci et la technique de son temps«, in: *Léonard de Vinci et l'ex-*

périence scientifique au seizième siècle (Paris: Centre National de la Recherche Scientifique-Presses Universitaires 1952), S. 146.

[13] Joseph Needham, *Science and Civilisation in China,* Vol. IV: 2 (London: Cambridge 1965), S. 383: »When Leonardo faces the problem of interconversion in the late 15th century, nearly two hundred years after Wang Chen, he shows, as Gille has acutely pointed out, a most curious disinclination to use the eccentric (or crank) connecting-rod and piston-rod combination. In fact he does so only for a mechanical saw. In order to avoid it he has recourse time after time to the most complicated and improbable devices.«

[14] Folio 86r.

[15] H. W. Dickinson, *James Watt* (London: Cambridge 1936), S. 124.

[16] Franz Reuleaux, *Lehrbuch der Kinematik.* Bd. I: Theoretische Kinematik (Braunschweig 1875), S. 11.

[17] Siehe Theodor Beck, *Beiträge zur Geschichte des Maschinenbaus.* Berlin 1899, 2. verb. Aufl. Berlin 1900. Abbot Payson Usher, *A History of Mechanical Inventions,* rev. Ausg. (Cambridge: Harvard 1954).

[18] Codex Madrid I, Folio 82r.

[19] Codex Atlanticus, Folio 155 v-b.

[20] Leonardo da Vinci, *I Libri di meccanica,* nella recostruzione ordinata di Arturo Uccelli (Mailand: Hoepli 1940).

[21] Codex Madrid I, Folio 96v.

[22] Codex Atlanticus, Folio 164r-a.

[23] Codex Madrid I, Folio 97v.

[24] Codex Atlanticus, Folio 207v-b.

[25] Charles Plumier, *L'Art de tourner* (Paris 1701).

[26] Guido Uccelli, *Le Navi di Nemi* (Rom: Libr. dello Stato 1955), S. 191 ff.

[27] Manuskript B, Folio 33v.

[28] Georg Agricola, *De re metallica.* Erste lateinische Ausgabe 1556.

[29] Codex Forster III, Folio 89v.

[30] Jakob Leupold, *Theatrum Machinarum Generale* (Leipzig: C. Zunkel 1724).

[31] Ich ließ nach Leonardos Zeichnungen im Codex Atlanticus, Folio 351r-a, wahrscheinlich um 1500 zu datieren, eine Rekonstruktion anfertigen. Sie wurde von Sinibaldo Parrini ausgeführt, dem bekannten Florentiner Nachbauer alter wissenschaftlicher Geräte. Er benutzte eine Glocke aus dem 14. Jahrhundert. Das Ergebnis hätte nicht besser sein können.

[32] Deutsche Übersetzung von Otto Johannsen. Biringuccios *Pirotechnia* (Braunschweig: Friedr. Vieweg 1925), S. 326 ff.

[33] Um die Glockenanlage zu besichtigen, reiste ich nach Metz, doch durfte ich den Turm der Gefahr wegen nicht besteigen. Dr. Ludolf v. Mackensen vom Deutschen Museum in München hatte mehr Erfolg, und ich bin ihm zu Dank verpflichtet für die nützlichen Photographien, die er hat anfertigen können.

[34] Marcel Aubert, *La Cathédrale de Metz* (Paris: Picard 1931), S. 251 ff.

[35] Codex Atlanticus, Folio 370r, um 1495.

VERZEICHNIS DER ABBILDUNGEN

Abkürzungen:
o = oben
u = unten
m = Mitte
l = links
r = rechts

132 *u* Museum für Wissenschaft und Technik, Mailand. Photo Sinigaglia
135 *l* Ms. L, 35v
135 *r* Ms. L, 34v
136 *o* Atlanticus 240r-c
136 *u/l* und *u/r* A. De Rizzardi, Museum für Wissenschaft und Technik, Mailand. Photo Sinigaglia
138 Giorgio Vasari. New York Public Library (rare book room)
139 *a* Albrecht Dürer, Selbstbildnis mit Eryngium. Louvre, Paris
139 *u/l* Kupferstich. Sammlung Otto Schäfer, Schweinfurt
139 *u/r* Windsor 12347r
140 *l* Atlanticus I bis r-a
140 *r* Albertina, Wien
141 Ms. H, 108v
142 Photo Perret
143 Abzug von moderner Reliefradierung
145 Madrid I, 82r
146–149 Ausschnitt aus Madrid I und Atlanticus
150 Aus: Knight's *American Mechanical Dictionary,* Vol. III, 1876
151 Atlanticus 155v-b
152 Madrid I, 64v
153 Madrid I, 86v
154 Madrid I, 175v
155 *o* Madrid I, 57v
155 *m* Atlanticus 379v
155 *u* Madrid I, 94r
156 Madrid I, 58r
158 *o/l* Madrid I, 121r
158 *o/r* Madrid I, 121v
158 *u* Madrid I, 33v
159 *o/l* Madrid I, 121v
159 *o/m* Madrid I, 4v
159 *o/r* Madrid I, 81v
159 *u* Aus: Knight's *American Mechanical Dictionary,* Vol. I, 1874
160 Ms. B, 70v
161 *l* Madrid I, 91v
161 *r* Madrid I, 17v
162 *o* Aus: H. Walton, *The How and Why of Mechanical Movement.* New York, Dutton & Co., 1968
162 *u* Madrid I, 17v
163 Photo Perret
164 Madrid I, 25v
165 Madrid I, 34r
166 *l/r* Madrid I, 62r
167 *o* Madrid I, 62r
167 *m* Madrid I, 34r
167 *u* Madrid I, 118r
168 Madrid I, 119r
169 Madrid I, 100v
171 *o/m* und *u/r* Madrid I, 12v
171 *u/l* Ms. B, 33v
172 Atlanticus 392r-b
173 Photo Karquel
174 *o* Aus: Jakob Leupold, *Theatrum Machinarum Generale,* Leipzig, C. Zunkel, 1724
174 *u* Aus: J. V. Poncelet, *Traité de mécanique industrielle,* Vol. II, Brügge 1844
175 Modell angefertigt von Sinibaldo Parrini
177 Madrid I, 101v
178 *l* Madrid I, 101v
178 *r* Aus: McGraw-Hill, *Encyclopedia of Science and Technology,* Vol. 12
179 Madrid I, 26r
180 Photo Perret
181 Madrid I, 20v
185 Windsor 12431r

INDEX

LEONARDO DER KÜNSTLER

io leonardo

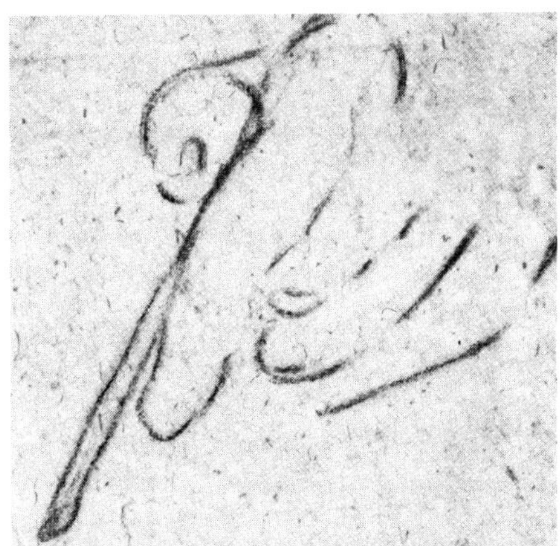

ANNA MARIA BRIZIO
UNIVERSITÀ STATALE, MAILAND

MARIA VITTORIA BRUGNOLI
UNIVERSITÄT ROM

ANDRÉ CHASTEL
COLLÈGE DE FRANCE PARIS

LEONARDO DER KÜNSTLER

BELSER VERLAG
Stuttgart und Zürich

CIP-Kurztitelaufnahme
der Deutschen Bibliothek

Leonardo. - Sonderausg. -
Stuttgart; Zürich: Belser
ISBN 3-7630-1716-X
NE: Leonardo ‹da Vinci› [Ill.]
Leonardo, der Künstler.
- Sonderausg. - 1987

Leonardo, der Künstler/
Anna Maria Brizio; Maria Vittoria
Brugnoli; André Chastel.
- Sonderausg. -
Stuttgart; Zürich: Belser, 1987.
(Leonardo) Einheitssacht.:
Leonardo, the artist ‹dt.›
ISBN 3-7630-1716-X (Gesamtw.)
NE: Brizio, Anna Maria [Mitverf.];
Brugnoli, Maria Vittoria [Mitverf.];
Chastel, André [Mitverf.];
Leonardo ‹da Vinci› [Ill.]; EST

Eine McGraw-Hill Ko-Produktion

Titel der Originalausgabe:
Leonardo The Artist

Sonderausgabe 1987

Anschrift: Belser Verlag,
Falkertstraße 73,
D-7000 Stuttgart 1

ISBN 3-7630-1716-X

Printed in Germany

«LIES MICH, LESER,
WENN ICH DIR FREUDE MACHE,
DENN SEHR SELTEN
KEHRE ICH ZU DIESER WELT
ZURÜCK.
DENN DIE GEDULD
DIESES BERUFES FINDET
SICH BEI WENIGEN,
DASS SIE WIEDER VON NEUEM
ÄHNLICHE DINGE
ERFINDEN MÖCHTEN.
UND KOMMT, IHR MENSCHEN,
DIE WUNDER ZU SEHEN,
DIE MAN BEI SOLCHEN STUDIEN
IN DER NATUR ENTDECKT.»

MADRID I, 6r

INHALT

VON
DER RENAISSANCE
BIS INS
ZWANZIGSTE JAHRHUNDERT
HAT DAS WERK
LEONARDOS
SEINE GÜLTIGKEIT BEWAHRT

EINLEITUNG

Leonardos Elternhaus in Anchiano, in der Nähe von Vinci.

»Am Samstag, dem 15. April, um drei Uhr nachts
wurde einer meiner Enkel,
ein Sohn meines Sohnes Ser Piero, geboren.
Er erhielt den Namen Lionardo.«

Er glich einem Menschen, der in der Finsternis zu früh erwacht war, während die anderen noch schliefen», schrieb Sigmund Freud. Vieles aus Leonardos Nachlaß ist in dieser Finsternis verloren gegangen. Allmähliches Wiederauffinden und systematische Auswertungen haben Aufschluß gegeben über die Bedeutung eines Genies und unsere Kenntnisse des unbekannten Leonardo zögernd erweitert.

Zwei der Notizbücher Leonardos galten seit 1830 amtlich als verschollen. Ihre Auffindung im Jahre 1965 in der Biblioteca Nacional von Madrid war eine Sensation. Das spanische Erziehungsministerium gestattete den Verlagen McGraw-Hill und Taurus Ediciones die Publikation einer Faksimile-Ausgabe, heute als Codex Madrid I und II im Handel. Das publizierte Werk umfaßt neben den zwei Codices in Faksimile, zwei Bände mit Transkriptionen, deren Übersetzung und einen wissenschaftlichen Kommentar des verstorbenen Leonardisten, Prof. Ladislao Reti. Der Reichtum des wiederaufgefundenen Materials erlaubte es einer Gruppe von zehn führenden Wissenschaftern, die Vielseitigkeit des Genies Leonardos in einem ausführlichen und reich illustrierten Band unter dem Titel «Leonardo: Forscher, Künstler, Magier» eindrücklich darzustellen.

Das vorliegende Buch ist ein Teil dieses Werkes in reduziertem Format. Im ersten Kapitel beschäftigt sich Anna Maria Brizio mit Leonardos Gedanken über die Malerei, von der er sagte, sie sei «wahrhaft Wissenschaft und die legitime Tochter der Natur». Wissenschaft und Malerei waren für Leonardo unmittelbar miteinander verbunden, wie Anna Maria Brizio an zahlreichen Beispielen aufzeigt. Studien in Physik und Mechanik und Kenntnisse der Perspektive und Malerei wirken in seinen Kunstwerken von zeitloser Schönheit zusammen.

Maria Vittoria Brugnoli bearbeitet im Kapitel «Der Bildhauer» die Blätter aus dem Codex Madrid II, welche das Sforza-Denkmal betreffen. Diese über 7 Meter hohe Reiterstatue war eine Aufgabe, die Leonardo während rund 20 Jahren, die er am Hof Lodovico Sforzas in Mailand verbrachte, beschäftigen sollte. Leonardo entwickelte für dieses gigantische Bronzedenkmal ein völlig neues Gussverfahren, und überwand damit die praktischen und ästhetischen Nachteile der herkömmlichen Gussmethode mit verlorener Form. Die neue Methode sollte erst 200 Jahre nach Leonardos Tod erprobt und bestätigt werden.

André Chastel befaßt sich im Kapitel «Der Lehrer» mit Leonardos Aufzeichnungen im «Trattato della Pittura». Sie beinhalten Leonardos Prinzipien der Malerei, Notizen zur Anatomie, zur visuellen Wahrnehmung, zu Farbenlehre, Perspektive und zum Lichtreflex.

+

Havendo S.or mio Ill. visto et considerato horamai ad sufficientia le prove di tutti quelli che si reputono maestri et compositori de instrumenti bellici: et che le invenzione et operatione di dicti instrumenti non sono niente alieni dal comune uso: mi exforzerò non derogando a nessuno altro farmi intendere da Vostra Excellentia: aprendo a quella li secreti mei: et appresso offerendoli ad ogni suo piacimento in tempi opportuni operare cum effecto circa tutte quelle cose che sub brevità in parte saranno qui di sotto notate ~~et ancora in molte più secondo le occurrentie de diversi casi etc.~~

1 Ho modi de ponti leggerissimi et forti et atti ad portare facilissimamente: et cum quelli seguire et alcuna volta ~~secondo le occurrentie~~ fuggire li inimici et altri securi et inoffensibili da foco et battaglia: facili et commodi da levare et ponere. Et modi de arder et disfare quelli de l'inimico.

2 So in la obsidione de una terra toglier via l'aqua de' fossi: et fare infiniti ponti: gatti et scale et altri instrumenti pertinenti ad dicta expeditione.

3 Item se per altezza de argine o per fortezza de loco et di sito non si potesse in la obsidione de una terra usare l'officio de le bombarde: ho modi di ruinare omni ~~forte~~ rocca o altra fortezza se già non fusse fondata in su el saxo etc.

4 Ho ancora modi de bombarde commodissime et facile ad portare: et cum quelle buttare minuti ~~saxi~~ a di ~~similitudine quasi~~ di tempesta: et cum el fumo di quella dando grande spavento al inimico cum grave suo danno et confusione etc.

9 Et quando accadesse essere in mare ho modi de molti instrumenti actissimi da offender et defender: et navili che faranno resistentia al trarre de omni grossissima bombarda: et polver et fumi.

5 Item ho modi per cave et vie secrete et distorte facte senza alcuno strepito per venire ad ~~uno certo~~ et disegnato loco, ancora che bisognasse passare sotto fossi o alcuno fiume.

6 Item farò carri coperti securi et inoffensibili: e quali intrando intra ~~li~~ l'inimica cum sue artiglierie: non è sì grande multitudine di gente d'arme che non rompessino. Et dietro a questi poteranno seguire fanterie assai illesi et senza alcuno impedimento.

7 Item occorrendo di bisogno farò bombarde mortari et passavolanti di bellissime et utili forme fora del comune uso.

8 Dove mancassi la operatione de le bombarde componerò briccole, mangani, trabucchi et altri instrumenti di mirabile efficacia et fora dell'usato: et in somma secondo la varietà de' casi componerò varie et infinite cose da offender et difender.

0 In tempo di pace credo satisfare benissimo a paragone de omni altro in architectura in compositione di edificii et publici et privati et in conducer aqua da uno loco ad uno altro ~~...~~

Item conducerò in sculptura di marmore, di bronzo et di terra: similiter in pictura ciò che si possa fare ad paragone de omni altro et sia chi vole.

Ancora si poterà dare opera al cavallo di bronzo che sarà gloria immortale et eterno honore de la felice memoria del S.re vostro patre et de la inclyta casa Sforzesca.

Et se alcuna de le sopradicte cose a alcuno paressino impossibile et infactibile me offero paratissimo ad farne experimento in el parco vostro o in qual loco piacerà a Vostra Excellentia: ad la quale humilmente quanto più posso me recomando etc.

Dieweil ich, erlauchter Herr, mittlerweile die Proben all jener, die sich für meisterliche Erbauer von Kriegsgerät halten, zur Genüge gesehen sowie befunden habe, daß Erfindung und Wirkung besagten Geräts sich in nichts von demjenigen des allgemeinen Gebrauchs unterscheiden: Also will ich mir, ohne irgend einen anderen herabzusetzen, Mühe geben, Eurer Exzellenz in verständlicher Weise meine Geheimnisse darzulegen und sie Euch dann zu freier Verfügung anbieten, damit Ihr zu gegebener Zeit all die Dinge wirksam einsetzen könnt, die ich nachfolgend kurz aufzähle.

1 *Ich kenne Möglichkeiten, außerordentlich leichte und starke und ohne jede Schwierigkeit transportierbare Brücken herzustellen, mit denen man den Feind verfolgen und auch zuweilen entfliehen kann, sowie andere, denen Feuer und Kampfgeschehen nichts anzuhaben vermögen, und die leicht aufzuschlagen und wieder wegzunehmen sind; und auch Methoden, die Brücken der Feinde zu verbrennen und zu zerstören.*

2 *Ich verstehe es, bei der Belagerung eines Platzes die Wassergräben trockenzulegen und unzählige Brücken zu errichten sowie Mauerbrecher und Leitern und anderes Gerät zu besagtem Unternehmen zu machen.*

3 *Desgleichen, wenn man wegen der Höhe des Walles oder der Widrigkeit von Ort und Lage einen befestigten Platz nicht mit Bombarden beschießen kann, habe ich ein Verfahren, jede Burg oder andere Festung zu zerstören, wenn diese nicht auf Felsen gegründet ist.*

4 *Ich habe außerdem noch Pläne für eine Art von Bombarden, die ganz bequem und leicht zu transportieren sind und mit denen man kleine Steine gleich einem Ungewitter schleudern kann; mit dem Rauch derselben wird der Feind in großen Schrecken gestürzt und bei ihm eitel Schaden und Verwirrung gestiftet.*

9 *Und sollte man sich zur See befinden, so kann ich viele Arten von äußerst wirksamem Gerät zum Angriff und zur Verteidigung herstellen; auch Schiffe, die dem Beschuß der größten Bombarde standhalten, sowie Pulver und Rauch.*

5 *Desgleichen kenne ich Möglichkeiten, durch Stollen und gewundene Geheimgänge, die ohne jeden Lärm zu machen sind, an einen bestimmten [Ort] zu gelangen, auch unter Gräben oder einem Fluß hindurch.*

6 *Desgleichen will ich verdeckte, sichere und unangreifbare Wagen machen: wenn sie in den Feind mit den Artillerien hineinfahren, wird jede noch so große Zahl von Bewaffneten zersprengt; und hinter ihnen kann die Infanterie unverletzt und ohne jede Behinderung folgen.*

7 *Desgleichen, so diese benötigt werden, will ich Bombarden, Mörser und Pasvolanten von schönsten und zweckmäßigen Formen machen, wie sie nicht im Gebrauch sind.*

8 *Wo Bombarden ihre Wirkung verfehlen würden, will ich Schleudermaschinen, Wurfgeschütze, Trabuken und anderes Gerät von wunderbarer Wirksamkeit machen, wie es nicht im Gebrauch ist: ich will also je nach verschiedener Sachlage eine Menge verschiedenen Geräts für Angriff und [Verteidigung] erfinden.*

10 *In Friedenszeiten glaube ich, dem Vergleich mit jedem anderen in der Architektur und im Planen öffentlicher und privater Bauten aufs beste standhalten zu können, wie auch im Anlegen von Wasserleitungen von einem Ort zum andern. Desgleichen will ich Skulpturen in Marmor, Bronze oder Ton machen; ebenso alles auf dem Gebiet der Malerei so gut wie jeder andere, wer es auch sein möge. Des weiteren kann das Bronzepferd angefertigt werden, zu unsterblichem Ruhm und ewiger Ehre Eures Herrn Vaters wie des vortrefflichen Hauses Sforza. Und sollte irgendeines der oben genannten Dinge irgendjemandem als unmöglich oder undurchführbar erscheinen, so bin ich durchaus bereit zur Vorführung einer Probe in Eurem Park oder an welchem Ort auch immer es Eurer Hoheit belieben möge, der ich mich in tiefster Demut empfehle.*

«Getrieben von meiner Neugierde, zog ich aus, die von der sinnreichen Natur geschaffene große Menge vielfältiger und eigentümlicher Formen zu betrachten; nachdem ich eine Weile zwischen den schattigen Felsen umhergewandert, geschah es, daß ich mich am Eingang einer großen Höhle befand, vor der ich erstaunt und in Unkenntnis eines solchen Dinges stehenblieb... wobei ich zugleich Angst und Verlangen verspürte: Angst wegen der bedrohlichen und dunklen Höhle; Verlangen, doch nachzusehen, ob darinnen irgendein wunderlich Ding sei.»

ARUNDEL 155r

Selbstbildnis Leonardos aus Windsor 12579 recto

Vorhergehende Seite: Das berühmte Schreiben Leonardos an den Herzog von Mailand. Zwar ist das Dokument nicht in Leonardos Handschrift geschrieben, doch wird seine Echtheit nicht bezweifelt.

DAS UNIVERSAL-GENIE

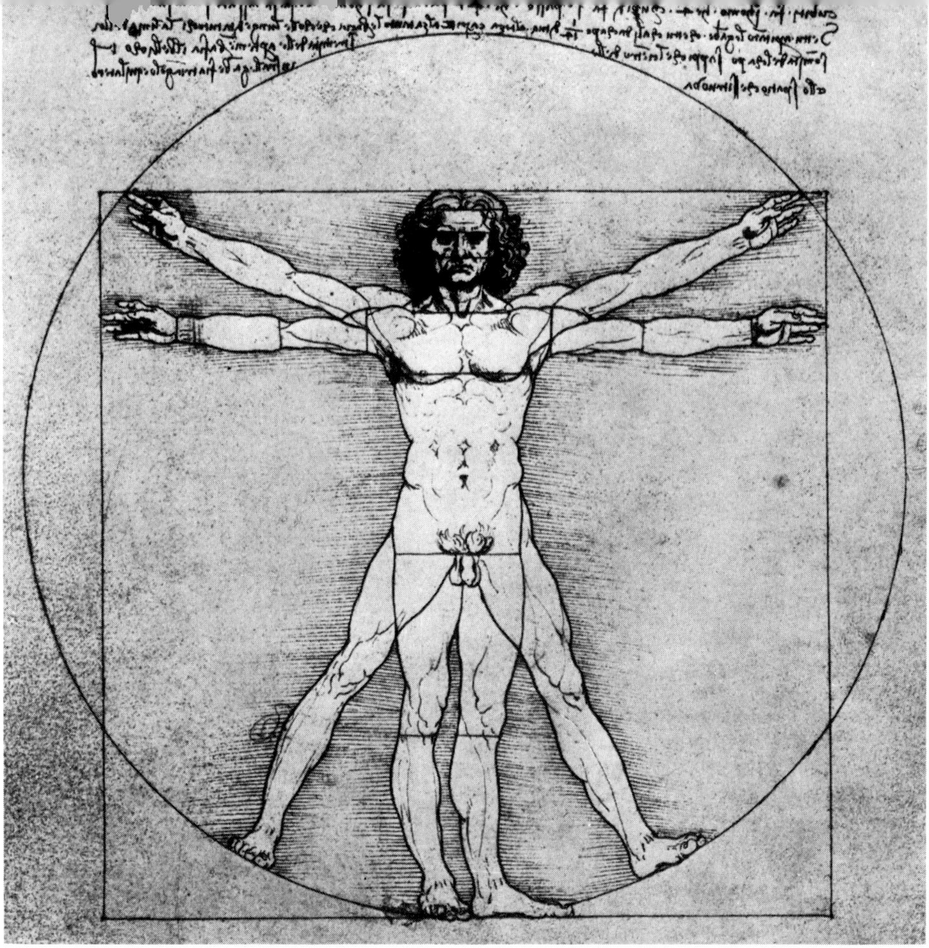

In einem Brief an den Grafen von Mailand, Lodevico Sforza (siehe S. 8–9), bietet Leonardo an, sein Können, seine gesammelten Erfahrungen und vielseitigen Experimente in den Dienst des Grafen zu stellen. Leonardos Notizbücher geben Aufschluß über einen Mann, dessen Forschungsdrang scheinbar unbändig war. Er kannte die Gesetzmässigkeiten der Malerei ebenso wie jene der Hydraulik oder der menschlichen Anatomie (die Skizze zeigt eine Studie der Proportionen des menschlichen Körpers), jene der musikalischen Instrumente, der Optik, der Botanik, der Skulptur und von Maschinen jeder Art.
Diese einleitenden Bemerkungen mögen einige der außergewöhnlichen Fähigkeiten eines universellen Geistes beleuchten, der – wie kein anderer – den Idealtypus eines Renaissance-Menschen verkörperte.

DIE NATUR

Eine der wesentlichsten Erneuerungen der Renaissance liegt in der ehrfürchtigen religiösen Hinwendung des Menschen zur Natur und ihrer Wiederentdeckung. Leonardos rationales Erkennen schöpfte aus dem Erfahrungsgut seiner Sinneswahrnehmungen: die wahre Bestimmung des Menschen lag für Leonardo in der aufmerksamen und umfassenden Beobachtung der Natur. Das Studium der natürlichen Formen und der Naturgesetze wurde zur unerschöpflichen Quelle seiner geisteswissenschaftlicher Aktivität. In Studien zur Mechanik, Optik, Wasserkraft und über die Tiere, in technischen Zeichnungen und Gemälden offenbart sich diese eine und wahre Quelle stets von frischem. Allen Angriffen zum Trotz verteidigte Leonardo beharrlich das Recht und die Pflicht, selbst heilige Tage dem Studium der Natur zu widmen.

Niemand in der Renaissance scheint die Widersprüche in der conditio humana so lebhaft und klar gesehen zu haben wie Leonardo. Als Prophet der ökologischen Veränderungen der modernen Zeit sah er voraus, daß «die großen Wälder verwüstet werden» und die Menschen «Tod und Leid, Drangsal, Angst und Schrekken unter allen lebendigen Wesen verbreiten».

DIE NATURWISSENSCHAFTEN

Auf der ständigen Suche nach der Wahrheit durchforschte Leonardo jedes den Wissenschaften der Renaissance bekannte Gebiet. Seine exakten Beobachtungen, seine Methodologik und Messtechnik und der Stellenwert, den er der Empirie beimaß, belegen, wie weit er der Entwicklung der Wissenschaft vorauseilte.
«Eitel und voller Irrtümer ist alle Wissenschaft, die nicht von der Erfahrung, der Mutter aller Gewissheit, getragen wird, die nicht geprüft wird durch Erfahrung...», schrieb Leonardo.

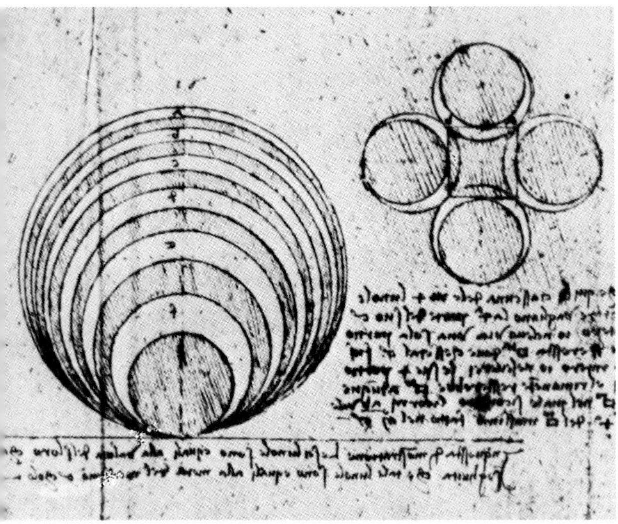

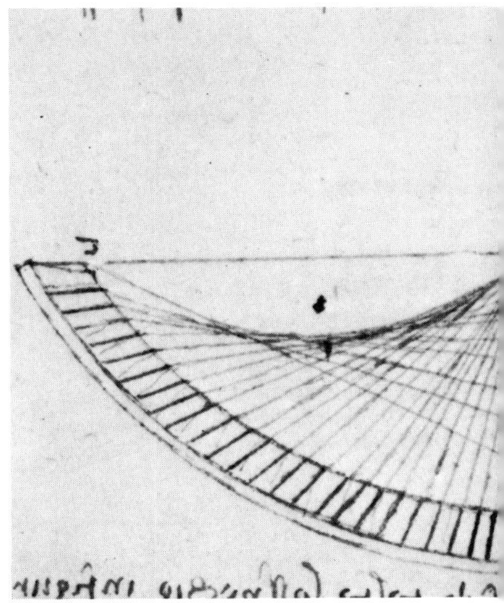

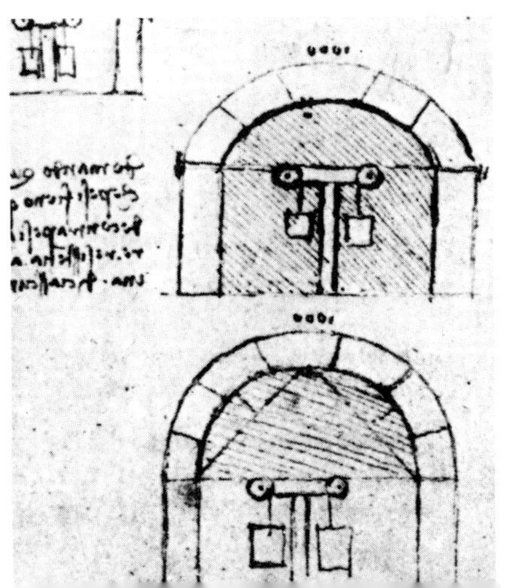

Oben: Zwölf konzentrische Kreise, die sowohl eine mathematische Proportion – die Fläche der sechs hellen Sicheln entspricht der halben Fläche des größten Kreises – als auch den Eindruck schwindender Mondsicheln ergeben.

Mitte: Reflektion von Lichtstrahlen an der konkaven Oberfläche eines Hohlspiegels.

Rechts: Mit diesen Zeichnungen versucht Leonardo, das Einstürzen von Rundbögen zu erklären.

Links: Der Perspektograph war ein Gerät, das es dem Künstler ermöglichte, von einer bestimmten Stellung aus perspektivisch richtig zu sehen und zu zeichnen. Die Erfindung wurde von Albrecht Dürer übernommen. «Nimm ein Stück Glas und befestige es zwischen deinen Augen und dem Gegenstand, den du zeichnen möchtest; setze dich mit einem Abstand von zweidrittel Elle vor das Glas, fixiere deinen Kopf mit einem Mechanismus so, daß du dich nicht bewegen kannst. Nun schließe eines deiner Augen.»

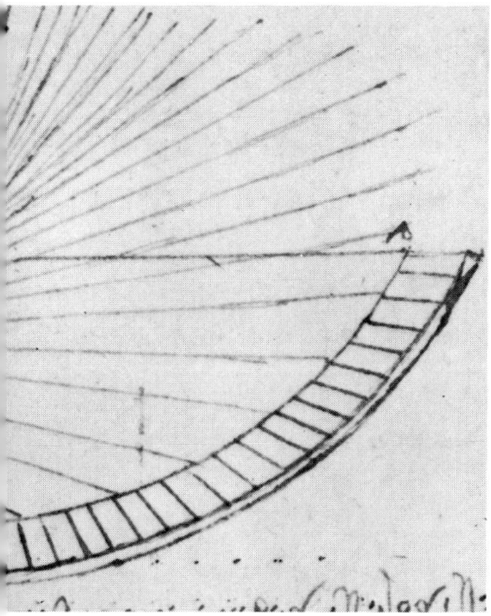

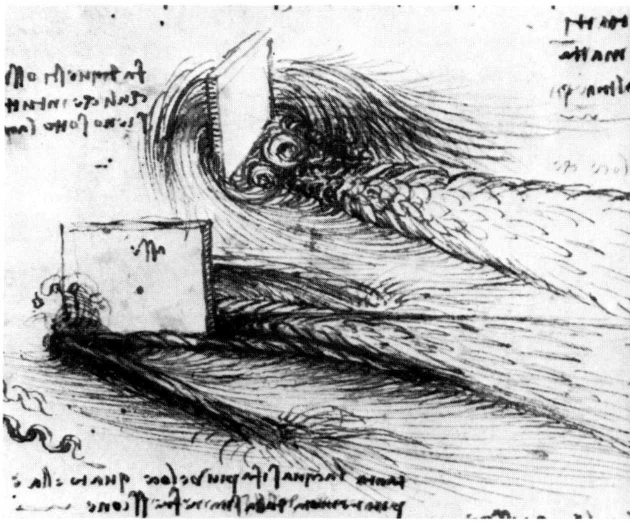

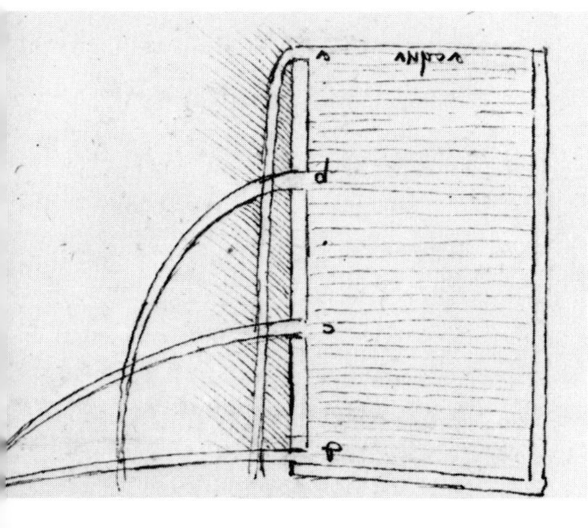

Oben: Strömungsbilder waren lange ein bevorzugtes Thema der überkommenen Hydraulik-Beispiele, die Leonardo untersuchte.
Links: Sehr wichtig ist Leonardos Studie über Wasser, das an vier verschieden hohen Stellen aus einem Behälter ausströmt. Er folgert, daß die «Kraft» oder Energie bei jedem Wasserstrahl die gleiche ist, ein fundamentaler Lehrsatz der modernen Hydrodynamik.

DIE MALEREI

Ausgebildet in der Werkstatt von Andrea del Verocchio, schuf Leonardo zunächst in Florenz, später in Mailand, in Rom und Amboise zahlreiche Meisterwerke der Malerei. Seine Notizen in den Codices Madrid aus den Jahren 1491–1505 belegen die Zeit, in der so berühmte Gemälde wie die in der «Sala delle Asse», das «Abendmahl», der «Karton der Heiligen Anna», die «Schlacht bei Anghiari» und die «Mona Lisa» entstanden sind, die alle in diesem Band vorgestellt werden. Die Abbildung unten, «Verkündigung», vermittelt einen Eindruck seines frühen Schaffens.

«Verachtest du die Malerei, die nur Nachahmerin
aller offenbaren Werke der Natur ist,
so wirst du gewiß auch eine genaue Erforschung verachten,
die mit philosophischer und subtiler Spekulation
alle Beschaffenheit der Formen in Betracht zieht:
Luft und Landschaft, Pflanzen, Tiere, Gräser und Blumen,
welche in Schatten und Licht eingebettet sind;
und dies ist wahrlich Wissenschaft und
legitime Tochter der Natur...»

MS. A 100r

DIE ERFINDUNGEN

Leonardos Notizbücher bedeuten eine wertvolle Ergänzung seiner wunderbaren Malerei: sie vermitteln einen Einblick in sein erfinderisches und phantasievolles aber auch verspieltes Wesen bei der Arbeit.
Wenn auch die Fahrradskizze auf dieser Seite nicht aus seiner Hand stammt, wurde sie doch in seinen Notizbüchern gefunden! Dies deutet die Möglichkeit an, daß sie von unbekannter Hand auf Grund einer Vorlage Leonardos angefertigt wurde. Sollte die erst Jahrhunderte später erfolgte Erfindung des Fahrrads in Wirklichkeit schon durch Leonardo vorweggenommen worden sein?

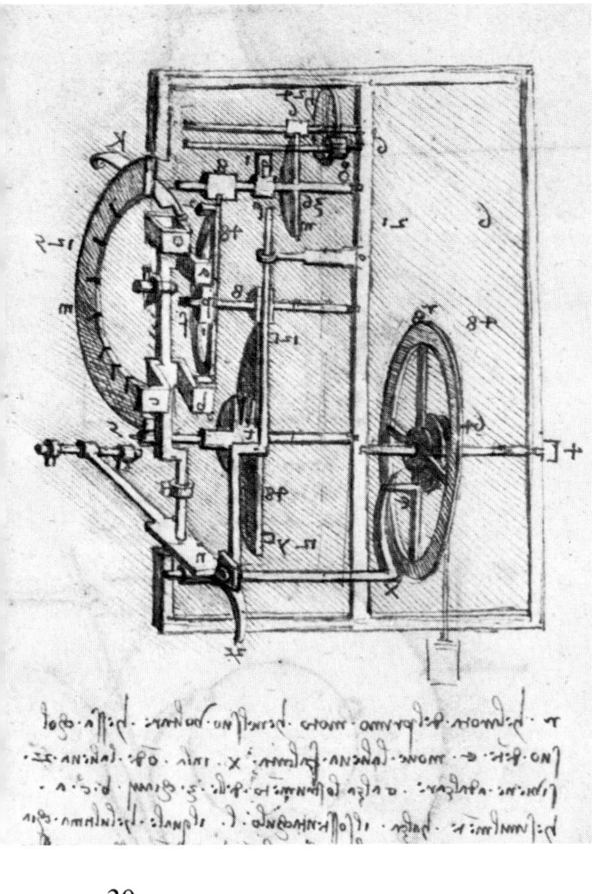

Die erstaunliche Zeichnung oben, die kürzlich im Codex Atlanticus auf der Rückseite des Blattes 45 recto-b (heute 133 verso) entdeckt wurde, stammt nicht aus Leonardos Hand.

Links eine Gewichtuhr mit Schlagmechanismus, oben rechts eine helikopterähnliche Flugmaschine.

Die Zeichnung unten rechts behandelt die Übertragung von Kraft und Bewegung: die Drehung der beiden Schrauben bewegt einen Arm entlang dem Kreis.

In seiner Karte von Imola (nächste Doppelseite) läßt Leonardo jede Einzelheit deutlich hervortreten.

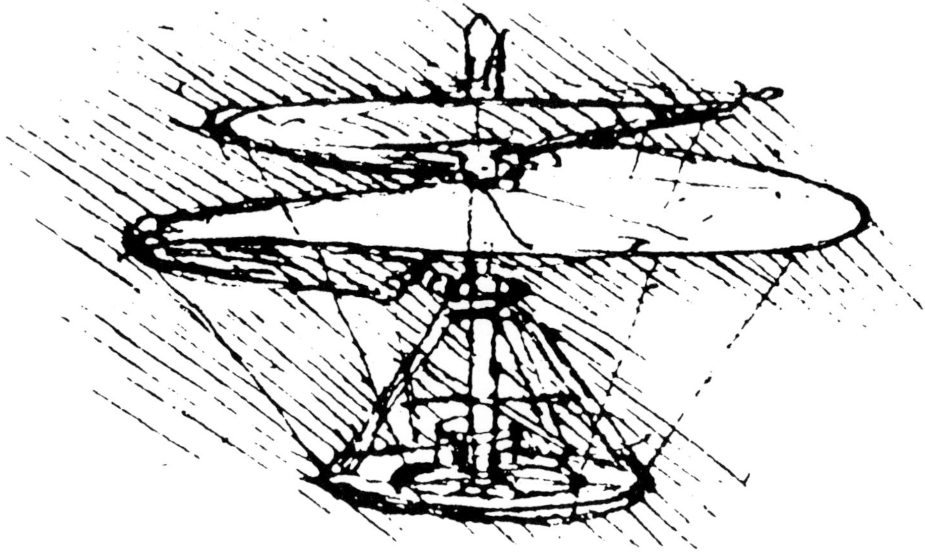

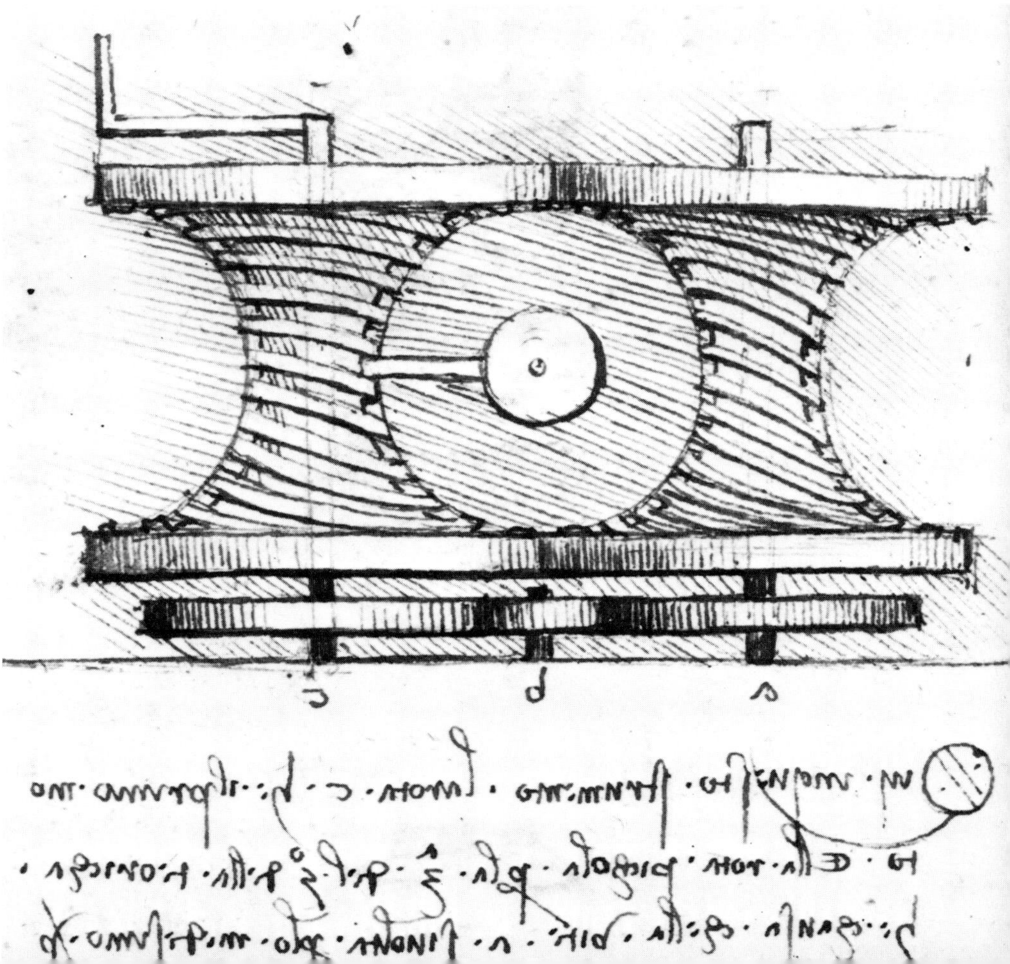

DIE ARCHITEKTUR

Da sich Leonardo als Architekt in erster Linie mit Festungsbau befaßte, finden seine Arbeiten zur zivilen und Kirchenarchitektur für gewöhnlich nur wenig Beachtung. Zahlreiche Skizzen aus verschiedenen Codices beweisen indes sein großes Interesse an generellen Problemen der Architektur. So ging Leonardo in Skizzen und Notizen verbissen dem Problem der Stabilisierung von Rundbögen und Gewölben nach, wobei er den Bogen in eine Anzahl keilförmiger Steinkuben von gleichem Gewicht aufteilte. Seine Berechnungen zeigen, daß er nahe daran war, die modernen Methoden zur Bestimmung des horizontalen Schubs im Bogen zu realisieren.

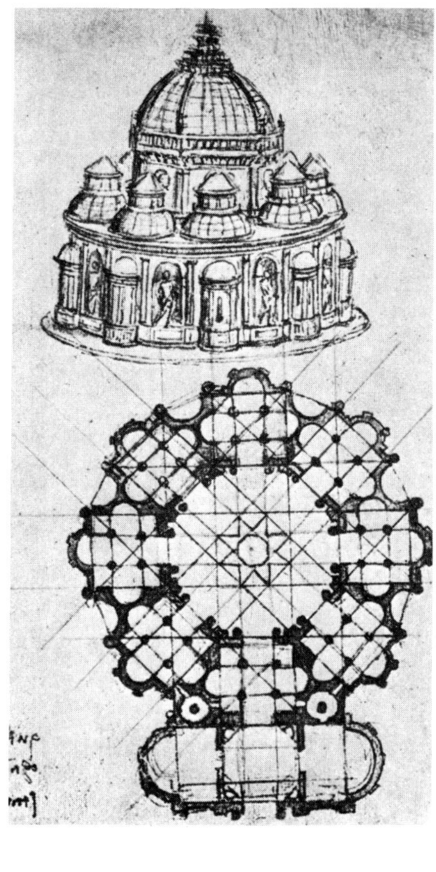

Oben: Plan für ein Herrschaftshaus mit Faßade, Grundriß und Details. Die Abbildung rechts zeigt Studien für einen Kuppeldom, umgeben von acht strahlenförmig angelegten Kapellen. Die Kreisform dominiert jene des lateinischen Kreuzes.

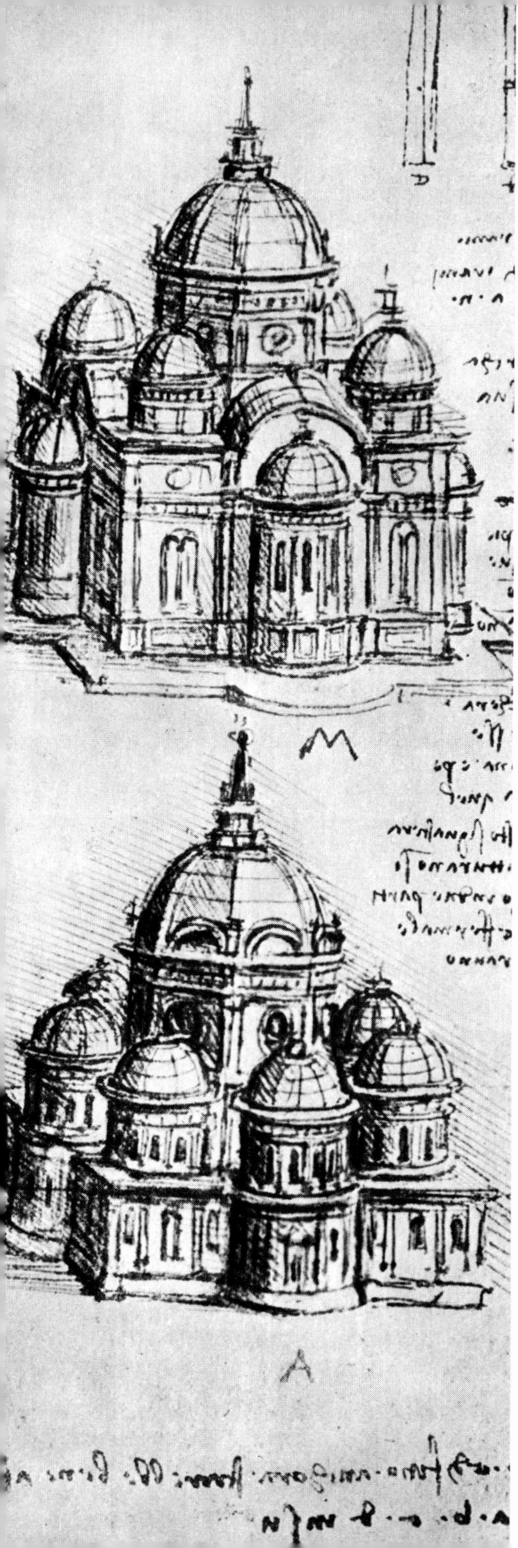

Zeichnung für Zeichnung offenbart die intensive Auseinandersetzung Leonardos mit der Architektur als künstlerisches Ausdrucksmittel und in ihrer technischen Fragestellung zugleich. Die Entwürfe links zeigen Variationen eines Dombaus. Das Modell oben mit vier kleinen Domen betont den quadratischen Grundriß, während unten ein Ring von acht Kuppeln bei gleichem Grundriß eher den Eindruck eines Kreises erzeugt.
Leonardo und seinen Zeitgenossen bedeutete der Dombau eine enorme technische Herausforderung.

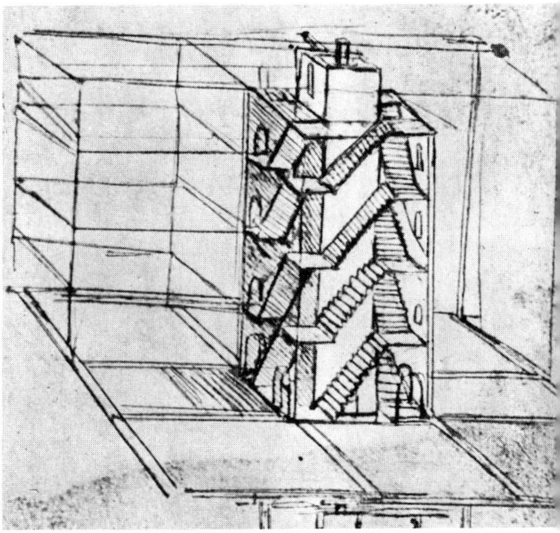

Die unvollendete Zeichnung oben hält die phantastische Idee eines viergeschossigen Treppenhauses, angelegt um eine zentrale Achse, fest. Auffallend ist die sorgfältige Ausführung im unteren Zeit im Vergleich zur recht oberflächlichen Gestaltung der oberen Etagen.

MASCHINEN UND WAFFEN

Fast fünf Jahrhunderte sind vergangen, seitdem Leonardo seine Ideen und Entwürfe für Maschinen aufzeichnete, die helfen sollten, die vielen Aufgaben zu erleichtern, die in seiner Umgebung zu bewältigen waren. Sein Ziel war, unter Einhaltung von Gleichförmigkeit und Präzision die Arbeit schneller und leichter durchzuführen. Als Berater von Staatsoberhäuptern, Heerführern, Adelsfamilien und Gutsherren schlüpfte er in die Rolle eines Konstrukteurs, Architekten, Ingenieurs, Geologen, Anatomen, eines Meisters des Artilleriewesens und eines Propheten.

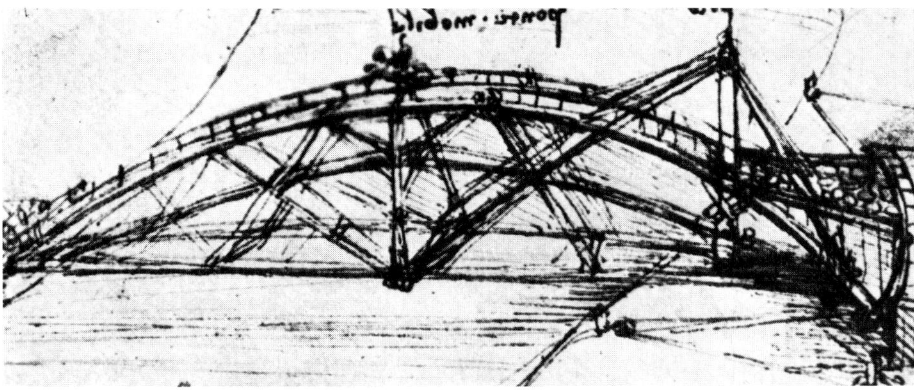

Konstruktionsskizze einer Zugbrücke

Als erstes hielt Leonardo bei der Bearbeitung eines Problems seine Lösungsvorstellungen skizzenhaft fest, zeichnete dann die Teile und das Ganze seiner Konstruktion auf, notierte in einer Arbeitsanleitung die offenen Fragen und wandte sich schließlich anderen Problemen zu. Nie betrachtete er eine Lösung als die einzige adäquate und oft näherte er sich seinem ursprünglich gesteckten Ziel später auf ganz anderen Wegen.
Neun Zehntel der Madrider Codices sind technologischen Themen gewidmet; sie ergänzen Leonardos mechanische Studien und vermitteln dem heutigen Schüler ein ausgezeichnetes Lehrbuch der Renaissance-Technologie.
Leonardos Maschinen lassen sich in zwei Kategorien einteilen. Produktiv kann man jene Erfindungen nennen, der der Verbesserung der mechanischen Arbeit dienen, während alle jene als destruktiv bezeichnet werden können, die zur Verfolgung militärischer Zwecke bestimmt waren.

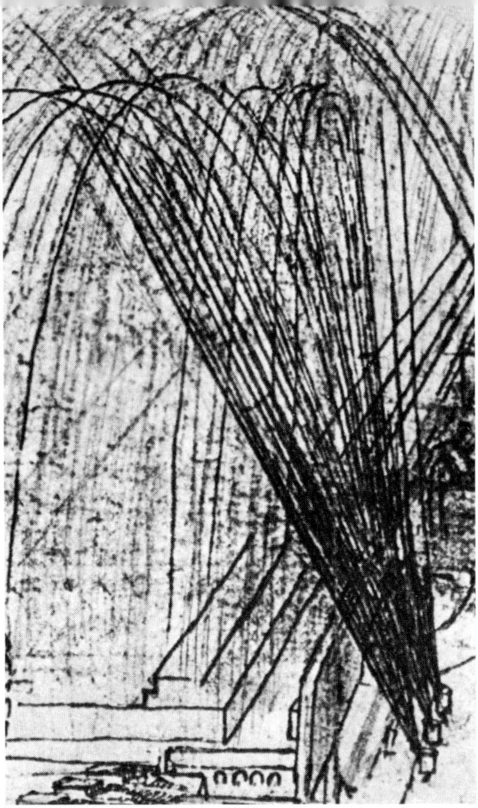

Nächste Doppelseite: Dieser prächtige Apparat ist eine Art Armbrust-Maschinengewehr. Es ermöglicht dem Bogenschützen, der innerhalb des großen Tretrades hängt, die Pfeile ununterbrochen in schneller Folge abzuschießen. Seine Kameraden bewegen das Rad mit der Kraft ihrer Füße unter dem Schutz eines Bretterdachs. Rechts davon eine vorbereitende Skizze, die das Ganze in voller Aktion zeigt.

Links: Feuerregen, der zur Verteidigung einer Festung eingesetzt wird, ersetzt bei Leonardo den Gebrauch heißen Teers.

Unten: In seinem berühmten Brief an Lodovico Sforza hatte Leonardo neue und geheime Kriegsgeräte versprochen. Die Verdreifachung der Lanzenkraft des Reiters mußte Leonardos Bestreben entsprechen, eine einfache Kraft zu vervielfachen.

DER FESTUNGSBAU

Leonardos Konstruktionszeichnungen zu Festungsbauten – nur ein Aspekt aus seinem Schaffen als Militärarchitekt – bilden das letzte Thema dieser ausführlichen Einleitung. Nach allem bisher Gesagten versteht es sich beinahe von selbst, daß Leonardo die konventionelle Festungsarchitektur meisterhaft beherrschte und darüberhinaus neue und kühnste Projekte entwarf. In erster Linie galt es, den sensationellen Möglichkeiten der Schießpulver-Revolution optimal Rechnung zu tragen. Von außerordentlichem Interesse sind schließlich Leonardos Studien über eine Laufkorrektur des Flusses Arno, die er im Auftrag der Stadt Florenz ausführte. Sie strebten kein geringeres Ziel an, als die Wasserverbindung der Stadt Pisa mit dem Ligurischen Meer zu unterbrechen. Der Plan konnte aus topographischen Gründen nicht realisiert werden.

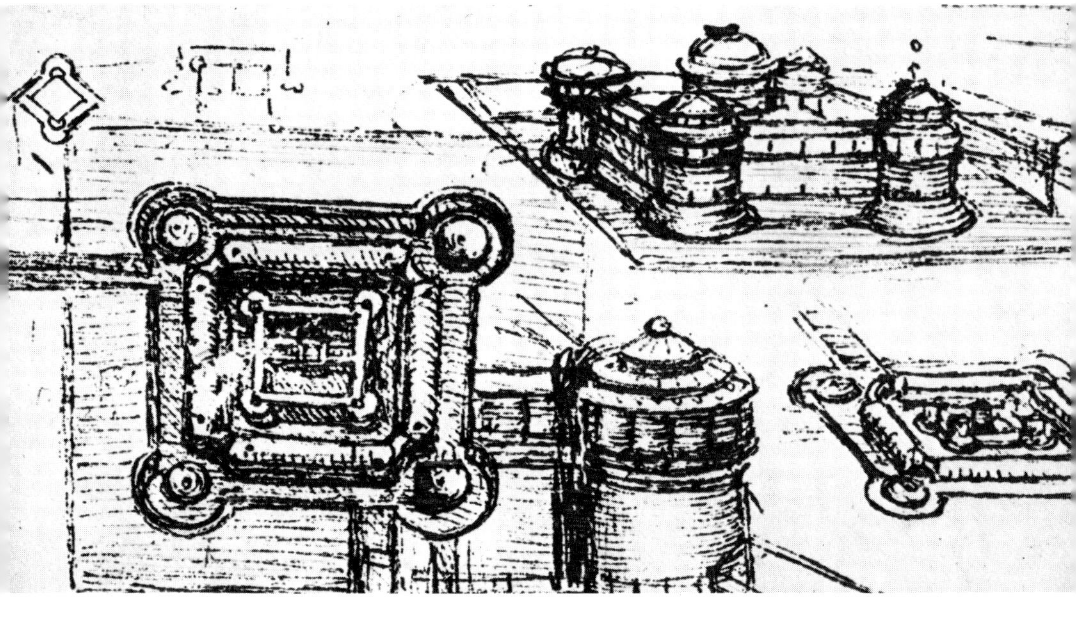

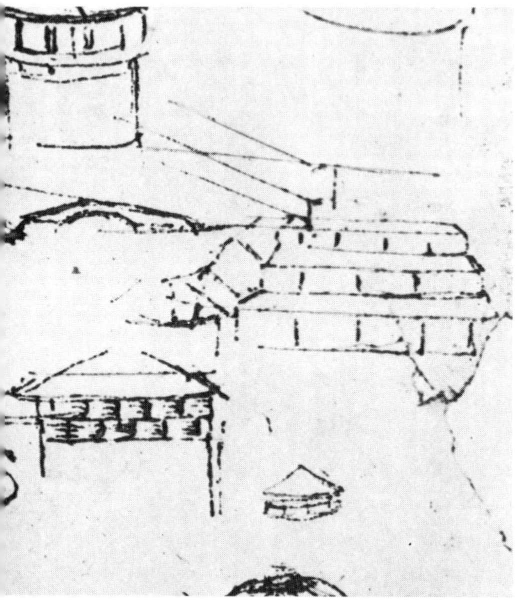

Leonardos Idee einer niedrigen, runden Festung bedeutete einen gewaltigen Sprung nach vorn. Das Modell oben zeigt die mit Türmen und leicht angewinkelten Mauern versehene typische Bauweise zur Zeit des Aufkommens der schweren Feuerwaffen. Die Skizzen links belegen Leonardos kontinuierliche Entwicklung dieses standardisierten Festungstypus. Am aufregendsten ist die Seitenansicht seiner Festung unten, deren bedrohliches, stromlinienförmiges Profil tatsächlich Befestigungsanlagen späterer Jahrhunderte ahnen läßt: konzentrische Festungsringe bieten den Verteidigern des Kastells Feuerstellungen. Die Gräben zwischen den Ringen lassen sich überfluten, wenn der Feind die äußeren Mauern erstürmt hat.

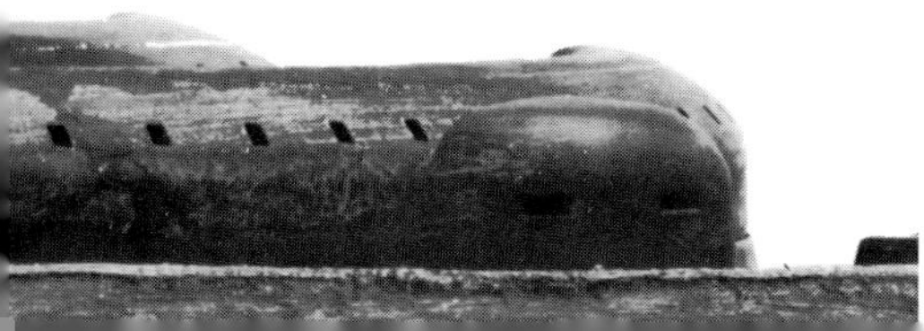

»...wo die Natur aufhört,
neue Formen entstehen zu lassen,
beginnt der Mensch, mit den natürlichen Dingen,
mit Hilfe eben dieser Natur,
eine unendliche Vielfalt der Formen
zu erschaffen.«

DER MALER

ANNA MARIA BRIZIO

Dieser Kopf ist ein Detail des knienden Engels, den Leonardo als Schüler Verrocchios in dessen Taufe Christi *malte.*

Der ungeheure ökonomische und kulturelle Aufschwung von Florenz im Verlauf des ganzen Trecento und Quattrocento hatte in der Stadt ein großes künstlerisches Potential entstehen lassen. Es gab viele Kunstwerkstätten, und der Ruhm der florentinischen Künstler hatte sich so verbreitet, daß diese seit geraumer Zeit schon überallhin bestellt wurden.

Doch mit Beginn der 80er Jahre nimmt die Häufigkeit der Abwanderungen in beeindruckender Weise zu: eine wahre Zerstreuung über ganz Italien. Ich glaube, daß von diesem Zeitpunkt an der, man muß schon sagen, Export künstlerischen Schaffens durch eine gezielte Politik von Lorenzo de' Medici gefördert worden ist. Die Entsendung florentinischer Künstler an die verschiedenen italienischen Höfe wurde zum Zweckmittel gegenseitiger Beziehungen und zu einer Sache des Prestiges.

1482 werden Botticelli, Ghirlandaio, Perugino, Piero di Cosimo und Cosimo Rosselli von Sixtus IV. zur Ausschmückung der Sixtinischen Kapelle nach Rom berufen. Nach getaner Arbeit kehren diese Maler nach Florenz zurück. Aber inzwischen hatte auch Verrocchio sowohl von Rom als auch von Venedig Aufträge erhalten; nach Venedig begab er sich selbst, um an Ort und Stelle das Reiterdenkmal des Bartolommeo Colleoni anzufertigen; die Leitung seiner Werkstatt in Florenz übertrug er Lorenzo di Credi; und er starb in Venedig im Jahre 1488. Die Werkstätten des Andrea del Verrocchio und des Antonio del Pollaiuolo waren seinerzeit die größten in Florenz. Nach Verrocchio verläßt auch Antonio del Pollaiuolo, von Innozenz VIII. nach Rom berufen, 1489 Florenz zusammen mit seinem Bruder Piero; er bleibt dort bis zu seinem Tod. In diesen Jahren befindet sich Filippino Lippi ebenfalls in Rom, etwa zwischen 1489 und 1493, damit beschäftigt, die Fresken in der Cappella Caraffa in S. Maria sopra Minerva zu malen. Und man könnte die Aufzählung noch fortführen.

Gerade zu diesem Zeitpunkt und in diesem Klima erfolgt Leonardos Übersiedlung von Florenz nach Mailand im Jahre 1482. Die uns von dem Anonimo Gaddiano überlieferte und von Vasari übernommene Notiz, er sei von Lorenzo il Magnifico zu Lodovico il Moro nach Mailand gesandt worden und habe eine silberne *lira* in der Form eines Pferdekopfes mit sich geführt, auf der er wunderbar zu spielen verstand, hat somit nicht den Anstrich einer novellistischen Episode, wofür sie im allgemeinen gehalten wird, sondern ist ein bedeutsamer Hinweis auf die Rolle, die Lorenzo der Prächtige bei der Ausbreitung florentinischer Künstler und Kunstwerke über ganz Italien gespielt hat.

Die Folgen für die künstlerische Zukunft von Florenz aber waren schwerwiegend und nicht mehr gutzumachen. Die Stadt wurde nie wieder die künstlerische Kapitale, die sie zwei Jahrhunderte lang gewesen war. Doch der Einfluß auf die Entwicklung der italienischen Kunst war außergewöhnlich. Damit begann der Prozeß zur Überwindung der bis dahin grundlegend voneinander unterschiedenen regionalen Kunstschulen, ein Prozeß, der in knapp einem halben Jahrhundert eine Kunst hervorbringen sollte, die man ohne Vorbehalte als italienische bezeichnen kann. Wo die Politiker mit der Bildung einer italienischen Nation scheiterten, hatten die Künstler Erfolg; und einen so vollen Erfolg, daß sie mehr als zwei Jahrhunderte lang der Kunst in ganz Europa den Stempel der italienischen Renaissance aufdrückten.

Ich bin davon überzeugt, daß der erste Akt dieses grandiosen Prozesses in Mailand vollzogen wurde, und zwar während der fast zwanzig Jahre, da sich, in ständigem Kontakt miteinander, Bramante und Leonardo am Hofe des Lodovico il Moro aufhielten.

Sie stammten beide aus Mittelitalien, aus zwei überragenden Kulturzentren, glichen einander in Herkunft und Ziel. Bramante, um einige Jahre älter und schon einige Jahre früher in die Lombardei gekommen, war aus

Urbino; Leonardo kam aus der damals größten florentinischen Kunstwerkstatt. In Mailand befanden sich die beiden, Leonardo und Bramante, in einer von ihrer Heimat sehr verschiedenen Umgebung: Sprache, Lebensart, soziale und politische Ordnung, Gepflogenheiten, Mentalität und Tendenzen waren anders. Und, den Resultaten nach zu urteilen, gab ihnen dies gewiß den Anstoß zu einem grundlegenden Wandel: neue Probleme, neue Lösungen und eine neue Richtung ihres künstlerischen Schaffens. Für Leonardo nicht nur des künstlerischen. Man kann nicht von Leonardo als Maler sprechen und dabei die wesentliche Beziehung zwischen Kunst und Wissenschaft in seinem Werk ignorieren oder auch nur ausklammern.
Die italienische Kunst der Renaissance hat ein Ansehen erlangt, das mit demjenigen keiner anderen Kunstepoche vergleichbar ist, weil die italienischen Künstler in dieser Periode dank glücklicher Umstände nicht nur als Künstler überragend waren, sondern an der Spitze des Fortschritts der zeitgenössischen Kultur standen.

In einem Essay, das bei den Kunsthistorikern nicht die verdiente Beachtung gefunden hat, stellt W. M. Ivins 1938 die vorbehaltlose Behauptung auf: »The most important thing that happened during the Renaissance was the emergence of the ideas that led to the rationalization of sight.«[1] Nicht etwa der Fall Konstantinopels oder die Entdeckung Amerikas oder auch die Reformation oder die Gegenreformation, so sagt Ivins, war das bedeutendste Ereignis der Renaissance, sondern «the rationalization of sight». Doch die Rationalisierung des Sehens war zuallererst das Werk der florentinischen Künstler, mit der Erfindung der Perspektive [S.36–37].
Eine lange akademische Tradition hat uns daran gewöhnt, die Perspektive als eine Regel aufzufassen für eine korrekte formale Darstellung der Proportionen von Figuren und räumlichen Maßen. Aber dies ist nur ein Fossil dessen, was die Perspektive ursprünglich gewesen ist. Für die florentinischen Künstler des Rinascimento, zuerst für Brunelleschi, war es der Aufbruch einer genialen Idee, die mit einem Schlag die ganze endlose Kasuistik der mittelalterlichen Optik hinwegfegte, nur die fundamentale Gegebenheit des Sehwinkels beibehielt und auf diesen Winkel der Sehstrahlen, deren Scheitelpunkt im Auge liegt, das euklidische Prinzip der ähnlichen Dreiecke in Anwendung brachte. Durchschneidet man den Sehwinkel an irgendeinem Punkt mit einer Senkrechten, so kann man mit konstantem Maß jedes in diesen Punkt fallende Bild bei gegebener Entfernung vom Scheitelpunkt messen.

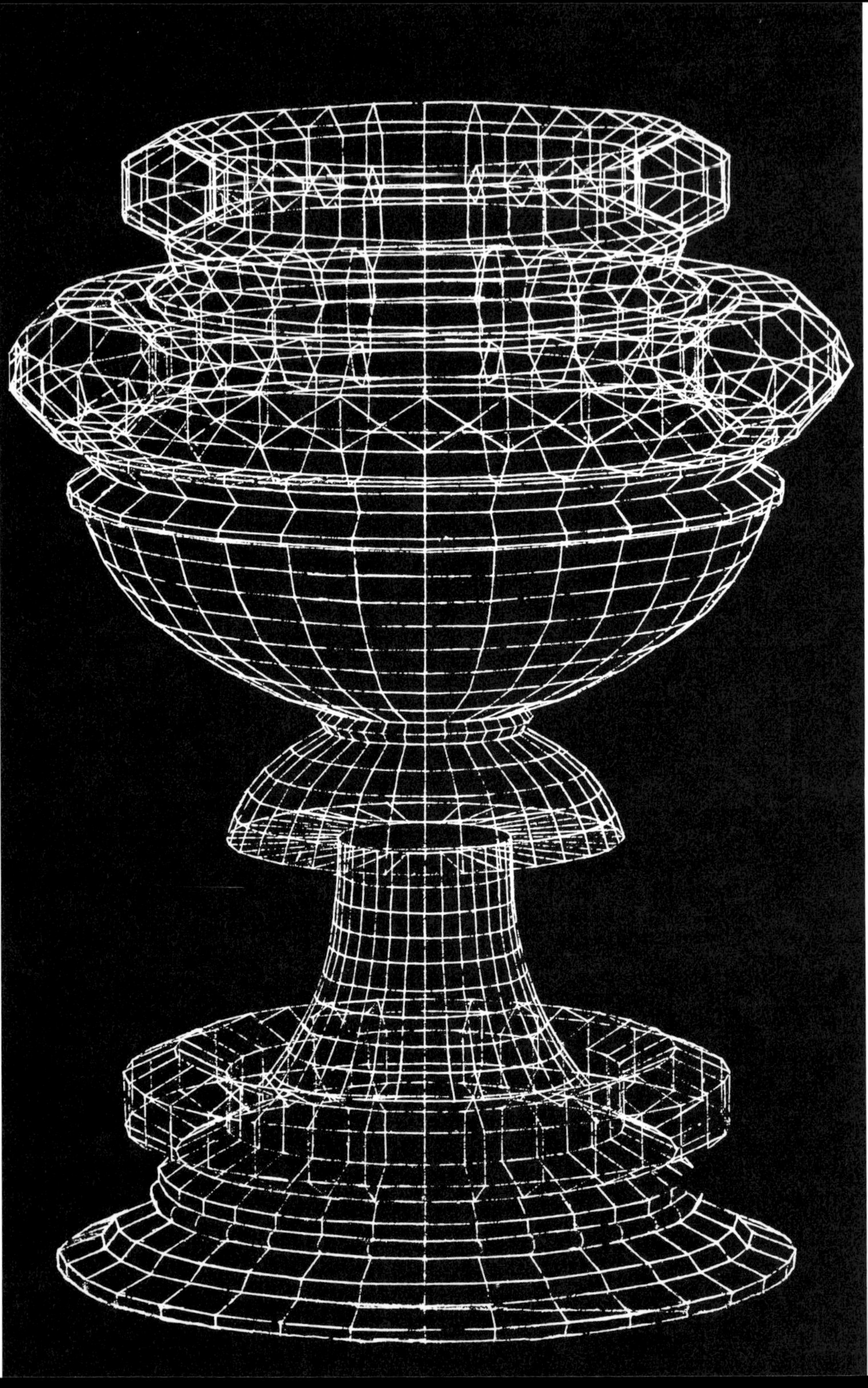

Die Genauigkeit der Proportionen in dieser Zeichnung eines Kelchs zeigt die beiden komplementären Grundthemen, die die florentinische Kunst in der ersten Hälfte des Quattrocento bestimmten: einerseits die Linearperspektive, mit der eine neue, rationale Definition von Raum anhand des konkreten Verhältnisses von Größen gegeben wird, und andererseits der Aufbau fester Körper, deren Volumen in regelmäßige geometrische Körper zerfällt; dies wiederum entspricht der geometrischen und proportionalen Aufteilung des leeren Raums. Diese Zeichnung wird Paolo Uccello zugeschrieben (seit kurzem auch Piero della Francesca) und befindet sich in den Uffizien in Florenz.

In Peruginos Fresko Schlüsselübergabe an Petrus *in der Sixtinischen Kapelle im Vatikan wird die Perspektive nicht nur als Methode, sondern als Mittel zur natürlicheren und erzählerisch wirkungsvolleren Darstellung der Szene eingesetzt. Die Figuren sind ganz in den Vordergrund gerückt; die Gebäude im Hintergrund weichen weit zurück und sind symmetrisch angeordnet.*

Dieses System wurde von den florentinischen Künstlern Brunelleschi und Alberti zur Perfektion gebracht und zunächst in der Malerei zur künstlerischen Darstellung verwendet, um eine mit feststehenden Proportions- und Maßbegriffen errechenbare Komposition zu ermöglichen, die solcherart dem traditionellen Empirismus entzogen war: das heißt also die Rationalisierung des Sehens. Mit der Perspektive schufen die Künstler jedoch ein Instrument, das auch auf wissenschaftlichem Gebiet die größte Bedeutung erlangen sollte, gerade weil es eine präzise und konstante Messung der Dimensionen und Entfernungen zuließ. Die Perspektive des Rinascimento ist – wie Ivins sagt – das erste Glied einer Kette, die bis Kepler und Desargues führen würde, ja, bis zur beschreibenden Geometrie eines Monge und eines Poncelet. Hier treffen sich Kunst und Wissenschaft in der Renaissance. Und auf ihrem Weg schreitet die Kunst voran.

Das andere große Konzept, das neben der Perspektive die Kunst des Rinascimento beherrscht, ist die Nachahmung der Natur, die nicht im herabsetzenden Sinn des neunzehnten Jahrhunderts, als Reproduktion der äußeren, epidermischen Erscheinungen der Natur, zu verstehen ist. Die Natur nachahmen ist für die florentinischen Künstler des Quattrocento

Diese Zeichnung eines Johannisbrotbaums, auch um 1505 datierbar, ist ein weiteres Beispiel für Leonardos organische Naturbetrachtung. Die Dichte des Laubes bestimmt die Wirkung von Licht und Schatten. Leonardo hatte von Anfang an ein sehr ausgeprägtes Gefühl für Landschaften. Der Ausschnitt

eine «subtile Spekulation»: die Naturgesetze ergründen und eben diesen Gesetzen gemäß den Schöpfungsprozeß der Natur selbst nachvollziehen [unten]. «Der Maler disputiert und wetteifert mit der Natur», schreibt Leonardo. Es versteht sich von selbst, daß eine solche Einstellung die Tendenz weckte, mit neuem Interesse allen natürlichen Phänomenen nachzuspüren, und damit zu einem der stärksten revolutionären und erneuernden Faktoren der gesamten zeitgenössischen Kultur wurde. Leonardo war es, der sich in den Mittelpunkt dieses Prozesses setzte und ihn so vorantrieb, daß damit die Trennung der beiden Begriffe Kunst und Wissenschaft erzwungen wurde.

In unserer von wissenschaftlichen und technologischen Interessen so sehr beherrschten Zeit zieht die ganze geniale und seiner eigenen Zeit so ungewöhnlich vorauseilende wissenschaftliche und technische Aktivität Leonardos immer mehr die Aufmerksamkeit der Forscher auf sich und wird immer höher bewertet – mit einer Tendenz, die sogar seine künstlerische Bewertung zu überbieten trachtet. Die Auffindung der Codices von Madrid, besonders des großartigen Codex Madrid I mit der Sequenz von Maschinen in hervorragender Anschaulichkeit, ist ein neues Argument,

(oben) aus der in den Uffizien befindlichen Verkündigung, *die in den frühen Jahren entstand, zeigt die Öffnung auf eine entfernte Landschaft hinaus; die dunkle Mauer der Bäume rückt sie noch weiter in die Ferne, in die Helligkeit des äußersten Horizonts.*

die Bewertung im genannten Sinn noch weiterzutreiben. Dies scheint mir ein Grund, in diesem Buch, das die Veröffentlichung der Madrider Codices begleiten soll, ganz klar den Ausgangspunkt zu nennen: am Anfang war für Leonardo die Malerei.
Wollen wir jede akademische Interpretation der Malerei beiseite lassen und führen wir sie auf ihre Essenz zurück: die Kraft des Bildes, die Fähigkeit, durch Bilder etwas auszudrücken und das geeignetste und bezeichnendste Bild dessen hervorzubringen, was der Verstand »hineindiktiert und an Bedeutung vorgibt«. Kein Zweifel, daß Leonardo sich nicht nur vornehmlich durch Bilder und Gestalten ausdrückt, wobei ihm die Zeichnung wirkungsvollstes, fundamentales Mittel der Analyse und Darstellung ist,

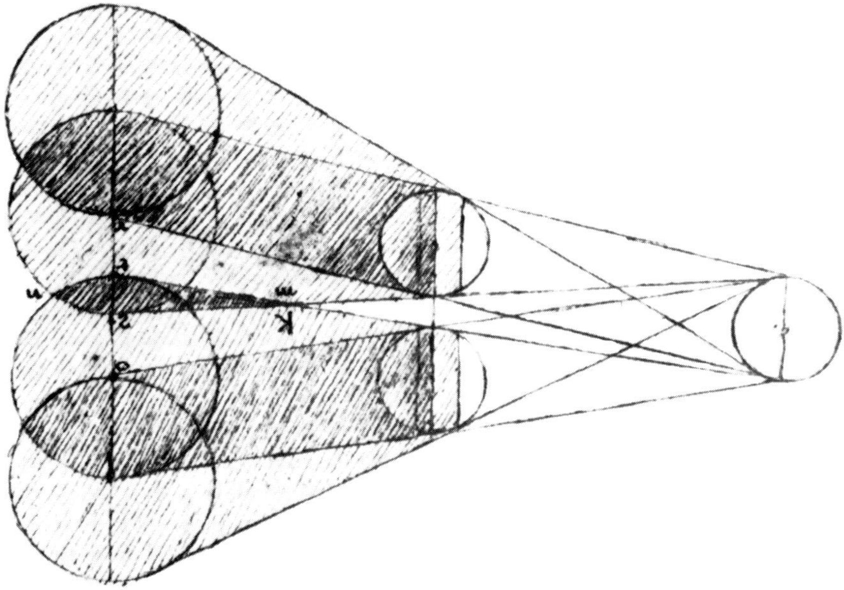

Die Untersuchung der Lichtstrahlen, ihrer Bahnen und Winkel wie der zahllosen Figuren, die sie bilden, war für Leonardo ein Bindeglied bei seinen Studien der Optik, der Perspektive, der Photometrie und allgemein aller Erscheinungen des Stoßes und Aufpralls. Die Zeichnung oben, aus Manuskript C, Folio 14 recto, ist die Untersuchung eines Problems der Photometrie: Die Kugel rechts stellt die Lichtquelle dar; die nach links immer größer werdenden Kugeln sind undurchsichtige Körper – Leonardo nennt sie «ombroso» –, die die Lichtstrahlen aufhalten. Die Zahl der unterbrochenen Lichtstrahlen ist graphisch dargestellt, wie auch die unterschiedliche Stärke der Schatten hinter den lichtundurchlässigen Körpern.

sondern daß seine Forschung auch überwiegend visuell begründet ist, von einer visuell erfaßten Gegebenheit ausgeht. »Verachtest du die Malerei« – das sind seine Worte – »die nur Nachahmerin aller offenbaren Werke der Natur ist, so wirst du gewiß auch eine genaue Erforschung verachten, die mit philosophischer und subtiler Spekulation alle Beschaffenheiten der Formen in Betracht zieht... *Und diese Handlung ist wahrlich Wissenschaft und legitime Tochter der Natur.*« Leonardo begreift die Malerei nicht als Wiederholung der Naturformen, sondern versteht sich selbst, den Menschen, als eine Kraft der Natur, die ihr Werk und ihre Schöpfung fortsetzt. »Wo die Natur aufhört, neue Formen entstehen zu lassen, beginnt der Mensch mit den natürlichen Dingen, mit Hilfe eben dieser Natur, eine unendliche Vielfalt der Formen zu erschaffen.« Für Leonardo ist die Malerei, und als deren raschere Art die Zeichnung, unmittelbarstes und wirksamstes Mittel der »mentalen Rede« auf jedem Gebiet. Dieser Aspekt tritt bei ihm immer mehr in den Vordergrund und wird einige Jahre nach seiner Übersiedlung nach Mailand deutlich erkennbar.

Bei seinem Eintreffen in Mailand muß Leonardo tief beeindruckt gewesen sein von dem so ganz anderen Milieu der Lombardei, in der noch das mittelalterliche Zunftwesen herrschte, wo Maler, Bildhauer und Architekten noch als Handwerker galten. Und als Gegenwirkung muß ihm voll bewußt geworden sein, welch neue und außergewöhnliche Mittel ihm seine florentinische Ausbildung in die Hand gegeben hatte; und welche Anwendungsmöglichkeiten sie ihm auf jedem Gebiet eröffnete. Von nun an gingen seine Interessen und Erkenntnisse in alle Richtungen. Doch die bewundernswerten technischen und wissenschaftlichen Gewinne, die sich daraus ergaben, lenkten ihn nicht von der Malkunst ab. Wissenschaftliche Einstellung und künstlerisches Sehen geraten bei Leonardo nie in eine antithetische Stellung, im Gegenteil, sie gehen immerfort aus einander hervor.

Die Periode, auf die die Madrider Codices zurückgehen – von 1491 bis 1505, wenn wir uns genau an die darin enthaltenen Begrenzungsdaten halten –, deckt sich mit der zentralen und in jeder Hinsicht fruchtbarsten, reichsten Periode von Leonardos Tätigkeit. In jener Zeit entstehen Studien über Kraft, Bewegung und Gewicht, über Elemente der Maschinen, die Bewegung von Wasser und Luft, die Hydraulik, den Vogelflug und die Anatomie; Ergebnis sind absolut geniale und der Zeit vorauseilende Erkenntnisse und Entdeckungen. Doch es ist auch die Periode, in der Leonardos Hauptwerke der Malerei entstehen: das *Abendmahl,* der *Karton der Heiligen Anna,* die *Mona Lisa,* die *Schlacht bei Anghiari;* sie

Im Gegensatz zu den beiden vorangegangenen Bildern wird in dieser Zeichnung Leonardos außergewöhnliche Art der Naturbetrachtung besonders deutlich. Er hat sich hier bereits von der Florentiner Schule freigemacht und kommt um 1505 zu dieser sehr viel lebendigeren Darstellungsweise. Sich von dem abstrakten geometrischen Raum der florentinischen Perspektive immer mehr entfernend, bezieht Leonardo alle atmosphärischen und optischen Wirkungen des realen Raumes mit ein. Diese Brombeerranke erhält gerade durch die umgebende Atmosphäre, durch die unregelmäßigen und beweglichen Licht- und Schatteneffekte ihre Lebendigkeit.

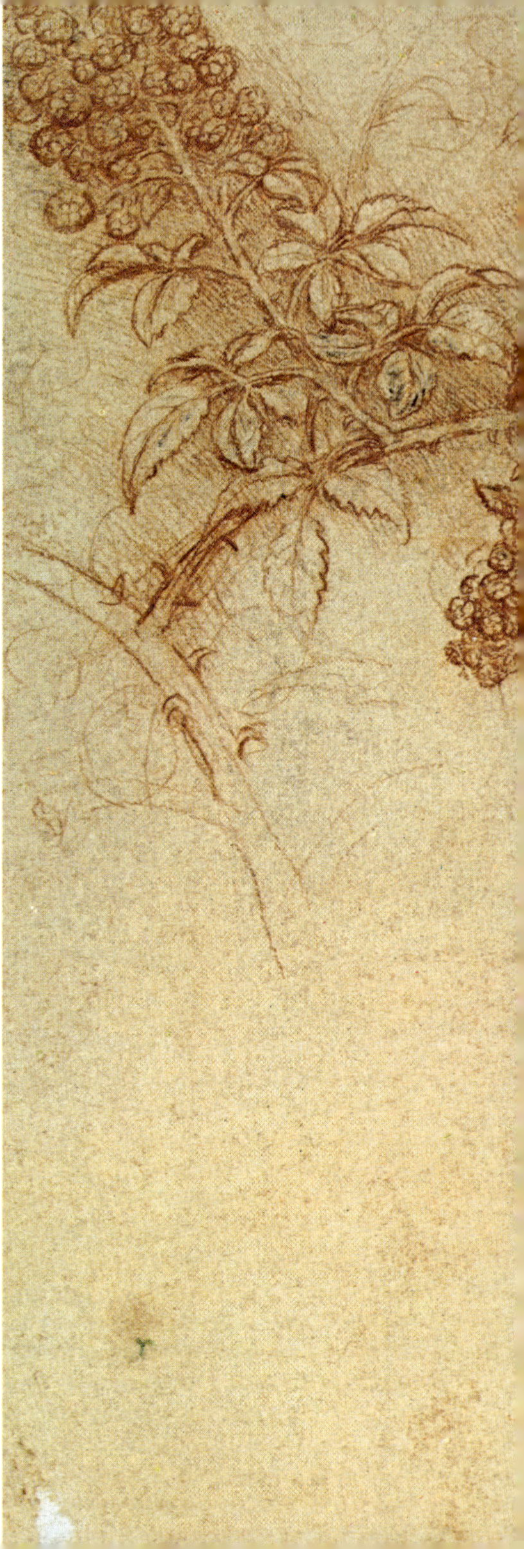

In den Entstehungsjahren der Schlacht bei Anghiari *malte Leonardo die* Mona Lisa, *eines der berühmtesten Gemälde der Welt. »Auch unternahm Lionardo für Francesco del Giocondo das Bildnis der Mona Lisa, seiner Frau, zu malen… es ist heutigen Tags… im Besitz des Königs Franz von Frankreich«, schreibt Vasari. Das berühmte »Lächeln der Mona Lisa« mit seiner geheimnisvollen und zweideutigen psychologischen Hintergründigkeit deutet eine neue Richtung an, die von dem Bewußtsein des florentinischen Humanismus ausging. Auch in der Landschaft im Hintergrund ist dieses neue Bewußtsein bei Leonardo zu spüren.* LOUVRE, PARIS

alle, um Vasaris bekannten Ausspruch über die Fresken des Masaccio in der Chiesa del Carmine wiederaufzugreifen, »veränderten das Antlitz der Malerei«.
Den ersten wichtigen Auftrag in Mailand erhielt Leonardo am 25. April 1483 von den Confratelli della Concezione, nämlich gemeinsam mit den Brüdern De Predis das Altarbild für ihre Kapelle in San Francesco il

Der große Holzaltar (Auftrag der Confratelli della Concezione vom 18. April 1480 an Giacomo del Maino für ihre Kapelle in San Francesco il Grande), für den Leonardo und die Brüder de Predis Gemälde anfertigen sollten, ist nicht mehr erhalten. Der hier gezeigte Altar, der in der Kirche S. Maria in Morbegno im Veltlin noch vorhanden ist, kann eine Vorstellung von ihm vermitteln. Es ist ebenfalls eine große Holzkonstruktion; die hier vorherrschenden Skulpturen wechseln mit Gemälden ab. Der obere Teil hat die Form einer kleinen Halbkuppel, auf der eine Marienstatue steht. Auf dem Gesims unterhalb der Kuppel die Apostel, nach oben gewandt, und darüber eine Girlande von Engeln. Die Bildtafeln wurden von Gaudenzio Ferrari und Fermo Stella mit einer thronenden Madonna mit Kind und anderen Figuren bemalt; in ähnlicher Weise schufen Leonardo und die Brüder De Predis Gemälde für den Hochaltar von San Francesco. In beiden Fällen waren die Maler auch verpflichtet, sämtliches Schnitzwerk zu kolorieren und zu vergolden.

Grande zu malen. Die jetzt im Louvre befindliche *Madonna in der Felsengrotte* – alles, was von Leonardos Arbeit an diesem Altarbild noch erhalten ist – bietet einen Anhaltspunkt für die Abstandsbestimmung zwischen dem *Abendmahl* und allem, was Leonardo vorher gemalt hat.
Die *Madonna in der Felsengrotte (Virgine delle Rocce)* ist noch so stark von florentinischem Stil geprägt, daß bedeutende Leonardo-Forscher ver-

muten konnten, sie sei noch in Florenz entstanden und Leonardo habe sie bei seiner Übersiedlung nach Mailand mitgenommen und dann für das Altarbild der Concezione mitverwendet. Diese Vermutung ist schwer haltbar, wenn man weiß, wie langsam Leonardo seine Arbeiten ausführte oder auch gar nicht ausführte, selbst wenn er unter Vertragszwang stand. Man stelle sich ihn vor, wenn gar kein Vertrag vorhanden war! Doch

Dies ist die erste Fassung der Madonna in der Felsengrotte, *für den Hochaltar in San Francesco il Grande in Mailand vollständig von Leonardo selbst gemalt. Es ist nicht sicher, ob diese Fassung je in den Holzaltar eingesetzt worden ist. Die zweite Fassung (National Gallery, London) stammt unmittelbar von dem Altar in San Francesco; sie wurde gemeinsam mit Helfern ausgeführt. Bemerkenswert ist hier die für diese Zeit völlig neuartige Komposition: In die Masse der Holzschnitzereien von Giacomo del Maino fügte Leonardo ein Gemälde voller Tiefe und Schatten ein. Das muß dem Bild tatsächlich die Wirkung einer geheimnisvollen, unergründlichen Grotte verliehen haben, die nur im Halbdunkel angedeutet ist.*

gerade bei der *Vergine delle Rocce* ist trotz der so sehr florentinischen Stilmerkmale schon eine Reihe neuer Überlegungen vorhanden; und der Inhalt ist an das Thema der Empfängnis gebunden, das in Mailand Gegenstand besonderer Verehrung war. Im übrigen wird allzu oft vergeßen – da wir einfach daran gewöhnt sind, die *Felsgrottenmadonna* an einer Museumswand hängen zu sehen und sie für sich allein zu betrachten – daß

diese Tafel nur ein kleiner Teil des Ganzen war: der Altar der Concezione war ein monumentaler holzgeschnitzter Altar, wie damals in der Lombardei üblich; und der Vertrag verpflichtete Leonardo und die Brüder De Predis vor allem, die Holzschnitzerei zu bemalen und zu vergolden und danach auf den von der Skulptur ausgesparten Flächen eine der heiligen Jungfrau gewidmete größere Szene zu malen und an den Seiten vier singende und musizierende Engel.
In unser durch die Jahrhunderte bestimmtes Bild von Leonardo paßt es schlecht, ihn Rahmen, Säulen und Reliefs vergolden und kolorieren zu sehen wie ein einfacher Handwerker; noch schwerer können wir uns die *Vergine delle Rocce* vorstellen inmitten jenes großen Aufwandes zahlloser Reliefs und glitzernden Goldes. Wie eine Kampfansage Leonardos nimmt

es sich aus – zeigt zumindest seinen unverrückbaren Entschluß, von den eigenen künstlerischen Auffassungen nichts aufzugeben –, daß er für ein derartiges Altarbild eine Tafel gemalt hat, die so voller Schatten ist und so subtil und mysteriös wie die *Vergine delle Rocce*. Sie muß in der Tat wie eine dunkle Höhle gewirkt haben, eingesenkt in diese Massierung goldglitzernder Rahmen, Säulen und Reliefs.
Die Komposition des Bildes ist perspektivisch in die Tiefe geführt; die Figuren sind vom Vordergrund weg leicht nach hinten gerückt; die zur

Pyramide gebreiteten Arme der heiligen Jungfrau und der auf den heiligen Johannes gerichtete Finger des Engels scheinen den Raum in viele Richtungen zu erforschen und zu teilen; und alles ist umgeben von Schatten und Licht – einem sehr sparsamen Licht, dazu verwendet, aus dem Schatten mit weichen Übergängen die Formen heraustreten zu lassen.
Kaum mehr als ein Jahrzehnt später ist beim *Abendmahl* [S.54/55] die Beziehung zwischen Figuren und Raum grundlegend verändert; die plötzliche Dimensionsveränderung der Figuren ist beeindruckend. Tisch und Apostel sind in den Vordergrund gerückt, an die Vordergrenze des Raumes, in dem sich die Szene abspielt und der sich hinter ihnen gleich wieder zusammenzieht; die Figuren sind groß und scheinen sich vor dem realen Raum des Refektoriums zu zeigen. Leonardo hat an der klaren Perspektive

Details aus der ersten Fassung der Madonna in der Felsengrotte. *Links die heilige Jungfrau und der Engel, rechts: Ausschnitt aus dem Hintergrund, der die geheimnisvolle Tiefe der Grotte hervorhebt.*

der Brunelleschi-Alberti-Tradition mit einer minimalen, aber wesentlichen Verlagerung eine entscheidende Veränderung bewirkt. Statt das Auge als abstrakten Punkt zu begreifen, lediglich als Scheitelpunkt der Sehpyramide, hat er jenes Auge zusammenfallen lassen mit dem realen Auge des Betrachters und so die Illusion geschaffen, daß gemalter Raum und realer Raum ineinander übergehen und sich ineinander fortsetzen; der Betrachter befindet sich somit illusorisch einbezogen in die malerische Fiktion, und eine neue, weitaus dynamischere und dramatischere Beziehung stellt

Rechte Seite: Ein Ausschnitt aus der ersten Fassung der Madonna in der Felsengrotte, *zeigt links das Jesuskind, in der Mitte Maria, rechts einen Engel und im Vordergrund Johannes den Täufer als Kind. Das Bild hängt heute im Louvre.*

Diese zwei Zeichnungen Leonardos sind vermutlich Studien zur Madonna in der Felsengrotte. *Die Felsenzeichnung mit den Wasservögeln befindet sich heute in der Windsor Royal Library und der Kopf des Engels in der Biblioteca Reale in Turin.*

sich her zwischen ihm und den gemalten Personen, mit einem weit größeren Effekt an Realität und Anteilnahme. Am anderen Ende des langen Refektoriums macht die *Kreuzigung* des Montorfano, das in denselben Jahren (es trägt die Jahreszahl 1495) auf der dem Abendmahl gegenüberliegenden Wand gemalte Fresko, den Eindruck bemalten Papiers, einer auf die Wand geklebten Tapete.

Die Studien der Physik und Mechanik, die Leonardo seit seinem Eintreffen in der Lombardei in immer breiterer Fächerung betrieben hat, bemächtigen sich auch seiner malerischen Vorstellungswelt und rütteln am statisch-figurativen Aufbau des florentinischen Quattrocento. Dies ist ein ganz bedeutender Wendepunkt in der Malerei. Herbeigeführt wurde er von Leonardo. Und das *Abendmahl* ist das große Werk, mit dem diese Wende vollzogen wird.

Leonardo hat das Abendmahl *im Refektorium von Santa Maria delle Grazie so plaziert, daß es wie eine Verlängerung des realen Raumes wirkt. Das Licht im Gemälde stimmt mit dem tatsächlichen Lichteinfall von den Fenstern links überein. Hier hat Leonardo mit einer Kombination von Gemaltem und Tatsächlichem eine einzigartige Wirkung erzielt. Die Bogenfelder über dem Fresko entsprechen zwar Leonardos Stil, sie sind jedoch so schlecht erhalten, daß nicht festzustellen ist, ob er sie selbst bemalt hat.*

Er sprach: Gehet hin in die Stadt zu einem und sprecht zu ihm: Der Meister läßt dir sagen: Meine Zeit ist nahe; ich will bei dir Ostern halten mit meinen Jüngern.
Und die Jünger taten, wie ihnen Jesus befohlen hatte, und bereiteten das Osterlamm.
Und am Abend setzte er sich zu Tische mit den Zwölfen.
Und da sie aßen, sprach er: Wahrlich, ich sage euch: Einer unter euch wird mich verraten.
Und sie wurden sehr betrübt und hoben an, ein jeglicher unter ihnen, und sagten zu ihm: Herr, bin ich's? MATTHÄUS 26, 17–22

Das Abendmahl *und der von Bramante entworfene Chorbau der Kirche sind die beiden Werke, die von Mailand aus die neue Richtung der italienischen Kunst im 16. Jahrhundert bestimmten. Das Verhältnis zwischen Raum und Figuren hat sich grundlegend geändert. Die dargestellten Personen rücken stark in den Vordergrund. Ihre Gesten und Haltungen bringen ihre individuellen emotionalen Reaktionen zum Ausdruck auf Christi Worte: «Einer unter euch wird mich verraten».*

Bartholomäus

Die Hände von Jakobus dem Jüngeren und Andreas; Petrus hält ein Messer in der Hand.

Petrus

Judas

Judas und Johannes

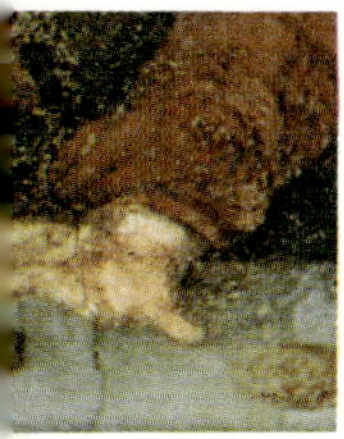

Jesus

Thomas und Jakobus der Ältere

Philippus und Matthäus

Matthäus

Simon und Thaddäus

Ausschnitte aus dem Abendmahl *mit den Händen von Jesus und den Jüngern. Die Gesten sind von besonderer Ausdruckskraft und spiegeln die innere Verwirrung und gefühlsmäßige Reaktion jedes Einzelnen wider.*

Die Nahaufnahmen auf dieser Seite, alle von der Fläche um die Hand des Judas mit dem Beutel, wurden während der Restaurierung des Abendmahls *nach dem Zweiten Weltkrieg gemacht. Am Anfang des Krieges detonierte eine Bombe nur wenige Meter entfernt, und allein die sorgfältig aufgeschichteten Sandsäcke verhinderten die völlige Zerstörung des Freskos. Stückchen für Stückchen wurde die abblätternde Farbe wieder an der Wand befestigt. Dann entfernte man die dicken Farbschichten von früheren Übermalungen. Der Ausschnitt links zeigt ein kleines Quadrat, das man stehen ließ, um die Beschaffenheit der Oberfläche vor der Restaurierung zu zeigen. Oben erkennt man an einem blauen Feld die Intensität von Leonardos Farben.*

Auf der rechten Seite ein Ausschnitt aus dem Abendmahl *mit der zentralen Figur des Christus vor dem hellen, sich auf eine entfernte Landschaft öffnenden Fenster. Er ist sofort als die Hauptfigur zu erkennen. Sein gerade nach vorn gerichteter Oberkörper, ein deutlicher Kontrast zu den verwirrten Bewegungen der Jünger, die weite Geste seiner Arme, der nach innen gekehrte Blick schaffen eine unendliche Distanz zwischen Christus in seiner erhabenen Gelassenheit und den leidenschaftlich erregten und dadurch so viel menschlicher erscheinenden Gruppen der Jünger.*

Jedes Element der malerischen Komposition ist miteinbezogen in diese tiefgreifende Umwandlung: Haltung und Gesten stellen nicht mehr nur physische Bewegungen dar, sondern bringen die emotionalen Reaktionen – jede einzelne individuell charakterisiert – der Apostel auf Christi Worte «Einer unter euch wird mich verraten» zum Ausdruck.
Es ist der dramatischste Augenblick des Abendmahls, der auch in den bisherigen Versionen des florentinischen Quattrocento traditionell dargestellt worden war. Aber Leonardo hat Christi traditionelle Geste, wie er dem Judas das Brot reicht, weggelassen, eine Geste der Bloßstellung und Anklage. Sinn und Wirkung seiner Worte erkennt man ausschließlich an den Reaktionen der Apostel, Reaktionen, die sich vom einen Ende des Tisches zum andern fortsetzen: man fährt vom Sitz auf, wendet sich Christus zu, lehnt sich zurück; die Apostel drängen sich in bewegten Gruppen zusammen; das Auseinanderstreben und Sichverbinden der Figuren schafft unregelmäßige Zwischenräume; die herkömmliche symmetrische Anordnung der Apostel, zu beiden Seiten Christi statisch in

Bartholomäus, Jakobus der Jüngere und Andreas.

»Einer zieht mit erstaunter Miene die Schultern hoch bis zu den Ohren.« »Einer flüstert seinem Nachbarn ins Ohr und jener wendet sich ihm zu und lauscht...«

einer Reihe am Tisch sitzend, wird restlos aufgebrochen und dramatisch belebt. Das ist eine neue Art der Komposition, viel reicher an Artikulationen und Verbindungen.
Nur einer bleibt außerhalb dieses Aufruhrs emotioneller Erschütterungen, verhaftet in der klärenden Tiefe von Meditation und Akzeptation, und das ist Christus. Er senkt den Blick, breitet die Arme leicht aus, legt die Hände mit nach oben gewandten Handflächen aufs Tischtuch; seine Geste bewirkt Raum und Atempause um ihn herum, isoliert ihn und macht ihn zum Mittelpunkt der Szene. Diese zentrale Stellung wird noch betont durch die Helligkeit des dreiteiligen Fensters, das sich hinter ihm auf eine

Ähnlich wie die Hände, jedoch offener und unmittelbarer, sind die Köpfe der Jünger sämtlich meisterhafte Ergebnisse feinster psychologischer und physiologischer Beobachtung. Die hier wiedergegebenen Ausschnitte mit den einzelnen Dreiergruppen zeigen deutlich die Art der Komposition, die sich von selbst aus den Gesten und den unwillkürlichen Bewegungen, hervorgerufen durch die Worte Christi, zu ergeben scheint.

Judas, Petrus, Johannes

Thomas, Jakobus der Ältere und Philippus

»Einer … wendet sich mit ernstem Blick seinem Kameraden zu.«
»Einer lehnt sich vor, um den zu sehen, der spricht…«

Matthäus, Simon und Thaddäus

weite Landschaft öffnet und sichtbar und symbolisch eben diese seine Stellung mit einem Lichteinfall bezeichnet.

Aber das Licht, das die Szene in ihrer Gesamtheit erhellt, stammt nicht vom dreifachen Fenster im Hintergrund; es kommt schräg von links. Leonardo hat es absichtlich koinzidieren lassen mit der realen Beleuchtung des Saales, die von einer Reihe von Fenstern in der linken Wand gegeben ist. Gemeinsam mit dem perspektivischen Kunstgriff vereinigt diese Koinzidenz des Lichteinfalls Fiktion und Realität.

Kaum war das *Abendmahl* zu besichtigen, traf es die Menschen seiner Zeit

In dieser blassen und verfälschenden Kopie eines unbekannten Künstlers aus dem 16. Jahrhundert sind offensichtlich all die subtilen, verborgenen Verbindungen zwischen den verschiedenen Gruppen der Jünger wie auch das einfache, aber monumentale Verhältnis zwischen Figuren und Raum in Leonardos Abendmahl *nicht erkannt worden. Auch die Fenster fehlen, die im Original den geschlossenen Raum gegen eine lichterfüllte Weite öffnen.*

wie eine machtvolle Offenbarung der Realität; die traditionelle Malweise gehörte plötzlich der Vergangenheit an. Von hier aus beginnt der neue Weg der Malerei. Alle Quellen berichten mit Bewunderung vom *Abendmahl*. Der französische König hätte es am liebsten von der Wand lösen und nach Frankreich bringen lassen; doch angesichts der Schwierigkeit des Unternehmens, schreibt Vasari, »verging Seiner Majestät die Lust dazu, und es blieb den Mailändern«. Während der nächsten zwei oder drei Jahrzehnte wurde in Italien, Frankreich und Flandern eine Vielzahl von Kopien hergestellt. Als Frankreichs Dauphin, der künftige Hein-

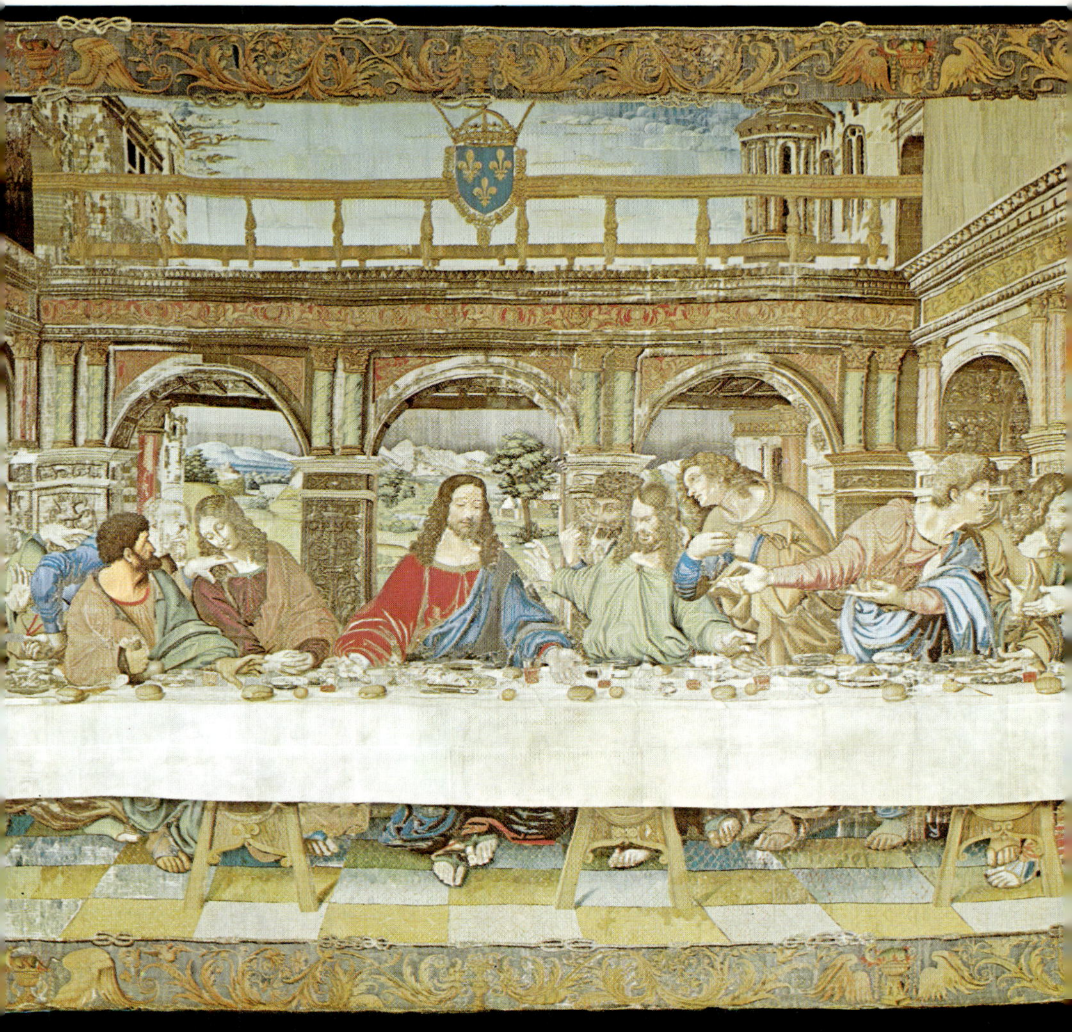

Dieser große Gobelin mit einer Darstellung des Abendmahls ist jetzt in der Pinakothek des Vatikans zu sehen. Er ist ein Geschenk des Königs Franz I. von Frankreich an Papst Clemens VII. Der Gobelin wurde auf Anordnung des Königs in Flandern angefertigt. An die Stelle der kraftvollen Einfachheit in Leonardos Abendmahl tritt eine reichere Ausstattung, die große Bedeutung von Leonardos Komposition, bei der allein die dramatische Aktion der dargestellten Personen in den Vordergrund tritt, wurde indessen übersehen.

rich II., im Jahre 1533 Caterina de' Medici heiratete, schickte Papst Clemens VII., selbst ein Medici, als Hochzeitsgeschenk ein hervorragend und kostbar gearbeitetes Einhorn, ein wahres Juwel der Goldschmiedekunst; König Franz I. sandte als Gegengabe einen großen Gobelin, der Leonardos *Abendmahl* wiedergibt; er wird seit kurzem in der Pinakothek des Vatikans ausgestellt. Monogramm und Insignien der französischen Krone sind in den umrahmenden üppigen Saum eingewebt.

Die Änderungen, die Leonardos Komposition auf diesem Gobelin erfahren hat, sprechen dafür, wie schwierig es ist, den edlen, hohen Wesensinhalt von Leonardos Konzeption zu erfassen. Der Gobelin hat viel mehr

Obwohl am Castello Sforzesco in Mailand mehrmals umfangreiche Veränderungen vorgenommen worden waren, ist um den Herzogshof und den Hof der Rocchetta der alte Grundriß erhalten geblieben.

Ein Lilienstengel (Lilium candidum). *Die Echtheit dieser Zeichnung wurde von einigen Gelehrten bezweifelt. Ich glaube jedoch, daß man sie trotz einer gewissen Schwere Leonardo zuschreiben und um 1498 datieren kann.*

Schmuckwerk und zeigt im Hintergrund eine aufwendige, »moderne« französische Architektur.

In den Jahren, da Leonardo das *Abendmahl* schuf, arbeitete er für Lodovico il Moro im Castello Sforzesco. Von seinen Malereien in den »Camerini« und in der »Saletta negra«, von denen die Quellen berichten, ist nichts erhalten geblieben. Einziges Überbleibsel ist die berühmte *Deko-*

ration der Sala delle Asse [S.66/67]. Obwohl neubemalt, ja zum großen Teil ganz neu hergestellt bei der Restaurierung durch Luca Beltrami 1901/02 – auf Grund der wenigen noch vorhandenen Originalreste wurden die Motive vervollständigt und wiederholt bis zur Ausfüllung der ganzen Voute –, vermittelt sie doch noch einen großartigen und überzeugenden Eindruck. Der Saal befindet sich im nordöstlichen Eckturm des Kastells und wurde wegen seiner Lage wohl fast nur im Sommer benutzt. Ich meine, daß dies einigen Einfluß auf Leonardos Wahl des dekorativen Baum-Motivs gehabt hat. Sicher muß dazu auch noch der Umstand beigetragen haben, daß dieses ursprünglich echt gotische Motiv, das im

Ein Polster von Milchsternen (Ornithogalum umbellatum), *mit Rötelstift gezeichnet.*

Rötelzeichnung von einem Büschel Eichenblätter mit Eicheln. Bemerkenswert ist, mit welcher Meisterschaft das Gewicht und die Dichte des Büschels wiedergegeben sind. WINDSOR 12422

ganzen nördlichen Raum während des späten Quattrocento noch weitgehend Verwendung fand, auch in der Lombardei noch gang und gäbe war. Die gotische Kunst hatte stets eine Vorliebe gehabt für die vielfältige, verschlungene, phantasievolle Fülle von Bäumen, Blättern, Blumen, Hecken, Spalieren, als Hintergrund sowohl für die Gobelins und die großflächigen Wandmalereien wie auch für die kleine Buchminiatur. Und zu

Leonardos Zeit mußten Fresken wie diejenigen des Bembo und des Michelino da Besozzo und ihresgleichen, die heute noch im Mailänder Palazzo und in der Rocca d'Angera der Borromei erhalten sind, durchaus üblich gewesen sein in Häusern und Kastellen des Herzogtums Mailand. So wurde die Wahl dieses Motivs für die Sala delle Asse fast zu einem Gleichnis, zur Betonung gemeinsamer Herkunft und Tradition, die den Herzog mit seinem Herzogtum verbanden; und zugleich ein Motiv zu seiner Verherrlichung. In der Tat stellen große Tafeln, die an den zwischen den Zweigen verschlungenen Stricken hängen, die Wappen des Lodovico il Moro und Inschriften zu seinem Ruhme deutlich zur Schau.
Aber die gotischen Freskenmaler hatten ihre Hintergründe aus Pflanzenmotiven, ihre Grünspaliere über die Wände gebreitet wie eine Tapete, wie einen Stoffbezug: an der Oberfläche. Leonardo denkt sich einen Kalottenbogen aus Bäumen aus, der in der optischen Illusion die Stelle der echten Voute einnimmt, den Raum des Saales ausdehnt, ihm die Decke weg-

Das in der Sala delle Asse *in so riesigen Dimensionen angewandte Muster eines verschlungenen Seils paßt gut zu der Rötelzeichnung von ineinander verflochtenen Bändern (unten). Dies komplizierte System von Knoten und Schlingen in der Dekoration unterstreicht noch das Werk der Natur und spiegelt Leonardos komplexe Denkweise wider.*

nimmt und den Eindruck hervorruft, als stünde jenseits des Ästegewirrs der freie Himmel.
Gewaltsam gebogene dicke Äste verschlingen sich ineinander und ergeben eine Vielfalt sich überschneidender Spitzbögen, die ähnliche Formen bilden wie die Rippen und das Maßwerk oben an den großen gotischen Fenstern. Leonardo hat sie gewiß mit lebhaftem Interesse betrachtet und studiert, ihre Kompliziertheit und eleganten Verzierungen müssen ihn angezogen haben. In der *Sala delle Asse* kommen zu den schon komplizierten Verschlingungen der Äste noch diejenigen eines Seils – eines einzigen, unendlich langen Seils – das sich verwickelt und auseinanderwickelt in wiederkehrenden Knoten und mäandrischen Windungen, im Blattwerk verschwindet und, eine einzige Verschlingung, wieder hervortritt. Leonardos angeborener Sinn für labyrinthische Komplikation kommt in der Voute der Sala delle Asse zu einer monumentalen Entfaltung. Und doch

beruht alles auf einer architektonischen Struktur. In den Zwischenräumen der Äste erscheint das Blau des Himmels. Ursprünglich muß der Effekt von Geöffnetsein und Licht bedeutend stärker und täuschender gewesen sein. Man kann das nur noch an einem wenn auch brüchigen und verblaßten Überrest erkennen, an der Fläche über dem Ostfenster, wo bei der Restaurierung 1954 tiefer gesäubert wurde. Das Wagnis, die Erneuerungen des Beltrami überall ganz zu beseitigen, ist man nicht eingegangen und hat sich darauf beschränkt, den Übermalungen die Schwere zu nehmen; an der bezeichneten Fläche ist dies so weit erfolgt, daß fast das Original erreicht wurde. Dort geben die Zwischenräume im Blattwerk der Helligkeit des Himmels mehr Raum; Laub und Gezweig sind leichter und bewegt, naturalistisch genauer studiert und wiedergegeben mit ihren morphologischen Merkmalen. Das vegetative Motiv, obgleich dekorativ verwendet, ist in hohem Grad von organischem Leben erfüllt und mit naturalistischen Hinweisen versehen, die durchaus neu sind.
Der Absicht des Auftraggebers zufolge sollte das Werk eine vorwiegend dekorative Aufgabe erfüllen; Leonardo hat darin die Ergebnisse seiner Naturstudien untergebracht, denen er in jenen Jahren ununterbrochen nachging, und damit im Sinne neuer, umfassenderer Einbeziehungen auch die von ihm übernommenen kulturellen Gegebenheiten aus der Vergangenheit radikal verändert.
Die Restaurationsarbeiten von 1954 haben auch ein großes monochromes Fragment an der Ostwand wieder ans Tageslicht gebracht: riesige Wurzeln, die sich durch Gesteinsschichten winden und zur breiten, massigen Basis eines Wurzelstocks voller Auswüchse anschwellen, aus dem dann der Stamm wächst. Dieses Fragment bringt die Vermutung nahe, daß Leonardo ursprünglich beabsichtigt hatte, nicht nur die Voute zu dekorieren, sondern ein einheitliches Ganzes im Sinn gehabt hatte, das sich über den ganzen Saal ausdehnen und organisch vom Boden hätte ausgehen sollen: unten, an allen Wänden ringsum bis zum Ansatz der Voute geborstene und in die Höhe gehobene Felsblöcke mit Bäumen, die ihre Zweige nach oben strecken, sich dort zur Laube biegen und die Abgeschlossenheit des Mauerwerks mit einer Baumkonstruktion unter freiem Himmel vertauschen. Ein weitaus großartigeres naturalistisches Poem, als es die heute noch erhaltenen Fragmente ahnen lassen.

Beltrami hat das große monochrome Fragment überdeckt, weil er es für »eine unter der spanischen Herrschaft entstandene Arbeit« hielt; Constantino Baroni hat es während der Restaurierungsarbeiten 1954 wiederaufgedeckt und als Leonardos Arbeit bezeichnet. Ich bezweifle dies keineswegs;

Oberer Teil des Stammes, fast eine gewaltige Baumkonsole, unmittelbar unterhalb des zweiten Kragsteins von der Nordostecke der Sala delle Asse aus gesehen. An sämtlichen Wänden sind unter jedem Kragstein Baumstämme mit ausladenden Ästen, reicher Verzweigung und Laubwerk, die zu einer riesigen Laube unter freiem Himmel zusammenwachsen, welche die gesamte Decke des Saales ausfüllt. Aus dem Zusammenhang herausgenommen, zeigt dieser Ausschnitt eines Baumes mit den untersten kurzen Ästen und den ersten Blättern, mit welcher Hingabe und Sorgfalt jedes morphologische Detail herausgearbeitet wurde, und welche wunderbare organische Lebendigkeit davon ausgeht. Unten ein Ausschnitt mit Blätterbüscheln und Früchten von solcher Kraft und Üppigkeit, daß die Äste dahinter verschwinden.

Dieses Detail aus dem ersten Gewölbebogen der Nordostecke der Sala delle Asse *gehört zu der Fläche, die bei jüngsten Restaurierungsarbeiten von dicken Übermalungsschichten befreit und wieder sichtbar gemacht wurde. Die Überlagerungen der Äste bilden mehrfache Spitzbogenformen wie bei gotischen Fenstern. Das ganze Gewölbe ist von einem einzigen, unendlich langen Seil durchzogen, dessen komplizierte Verschlingungen und Windungen zuweilen an Leonardos verwickelte Gedankengänge erinnern.*

Das Wappen der Familie Sforza mit Falken und Schlangen wurde genau in der Mitte der Dekoration wie ein Schlußstein der Sala delle Asse *aufgesetzt.*

Auf der linken Seite ist genau die Deckenmitte der Sala delle Asse *von unten nach oben aufgenommen. Im Zentrum das Sforza-Wappen, zu dem die dicken Äste emporstreben, ausgehend von den Stämmen an allen vier Wänden des Raumes. Die umfangreichen und recht willkürlichen Restaurierungsarbeiten, die Beltrami auf der Grundlage vereinzelter Reste der ursprünglichen Dekoration vornahm, lassen nicht mehr feststellen, ob die Überschneidungen der Äste wirklich so dicht und regelmäßig waren; ganz sicher waren sie im Original nicht so einförmig und gleichmäßig angeordnet. Das Laubwerk – abgesehen davon, daß es in ursprünglich freigelassene Felder hineingemalt wurde – wirkt durch die dicke und schwerfällige Übermalung steif und schwer.*

Bei den Restaurierungsarbeiten von 1954 kamen an der Ostwand der Sala delle Asse *große Teile von Leonardos Dekoration zum Vorschein. Im rechts gezeigten Ausschnitt läßt sich Wurzelwerk erkennen, das sich durch Felsschichtungen windet und zum unteren Teil eines Baumstamms verdickt. Auch von diesen Wurzeln, gekrümmt und verzerrt wie Tiere, die sich aus den Felsen befreien wollen, geht die dynamische Kraft aus, die Leonardos ganzes Werk kennzeichnet. Das Fragment war von Beltrami übermalt worden, der es für das Werk eines späteren Künstlers hielt.*

ich wundere mich nur, daß ein Teilstück von solcher Grandiosität im allgemeinen doch so wenig die Aufmerksamkeit der Forschung auf sich gezogen hat. Nur Gantner hat ihm nach der Bekanntgabe durch Baroni in seinem Buch »Leonardos Visionen«[7] bewundernde und scharfsinnige Besprechungen gewidmet, vielleicht sogar mit allzu starker Betonung des visionären Charakters.
Der Stil des *Kartons der Heiligen Anna* [S. 77] gehört noch in die Zeit des Abendmahls; dafür spricht, daß die großen Figuren in gleicher Weise ganz in den Vordergrund gerückt sind, dem realen Raum entgegen, von wo sie der Betrachter sieht; dafür spricht auch die gleiche plastische Fülle; und schließlich die Analogie von Gesten, Haltungen und Gruppierungen. Sowohl das *Abendmahl* als auch der *Karton der Heiligen Anna* folgen einem gleichen Weg hoher Überlegungen zu einer intensiven Behauptung

Das berühmte Gemälde der Hl. Anna, das sich jetzt im Louvre befindet, hat Leonardo verhältnismäßig spät, etwa um 1509–1510, ausgeführt. Zehn Jahre lang hatte er sich mit diesem Thema beschäftigt: Er wollte die vier Figuren in einer kompakten Gruppe zusammenfassen; die Haltung der Personen, ihre Gesten und Blicke fließen ineinander, eine Bewegung, die sich von oben nach unten in immer stärkerer Verflechtung fortsetzt.

In der frühen Skizze links sucht Leonardo noch die ideale Komposition.

der Natürlichkeit, doch in monumentalen Dimensionen und gegründet auf eine Summe von Ideen mit universeller Bedeutung.
Eine neue Datierung will den *Karton der Heiligen Anna* zwei oder drei Jahre nach der *Schlacht bei Anghiari* einordnen. Für mich ist diese Festsetzung nicht zu vertreten, denn sie entspricht weder der inneren Entwicklung von Leonardos Kunst, noch – und viel weniger – derjenigen der italienischen Kunst in diesem entscheidenden Jahrzehnt 1500–1510. Sehr

Da die »pyramidenförmige Komposition« Struktur und Stil der italienischen Malerei des 16. Jahrhunderts nachhaltig beeinflußt hat, ist dieser Aspekt immer wieder der zentrale Punkt bei der Betrachtung von Leonardos verschiedenen Darstellungen der Gruppe der Hl. Anna. *Aber diese Art der Interpretation würde dem* Karton der Hl. Anna *(jetzt in der National Gallery in London) nicht gerecht werden. Der Karton, eines der schönsten Werke Leonardos, gehört in dieselbe Schaffensperiode wie das* Abendmahl. *Der Karton steht am Anfang einer Reihe von Versuchen über den pyramidenförmigen Aufbau, deren Endpunkt das im Louvre befindliche Gemälde ist. Die neue Konzeption hat zwangsläufig andere Elemente in den Hintergrund gedrängt. In der Londoner Fassung der* Hl. Anna *ist die gleiche Eindringlichkeit, Kraft und Lebendigkeit der Ausführung zu erkennen wie im* Abendmahl. *Der wissende, ruhige Blick der Hl. Anna, deren Augen im Schatten liegen, auf das viel jüngere, offene Gesicht der Maria wäre bei der rein pyramidenförmigen Komposition des Louvre-Bildes nicht darzustellen gewesen.*

viele florentinische Zeichnungen, Gemälde und Skulpturen aus den ersten Jahren des 16. Jahrhunderts greifen dieses völlig neue Motiv auf, variieren es und entwickeln es weiter – auch bei Michelangelo, Raffael und Andrea del Sarto ist es zu finden. Die *Heilige Anna* unterscheidet sich im Stil nur wenig vom *Abendmahl;* sie gehört noch der gleichen Phase an. Darauf folgt dann die Phase der Entstehung der *Schlacht bei Anghiari.*

Die *Schlacht bei Anghiari* gehört in einen ganz anderen Erfahrungs- und Gedankenzyklus. Eine neue Dynamik bricht sich hier Bahn mit umwälzendem Impetus. Noch ist der Mensch Protagonist; doch hier weht eine wilde Tierhaftigkeit; die Figuren winden sich in einem Bewegungsstrudel, als hätten es die Naturkräfte unwiderstehlich darauf abgesehen, auch den Menschen an sich zu ziehen durch die Entfesselung der Elemente. Ein Abgrund trennt Leonardos Schlachtenkonzeption beispielsweise von derjenigen eines Paolo Uccello knapp fünfzig Jahre vorher, wo jede Geste und

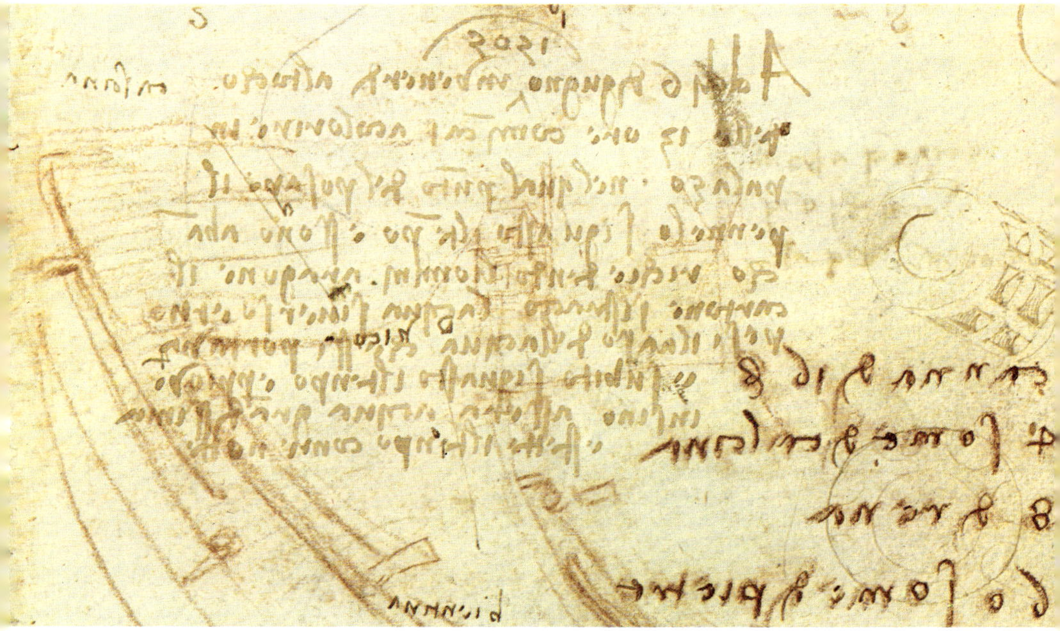

jede Haltung zur Pose immobilisiert und jedes Teil surrealistisch komponiert oder fixiert ist in dem Netz abstrakter und unveränderbarer Beziehungen der perspektivischen Absteckung. Die *Schlacht bei Anghiari* löst sich gewaltsam aus der perspektivischen Syntax florentinischer Kompositionen im Quattrocento; die Gruppe ballt sich zusammen und stürzt vor-

A di 6 di giugno 1505 in venerdi al tocco delle ore 13 cominciai a colorire in palazzo; nel qual punto di posare il pennello si guastò il tempo e sonò a banco, chiamando l'omini a ragione. Il cartone si straccio, l'acqua si versò e ruppesi il vaso dell'acqua che si portava; e subito si guastò il tempo e piovve insino a sera acqua grandissima e stette il tempo come notte.

Oben: Zeichnung einer Kampfszene zwischen Reitern und Fußsoldaten.

GALLERIA DELL'ACCADEMIA, VENEDIG, 215a

Dieses Blatt aus dem vor kurzem wiederentdeckten Codex Madrid II wurde rasch berühmt wegen einer ausdrücklichen Erwähnung der Schlacht bei Anghiari. *Der Text, der sich darauf bezieht, steht in der Mitte der Seite (oben in der italienischen Transkription). »Am Freitag, dem 6. Juni 1505, beim 13-Uhr-Schlag, begann ich im Palast zu malen; und in dem Augenblick, als ich den Pinsel aufsetzte, kam ein schlimmes Wetter, und es ertönte die Glocke, um die Menschen zur öffentlichen Pflicht zusammenzurufen. Der Karton wurde zerrissen, das Wasser strömte nieder, und das Gefäß, in dem man das Wasser herbeitrug, wurde zerbrochen. Zugleich verschlechterte sich das Wetter immer mehr, und es regnete bis zum Abend in Strömen, und es war gleichsam Nacht.« Leonardo war wohl von dem außergewöhnlichen und eindrucksvollen meteorologischen Phänomen so fasziniert, daß er nicht nur Tag und Stunde, sondern auch den Augenblick des Ereignisses genau vermerkte: »Und in dem Augenblick, als ich den Pinsel aufsetzte...«*

wärts wie ein entfesselter Wirbelsturm. Leonardo entfernt sich immer weiter vom ursprünglichen Humanismus, und er kommt zu Erwägungen über Kraft und Bewegung und die Elemente »de coelo et mundo«, die immer ausgedehnter und kosmischer werden.

Was bisher über Leonardos Malerei gesagt wurde, hat die Madrider Codices nur chronologisch am Rande begleitet, hat sich nicht mit ihnen

Dieses wild schnaubende Pferd gehört ebenfalls zu den Skizzen für die Schlacht bei Anghiari. WINDSOR 12327r

Dieses Blatt steht im Zusammenhang mit dem »Buch über Pferde, für den Karton entworfen«, das in der langen Liste von Büchern auf den Blättern 2 verso und 3 recto des Codex Madrid II erwähnt ist und wohl für die Schlacht bei Anghiari *gedacht war. Links, in der Reihenfolge von oben nach unten, die Zeichnungen von einem Pferdekopf mit wild geblähten Nüstern, dem Kopf eines brüllenden Löwen und dem eines schreienden Menschen.*

selber befaßt, sondern mit Leonardos Malerei in der nämlichen Zeitspanne, über die sich jene erstrecken. Um es genau zu belegen, von 1491 – dem ältesten vermerkten Datum auf Folio 157 verso des Codex Madrid II in dem Faszikel, der vom Guß des »großen Pferdes von Mailand« handelt – bis 1505, auf Folio 1 recto desselben Codex, wo sich der Hinweis auf die *Schlacht bei Anghiari* befindet.

Hier nun ist es an der Zeit, sich mit den Codices von Madrid näher zu befassen und unmittelbar auf sie Bezug zu nehmen. Der wegen seines Hinweises auf ein so bekanntes Werk wie die *Schlacht bei Anghiari* sofort berühmt gewordene Passus auf Folio 1 recto [S. 78] des Codex Madrid II ist schon wiederholt veröffentlicht worden und hat über die richtige Auslegung des Textes Diksussionen hervorgerufen. Einige sehen in diesem Passus die feierliche – und abergläubische – autobiographische Verzeichnung des Tages, an dem Leonardo die *Schlacht bei Anghiari* begonnen und den ersten Pinselstrich auf die Saalwand des Palazzo Vecchio gebracht hat. In einem langen Kommentar wird darauf hingewiesen, daß Leonardo das Datum, Freitag, 6. Juni 1505, ausdrücklich hervorhebe, einen Tag, den der Volksglaube als verhängnisvoll betrachtet (doch wäre Leonardo ebenso abergläubisch gewesen: wieso hätte er sich dann gerade einen Freitag ausgesucht, um anzufangen »im Palast zu malen«?), und den Ausbruch des schrecklichen, ebenfalls als unheilbringend angesehenen Unwetters. Leider scheint das Wandgemälde der *Schlacht bei Anghiari*, nach einer Reihe von Schwierigkeiten und Hindernissen unvollendet geblieben, diese bösen Vorzeichen im Nachhinein noch zu bestätigen. Tatsächlich scheint mir aber diese Interpretation nicht auf solider Grundlage zu stehen. Für mich hat dieser Passus eine völlig andere Bedeutung. In seinem bewegten Crescendo hört er sich an wie das Festhalten eines ungewöhnlichen meteorologischen Ereignisses (»Zugleich verschlechterte sich das Wetter immer mehr, und es regnete bis zum Abend in Strömen, und es war gleichsam Nacht«); und die genaue Angabe des Tages (»am Freitag,

Hier wird das Muskelspiel bei den verschiedenen Bewegungen und Haltungen beim Angriff und im Kampf am Beispiel der Figuren vorwärtsstürmender Soldaten untersucht. Diese Bewegung in Schlangenlinien wurde, wie der pyramidenförmige Aufbau der Hl. Anna, *zu einem bedeutenden Element der Komposition in der Malerei des 16. Jahrhunderts.*

GALLERIA DELL'ACCADEMIA, VENEDIG, 215

In einer weiteren Skizze für die Schlacht bei Anghiari *(unten) nackte Krieger im Kampf gegen Reiter.*

GALLERIA DELL'ACCADEMIA, VENEDIG, 215A

Die rasche Skizze weiter unten zeigt einen Reiter auf einem galoppierenden Pferd; im schnellen Lauf flattert sein Umhang hinter ihm. Links in Umrissen Fußsoldaten.

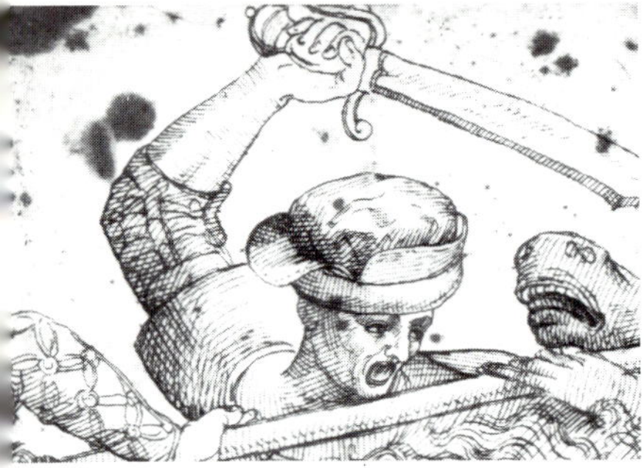

Links zwei Studien für die Köpfe des schreienden Mannes und des Reiters ganz rechts in der Gruppe des Kampfes um die Standarte; darunter Zeichnungen, die veranschaulichen, welche Veränderungen das Original durch einen Kopisten erfahren hat.

Peter Paul Rubens'Kopie vom Kampf um die Standarte aus der Schlacht bei Anghiari *(Louvre) und die Kopie im Palazzo Rucellai in Florenz (Ausschnitte davon links, unter Leonardos Kopfskizzen) bieten unter den unzähligen Kopien die meisten Anhaltspunkte für eine Rekonstruktion der Komposition Leonardos. Zwar weicht Rubens in vielen Einzelheiten von Leonardos Gemälde ab, aber wie kein anderer hat er Inhalt und Bedeutung des Bildes, die ganze Gewalt und ungezügelte Kampfeswut, mit außerordentlicher Ausdruckskraft wiedergegeben. Die Kopie des Palazzo Rucellai hat als getreue Wiedergabe von Leonardos Original größte Bedeutung.*

dem 6. Juni«) und der Stunde (»beim 13-Uhr-Schlag«) und sogar seiner augenblicklichen Tätigkeit (»in dem Augenblick, als ich den Pinsel aufsetzte«), sie erhalten Bedeutung und Wert einer genauen zeitlichen Präzisierung des ungewöhnlichen Ereignisses.

Aber mag der Passus auch noch so interessant sein wegen seines Bezuges auf ein berühmtes Werk wie die *Schlacht bei Anghiari*, so betrifft er, als Notiz und Dokumentation, Leonardos malerisches Werk nur äußerlich. Die stupende Sequenz von Zeichnungen, die so gut wie jede Seite der Madrider Codices illustrieren, ist schließlich selber Materie, Substanz und Kunstwerk. Und so groß ist die Verschiedenartigkeit und die Vielseitigkeit der Aspekte, die diese Masse von Zeichnungen anbietet, die Vielfalt an Bedeutungen und Implizierungen, die sie umfaßt, daß sogar die Bezeichnung Kunstwerk fast wie eine Einschränkung klingt.

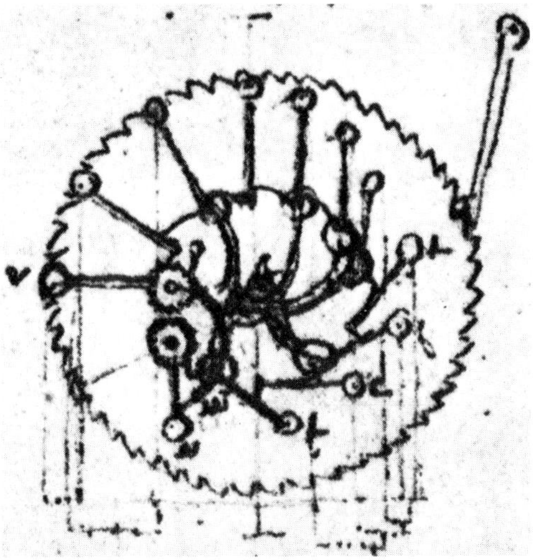

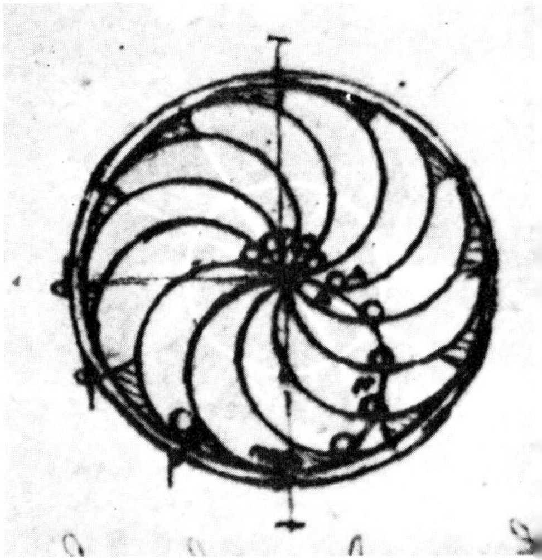

Für Leonardo war die Zeichnung ein Ausdrucksmittel wie die Sprache, wobei die Bilder unmittelbarer und von größerer Mitteilungskraft waren als das Wort. Diese beiden Seiten enthalten herrliche Zeichnungen, die demonstrieren sollen, daß eine immerwährende Bewegung unmöglich ist – ein Traum, der über Jahrhunderte hinweg die Gelehrten beschäftigt hatte und der auch Leonardo als jungen Mann gereizt haben mag. Die an Windräder erinnernden Zeichnungen auf dieser Seite aus Codex Forster II, Folios 90 recto und 91 verso, machen deutlich, wie kraftvoll Leonardo mit einem Federstrich Bewegungsenergie darzustellen vermag. Die Zeichnung auf der rechten Seite stammt aus Codex Madrid II, Folio 145 recto, wo Leonardo mehrere Notizen über die Schwere macht und die daraus entstehende Kraft zu definieren versucht.

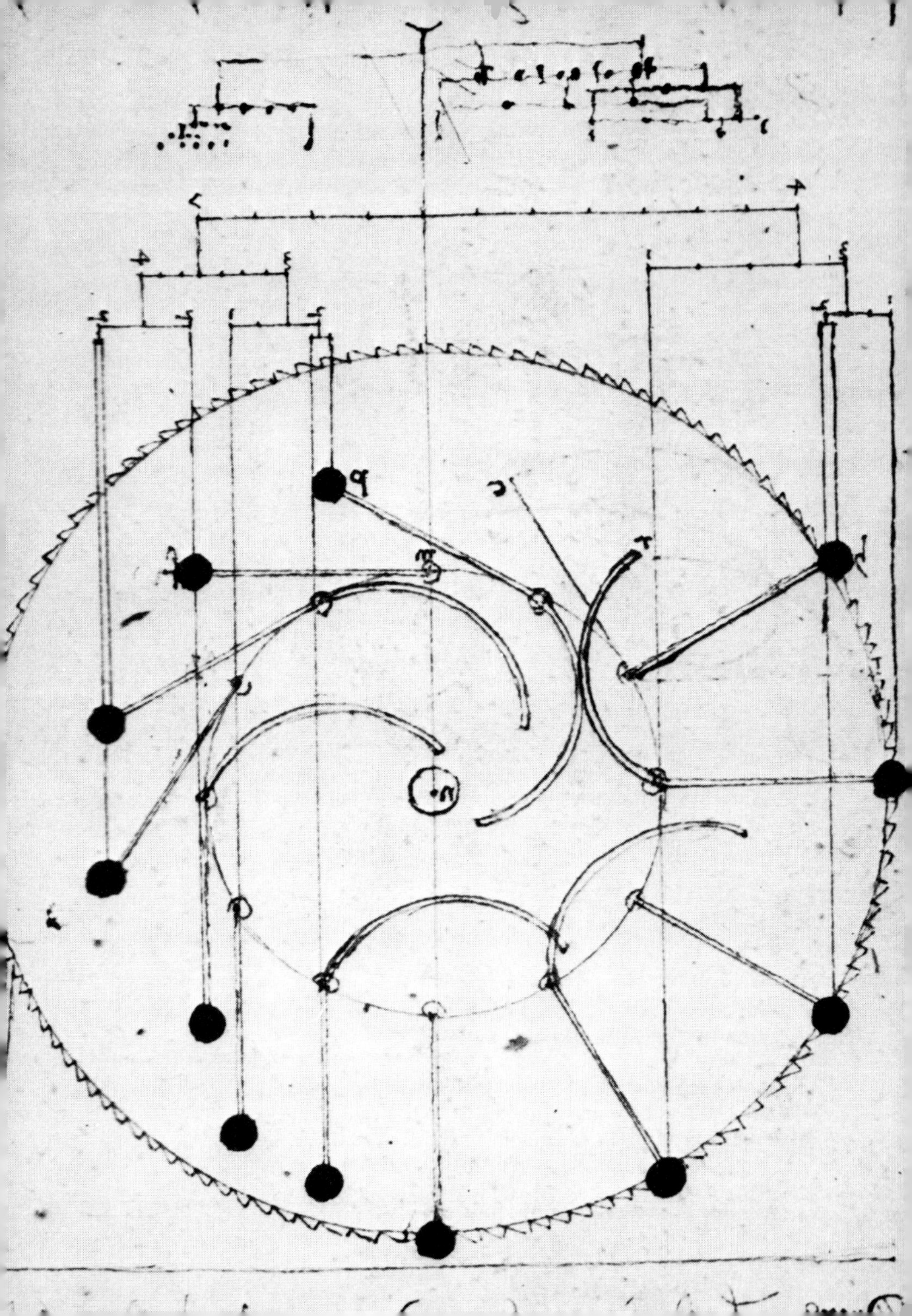

Im Verlauf der Jahrhunderte nach Leonardo haben die kulturellen Entwicklungen eine Spezifizierung des Begriffes wie des Wortes bewirkt: Kunst – und somit Zeichnung – zunehmend stilistisch und ästhetisch verstanden, mit einem diskriminierenden, abwertenden Endergebnis. In Leonardos Zeit und unter seiner Hand hat die Zeichnung noch eine Polyvalenz, eine inventive und kreative Qualität, eine Duktilität an Arten, einen Reichtum an Bedeutungen und eine Mitteilungskraft, daß sie tatsächlich mit dem Wort verwandt ist: eine Bildsprache, die direkter ist und unmittelbarer aufzunehmen als das Wort, weil »sie keine Übersetzer in andere Sprachen braucht, wie die Literatur«, schreibt Leonardo in seinem *Trattato della Pittura* im 3. Kapitel des *Paragone*, in dem er die Künste vergleicht. Und in einem späteren Kapitel desselben *Paragone* schreibt er noch: »Diese [die Malerei] lehrt mit ihrem Prinzip, das heißt mit der Zeichnung, den Architekten, wie sein Bauwerk fürs Auge angenehm wird; sie lehrt die Hersteller der verschiedensten Vasen; die Goldschmiede, Weber, Sticker; sie hat die Buchstaben gefunden, mit denen man die verschiedenen Sprachen zum Ausdruck bringt; sie hat den Arithmetikern die Zahlen gegeben; sie hat die Geometrie die figürliche Darstellung gelehrt; sie lehrt die Perspektivmaler, Astrologen, Maschinenbauer und Baumeister.«[3]

Dieser letzte Satz mag als treffendste Einleitung gelten für die herrliche Serie der Maschinenzeichnungen, Apparate und Mechanismen, die in Codex Madrid I in Überfülle vorhanden sind. Hier wird die Zeichnung, von klarster Transparenz, zum Werkzeug von Forschung und Analyse. In dem Augenblick, da die zeichnerische Tätigkeit zur Darstellung wird, wird sie zugleich zu einer dauernden Probe und Kontrolle des darzustellenden Apparats; sie versucht Nachfolgemodelle; unterbreitet und diskutiert darstellerisch Verbesserungen: wirklich eine mentale Rede, ein im Gang befindlicher Schöpfungsprozeß und eine Entwicklung, die in der Zeichnung ihr Erläuterungs- und Kommunikationsmittel finden. Wie Leonardo Maschinen zeichnet, ist so verständlich und anschaulich, daß die Darstellung eine dynamische Suggestion erhält, die nicht nur die Struktur, sondern auch das Funktionieren restlos verdeutlicht.

Bei den Skizzen, wo die Idee rascher zu Papier gebracht ist, entsteht diese Suggestion insbesondere aus dem unfertigen, gerade eben angedeuteten Charakter der Darstellung; aus dem fliegenden Strich, aus seinen Unterbrechungen, die wie lichte Aufhellungen bei der Modellierung der Form anzusehen sind, oder aus kräftigem Druck auf die Federspitze. In den Madrider Codices sind die typischsten Beispiele für diese skizzierte und fliegende Zeichnung im Codex Madrid II, der längst nicht so in sich geschlossen ist wie Codex I und überwiegend den Charakter eines Notizbuchs hat. Auf Folio 76 recto zum Beispiel, »über harmonische Instrumente«, scheint der in verschiedene Richtungen hingeworfene Strich, einmal kräftiger, um dann auf der Federspitze zu enden, einmal leichter und hüpfender, über die Form der Musikinstrumente hinaus auch das Versprühen von Klang und von Musiknoten zu suggerieren.

Oder, in derselben Handschrift, zeigen die Seiten, auf denen er sich mit dem Vogelflug beschäftigt[4] [S. 90], am Rand des Textes von oben nach unten eine Reihe vereinfachter Vogelgestalten: wenige Striche für den spindelartigen Körper, wenige Striche für die geöffneten Flügel in einer Variation aufeinanderfolgender Flug- und Bewegungspositionen. Die Unterbrechungen des raschen, gleitenden Strichs spielen wie Aufhellungen bei der Modellierung der Körper, machen sie leichter und verbinden sie durch luftige Effekte mit der Atmosphäre; die fortschreitende Vereinfachung der Formen gelangt bei der letzten Figur zur Darstellung eines spindelförmig zugespitzten Vogelkörpers, frontal in der Verkürzung gesehen wie ein Kreis, die Flügel wie zwei Gelenkarme, die ihn fortbewegen: was die hervorragend zur Synthese illustrierte Schlußfolgerung eines Denkprozesses über die Erklärung des Vogelflugs mit Begriffen der elementaren Mechanik ist.

In der anderen Handschrift, Codex Madrid I, den man wegen seiner Einheitlichkeit und der zusammenhängenden Folge der behandelten Argumente als Buch der Maschinenelemente bezeichnen könnte, hat auch die Zeichnung einen mehr analytischen und fertigen Charakter. Die diversen Maschinen und »Maschinenelemente« werden mit Präzision und objektiver Verdeutlichung der Einzelheiten in Form und Struktur beschrieben. Doch auch hier findet Leonardo die Möglichkeit, eine äußerst eindrucksvolle Vorstellung von ihrer Bewegung und ihrem Funktionieren diesmal mit andern Mitteln zu geben. Er erfindet sich jeweils eine Zeichnungsweise, die in völligem Einklang steht mit den diversen Prozessen seiner »mentalen Rede«. Er braucht nur mit leichtem Strich um einen Zapfen – er nennt ihn »Pol« – herum einen Kreis zu zeichnen über den normalen Schattierungen, die der dargestellten Maschine Körperhaftigkeit verleihen, und dieser Kreis, durch den kurzen Strich noch immaterieller, suggeriert die um den Zapfen herum erfolgende Rotationsbewegung.[5]

Andere Male lösen sich die Bewegungsdiagramme vom Bezug auf einen bestimmten Apparat und werden abstrakt für sich studiert in ihren Abläufen bei veränderter Kraft und verändertem Gewicht. Die Konzepte

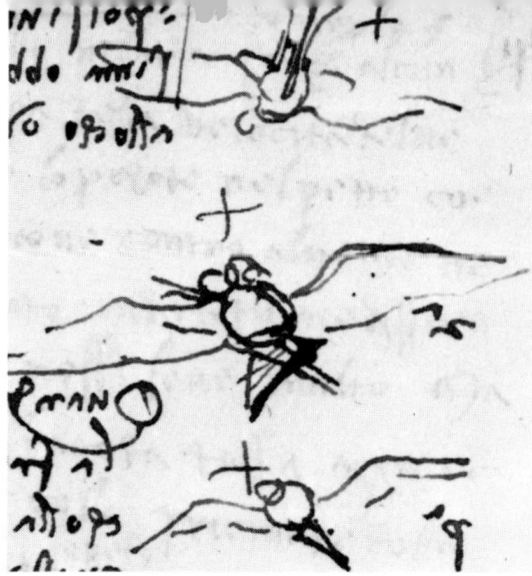

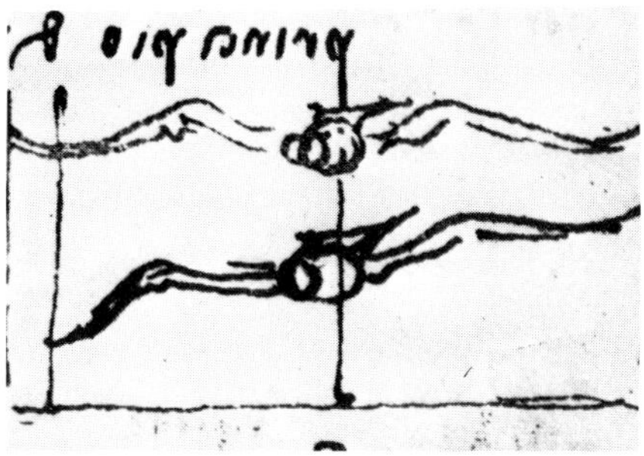

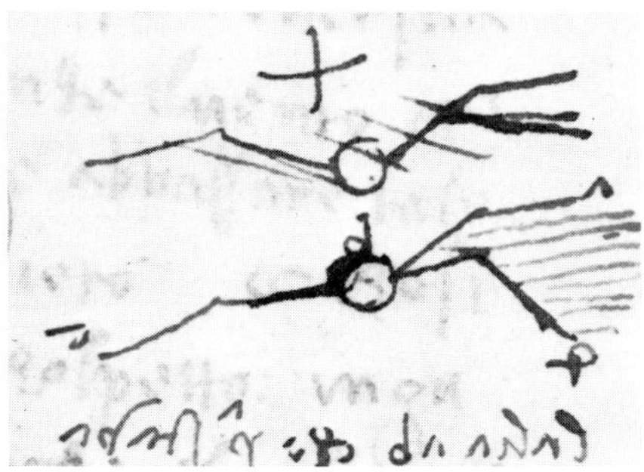

In seinen Zeichnungen von Vögeln hielt Leonardo Flugbewegungen mit der Genauigkeit einer Kamera fest. In den Skizzen links sind die Vögel im Flug naturalistisch dargestellt. Rechts dann werden die Umrisse einfacher; es sind nur noch die für den Flug wichtigen Details festgehalten: die Form des Körpers und die Flügelstellung.

Rechte Seite:
Hier wird die Reflexion von Lichtstrahlen durch eine konkave Spiegelfläche untersucht. Meisterhaft fein und genau gezeichnet ist in dieser Skizze das komplizierte Netz von Linien.

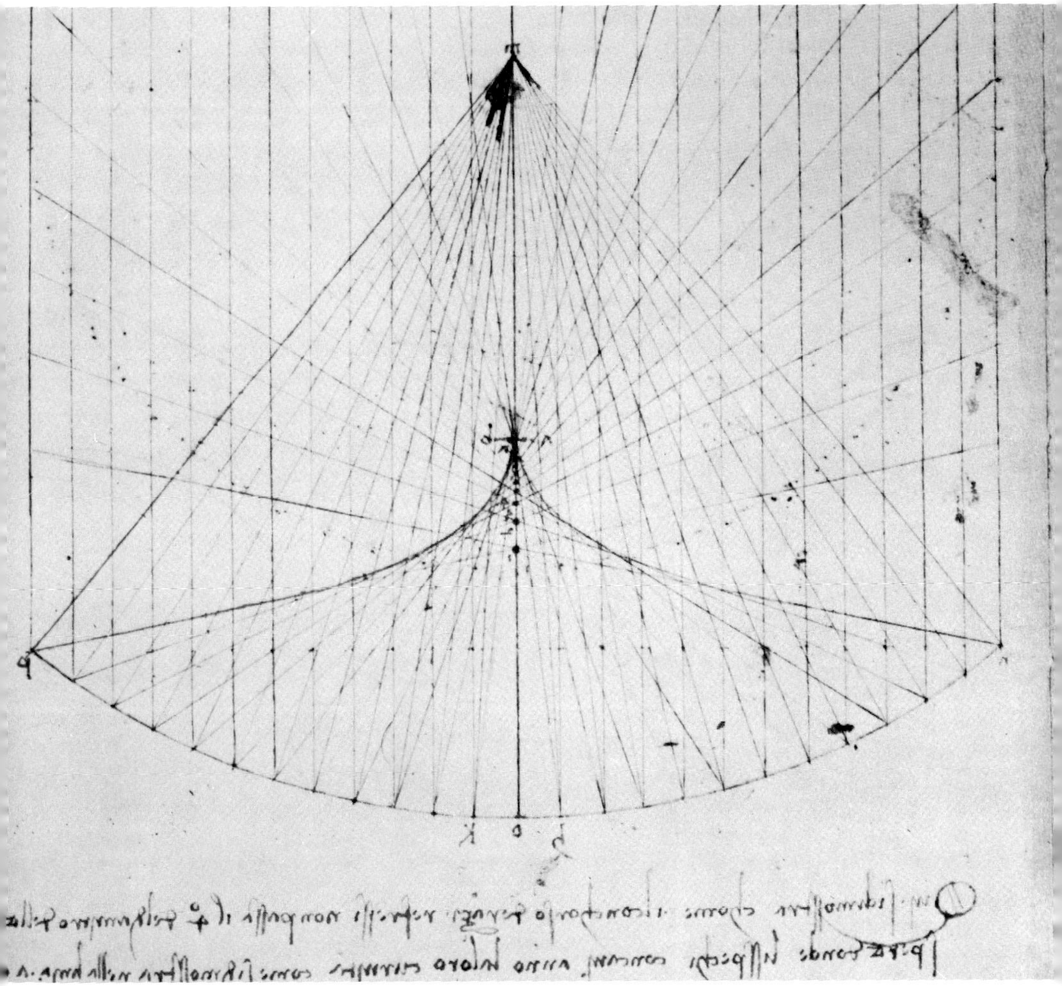

werden sichtbar gemacht mit Lauflinien, mit einem Sichschneiden von Linien, mit Beziehungspunkten. Manchmal entstehen daraus recht komplexe abstrakte Kompositionen von großer harmonischer Schönheit wie auf Folio 148 recto; manchmal entsteht eine sozusagen offene Folge einzelner Diagramme, die wie die Zahlen einer Addition in eine Reihe gebracht sind, aber auch hier ist die Strichführung so anschaulich und dem Konzept verhaftet, daß es dessen unmittelbarste und wirkungsvollste Erklärung darstellt. In einem solchen Fall wird die Zeichnung wirklich dem Wort ebenbürtig, kann sich wie dieses mit abstrakten Denkprozessen

Eine weitere Studie der Reflektion von Lichtstrahlen auf einer konkaven Spiegelfläche (unten). Unzählige sich kreuzende Pyramiden zeigen den Lichtstrahl wie er auf dem Spiegel auftrifft und von dort reflektiert wird.

Die Zeichnung einer Webvorrichtung (rechts) soll hier nur deutlich machen, wie Leonardo in seinen Maschinenzeichnungen Methoden erprobt und anwendet, die den in seinen architektonischen Skizzen gesuchten und schließlich gefundenen analog sind.

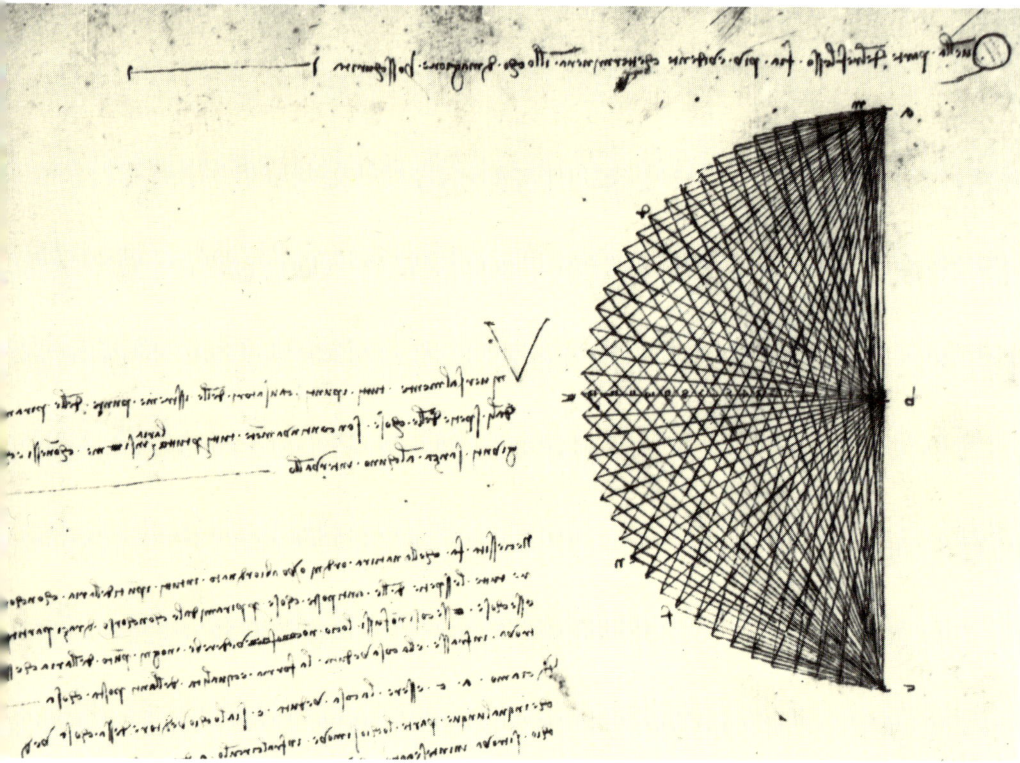

beladen, die überhaupt nichts zu tun haben mit dem Nachahmungsvorgang der reproduktiven Darstellung. Auf Folio 131 verso zählt der Text auf der einen Seite eine ganze Reihe «einfacher» Bewegungen auf, und gegenüber veranschaulicht und erklärt augenblicklich – und dynamisch – eine Serie äußerst lebendiger Diagramme in einer Aufeinanderfolge von Linien, Kreisen, Zickzacks und Spiralen die Bedeutungen der geschriebenen Worte.

In Anbetracht dieser beiden letzten Seiten drängt es einen, zu betonen, welch großartiger Layouter Leonardo sein kann, wenn er – statt seine

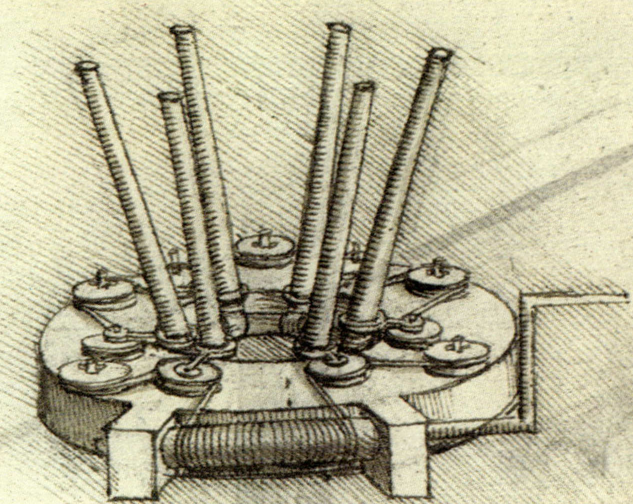

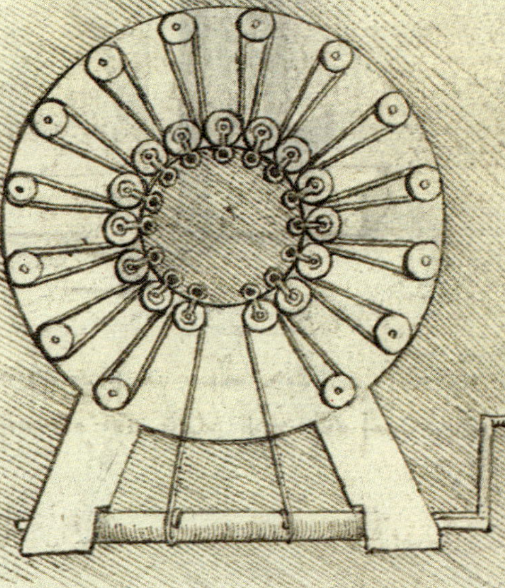

Aufzeichnungen zu häufen, oft sogar übereinanderzusetzen wie bei einem dichtbeschriebenen Palimpsest – es genießt, seine Seite so zu komponieren wie diese beiden letzten Blätter.

Bei den Zeichnungen von Maschinen im Codex Madrid I können wir auch das Entstehen einer Zeichnungsweise beobachten, die sich, parallel zur architektonischen, um eine perfekte Darstellungsart von Grundriß und Aufriß bemüht. Typisches Beispiel dafür ist Folio 44 verso. Und beim Aufriß ist es interessant, wie Leonardo nach verschiedenen Ansichten sucht: frontal und lateral, als habe er die Absicht, sukzessive Punkte einer optisch nicht deformierenden orthogonalen Projektion zu zeigen.[6] Architektonische Zeichnung und, wenn man es modern ausdrücken will, »industrial design« weisen auch in der Renaissance ein Suchen nach analogen Darstellungsweisen auf: Leonardo beteiligt sich an erster Stelle an diesem Prozeß, sei es auf dem einen wie auf dem andern Gebiet. Und noch einmal können wir seine eigenen Worte zitieren zum Beweis dafür, wie sehr er sich der schöpferischen Qualität seiner Zeichnung bewußt war: »Die Zeichnung ist etwas so Überragendes, daß sie nicht nur die Werke der Natur erforscht, sondern unendlich viele mehr, als die Natur hervorbringt«.[7]

Eben das Charakteristische an dem größten Teil der Zeichnungen, mit denen die Madrider Codices illustriert sind, erforderte eine eingehende Behandlung dieser besonderen Aspekte von Leonardos Zeichnung; doch wäre es einseitig, würde man die anderen, mehr im eigentlichen Sinne

künstlerischen und allgemein bekannten Aspekte vernachlässigen: das Zeichnen von Figuren und Landschaften, die Leonardo, wie gewohnt bei ihm, im Vergleich zur Tradition florentinischer Schule äußerst originell und in einer Art interpretierte und ausführte, die seiner Zeit voraus war. Während die Madrider Codices praktisch keine Zeichnungen menschlicher Figuren enthalten, finden sich auf den Blättern 7 verso, 4 recto und 17 recto des Codex Madrid II herrliche Beispiele von Landschaftszeichnungen (S. 94): Ketten von Gebirgsrücken, leicht, luftig und doch so gut gekennzeichnet mit ihren Senken und Profilen, daß man sie gleich – auch wenn die kleinen Namen sie nicht aufzählen würden – als das Massiv des Monte Pisano erkennt. Zu ihrer Wiedergabe hat Leonardo den weichen Rötelstift genommen, der jede Härte der Profilierungen und jedes harte Aufsetzen vermeidet und weich auf das Papier kommt, die leuchtende Fülle der umschließenden Atmosphäre wiederzugeben. Hier «erforscht er die Werke der Natur»; und man muß, mit der luftigen Schönheit der Zeichnung, auch die Intelligenz und Aufgeschlossenheit des Niedergeschriebenen bewundern: nicht «nachahmen», schreibt er, sondern «erforschen»; eine Bemerkung, die auch diese Zeichnungen, obwohl ganz anderen Interessen und Sensibilitäten zugewandt, mit dem Geist der Erforschung, Betrachtung und Untersuchung verbindet und mit der ungewöhnlichen geistigen Aufgeschlossenheit und Ganzheit, die alles kennzeichnen, was Leonardo je getan hat.

Du wirst bei deinem Malen bemerken,
daß es in den Schatten noch Schatten gibt,
unwahrnehmbar an Dunkelheit und Gestalt . . .
Die zwischen Licht und Schatten
gesehenen Dinge werden sich besser abheben als die,
die im Licht oder im Schatten stehen.

MS.E 17r

Des weiteren kann das Bronzepferd
angefertigt werden, zu unsterblichem Ruhm
und ewiger Ehre Eures Herrn Vaters wie
des vortrefflichen Hauses Sforza.

DER BILDHAUER

MARIA VITTORIA BRUGNOLI

Il Cavallo – *«Das Pferd» – war eine kolossale Reiterstatue, von Lodovico Sforza, dem Herzog von Mailand, zu Ehren seines Vaters Francesco (oben) in Auftrag gegeben. Das Denkmal sollte die größte jemals aufgestellte Skulptur werden, welche die Entwicklung einer völlig neuen Gussmethode erforderte.*

Am Abend des 17. Mai 1491. Hier wird all das in Erinnerung gerufen, was das bronzene Pferd betrifft, mit dem ich zur Zeit befaßt bin.« Mit diesen Worten im Codex Madrid II, Folio 157 verso, beginnen Leonardos Notizen über ein Projekt, das wohl bezeichnend war für die Zeit der stürmischen Umwälzungen im Italien der Renaissance wie für den Menschen, den Künstler, Wissenschaftler und Neuerer.

Das Bronzepferd sollte ein Denkmal für Francesco Sforza sein, den Vater von Lodovico il Moro, dem langjährigen Dienstherrn Leonardos in Mailand. *Il Cavallo* – »Das Pferd« – war eigentlich als Pferd und Reiter gedacht, nach dem Plan Galeazzo Maria Sforzas: Francescos älterer Sohn hatte ein lebensgroßes Reiterdenkmal in Auftrag gegeben. Als aber Lodovico auf Galeazzo Maria folgte und seinen Hof zu einem der glänzendsten Italiens machte, wuchsen die Pläne für das Bronzepferd zu einer Statue, die über sieben Meter messen und etwa 158 000 Pfund wiegen sollte. Unglücklicherweise reichte Lodovicos politisches Geschick nicht aus, um eine dauernde Herrschaft zu begründen, und seine politischen Schwierigkeiten spiegelten sich in der wechselvollen Entwicklung des Monuments während der sechzehn Jahre, in denen Leonardo daran arbeitete. Der endgültige Sturz des Hauses Sforza fand seine Parallele in dem Schicksal des Pferdes, das niemals in Bronze ausgeführt wurde. Daher sind die Blätter 141 bis 157 des Codex Madrid II, die über Leonardos Arbeit an dem ungeheuren Bronzedenkmal berichten, einzigartig als Quelle und als Kommentar zu dem Weg eines großartigen Vorhabens der Renaissance durch die für jene Zeit so charakteristischen politischen Umwälzungen. Diese Seiten enthalten nicht nur wichtige politische und historische Beiträge, sondern auch Aufschlüsse über Leonardo. Die Skizzen bestätigen hier, was von der Schönheit der Leonardo-Zeichnungen aus den übrigen Blättern des Codex Madrid II und den anderen Notizbüchern bekannt war: sein Bestreben, Muskulatur und Knochengerüst eines lebenden Wesens völlig zu erfassen, seine Aufmerksamkeit auf das geringste Detail einer mechanischen Erfindung. Die Manuskripte festigen das Bild von

Der Urheber des Plans für die Bronzestatue war Lodovicos Bruder und Vorgänger, Herzog Galeazzo Maria. Er wollte ein lebensgroßes Denkmal für seinen Vater errichten und ließ in ganz Italien nach einem Meister suchen, «der der Ausführung fähig» sei (links).

Die französischen Truppen, die Mailand einnahmen und Lodovico Sforza vertrieben, unterstanden König Ludwig XII. (rechts außen). Sein Befehlshaber in Mailand war selbst Mailänder – Marschall Gian Giacomo Trivulzio, ein bekannter Condottiere oder Söldnergeneral (rechts). Er beauftragte Leonardo später, eine Reiterstatue für sein Grabmal zu schaffen.

Leonardo als Wissenschaftler: Er experimentiert mit verschiedenen Material-Kombinationen für Gußformen, er rät seinen Gehilfen, Fall für Fall alle Arten von Material auszuprobieren, um zu sehen, welches den Zwecken und Gegebenheiten eines bestimmten Problems am meisten entspricht, er erwägt und bedenkt alles mit dem Problem Zusammenhängende und erklärt jeden Schritt seiner Beweisführung und Methodik mit exaktem wissenschaftlichem Detail.
Leonardo als Neuerer – das ist vielleicht die größte Bedeutung der

Abschnitte des Codex Madrid II über das Bronzepferd. Die Aufgabe, die Lodovico il Moro Leonardo stellte, nämlich ein Bronzedenkmal in vierfacher Lebensgröße zu schaffen, konnte für einen Perfektionisten wie Leonardo mit den damaligen Methoden des Bronzegusses nicht befriedigend gelöst werden. In diesem Codex umreißt er klar eine neue Methode des Gusses in einem einzigen Prozeß. Wieder einmal erwies sich Leonardo als seinen Zeitgenossen um Jahre voraus: tatsächlich finden wir den ersten Bezug auf seine neue Gußmethode in der Abhandlung über Pyrotechnik, die Vannoccio Biringuccio, ein erfahrener Kanonengießer, zwischen 1530 und 1535 schrieb. Um die Mitte des 16. Jahrhunderts schildern Giorgio Vasari und Benvenuto Cellini sie genau, empfehlen sie aber nur für den Guß lebensgroßer oder wenig größerer Statuen. Erst zwei Jahrhunderte nachdem Leonardo das neue Verfahren entwickelt hatte, wurde es bei einem Denkmal von ähnlicher Größe, wie es für Francesco Sforza geplant

war, angewandt: der Reiterstatue des Sonnenkönigs Ludwig XIV. von Frankreich.[1]
Die Geschichte des Bronzepferdes im Codex Madrid II vermittelt neue Kenntnisse über Leonardo und ist zugleich eine faszinierende Parallele zur politischen Geschichte der italienischen Renaissance. Denn die in Leonardos Notizen enthüllte Geschichte ist auch die des Hauses Sforza, das als Symbol der Zeit gelten kann. Die Art, wie die Familie der Sforza in Mailand an die Macht kam, kann als typisch für die politische Atmosphäre im

Italien des 15. Jahrhunderts angesehen werden. Francesco Sforza [S. 97] war ein *condottiere*, ein Söldnerführer im Dienste Mailands zum Kampf gegen Venedig. Mit dem Anspruch, seine Frau sei die illegitime Tochter des vorigen Herzogs von Mailand, ergriff Francesco in Mailand die Macht. Sein Sohn Galeazzo Maria [S. 98], der bei Francescos Tod an die Macht kam, beschloß, ein Denkmal zum Gedächtnis seines Vaters errichten zu lassen. Dieses Monument sollte lebensgroß sein und «irgendwo im Freien in unserem Mailänder Kastell aufgestellt» werden. Im November 1473 beauftragte er Bartolomeo Gadio, einen Architekten, für das Denkmal einen «der Ausführung fähigen Meister» ausfindig zu machen. Gadio war befugt, auch außerhalb Mailands zu suchen und überall nachzufor-

Leonardos Dienstherr, Lodovico Sforza, trug den Beinamen »Il Moro« – der Mohr – wahrscheinlich wegen seiner schwärzlichen Gesichtsfarbe. Er ist hier in einem Detail des Sforza-Altars zu sehen, der Lodovico vor der Madonna mit dem Kind darstellt.

Rechte Seite: Der Sturz Lodovico Sforzas – und der Reiterstatue – drohte Ende 1499, als die Franzosen in Mailand einfielen. Il Moro kämpfte ein paar Monate, wurde aber in der Schlacht bei Novara besiegt und in ein französisches Gefängnis gebracht. Diese Abbildung aus einer alten Schweizer Chronik – der Diebold Schilling-Chronik in Luzern – zeigt, wie Sforza, als Schweizer Bürger verkleidet, festgenommen wird von einem seiner Schweizer Söldner, der ihn verraten hatte.

schen, damit er «den hervorragenden Meister finde, der imstande sei, das Werk auszuführen».[2]

Drei Jahre später, 1476, wurde Galeazzo Maria ermordet, und sein Sohn Gian Galeazzo erbte das Herzogtum. Nun raubte Lodovico [oben], Galeazzo Marias Bruder, seinem Neffen den Thron; er behauptete, als Francescos jüngerer Sohn habe er größeren Anspruch auf das Herzogtum als Gian Galeazzo. Lodovico griff die Idee des Reiterdenkmals auf und ließ erneut nach einem Meister suchen.

Leonardo muß von Florenz aus die wechselnden Ereignisse in Mailand mit einigem Interesse verfolgt haben. Im Jahre 1482 schrieb er an Lodovico und empfahl sich dem Sforza-Hof in einer Weise, als trachte er, sich des Gewinners im Kampf um Mailand irgendwie zu versichern. Er präsentierte Pläne für Belagerungsbrücken, Mörser und große Kanonen, gedeckte Streitwagen, Schleudern, Architekturrisse für öffentliche und private Gebäude in Friedenszeiten; und am Schluß des Briefes erwähnte er das »Bronzepferd« – »zu unsterblichem Ruhm und ewiger Ehre Eures Herrn Vaters wie des vortrefflichen Hauses Sforza.«[3]

Der Hof Lodovicos, an den man Leonardo berief, war einer der prächtigsten Europas. Lodovico führte ein Leben großen Stils – er umgab sich mit Dichtern, schönen Frauen, Musikern, Zwergen, Astrologen – und faszinierenden Persönlichkeiten wie Leonardo.

In den sechzehn Jahren, die Leonardo am Hofe der Sforza weilte, war es der Plan des Bronzepferdes, der ihn mit Lodovico verband, der aber ungleichmäßige Förderung erfuhr. Als Leonardos Werk noch im Vorbereitungsstadium stand, entschloß sich Lodovico zu weit eindrucksvolleren Proportionen für das Denkmal, wahrscheinlich, um so seine wachsende politische Macht zu veranschaulichen. Leonardos frühe Studien zeigen ein sich aufbäumendes Pferd, das man, wenn auch mit Schwierigkeiten, lebensgroß in Bronze ausführen konnte. Die Skizze eines hohen, reich verzierten Sockels [S. 118] im Codex Atlanticus, Folio 148 recto-a, beweist, daß diese Statue lebensgroß sein und wahrscheinlich gegenüber dem Hauptportal des Palastes stehen sollte.[4] Aber Lodovicos neue Forderung der vierfachen Lebensgröße für Pferd und Reiter warf enorme technische Probleme auf: Leonardo wird gegenüber einem Projekt von dieser Größenordnung skeptisch gewesen sein, und sicher zog auch Il Moro Leonardos Fähigkeiten in Zweifel. Am 20. Juli 1489 sandte Lodovico einen Brief an Lorenzo de' Medici in Florenz. (Dieser Brief ist das erste Dokument, das das Sforza-Denkmal erwähnt und als gewaltig beschreibt).[5] Il Moro fragte Lorenzo nach den Namen eines oder zweier Meister, die fähig seien, »ein würdiges Grabdenkmal für meinen Vater auszuführen... nämlich ein sehr großes Bronzepferd, das Herzog Francesco in der Rüstung trägt«. Da die Gußform schon von Leonardo in Auftrag gegeben war, verrät dieser Brief, daß Lodovico Leonardos Fähigkeit zur Vollendung der Arbeit bezweifelte. Es war jedoch für Lorenzo schwer, einen Meister vom Niveau Leonardos zu finden, besonders da Leonardos Lehrer Verrocchio gestorben war. So schrieb Leonardo am 23. April 1490: »Ich begann wieder mit dem Pferd.«[6] In den Zeichnungen aus den Jahren nach 1490, auch in

In der Renaissance glaubte man, daß das Pferd nur dem Menschen an Adel nachstehe. In dem unvollendeten großen Gemälde der Anbetung der Könige, *ausgeführt vor seiner Übersiedlung nach Mailand, malte Leonardo ein sich aufbäumendes Pferd (Detail unten), das eine kraftvolle Darstellungsweise verkörpert.* UFFIZIEN, FLORENZ

denen des Codex Madrid II, wird das sich aufbäumende Pferd des Reiterdenkmals in ein schreitendes umgewandelt, ein erstes Zeichen, daß Leonardo nun ernstlich an dem riesigen Monument arbeitete. Ungefähr ein Jahr später, im Mai 1491, begann Leonardo den Bericht im Codex Madrid II, der so lange Jahre verloren war und durch den wir jetzt nicht nur von den neuartigen Guß- und Modellier-Methoden Kenntnis gewinnen, sondern auch vom Entwurf und endgültigen Modell des Denkmals. Ein steigendes Pferd von solcher Größe warf erhebliche Probleme auf. Die andere Möglichkeit, die Leonardo gekannt haben muß, war ein schreiten-

des Pferd, dessen Vorder- und Hinterbeine auf jeder Seite in gleichzeitiger Bewegung gegossen wurden, wie bei Verrocchios Colleoni [S. 108] in Venedig, bei den Pferden von San Marco in Venedig [S. 109] und bei Donatellos Gattamelata in Padua [S. 108]. Obgleich stabiler und leichter zu gießen als das steigende Pferd der Leonardo-Zeichnungen, wirken die Pferde dieser Denkmäler auf einen so scharfen Beobachter wie Leonardo doch unnatürlich und gehemmt in der Haltung.
Für Leonardo ergab sich also die Aufgabe, das Schreiten des Pferdes realistischer darzustellen. Unter den Zeichnungen der Sammlung Windsor ist eine Skizze des Regisole-Denkmals in Pavia [S. 109], und im Codex Atlanticus finden wir eine Beschreibung, die seinen Respekt vor der glücklichen Lösung bei diesem Denkmal verrät: «Was man vor allem an dem Pferd bewundern muß, ist die Bewegung... Der Trab ist genau so wie der Trab eines lebendigen Pferdes.«[7] Interessanterweise hat Petrarcas Beschreibung des Regisole-Denkmals: »die Statue eines Pferdes, das einen

In den frühen Studien für das Sforza-Denkmal wiederholte Leonardo das Motiv eines sich bäumenden Pferdes, das er in der Anbetung *so prachtvoll gemalt hatte.*

Als Sforza nach 1489 beschloß, ein sehr viel höheres Denkmal zu errichten, änderte Leonardo die Haltung des Pferdes (rechts). WINDSOR 12346

Im Jahre 1492 arbeitete Leonardo an Plänen für den Guß des neuen, größeren Pferdes. Diese Skizze zeigt die Gußform eines schreitenden Pferdes. WINDSOR 12350r

Hügel hinaufsprengen will«[8], große Ähnlichkeit mit der Schilderung des Sforza-Modells – »es scheint ungestüm zu schnauben« – wie sie Paolo Giovio[9] gab. Es ist also sehr wahrscheinlich, daß der Regisole Leonardos Wahl für Entwurf und Modell des Sforza-Monuments weit mehr beeinflußte als irgend ein anderes Denkmal.
Wahrscheinlich hat Leonardo gerade in den Anfangsstadien dem Studium der Pferde einen größeren Teil seiner Zeit gewidmet als dem Studium von Denkmälern. Und wieder sind es die Windsor-Notizen, die seine Skizzen und Beobachtungen aus den Ställen Il Moros enthalten, in denen er die Pferde, ihre Proportionen, ihre Muskeln und ihr Knochengerüst zeichnete

und die Bewegung ihrer Glieder maß [S. 114/115].[10] Obwohl der Codex Madrid II in erster Linie Diagramme und Skizzen enthält, die die technischen Notizen erklären, gibt es auch wunderbare freihändige Zeichnungen, wie die Seiten 147 recto und 151 verso [S. 115 rechts] vom 20. Dezember 1493. In diesen Zeichnungen sehen wir das Modell in einem fortgeschritteneren Stadium und ein Pferd in lebhafter Gangart zwischen Schritt und Trab, die linke Hinterhand vom Boden erhoben, die rechte Vorderhand in einem Winkel von fast 90 Grad gebeugt.[11] Das ist eine ganz leichte Übertreibung der natürlichen Gangart und kommt etwa dem Paradeschritt des klassischen Marc-Aurel-Denkmals nahe [S. 106].

Aber es ist schwer zu sagen, welche der beiden oben erwähnten Zeichnungen Leonardos endgültige Entscheidung für sein Modell darstellt. Die eilige Bleistiftzeichnung auf Folio 147 recto erscheint geistreicher und paßt besser zu Paolo Giovos Beschreibung des wirklichen Modells. Doch ist die Rötelzeichnung auf Folio 151 recto straffer und vielleicht eleganter.

Sie ist der «Gerüst»-Zeichnung von Folio 216 verso-a des Codex Atlanticus (S. 122] sehr ähnlich, die das Motiv eines umgekehrten Kruges verwendet, um das angewinkelte Vorderbein zu stützen.[12] Dieses Motiv erscheint nicht mehr in den Zeichnungen des Codex Madrid II. Wahrscheinlich hat Leonardo es verworfen, weil es den Gang des Pferdes weniger natürlich erscheinen läßt. Leider geben die Zeichnungen keinen Beleg für die genaue Haltung und Bewegung des Pferdes. Selbst der aufschlußreiche Codex Madrid II läßt diese Frage bezüglich des Sforza-Denkmals offen.

Auch in bezug auf den Sockel-Entwurf für die Statue herrscht einige Ver-

Marcus Aurelius
Römischer Kaiser und Philosoph. Römische Antike; Pferd und Reiter 4,24 Meter hoch.

Gattamelata
Berühmter Söldnerführer. Padua, 1453; Pferd und Reiter 3,20 Meter hoch.

Colleoni
Berühmter Söldnerführer. Venedig, 1488; Pferd und Reiter 4 Meter hoch.

Sforza
Herzog von Mailand. Der Guß wurde nie ausgeführt; Pferd allein 7,20 Meter hoch.

Ludwig XIV.
König von Frankreich. Paris, 1699 (zerstört in der Französischen Revolution); Pferd und Reiter 6,82 Meter hoch.

Ein Vergleich der Höhe des Sforza-Pferdes mit anderen Reiterstatuen gibt einen Eindruck davon, was es für Leonardo bedeutete, ein viermal lebensgroßes Pferd zu gießen (oben).

Links schrieb Leonardo einige Gussanweisungen für sich nieder. In der Skizze zeigt er Roß und Reiter.

Die Statue des Marcus Aurelius in Rom (links außen) war dem Regisole-Denkmal, das Leonardo in Pavia sah, sehr ähnlich.

Donatellos Denkmal für den Condottiere Gattamelata (oben) beeinflußte wahrscheinlich einige Skizzen Leonardos, obwohl er es nur aus zweiter Hand kannte.

Das Denkmal für den Condottiere Bartolommeo Colleoni in Venedig (unten) war das Werk von Andrea del Verrocchio, Leonardos altem Lehrmeister.

Die vergoldeten Bronzepferde von San Marco in Venedig (links) sind das Werk hellenistischer oder auch römischer Künstler. Leonardo sah sie um 1500 oder vielleicht früher.

wirrung. Die früheren Denkmäler wie die des Gattamelata oder des Colleoni hatten Marmorsockel, auf denen die Statuen mit den Zapfen der Deckplatten befestigt waren. Auf den Seiten 147 recto und 146 verso beschäftigt sich Leonardo mit der Aufgabe, den Sockel in Bronze zu gießen, und Codex Madrid II gibt keine Antwort auf die Frage, warum er sich dieses zusätzliche Problem stellte. Es wäre möglich, daß der Sockel des Denkmals nicht sehr hoch geplant war, so daß die Standfläche für das Pferd mehr oder weniger in Augenhöhe läge und die unvermeidlichen Unvollkommenheiten der Nähte zwischen den Bronzeplatten und dem Marmor enthüllt hätte. Diese Hypothese ist nicht ganz unberechtigt, wenn man bedenkt, daß ein hoch aufragender Sockel, wie bei den Gattamelata- und Colleoni-Denkmälern, bei der Größe des Sforza-Monuments so ungewöhnliche Dimensionen annehmen würde, daß er sich nur schwer in den umgebenden städtebaulichen Raum jener Zeit eingefügt hätte.
Ebenso hat der Codex Madrid II auch keine klaren Antworten auf die Frage nach der tatsächlichen Plazierung des Denkmals. Die ursprüngliche

Die Genauigkeit, mit der Leonardo das Muskelspiel der Pferde wiedergab, deutet darauf hin, daß er sie wahrscheinlich seziert hat. Zeitgenossen erwähnen sein Buch über die Anatomie der Pferde, das offenbar verloren ist. Die hier abgebildeten Zeichnungen aus der Sammlung Windsor stammen beide aus der Zeit der Arbeit am Reiterdenkmal, das der Marschall Gian Giacomo Trivulzio um 1508 in Mailand in Auftrag gab. Trivulzio, der die französische Invasion in Mailand anführte, hatte gehofft, Regent der Stadt zu werden, aber Intrigen zerstörten seine Chancen.

Idee Galeazzo Marias war ein Denkmal außerhalb des Palastes. Alte Mailänder Chroniken erwägen die Möglichkeit, das Denkmal neben Francescos Grabhügel zu stellen[13]; ein Manuskript aus dem Jahre 1491 von Bartolomeo Gambagnola, das eine den Cavallo-Skizzen sehr ähnliche Miniatur eines Reiterdenkmals enthält, will die Statue in die Vorhalle eines Tempels setzen.[14] Wahrscheinlich neigte Leonardo zu keiner dieser

Lösungen und zog einen großen, offenen Hof vor, aber der Codex liefert uns keinen weiteren Schlüssel zu diesem Problem.
Der von dem Pferd handelnde Teil des Codex Madrid II befaßt sich fast ausschließlich mit der Aufgabe, eine Gußform für die ungeheure Bronzestatue zu modellieren und zu gießen. Er gibt sehr genaue Erklärungen zum Bau des Modells, zur Herstellung der Gußformen, zum Gießen des Gegenmodells, zur Vorbereitung der Schmelzgruben und Brennöfen, und

schließlich zum Gießen der Statue selbst. Leonardos Methode war im Vergleich mit den früheren Verfahren revolutionär. Eine genaue Durchsicht des im Codex Madrid II enthaltenen Materials demonstriert die Vorteile dieses Systems und zeigt erneut in anderem Kontext Leonardos Genialität in der Konzeption und seine Gründlichkeit in der Behandlung des Details.

Im April 1490 hatte Leonardo die Arbeit am Denkmal wiederaufgenommen und etwa im Mai 1491 ein Tonmodell für das große Pferd fertiggestellt. So berichtet er im Codex Madrid II[15] mit Bezug auf das Verhältnis zwischen Gußform und ursprünglichem Modell des »irdenen Pferdes«. Diese Äußerung im Codex und die Notiz auf Folio 151 verso vom 20. Dezember 1493: »Da das Pferd 12 Ellen mißt...« sind die ersten unmittelbaren Bestätigungen der zeitgenössischen Berichte durch Leonardo selbst. Luca Pacioli hebt die ungeheure Größe des Pferdes hervor: es war zwölf Ellen oder über sieben Meter hoch.[16] Andere beschreiben das Material des Pferdes. Paolo Cortese erwähnt ein »tönernes Pferd«, Paolo Giovio einen Koloß »aus Lehm« und Matteo Bandello ein »irdenes Pferd«.[17] Aus

Leonardo achtete stets darauf, eine für den Guß geeignete Haltung zu suchen, die das freie natürliche Wesen lebender Pferde nicht preisgab (links).

Leonardos Begleitnotizen machen deutlich, wie er mit dem praktischen Sinn des Ingenieurs Zeit und Geld spart: er schlägt sogar vor, für die äußere Form statt gebranntem Ton Gips zu nehmen. Dieses Blatt bezieht sich wahrscheinlich auf den Guß des Sforza-Pferdes, obwohl einige Gelehrte der Ansicht sind, es stamme von Leonardos späterem Plan für das Trivulzio-Denkmal.

dem Codex geht nicht klar hervor, aus welcher Erdsubstanz das Modell bestand. Der Codex Atlanticus[18] erwähnt in einer Eintragung, zu datieren um 1490, einen »Modellier-Stuck«, also vielleicht die gleiche Mischung, aus der das Modell des Pferdes gemacht war. Dieses Tonmodell wurde im alten Hof der herzoglichen Residenz im November 1493 enthüllt, als Höhepunkt der Feierlichkeiten anläßlich der Verlobung Bianca Maria Sforzas mit Maximilian, dem Kaiser des Heiligen Römischen Reiches deutscher Nation. Es ist nicht schwer, sich die gewaltige Wirkung einer so prunkvollen Hochzeit und eines so riesigen Denkmals vorzustellen.

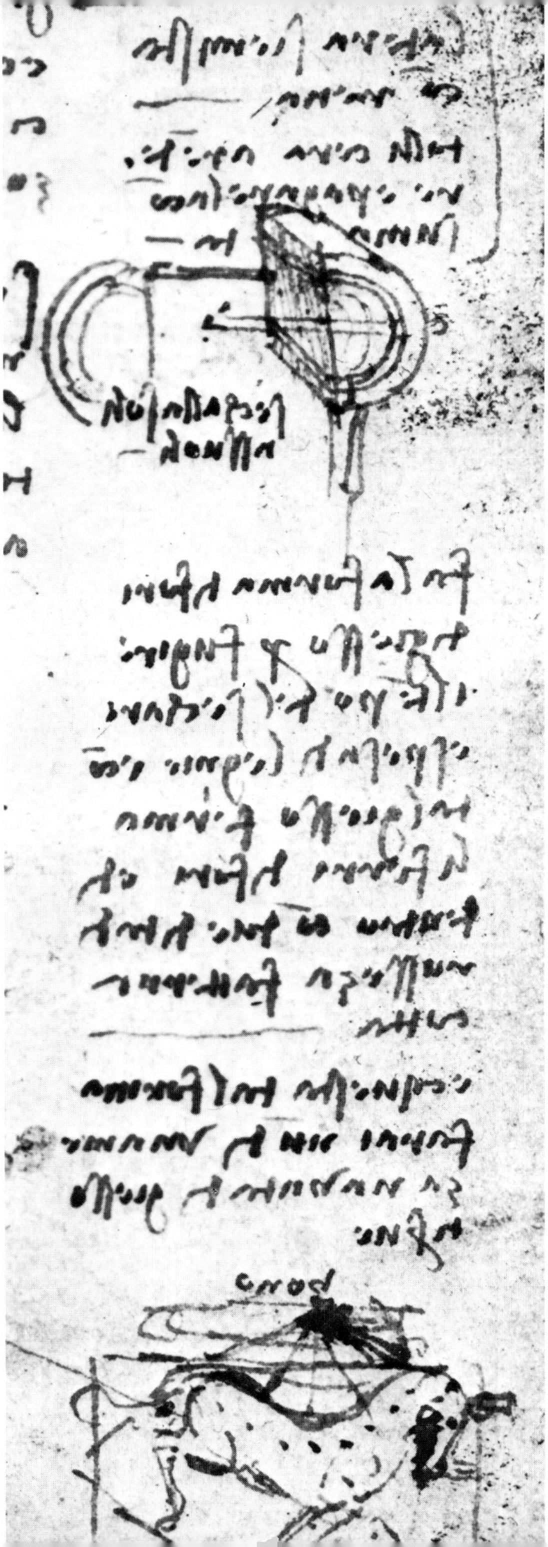

Der Ton soll mit Sand
vermischt sein.
Nimm Wachs, um zu ersetzen
und zu bezahlen
was gebraucht wird.

Trockne in
Schichten.

Mache die äußere Form
aus Gips, um beim
Trocknen Zeit zu gewinnen
und Holz einzusparen;

und mit diesem Gips
umgib die Eisen außen
und innen zwei Finger
dick; brenne den
Ton.

Und diese Form kann an
einem Tag gemacht werden;
eine halbe Schiffsladung
Gips wird dir genügen.

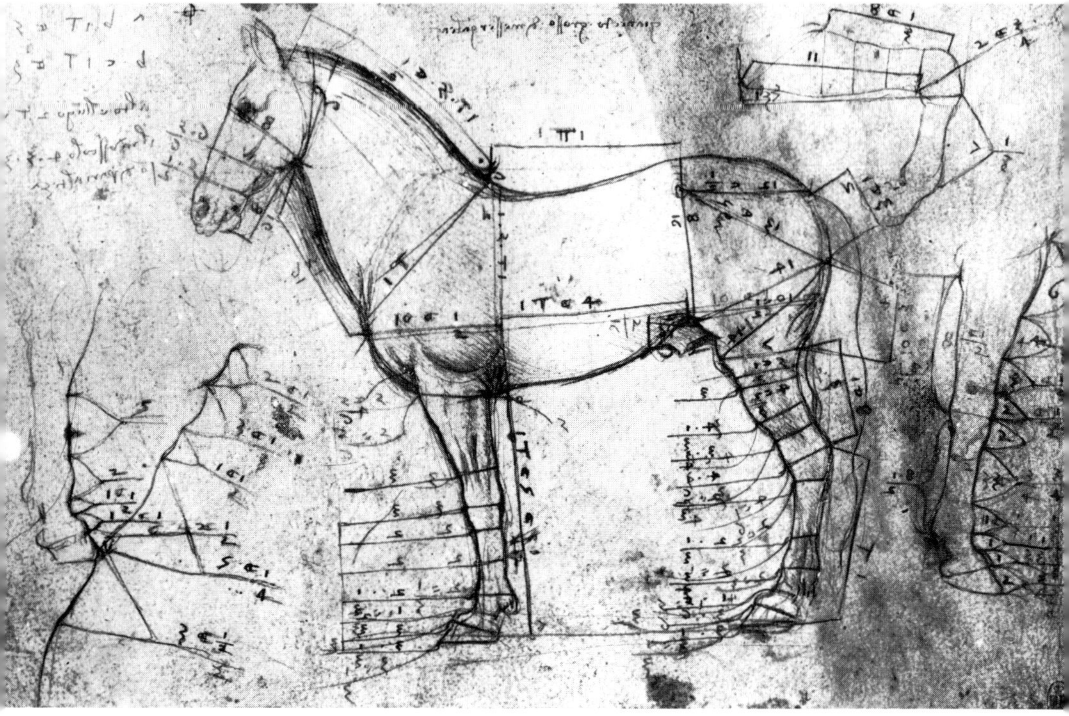

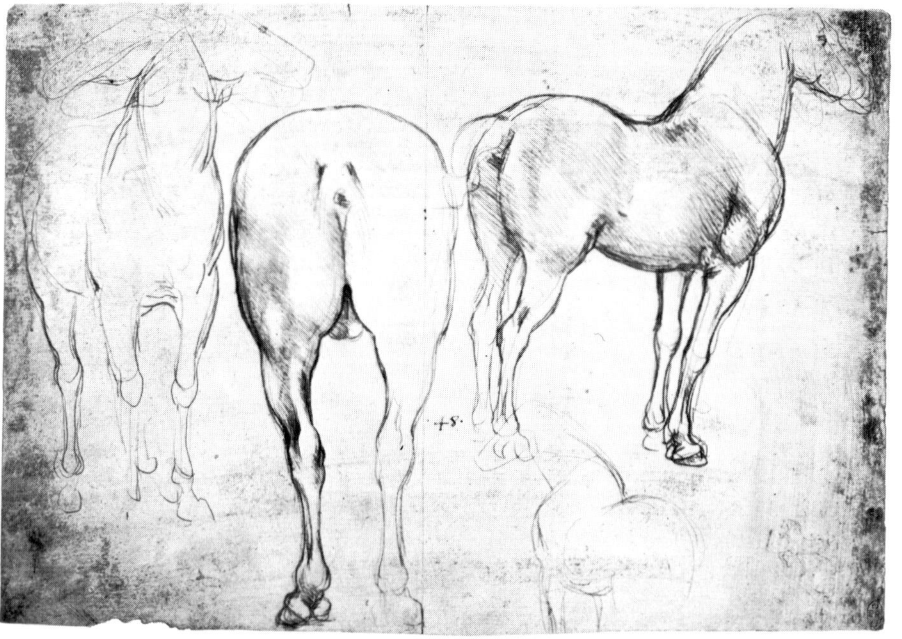

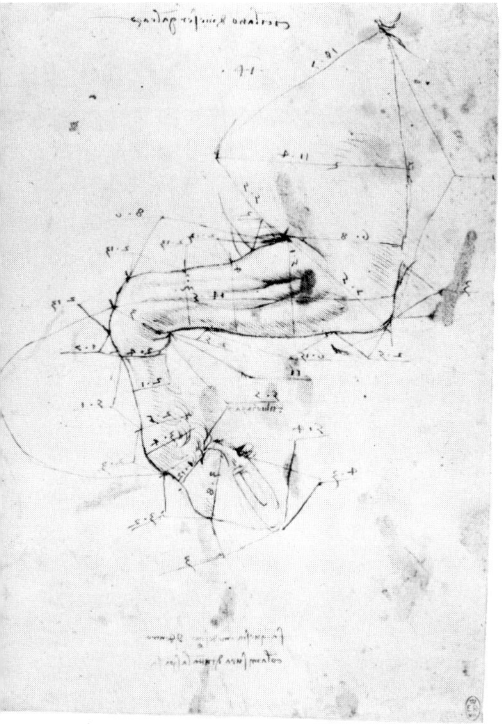

Leonardo wird von anderen Reiterdenkmälern Anregungen gewonnen haben, doch letztlich legte er die Natur zugrunde. Er studierte die Pferde in den herzoglichen Ställen, skizzierte ihre Bewegungen, ihren Knochenbau und maß die Körperteile zur Bestimmung genauer Proportionen. In der Zeichnung links oben, Windsor 12319, zerlegt er das Pferd in Schnitte und notiert die Maße. Links, Windsor 12294, mißt er ein Vorderbein des sizilianischen Pfer-

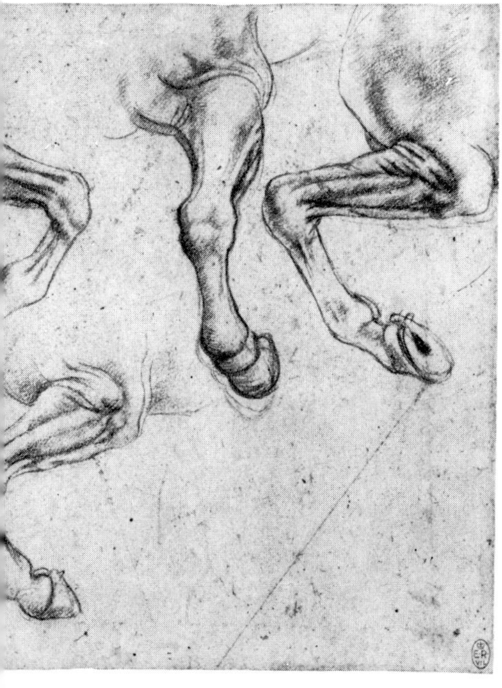

des, das Lodovicos Schwiegersohn, Galeazzo di Sanseverino, gehörte. Unten links, Windsor 12317, skizziert er die Hinterhand und zwei andere Ansichten. Links, Windsor 12299, angewinkelte Vorderbeine – ursprünglich von Leonardo gezeichnet – hier in einer Kopie, die wahrscheinlich von seinem Schüler Francesco Melzi stammt.
Die Zeichnung oben aus dem Codex Madrid II deutet die Gussform eines schreitenden Pferdes an und gibt die Gangart wieder, die Leonardo dem Sforza-Pferd verleihen wollte.

Selbst die Erwähnung dieses Tonmodells gibt wichtige Aufschlüsse über Leonardos Absichten für den endgültigen Guß. Die Verwendung eines Ton- oder Stuckmodells bedeutet die Ablehnung des Gußverfahrens mit verlorener Form, der in der Renaissance allgemein angewandten Methode für den Skulpturenguß. Diese Methode nach antiker Tradition war in klassischer Zeit gebräuchlich und wird in der *Schedula* des Mönchs Theophilus genau beschrieben.[19] Bei dem Guß einer Statue nach dem Gußverfahren mit verlorener Form werden Wachsmodelle des geplanten Werks über einem Kern aus feuerfestem Ton gemacht. Dann wird eine äußere Gußform über das Wachs gelegt und das Ganze in der Schmelzhütte erhitzt, damit das Wachs herausläuft (daher verlorene Form). In die vom Wachs entleerte Höhlung wird Bronze gegossen. Bei dieser Methode mußte das Werk, auch wenn es von mittlerer Größe war, in mehreren Stücken gegossen werden, die nach Vollendung des Gusses zusammengelötet, versäubert und zu einem einheitlichen Ganzen gefügt wurden. Am Anfang des 16. Jahrhunderts, bald nach Leonardos Arbeit am Sforza-Pferd, zeigte Pomponius Gauricus die Nachteile der Gußmethode mit verlorener Form auf. Obgleich das von Leonardo ersonnene Verfahren zum Guß des Denkmals darauf abzielte, die Nachteile dieser Methode auszuschließen, scheint Gauricus es nicht gekannt zu haben.[20]
Die Lötlinien oder -nähte waren häßliche Spuren dieser Gußmethode, doch eine größere ästhetische Beeinträchtigung ergab sich aus der Tatsache, daß das Modell dabei zerstört wurde oder verlorenging, denn nun konnte das Original nicht mehr zur Beseitigung jeder Unvollkommenheit an der gegossenen Figur herangezogen werden.

Bei der Gußmethode mit verlorener Form gab es sowohl praktische wie ästhetische Nachteile. Es war unmöglich, eine gleichmäßig dicke Wachsschicht herzustellen, und wenn das Wachs nicht gleichmäßig stark war, konnte die Dicke der Bronze nicht kontrolliert werden. Kann man die Dicke der Bronze nicht kontrollieren, läßt sich die für den Guß benötigte Bronzemenge nicht exakt berechnen. Das bedeutet ein ungeheures technisches Problem, vor allem, wenn eine Figur großen Ausmaßes in einem einzigen Gußvorgang hergestellt werden soll, und genau das hatte Leonardo vor.[21] Für das Sforza-Projekt war es notwendig, das Gewicht der riesigen Statue durch Reduzierung der Bronzedicke so niedrig wie möglich zu halten. Außerdem mußte die Metallmenge genau berechnet werden, denn es wäre ein unersetzlicher Schaden gewesen, wenn die geschmolzene Bronze in den Öfen zur Vollendung des Gusses nicht ausgereicht hätte. Daher mußte Leonardo die bisherige Gußmethode ablehnen.

Heute müssen wir uns vor Augen halten, wie kühn sein Entschluß war, ein so gewaltiges Denkmal in einem einzigen Vorgang nach einer gänzlich neuen, noch nicht bewährten Methode zu gießen.
Nach seiner Wiederentdeckung schafft uns nun der Codex Madrid II weiteren Zugang zu Leonardos Plänen und Experimenten, die mit den bildhauerischen Traditionen radikal brechen. Da aber Leonardo seine Notizen unglücklicherweise nicht der Reihe nach aufzeichnete, sondern auf irgendeinen Fetzen Papier schrieb, was ihm gerade in den Sinn kam, ist die Interpretation seines Berichts über den Gußvorgang nicht bis in alle Einzelheiten zu belegen. Um den Gußprozeß besser zu verstehen, sollte man die Notizen des Codex Atlanticus, der Sammlung Windsor und auch die Aufzeichnungen für das geplante Denkmal für Gian Giacomo Trivulzio heranziehen.[22]
Leonardos neuer Plan für den Guß des gewaltigen Bronzepferdes begann mit der Aufstellung des Tonmodells in voller Größe im Hof des Sforza-Kastells. Direkt über dem Tonmodell machte er einen Abdruck in mehreren Stücken, der der negative Teil der endgültigen Gußform werden sollte. Die Zeichnung von Kopf und Hals des Pferdes, Folio 157 recto des Codex Madrid II [S. 125], zeigt einige über dem Modell zusammengefügte und durch Eisenstreben gehaltene Teile. Die Stücke dieser Gußform waren verschieden in der Zahl, je nachdem, ob sie auf geraden oder runden Teilen des Modells angebracht wurden. Im Codex heißt es auf Folio 148 recto, Absatz 2: »Wenn du für jede Rundung irgendeines Gliedes eine Form aus drei Stücken machst, dann löst du sie viel leichter vom irdenen Pferd, als wenn du sie aus zwei Stücken gemacht hättest.« Vor dem Ablösen der Stücke wurden die Berührungspunkte auf dem gut eingefetteten Modell markiert, danach die verschiedenen Stücke, durch Trocknen gefestigt, abgenommen und wieder zusammengefügt. Auf diese Weise erhielt man eine hohle negative Gußform in zwei Hälften, »Halbformen« genannt.[23]
In die Höhlung dieser Halbformen wurde eine weiche, verformbare Masse in gleichmäßiger Schicht eingefüllt. Diese Schicht bezeichnet Leonardo im Codex Madrid II als »Dicke«. Auf Folio 144 recto, Absatz 6, notiert er, die »Dicke« aus Töpferton herzustellen, und auf Folio 148 recto, Absatz 6, erwähnt er Wachs oder Töpferton. Mit dieser Schicht löste Leonardo das Problem der genauen Berechnung der benötigten Bronzemenge. Das Verhältnis zwischen dem Gewicht des für die »Dicke« nötigen Materials und dem der Bronze ließ eine exakte Berechnung zu. Unter dieser Schicht (später von Cellini als *lasagna* bezeichnet), in der Höhlung der

negativen, lag dann die positive Form aus feuerfestem und besonders hitzebeständigem Ton, die das Brennen und die direkte Berührung mit dem geschmolzenen Metall aushielt. Diese positive Form mußte entsprechend den Eisenknebeln konstruiert werden, die sie innerhalb der Höhlung festhielten. In der Höhlung dieser Gußform waren eiserne Bolzen, sogenannte Knebel, zum Zusammensetzen der positiven Gußform angebracht. Es gab zwei Arten dieser Knebel: Die einen blieben auch nach dem Guß an ihrem Platz und gaben dem fertigen Bronzedenkmal mehr Festigkeit; die anderen dienten dazu, Kern und äußere Gußschicht zu halten und wurden nach Beendigung des Gusses entfernt. Skizzen und Beschreibungen dieser Knebel finden sich im Codex Atlanticus (datiert 1494)[24] und auch in Windsor 12349, wo die Skizze einer Gußform für ein sich aufbäumendes Pferd beweist, daß Leonardo diese neue Gußmethode in seinen ersten Mailänder Jahren geplant hatte, als er mit den Arbeiten am Bronzepferd begann.

Vor allem aber mußte die positive Form frei von Feuchtigkeit sein. Um das

Das Trivulzio-Projekt war als viel reicher ausgestattetes Grabdenkmal geplant als das Sforza-Pferd. Nur eine Skizze aus dem Codex Atlanticus, Folio 148 recto-a, zu datieren auf die Jahre der ersten Zeichnungen für das Sforza-Denkmal, handelt von einem Sockel für die lebensgroße Sforza-Statue – einem hohen Piedestal auf Rundbögen (oben links). Leonardo plante für Trivulzio ein lebensgroßes Pferd mit Reiter auf einem großen, dekorierten Marmorsockel. In der Skizze oben rechts, Windsor 12355, ist der Sockel eine Art Triumphbogen. Windsor 12353, Mitte oben, zeigt einen runden und von vielen Säulen getragenen Sockel.

Einige Studien zum Trivulzio-Denkmal benutzen einen alten Bildhauer-Kunstgriff: die Vorderbeine eines steigenden Pferdes sind auf einen Gegenstand gestützt. Bei Donatellos Gattamelata war es eine große Kugel. Nach der Überlieferung hatte sogar der Marcus Aurelius ursprünglich einen gestürzten feindlichen Krieger als Balance. In diesen Skizzen entschied sich Leonardo für den gefallenen Gegner. Der Sockel hat ein Gesims, an dem die Trophäen des Feldherrn hängen, an den Ecken toskanische Säulen. In der Skizze oben, aus Windsor 12353, ruht der Piedestal an den vier Ecken auf dorischen Säulen. An den Seiten des Säulengebälks sitzen nackte Athleten.

zu verbürgen, wollte Leonardo sie von der negativen Form lösen und noch einmal brennen, ähnlich wie es beim Kanonenguß geschieht. Hier konnte sich Leonardo auf seine früheren Erfahrungen verlassen. Er wußte, welch ernste Schwierigkeiten entstehen konnten, wenn die Feuchtigkeit nicht vollständig aus der positiven Form abgezogen war, und um das zu vermeiden, schlug er eine weitere Abwandlung des Gußverfahrens vor.[25] Er wollte eine nur zwanzig Zentimeter dicke Schicht feuerfesten Tons in die Höhlung der negativen Form einpassen. Sie sollte den äußersten Teil der positiven Form, eine Art »Umhüllung«, bilden, die nach dem zweiten Brennvorgang mit einer Mischung aus Ziegelstaub, Asche, Gips oder Kalkmörtel gefüllt würde.[26] Ein innen belassener »Abzug« würde dann das Ausströmen aller noch verbliebenen Feuchtigkeit im Augenblick des Gießens sichern. Obgleich Leonardo dieses Verfahren für den Körper des Pferdes plante, sollte die Gußform von Kopf und Hals sofort ganz mit dem gebrannten Ton der positiven Form ausgefüllt werden.

In diesem Stadium sind die Schichten der negativen Form nun an ihren Kennpunkten zusammengefügt und können um die positive Form gelegt werden. Das wäre im Grunde eine kunstvollere Art der vorherrschenden Gußmethode gewesen, hätte aber noch viele ihrer Nachteile gehabt. Es war nicht möglich, die Zuverlässigkeit des Tonmodell-Abdrucks zu prüfen, und zweifellos entstünden viele Mängel bei der Entfernung der Zwischenschicht, dem wiederholten Herausnehmen der hohlen Stücke, sowie viele Nähte zwischen den Stücken.

Bei Leonardos neuem System der zusammensetzbaren Gußform ergab sich als größte Errungenschaft ein Gipsabdruck, der, mit Wachs ausgegossen, ein Duplikat des Originals lieferte. Der Künstler konnte dieses Duplikat zur Kontrolle für die beim ersten Abdruck vielleicht entstandenen Mängel benutzen, sie verbessern und das Gegenmodell bearbeiten, bis er die höchste Vollendung an dem in Bronze zu übertragenden Abbild erreicht hatte. Der Gußvorgang war nun nicht mehr hochqualifizierte manuelle Arbeit, sondern eher schöpferisches Tun, das Anwesenheit und Eingreifen des Künstlers erforderte.

Der Codex Madrid II erwähnt nicht ausdrücklich ein Duplikat aus Wachs, doch wird es angedeutet, vor allem im Codex Atlanticus: »...gieße den Rest [von dem Wachs]... und dann forme das Wachs, wie du es brauchst...«.[27] Selbst wenn das hier deutlich beschriebene Wachsduplikat für eine kleinere Figur bestimmt war, ist es doch äußerst unwahrscheinlich, daß Leonardo für ein so viel Sorgfalt erforderndes Projekt wie das Sforza-Pferd nicht versucht hätte, eines anzufertigen, zumal wir wissen,

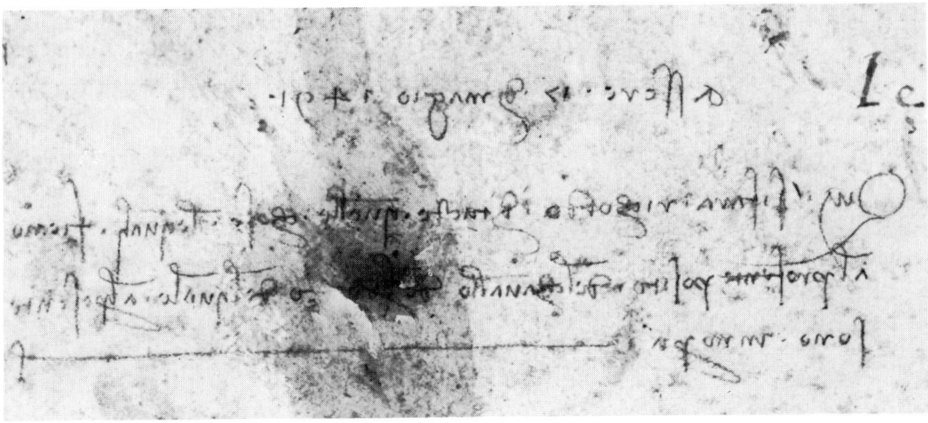

Oben auf dieser Seite aus dem Codex Madrid II – Folio 157 verso – schreibt Leonardo: »Am Abend des 17. Mai 1491. Hier wird all das in Erinnerung gerufen, was das bronzene Pferd betrifft, mit dem ich zur Zeit befaßt bin.« Zwar ist es die letzte Seite des Manuskripts, aber tatsächlich das erste der siebzehn Blätter, auf denen Leonardo das Sforza-Pferd schildert.

daß er später seinen Plänen für das Trivulzio-Denkmal ein Wachsduplikat beifügte.[28]

Noch andere Stellen im Codex Madrid II scheinen auf ein Wachsmodell hinzuweisen. Die Seiten 142 verso, 148 verso und 150 recto erwähnen die Notwendigkeit, das Pferd mit Asche zu bestreichen, bevor es mit dem Gußmantel bedeckt wird. Wäre das ein Tonmodell gewesen, so hätte man es mit einer fettigen Masse bestreichen müssen, um das Ankleben des Mantelbodens zu verhindern. Wenn aber der Gußmantel auf ein Wachsmodell gesetzt wird, muß statt dessen eine Schicht Asche aufgebracht werden. Leonardo rät: »Wenn du – mit dem Mantel beginnend – zwei Hände voll Asche aufgetragen hast, dann reibe mit der Hand die trockene Asche so leicht, daß sie sich glättet, damit der Mantel von den Pinselstrichen der Asche keine Spuren behält.«[29]

Aus allen diesen Berichten geht klar hervor, daß Leonardo eine ganz besonders wichtige Stellung in der Geschichte der Gußtechnik einnimmt: Dieses stückweise Modellieren mit einem Wachsduplikat setzte sich seit dem 16. Jahrhundert überall durch und blieb bis in die heutige Zeit in Gebrauch.

Der Gußmantel selbst wurde durch große, eiserne Querstangen gehalten, die die positive Form innerhalb des Mantels versteiften. Das ist in der Zeichnung Seite 157 verso im Codex Madrid II deutlich dargestellt. Sie zeigt, daß die Stützknebel an diesen Eisenriegeln befestigt waren. Folio 154 recto des Codex Madrid II enthält eine Zeichnung des Gerüsts, das zum Transport der Gußform diente. Sie zeigt, daß der Gußmantel «offen» war, d.h. er bestand aus Stücken, die von der positiven Form abgenommen werden konnten, nachdem das verflüssigte Wachs des Duplikats weggeschmolzen war.

Dieser offene Gußmantel war nicht allgemein in Gebrauch, weist aber schon auf eine andere, von Leonardo ersonnene Maßnahme zur Lösung der ihm gestellten Aufgabe. Bei dem Guß eines Denkmals von so ungeheuren Ausmaßen warf selbst die Schmelzgrube Probleme auf. Die Grube mußte ziemlich tief sein, doch der Untergrund der Umgebung von Mai-

Dieser hölzerne «Käfig» (rechts) war Leonardos Transportmittel zur Schmelzgrube für die große Form. Seine Notiz – «alle Bolzenspitzen» – bezieht sich auf die Löcher an der Seite des Pferdes, in denen er Bolzen zur Befestigung der inneren und äußeren Gußformen anbringen wollte.

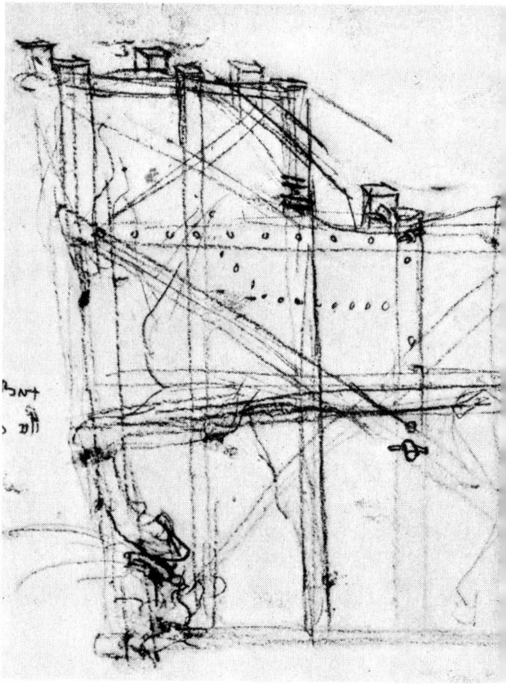

Rechts außen: Leonardo gibt seine eigene Beschreibung zu dieser Erfindung, die ihm dazu dienen sollte, die negative Form zu transportieren und herabzulassen.

land enthält wasserführende Schichten nahe der Oberfläche. Diese Feuchtigkeit würde natürlich den Guß gefährden. Auf Folio 151 verso, datiert vom 20. Dezember 1493, konstatiert Leonardo, daß das Pferd »dem Wasser eine Elle nahe sein« würde. Daher mußte der Gußmantel vollkommen trocken und wasserfest sein. Der Codex beschreibt Leonardos Versuche, dem Mantel die Feuchtigkeit zu entziehen.[30]

Der Gußmantel war zwangsläufig offen, denn er wurde zum Brennen und Festigen von der positiven Form abgenommen, damit er gänzlich austrocknete. Auch diese Methode ist ähnlich wie bei der Geschützherstellung, und offenbar war Leonardos Kenntnis auf diesem Gebiet wieder einmal äußerst nützlich.[31]

Der Gußmantel bestand wahrscheinlich aus einer geringeren Anzahl von Stücken als die anderen Gußteile, denn anders als in früheren Stadien wurde seine Ablösung dadurch erleichtert, daß die Stücke nicht an dem Modell hafteten. Sie waren, nachdem das Wachs des Duplikats abgeflossen war, von der positiven Form durch den Luftzwischenraum getrennt, der später von der Bronze ausgefüllt wurde. Der Codex spricht vom

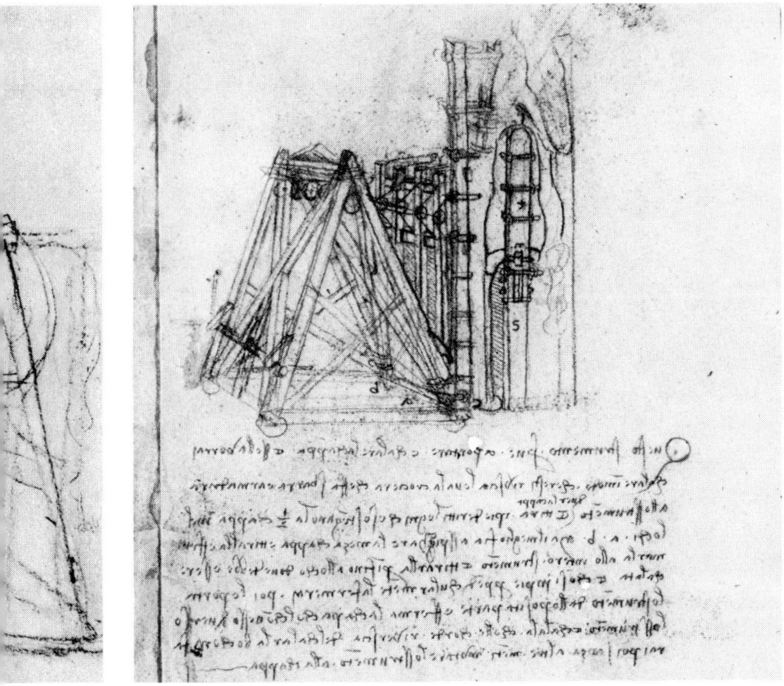

»gleichmäßigen Ablösen«[32] des Gußmantels, indem man ihn horizontal abzieht. Leonardo machte sich auch Gedanken über das Gewicht des Mantels[33], denn er mußte nach Fertigstellung des Wachsmodells von der positiven Form abgelöst und zu Schmelzgrube und Brennöfen transportiert werden. Da der Mantel schwer, unförmig und sehr zerbrechlich war[34], mußten Grube und Ofen am gleichen Platz sein. Natürlich konnte

Diese herrliche Rötelzeichnung zeigt Kopf- und Halspartie der negativen Form. Das eiserne Gitterwerk, die Armatur, sollte den Gips oder Ton der Form verstärken.

dieser Platz nicht am Schloß liegen, daher entwarf Leonardo die Gerüste, wie sie die Zeichnungen 154 recto im Codex Madrid II und 216 verso im Codex Atlanticus zeigen.

Die Brennöfen mußten neben der Schmelzgrube eingegraben werden und dienten zunächst zum Wiederbrennen und Entwässern der beiden Mantelhälften. Nach diesem Vorgang wurde die positive Form in das Innere hinabgelassen und mit Kanälen oder Eingußlöchern versehen, die zum Einfüllen der geschmolzenen Bronze dienten.[35] Dafür entwarf Leonardo eine besondere Art von Winden.[36] Der Mantel wurde dann über die positive Form gestülpt und die ganze Gußform auf den Boden der Grube gelegt.[37] Dies war die letzte Phase der kompliziertesten Gußmethode, die je erfunden wurde. Im Vergleich mit den herkömmlichen Verfahren war sie revolutionär, und ihre spätere allgemeine Verwendung beweist ihre Überlegenheit.

Tragischerweise sollte Leonardo niemals erleben, daß sein kunstvolles Verfahren vollständig erprobt wurde. Man weiß aus einem Brief, den Lodovicos Schwager, Ercole I. d'Este, Herzog von Ferrara, an seinen Gesandten in Mailand richtete[38], daß die Form für den Guß des Pferdes vollendet war. Diesem Brief folgte ein anderer, mit dem die Gußform für ein Reiterdenkmal für Ercole selbst erbeten wurde. Die politischen Verhältnisse hatten sich wieder geändert, und Ereignisse, über die er keine Macht hatte, hinderten Leonardo, die Arbeit am Bronzepferd fortzusetzen.

Nach den Notizbüchern kann man sich gut vorstellen, wie Leonardo, völlig in Anspruch genommen von seinen Experimenten und gleichgültig gegen Hofintrigen, über seinen Entwürfen brütet. Aber gerade diese Intrigen gefährdeten sein großartiges Projekt. Il Moros Stellung als Herzog von Mailand war nie sehr stark gewesen. Sein Neffe, Gian Galeazzo, dessen Gemahlin mächtige Verwandte in Neapel besaß, bedrohte ihn. Im Geheimen schloß sich Florenz der Haltung Neapels an, und Lodovico sah sich einer italienischen Koalition gegenüber, die sich gegen Mailand richtete. 1494 starb Gian Galeazzo, wahrscheinlich durch die Schuld Il Moros, und im gleichen Jahr, als Leonardo gerade die endgültigen Gußformen vorbereitete, überredete Lodovico König Karl VIII. von Frankreich, einen

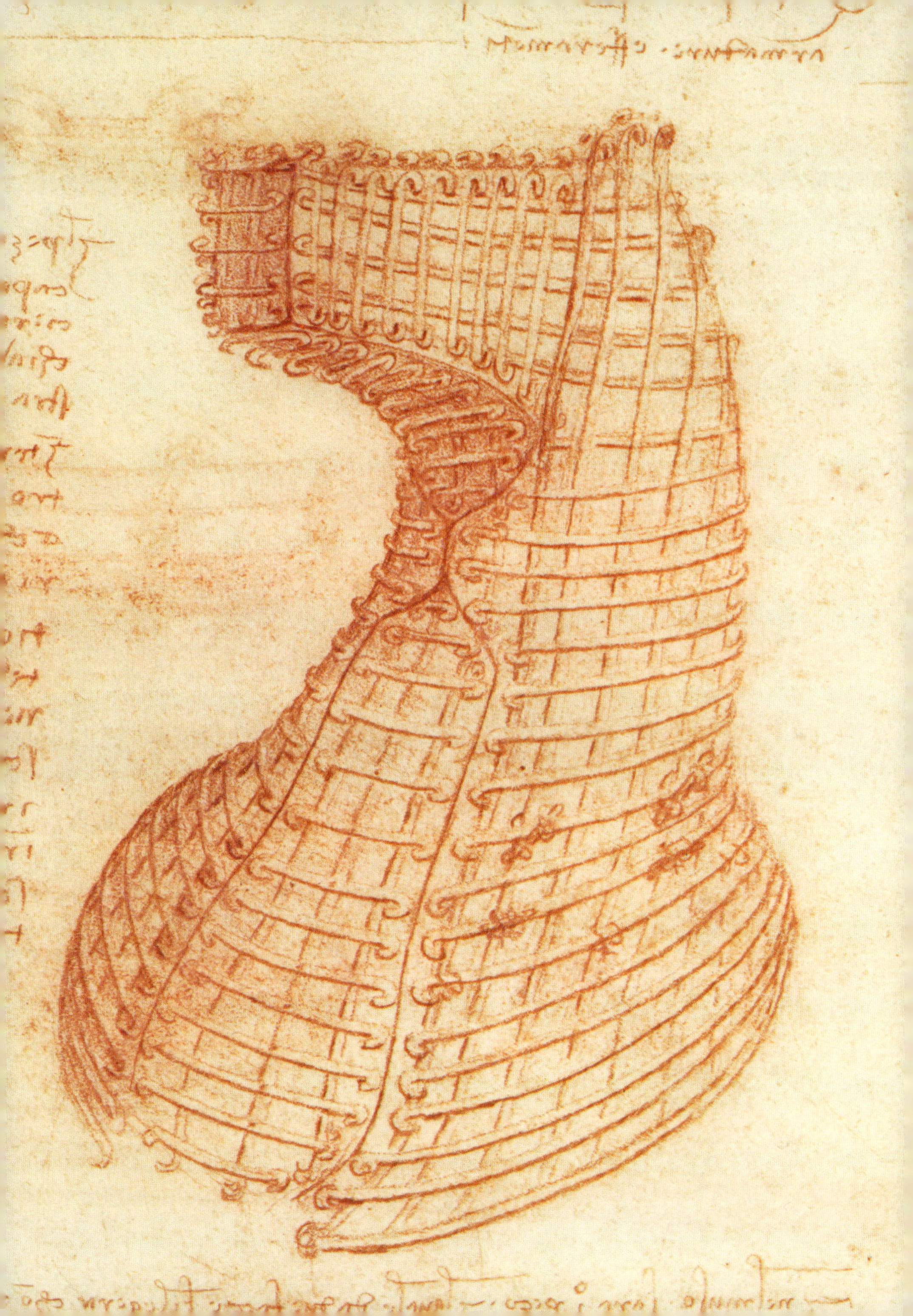

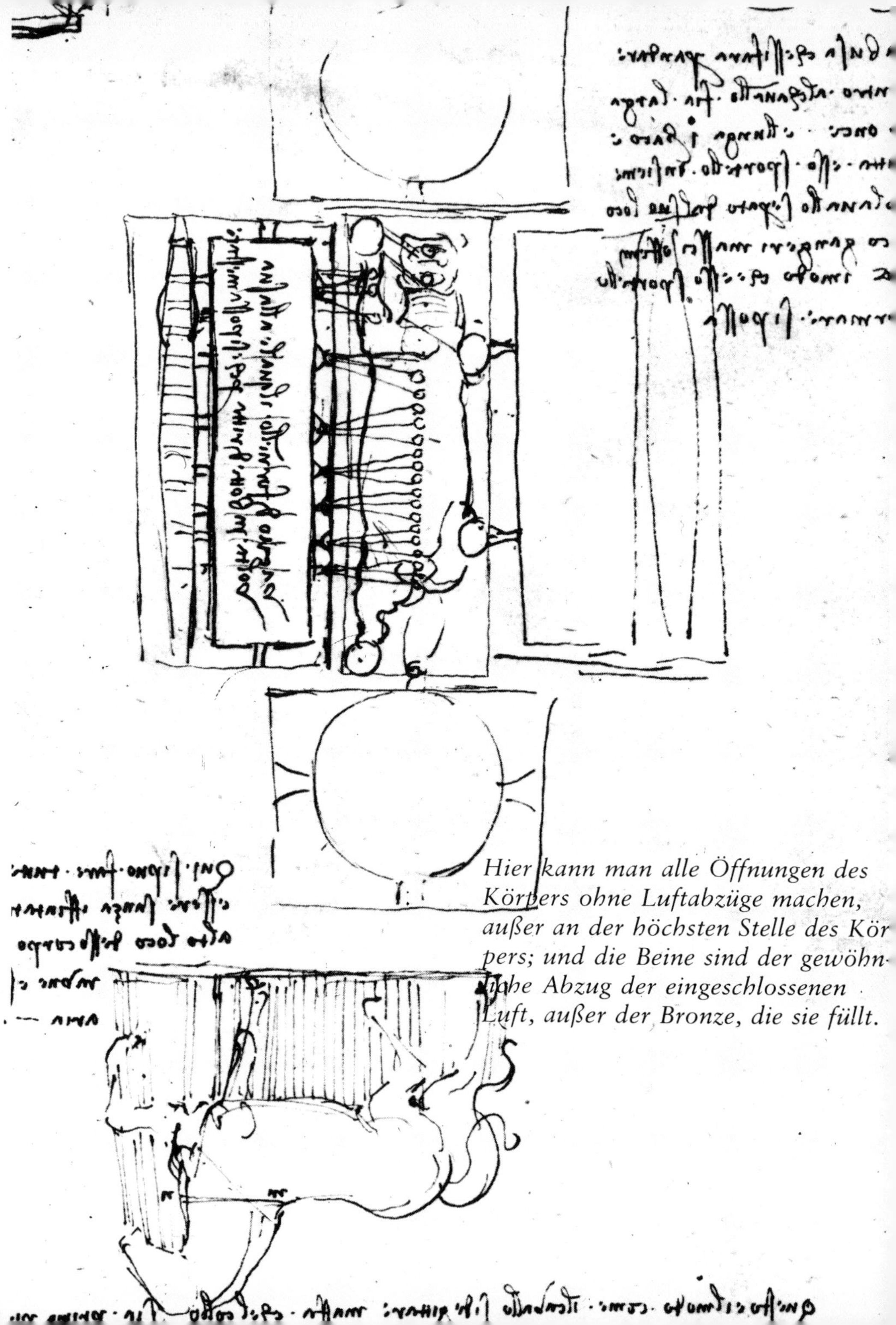

Hier kann man alle Öffnungen des Körpers ohne Luftabzüge machen, außer an der höchsten Stelle des Körpers; und die Beine sind der gewöhnliche Abzug der eingeschlossenen Luft, außer der Bronze, die sie füllt.

alten französischen Anspruch auf Neapel geltend zu machen. Das erschien zuerst als Meisterstreich politischen Kalküls, aber das Resultat war für Lodovico vernichtend. Es ist durchaus möglich, daß er die Franzosen nur als drohende Gefahr für die anderen italienischen Mächte haben wollte. Es stellte sich jedoch bald heraus, daß Frankreich ernsthafte Absichten zeigte, in Italien, einschließlich Mailands, einzufallen. Lodovicos Schwager in Ferrara war unmittelbar bedroht. Im November 1494 sah sich Il Moro gezwungen, die für das Bronzepferd bestimmten 158 000 Pfund Bronze für Kanonen zu verwenden.[39]

Zu dieser Zeit hatte Leonardo aber die Hoffnung noch nicht aufgegeben. Während er am *Abendmahl* malte, schrieb er an Lodovico: »Von dem Pferd sage ich nichts, denn ich weiß, wie die Zeiten sind...«[40] Auch ohne die Bronze arbeitete Leonardo weiter an den endgültigen Plänen für den Guß. Er beschloß, den Schwanz gesondert zu gießen, wegen der Schwierigkeit, die Bronze in die einzelnen Schweifbüschel eindringen zu lassen.[41] Obgleich er anfangs entschieden hatte, das Pferd in Seitenlage zu gießen, um die Nässe am Boden einer sehr tiefen Grube zu meiden, änderte er seinen Entschluß, um das Pferd nun, wie ursprünglich geplant, auf dem Kopf stehend zu gießen.[42] Er arbeitete auch an dem Entwurf für die Brennöfen und zeichnete auf Folio 149 recto des Codex Madrid II im ganzen vier Öfen: zwei runde und zwei rechteckige [links]. Die Folios 142 recto und 148 verso handeln von der Absicht, sogar fünf oder sechs Ofenfüllungen Bronze zu gleicher Zeit zu verwenden, eine Füllung für jeden Teil des Pferdes. Doch 1499, als die Truppen Ludwigs XII. Mailand eroberten, war er gezwungen, seine Arbeit abzubrechen. Leonardo ging mit seinem Freund, dem Mathematiker Luca Pacioli, nach Venedig und schließlich nach Florenz. Das ungeheure Tonmodell des Pferdes im Hof des Kastells wurde nach Lodovicos Gefangennahme und Einkerkerung in einem französischen Gefängnis ein Ziel der Gascogner Bogenschützen. Später wies der König von Frankreich Ercole d'Estes Ersuchen um die Gußformen für sein eigenes Denkmal zurück. Jede Spur von ihnen sollte verschwinden.

Das ist Leonardos graphische Vorstellung von der Schmelzgrube für das Sforza-Pferd. In der Mitte, von oben gesehen, die montierte äußere Gussform. Sie wird an vier Seiten von verschiedenartigen Schmelzöfen flankiert, von wo die Bronze in die Form fließt. Röhren zwischen einem der Öfen und Öffnungen in der Gussform leiten die Bronze. Die untere Skizze zeigt «wie man das Pferd gießen muß» – auf dem Kopf.

Leonardo beschäftigte sich in Florenz sogleich mit anderen Plänen, auch mit Arbeiten für Cesare Borgia. Fast ein Jahrzehnt nach seiner Abreise von Mailand erhielt er den Auftrag für ein anderes Reitermonument: das für Gian Giacomo Trivulzio [S. 99], den in Italien geborenen Befehlshaber der französischen Truppen, der Mailand erobert hatte. Hier arbeitete Leonardo an der Aufgabe, ein lebensgroßes Denkmal zu entwerfen, das sich in Bronze gießen ließ und zugleich die natürliche Haltung eines lebhaft bewegten Pferdes wiedergab. Leonardo zeichnete eine Reihe wunderbarer Skizzen [S. 110, 118, 119, 132] für das Trivulzio-Denkmal (vor allem in der Sammlung Windsor), doch unglücklicherweise wurde auch dieses Pferd nie in Bronze gegossen. Niemals erlebte Leonardo die Verwirklichung seiner Pläne und Entwürfe.

Es ist jedoch sehr wahrscheinlich, daß es eine handschriftliche Kopie in Leonardos Aufzeichnungen über Bronzeguß gegeben hat. Benvenuto Cellini soll in Frankreich die Übersetzung eines Buches von Leonardo »in Handschrift« gekauft haben, das »die drei großen Künste: Bildhauerei, Malerei und Architektur« behandelt.[43] Durch dieses Buch oder durch irgend eine andere Quelle ist Leonardos genaue Gußmethode etwa zweihundert Jahre später in Gebrauch gekommen. Germain Boffrand[44] und andere schildern das Verfahren, nach welchem der Schweizer Jean Balthazar Keller das große Reiterdenkmal Ludwigs XIV. modellierte und goß, das 1699, nach einem Modell François Girardons, in Paris errichtet wurde.

Aber auch dieser Statue, obschon in Bronze ausgeführt, war der Untergang bestimmt: Sie ist eines der großen royalistischen Kunstwerke, die in der französischen Revolution zerstört wurden.

Danach verschwanden Leonardos Arbeiten und Entwürfe für das Sforza-Pferd bis zum Jahr 1965, als man den Codex Madrid II in der Biblioteca Nacional in Madrid wiederentdeckt hatte. Die Bedeutung des Codex-Abschnittes über das Bronzepferd kann nicht genug betont werden, denn nachdrücklich stellt er Leonardos großen Beitrag zur Geschichte des Skulpturengusses fest. Er gibt Zeugnis von Leonardos Werk und bestätigt das Bild des Künstlers, Gelehrten und Neuerers, der, im Kampf mit dem Wechselspiel italienischer Politik, Kunstwerke schafft, die länger währen als die regierenden Herrscher, für die er arbeitete, und Erfindungen, die verwirklicht wurden, als die mächtigen Fürsten seiner Zeit längst vergessen waren.

Und doch haftet Tragik an diesem Projekt. Es steht als Symbol für einen Mann, dem die Zeit, in der er lebt, volle Entfaltung und gebührende

Leonardos neue Gußmethode wurde zweihundert Jahre später für ein Denkmal riesiger Dimensionen praktisch angewandt. Diese Statue Ludwigs XIV. ist das erste bekannte Beispiel einer großen, in einem Guß hergestellten Figur. Sie wurde 1699 in Paris aufgestellt, noch während der Regierungszeit des Sonnenkönigs, die zweiundsiebzig Jahre dauerte. Die Figur des Pferdes – nach einem von François Girardon geschaffenen Modell – hatte erstaunliche Ähnlichkeit mit den letzten Zeichnungen für das Sforza-Pferd.

Die Abbildung rechts zeigt die Gipsform, die das Gegenmodell zum Original darstellt.

Die Verwandtschaft zwischen Leonardos neuem Gußverfahren und der 200 Jahre später angewandten Methode läßt sich durch einen Manuskriptvergleich belegen. Die Abbildung links aus dem 18. Jahrhundert über den Guß des Denkmals für Ludwig XIV. zeigt die äußere Gußform. Das Netzwerk der Metallröhren diente vor allem zwei Zwecken: Erstens ließen sie das Wachs aus dem hohlen Raum zwischen äußeren und inneren Gußformen nach dem Erhitzen abfließen, zweitens ermöglichten sie den Guß der flüssigen Bronze in den vom Wachs entleerten Raum. Die Zeichnungen oben und unten zeigen vergleichbare Darstellungen. Oben die Schmelzgrube in Aufsicht. Leonardos Diagramm (rechts), ein Detail aus Codex Madrid II, Folio 149 recto, zeigt Gussröhrchen, die in den Schmelzofen führen. Unten ein Vergleich der Rückansichten. In Leonardos Skizze (rechts unten), Windsor 12351 verso, stellt die schattierte Fläche den Hohlraum dar, der von dem Wachs und danach von der Bronze ausgefüllt wird. In der Zeichnung für die französische Statue

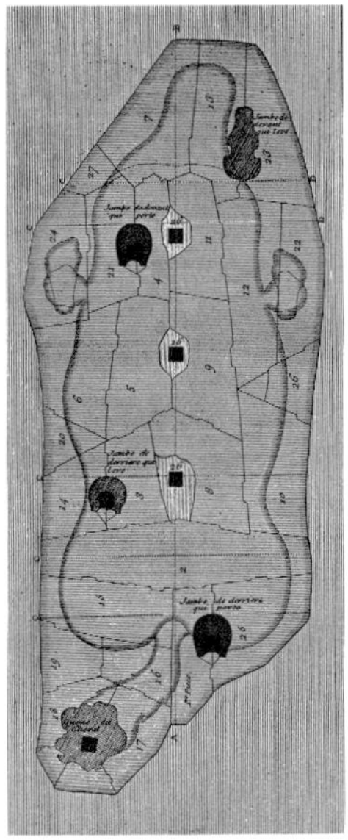

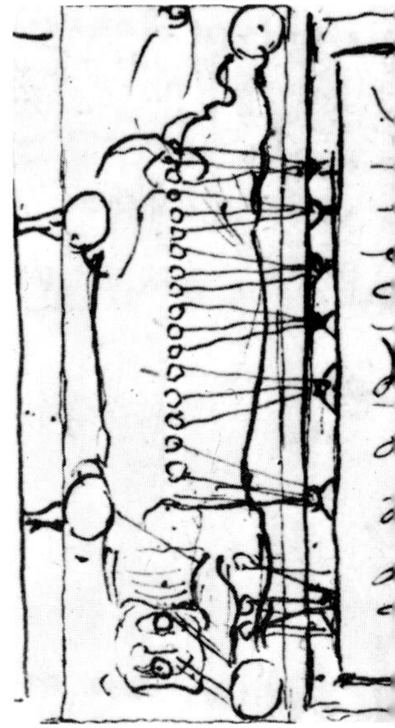

(links unten) war das innerhalb der Gußform gespannte Metall-Netzwerk dazu bestimmt, das gegossene Pferd abzustützen, wenn man die Bestandteile der inneren Form durch ein Loch entfernt hatte.

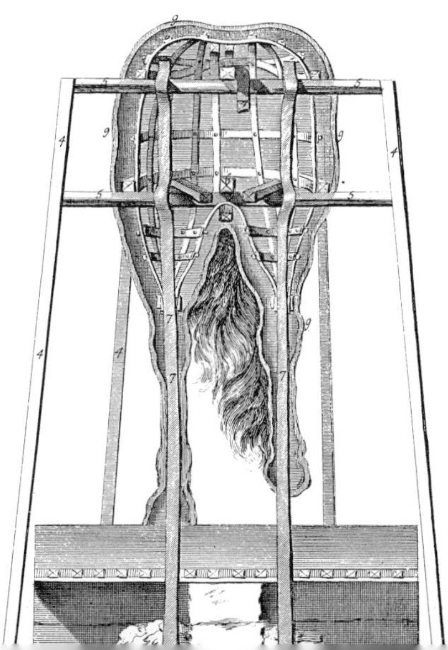

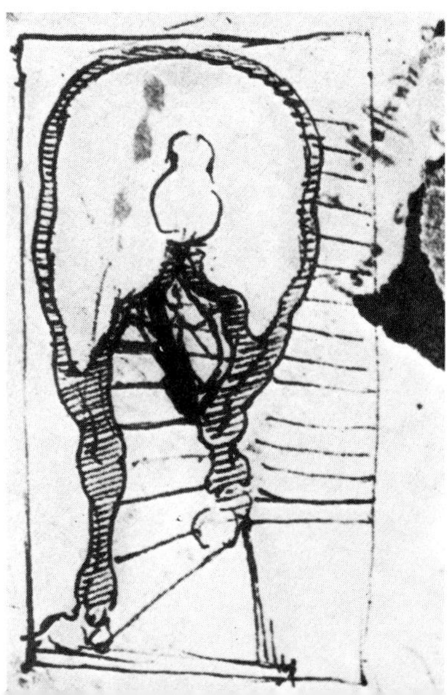

Anerkennung versagte. Das Gefühl der Enttäuschung und Vereinsamung ist vielleicht am besten mit Leonardos eigenen Worten auf Folio 141 recto im Codex Madrid II ausgedrückt:

»Grabinschrift
Wenn ich nicht habe machen können...
Wenn ich...«

Oben: Eine Studie zum Trivulzio-Denkmal.

Des weiteren kann das Bronzepferd angefertigt werden, zu unsterblichem Ruhm und ewiger Ehre Eures Herrn Vaters wie des vortrefflichen Hauses Sforza.

Hier ist die tragische Geschichte der Reiterstatue in Leonardos eigenen Worten zusammengefaßt. Oben schreibt er im Jahre 1482 an Lodovico Sforza und bietet ihm seine Dienste an.

Von dem Pferd will ich nicht reden, denn ich weiß, wie die Zeiten sind...

Ein späterer Brief an Lodovico nimmt Bezug auf die »Zeiten«: Des Herzogs Regierung ist in Schwierigkeiten, und die 158 000 Pfund Bronze, die zum Guß des Pferdes bestimmt waren, werden zur Herstellung von Geschützrohren nach Ferrara geschickt.

Der Herzog hat sein Land, seine Besitztümer und seine Freiheit verloren, und er hat keines seiner Werke vollendet gesehen.

Leonardo schreibt eine Art Epitaph in sein Notizbuch.

Grabinschrift
Wenn ich nicht habe machen können...
Wenn ich...

Mit dieser »Grabinschrift« schließen Leonardos Notizen über das Pferd im Codex Madrid II. Das Pferd »konnte er nicht machen« wegen des Krieges – und wegen seines ruhelosen Bemühens, ein neues, noch besseres, aber auch komplizierteres Verfahren zu erfinden.

Heute sind nur Leonardos Notizen und Zeichnungen für das Pferd erhalten. Die Gußformen wurden ausgeführt und sind verlorengegangen. Auch das wunderbare Tonmodell in Originalgröße ist zerstört – durch die Pfeile der französischen Truppen. Aber das Reiterstandbild lebt – wenn auch nur symbolisch – in der Abbildung S. 135 weiter. Leonardos Zeichnung aus Windsor 12347 hat man vergrößert und auf einem schematischen Sockel plaziert.

HÖHE DES PFERDES: 7,20 METER
HÖHE DES GEBÄUDES: CA. 19 METER

»Wer sich der Praxis hingibt ohne Wissenschaft,
ist wie der Steuermann,
der ein Schiff ohne Ruder und Kompaß besteigt
und nie weiß, wohin er fährt.«

DER LEHRER

ANDRÉ CHASTEL

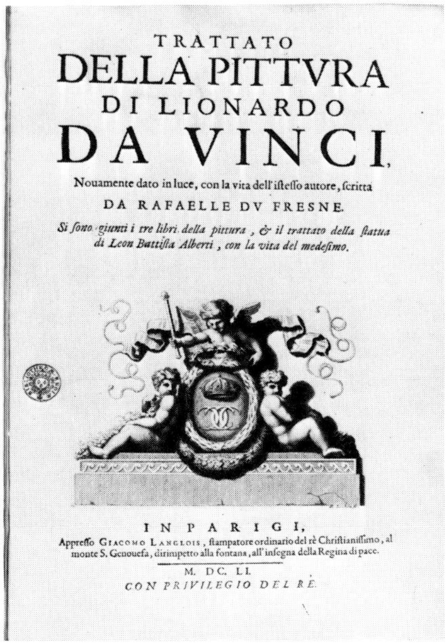
TRATTATO
DELLA PITTVRA
DI LIONARDO
DA VINCI.
Nouamente dato in luce, con la vita dell'istesso autore, scritta
DA RAFAELLE DV FRESNE.
Si sono giunti i tre libri della pittura, & il trattato della statua di Leon Battista Alberti, con la vita del medesimo.
IN PARIGI,
Appresso Giacomo Langlois, stampatore ordinario del rè Christianissimo, al monte S. Genouefa, dirimpetto alla fontana, all'insegna della Regina di pace.
M. DC. LI.
CON PRIVILEGIO DEL RE.

Leonardos Trattato della Pittura *wurde 1651 in Paris veröffentlicht – 132 Jahre nach seinem Tod.*[1]

Um 1489–1490 hat Leonardo begonnen, seine Beobachtungen aufzuzeichnen, um sie einmal in einem grundlegenden Werk zusammenzufassen.[2] Das Vorhaben machte Fortschritte; einige Teilsammlungen wie das *Libro dell'anatomia* waren fertig, um mit Illustrationen veröffentlicht zu werden, wie Paolo Giovo berichtet.[3] Leonardo war ebenso wie Alberti davon überzeugt, daß in der Kunst und insbesondere in der Malerei die Dinge beweisbar seien; Kunst sei erklärbar. Alberti [S. 138] starb 1472; die große Zeit seiner Reflexion über Kunst fällt in das zweite Viertel des Quatrocento; in dieser Zeit konnte er neue Begriffe und präzise Direktiven formulieren, nicht nur auf dem Gebiet der Malerei (*De pictura,* 1436), sondern auch auf denen der Bildhauerei (in der kleinen Schrift *De statua,* verfaßt um 1464) und der Architektur (*De re aedeficatoria,* teilweise verfaßt 1452, gedruckt 1485). Wie J. Schlosser richtig bemerkt, ist die Wirkung dieser Schriften auf die künstlerische Entwicklung tatsächlich nicht leicht zu erfassen; Albertis so lebendig und klar geschriebenes kleines Traktat über die Malerei wird in seiner italienischen Fassung erst 1547 in Venedig gedruckt.[4] Das gleiche gilt für das kleine Werk über die Bildhauerei und das Traktat über Architektur; allgemeine Verbreitung haben sie erst gegen Mitte des 16. Jahrhunderts gefunden, und inzwischen waren andere theoretische Richtungen zum Durchbruch gekommen: *De sculptura* von Gauricus und, seit 1486, die zahlreichen Ausgaben von Vitruv.[5] Diese Situation ist recht aufschlußreich: Es war, als ob Albertis Werke ihre verdiente Geltung erst ein Jahrhundert später erlangt hätten. Bis dahin kannten und bewunderten nur Einzelne seine Schriften.

So konnte Leonardo sich in den dreißig Jahren von 1490 bis 1519 der gleichen Aufgabe widmen. Festgelegte und allgemein gültige Regeln bestanden nicht. Albertis Werke gehörten zu den geistigen Erzeugnissen des humanistischen Milieus und spiegelten die Gedanken dieser Kreise

Zu seinem Trattato della Pittura *wurde Leonardo unter anderem durch das Werk des Architekten und Gelehrten Leon Battista Alberti angeregt.*

Im Alter von 21 Jahren ließ Leonardo in seiner ersten datierten Federzeichnung (rechts) schon das außerordentliche Gefühl für Landschaft erkennen, das später mehrere seiner größten Gemälde auszeichnete. Vielleicht empfand Leonardo die Bedeutung des Datums und vermerkte es daher in der linken oberen Ecke: »Am Tag von Mariä Schneefeier, 5. August 1473«.

über die Kunst wider. Nur indirekt gaben sie die Vorstellungen der Künstler selbst wieder und wurden den Auffassungen der »Kultur der Kunstwerkstätten«, wie man sie nennen könnte, nicht gerecht.[6] Wie eng Albertis Beziehungen zu den Künstlern auch gewesen sein mögen, neben den Fachleuten, den Praktikern, den in der *bottega*, der Werkstätte, ausgebildeten Künstlern wirkt Alberti wie ein Amateur.

Leonardos Ausgangspunkt war ein völlig anderer und seine Entwicklung verlief in umgekehrter Richtung. Als Alberti starb, war Leonardo zwanzig Jahre alt. Trotz seiner Begabung und der Protektion, die ihm zuteil wurde, besaß er nicht die Bildung und gesellschaftliche Stellung, die es ihm erleichtert hätten, sich durchzusetzen: Er mußte in seiner Laufbahn als Künstler Erfolg haben und sich seine philosophische Bildung erst aneignen. Die einzigartige Stellung einer Werkstatt wie der des Verrocchio und die Atmosphäre von Florenz begünstigten damals auf außerordentliche Weise die Aufhebung der Trennung zwischen den Disziplinen.[7] Sehr viel stärker als in Albertis Jugend griffen die Medici und ihre Umgebung in das künstlerische Leben ein und entwickelten einen unreinen, von Ästhetizismen durchsetzten Platonismus, dem sich übrigens der junge Leonardo weder ganz verschreiben noch völlig entziehen konnte. Die *botteghe*

waren kleine wissenschaftliche Forschungszentren geworden: Anatomie und Perspektive lernte man nicht im *studio*, sondern bei Künstlern wie Verrocchio und Pollaiuolo. Das empirische, technische Wissen mußte in ein System gebracht werden, aber dafür bedurfte es eines begrifflichen Rahmens und angemessener sprachlicher Formen: die wissenschaftlichen Texte des Altertums und selbst des Mittelalters lieferten sie nur teilweise.[8] Im Laufe des letzten Viertels des 15. Jahrhunderts sieht man in allen bedeutenden Städten der Halbinsel die Bemühungen der großen Werkstattmeister wie Piero della Francesca, Mantegna, Bramante und der Bellini, den beruflichen Status der Künstler dadurch zu heben, daß die traditionelle Unterscheidung zwischen den *artes mechanicae* und den *artes liberales* wegfällt. Leonardo ist, kurz gesagt, der unternehmungslustigste, hartnäckigste und genialste dieser italienischen Meister, die sich ihrer Kraft und Verantwortlichkeit bewußt waren.

Leonardos Aufnahme am Hof der Sforza im Jahre 1482 fällt zusammen mit einem außerordentlichen Arbeitsprogramm, bei dem die Vorhaben des Ingenieurs gegenüber denen des Bildhauers oder Malers bei weitem überwiegen (S. 9). In dieser Umgebung hat Leonardo die Notwendigkeit erkannt, neue Abhandlungen zu verfassen, die auf der Analyse des Wissenschaftlers und der Praxis des Technikers fußen. Seit 1489 zeigen Notizen, die heute verstreut sind, wie Leonardo mit neuem Geist an die Fragen der Malerei herangeht.[9] Im Jahre 1492 legt das Manuskript A die Grundzüge des künftigen *Trattato* fest. Der Widmungsbrief, den Luca Pacioli dem Traktat *De divina proportione* voranstellt und der vom Februar 1498 datiert ist, erwähnt den *Trattato* in einem Nebensatz: «(Leonardo, der mit aller Sorgfalt seine große Abhandlung über die Malerei und die menschlichen Ausdrucksweisen abgeschlossen hat».[10] Aber Leonardo verschob die Veröffentlichung, weil er noch die Möglichkeiten erforschte, das Werk mit den notwendigen Illustrationen zu versehen. Dieses Abwarten, das für das Projekt verhängnisvoll war, läßt sich mit der ständigen Ausweitung der Untersuchung und der daraus entstehenden Schwierigkeit erklären, all die verschiedenen Aspekte zu koordinieren. Auch die Rückkehr nach Florenz hat die Dinge nicht vereinfacht.

Man muß sich vor Augen führen, in welch günstiger Lage Leonardo sich dort gerade um die Jahrhundertwende befand. »...stieg sein Ruhm immer mehr, weshalb jeder, der an der Kunst Vergnügen fand, ja ganz Florenz Verlangen trug, daß er daselbst irgend etwas zu seinem Gedächtnis hinterlassen möchte, und man sprach davon, ihm ein bedeutendes Werk zu übertragen...« Man erwartete alles von dem Künstler in diesen Jahren, in denen Florenz eine künstlerische und kulturelle Bedeutung wiedererlangt hatte, die Rom ihm noch nicht streitig machte. Mittlerweile war es allenthalben – in Florenz wie anderswo – bekannt, daß Leonardo, der 1502 fünfzig Jahre alt war, außer seiner Begabung als Maler und seiner Tüchtigkeit als Ingenieur auch die Exaktheit des Theoretikers besaß. Gegen Ende des Jahres 1504 hatte der Verleger Giunti in Florenz eine ziemlich trockene, aber ehrgeizige, gut fundierte und vielseitige

Zu den verschollenen Gemälden Leonardos gehört auch Leda mit dem Schwan. *Es bestehen zahlreiche Kopien, von denen hier eine abgebildet ist. Die Kopien lassen Leonardos Vorstellungen zur Anatomie und Landschaft in der Malerei erkennen. Das Gemälde Leonardos, zu dem sich schon 1506 erste Versuche in den Skizzenheften finden, soll für den Palast von Fontainebleu bestimmt gewesen sein.*

Abhandlung über die Bildhauerei herausgegeben, die ein unbedeutender, in Padua ansässiger neapolitanischer Humanist verfaßt hatte; im Vorwort zu dem Werk hatte sich der Verleger auf die Gönnerschaft von Lorenzo Strozzi berufen. Zusammen mit Bernardo Rucellai (dem Florentiner Botschafter in Mailand von 1484 bis 1486, als auch Leonardo sich dort aufhielt) war Strozzi der Förderer des aktivsten geistigen Milieus der Stadt, das Leonardo sicher gekannt hat und das vor allem von Leonardo gewußt haben muß. Kurz, wenn das Bedürfnis nach einer großen Doktrin bestand, dann mußte sie unbedingt in diesen Jahren, in denen Leonardo die Szene beherrschte, erscheinen. Die im Codex Madrid II gefundenen Fragmente [S. 150] sind der Beweis, daß in diesen Jahren vielseitiger Tätigkeit das Vorhaben des *Trattato* im Denken des Künstlers wieder in den Vordergrund trat. Der Plan zum *Trattato* bestand nun schon seit etwa fünfzehn Jahren. Leonardo hatte nur noch fünfzehn Jahre zu leben. Die Jahre 1504–1505 sind also die Mitte der dreißig Jahre, in denen die Idee des *Trattato* ihn ununterbrochen verfolgte. Niemals hatte er die Muße und vor

Die Details aus der Borghese-Kopie von Leonardos Leda mit dem Schwan *zeigen die Bedeutung auf, die der Künstler – in allen seinen größeren Malereien – der Natur und Architektur beimaß. Aus seinen Notizen geht immer wieder hervor, daß diese Elemente nicht vernachläßigt und nicht als bloßer Hintergrund behandelt werden dürfen.*

In seinen Schriften über Kunst bezeichnete Leonardo die Malerei als »das einzige Mittel, um alle bekannten Werke der Natur neu zu erschaffen«. Kurz, der Maler sei eine Art Gott, der die Welt erschaffen – oder zumindest wiedererschaffen – könne. Im Trattato della Pittura *beschreibt er einige der Möglichkeiten, die der Maler hat:*

Dem Wesen von Tieren aller Art, von Pflanzen, Früchten und Landschaften, welligen Ebenen und verwitternden Bergen kann der Maler Leben verleihen... Liebliche und köstliche Gegenden mit Wiesen voll vielfarbiger Blumen, sich neigend unter dem sanften Streicheln des Windes, der sich umwendet, sie anschaut und dann weiterzieht...

Leonardo lehnte die Einstellung vieler Renaissance-Maler ab, die die Natur als bloßen Hintergrund für ihre Menschengestalten betrachteten. Im Trattato *kritisiert er scharf die »sehr schlechten Landschaften« von Botticelli.*
In seiner Leda mit dem Schwan *hat er in der Landschaft wie in der Frauengestalt die ganze Fülle frischen Lebens eingefangen. Das Gemälde ist verloren, aber zahlreiche Kopien sind erhalten. Die hier gezeigten Ausschnitte sind aus einer Kopie der Galleria Borghese.*

allem die innere Bereitschaft, deren es bedurft hätte, um die Unmenge von Notizen zu ordnen und das Werk zu vollenden. Denn die wenigen Seiten *de pictura* im Codex Madrid II waren kaum früher entstanden als eine Zusammenstellung, das *Libro A*, das in seinem Aufbau sehr viel straffer ist als alles, was Leonardo zuvor geschrieben hatte; es wurde von C. Pedretti aus den Abschnitten des Codex Urbinas [S. 151], in den seine 107 Bestandteile übertragen worden waren, hervorragend rekonstruiert.[11] Dieses *Libro A* enthält Aufzeichnungen über alle im Codex Madrid II angeschnittenen Themen, die ihnen außerordentlich nahekommen und sie weiterentwickeln. Es stammt aus den Jahren ab 1505, und die Mehrzahl der Eintragungen aus dem Jahr 1508. Aber um 1508 zerbröckelt Leonardos Plan für eine Veröffentlichung: das Projekt einer Abhandlung über Anatomie scheint sich aus dem Gesamtvorhaben des *Trattato* herausgelöst zu haben. In diesem Augenblick hat er die berühmte und ziemlich pathetische Notiz niedergeschrieben, in der er sich entschuldigt, daß er nur «eine ungeordnete Zusammenstellung» machen könne, weil er nicht alles noch

einmal lesen und miteinander vergleichen könne. Eine zu schwierige Arbeit, »vor allem in Anbetracht des großen zeitlichen Abstands zwischen den einzelnen Phasen des Schreibens«.[12] Allerdings greift Leonardo die theoretischen Überlegungen zur Malerei in den Jahren 1505–1508 wieder auf.[13]

Links ist eine Perspektive anderer Art zu sehen – der gedachte Blick aus der Vogelschau, der in zahlreichen Karten und Zeichnungen Leonardos vom Arnotal erscheint.

Leonardo hat sein Gemälde der Schlacht bei Anghiari *nie vollendet. Kopien davon zeigen nur eine zentrale Gruppe kämpfender Reiter. Doch das riesige Ausmaß der Wandfläche und eine Reihe von Studien Leonardos lassen vermuten, daß er ein panoramisch angelegtes Werk beabsichtigt hatte. Die Rekonstruktion links zeigt den Mittelpunkt der Schlacht, auf beiden Seiten flankiert durch Gruppen von Fußsoldaten und Reitern.*

Obwohl Leonardo Frauen nicht wirklich geliebt hat, malte er wundervolle Frauenbildnisse. Einige Porträts mußte er malen, um den Herzog von Mailand zufriedenzustellen. Er machte sich die Aufgabe etwas kurzweiliger, indem er sichtbare Wortspiele einflocht. Als erstes Porträt malte er die melancholische Ginevra Benci vor einem Wacholder – ginevra *in einem italienischen Dialekt.*

Die Dame mit einem Hermelin *(unten) in der Sammlung Czartoryski in Krakau stellt Cecilia Gallerani dar, eine der Mätressen des Herzogs. Der Hermelin, Wappentier des Herzogs, bedeutete Reinheit.*

Beatrice d'Este, *links, aus der Biblioteca Ambrosiana in Mailand ist die junge Frau des Herzogs und die Schwester von Isabella. Auf ihrem Kleid hat Leonardo – oder vielleicht ein Schüler – das aus der* Sala delle Asse *bekannte Schlingenmuster angebracht.*

Bei Leonardos Manuskripten ist man an eine unglaubliche Vielfältigkeit und ein oft verwirrendes Durcheinander der Aufzeichnungen gewöhnt. Die Berechnungen und Zeichnungen im Codex Madrid II betreffen die Umleitung des Arno (von 1503 bis zum Spätsommer 1504) und die Befestigungsanlagen von Piombino (Herbst 1504), und wechseln ab mit Versuchen über die Umrechnung von Rauminhalten und Betrachtungen über den Segelflug und Musikinstrumente. Hier und dort findet man auch Bemerkungen ganz anderer Art, von denen sich einige als sehr wichtig

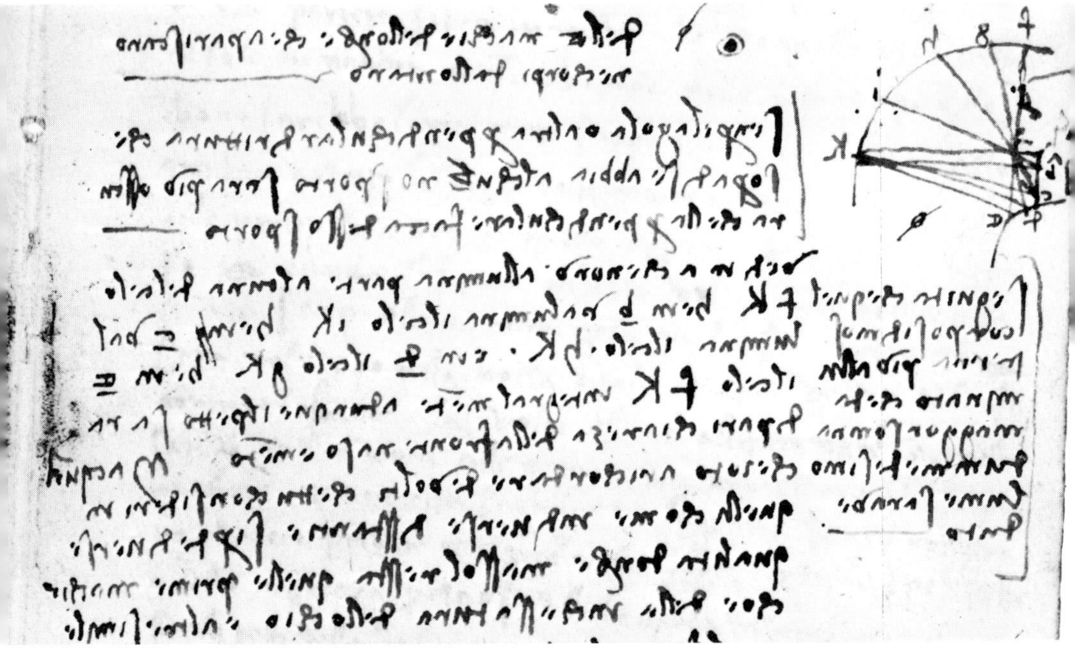

erwiesen, wie die Notiz über die Zerstörung des Kartons für das Wandgemälde von der *Schlacht bei Anghiari,* das im Oktober 1503 in Auftrag gegeben worden war. Das Notizbuch hat Leonardo also in den zwei Jahren begleitet, in denen er trotz seiner Ingenieurtätigkeit mit dem Projekt der Signoria beschäftigt war. Man hätte erwarten können, daß es noch weitere interessante Bemerkungen über die Ausführung des Werks enthält. Statt dessen beziehen sich die Beobachtungen im großen und ganzen auf die Anatomie oder die Art und Weise des Sehens, das heißt, auf allgemeine Probleme, die mit dem schwierigen Projekt der Signoria in Zusammenhang stehen können, die es aber nur in Verbindung mit Leonardos üblicher Problematik berühren.

Abgesehen von der Erinnerung an den Gewitterregen auf Folio 1 erscheinen die Notizen auf achtzehn Blättern. Eine Notiz über die Perspektive findet sich am Ende der ersten Lage.[14] Alle anderen sind dagegen auf innere Lagen der Sammlung verteilt, in drei Gruppen zu Anfang, in der Mitte und am Schluß.[15] Das hat nichts Besonderes zu bedeuten, denn die gleichen Themen tauchen in gleicher Reihenfolge wieder auf: 1. Bemerkungen über Anatomie; 2. Bemerkungen über das Auge, die Pupille und die Lichtwahrnehmung; 3. Hinweise auf Reflexe und die Abstufung von

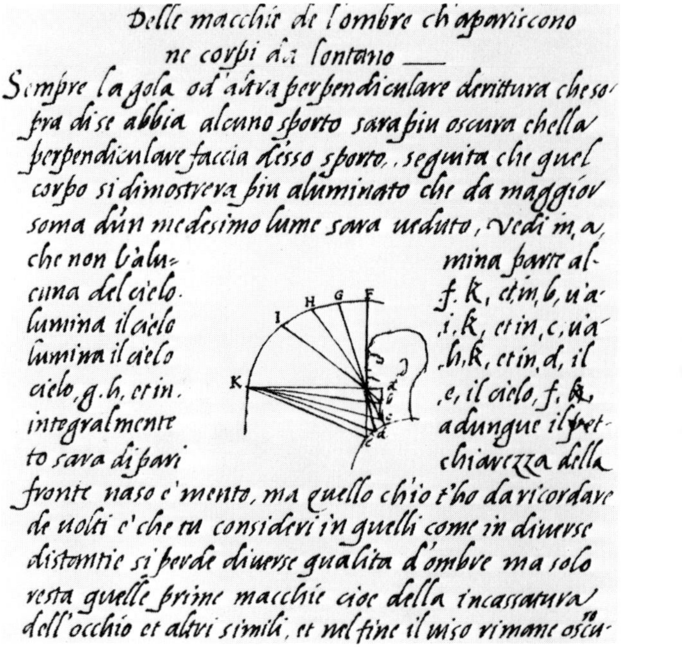
Delle macchie de l'ombre ch'apariscono ne corpi da lontano ——

Sempre la gola od'altra perpendiculare dirittura che sopra di se abbia alcuno sporto sara piu oscura che la perpendiculare faccia d'esso sporto, seguita che quel corpo si dimostrera piu aluminato che da maggior soma d'un medesimo lume sara veduto, vedi in, a, che non l'alumina parte alcuna del cielo. f. k, et in, b, u'alumina il cielo, i, k, et in, c, u'alumina il cielo, h, k, et in, d, il cielo, g. h, et in, e, il cielo, f. k, integralmente adunque il petto sara di pari chiarezza della fronte naso e mento, ma quello ch'io t'ho da ricordare de volti e che tu consideri in quelli come in diverse distantie si perde diverse qualita d'ombre ma solo resta quelle prime macchie cioe della incassatura dell'occhio et altri simili, et nel fine il viso rimane oscu-

Die Notizen Leonardos aus dem Codex Madrid II (links) stimmen mit Stellen aus dem Codex Urbinas (rechts) überein. Sie sind ein Beweis für die Genauigkeit, mit der Francesco Melzi um 1550 die Gedanken des Meisters über Kunst zusammengestellt und in den Codex Urbinas übertragen hat. «Aber an was ich dich bei den Gesichtern erinnern muß, ist, daß du bei ihnen berücksichtigst, wie sich die verschiedenen Arten von Schatten in den verschiedenen Entfernungen verlieren und nur die wesentlichsten Flecken bleiben, das heißt die der Augenhöhlen und andere solche. Und am Ende bleibt das Gesicht dunkel.»

Farbtönen. Es genügt, den Inhalt der im Codex Madrid II verstreuten Notizen zu rekapitulieren, um den Zusammenhang zwischen diesen kurzen Betrachtungen und den Problemen des *Trattato* deutlich werden zu lassen. Man erkennt den Ton, die Fragestellung, die Formulierungen wieder. Es handelt sich da nicht um unzusammenhängende Notizen, um Aphorismen, sondern um Beweiselemente. Man hat gleichsam den Eindruck von einem gelehrten Monolog, der sich neben anderen Beschäftigungen abspielt. Diese Notizen sind später nicht unbeachtet geblieben: Vierzehn Passagen wurden in den Codex Urbinas übertragen; und die Absätze tragen im Manuskript sämtlich das kleine Zeichen, das bezeugt, daß Francesco Melzi sie bei der schwierigen Kompilation in den Jahren

Leonardos Studie für die Anbetung der Könige *(unten) – etwa 1481 gezeichnet – ist eine praktisch vollkommene Illustration der Linearperspektive, wie sie in Florenz angewandt wurde. Die Vortäuschung von drei Dimensionen wird durch Linien erzeugt, die unmittelbar vom Vordergrund aus in die Tiefe führen und in einem Fluchtpunkt rechts von der Mitte zusammenlaufen. Über dieser streng geometrischen Basis wimmelt es von einer Unzahl bewegter Figuren, darunter die sich bäumenden Pferde, die später in Leonardos Studien*

um 1550, die die verspätete Veröffentlichung des *Trattato* überhaupt ermöglichte, kopiert hatte. Codex Madrid I gehört also mit Sicherheit zu der Menge der Notizbücher, aus denen Melzi – nach Leonardos Anweisungen – mit großer Sorgfalt das Wesentliche herauszog und die einzelnen Stellen koordinierte.[16]

für das Sforza-Denkmal und die Schlacht bei Anghiari *wieder auftauchen.* UFFIZIEN, FLORENZ

Die gleichen architektonischen Elemente – Rundbogen und Treppe – erscheinen auf dem Hintergrund der unvollendeten Anbetung der Könige, *unten. Der Blickwinkel ist zwar anders gewählt, die Regeln der Linearperspektive werden jedoch ebenso strikt befolgt wie in der links gezeigten Studie.*

Die Gegenüberstellung des in den Codex Urbinas übertragenen Textes mit den Originalen [S. 150/151] bestätigt die Genauigkeit von Melzis Abschriften; nur zwei Absätze sind gekürzt worden. Die nicht aufgenommenen Absätze wären eine unnötige Wiederholung von Notizen gewesen, die aus anderen Manuskripten zu entnehmen waren.[17] Die Tatsache, daß vierzehn

Passagen aus Codex Madrid II in die endgültige Zusammenstellung aufgenommen wurden, zeigt, daß dieses Heft trotz der relativ geringen Zahl seiner Aufzeichnungen als ein wertvoller Beitrag angesehen wurde.
Zwei Passagen müssen für sich betrachtet werden. Sie scheinen Warnungen zu sein, die der Maler sich selbst erteilt hat. Die erste betrifft die Wirkung der Perspektive in großen Kompositionen mit starker horizontaler Ausdehnung: »An sich ist die Perspektive, die eine geradlinige Wand

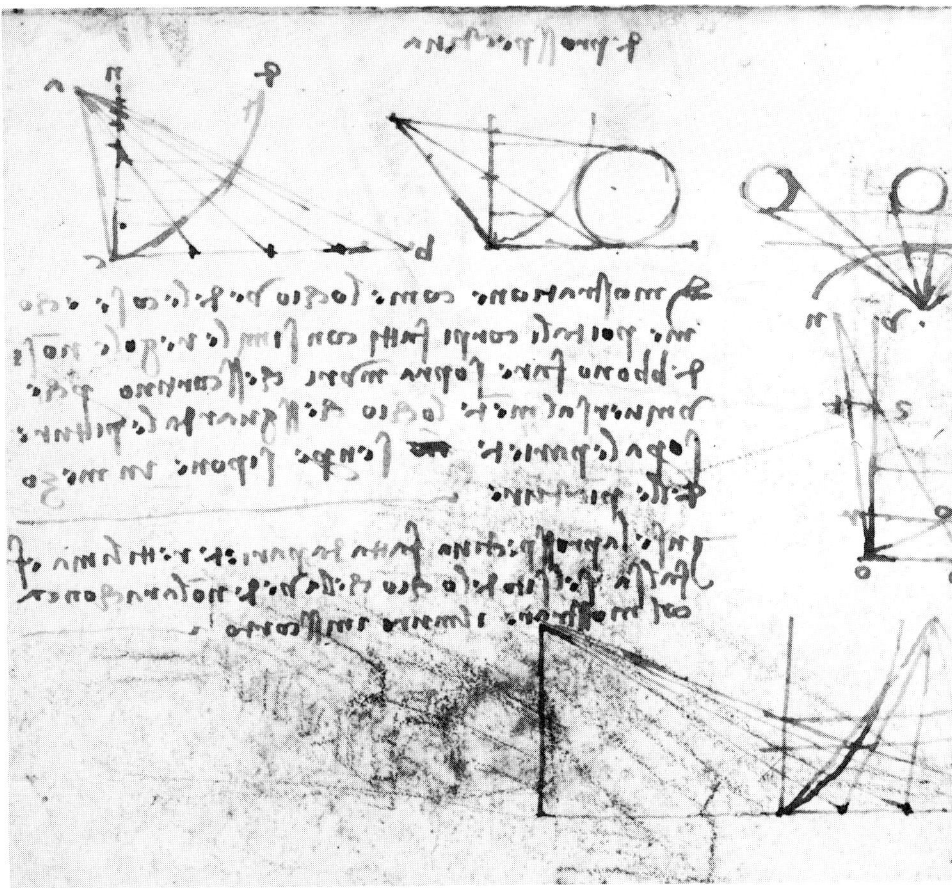

darbietet, falsch, wenn die Lage des Auges sie beim Sehen nicht dadurch ausgleicht, daß die Mauer verkürzt erscheint.« [oben].[18] Leonardo spricht hier von Wandgemälden. Im Fall einer langen Horizontallinie nimmt der Betrachter, der in der Mitte vor dem Bild steht, unbewußt die entferntesten

Da es ihn immer mehr reizte, die Kunst mit der Wissenschaft zu verbinden, ging Leonardo über die frühere Linearperspektive (vorhergehende Seite) hinaus, um zu erforschen, wie das Auge sieht. In den Skizzen auf dieser Seite befaßt er sich mit dem Problem der Perspektive bei großen Wandgemälden wie der Schlacht bei Anghiari. *Gerade-*

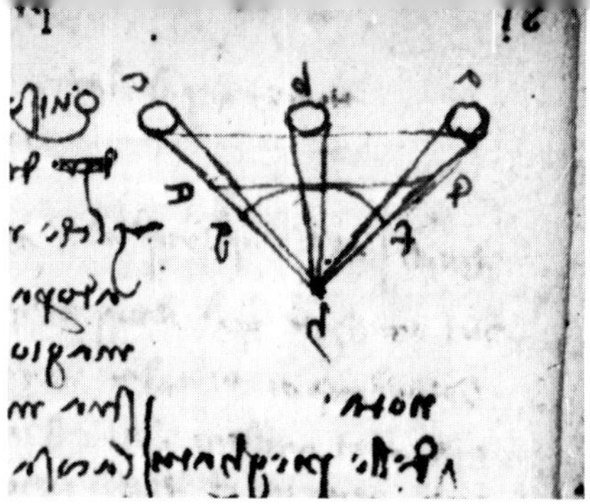

zu wissenschaftlich erarbeitet er die Optik in den Skizzen des Manuskripts E – ganz oben aus Folio 16 recto, oben aus Folio 16 verso. Bei dem Detail links aus Codex Madrid II. Folio 15 verso, notiert er: »... ganz allgemein stellt sich das Auge, das die Gemälde auf der Wand betrachtet, immer auf die Gemäldemitte ein.

Partien als leicht verzerrt wahr, denn es wäre eine etwas gekrümmte Mauer notwendig, um alle Bildteile in gleicher Entfernung vom Augenpunkt zu halten. Die Streckung der Formen, die bei dem System der «künstlichen Perspektive» erfolgt – das diese perzeptive Verzerrung nicht berücksichtigt –, bringt also eine übermäßige Vergrößerung der seitlichen Partien mit sich, verglichen mit dem, was man in der Natur wahrnehmen müßte. Leonardo löst die Schwierigkeit, indem er davon ausgeht, daß eine Korrektur in dem Augenblick von selbst stattfindet, in dem die durch die projektive Methode des Malers verzerrte Wir-

Leonardo malte sein Fresko der Schlacht bei Anghiari *in der Sala del Gran Consiglio des Palazzo Vecchio in Florenz (im obigen Diagramm in der linken unteren Ecke).*

Die Zeichnung rechts, mit den rohen Umrissen einer Gruppe von Pferden und Menschen, könnte eine Studie für den Kampf um die Standarte sein.

kung ausgeglichen wird durch die Wahrnehmung des in der Achse befindlichen Betrachters.[19]

Die lakonische Kürze dieser Behauptung wird verständlich, wenn man sich vor Augen hält, daß die kleine erklärende Skizze schon im Manuskript A von 1492 erscheint und das Problem in Manuskript D und Codex Arundel um 1508 wieder aufgegriffen wird, ehe es im Manuskript E um

1513–1514 eine vollständigere Formulierung findet. Das Fragment im Codex Madrid II ist also wohl nur ein Niederschlag einer Reflexion, die etwa zwölf Jahre zuvor begonnen worden war und noch zehn Jahre fortgesetzt werden sollte. Aber im Zusammenhang mit der Komposition der *Schlacht bei Anghiari,* deren Dimensionen wahrscheinlich die des *Abendmahls* übertroffen haben, wurde das Problem besonders aktuell. In dem zweiten Passus wird die Form eines Prinzips noch stärker deutlich: »Wenn du Geschichten malst, wirst du deinen Figuren und anderen Körpern niemals so viele Ornamente geben, daß sie die Gestalt und Haltung der

Figuren und das Wesen der genannten anderen Körper verdecken.«[20] Diese Regel wird in den Codex Urbinas übertragen,[21] und sie trägt sogar den Vermerk *De pictura,* der sie für den *Trattato* bestimmte. Sie befindet sich nicht zufällig im Codex Madrid II, denn für das *Abendmahl* hätte diese Warnung wenig Bedeutung gehabt, dagegen sehr viel für die *Schlacht bei Anghiari.* Die Komposition erforderte eine Vielzahl unterschiedlicher Typen von Soldaten, Rüstungen und Waffen. Was man durch die berühmte Zeichnung von Rubens [S. 159] davon weiß, gibt Aufschluß über die Einfälle, die Leonardos Phantasie beflügeln konnten: der Harnisch mit Widderkopf, die Schulterbleche in Form von Schneckenmuscheln, der Helm mit Maske und vieles andere. Man kann wohl annehmen, daß sich

Im Trattato *schrieb Leonardo eine Warnung für sich selbst nieder, die sich wahrscheinlich auf das gewaltige Fresko bezog, das er 1504 ausführte: die* Schlacht bei Anghiari. *«Wenn du Geschichten malst», so mahnt er, «wirst du deinen Figuren und anderen Körpern niemals so viele Ornamente geben, daß sie die Gestalt und Haltung der Figuren und das Wesen der genannten anderen Körper verdecken.» Leonardo liebte Verzierungen, und ein Detail aus Rubens'Kopie der* Anghiarischlacht *(rechts) läßt erkennen, daß Leonardo seine eigene Warnung nicht beherzigt hat.*

die Bemerkung über die Ornamente, ebenso wie diejenige über die Perspektive, auf ein aktuelles Problem bezieht.[22]

Es wäre denkbar, daß es sich mit den Notizen über Anatomie ebenso verhält; dennoch fügen sie sich ohne weiteres in den allgemeinen Rahmen des künftigen *Trattato* ein. Die Notiz über die Arbeit der Muskeln bei den Bewegungen des Stoßens und Ziehens präzisiert deren Mechanismus in bezug auf die Schulterstellung: »Stoßen und Ziehen sind von gleicher Aktion... Das Stoßen und das Ziehen kann entlang verschiedener Linien um das Zentrum der Kraft des Bewegers ausgeführt werden; und dieses Zentrum ist bei den Armen an der Stelle, wo sich die Sehne der Schulter,

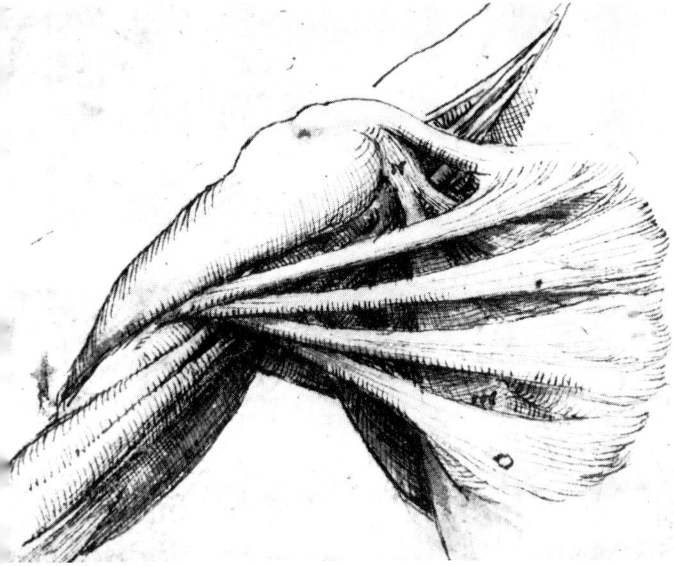

Die genauen anatomischen Zeichnungen werden noch heute in medizinischen Lehrbüchern verwendet. Diese Details stammen aus der Sammlung Windsor. Leonardo schreibt: «Der Maler, der Kenntnisse über die Eigenart von Sehnen, Muskeln und Flechsen erworben hat, wird bei der Bewegung jedes Gliedes genau erkennen, wie viele und welche Sehnen sie veranlaßt haben, und welcher Muskel durch sein Anschwellen die Ursache für die Zusammenziehung eben dieser Sehne ist.»

die der Brust und die der entgegengesetzt zur Brust liegenden *partella* [Schulterpfanne?] am oberen Teil des Schulterknochens treffen.«[23] Diesem Text sind kleine, rasch hingeworfene Skizzen beigefügt. Er ist dann in den Codex Urbinas übernommen worden,[24] wo er andere Bemerkungen derselben Art über das Schultergelenk ergänzt; und er muß einerseits mit den Blättern 19003 recto und verso aus der Sammlung Windsor [S. 162] und anderseits mit der berühmten Rötelzeichnung Windsor 12640 [S. 166] in Zusammenhang gebracht werden, die sich eigentlich nur auf die Periode der *Schlacht bei Anghiari* beziehen kann.[25] Sie läßt an antike Marmorskulpturen denken,[26] und es ist nur um so bemerkenswerter, daß sich das

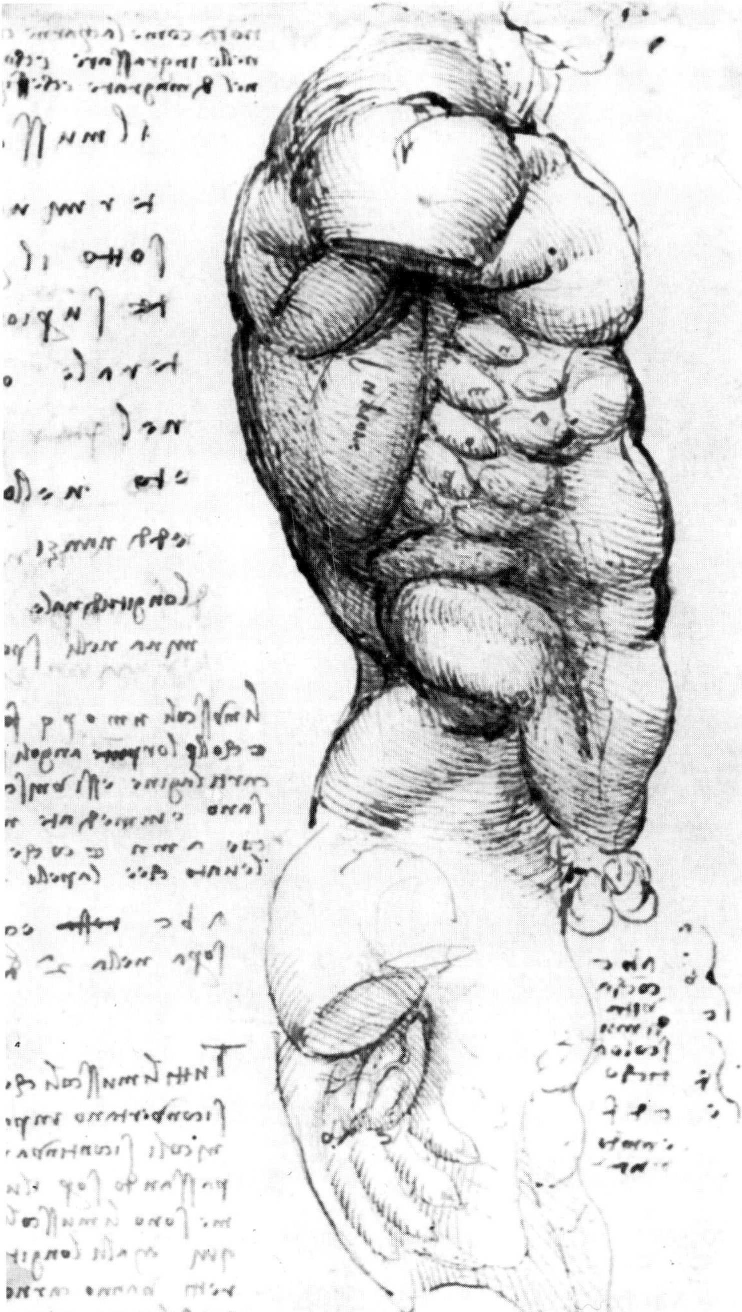

Prinzip später in den anatomischen Stichen von Vesalius wiederfindet. Ein ganzer Darstellungsstil der anatomischen »Komplexe« ist im Keim schon in den Zeichnungen zu der Passage über Stoßen und Ziehen enthalten. Durch die anatomische Analyse wird die Mechanik erkennbar, die der Emotion entspricht; die genaue Abbildung der Muskelbewegungen deutet die Seelenregungen an. Ihre Darstellung setzt feine Beobachtung und ein

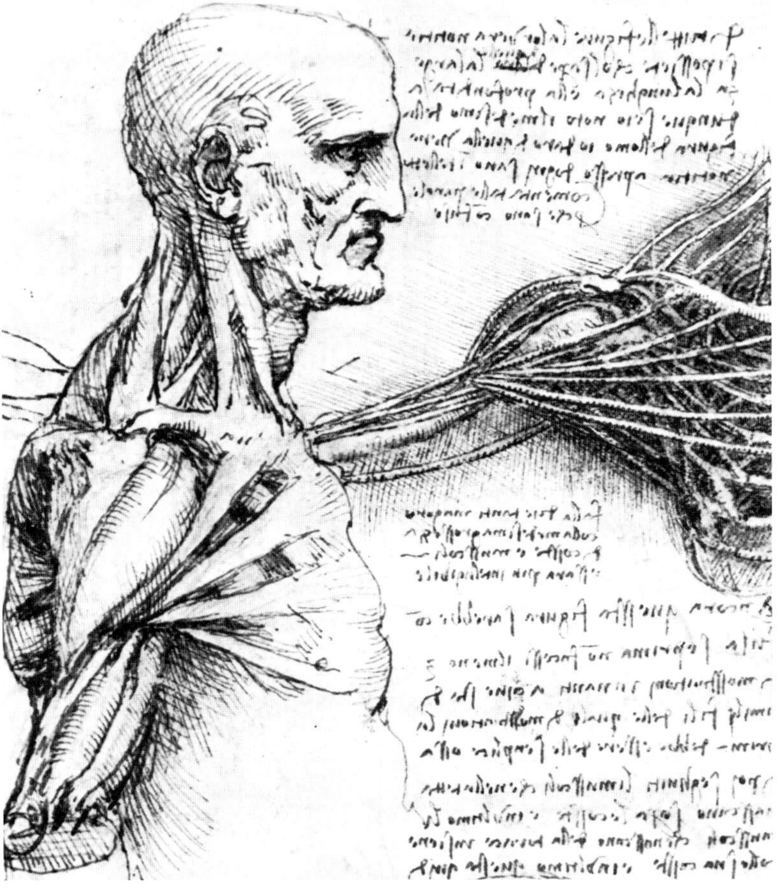

Seine anatomischen Skizzen zeigen jeden Muskel völlig richtig. Aber als Maler kommt er zu dem Schluß, daß er »weiche Fleischigkeit mit einfachen Biegungen und Rundungen der Glieder« vorzieht. Dem stellt er in einer kleinen Skizze rechts neben der unteren Zeichnung die Technik gegenüber, schwellende Muskeln zu zeigen. Diese nennt er »altmodisch« und seine eigene Methode »modern«.

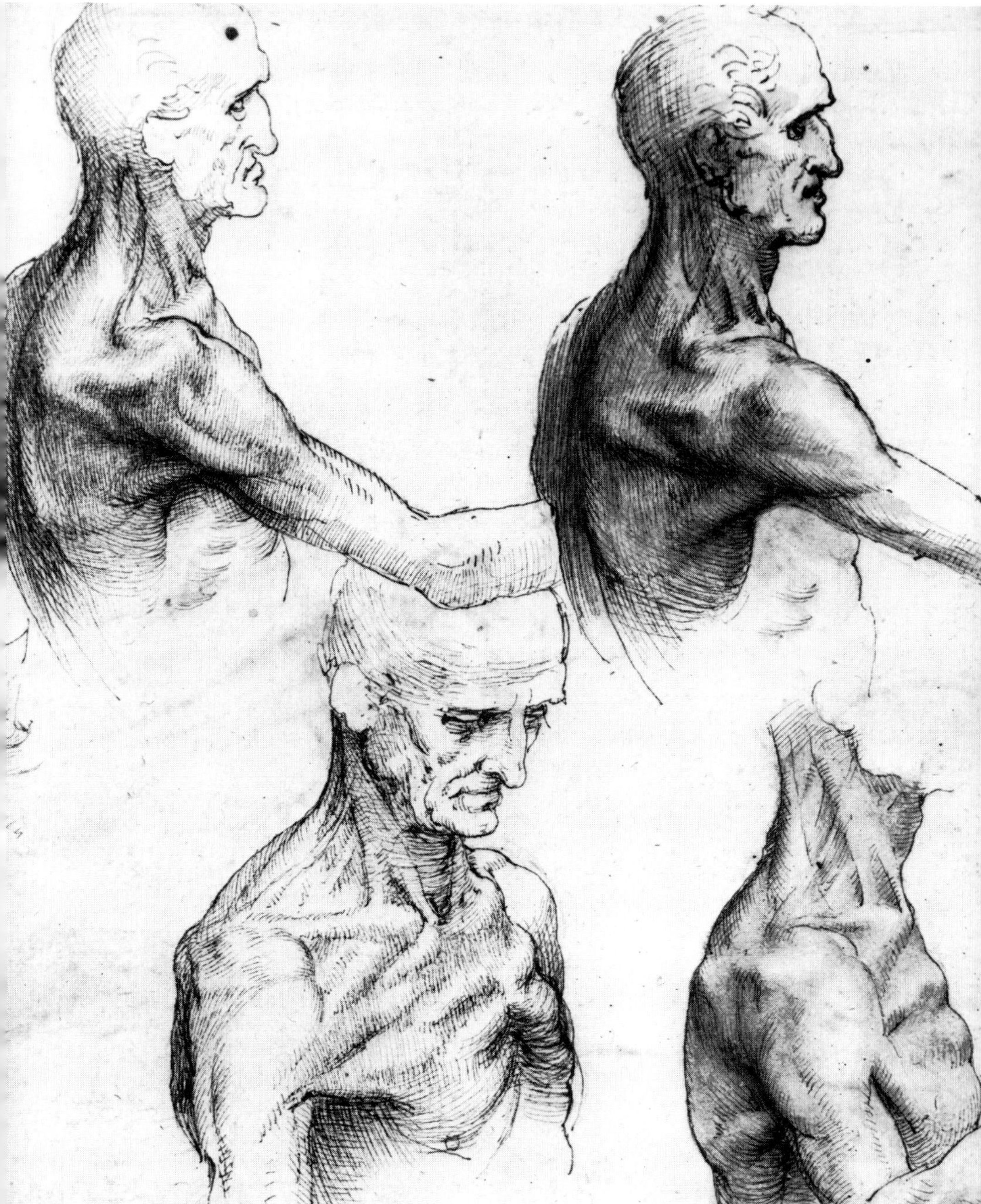

Gefühl für Ausgewogenheit voraus, woran Leonardo vor allem zu liegen scheint; im Codex Madrid II erwähnt er an einer Stelle,[27] daß sich der Umfang jedes Muskels ändert, je nachdem, ob er in Tätigkeit ist oder nicht, und auf einer anderen Seite heißt es: »Mache nicht alle Muskeln deiner Gestalten sichtbar; auch wenn sie sich an ihrem richtigen Platz befinden, treten sie nicht besonders hervor, wenn die Glieder, zu denen sie gehören, nicht in großer Kraftanstrengung sind. Und die Glieder, die keine Funktion ausüben, sollen keine Muskeln aufweisen. – Und wenn du anders verfährst, dann bildest du eher einen Sack Nüsse als einen menschlichen Körper ab.«[28] Dieser Vergleich klingt vertraut: die Passage ist wörtlich in den Codex Urbinus übernommen worden.[29] Seit 1490 stößt man auf Kritiken an »hageren und hölzernen Gestalten«[30]; mit den Ausdrükken »Sack Nüsse«, »Bündel Rettiche« werden an einer wohl aus dem Jahr 1502 stammenden Stelle des Manuskripts L[31] die »hölzernen und anmutslosen« Aktfiguren bezeichnet. Da Leonardo zahlreichen Künstlern vorwirft, sich dieser Verirrung schuldig gemacht zu haben, handelt es sich hier um eine seiner polemischen Spitzen gegen eine gewisse toskanische Manier, die seine Zeitgenossen betrafen. Aber eine beharrliche Tradition, die von Dolce (1557) bis zu Lomazzo (1584) und Armenini (1586) reicht, hat Michelangelo als den Hauptschuldigen ausgemacht. Diese Interpretation ist einigermaßen begründet: die Verdammung taucht wieder auf im Manuskript E aus den Jahren 1513–1514,[32] in dem an den nackten Figuren der Sixtinischen Kapelle [S. 167] Kritik geübt wird. Der «Sack Nüsse» des Codex Madrid II müßte sich also auf die *Schlacht bei Cascina* beziehen, bei der die Darstellung von Muskulatur unglaubliche Proportionen angenommen hatte. Und da Leonardo intensiv an einem analogen Thema arbeitet, ist das zweifellos auch eine Warnung, die er sich selbst erteilt, damit er nicht in die gleiche Übertreibung verfalle.

Der anmutsvolle Stil, der sich gegen die unüberlegte Zurschaustellung der Anatomie verwahrt, will »weiche Fleischigkeit mit einfachen Biegungen und Rundungen der Glieder«, wie Leonardo im Codex Madrid II sagt.[33] Eine Studie aus derselben Zeit[34] macht anhand einer kleinen Skizze deutlich, wie sich die Hautfalten bei knotigen Muskeln und im entgegengesetzten Fall bei schönen Rundungen bilden; der erste Typus wird als *antico* bezeichnet, der zweite als *moderno*. Der gleiche Hinweis erscheint einige Jahre später, um 1510, noch einmal im Manuskript G.[35] Diesmal wird die Analyse erheblich weiter ausgesponnen. Sie entspricht einer entschiedenen Reaktion auf die brutale Manier mancher Toskaner, die auch in dem Traktat *De sculptura* von Gauricus (1504) anklingt, in dem das Pferd des

Leonardo wie sein Rivale Michelangelo waren Meister der Aktfigur. Michelangelos Figuren waren skulpturenhaft und ließen das Spiel jedes Muskels erkennen – so in seinen Studien für die Schlacht bei Cascina *(oben) und für eine Sibylle (S. 167) für sein gewaltiges Deckengemälde in der Sixtinischen Kapelle. Leonardo konnte es in heroischen Aktfiguren mit ihm aufnehmen – seine Skizze (S. 166) für die* Schlacht bei Anghiari, *Windsor 12640, erinnert an eine antike Marmorstatue. Aber Leonardo, der in seiner Kunst von anatomischen Studien ausging, wollte, daß bei ihm die Muskeln die »Bewegungen der Seele« zeigen sollten. Vielleicht hat er an Michelangelo gedacht, als er im Codex Madrid II schrieb: »Mache nicht alle Muskeln deiner Gestalten sichtbar; auch wenn sie sich an ihrem richtigen Platz befinden, treten sie nicht besonders hervor, wenn die Glieder, zu denen sie gehören, nicht in großer Kraftanstrengung sind. Und die Glieder, die keine Funktion ausüben, sollen keine Muskeln aufweisen. – Und wenn du anders verfährst, dann bildest du eher einen Sack Nüsse als einen menschlichen Körper ab.«*

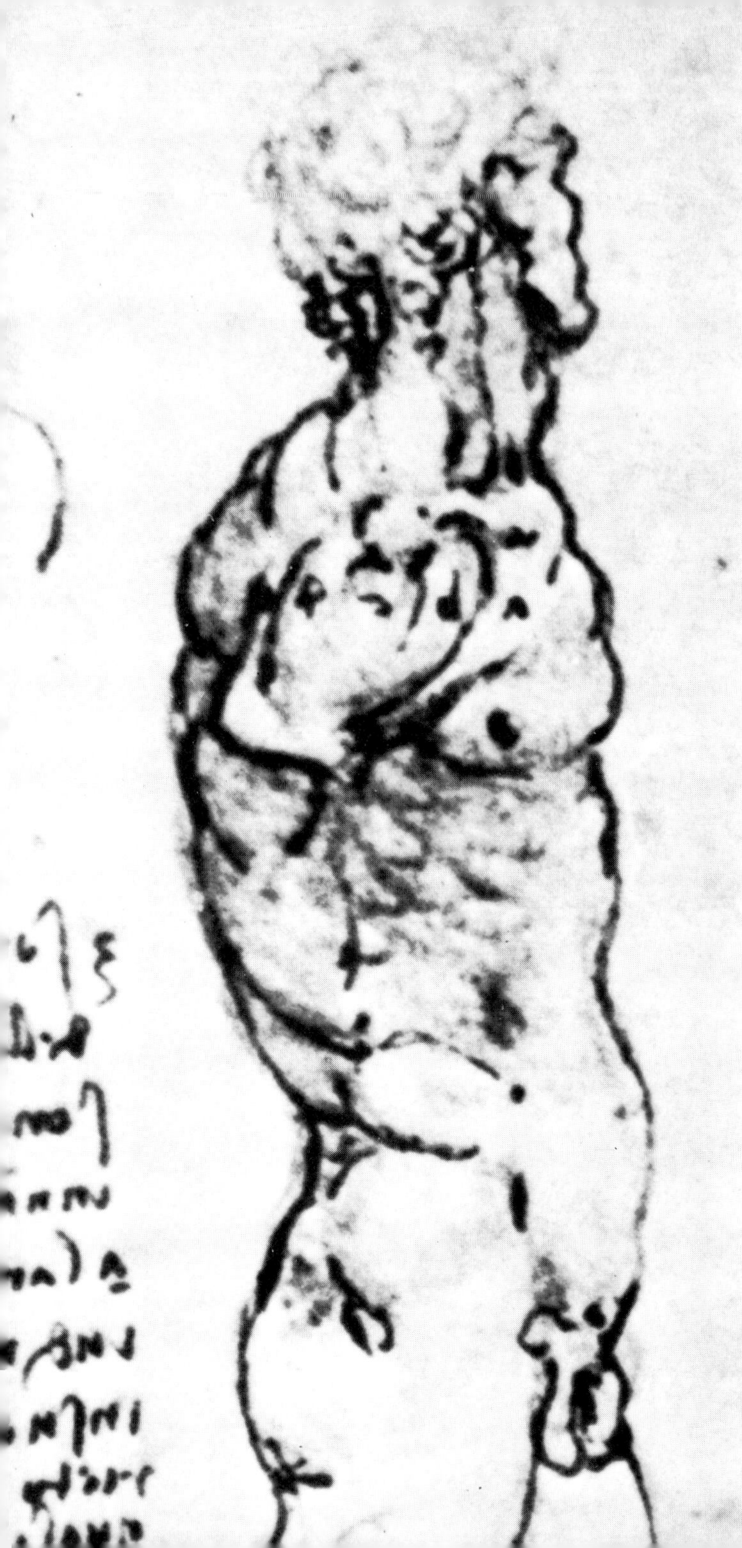

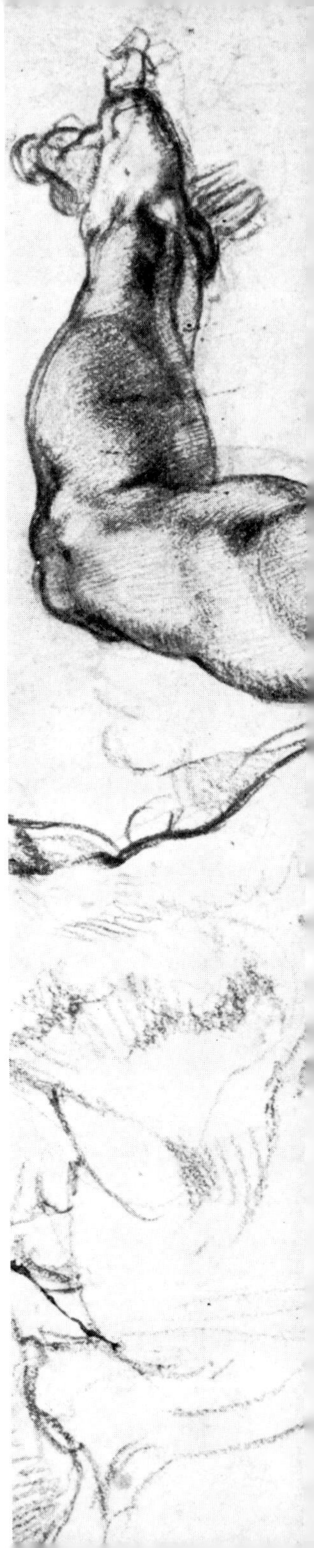

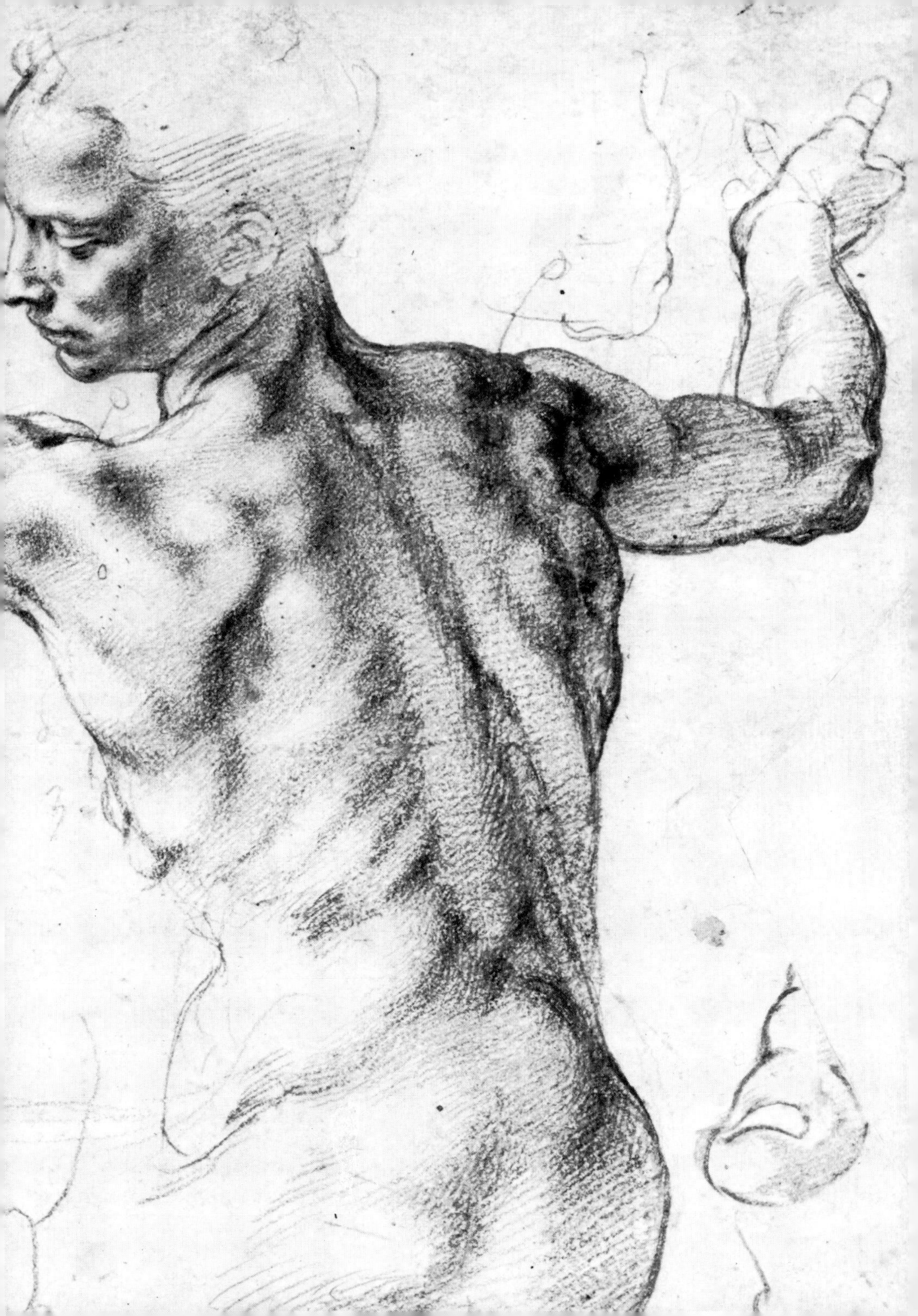

Colleoni als »Muskelfigur« bezeichnet wird. Leonardos kritische Haltung hat überall starken Widerhall gefunden, in Venedig, wo sie mit Giorgiones Richtung übereinstimmte, in der Emilia und überall dort, wo der Stil der »Entspannung« den Boden bereitet hatte. Zwischen der alten und der modernen Manier ist also gleichsam eine Spaltung eingetreten; Leonardos Begriffe sind von Vasari aufgenommen und weitergeführt worden, als er sich gegen die *maniera dura, secca et tagliente* wandte, die sich eben dem von Leonardo und Giorgione erschlossenen neuen Weg widersetzte. Die von Vasari aufgestellte Liste der demnach überholten Künstler des Quattrocento führt alle diejenigen auf, die, »um als große Zeichner zu erscheinen, ihre Aktfiguren hölzern und anmutslos machen«. Aber auf

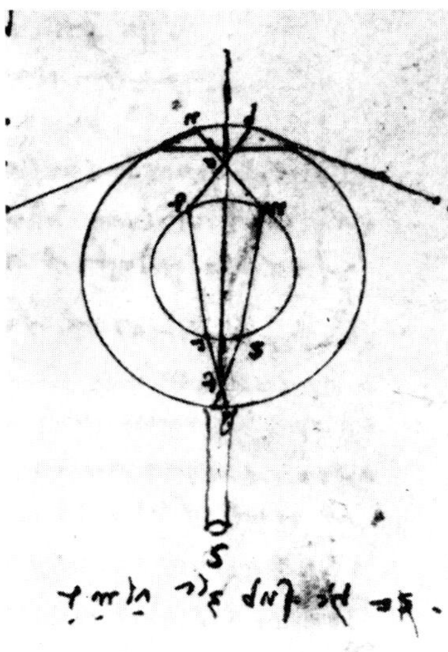

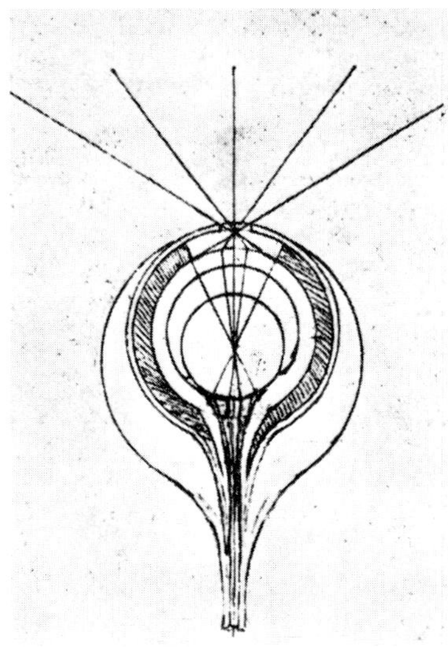

dieser Liste erscheint Michelangelo natürlich nicht.[36] So geht Leonardo von der wissenschaftlichen Analyse zu ästhetischen Empfehlungen über: die Anatomie ist der Schlüssel zur exakten Darstellung der »Bewegungen der Seele«, das heißt der Emotionen. Aber inwieweit von der Anatomie Gebrauch gemacht wird, wird von den Erfordernissen des Stils bestimmt. Das Erfordernis der Kunst setzt dem Können des Malers gewisse Grenzen. Das ist genau die Entwicklung, die sich – anhand der Notizen im Codex Madrid II – in bezug auf die Optik beobachten läßt, die Grundlage aller Malerei, und in bezug auf das Verhältnis von Licht und Schatten, dessen Abstimmung von einer wesentlichen künstlerischen Entscheidung abhängt. Leonardo geht von der Analyse der Wahrnehmungsmechanismen

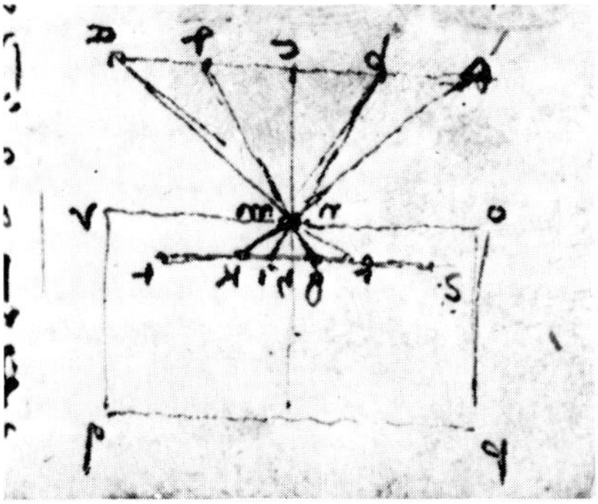

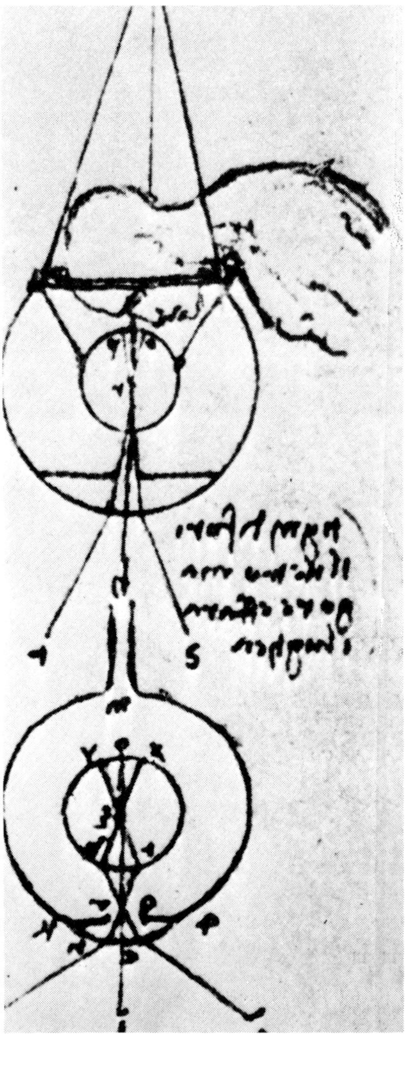

Bei seinen optischen Forschungen lehnte Leonardo die damals vorherrschende Meinung ab, daß das Auge sehe, indem es Lichtstrahlen aussende. Er sezierte Augen von Tieren und wahr-

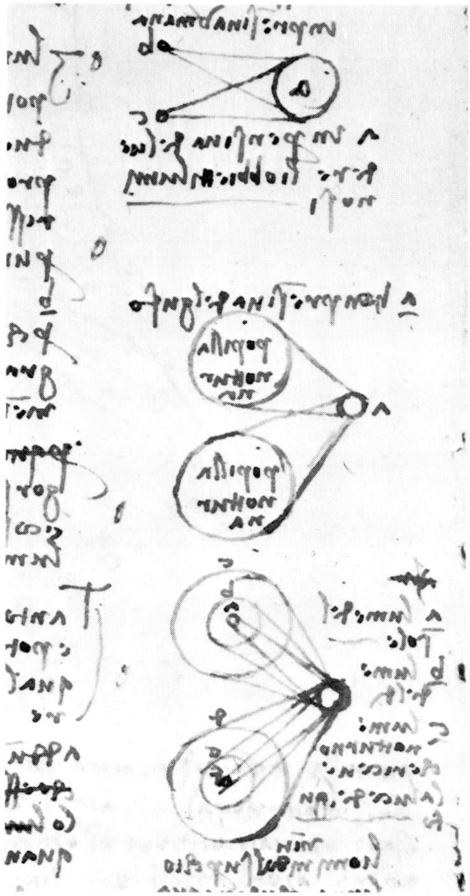

scheinlich auch von Menschen. Er zeichnete eine schematische Darstellung des Auges (S. 168 rechts), die im Codex Atlanticus, Folio 337 recto-a, enthalten ist, wobei er die sphärische Linse an die falsche Stelle setzte. Die binokulare Wahrnehmung untersuchte er im Codex Madrid II, Folio 25 verso (oben).

Leonardos Beschäftigung mit der Optik führte naturgemäß zu Studien über die Wechselbeziehung zwischen Licht und Schatten. Er geht aus seinem Atelier hinaus ins Freie und arbeitet neue Empfehlungen aus, die er dann selbst in der Praxis anwendet. Er warnt vor greller Beleuchtung und zu scharfen Konturen. In den hier gezeigten Gemälden strebt er nach einer Transparenz der Schatten um den Kopf, die die Figuren mit ihrer Umgebung verbindet. Sein «Chiaroscuro» ist ein kaum wahrnehmbarer Kontrast zwischen Hell und Dunkel, der eine vollendete Wirkung des Geheimnisvollen ergibt. Links ist ein Detail aus einer Kopie seiner nicht mehr erhaltenen Leda mit dem Schwan *(S. 172/173)*. Rechts sind Details aus der *Hl. Anna Selbdritt* und der *Mona Lisa,* beide aus dem Louvre. Die Feinheit der Beleuchtung stellt einen Zusammenhang zwischen den drei Frauen her.

aus. Aber in der Physiologie und selbst in der Anatomie, die er einführt, weist er instinktiv – und zu Unrecht – den Sehorganen einen privilegierten Platz zu.[37] Das Auge als Organ verdiene also alle Aufmerksamkeit; einige Aufzeichnungen befassen sich mit der Art und Weise, wie die Pupille auf die Lichtintensität reagiert,[38] andere behandeln die Wirkung der binokularen Wahrnehmung.[39] Das Modell der *camera obscura,* des geschlossenen Kastens mit einem feinen Loch, durch das die Lichtstrahlen eindringen, um ein Bild zu erzeugen, scheint sich Leonardo aufzudrängen; die Analogie wird später im Manuskript D um 1508 ausführlich erklärt; hier werden alle diese Hinweise wieder aufgegriffen [S. 169] und darüber hinaus der Zusammenhang zwischen den rasch hingeworfenen Notizen von Codex Madrid II mit den früheren allgemeinen Untersuchungen wieder hergestellt.[40]

Mit Hilfe der Optik kann das Spiel von Licht und Schatten untersucht werden. In einer kleinen Zusammenstellung, *de lume e ombra,* waren um 1490 die Gesetze und Abweichungen des Phänomens umrissen worden. Codex Madrid II kommt nachdrücklich darauf zurück und unterstreicht die Bedeutung der Bläue, die durch die Dichtigkeit der Luft hervorgerufen

wird und die sich in den Schatten stärker bemerkbar macht als an den beleuchteten Stellen,[41] oder auch die relative Verschmelzung von Schatten und Lichtern in der Ferne[42] und die Farbfülle bei vorherrschend starker Beleuchtung.[43] Zu diesen Bemerkungen gesellen sich Empfehlungen, bei denen Leonardo nicht mehr als Physiker spricht, der analysiert, sondern auch als Maler, der wählt: das natürliche Licht gibt weichere und schmeichelndere Schatten als einzelne Lichtquellen;[44] es gibt bestimmte »Plätze, die man auswählen muß, um den Dingen ein anmutiges Relief zu geben«.[45]

Die gesamten Notizen lassen erkennen, daß den Effekten der Freilichtmalerei, die ein neuer Anreiz für Leonardos Forschungen zu sein scheint, auf ganz neue Weise Aufmerksamkeit geschenkt wird. Codex Madrid II bestätigt und bezeugt auch die Schlußfolgerung, zu der das Studium bereits bekannter Manuskripte geführt hatte: Um 1505 packt Leonardo die Probleme von Licht und Schatten und die der Farbe anders an. »Er hat seine Studien von der Werkstatt ins Freie und in die Landschaft verlegt.«[46] Aber während er sich weiterhin gegen starke Beleuchtung und allzu scharfe Konturen wendet, beharrt er gleichzeitig darauf, daß es notwendig

Der Beweis und Grund, warum unter den beleuchteten Teilen gewisse Abschnitte in hellerem Licht sind als andere.

Diese Studie – in der das Profil eines Mannes behandelt wird, als sei es eine Gebirgslandschaft – veranschaulicht die unterschiedlichen Wirkungen des Lichtes, das aus einer einzigen Quelle auf das Gesicht fällt. Die kleine graphische Darstellung links und die Notizen unmittelbar darüber und darunter beziehen sich auf die Lichtwirkung in einem Raum. Über diesen befindet sich ein Ratschlag für die Komposition eines »historischen Bildes«.

Wenn du ein historisches Bild entwirfst, nimm zwei Punkte, einer ist der Blickpunkt und der andere die Lichtquelle; und mache diese so fern wie möglich.

Zeigt, wie Licht von irgendeiner Seite auf einen Punkt zuläuft.

Den Grund für die Reflexe werde ich noch erwähnen.

Wo die durch die Einfallslinien gebildeten Winkel sich am meisten gleichen, wird das hellste Licht sein, und wo sie sich am wenigsten gleichen, wird es am dunkelsten sein.

Obwohl die Kugeln a b c *von einem Fenster beleuchtet sind, wirst du dennoch sehen, wenn du den Linien ihrer Schatten folgst, daß sie sich an einem Punkt schneiden und den Winkel* n *bilden.*

Da bewiesen ist, daß jedes bestimmte Licht von einem einzigen Punkt stammt oder zu stammen scheint, wird die von ihm beleuchtete Seite ihr hellstes Licht in dem Abschnitt haben, auf den die Linie des Lichtstrahls senkrecht fällt; wie oben bei den Linien a g *und auch in* a h *und* l a *gezeigt; und dieser Abschnitt der beleuchteten Seite wird dort weniger hell sein, wo die Einfallslinie ihn zwischen zwei ungleichen Winkeln trifft, wie bei* b c d *zu sehen ist. Und auf diese Weise wirst du vielleicht auch wissen, welche Teile kein Licht erhalten, wie bei* m k *zu sehen ist.*

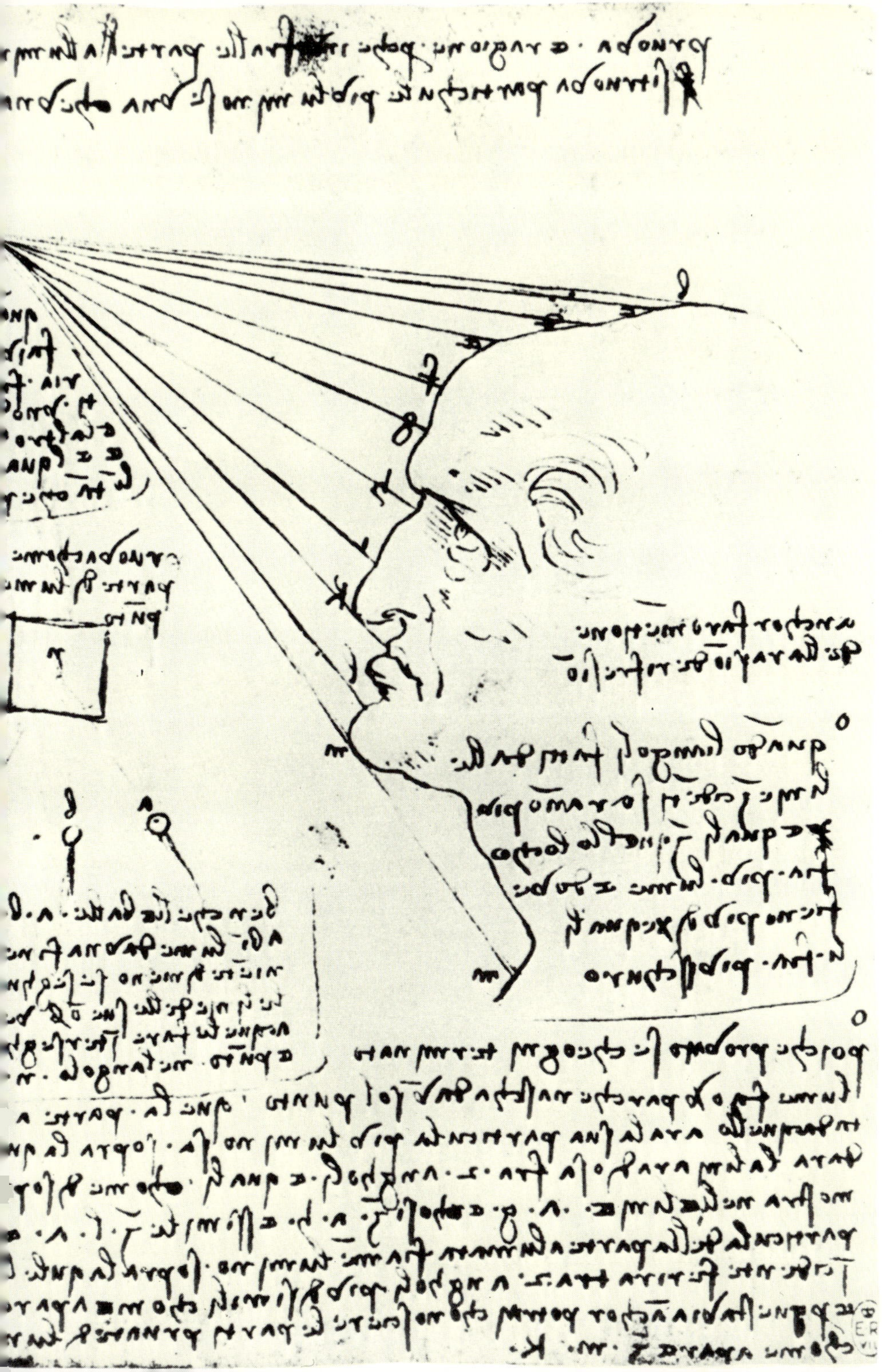

sei, den günstigen Augenblick zu erhaschen, die gelungene Anordnung; dasselbe Anliegen taucht dann später in den berühmten Notizen der Jahre 1508–1510 über »die zu wählende Beleuchtung für die Porträtmalerei«[47] wieder auf. Bei diesen Untersuchungen des feinen Übergangs der Schatten, die sich am Saum der Lichter verlieren, und der unendlichen Nuancen des Helldunkels durch eine günstige Beleuchtung denkt man unweigerlich an die Erfahrungen aus jener Zeit mit der *Mona Lisa*, der (nicht erhaltenen) *Leda* und der *Hl. Anna* [S. 170/171]. Mit der wissenschaftlichen Betrachtungsweise soll die Stichhaltigkeit der neuen Maltechnik bewiesen werden.

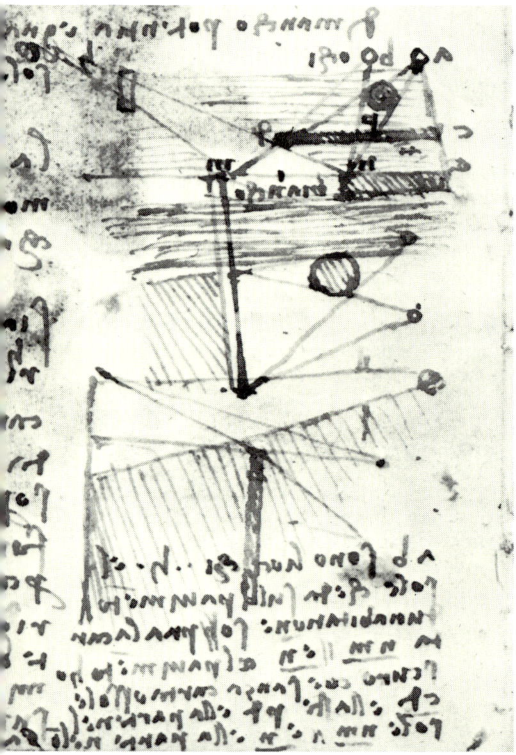

Diese Studien aus dem Codex Madrid II zeigen verschiedene Lichtwirkungen. Links, auf Folio 23 verso, skizzierte Leonardo einen Versuch, bei dem die Sonne, Augen, Papier und ein Brett gezeigt werden, um seine Behauptung zu beweisen: «Der dunkle Gegenstand, den man im erleuchteten Feld sieht, scheint viel kleiner, als wenn er sich in einem Feld befände, das dunkler wäre als er selbst.» Rechts, auf Folio 71 verso, skizziert er Licht im Freien, das vom Pflaster zurückgeworfen wird und auf ein Gesicht fällt.

Die bemerkenswerteste Stelle im Codex Madrid II ist wahrscheinlich diejenige, die das Phänomen des *lustro,* des leuchtenden Widerscheins, behandelt: »Der Glanz beteiligt sich viel mehr an der Farbe des Lichtes, das den glänzenden Körper beleuchtet, als an der Farbe des Körpers; das zeigt sich bei dichten Oberflächen«.[48] Die Schattierungen hängen von der Art der

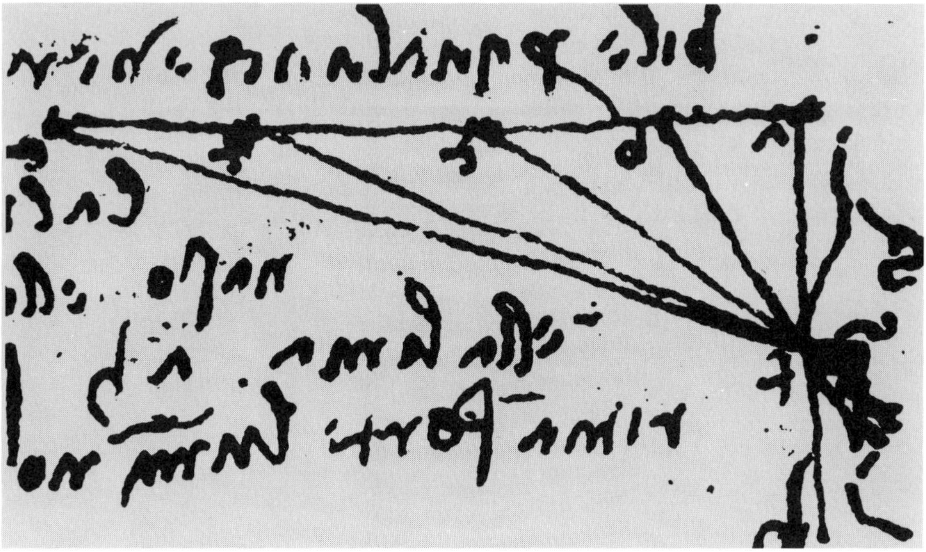

reflektierenden Körper ab. Leonardo spricht hier von punkt- oder flächenförmigem Licht, das von glatten und polierten Oberflächen zurückgeworfen wird. Das ist einer der Aspekte der *riverberazione,* wie sie im Manuskript A genannt wird. Der *lustro* unterscheidet sich vom eigentlichen Reflex *(riflesso),* bei dem ein Spiegelbild entsteht; er ist von Bedeutung, weil er die Übertragung einer angrenzenden Farbe auf die Lokalfarbe eines bestimmten Gegenstandes bewirkt. Die indirekten Reflexe leiten zufällige spiegelnde Lichter in die Schatten, was wenig wünschenswert ist.
Eine der letzten Aufzeichnungen im Codex Madrid II betrifft »die Übereinstimmung der Schatten mit ihren Lichtern«, und empfiehlt, »die Kunst so einzurichten«, und zum Beispiel den »Schatten von grünen Körpern grüne Dinge« entsprechen zu lassen.[49] Es geht darum, störende Kontraste als Auswirkungen des *lustro* zu vermeiden, der die Modellierung unterstreicht, aber die Farbe trübt. Leonardo selbst malt entsprechend diesen Anweisungen. Aber die Bemerkungen im Codex Madrid II lassen erkennen, daß diesen Problemen neue Aufmerksamkeit geschenkt wird. Leonardo versucht nicht nur, sein eigenes Verfahren zu rechtfertigen, sondern nimmt offenbar gleichzeitig zu den Erfahrungen der Flamen Stellung. Ihm konnten die Schönheit der Malerei dieser Künstler und die Originalität eines Stils nicht unbekannt sein, dem es vor allem um die Leuchtkraft ging, um die Zufälligkeiten des *lustro* und das überraschende Spiel der *riflessi.* Der Text von Codex Madrid II zeigt, daß er die Mechanismen

Im Codex Madrid II greift Leonardo die Frage des lustro *– der Lichtreflexe – auf. Auf Folio 26 recto schreibt er:*

Der Glanz beteiligt sich viel mehr
an der Farbe des Lichtes,
das den glänzenden Körper beleuchtet,
als an der Farbe des Körpers;
das zeigt sich bei dichten Oberflächen.

Die Renaissance-Maler machen in ihren Werken unterschiedlichen Gebrauch von Reflexen. An den auf diesen 4 Seiten gezeigten Engeln sind vier Methoden zu erkennen. Der Engel von Piero della Francesca (links) hat keine echten Reflexe. Der Engel des flämischen Malers Gérard David (rechts) veranschaulicht den flämischen Hang zu starken Reflexen von Augen, Lippen und Juwelen.

Piero di Cosimo ahmt in seinem Engel (oben) den flämischen Stil nach, doch fügt er einfache Schatten auf dem Gesicht hinzu. Leonardo war fasziniert davon, wie die Flamen von den Reflexen Gebrauch machten, aber er wollte die harten Kontraste vermeiden. Durch

*seine Lösung wird eine indirekte Be*leuchtung, wie sie heutzutage von Photographen angewandt wird, vorgetäuscht. Das Ergebnis – wie rechts der Engel aus der *Madonna in der Felsengrotte* der Londoner National Gallery zeigt –, ist ein ausgeklügeltes, kompliziertes Spiel von Lichtern und Schatten.

dieses Stils durchaus begriffen hat, ihm aber gar nichts daran lag, sie zu übernehmen. Womit er unbestreitbar der im Süden vorherrschenden Haltung treu blieb, bei der es mehr auf die Fülle der Formen im Raum als auf das Schimmern des Lichtes und den Glanz der Texturen ankam.[50]

Damit wird klar, welches Verhältnis zwischen Theorie und Praxis sich für Leonardo ergab. Beim Einsatz der Reflexe und der Dialektik von Hell und Dunkel ist es nicht anders als bei der Anatomie der Figuren. Unannehmbare Veränderungen der Lokalfarbe und grobe Lichtkontraste sind ebenso zu vermeiden wie die Zurschaustellung von Muskulatur.

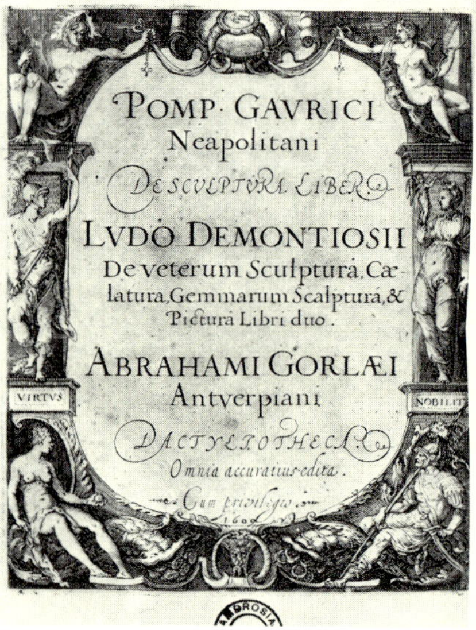

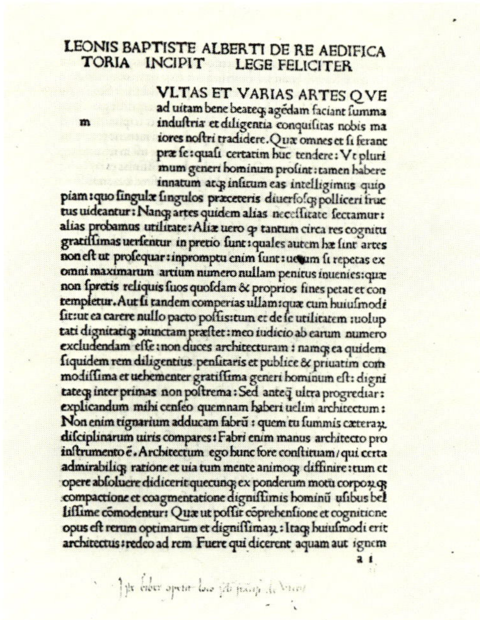

LEONIS BAPTISTE ALBERTI DE RE AEDIFICA
TORIA INCIPIT LEGE FELICITER

m VLTAS ET VARIAS ARTES QVE
ad uitam bene beateq; agēdam faciant summa
industria et diligentia conquisitas nobis ma
iores nostri tradidere. Quæ omnes et si ferant
præ se: quasi certatim huc tendere: Vt pluri
mum generi hominum prosint: tamen habere
innatum atq; insitum eas intelligimus quip
piam: quo singulæ singulos præceteris diuersosq; polliceri fruc
tus uideantur: Nanq; artes quidem alias necessitate sectamur:
alias probamus utilitate: Aliæ uero q tantum circa res cognitu
gratissimas uersentur in pretio sunt: quales autem hæ sint artes
non est ut prosequar: inpromptu enim sunt: ue[illegible]um si repetas ex
omni maximarum artium numero nullam penitus inuenies: quæ
non spretis reliquis suos quosdam & proprios fines petat et con
templetur. Aut si tandem comperias ullam: quæ cum huiusmodi
sit: ut ea carere nullo pacto possis: tum et de se utilitatem: uolup
tati dignitatiq; ɔiunctam præstet: meo iudicio ab earum numero
excludendam esse: non duces architecturam: namq; ea quidem
siquidem rem diligentius pensitaris et publice & priuatim com
modissima et uehementer gratissima generi hominum est: digni
tateq; inter primas non postrema: Sed anteq̄ ultra progrediar:
explicandum mihi censeo quemnam haberi uelim architectum:
Non enim tignarium adducam fabrū: quem tu summis cæterarum
disciplinarum uiris compares: Fabri enim manus architecto pro
instrumento ē. Architectum ego hunc fore constituam/qui certa
admirabiliq; ratione et uia tum mente animoq; diffinire: tum et
opere absoluere didicerit quecunq; ex ponderum motū corporumq;
compactione et coagmentatione dignissimis hominū usibus bel
lissime cōmodentur: Quæ ut possit cōprehensione et cognitione
opus est rerum optimarum et dignissimarum: Itaq; huiusmodi erit
architectus: redeo ad rem Fuere qui dicerent aquam aut ignem

a i

Die allgemeinen Richtlinien des *Trattato* wurden also genau vorgezeichnet durch die Notizen im Codex Madrid II, in denen die lehrhafte Tendenz deutlich wird: Die Analysen zeigen *mögliche* Malweisen, die nicht sämtlich in Leonardos eigenem Werk angewandt werden. Mit Vergnügen nimmt man die hübsche, bisher unveröffentlichte Notiz aus dem Madrider Manuskript zur Kenntnis: »Ich habe schon gesehen, daß die Schatten, die von den Tauen, dem Mast und der Rahe auf eine weiße Mauer geworfen wurden, bei Sonnenuntergang grün waren.«[51] Aber diese Bemerkung macht Leonardo nicht zu einem Vorläufer des Impressionismus. Denn das Phänomen wurde nicht im Zusammenhang mit der Malerei im Gedächt-

Die Vorstellungen der Theoretiker, die diese Abhandlungen geschrieben hatten, waren Leonardo bekannt – wenngleich er sie nicht sämtlich ohne Kritik gelten ließ –, als er mit der Abfassung seines Trattato della Pittura *beschäftigt war.*

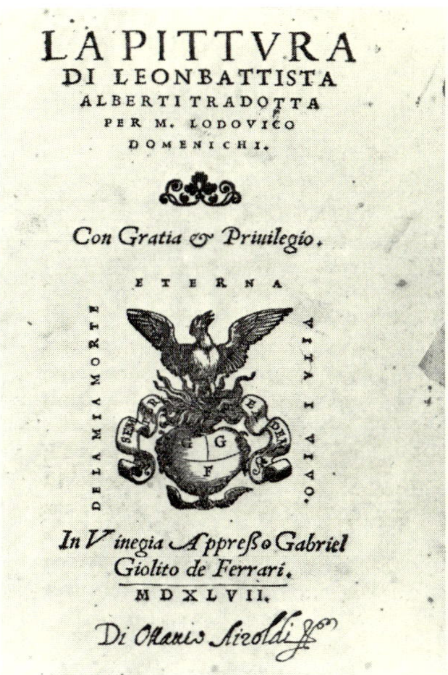

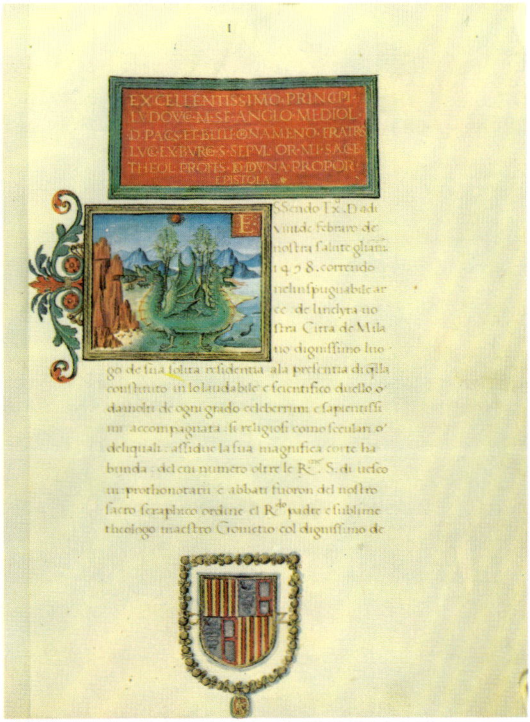

Gegenüberliegende Seite: Gauricus über Bildhauerei, 1504 und Alberti über Architektur, 1485. Oben links: Alberti über Architektur, 1550. Links: Alberti über Malerei, 1547. Oben: Pacioli über geometrische Proportionen, 1499.

nis behalten, und wenn das der Fall gewesen wäre, dann würde es nicht zu Leonardos Malerei gehören.

Das *sfumato* ist, obwohl der Begriff noch nicht vorkommt, jetzt Leonardos große Lösung für alle malerischen Probleme.[52] In einer Beziehung steht seine Methode im Gegensatz zu allen damaligen Malweisen: die Wirkungen der Leuchtkraft, die die Flamen meisterhaft beherrschen, gehen nicht verloren, aber die Poetik der zahlreichen Reflexe und der lebhaften Farben wird zugunsten unendlich zarter Abstufungen zurückgedrängt; die Modellierung nach dem Beispiel Masaccios, der bei der Definition der Form von einer konstanten Aufeinanderfolge von Schatten und Lichtern ausgeht, wird beibehalten, aber mit einer kalkulierten Abschwächung der Konturen, was neue Verbindungen zwischen Vorder- und Hintergrund ermöglicht. Eine allgemein gedämpftere Farbtönung ist zugleich die Voraussetzung und die Folge des neuen Stils. Um mehr Möglichkeiten im Bereich der Farbwerte zu haben, muß die Malerei die Farbenkraft vermindern.

Die Notizen aus Codex Madrid II bedeuten also keine große Entwicklung einer Theorie, aber sie zeigen, wie Leonardo, ähnlich einem Schachspieler, der mehrere Partien auf einmal spielt, bestimmte Probleme aufwirft und im Rahmen einer großen Partie manche Beweisführungen präzisiert. Er ist sich jetzt der Tatsache bewußt, daß alle seine Untersuchungen der Naturerscheinungen und die Erforschung des lebenden Organismus ihn von den praktischen Erfordernissen des *Trattato* entfernen und er sie davon trennen muß.

Er erkennt, daß die Fortsetzung dieser Forschungen ihn zu Darlegungen führt, die in bezug auf die spezifischen Probleme des *Trattato* wie theoreti-

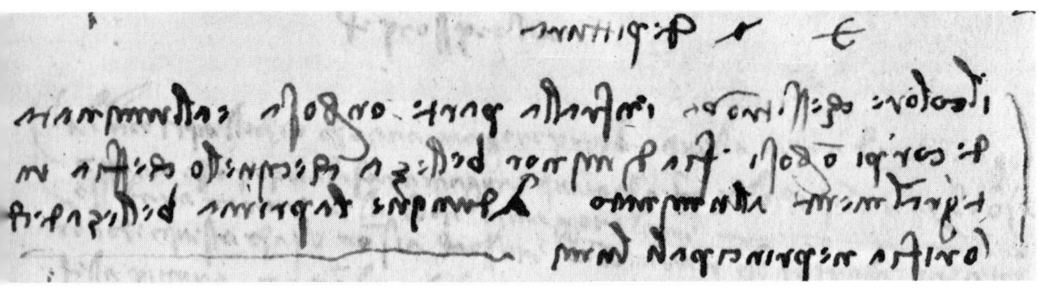

Über Farben. *Die Farbe, die sich zwischen dem schattigen und dem beleuchteten Teil der beschatteten Körper befindet, ist weniger schön als diejenige, welche vollständig beleuchtet ist. Die erste Schönheit der Farben beruht daher prinzipiell auf dem Licht.*

sche Exkurse erscheinen werden. Später schreibt er zum Beispiel im Zusammenhang mit einer optischen Beweisführung: »Dieser Fall muß zwar unter den Lehrsätzen der Malerei nicht aufgeführt werden. Aber ich will ihn nicht übergehen, weil er für die Theoretiker wichtig ist.«[53] Oder auch: »Obwohl derartige Überlegungen für die Praktiker überflüssig sind, scheinen sie mir wichtig genug, um nicht übergangen zu werden, denn bei nachdenklichen Geistern rufen sie oft Verwunderung hervor.«[54] Das vorherige Studium der optischen Mechanismen scheint also die konkreten Schlußfolgerungen, die man vom Theoretiker erwartet, zu verzögern, aber es hält den Verstand und die Phantasie in höchster Wachsamkeit, und das ist eine der Forderungen des *Trattato*.

Man sieht also, in welcher Hinsicht Leonardo sich eindeutig von Alberti entfernt hat. Alberti empfiehlt dem Maler eine fundierte Bildung für die Anordnung der *storie* und die Kenntnis der Geometrie, um den Konstruktionen die richtige Struktur zu geben. Die Begriffe sind nun umgekehrt: im Idealfall deckt sich die Malerei mit der vollständigen Kenntnis der Natur, und ohne eine alles umfassende Intuition, die durch Analysen unendlich detailliert werden kann, wird nichts Vollwertiges entstehen können. Daher erhält der Diskurs über die Kunst einen neuen Sinn: er wird nicht mehr durch den humanistischen Rahmen bestimmt; dieser würde den *Trattato* allzu eng an die literarischen Modelle binden, deren Relevanz im *Paragone,* der Gegenüberstellung von Dichtkunst und Malerei, bestritten worden war.

Der *Trattato,* dessen endgültige Konturen noch immer nicht festgelegt sind und sich noch mehrmals ändern werden, ist durch seine Form charakterisiert, die den Stil mathematischer Beweisführungen übernimmt.

Die Mehrzahl der Notizen *de pictura* im Codex Madrid II erwecken den Eindruck von Lehrsätzen, illustriert mit kleinen Abbildungen. Der Aufbau ist gelockert und die Darstellung exakt: so verlangt es die wissenschaftliche Kunstausübung, die sich der praktisch unerschöpflichen Eroberung des Wirklichen verschreibt. Die Entscheidungen, die der Maler treffen muß, sind in ihren Konsequenzen klar zu erkennen, aber das Prinzip, auf dem sie beruhen, entzieht sich der Demonstration. Das Moment des *sfumato,* die Anmut, das Geheimnisvolle verschmelzen für Leonardo immer mehr zum Endziel des Gemäldes. Das Gemälde wird seiner Berufung um so mehr gerecht, je stärker es die Fremdheit des Wirklichen, das es erforschen soll, neu ins Bewußtsein bringen kann. Die Praxis vollendet die Theorie. Die spezifische Fähigkeit des Stils ist die Gegenseite und die notwendige Ergänzung der Belehrungen des *Trattato*.

ANMERKUNGEN

DER MALER

1 W. M. Ivins Jr., *On the Rationalization of Sight,* The Metropolitan Museum of Art, Paper No. 8. New York 1938.
2 *Leonardos Visionen von der Sintflut und vom Untergang der Welt* (Bern 1958).
3 Leonardo da Vinci, *Trattato della Pittura* (Codex Urbinas Latinus 1270). Ins Englische übersetzt und kommentiert von A. Philip McMahon. Princeton 1956.
4 Folios 101v und 102r und v.
5 Zum Beispiel in den drei unteren Figuren auf Folio 63v.
6 Folios 30r, 49r, 54r.
7 Codex Urbinas Latinus 1270.

DER BILDHAUER

1 Vannoccio Biringuccio, *Li dieci libri della Pirotechnia* (1550). Deutsche Übersetzung von Otto Johannsen. Biringuccios Pirotechnia. Braunschweig: Friedr. Vieweg 1925; Giorgio Vasari, *Le Vite.* Deutsche Übersetzung herausgegeben von Ernst Jaffé. *Lebensbeschreibungen der ausgezeichnetsten Maler, Bildhauer und Architekten der Renaissance.* Berlin: Julius Bard 1911; Benvenuto Cellini, *I trattati della oreficeria e della scultura* (Florenz 1857), S.164 ff.; Germain Boffrand, *Descriptio omnium Operarum Quibus ad Fundendam ex Aere Una Emissione Metalli Ludovici Decimiquarti Statuam Equestrem . . .* (Paris 1743), S. 29 ff.
Ich bin Dr. Ladislao Reti, der mich auf Boffrands Werk aufmerksam machte, sehr zu Dank verpflichtet.
2 Der Brief wurde von Luca Beltrami veröffentlicht in: *Il Castello di Milano* (1894), S. 314. Er war also den Leonardo-Forschern bekannt. Doch ist es G. Castelfranco (*Storia di Milano,* Bd. VIII, S. 511), der auf den wichtigen Hinweis auf ein lebensgroßes Denkmal aufmerksam machte.
3 Codex Atlanticus, Folio 391r-a.
4 Folio 148r-a des Codex Atlanticus wird von C. Pedretti auf 1487 datiert (*A Chronology of L. da Vinci's Architectural Studies after 1500.* Genf 1962, S.61); Luca Beltrami datiert es auf 1490 (*L. da Vinci negli studi per il tiburio . . .*, Mailand 1903); ebenso L. Firpo (*Leonardo architetto e urbanista.* Turin 1963, S.136). Hier sei erwähnt, daß das oben am Sockel skizzierte Piedestal (Folio 148r-a) Ähnlichkeiten mit einer der Studien für die Trivulzio-Reitergruppe aufweist; vgl. Windsor 12353.
5 Der Brief wurde veröffentlich von G. Poggi, in: *Leonardo da Vinci: Vita di G. Vasari commentata . . .* (Florenz 1919), S.23 ff.; zum gleichen Thema siehe Castelfranco, a.a.O.
6 Manuskript C, Folio 15v.
7 Windsor 12345. Diese Zeichnung ist ein Fragment von Folio 147r-b des Codex Atlanticus. Leonardos Aufenthalt in Piombino mit Francesco di Giorgio Martini wird auf 1490 datiert; siehe G. Calvi, *Archivio storico lombardo,* Bd. XLIII (1916), S.468.
8 Zum Regisole von Pavia siehe besonders L. H. Heydenreichs Beitrag »Marc Aurel und Regisole«, in: *Festschrift für Erich Meyer* (Hamburg 1959), S. 146 ff.
9 Paolo Giovo, *Leonardo Vincii vita;* vgl. die neue Anthologie von R. Cianchi in: *Raccolta Vinciana XX* (1964), S.288 f.
10 Vgl. Windsor 12294 und 12319.
11 In seiner »Jagd des Meleager« im Prado stellt Poussin die verschiedenen von Leonardo skizzierten Pferdetypen dar. Wir sind Xavier de Salas sehr zu Dank verbunden, der uns auf diesen Beleg aufmerksam gemacht hat. Damit wird Poussins gründliche Kenntnis der Leonardo-Zeichnungen bewiesen. Vgl. dazu J. Bialostocki, »Poussin et Léonardo«, in: *Colloque Nicolas Poussin,* Bd. I (Paris 1960), S. 133 ff.
12 Das Pferd des Marcus Aurelius steht hier zum Vergleich. Ursprünglich ruhte der Vorderhuf auf der Gestalt eines besiegten Barbaren. Vgl. K. Kluge, K. Lehmann Hartleben. *Die Antiken Großbronzen,* Bd. II (1927), S.85; P. Ducati, *L'Arte classica* (1956), S.671.
13 Ph. Argelati, Bibliotecha scriptorum mediolanensium . . . premittitur Joseph Antonii Saxii Historia Literaria – Typographica Mediolanensis, ab anno MCDLXV ad annum MD . . . ed. Mediolani 1745, Bd. I, Sp. 356.
14 Paris, Bibliothèque Nationale 3141, Manuscript italien 372. Diese Handschrift, die die Geschichte der Familie Sforza behandelt, wird zuerst von Rio erwähnt (*L. da Vinci e la sua scuola,* Ausg. 1856, S.30), und zwar in Verbindung mit dem Denkmal für Francesco Sforza, und in neuester Zeit von K. Clark (The Drawings of Leonardo da Vinci at Windsor Castle, zweite, unter Mitarbeit von Carlo Pedretti überarbeitete Aufl., Bd. I, London 1968, S. xxxvii, Anm. 1).
15 Folio 148r, zweiter Absatz.
16 *De divina proportione,* 1497 (Ausg. Wien, 1896), Widmungsseite für Lodovico Sforza.
17 Paolo Cortese, De Cardinalatu (1510), 1.1, S. 50. Veröffentlicht in: G. Tiraboschi, *St. d. lett. italiana,* t. IV, Teil V, S.1599); Paolo Giovio, a.a.O. (veröffentlicht in: G. Tiraboschi, t. VII, S. 1718 ff.); Matteo Bandello, *Le Novelle* (1910), Bd. II, *Proemio alla novella,* Nr. 58.
18 Folio 320r-a.
19 Theophilus, *Diversarum artium schedula,* hrsg. von W. Theobald (Berlin 1933); über Guß siehe besonders 1, III, Kap. XXX und LX. Dieses Werk enthält die erste schriftliche Beschreibung des noch gebräuchlichen Gußverfahrens mit verlorener Form.
20 Pomponio Gaurico, *De Sculptura* (1542), S.37 ff. Siehe auch Pomponius Gauricus, *De sculptura,* kommentiert von A. Chastel und R. Klein (Genf-Paris 1969), Kap. VI, S. 209.
21 Codex Madrid II, Folio 151v, wo Leonardo erklärt: »Ich bin zum Schluß gekommen, das Pferd ohne Schwanz zu gießen«, und damit seine Absicht, das Pferd in einem Stück zu gießen, bestätigt.
22 Folios 12350 und 12347 der Sammlung Windsor enthalten

kurze Notizen über die im Codex Madrid II beschriebene Gußmethode: vgl. M. V. Brugnoli, Documenti, notizie e ipotesi sulla scultura di Leonardo. In: *Leonardo saggi e ricerche* (Rom 1954), S.168 ff. Nicht alle Gelehrten meinen, daß Windsor 12347 in die Zeit des Sforza-Denkmals datiert werden kann: doch scheint diese Datierung tatsächlich durch den Codex Madrid II bestätigt zu werden (Typ des schreitenden Pferdes von Folio 149 recto; fast identische Notizen, die Gußform des Pferdes betreffend, im Codex Madrid und in Windsor 12347).

[23] Windsor 12347

[24] Folio 396v-c.

[25] Folio 142r, dritter Absatz. Es ist interessant, daß weder Vasari noch Cellini diesen Vorgang erwähnen, während Germain Boffrand ihn beschreibt in Verbindung mit dem bei der kolossalen Reiterstatue für Ludwig XIV. angewandten Gußverfahren.

[26] Folio 144v, dritter Absatz.

[27] Folio 352r-c, datiert auf 1490.

[28] Codex Atlanticus, Folio 179v-a » . . . die Gußform aus Ton und dann aus Wachs machen«.

[29] Codex Madrid II, Folio 148v, dritter Absatz

[30] Codex Madrid II, Folios 145r, erster Absatz, und 143r, zweiter Absatz. Vgl. auch Windsor 12350.

[31] Vannoccio Biringuccio, a.a.O. Siehe auch Codex Trivulzianus (Ausg. Mailand 1939), Folio 16r.

[32] Codex Madrid II, Folio 144v, zweiter Absatz.

[33] Codex Madrid II, Folio 147v, zweiter Absatz.

[34] Siehe Biringuccio, a.a.O.: »Zweimal gebrannter Ton bricht leicht und ist schwer zu reparieren, wenn er einmal zerbrochen ist.«

[35] Codex Madrid II, Folios 147r, erster Absatz, und 144r, dritter Absatz.

[36] Siehe die Zeichnung Windsor 12348.

[37] Codex Madrid II, Folio 147v, erster Absatz.

[38] Eine genaue Wiedergabe des herzoglichen Briefes hat C. Pedretti veröffentlicht. (*Leonardo da Vinci a Bologna e in Emilia,* Bologna 1953, S.151 f.) Clark (a.a.O., 1968, S.23, Anm. zu 12321) unterstreicht, daß in diesem Brief nicht das Modell, sondern die Gußform des Pferdes erbeten wird.

[39] Im November 1494 übergab Il Moro das für den Guß des Sforza-Pferdes bestimmte Metall Ercole d'Este, der es nach Ferrara sandte. Vgl. Marino Sanudo, »Spedizione de Carlo VIII. in Italia«, in: *Raccolta Vinciana,* XIII, S.83.

[40] Codex Atlanticus, Folio 355v-a, zu datieren um 1497.

[41] Codex Madrid II, Folios 145r und 151v.

[42] Codex Madrid II, Folios 149r und 141v, zweiter Absatz.

[43] Cellini, a.a.O., S.225. Das Werk wurde 1568 zum ersten Mal veröffentlicht.

[44] Boffrand, a.a.O., S.29 ff.

DER LEHRER

Der Autor dieses Beitrags behandelt die Beziehung zwischen dem Codex Madrid II und dem *Trattato della Pittura* auch in: »Les Notes de Leonardo de Vinci sur la peinture d'après le nouveau manuscrit de Madrid«, *Revue de l'art* nr.15, 1972.

[1] Um das Unterfangen des *Trattato della Pittura* im Rahmen seiner Zeit zu sehen, sollte man stets auf folgende Werke zurückgreifen: Julius Schlosser, *Die Kunstliteratur.* Ein Handbuch zur Quellenkunde der neueren Kunstgeschichte. Wien: Schroll 1924; A. Blunt, *Artistic Theory in Italy 1450–1600.* Oxford 1940, Neuaufl. 1956.

[2] Die von A. M. Brizio vorgelegte chronologische Aufstellung (*Scritti scelti di Leonardo da Vinci,* Turin 1952) zeigt, daß Leonardos erste Schriften technische Themen behandeln (Ballistik), und führt seine philologischen und literarischen Arbeiten (Wortschatzstudien, Fabeln) auf.

[3] Er stellte dann mit äußerster Genauigkeit die verschiedenen Teile bis hin zu den feinsten Adern und der Struktur der Knochen in Tabellen zusammen, damit dieses Werk, auf das er so viele Jahre verwandt hatte, zum Nutzen der Kunst nach Kupferstichen veröffentlicht werden könnte. Text in J. P. Richter, *The Literary Works of Leonardo da Vinci,* 2nd ed., London 1939, vol. I, S.3.

[4] Von Domenichi bei dem Verleger Giolito besorgte Ausgabe. Das Werk ist Salviati gewidmet, eine Tatsache, die nicht uninteressant ist. Sein Freund Doni machte ihn in einem Brief vom 3. Juni darauf aufmerksam: »Ich habe auch Leon Battista Albertis Buch über Malerei gesehen, übersetzt von Domenichi und Dir gewidmet.« Der Brief ist zitiert in A. F. Donis Ausgabe von Mario Pepe, *Disegno,* Mailand 1970, S.109.

[5] J. Schlosser, a.a.O.

[6] Vgl. A. Chastel, »Léonard et la culture«, in: *Léonardo de Vinci et l'expérience scientifique.* Paris 1963.

[7] Vg. E. Panofsky, »Artist, Scientist, Genius«, in: *The Renaissance: A Symposium.* New York 1952.

[8] L. Olschki, *Geschichte der neusprachlichen wissenschaftlichen Literatur,* Bd. I, *Die Literatur der Technik.* Leipzig 1919.

[9] Am 2. April 1489: Buch mit dem Titel »Über die menschliche Figur«, Windsor 19059, und alle Stellen in A. M. Brizio, a.a.O., S. 153.

[10] Ausgabe von C. Winterberg, Wien 1889, S.33

[11] C. Pedretti, *Leonardo da Vinci on Painting: A Lost Book (Libro A).* Berkeley 1964. Bezüglich der langen und sorgfältigen Ausarbeitung des *Trattato* vgl. das Vorwort zu Pedrettis Werk, das Vorwort zu Richter, a.a.O., L. H. Heydenreichs Vorwort zur Princeton-Ausgabe des Codex Urbinas (1956).

[12] In Richter, a.a.O., S. 112, Nr. 4.

[13] »Die Jahre 1505–1508 sind ein entscheidender Abschnitt in Leonardos Entwicklung als Kunsttheoretiker.« Pedretti, a.a.O., S. 20, Anm. 32.

[14] Folio 15v.

[15] Folios 23v-28v, 70v-78v und 125r-128r.

[16] Indes ist es schwierig, die Kennzeichnung des Madrider Manuskripts in der von Melzi sorgfältig aufgestellten und vorgelegten Liste zu spezifizieren; vgl. Pedretti, a.a.O., Anh. I, S. 229 ff.

[17] Diese Verbindungen zum Codex Urbinas sind von Pedretti in *Le Note di pittura di Leonardo da Vinci nei manoscritti inediti a Madrid*, in: Lettura Vinciana VIII (Florenz 1968), genau untersucht worden.
[18] Folio 15v.
[19] J. White, *The Birth and Rebirth of Pictorial Space*, London 1957, S. 207 ff.; D. Gioseffi, *Perspectiva artificialis*, Triest 1957; C. Pedretti, »Leonardo on Curvilinear Perspective« in *Bibl. Humanisme et Renaissance*, Bd. XXV (1963), S. 584ff. Endgültiger Text aus Manuskript E, Folio 16v, in Richter, a.a.O., Nr. 107 und 108.
[20] Folio 25v.
[21] Folio 60v.
[22] C. Pedretti, »La Battaglia d'Anghiari«, *L'Arte*, 1968, S. 62-73.
[23] Folio 78v.
[24] Folio 128.
[25] A. E. Popham, *The Drawings of Leonardo*, London 1946, S. 237. Nach K. Clark, *The Drawings of Leonardo da Vinci at Windsor Castle*, zweite, unter Mitarbeit von C. Pedretti überarbeitete Auflage, Bd. I (London 1968–1969), S.135, könnte eine Datierung von Windsor 12640 nach *Anghiari* möglich sein, was nicht unbedingt zu akzeptieren ist.
[26] K. Clark, »Leonardo and the Antique«, in: *Leonardo's Legacy: An International Symposium*, Berkeley und Los Angeles 1969.
[27] Folio 70v.
[28] Folio 128r.
[29] Folios 116v-117v.
[30] B.N. 2038, Folio 33v.
[31] Manuskript I, Folio 79r, wieder aufgegriffen im Codex Urbinas, Folio 118v. Vgl. C. Pedretti, *Leonardo da Vinci on Painting*, S. 135.
[32] Folio 20.
[33] Folio 71r.
[34] Windsor 19032v.
[35] Folio 26r. Das Thema ist im Codex Urbinas, Folio 117, wieder aufgegriffen worden.
[36] Vasari, *Proemio* zum dritten Teil. Vgl. A. Chastel, *Le grand atelier d'Italie*, Paris 1965, S. 321ff.
[37] M. Kemp, »Il Concetto dell'anima in Leonardo's Early Skull Studies«, in: *Journal of the Warburg and Courtauld Institutes*, Bd. XXIV (1971), S.115–136. Bezüglich Schädelsektionen 1489 vgl. Windsor 19057r.
[38] Folio 26r.
[39] Folios 24–25.
[40] R. Marcolongo, *Leonardo da Vinci, artista, scienziato*, Mailand 1930, S.169 ff.
[41] Folio 71r.
[42] Folio 70v.
[43] Folio 26r.
[44] Folio 25v.
[45] Folio 71v.
[46] M. Rzepinska, »Light and Shadow in the Late Writings of Leonardo da Vinci«, *Raccolta Vinciana XIV* (1962), S. 259–266.
[47] Codex Urbinas, Folio 40 ff.
[48] Folio 26r.
[49] Folio 127v.
[50] E. H. Gombrich, »Light Form and Texture in XVth Century Painting«, in *Journal of the Royal Society of Arts*, 1964, S. 826–849. Die Verbindungen zwischen Leonardos Kunst und der Kunst der flämischen Maler bleiben noch zu erforschen, wobei zu berücksichtigen ist, daß die Malerei der Länder nördlich der Alpen am Ende des 15. Jahrhunderts der italienischen Welt bekannt war, daß aber die beiden Mentalitäten sich grundsätzlich unterschieden. Einige Hinweise finden sich in A. Chastel, *Le grand atelier*, S. 257ff.
[51] Folio 125r.
[52] J. Sherman, »Leonardo's Colour and Chiaroscuro«, *Zeitschrift für Kunstgeschichte*, Bd. XXV (1962), S.13ff.
[53] Folio 26v.
[54] Folio 127v.

VERZEICHNIS DER ABBILDUNGEN

Abkürzungen:
o = oben
u = unten
m = Mitte
l = links
r = rechts

EINLEITUNG

2 Atlanticus 283v-b
6 Archiv McGraw-Hill
8 Atlanticus 391a
10–11 Windsor 12579r
13 Venedig, Galleria dell'Accademia
14 *o* Codex über den Vogelflug 6r
14 *l* Windsor 12423
14 *r* Venedig, Galleria dell'Accademia
15 Windsor 12431r
16 *l* Atlanticus 221v-b
16 *u/r* Bögen. Forster II, 92r
16–17 Codex Arundel 87v
17 *o* Atlanticus Ibis r-a
17 *r* Windsor 12660r
17 *u* Madrid I, 134v
18–19 Uffizien, Florenz
20 *l* Madrid I, 27v
20 *r* Atlanticus, 133v
21 *o* Ms. B, 83v
21 *u* Madrid I, 18v
22–23 Windsor 12284
24 *l* Turin, ehem. Königliche Bibliothek
24 *r* Cod. Ashb., II, fol. 5v
25 *l* Ms. B, fol. 17v
25 *r* Ms. B, fol. 68v
26 Cod. Atl., fol. 312r-a
27 *o* Cod. Atl., fol. 24r-a
27 *u* Windsor 12653
28–29 Atlanticus 387r-ab
30–31 *o* Cod. Atl., fol. 43v-a
30–31 *u* Nationalmuseum für Wissenschaft und Technik, Mailand. Photo Sinigaglia
31 Nationalmuseum für Wissenschaft und Technik, Mailand. Photo Sinigaglia

DER MALER

33 Uffizien, Florenz. Scala
36 Gabinetto dei Disegni, Uffizien, Florenz. Scala

37 Sixtinische Kapelle, Rom. Scala
38 *l* Windsor 12431v
38–39 Uffizien, Florenz. Scala
40 Ms. C, 14r
42–43 Windsor 12419
44–45 Louvre, Paris
46 Photo: Gabinetto Fotografico Nazionale, Rom
47–49 Louvre, Paris. Scala
50 *l* Windsor Royal Library
50 *r* Biblioteca Reale, Turin
51 Louvre, Paris. Scala
52 *l* Photo: Soprintendenza ai Monumenti, Mailand
52–57 S. Maria delle Grazie, Mailand. Scala
58 Photos Aschieri
59–61 Scala
62 Windsor 12541
63 Pinacoteca Vaticana
64 *l* Photo Sinigaglia
64 *r* Windsor 12418
65 *l* Windsor 12422
65 *r* Windsor 12424
66–67 Photo Sinigaglia
68 Windsor 12351v
70–73 Photo Sinigaglia
74 Galleria dell'Accademia, Venedig
75 Louvre, Paris. Scala
76–77 National Gallery, London
78 Madrid II, 1r
79 Galleria dell'Accademia 215A, Venedig
80–81 Windsor 12326r
81 Windsor 12327r
82 Windsor 12340
83 *o* Galleria dell'Accademia 215, Venedig
83 *u* Galleria dell'Accademia, 215A, Venedig
84 *o* Kunstmuseum, Budapest
84 *m/o* Photo Soprintendenza alle Gallerie di Firenze
84 *m/u* Kunstmuseum, Budapest
84 *u* Photo Soprintendenza alle Gallerie di Firenze
84–85 Photo Soprintendenza alle Gallerie di Firenze
86 *l* Forster II, 90r
86 *r* Forster II, 91v
87 Madrid I, 145r
90 *o/l* Madrid II, 102r
90 *m/l* Codex ü. d. Vogelflug, 6r
90 *u/l* Codex ü. d. Vogelflug, 6r
90 *o/r* Madrid II, 101v
90 *m/r* Codex über den Vogelflug, 14r
90 *u/r* Madrid II, 101v
91 Codex Arundel 87v
92 Ms. A 20r
93 Madrid I, 44v
94 Windsor 12410

DER BILDHAUER

97 Brera, Mailand. Scala
98 Uffizien, Florenz. Scala
99 *l* Kunsthistorisches Museum, Wien
99 *r* Uffizien, Florenz. Viollet
100 Brera, Mailand. Scala
101 Zentralbibliothek, Luzern, Photo James Perret
103 Uffizien, Florenz. Scala
104 Windsor 12358r
105 *l* Windsor 12346
105 *r* Windsor 12350r
106/107 *o* Graphik Franz Coray
106 *u* Photo Scala
107 *u* Windsor 12347r
108 *o* Photo Scala
108 *u* Photo Scala
108–109 Photo Scala
109 *o* Windsor 12345r
110 Windsor 12344r
111 Windsor 12343
112 Windsor 12359
113 Windsor 12347r
114 *o* Windsor 12319
114 *u* Windsor 12317
115 *o* Windsor 12294
115 *u* Windsor 12299
115 *r* Madrid II, 151v
118 *l* Atlanticus 148r-a
118 *m* Windsor 12353
118 *r* Windsor 12355
119 *l* Windsor 12355
119 *r* Windsor 12353
121 Notiz aus Madrid, 157v
122 Atlanticus 216v-a
123 Madrid II, 154r
125 Madrid II, 157r
126 Madrid II, 149r
129 *l* Reiterstatue Ludwigs XIV. aus: Description de la figure équestre de Louis XIV, sieur Boffrand, Paris, 1743
129 *r* Denkmal aus Boffrand
130 Denkmal aus Boffrand
131 *o* Madrid II, 149r
131 *u/l* Denkmal aus Boffrand
131 *u/r* Windsor 12351v
132 Windsor 12355
134–135 Photo Sinigaglia. Graphik Franz Coray

DER LEHRER

137 Bibliothèque Nationale, Paris
138 British Museum, London
139 Uffizien, Florenz. Scala
141–145 Galleria Borghese, Rom. Scala
146–147 Rekonstruktion der Schlacht bei Anghiari von Carlo Pedretti
147 *o* Windsor 12683
148 *l* National Gallery, Washington, D.C. Scala
148–149 Ambrosiana, Mailand
149 *r* Czartoryski-Galerie, Krakau. Scala
150 Madrid II, 71r
151 Codex Urbinas Nr. 523
152 Uffizien, Florenz. Alinari
153 Uffizien, Florenz
154 Madrid II, 15v
155 *o* Ms. E 16r
155 *u* Ms. E. 16v
156 The Warburg Institute, London
157 Galleria dell'Accademia 215, Venedig
158–159 Louvre, Paris
160 Windsor, 19001v
161 Windsor 19032v
162 Windsor 19003v
163 Windsor 19001v
165 British Museum, London
166 Windsor 12640
166–167 The Metropolitan Museum of Art, New York
168 *l* Ms. D, 8r
168 *r* Atlanticus 377r-a
169 *o* Ms. D, 8r
169 *l* Ms. D, 3v
169 *r* Madrid II, 25v
170 Galleria Borghese, Rom. Scala
171 *l/r* Louvre, Paris
172–173 Galleria Borghese, Rom. Scala
175 Windsor 12604r
176 Madrid II, 23v
177 Madrid II, 71v
178 Palazzo Ducale, Urbino. Scala
179 Service de Documentation de la Réunion des Musées Nationaux
180 National Gallery of Art, Washington, D.C.
181 National Gallery, London
182 *l/r* Ambrosiana, Mailand
183 *o* Bibliothèque Nationale, Paris
183 *u* Ambrosiana, Mailand
183 *r* Ambrosiana, Mailand
184 Madrid II, 26r

INDEX

Die kursiv gedruckten Ziffern verweisen auf die Abbildungen

LEONARDO DER FORSCHER

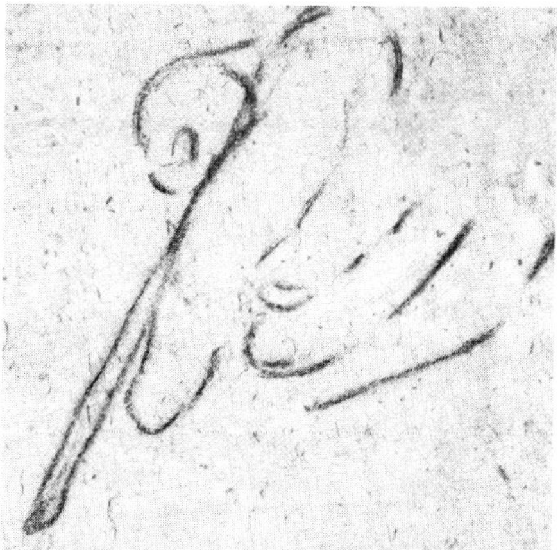

CARLO ZAMMATTIO
DIPLOMINGENIEUR, TRIEST

AUGUSTO MARINONI
UNIVERSITÀ CATTOLICA, MAILAND

ANNA MARIA BRIZIO
UNIVERSITÀ STATALE, MAILAND

LEONARDO DER FORSCHER

BELSER VERLAG
Stuttgart und Zürich

CIP-Kurztitelaufnahme
der Deutschen Bibliothek

Leonardo. - Sonderausg. -
Stuttgart; Zürich: Belser
ISBN 3-7630-1716-X
NE: Leonardo ‹da Vinci› [Ill.]
Leonardo, der Forscher.
- Sonderausg. - 1987

Leonardo, der Forscher/
Carlo Zammattio; Augusto Marinoni;
Anna Maria Brizio.
- Sonderausg. -
Stuttgart; Zürich: Belser, 1987.
(Leonardo) Einheitssacht.:
Leonardo, the scientist ‹dt.›
ISBN 3-7630-1716-X (Gesamtw.)
NE: Zammattio, Carlo [Mitverf.];
Marinoni, Augusto [Mitverf.];
Brizio, Anna Maria [Mitverf.];
Leonardo ‹da Vinci› [Ill.]; EST

Eine McGraw-Hill Ko-Produktion

Titel der Originalausgabe:
Leonardo The Scientist

Sonderausgabe 1987

Anschrift: Belser Verlag,
Falkertstraße 73,
D-7000 Stuttgart 1

ISBN 3-7630-1716-X

Printed in Germany

«LIES MICH, LESER,
WENN ICH DIR FREUDE MACHE,
DENN SEHR SELTEN
KEHRE ICH ZU DIESER WELT
ZURÜCK.
DENN DIE GEDULD
DIESES BERUFES FINDET
SICH BEI WENIGEN,
DASS SIE WIEDER VON NEUEM
ÄHNLICHE DINGE
ERFINDEN MÖCHTEN.
UND KOMMT, IHR MENSCHEN,
DIE WUNDER ZU SEHEN,
DIE MAN BEI SOLCHEN STUDIEN
IN DER NATUR ENTDECKT.»
MADRID I, 6r

INHALT

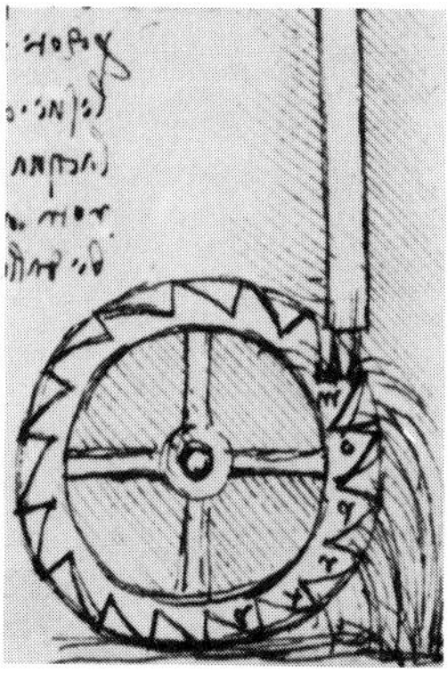

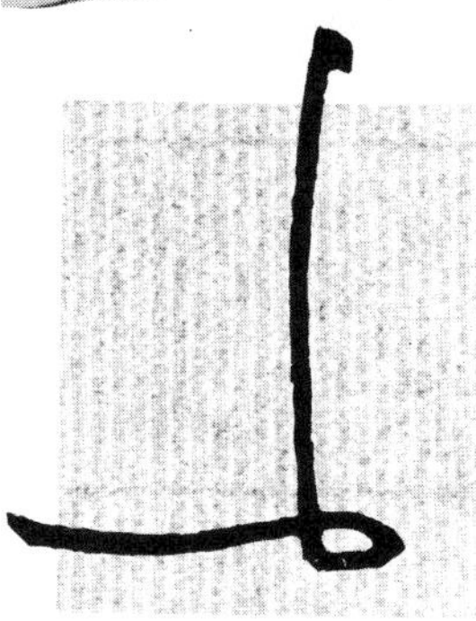

»Leonardos Geist wird dank seiner unendlich vielfältigen, ineinander verwobenen Tätigkeiten zu einem symmetrischen, in sich geschlossenen System . . . entmutigendes Beispiel für den in seiner Spezialisierung gefangenen modernen Menschen.«

Paul Valéry

EINLEITUNG

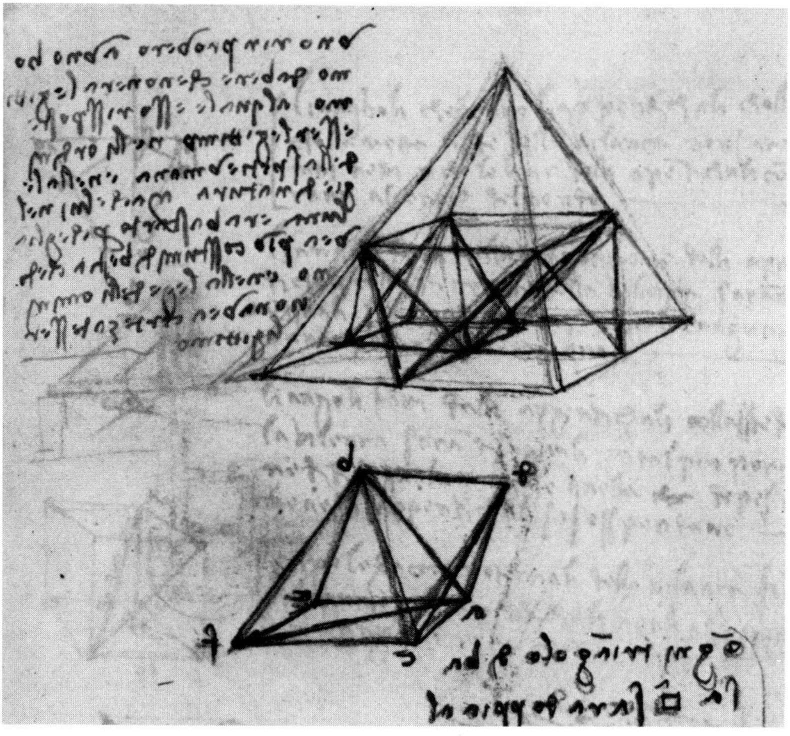

In Leonardos Studien zur Geometrie wie in seiner meisterlichen Beherrschung der Perspektive scheinen Kunst und Wissenschaft unmittelbar miteinander verbunden. Diese Skizze aus dem Codex Madrid II, Folio 65 recto, beweist, daß »jede Pyramide mit quadratischem zweien mit dreieckigem Grundriß entspricht.«

Leonardos Notizbücher lassen auf einen Menschen schließen, dessen Forscherdrang keine Grenzen kannte, der mit gleicher Intensität Maltechniken erprobte, hydraulische Anlagen schuf, anatomische Studien trieb, sich mit Bildhauerei beschäftigte und Maschinen aller Art entwarf. Sie zeigen den Universalmenschen, der Künstler, Erfinder und Forscher zugleich war, zwischen diesen Bereichen keinen Gegensatz sah und die verschiedenen Disziplinen in fruchtbarster Weise verband.

»Keine menschliche Forschung«, schrieb Leonardo, »kann wahre Wissenschaft genannt werden, sie sei denn durch die Mathematik bewiesen . . . Wissenschaft, die im Geiste beginnt und endet, kann nicht als der Gewißheit teilhaftig betrachtet werden, denn solche Erkenntnis mangelt der Erfahrung, ohne die nichts gewiß ist.«

Der vorliegende wie die beiden andern Bände dieser Ausgabe, *Leonardo – Der Künstler* und *Leonardo – Der Erfinder,* enthalten Kapitel aus dem umfangreichen, großformatigen Werk *Leonardo – Künstler, Forscher, Magier,* das aufgrund der Wiederentdeckung zweier Manuskriptbände in Madrid im Jahre 1965 entstand. Die beiden Bände, über deren Verbleib man seit dem Tod Leonardos rätselte, wurden ausgestellt, und kurz darauf erteilte das spanische Erziehungsministerium den Verlagen McGraw-Hill und Taurus Ediciones die Genehmigung, sie als fünfbändige Faksimileausgabe herauszubringen. Die heute allgemein als Codex Madrid I und II bekannten Notizbücher werfen neues Licht auf Leonardos vielfältige Interessen und Untersuchungen. In diesem Band, *Leonardo – Der Forscher,* beschäftigen sich führende da-Vinci-Spezialisten mit seinem wissenschaftlichen Denken.

Der Codex Madrid II enthält Leonardos kühnen Plan, den Arno umzuleiten, um für Florenz eine schiffbare Verbindung mit dem Meer zu schaffen. Bei seinen in diesem Zusammenhang gemachten Untersuchungen der Wasserströmungen erarbeitete Leonardo – wie Carlo Zammattio zeigt – einiges, was später Grundlage der Hydrodynamik werden sollte. Im Codex Madrid I wiederum notierte er, daß Energie eine Funktion von Lage und Bewegung sei, und unterschied dabei zwischen potentieller und kinetischer Energie. Bei seinen Überlegungen zur Druckverteilung vor allem bei Bogenkonstruktionen verband er, der Künstler und Ingenieur zugleich war, ästhetische und technische Elemente zu unübertroffener Harmonie.

In seinem Beitrag über Leonardos Schriften gibt Augusto Marinoni einen Überblick über die Geschichte der zum Teil weit verstreuten Manuskripte und analysiert Stil und Inhalt der einzelnen Codices. Die Notizbücher sind manchmal systematische Abhandlungen über angewandte und theoreti-

sche Mechanik, dann wieder eine faszinierende Mischung von rasch hingeworfenen Notizen und Skizzen zu den verschiedensten Themen, doch immer dokumentieren sie Leonardos Überzeugung, daß in der Wissenschaft Gewißheit nur durch die Bestätigung theoretischer Erkenntnisse im Experiment erlangt wird.
Das von Anna Maria Brizio zusammengestellte letzte Kapitel läßt den Forscher und Denker Leonardo selbst zu Worte kommen, und zwar über so vielfältige Themen wie seine eigenen Arbeitsmethoden, Perspektive, Licht, Optik, Hydraulik, Luftströmungen, Schwerkraft, Bewegung, Vogelflug, Kondensation, Niederschlag, Anatomie. Diese Texte, manchmal auf Erfahrung oder genaueste Beobachtung gestützt, manchmal schöpferische Geistesblitze, Einsichten und Hypothesen, zeigen uns Leonardos Welt aus seiner eigenen Schau.

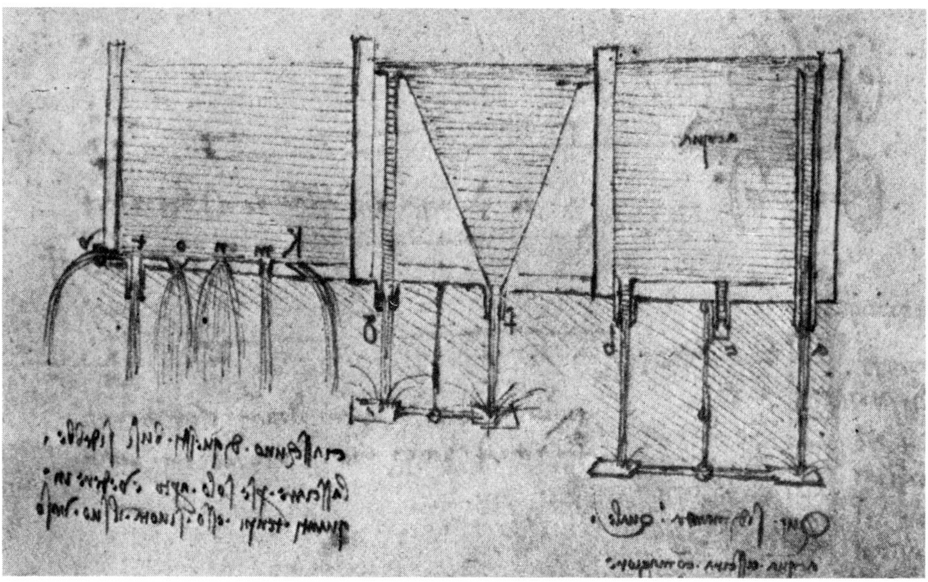

In der obenstehenden Konstruktionszeichnung aus dem Codex Madrid I, Folio 152 recto, studiert Leonardo den Wasserdruck. Er hat verschiedenartige Ausflüsse entworfen und fragt nun: »Wo wird das Wasser mit größerem Druck entweichen, bei Röhre a, b oder c? Jeder Hahnen ist einzeln zu öffnen.«

In seinen Notizbüchern zeichnet Leonardo oft in flüchtigster Weise, um mit dem Fluß seiner Gedanken Schritt halten zu können. Auf andern Seiten jedoch, wie der rechts wiedergegebenen aus dem Codex Atlanticus, Folio 168 recto-a, finden sich schönste Motive von verblüffender geometrischer Sorgfalt.

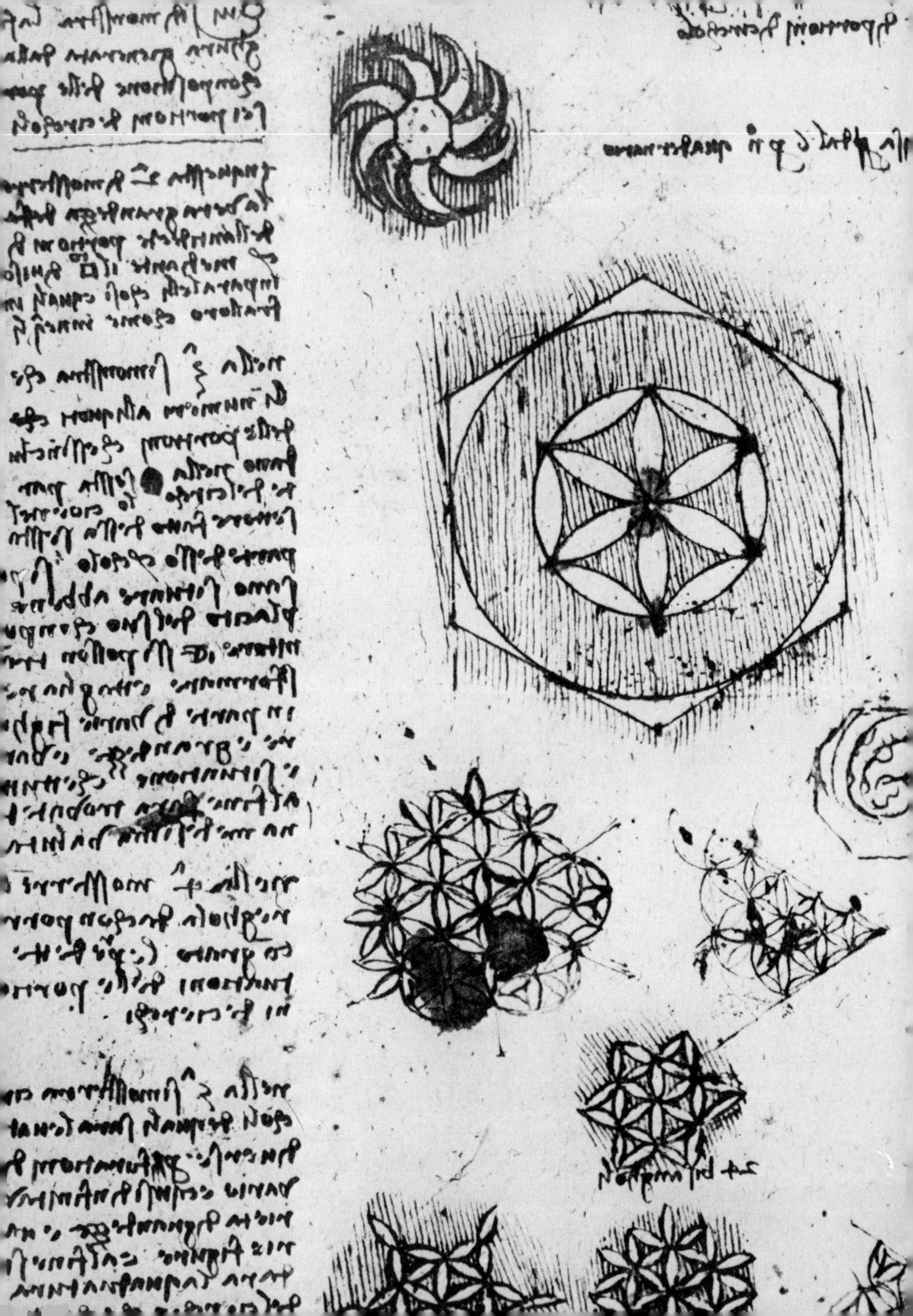

»Eitel und voller Irrtümer
ist alle Wissenschaft, die nicht
von der Erfahrung, der Mutter
aller Gewißheit, getragen wird, die
nicht geprüft wird durch Erfahrung…«

NATURWISSENSCHAFTLICHE STUDIEN

CARLO ZAMMATTIO

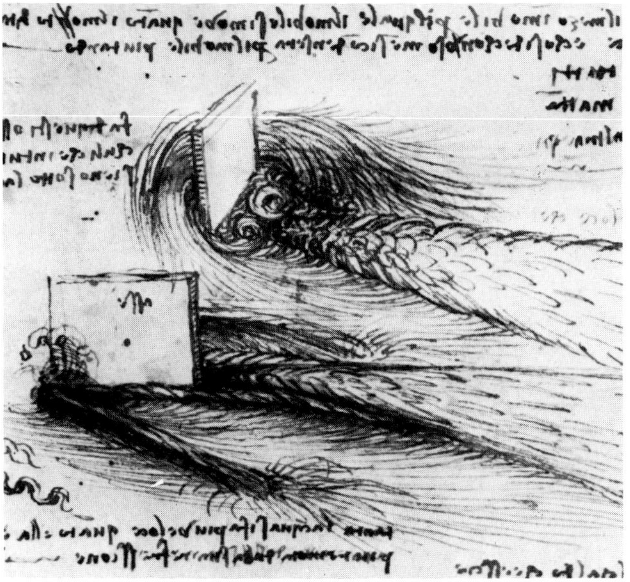

Bewegung und Verhalten von Flüssigkeitsteilchen, die von einer anderen Bewegung als der Masse, in der sie schwimmen, getrieben werden, und die Strömungsbilder waren lange ein bevorzugtes Thema der überkommenen Hydraulik-Beispiele, die Leonardo untersuchte.

Der Brauch, das Land zu überschwemmen, um das ganze Jahr Getreide zu ernten, war ohne Zweifel sehr alt, was ja Vergil bestätigt. In den Gegenden am Fuße der Alpen konnte man das Wasser zur Überflutung nur aus den großen Alpenflüssen gewinnen, obgleich sich die Flußbetten dort schon durch die alluvialen Schichten der Poebene schlängelten. Selbst unter der Herrschaft der Barbaren wurde das Bewässerungsnetz der Ebene nicht vernachlässigt, wie heutige Namen noch beweisen, die sich bis in ihre Sprachen zurückverfolgen lassen. Doch diese Anlagen waren nicht das Ergebnis theoretischer Forschung, wenn sie auch auf einer tausendjährigen Tradition beruhten. Auch die Griechen oder ihre hellenistischen Nachfolger standen nicht am Beginn der Erforschung der Hydrodynamik, wenn man von der Entdeckung der einfachsten hydrostatischen Gesetze (wie dem Gesetz kommunizierender Gefäße oder dem Gesetz des Auftriebs, das Archimedes fand) absieht. Die antike Welt beschränkte sich darauf, wunderbare und wirkungsvolle Wasserspiele zu ersinnen, wie sie in den Schriften überliefert sind, die man dem Heron von Alexandria verdankt.

Die praktischen hydraulischen Anlagen in der Poebene, das Bewässerungssystem von den Westalpen bis zur Adria, vor allem aber die Kanäle für die Binnenschiffahrt, zu Leonardos Zeit schon zwei Jahrhunderte alt, müssen ihm unerwartete Horizonte erschlossen und in ihm das Interesse für das besondere Wesen des flüssigen Elements und die mechanischen Gesetze, die sein Verhalten bestimmen, erregt haben. Hier liegt die einzigartige Originalität dieses Mannes im Vergleich zu seinen Vorgängern, und

das Zeichen der neuen Zeit, die ein mechanisches Phänomen intuitiv zu erfassen trachtet, bevor sie versucht, die wissenschaftliche Erklärung zu finden.

Wir müssen daher zwei getrennte Bereiche in Leonardos Hydraulik-Studien unterscheiden: zum einen seine Forschungen über Hydrostatik und Hydrodynamik, zum anderen seine Projekte für große wasserbauliche

Anlagen. Man kann davon ausgehen, daß seine Überlegungen auf beiden Gebieten gleichzeitig fortschritten, wechselseitig angeregt, denn die Feststellung der tatsächlichen Gültigkeit empirischer Regeln veranlaßte Leonardo immer zu dem Versuch, sie auch wissenschaftlich zu verstehen. Verstehen war das Wichtigste für diesen Menschen und für die neue Zeit, die er ankündigte. Verstehen durch rationales Denken, denn für alle physikalischen Erscheinungen gilt: »Wenn du die Ursache verstehst,

Als Forscher der Hydraulik und Bautechnik konnte Leonardo auf ein reiches Erbe an praktischer Erfahrung zurückgreifen. Die Römer hatten in Italien, Frankreich und Spanien ein ausgedehntes Netz von Aquädukten gebaut, die das Wasser in die Städte ihres Reiches leiteten. Ruinen davon erheben sich in der Campagna neben der nach Rom führenden Via Appia. Der älteste Aquädukt, die 312 v. Chr. errichtete Acqua Claudia, ist noch in Betrieb. Sie wurde von Papst Sixtus V. restauriert und versorgt Rom sogar heute noch mit zwanzig Millionen Liter Wasser täglich.

brauchst du keine Experimente.« Nur wenn es schwierig ist, die einzelne theoretische Ursache eines ganzen Komplexes von Erscheinungen zu erfassen, sind Experimente nötig, um unter vielen möglichen Hypothesen die eine zu finden, die sie alle zu erklären vermag. Dieses Vorgehen ist in der Hydraulik besonders wichtig wegen der ständig wechselnden Form der Flüssigkeiten. Während die Mechanik fester Körper in Altertum und

Mittelalter mit beachtlichem Erfolg untersucht worden war, hatte vor Leonardo niemand eine solche theoretische Betrachtung auf dem Gebiet der Flüssigkeitsdynamik auch nur versucht, obwohl in der Vergangenheit große und selbst für uns bedeutende wasserbauliche Werke verwirklicht wurden – man denke an den Tunnel des Eupalinos aus dem 7. Jahrhundert v. Chr. bis hin zu den Anlagen, die die Römer im 1. und 2. Jahrhundert in Italien, Frankreich und Spanien errichtet haben.
Es ist kennzeichnend für Leonardos Geist, daß er diese unerforschten theoretischen Fragen in Angriff nahm. Der Anlaß für sein Studium der Hydraulik mag der Brauch im Herzogtum Mailand gewesen sein, Wasser für die Bewässerung der am Kanalnetz liegenden Ländereien zu verkaufen; die entsprechenden Abgaben richteten sich nach der Menge des entnommenen Wassers. Die großen Kanäle, die zwischen dem 12. und dem 15. Jahrhundert in Norditalien gebaut wurden, dienten nicht nur der Schiffahrt, sondern auch dem speziellen Zweck, Wasser für die Bewässerung weiter Gebiete am Fuß der Alpen zu liefern. Diese Gegenden in der Nähe der Endmoränen des Alpengebiets liegen so hoch, daß man keine Ziehbrunnen einrichten kann, und sind nach ihrer Bodenbeschaffenheit wenig fruchtbar. Dieser trockene Landstrich senkt sich zum Po hinab, bis die oberen wasserführenden Schichten an die Oberfläche gelangen und den Ebenen der Lombardei und Piemonts ihr heideähnliches Aussehen geben. Der Brauch des Wassermessens war in der Toskana unbekannt. Dort verwandte man das Wasser der Apenninströme fast ausschließlich dazu, die Korn- und Textilmühlen anzutreiben.
Der Anblick der großen lombardischen Kanäle erregte Leonardos Phantasie in Gedanken daran, was man im Arnotal, zum großen finanziellen Vorteil von Florenz, durchführen könnte. Dabei wurde ihm aber auch die Bedeutung theoretischer Studien über die Wasserströmung klar. Der Codex Atlanticus enthält seine ersten Pläne und Überlegungen zu der Frage, wie der Lauf des Arno zu regulieren und umzuleiten wäre.[1] Das war ein grandioses Projekt und ging weit über das hinaus, was bisher selbst von weitblickenden Leuten in der Poebene ausgeführt worden war. Unmittelbar hinter Florenz mußte der Fluß in die Ebenen von Prato und Pistoia abgeleitet werden (diese Städte sollten ihrerseits für das Wasser und die Kraft, die ihre Wollindustrie versorgte, »Arbeitskraft für die Bauwerke« liefern) und die Wildbäche des Apennin auf Kanalbrücken überqueren. Der Fluß hätte Wasser für die Ebenen geliefert, die bis heute trocken sind. Dann sollte er den Paß von Serravalle in einem Graben oder Tunnel durchqueren (Leonardo sagt nur »Graben durch Serravalle«) und

durch die jetzt trockengelegten Sümpfe von Fucecchio in die Sesto-Sümpfe strömen, die dem jetzigen Coltano, südlich von Bocca d'Arno, entsprechen, und auf diese Weise Pisa, Florenz' verhaßte Feindin, umgehen. Gewiß dachte Leonardo niemals chauvinistisch, doch ist es nicht unwahrscheinlich, daß der historische Hintergrund der Feindseligkeiten zwischen den Städten seine Entscheidung beeinflußt haben könnte, den Arno nicht im Hafen von Pisa münden zu lassen, der ohnehin, obwohl gut ausgestattet, schon vom Fluß verschlammt und im Verfall begriffen war.
An diesen Linien entlang verlaufend, hätte das Projekt sicher im ganzen Florentiner Einflußgebiet Unterstützung gefunden. Diese Unterstützung war um so notwendiger, als Leonardo zur Regulierung des Arnolaufs, besonders in den Sommermonaten, zwei gigantische Unternehmen ins Auge gefaßt hatte: die Umwandlung des riesigen, damals sumpfigen Chianatals in einen großen künstlichen See als Staubecken; dieser See sollte das Tiberwasser aufnehmen, das unterhalb von Perugia, südlich des Trasimenischen Sees, abgeleitet und durch einen Tunnel unter den Hügeln zwischen Mugnano und San Savino hindurchgeführt werden sollte. Außerdem sollte der Trasimenische See ein Teil des neuen großen Sees werden, dessen Wasserstand durch Sperren unterhalb von Arezzo stabilisiert werden mußte, um auf diese Weise das Wasser des Tiber zu regulieren, das sich mit dem Arno vereinigen sollte [S. 18/19].
Die Details für die einzelnen Teile dieses Projekts, die sich vor allem im Codex Atlanticus verstreut finden, zeigen klar, daß Leonardos Pläne, wie auch zu erwarten, von den Anlagen der Poebene abgeleitet sind, da sie die Ergebnisse jahrhundertelanger praktischer Erfahrung verkörpern. Es genügt, daran zu erinnern, daß zwei Jahre nach der Schlacht bei Ugnano, die den norditalienischen Städten weitgehende Unabhängigkeit vom deutschen Reich verschaffte, die Arbeit an dem später »Naviglio Grande« benannten Kanal begonnen wurde. Das Wasser für diesen Kanal leitete man unterhalb von Sesto Calende vom Ticino ab (daher sein Name zuerst Ticinello). Reste der Grabung und der Dammkonstruktion kann man noch heute am Flußufer sehen. Dieser Wasserlauf wurde zunächst nur bis herauf nach Abbiate Grasso kanalisiert, aber 1256, unter der Herrschaft von Martino della Torre, verlängerte man den Kanal bis Mailand, wo sein Wasser die äußeren Wallgräben der Stadt erreichte. Die Kanalufer hatten Anlegeplätze für Lastkähne, und 1271 wurde unter Beno de' Gozzadini ein großer Graben gebaut, der das Wasser des Kanals und der kleinen, die Stadt durchziehenden Wildbäche sammelte und abfließen ließ. Diese großartige Anlage ermöglichte es, die Waren des Mailänder Marktes auf

Leonardos wissenschaftliche Zeichnungen von bewegtem Wasser gelten noch heute als Kunstwerke. Hier wird ein Wasserstrahl untersucht, der sich aus einer viereckigen Öffnung in ein Becken ergießt und ein fast blütenähnliches Gebilde von Blasen und Strudeln erzeugt. Diese Zeichnung entstand vermutlich um 1507 im Zusammenhang mit einem hydraulischen Projekt in Mailand.

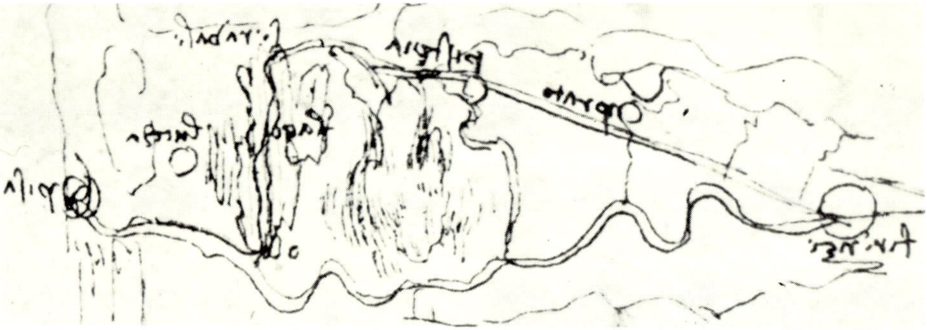

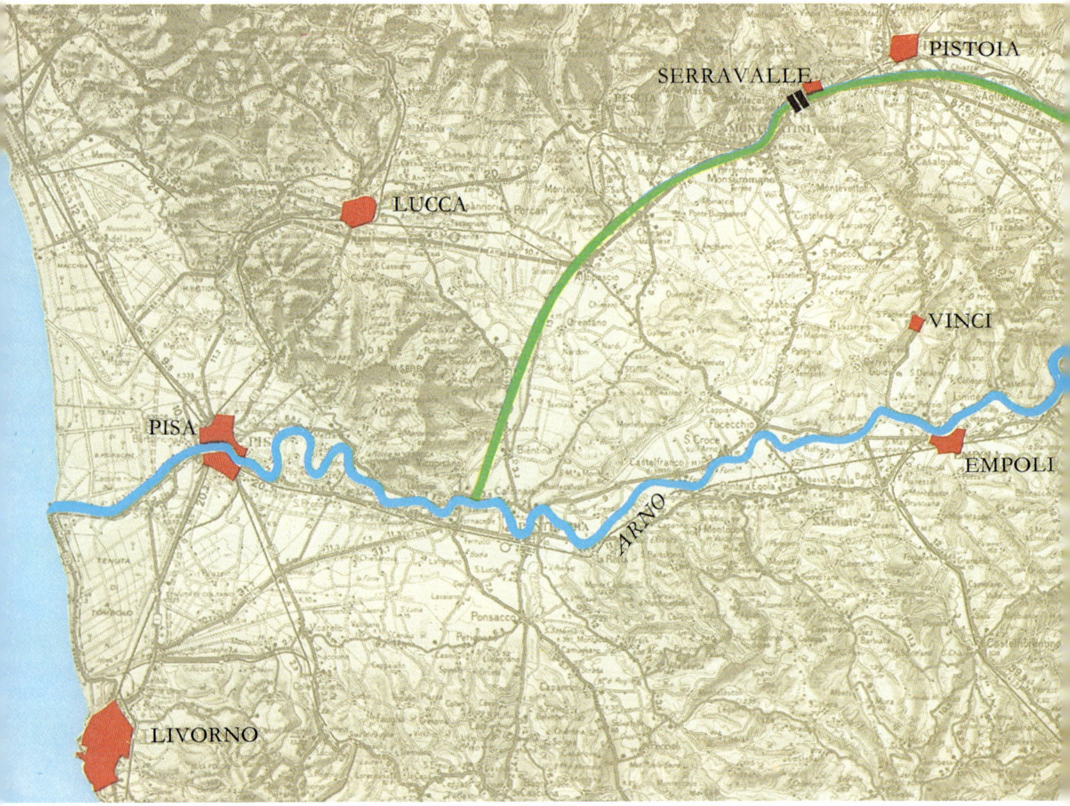

Der Gedanke, einen großen Abschnitt des Arno mit einem künstlichen Kanal umzuleiten, trockene Ebenen zu bewässern und Schiffahrt bis Florenz zu ermöglichen, war mehr als hundert Jahre alt. Doch Leonardo machte sich die Idee zu eigen und stellte eine Reihe komplizierter technischer Projekte auf. Leonardos Skizze oben zeigt die Führung des geplanten Kanals von Florenz bis östlich von Pisa, wo er wieder in den Arno münden sollte.

dem Wasserweg bis zum Fuß der Alpen zu befördern, eine Reise, die man seit der Steinzeit auf der Straße hatte zurücklegen müssen, den oberen Teil des Ticino-Tals entlang bis zu den Pässen St. Bernhard, Lukmanier und St. Gotthard. Zur gleichen Zeit wurden durch die Initiative anderer Städte weitere Wasserwege gebaut: einer zwischen der Adda und der Gegend südlich von Lodi, ein anderer von dem Gebiet nördlich Novaras zum mittleren Tal des Ticino, in den er von rechts einmündete; ein dritter verlief zwischen den Flüssen Dora und Sesia, unterhalb der Stadt Ivrea (der

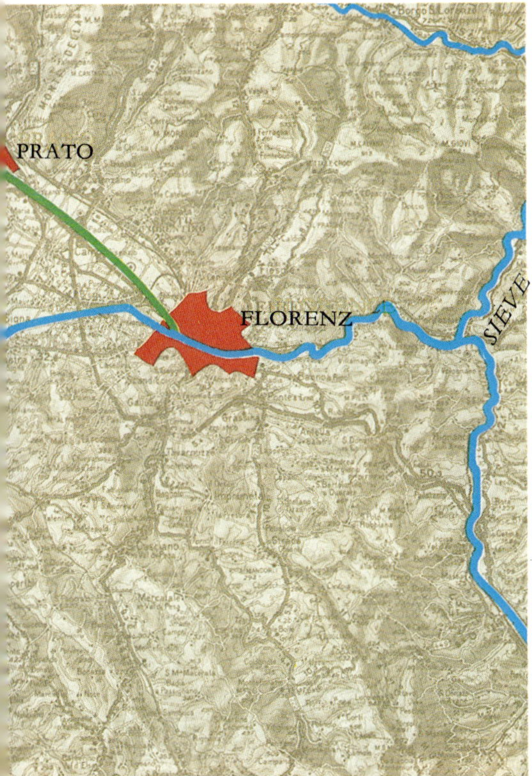

Die farbige Karte links enthüllt den großen Umfang des Arno-Projekts. Der Hauptteil des Wasserweges beginnt in Florenz, wo der Arno sich westlich nach Pisa und zum Meer hin windet und nicht mehr schiffbar ist. Sein Kanal (grün) verläuft über Prato und Pistoia und wendet sich nach dem Tunnel bei Serravalle südwestlich.

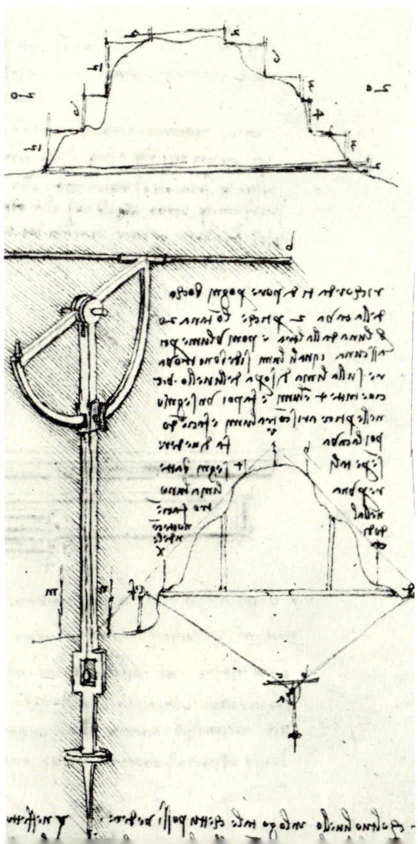

Eines seiner kühnsten Vorhaben war es, den Kanal unter dem Gebirgspaß bei Serravalle nahe Pistoia hindurchzuführen. Die Skizze rechts zeigt, wie die Grabungsarbeiten exakt ausgeführt werden konnten.

»Navilio d'Invrea«, notiert Leonardo). Diese Kanäle waren breit genug für die gleichzeitige Durchfahrt zweier großer Lastkähne. Bei ihrem Bau mußten viele schwierige Probleme der Konstruktion und der Hydraulik gelöst werden, denn das Wasser wurde von Flüssen abgeleitet, die regelmäßig durch die Schneeschmelze im Frühjahr oder Herbstregen Hochwasser führten. Genaue Kenntnis der Wasserströmung, möglichst auf gründlicher Erfahrung und theoretischen Studien beruhend, war notwendig, um solche Aufgaben zu bewältigen. Und genau das fand Leonardo in der Poebene als Erbe aus früherer Zeit vor.

Hier tritt Leonardos Wesen und Schaffen in scharfen Gegensatz zu den vorangegangenen Jahrhunderten: Seine wissenschaftliche Neugier mußte die Ursachen hinter den empirischen Regeln ergründen und konnte sich nicht mit passivem Aufnehmen zufriedengeben. Leonardo hat als erster erkannt, daß jedes physikalische Phänomen auf seine mechanischen Grundlagen zurückgeführt werden muß. Für ihn war die Hydraulik ein völlig unbekanntes Gebiet, das er auf diese Weise erforschen mußte.

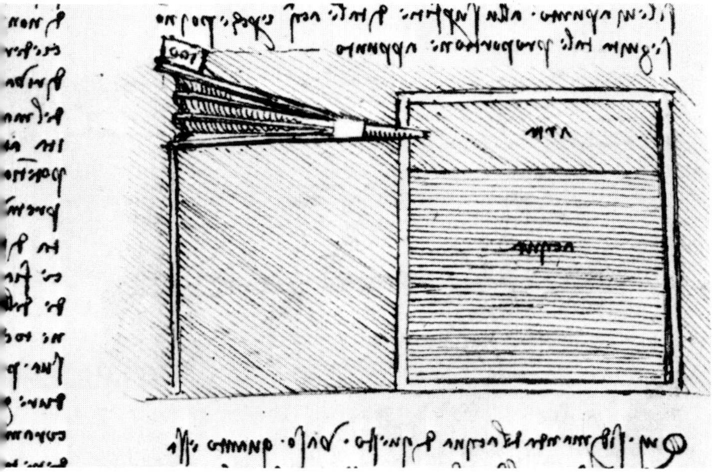

Leonardos Skizze links gibt an, wie mit einem Balg Luft in ein Gefäß mit Wasser gepumpt wird. Wie viele andere ist sie bestimmt, zu berechnen, wie das Gewicht einer Flüssigkeit durch diese selbst übertragen wird.

Besonders fesselte ihn die Tatsache, daß eine Flüssigkeit durch ihre stetige Anpassung an die Form ihrer Begrenzung die Kontinuität einer Massenbewegung ideal verwirklicht, eine Auffassung, die heute in der Kontinuum-Mechanik erforscht wird. Was den sorgfältigen Beobachter solcher Flüssigkeitsbewegungen am meisten überrascht, ist der Eindruck, daß sie unter gewissen Bedingungen stationär zu sein scheinen, daß also, während

Einer der wenigen frühen Hydraulik-Forscher war der Grieche Heron von Alexandria im 1. Jahrhundert n. Chr. Er ersann Springbrunnen, die Leonardo kopierte (Zeichnungen links). Links springt Wasser aus einer von der nackten Figur gehaltenen Röhre in den Korb auf ihrem Rücken. Links außen steigt es mit Hilfe eines Saughebers empor, den Heron erfunden hat.

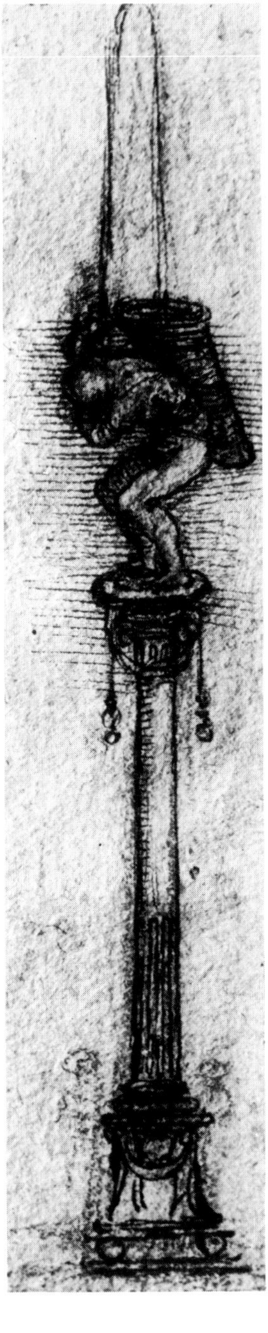

Oben wird die Kraft berechnet, die das Wasser auf den Boden eines Gefäßes ausübt.

ARNO
TIBER
AREZZO
CORTONA
TRASIMENISCHER
SEE

Um den Wasserstand des Arno und des Kanals für die Schiffahrt gleichmäßig hoch zu halten, wollte Leonardo einen großen künstlichen See (grün) schaffen durch die Überflutung der Sümpfe des Chianatals (blau) bei Arezzo und eine Verbindung zum Trasimenischen See. Seine Skizze unten aus Windsor 12682 recto ist eine imaginäre Ansicht des oberen Val di Chiana, wo Sperren mit einer Regulierungsvorrichtung angebracht werden sollten. Um Wasser für das Reservoir zu bekommen, plante Leonardo, den Tiber bei Perugia südöstlich des Trasimenischen Sees durch einen Tunnel hindurch anzuzapfen (Zeichnungen unten).

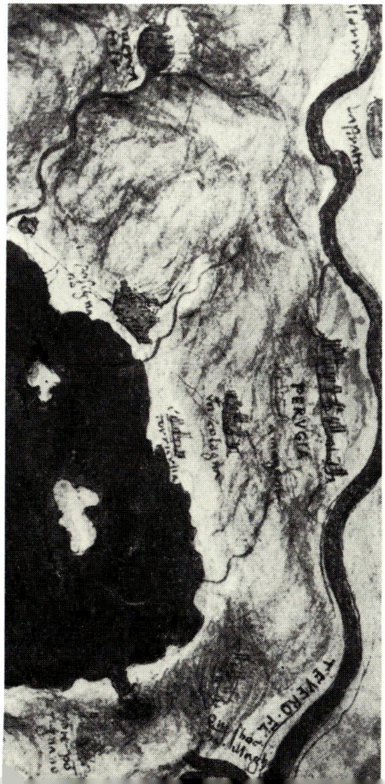

Das Detail aus Leonardos Karte links zeigt deutlich den Tunnel, der den Tiber mit dem Trasimenischen See verbindet.

Die Karte unten ist ein Ausschnitt aus Leonardos Karte von Norditalien, das Stromgebiet des Arno.

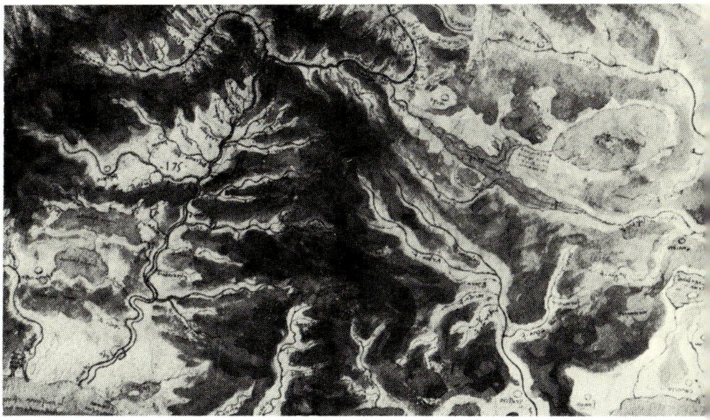

die Flüssigkeitsmenge fließt, jede der (unsichtbaren) Flüssigkeitspartikel an jedem Punkt des Wasserweges sich gleich verhält. Die Flächen, die die Form des flüssigen Körpers begrenzen, wie die Ufer eines Flusses oder Kanals, sind dagegen dauerndem Wechsel unterworfen, der sich aus der örtlichen Beschleunigung (Anprall und Sog) des Wassers ergibt, welche an der Materie dieser Flächen nagt und reißt. Leonardo erkannte, daß man die Gesetze der Wasserströmung begreifen mußte, um die großen wasserbaulichen Anlagen in der Poebene zu verstehen. Und um an die großen Projekte herangehen zu können, die er für die Toskana erträumte, mußte man zuerst das mechanische Verhalten von Flüssigkeiten ergründen. Dieses Verhalten ist von ganz besonderer Art. Die einzelnen Teilchen einer Flüssigkeit scheinen sich, obwohl durch ihr gemeinsames Volumen ver-

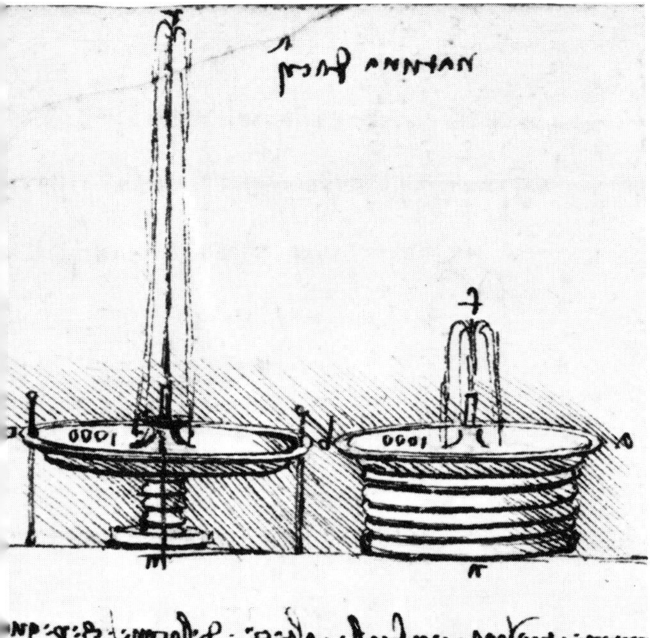

bunden, unabhängig voneinander zu verhalten und doch die Impulse der anderen, näheren und ferneren Partikel wahrzunehmen. Das ist nicht der Fall bei festen Körpern, von denen jeder einzeln und mit gegebenen, begrenzten Dimensionen betrachtet werden kann. Das Gebiet der Flüssigkeitsströmung war, abgesehen von der mechanischen Verschiedenheit,

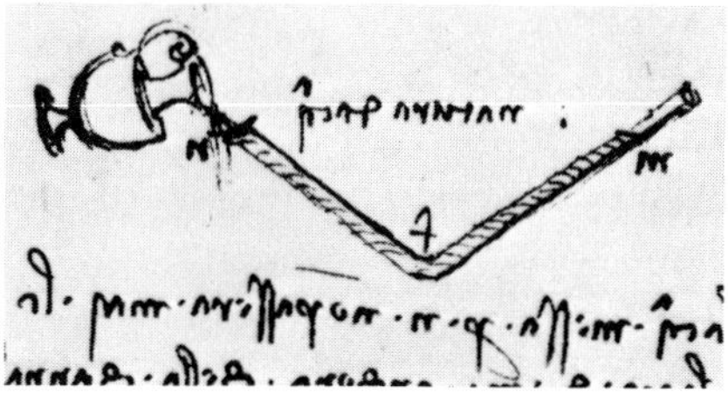

Unter der Bezeichnung »Eigenart des Wassers« (oben) zeigt Leonardo, daß das Wasser stets eine Steighöhe herstellt. In der Skizze ganz links zeigt Leonardo richtig, daß Wasser unter gleichem Druck aus einem engen Gefäß höher herausspritzt. Die nächste Skizze demonstriert, daß das aus dem Rohr steigende Wasser die Tendenz hat, die gleiche Höhe wie vorher im Behälter zu erreichen. Unten links untersucht Leonardo den Wasserspiegel in zwei durch eine U-Röhre verbundenen Zylindern; rechts zeigt er, wie man Wasser zur Bestimmung des spezifischen Gewichts fester Körper benutzen kann.

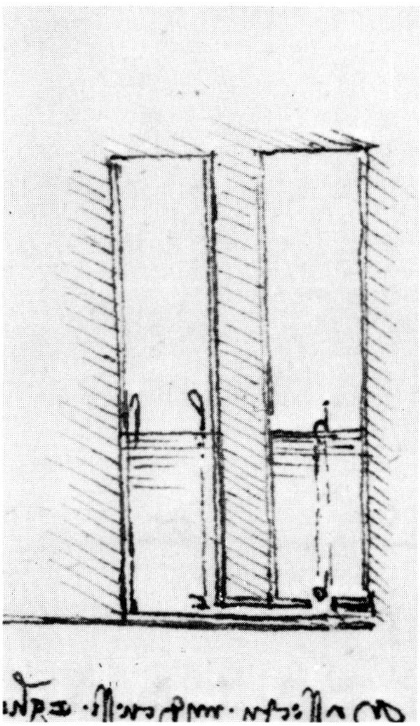

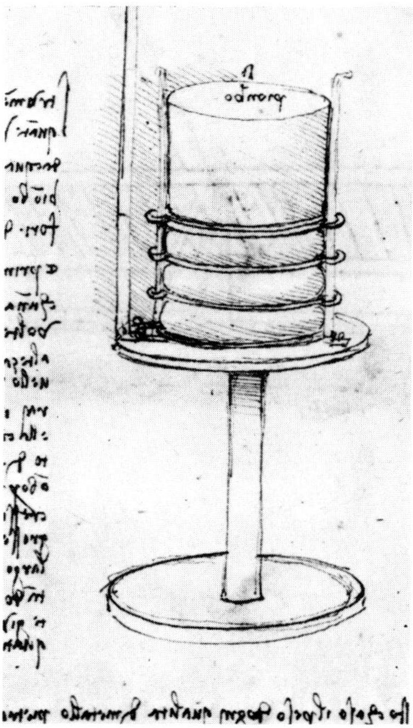

gänzlich neu: Von der klassischen Wissenschaft konnte Leonardo nichts über Flüssigkeiten oder Gase lernen.

Hier treten wieder einmal Leonardos geistige Fähigkeiten hervor. Er begann mit den Zeichnungen der Wasserkünste, die von hellenistischen Technikern erfunden und in Herons Werk überliefert waren. Indem er die

Hier wird gefragt, welcher dieser vier Wasserausflüsse einen stärkeren Aufschlag und eine größere Kraft hat, um ein Rad zu drehen, Strom a *oder* b, c *oder* d.
Und mir scheint, obwohl ich noch keinen Versuch gemacht habe, daß ihre Kraft gleich sein muß, und zwar weil ich in Betracht ziehe, daß der Strom a, *wenn er aus großer Höhe abstürzt, nichts hinter sich hat, das ihn treibt, also im Gegensatz zu* d, *der die ganze Höhe des Wassers über sich hat, das ihm fortdrängt. Wenn also der Strom* d *einen großen Aufschlag hat, hat er nicht das Gewicht des Stromes* a. *Und so fort für* b *und* c, *und zwar in der Weise, daß, wo die Stoßkraft fehlt, das Gewicht des Wassers beim Fall wirksam wird.*

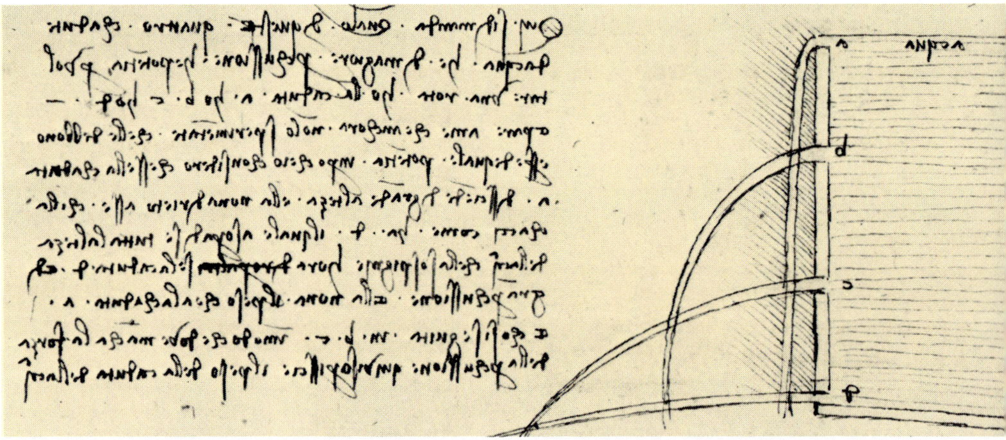

Ergebnisse dieser Technik analysierte und koordinierte, konnte er neue Vorrichtungen erfinden. Sie zeigen, daß er sich als erster Mensch in der Geschichte mit der Theorie der Hydromechanik befaßt hat. (Einige Seiten des Codex Madrid I erläutern Erfindungen Leonardos, die durch zwei Seiten des Codex Atlanticus uns schon bekannt, aber noch nicht so klar waren.) Wie wird das Gewicht des Wassers durch Wasser übermittelt? Das ist das Grundproblem der Hydrostatik, und Leonardo untersuchte es auch als erstes, angeregt von seiner Heron-Lektüre. Wir wissen nicht, ob ihm die Lösung in plötzlicher Intuition zuteil wurde oder als Ergebnis des Studiums der Analogie zwischen dem Gewichtsausgleich von Flüssigkeitspartikeln und transparenten Kugeln (z. B. Glasmurmeln); jedenfalls erklärt er kategorisch im Codex Madrid I: »Jeder Teil des Balges spürt das Gewicht, das auf ihn drückt, gleichmäßig«.[2] Natürlich muß jetzt nicht nur

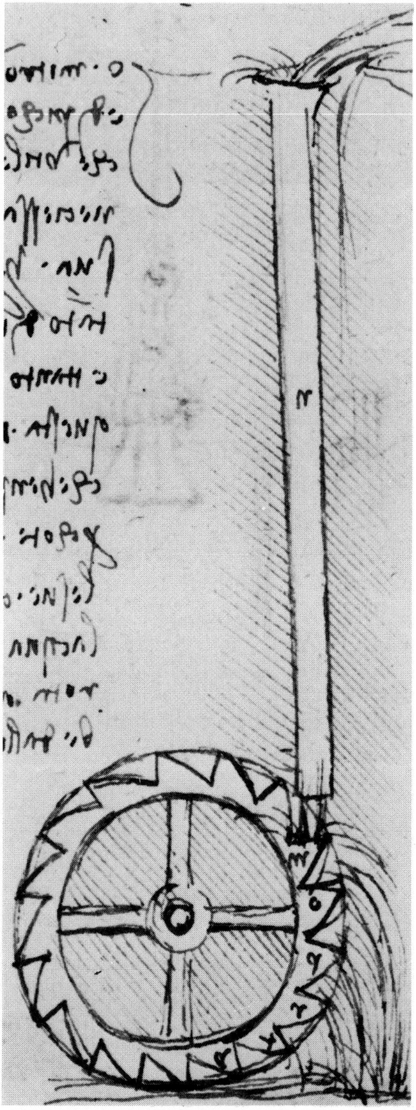

Hier untersucht Leonardo, vielleicht in seiner Eigenschaft als herzoglicher Ingenieur, die von drei Arten von Wasserfällen geleistete Arbeit. Oben, bei einem dünnen Wasserstrahl, der aus großer Höhe fällt, plant er im Codex Madrid I, Folio 22 verso, die Verwendung einer engen senkrechten Röhre, die die Kraft des Wassers konzentriert, wenn es auf das Flügelrad trifft. Auf der rechten Seite behandelt er in zwei Skizzen auf Folio 151 verso das Problem, den starken Strahl eines kleinen Falles in vier gleiche Strahlen zu teilen. Sehr wichtig ist seine Studie auf Folio 134 verso (S. 26) über Wasser, das an vier verschieden hohen Punkten aus einem Behälter ausströmt. Er folgert, daß die »Kraft« oder Energie bei jedem Wasserstrahl die gleiche ist, ein fundamentaler Lehrsatz in der modernen Hydrodynamik.

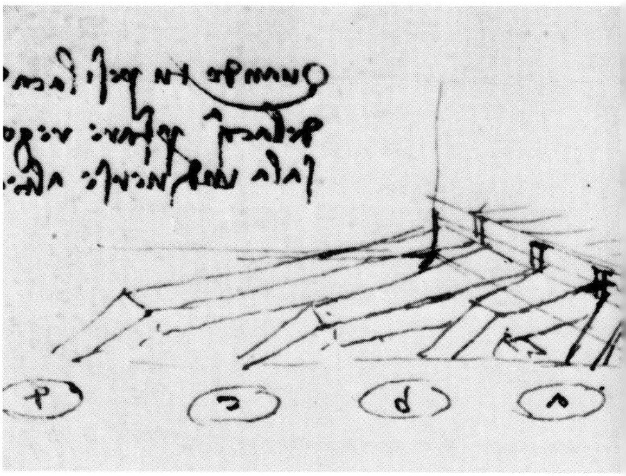

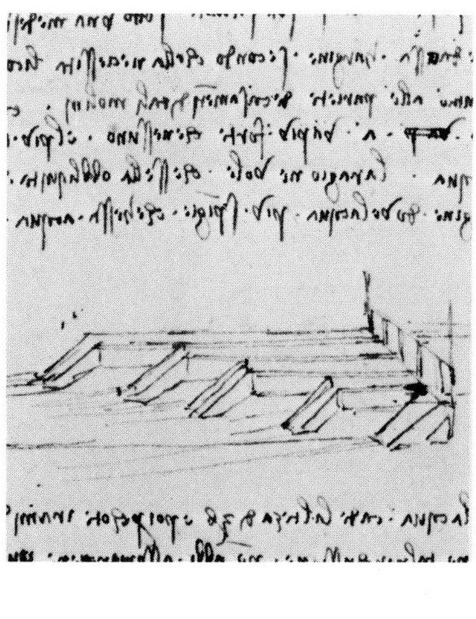

qualitativ, sondern auch quantitativ gefragt werden: in welchem Maße spürt jeder Teil des mit Flüssigkeit gefüllten Balges das auf ihn drückende Gewicht? Alle Vorrichtungen, die Leonardo benutzte, um diese Frage in Madrid I[3] zu beantworten, und die auf dem Prinzip beruhen, daß Wasser in kommunizierenden Behältern »sein Niveau herstellt«, sind von einem Schema im Codex abgeleitet.[4] Dieses ist einem Plan bei Heron sehr ähnlich, der in der lateinischen Übersetzung von Commandino und der italienischen von Giorgi abgebildet ist.
Man muß beachten, daß Leonardo beim Studium miteinander verbundener Behälter sowohl die Flüssigkeit als auch die Luft in Betracht zieht. Er zeigt damit, daß er das Verhalten dieser beiden »Flüssigkeiten« für äquivalent hält. Hier jedoch beginnen Leonardos Schwierigkeiten: Er bemerkt nicht, daß der Druck innerhalb eines Behälters nicht nur von dem Gewicht der Flüssigkeit abhängt, sondern auch von der Fläche, auf die das Gewicht wirkt, so daß die Kraft pro Flächeneinheit in gegebener Höhe genauso groß ist wie auf jeder mit der Flüssigkeit in Berührung stehenden Flächeneinheit des Balges. Als er die Zeichnungen im Codex Madrid I[5] ausführte, glaubte Leonardo, daß der vom Gewicht verursachte Druck sich auf das Ganze seines »Vacuums«, das heißt über die ganze restliche Fläche des Behälters verteilen würde [Seiten 20 und 24]. Dies scheint uns die einzige plausible Erklärung zu sein, in der Leonardos Überlegungen über dieses Thema detailliert und genau dargelegt sind. Wahrscheinlich schien es ihm absurd, daß die Summe des äußeren Flüssigkeitsdrucks viel größer sein könnte als die Resultante des ganzen Gewichts, da das für ihn gleichbedeutend war mit der Behauptung, Kraft könne aus nichts erzeugt werden. Er war zu dieser Zeit nicht in der Lage, das Gleichgewicht eines Flüssigkeitselements in Verbindung mit der Behälterfläche zu untersuchen und zu erkennen, daß dieses Element von allen Seiten gleichmäßig unter Druck stehen muß, wenn es sich nicht von der Behälterfläche fortbewegen soll. Diese Art der Betrachtung wurde erst dreihundert Jahre später entwickelt. Sein Irrtum, der sich anscheinend in zwei aufeinanderfolgenden Stadien bei ihm festgesetzt hatte, ist verständlich. In einer »Bestimmung« im Codex Madrid I unter der Überschrift »Natur des Wassers«[6] wird der Druck in einem zylindrischen Behälter mit einem ausziehbaren Boden wie beim Akkordeon, der mit Wasser gefüllt und mit einem zusätzlichen Gewicht beschwert ist, berechnet aus der Höhe, die ein Wasserstrahl erreicht, der aus einer mit dem Behälter verbundenen Röhre aufsteigt [S. 24]. Er nimmt an, daß diese Höhe umgekehrt dem Verhältnis der »Breite« (Durchmesser) der Röhre zu der des Behälters variiert.

Dennoch erzielte Leonardo zumindest qualitativ richtige Ergebnisse: In seinen Zeichnungen zylindrischer Behälter, die mit dem gleichen Gewicht (1000 Pfund) belastet sind, ist der aus dem Behälter *m* mit kleinerem Durchmesser spritzende Wasserstrahl höher als der aus dem Behälter *n* mit größerem Durchmesser fließende. Unsere Erklärung ist, daß die belastete Fläche des Behälters *m* ein Zehntel von der des Behälters *n* beträgt und der Druck in *m* daher zehnmal so groß ist wie in *n;* Leonardo dagegen argumentierte, daß, da die Wasserröhren beider Behälter die gleiche Dimension hatten, der Durchmesser des Rohres in *n* gleich einem Hundertstel des Durchmessers seines Behälters sei, während der Durchmesser des Rohres in *m* ein Tausendstel des Durchmessers seines Behälters betrage, also zehnmal so klein sei. Leonardo bemerkte, daß die Spitze des Wasserstrahls den Wasserspiegel erreichte, wie eine seiner Skizzen im Codex Madrid I zeigt.[7] Ebenso richtig waren seine Experimente mit Behältern mit zusammenfaltbaren Wänden zur Feststellung des spezifischen Gewichts fester Körper durch die Verwendung verschiedener Flüssigkeiten in den Behältern [S. 25].[8] In diesem Fall achtete Leonardo darauf, daß das Gewicht zylindrisch und von gleichem Durchmesser war wie die obere Fläche des zylindrischen Behälters, so daß der Druck in der Flüssigkeit gleich dem Gewicht einer Säule von der Raumeinheit des Körpers war. Um die Rolle des Flüssigkeitsdrucks zu erklären, stellt Leonardo sich in dieser Anordnung das zylindrische Gewicht in viele vertikale Zylinder unterteilt vor, wobei unter jedem derselben ein vertikaler Flüssigkeitszylinder gleichen Durchmessers ist. Während bei allen anderen Wasserzylindern der vom Gewicht ausgeübte Druck sich durch den Gegendruck des Behälterbodens ausgleicht, wird für den über der Bodenöffnung (die denselben Durchmesser hat wie der einfache Zylinder) befindlichen Zylinder der vom Gewicht ausgeübte Druck ausgeglichen durch das Gewicht der Wassersäule, die in einer äußeren, mit der Bodenöffnung verbundenen U-Röhre steht. Das Wasser in der Röhre steigt um ein Vielfaches der Höhe des Gewichts, das das Verhältnis vom spezifischen Gewicht des festen Körpers zu dem der Flüssigkeit anzeigt. Die gleiche Erfindung benutzt Leonardo im Codex Madrid I in Plänen für hydrostatische Anzeigen von Gleichgewicht,[9] und in anderen Zusammenhängen in Codex Atlanticus und Codex Leicester.[10]

Während Leonardo auf diese Weise die Gesetze der Hydrostatik zu bestimmen suchte, verlor er das wichtige Studium der Flüssigkeitsbewegung nicht aus den Augen. Denn es war allgemein bekannt, daß die Ableitung oder Stauung des Wasserstroms einen Druck schafft, der zwar von

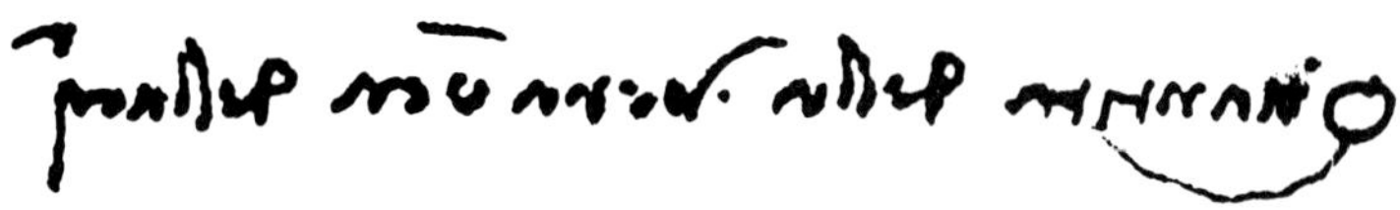

»Menge einer wahren Unze Wasser«

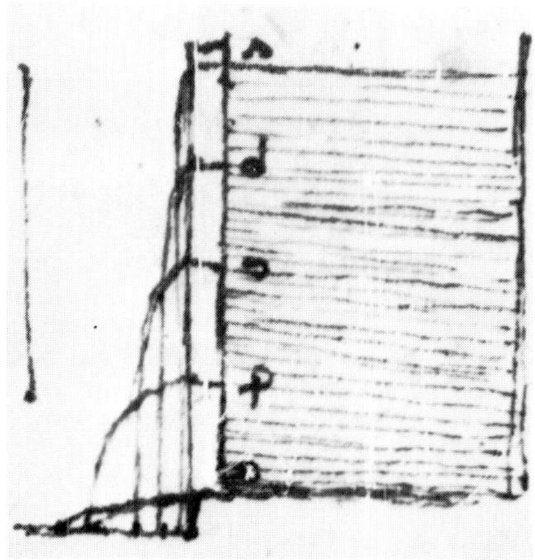

Leonardo war vermutlich vom französischen Gouverneur in der Lombardei damit beauftragt worden, das Problem der Wassermessung ein für allemal zu lösen, und schlug eine Meßmethode nach »Unzen« vor. Im Begleittext stellt er fest: »Die Wassermenge, die in einer bestimmten Zeit durch eine bestimmte Öffnung fließt, wird derjenigen gleich sein, die in der gegebenen Höhe über der Öffnung steht.« Dabei meint er mit »Höhe« den Abstand zwischen der Öffnung und der Wasseroberfläche.

verheerender Wirkung, aber auch von großem Nutzen sein kann. Die hohen Kosten von Damm- und Uferanlagen wie auch die einträgliche Abgabe von hydraulischer Kraft gaben einem Problem besonderen Vorrang, das Leonardo wahrscheinlich von der Finanzbehörde unterbreitet wurde. Es handelte sich um die Rolle zweier wichtiger variabler Größen: In welcher Weise war die von dem ausgeteilten Wasser geleistete Arbeit von der Wassermenge und der Höhe des Wasserfalls abhängig, gemessen von der Verteilermündung bis zu dem auffangenden Kanal? Wir sehen in diesem Begleittext drei Situationen, die Leonardo im Codex Madrid I untersuchte: ein kleiner Strahl aus einem hohen Wasserfall [S. 27]; ein breiter Strom aus einem kleinen Fall, der in vier gleiche Ströme geteilt werden kann, welche alle die gleiche Arbeit leisten [Seite 27]; und der allgemeine Fall, wobei Wasser in verschiedener Höhe aus einem Behälter gezapft wird, in dem vermutlich der Wasserspiegel konstant gehalten wird [S. 26].

Wir wollen nur den letzteren und interessantesten Fall betrachten, denn er enthält Elemente von größerer wissenschaftlicher Bedeutung als die beiden anderen.[11] Selbst wenn die einzelnen Wasserstrahlen den Behälter

Leonardos Beobachtungen zur Wassermessung und -verteilung für die Bewässerung fanden ihre praktische Anwendung in dem der Studie folgenden Jahr. Die genaue Ausführung dieser Zeichnung läßt kaum einen Zweifel daran, daß sie zur Vorlage bei den französischen Auftraggebern bestimmt war. Leonardo war überzeugt, daß die Ausflußöffnungen für die Bewässerung vor allem horizontal und flach sein müßten, um den Sog der schnelleren, niedrigeren Schichten zu verringern.

zuerst unter verschiedenen Bedingungen verlassen, mit einer Anfangsgeschwindigkeit, die zunimmt, je tiefer die Zapfstelle liegt, schließt Leonardo, daß die »Kraft« *(potentia)* für alle Strahlen die gleiche ist, da, »wo die Stoßkraft fehlt, das Gewicht des Wassers beim Fall wirksam wird«. Leonardos Argument, das er hinschreibt, als diskutiere er es mit sich selbst und brauche spätere experimentelle Verifikation, scheint wie folgt zu lauten: Jede Wasserpartikel gehorcht während des freien Falls nur der Wirkung ihres eigenen Gewichts; sie bewegt sich, weil sie Gewicht hat. Dabei gewinnt sie einen Impetus (was wir Impuls nennen), der zur Perkussion führt (was wir Stoß nennen), wenn sie auf ein Hindernis stößt. Ein Teilchen auf dem Boden des Behälters spürt aber nicht nur sein eigenes, sondern auch das Gewicht aller Partikel über ihm bis hin zur freien Wasseroberfläche, die auf ihm lasten. Nur das Gewicht der Partikel bis hinunter zum Gefäßboden bestimmt die Kraft eines Teilchens an dem Punkt, wo es den Behälter durch die Bodenöffnung verläßt. Aber für ein ursprünglich über dem Boden des Behälters befindliches Teilchen zerfällt die Kraft beim Erreichen der Bodenfläche in zwei Teile: der eine stammt von dem Gewicht der Wassersäule, die anfangs über ihm steht, der andere von dem Impuls, der sich aus der beim Fall erworbenen Geschwindigkeit ergibt. Wenn der eine Teil zunimmt, nimmt der andere ab. An dem freien oberen Wasserspiegel verschwindet die von dem aufgelegten Gewicht verursachte Kraft, am Behälterboden verschwindet die Kraft, die von der Geschwindigkeit abhängt. Die Kraft bleibt also in jeder Höhe konstant. Es dauerte noch mehr als dreieinhalb Jahrhunderte, bis der Begriff »Energie« präzise definiert und damit zu einem grundlegenden Begriff für unser Verständnis der physikalischen Welt werden konnte. Jedoch ist die von Leonardo erreichte Schlußfolgerung von größter Bedeutung, denn er stellt damit immerhin den fundamentalen Lehrsatz der Hydrodynamik auf. Sie entspricht in Text und Inhalt dem 1738 von Daniel Bernoulli (unten) verkündeten Gesetz; wir müssen nur unseren Ausdruck »Energie« für das Wort »Kraft« *(potentia)* einsetzen, »potentielle Energie« für »Gewicht« und »kinetische Energie« – die Leibniz »lebendige Kraft« (vis viva) nannte – für »Perkussion« oder »Stoßkraft«.

Leonardos Forschungen über die Kraft fallenden Wassers waren so weitblikkend, daß er nahe an Theorien gelangte, die viel später von drei berühmten Gelehrten formuliert wurden. Mit äußerst ungenauer Terminologie war er zu dem grundlegenden Lehrsatz der Hydrodynamik vorgestoßen, den Daniel Bernoulli (Mitte), Mitglied einer hervorragenden Schweizer Mathematikerfamilie, 1738 entwickelt hatte. Noch erstaunlicher ist, daß seine Schlußfolgerung das intuitive Verständnis vom Gesetz über die Geschwindigkeit fallender Körper enthielt. Dieses Gesetz wurde erst abgeleitet, als der italienische Physiker und Astronom Galileo Galilei (oben rechts) seine Versuche durchgeführt hatte, und 1642 von seinem Landsmann Evangelista Torricelli (links) klar formuliert.

Die große Bedeutung der Schlußfolgerung Leonardos – besonders für seine Zeit – wird deutlicher, wenn wir erkennen, daß der Satz: »wo die Stoßkraft fehlt, wird das Gewicht des Wassers wirksam«, keineswegs von selbst evident ist. Wäre diese Behauptung wahr, müßte man annehmen, daß die Anfangsgeschwindigkeit eines einzelnen Strahls zu Beginn des freien Falls derjenigen Geschwindigkeit gleich ist, die höher angezapfte Strahlen an demselben Punkt erreichen, so daß sich das Wasser aller Strahlen von dieser Höhe an unter identischen Bedingungen bewegt. Aber das setzt die Gültigkeit des Gesetzes von der Fallgeschwindigkeit voraus, eines Gesetzes, das als Folgerung aus Galileis Experimenten von Torricelli (links) 1642 klar aufgestellt wurde.

Selbstverständlich gilt das bisher Gesagte nur, solange der Wasserstrom in allen Leitungen gleich ist. Leonardo sagt das nicht so ausdrücklich, aber er muß unbewußt von dieser Voraussetzung ausgegangen sein, denn es ist klar, daß man nur gleiche und in gleichen Zeitintervallen fließende Wassermengen vergleichen kann. Es wäre absurd, die »Kraft« eines Rinnsals mit der eines Flusses gleichzusetzen. Aber da, wie Leonardo schon erkannt hatte, der Wasserstrom vom Querschnitt seiner Ausflußöffnung und der Austrittsgeschwindigkeit abhängt, welche von oben nach unten zunimmt, müßte man die Querschnitte der Öffnungen je nach der Höhe verändern, um die gleiche Wassermenge aus allen Leitungen zu erhalten. Da in Leonardos Zeichnungen alle Zapföffnungen die gleiche Höhe haben und er nur rechteckige Öffnungen verwendet (wie sie damals in der Lombardei für den Zufluß der Bewässerungskanäle verwendet wurden), so hätte ihre Breite umgekehrt mit der Quadratwurzel aus der Wasserhöhe variieren müssen, um mit Torricellis Gesetz übereinzustimmen.

In jener Zeit war das Fallgesetz nicht bekannt, und Leonardo hielt es offenbar für notwenig, die Richtigkeit seiner Gedanken über die »Kraft« durch eine spezifiziertere Definition fließenden Wassers nachzuweisen. Wahrscheinlich trug er sich weiter mit diesen Gedanken, denn als er ein paar Jahre später eine Methode zur Wassermessung mit der »Unze« vorschlug, kehrte er in den Manuskripten F und I zu diesem Plan zurück, zeichnete ihn in der gleichen Art und notierte daneben: »Menge einer wahren Unze Wasser« [S. 30].[12]

Es ist wahrscheinlich, daß Leonardo als herzoglichem Ingenieur die Verantwortung für die Wasserwirtschaft, eines der wichtigsten Gebiete für die Wirtschaft des Herzogtums, übertragen wurde. Auf jeden Fall dauerte sein Interesse für die hydraulischen Anlagen der Lombardei an und ging

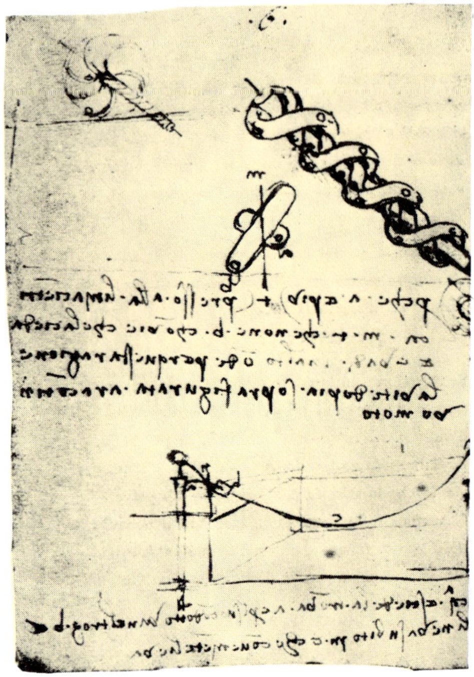

Leonardo muß beobachtet haben, daß eine Flüssigkeit, die durch die Wand einer Rinne oder einer Röhre in krummlinige Bewegung gedrängt wird, ihrerseits einen Druck auf diese Wand ausübt: er muß geschlossen haben, daß dieser Druck Drehung bewirken kann. Er entwarf schraubenförmige Rohre (mit aufrichtendem Hebelarm) als Ersatz für die üblichen Wasserräder, um gewundene Röhren-Mechanismen zum Heben von Wasser einzusetzen.

noch über den phantastischen Plan hinaus, Florenz zu einem Knotenpunkt der Wasserstraßen zu machen. Aber Leonardos Notizen betreffen, neben den Aufzeichnungen über hydraulische Anlagen, Probleme der Wasserkraft, und es fragt sich, ob er versucht hätte, Aufgaben wie die bereits erwähnten zu lösen, wäre er nicht damit beauftragt worden. Im Zusammenhang mit der Wasserkraft finden wir die Frage nach der vollen Ausnutzung der Strömung eines großen Kanals. Leonardo unterteilt ihn in vier Kanäle, die vier getrennte Wasserräder treiben, denn es war aus rein mechanischen Gründen damals nicht möglich, die ganze Kraft des Kanals auf ein einziges Rad zu übertragen. Und hier richten sich seine Gedanken auf die Wassermühlen der Certosa oberhalb von Pavia, die man in einer Skizze im Codex Atlanticus gut erkennen kann.[13]

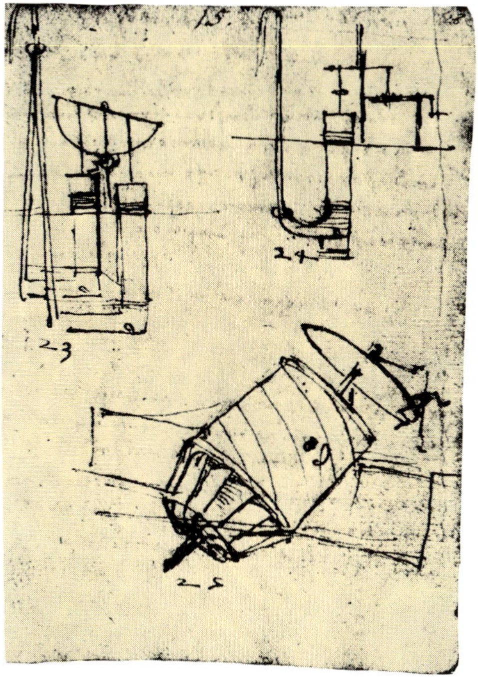

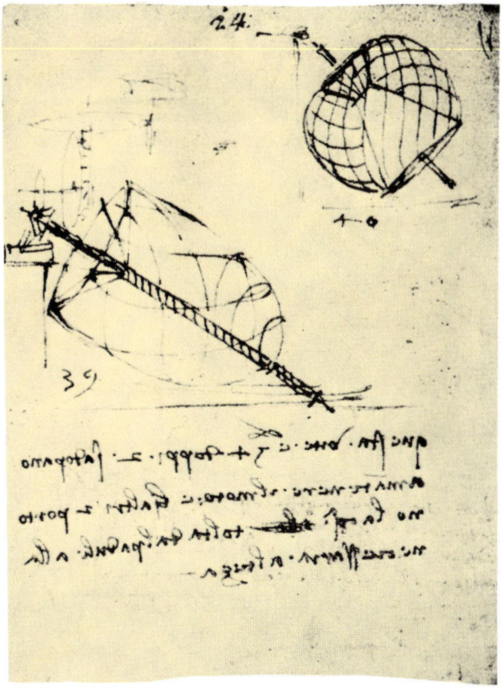

Sicherlich hatte Leonardo sich auf dem Gebiet der Hydraulik einen Namen gemacht, denn nach dem Sturz Il Moros wurde er vom venezianischen Senat beauftragt, einen Plan für die Überflutung des Isonzotals unterhalb von Görz auszuarbeiten für den Fall möglicher Einfälle der Türken, die zu jener Zeit die größte Bedrohung an den Ostgrenzen des venezianischen Gebiets darstellten. Die Seiten des Codex Atlanticus enthalten im Umriß einen Teil des Berichts, den Leonardo zur Zeit seines Auftrags im Friaul zusammenstellte. Darin schlägt er einen regulierbaren Damm vor, der mit Gestellen aufgeführt und mit Gattern versehen ist, die sich an ihrem oberen horizontalen Rand in Zapfen drehen. Das würde ein schnelles Steigen des Wasserspiegels wie auch das freie Abfließen großer Wassermengen ermöglichen. Fünfzehn Jahre später erinnerte sich Leonardo in Frankreich wieder an diese Erfindung, als er sich mit der Regulierung der Flüsse Loire und Cher und vor allem mit der Trockenlegung der Sümpfe bei Romorantin beschäftigte.

Auf dem Gebiet der Flußregulierung konnte Leonardo auf seine langjährigen Studien über die Strömungsschwankungen in Kanälen und Flüssen zurückgreifen, die er zu Anfang seines Mailänder Aufenthalts begonnen

hatte. Die Hauptsache scheint ihm gewesen zu sein, zu verstehen und zu erklären, warum die Strömung einen geradlinigen Lauf verläßt und gewunden wird und warum Störungen in Gestalt von Wellen an der Oberfläche auftauchen. Diese Wellen scheinen stabil zu sein, so daß die Bewegung der Wasserpartikel ihrem Profil folgt und einen konstanten Winkel zu der Achse des Stroms bildet, ähnlich dem, der am Bug eines in ruhigem Wasser fahrenden Schiffes zwischen Wellen und Kielwasser entsteht.
Leonardo nannte diese Phänomene »säulenförmige Wellen« und stellte darüber eine große Dokumentation zusammen (rechts). Er bemerkte sofort, daß die Ursachen vielfältig waren und durch ihre Wechselwirkung noch kompliziert wurden, und wollte daher möglichst viele verschiedene

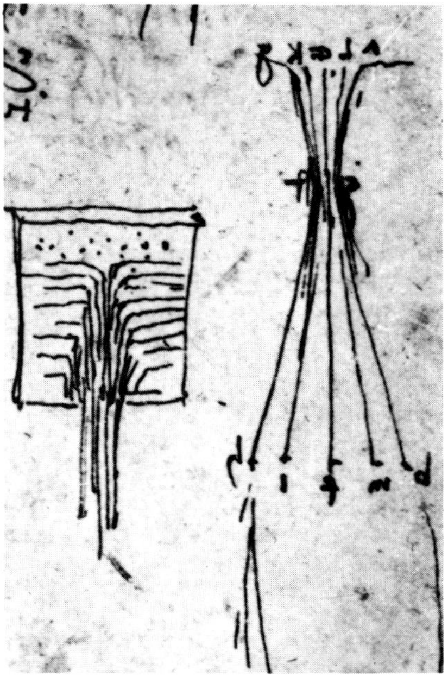

Leonardo beobachtet Bewegung und Wege von Flüssigkeitsteilchen, die aus einem Behälter aus eng aneinandergesetzten Glasplatten fließen, und schlägt vor, der Flüssigkeit ein paar kleine Samenkörner zuzusetzen. Nun sieht er, daß die Partikel nicht alle parallel zur Achse der Öffnung ausströmen, sondern sich auch von der Seite her zur Öffnung bewegen (linke Skizze), und daß der ausfließende Strom sich zuerst zusammenzieht und dann ausbreitet (rechte Skizze). Diese ist mit Buchstaben bezeichnet, aber ein erklärender Text fehlt.

Aspekte dieser Erscheinungen kennenlernen, um ein allgemeines Gesetz nachweisen zu können. Der Codex Madrid I enthält einige dieser Studien, doch die meisten finden sich in den Manuskripten B, C und G.
Das Meer übte auf Leonardo eine besondere Anziehungskraft aus. Seinen flüchtigen Besuchen in Genua mit Lodovico il Moro folgte der Aufenthalt in Venedig, die Besuche an der Adria während der Romagna-Feldzüge mit Borgia und endlich der Aufenthalt in Piombino. Besondere Aufmerksam-

keit schenkte er der Bewegung der Wellen, wie sie an die Küste branden oder vom Strand zurückfluten und sich über die neu hereinkommenden türmen. Diese Erscheinung brachte ihn zu den Gesetzen von der Unabhängigkeit der Wellenbewegungen und der Spiegelähnlichkeit ihrer Brechungen. Nach diesen Gesetzen, auf denen Huygens' Prinzip beruht, wird jeder von einer Welle getroffene Punkt zum Ursprung einer neuen konzentrischen Störung, und das Zusammenwirken und die Schichtung aller dieser Störungen bestimmt die Form der herankommenden Wellenfront (S. 38).

Diese und viele andere Beobachtungen sind im Codex Leicester zusam-

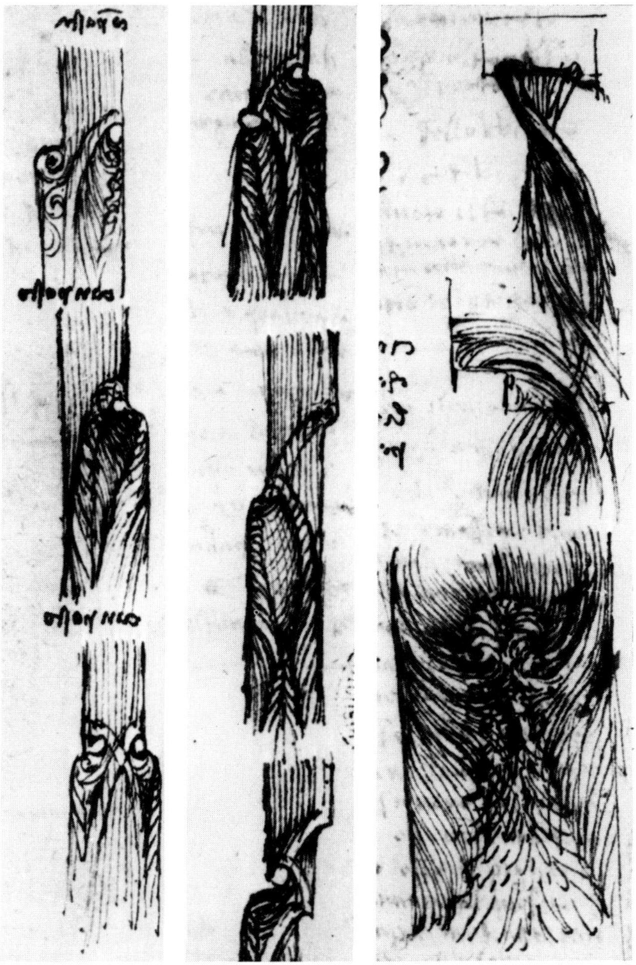

Auch die Windungen der Strömung in Flüssen und Kanälen beschäftigten Leonardo. Er versuchte zu erklären, warum die Strömung ihren geraden Lauf verläßt und Wellen in einem konstanten Winkel zur Strömung bildet, ähnlich den Wellen eines Schiffes. Er nannte sie »säulenförmige Wellen« und illustrierte das mit vielen Zeichnungen wie diesen aus dem Manuskript F, Folios 90 verso, 90 recto und 47 verso.

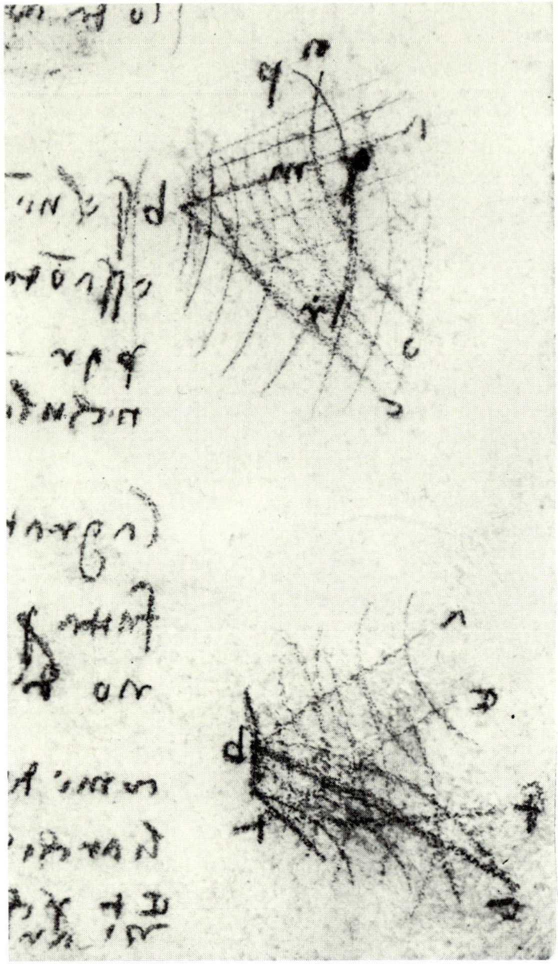

Während seines Aufenthaltes in Piombino 1504 zeichnete Leonardo Wellenstudien und schrieb: »Die Wellen des Meeres nehmen nichts vom Strand weg. Alle Gegenstände, die frei im Meer gelassen werden, werden vom Meer ans Land gespült. – Die Oberfläche des Wassers bewahrt für eine gewisse Zeit die Spur der Wellen.« Er fährt fort, zu beschreiben, wie die Wellen sich am Ufer brechen und auf dem Kamm der hereinkommenden Wellen zurückwallen. Seine Beschreibung errät richtig die Gesetze der Wellenbewegung. Aus diesen Gesetzen besteht der Lehrsatz, daß jeder von einer Welle berührte Punkt zum Ursprung neuer Störung wird und alle diese Störungen die Form der herannahenden Wellenfront bestimmen. Dies Prinzip wurde erst 1673 von dem holländischen Physiker und Astronomen Christian Huygens (oben) formuliert.

mengefaßt. Man kann ihn daher als riesiges Verzeichnis betrachten, das Fragen und Überlegungen zur praktischen Hydraulik in Kanälen und Flüssen, zur Wellenbewegung und zu Problemen der Strömung und der Flüssigkeitsmessung enthält.
Leonardo hat viele Vorrichtungen entworfen, um neben der Geschwindigkeit die »Kraft« von Luft- und Wasserströmen unmittelbar zu messen. Das beweist die interessante Erfindung eines fächerartigen, mit vielen Schaufeln versehenen Rades. Es wird gebremst durch ein Gegengewicht, das an einem um die Achse gewundenen Seil hängt (rechts).[14] Es ist schwer zu sagen, ob und wie weit ihm diese Erfindung von Nutzen war. Andererseits ist es ziemlich sicher, daß sich Leonardo als erster Hydrauliker mit Strommessungen beschäftigt hat, die auf Durchfluß-Querschnitten und Ausflußgeschwindigkeiten beruhten. Die Krönung seiner Hydraulik-Forschung fällt in seinen zweiten Mailänder Aufenthalt während der französischen Besetzung. (Es ist die Zeit seiner Notizen über die »wahre Unze Wasser« in den Manuskripten F und I.) Dazu gehören auch seine letzten großartigen Projekte, die in dem Entwurf gipfeln, Mailand durch eine Wasserstraße mit dem Comer See und dem Splügenpaß wie dem Engadin zu verbinden, was nicht durch den Martesana-Kanal geschehen konnte, der zu weit flußabwärts und auf zu tiefem Niveau aus der Adda floß. Zuerst dachte Leonardo daran, die Seen der Brianza für seinen Zweck zu nutzen, doch dann konzentrierte er sich auf den Plan, einen Damm in der Adda zu errichten, etwa vier Kilometer oberhalb von Trezzo, direkt unter der Brücke bei Paderno. Hier lag eine natürliche Schlucht – die Tre Corni unter der Rocchetta a Santa Maria – zwischen massiv aufgetürmten Felsen, die die Durchfahrt für große Lastkähne unmöglich machten [S. 48/49].
Der Flußlauf konnte durch einen knapp dreißig Meter hohen, an die Felsen der Tre Corni gebauten Steindamm gestaut werden. Auf der Bergseite des Tals sollte in die Felsen eine große Schleuse gebaut werden, die die schiffbare Wasserfläche so weit senken würde, daß man durch einen Tunnel unter den Tre Corni Mailand ohne weitere Schleusen erreicht hätte. Dies war endlich die Lösung eines Problems, das seit Jahrzehnten zur Diskussion stand.
Das Projekt, so wie es Leonardo vorschwebte, war zu großartig für seine Zeit: schon der Abfluß mittels eines durch ein Schleusentor geschlossenen Tunnels warf zahlreiche, kaum zu überwindende Probleme auf, denen sicherlich die verfügbare Technik nicht gewachsen gewesen wäre. Das Projekt aber blieb, wohl gerade wegen seiner Kühnheit, unter vielen

Herrschern der Lombardei lebendig und wurde niemals völlig aufgegeben. Nach der Schlacht bei Melegnano und der Wiederbesetzung Mailands durch die Franzosen griff man es wieder auf: Leonardo, der schon in Frankreich war, nannte selbst dem König die Namen von Technikern, die das Projekt ausführen konnten. Gegen Ende des 16. Jahrhunderts wurde der Plan schließlich in viel kleinerem Umfang verwirklicht, gewann aber niemals die wirtschaftliche Bedeutung, die die Urheber erträumt hatten. Dies war das letzte große hydraulische Projekt Leonardos. Aber sein weitverbreiteter Ruhm bewirkte, daß man ihn auch bei großen Entwässerungsvorhaben zu Rate zog. Giuliano de' Medici, der Bruder von Papst Leo X., betraute ihn mit der Trockenlegung der Pontinischen Sümpfe, und

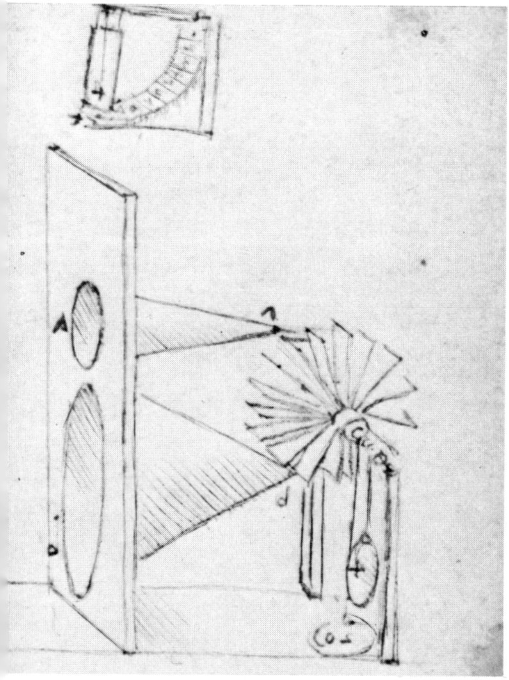

Hier stellt Leonardo ein Experiment an zur Messung des zunehmenden Durchflusses durch Öffnungen, deren Querschnitt durch Trichter verringert wird.

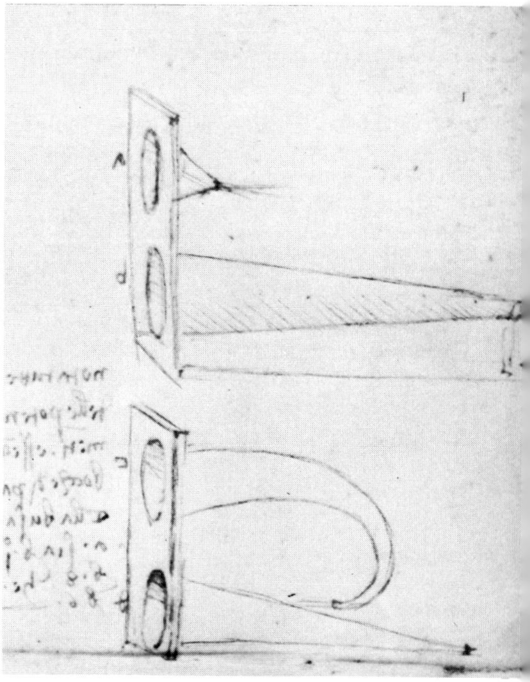

Er versieht einen Windmesser mit Flügeln und erhält den ersten bekannten Durchflußmesser.

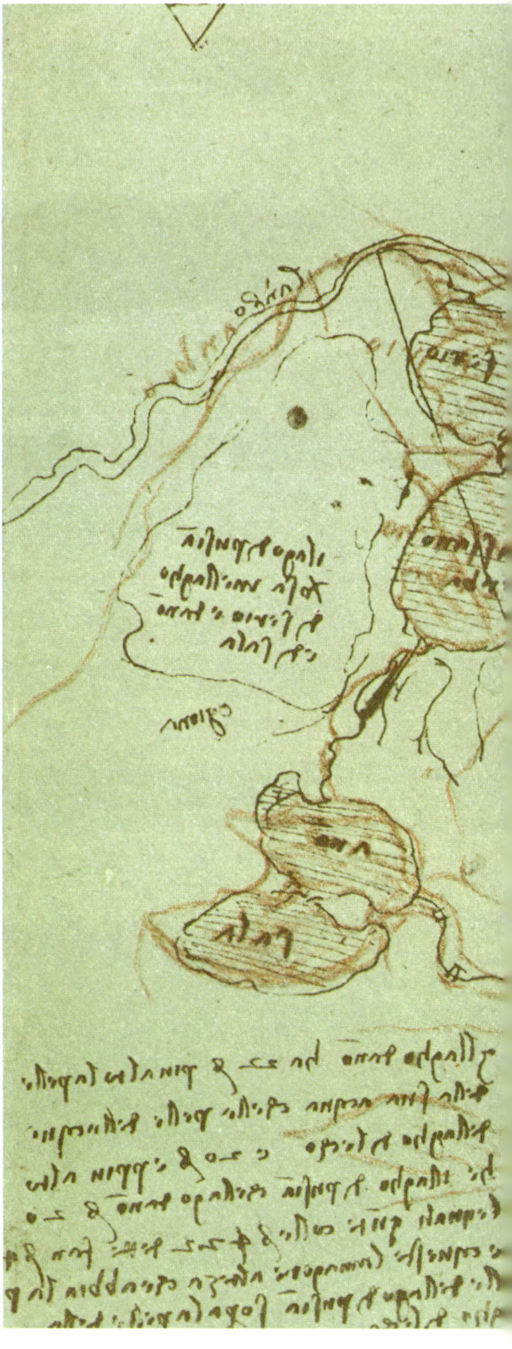

Das letzte große hydraulische Projekt, das Leonardo in Mailand in Angriff nahm, war der Plan eines Wasserweges vom Norden der Stadt zum Comer See und von dort zum Splügenpaß und ins Engadin. Der vorhandene Martesana-Kanal konnte nicht benutzt werden, da er zu weit flußabwärts von der Adda abzweigte und eine für die Schiffahrt zu geringe Tiefe hatte. Leonardo stand jetzt im Dienst der Franzosen, die Lodovico il Moro abgesetzt hatten, und schlug die Führung eines Wasserweges vor, der hier gezeigt wird. Dieser Plan benutzt den Lauf des Lambro (oben auf der Karte) und die Seen der Brianza, um zu den Seen von Lecco und Como zu gelangen. Bald aber entdeckte Leonardo, daß erhebliche Höhenunterschiede die Konstruktion einer Anzahl Schleusen notwendig machen würden. Es ist typisch, daß er sich dem moderneren, ihn stärker faszinierenden Plan auf den folgenden Seiten zuwandte.

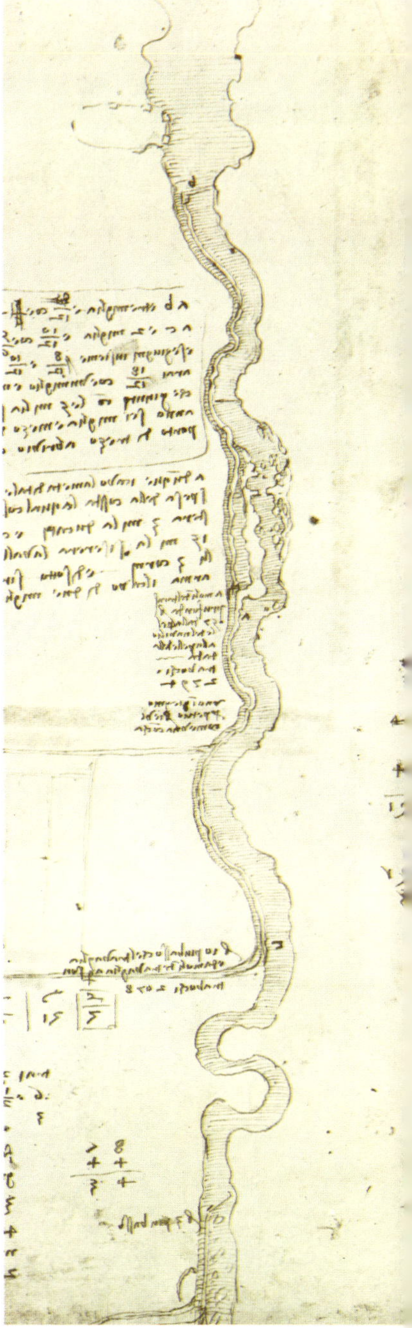

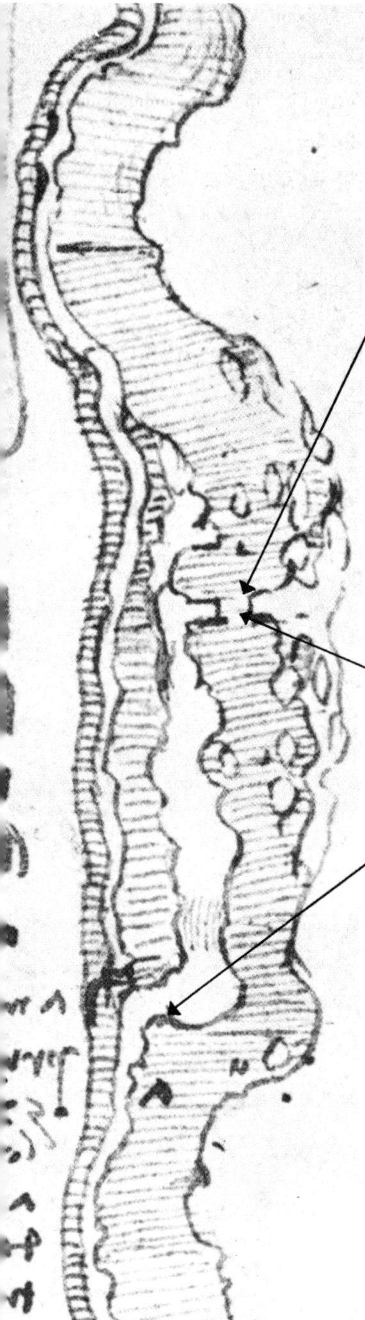

Zur Konstruktion des Steindamms unter dem Wasserspiegel entwarf Leonardo das Pfahlgerüst, das unten zu sehen ist. Gewohnlich werden diese Pfähle in das sandige Flußbett gerammt. Leonardo mußte sie aber irgendwie auf dem felsigen Grund befestigen: daher mußte das Holzgestell sehr stabil sein.

Der Steindamm ist in der Mitte offen: möglicherweise hatte Leonardo vor, ein Schleusentor einzusetzen, damit große Wellen hindurchströmen konnten.

Um seinen Gedanken zu erläutern, kombinierte Leonardo unten zwei Ansichten.

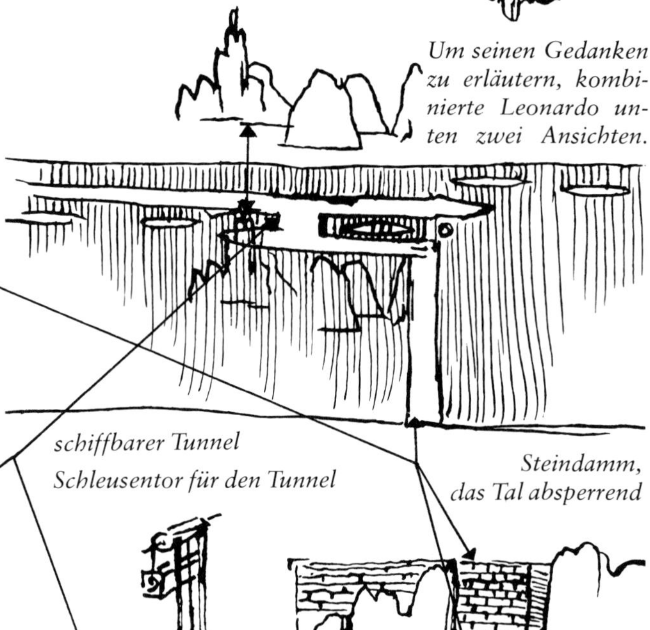

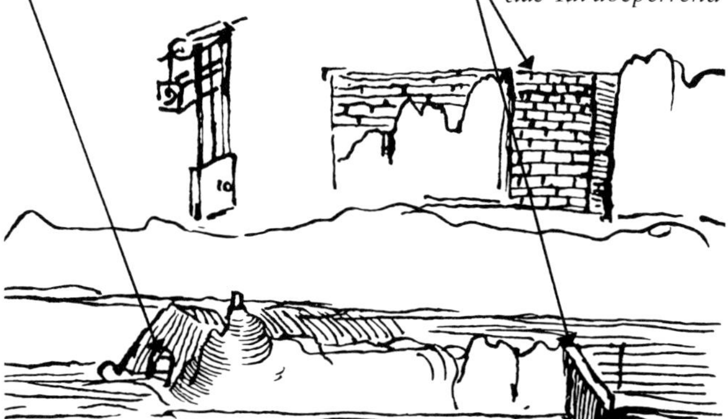

Die Strichzeichnungen oben sind Leonardos rechts abgebildetem Blatt entnommen.

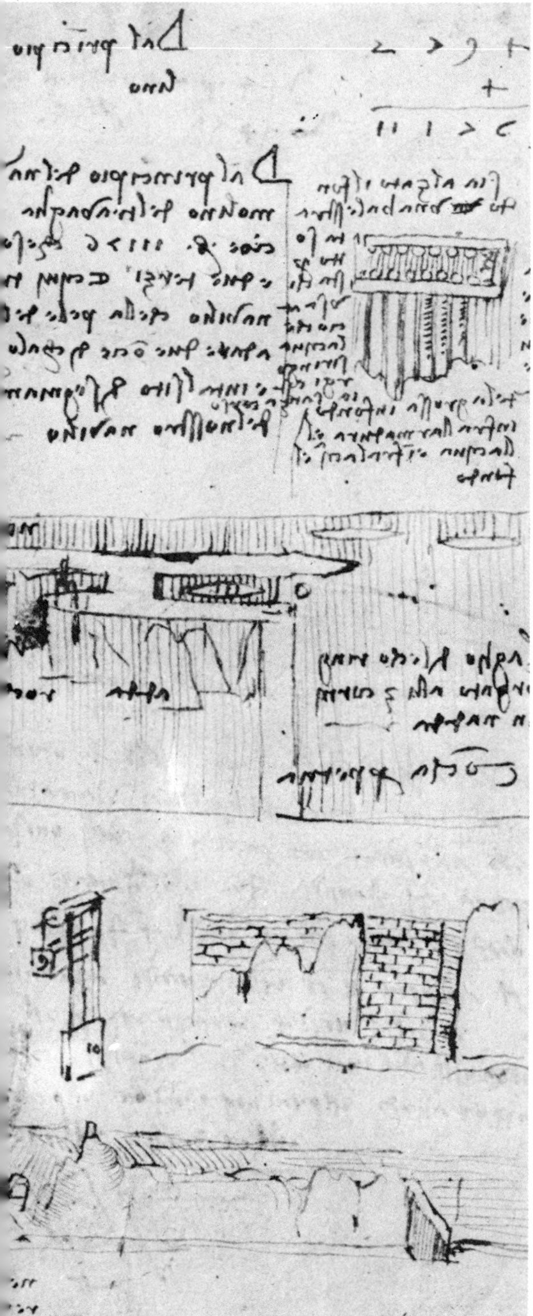

Hauptstück des schließlich von Leonardo gewählten Verlaufes für die Wasserstraße Mailand–Comer See war ein Abschnitt der Adda, der eine anscheinend unüberwindliche Schwierigkeit bot. Die Karte auf S. 43 links zeigt diesen Teil der Adda von Trezzo (unten auf der Seite) bis zum Hafenort Brivio. In der Mitte liegen die Tre Corni, eine durch hohe Felsen gebildete natürliche Schlucht, die nur kleinen Booten die Durchfahrt gestattete (S. 44 links). Um den Felsen zu umgehen, entwarf Leonardo den komplizierten Plan links: Ein knapp dreißig Meter hoher Steindamm sollte den Fluß stauen; eine große Schleuse an der Bergseite sollte den Wasserspiegel ausgleichen; zur Ableitung des Wassers war ein schiffbarer Tunnel mit einem Schleusentor unter den Tre Corni vorgesehen. Auf diese Weise war Mailand ohne zusätzliche Schleusen zu erreichen.

Leonardo illustrierte seinen Lösungsvorschlag in einer wunderbaren kolorierten Zeichnung. Wenn auch sein Vorschlag zu keiner endgültigen Lösung führen konnte, so war er realisierbar, sogar vom wirtschaftlichen Standpunkt aus. Schließlich bemühte sich Leonardo für den König von Frankreich um die Erschließung der Ebene von Romorantin durch die Regulierung des Cher mittels eines Dammes mit beweglichen Schleusentoren, »wie jene, die ich in Frigholi empfohlen habe.«
Während sich Leonardo mit dem Entwurf des Dammes in der Adda beschäftigte, interessierte er sich mehr und mehr für die rotierende Bewegung von dünnen Spiralröhren, den *cichognole,* in die er von oben Wasser hineinleitete. Wahrscheinlich wurde er durch den wachsenden Bedarf an Wasserkraft in Handwerk und Gewerbe dazu angeregt. Leonardo hatte früher Wasserräder mit radialen Schaufeln für flache Gewässer entworfen. Nun bediente er sich des Reaktions-Prinzips, das ihm auch in seinen Folgerungen auf dem Gebiet der Aerodynamik klar war, bei zahlreichen Vorrichtungen, so auch bei den *cichognole.* Die Anordnung dieser Spiralrohre – die vielfach die archimedische Schraube wiederholen, auch in der Anwendung – mag seltsam erscheinen. Sie wird auf viele Arten ausgeführt, meistens mit Paaren von Spiralen, die eine außen als treibendes, die andere (von kleinerem Durchmesser) innen als getriebenes Element. Die ersteren nutzen den Fall des Wassers aus, während die zweiten das Wasser heben. Was der Zweck von Leonardos Versuchen war, wird hier nicht klar, da den betreffenden Skizzen die Kommentare fehlen. Keinesfalls sollte man aber daraus schließen, daß Leonardo jemals seine Überzeugung von der Unmöglichkeit immerwährender Bewegung aufgab. Seine Gedanken können sich eher auf die Bestimmung der Kraft des Wasserfalls beziehen, über die er lange Zeit gearbeitet hatte, und ebenfalls auf das beim Ausfluß entstehende Reaktionskräfte-Paar, das treibende und hemmende Momente in bezug auf die gemeinsame Drehungsachse bewirkt.
Diese Studien sind besonders interessant, denn sie zeigen, daß Leonardo den Reaktionsstoß besser verstand und ausnutzte, als es bei der Windmühle des Heron der Fall gewesen war. In Leonardos antreibender *cichognola* hat die Beschleunigung der Flüssigkeit während des Falls eine Bewegung, die derjenigen der Wasserpartikel in einer modernen Aktions-Turbine analog ist; da ferner das Wasser den Anprall auf die Seitenwände der Spiralen beschleunigt und verstärkt, wächst ihr Krümmungsradius und verlängert so den Hebelarm des reaktiven Paars. Newtons drittes Gesetz (1663) scheint hier vollkommen verstanden und angewandt zu

sein. Andererseits sieht es nach den erhaltenen Skizzen nicht so aus, als sei Leonardo je von diesen zeichnerischen Plänen zu maßstabgerechten Modellen vorgeschritten: die Technik der Zeit war noch nicht so weit, daß wirkungsvolle und schlüssige Experimente möglich gewesen wären.

Wir können annehmen, daß dies die letzten Studien Leonardos auf dem Gebiet der Hydraulik sind. Die Darlegung der langen Reihe geschichtlicher Beispiele auf dem Gebiet angewandter Hydraulik, die der Codex Leicester birgt, endet mit der Aufstellung von Leitsätzen, die bereits die Frucht langer und gründlicher Beobachtungen waren. Auch wenn diese Untersuchungen theoretische Folgerungen beinhalten, die auch aus unserer Sicht größte Bedeutung haben, scheint Leonardo sie nicht weiter verfolgt zu haben. War seine Wißbegier einmal befriedigt, waren die Ursachen und Lösungen gefunden, so war ihm die endgültige Ausführung unwichtig. Die Zeit war zu kostbar, um sich nicht gleich anderen Zielen zuzuwenden: Es gab noch so viel zu entdecken. Leonardo sah die Dinge immer als Ganzes, in ihrem vollen Umfang, in jener universalen Schau, an der die wissenschaftlichen Forschungen der Griechen letzten Endes scheiterten. Die Fülle, die er anstrebte, konnte weder von dem Wissen seiner Zeit, noch von dem Vermögen eines einzigen Menschenlebens bewältigt werden.

Die Karte links zeigt Leonardos geplante Wasserstraße: von Mailand der Adda folgend, im Tunnel unter den Tre Corni hindurch (nächste Seiten, auf der Karte mit einem Kreis markiert) und in die Seen von Lecco und Como.

Nächste Doppelseite:
Leonardo machte diese Zeichnung während der Aufnahme des Adda-Laufes für den Wasserweg Mailand–Comer See bei den Tre Corni, wo er Damm, Schleuse und Tunnel bauen wollte. Zur Rechten erheben sich die steilen Felsen der Tre Corni, die Schiffahrt größeren Ausmaßes verhinderten. Ganz links, neben einem Haus, erkennt man die Ruinen der alten Festung Rocchetta a Santa Maria.

Als Leonardo den Posten eines herzoglichen Ingenieurs in Mailand annahm, spürte er sogar in seiner zunächst untergeordneten Stellung den Reiz der großen Konstruktionsaufgaben, die für seinen Erfolg so wichtig waren. Nur flüchtig kannte er bis dahin die Welt der Baumeister, die in der Toskana zu kühnen Errungenschaften auf dem Gebiet des Gewölbebaues vorgestoßen waren. Brunelleschis Kuppel des Doms von Florenz, Santa Maria del Fiore, wurde gerade zur Zeit der Geburt Leonardos vollendet. Sie war ein Beispiel einzigartiger, genialer Baukunst und hatte nirgendwo sonst ihresgleichen (rechts). Aber Brunelleschis Leistung warf auch die Frage der Dimensionen auf. Seine Lösung war optimal hinsichtlich der baulichen Stabilität von Last, Schubkraft und Mauersystem, doch andere ähnliche Versuche waren fehlgeschlagen. Das Schiff des Erweiterungsbaues am Dom von Siena war anders proportioniert, wiederholte aber die Fehler der ersten protoromanischen Gewölbebauten in der Poebene unmittelbar nach dem Jahr 1000.

Filippo Brunelleschi (1377–1446), der große Florentiner Baumeister, beeinflußte mit seinem Werk über mathematische Proportion und Perspektive die Malerei und Architektur Leonardos. Brunelleschis großartige Kuppel des Doms von Florenz – 1437 begonnen und nach seinem Tod 1446 vollendet – bewirkte eine Revolution in der italienischen Baukunst (rechte Seite).

Der Architekt Donato Bramante (oben in einer Portraitskizze von Raffael) übte ebenfalls einen starken Einfluß auf Leonardo aus. Bramante kam etwa um die gleiche Zeit nach Mailand wie Leonardo. Er baute die große Apsis der Kirche Santa Maria delle Grazie, während Leonardo im Refektorium des Klosters das Abendmahl *malte.*

Hier ist anzumerken, daß die Bautechnik, die nun, sieben Jahrhunderte nach ihrem Untergang im Orient, im Abendland auflebte, die allgemeinen Bautypen unter Verwendung der drei fundamentalen Strukturelemente, nämlich Säule, Balken und Bogen (aus denen sich Wand, Boden und Gewölbe entwickeln), wieder aufnahm. In bezug auf zwei dieser Elemente hatte sich die Technik des Bauens erheblich gewandelt. Der Balken, aus Holz wie immer, blieb unverändert, ebenso der Boden. Aber Säule und Bogen wurden auf völlig andere Art gebaut. Alle Lehmbestandteile und vor allem der klassische Anderthalbfuß-Ziegelstein waren verschwunden. Sie hatten, zusammen mit dem Pozzuolana-Mörtel in den ersten Jahrhunderten n. Chr., als die römische Baukunst sehr monumental wurde, die Maurertechnik stark beeinflußt. An ihre Stelle trat der Haustein, vorteilhaft durch die Tatsache, daß in der Gegend der lombardischen Seen, am Fuß der Alpen, der leicht zu bearbeitende Lias-Kalkstein und Gneis in parallelen Schichten vorkommen. Die neue Bautechnik, die so sehr an die vor der arabischen Invasion im syrischen Orient entwickelte erinnerte, wurde *comacina* genannt, wobei diese Bezeichnung auch die Baustrukturen einschloß. Der Name könnte sich auf die damals berühmten »Magistri Comacini«, Baumeister aus der Gegend von Como, beziehen. Wenn Säule und Bogen nun ohne ein Material mit den stark bindenden Eigenschaften der Pozzuolana-Erde gebaut wurden, ergaben sich viele Schwierigkeiten bei der Aufmauerung. Doch der Bogen machte den Baumeistern die größte Sorge, genau wie bei den monumentalen Bauten der römischen Kaiserzeit. Größe und Richtung des Seitenschubs (abhängig vom Verhältnis zwischen Bogenweite und -höhe und der Last auf dem Bogen) waren die Unbekannten, die antike und mittelalterliche Baumeister aufgrund herkömmlicher Erfahrung, nach der von Generation zu Generation überlieferten Technik und eigener Intuition abschätzten. Die großen Baumeistergilden jenseits der Alpen ließen ästhetische Überlegungen außer acht, die erst viel später, wenn überhaupt, eine Rolle spielten (z. B. das Streben in die Vertikale), und verwandten den Spitzbogen für Bogen und Kreuzgewölbe (Rippengewölbe). Er hatte den besonderen Zweck, den horizontalen Schub an den Flanken zu verringern, der die Pfeilerstützen zu überlasten drohte und so die Stabilität des Kirchenschiffdachs gefährdete. Schwibbögen sollten den Druck seitlich ableiten und den Angriffspunkt des Schubs tiefer setzen. Man benutzte das Gewicht von Fialen und Türmen, um den Schub des Bogens in die Vertikale zu lenken, so daß er sich in der Pfeilerbasis verankerte. Wie das Scheitern am Dom von Siena zeigt, hatte man diese Dinge in Italien niemals ganz durch-

dacht, noch entstand dort eine ähnliche Entwicklung der Baukunst wie im Norden Frankreichs, vom Rhein bis zum Atlantik und auf den Britischen Inseln. Diese Entwicklung vermehrte die Kenntnisse der Baumeister jenseits der Alpen und verschaffte ihnen eine solide Grundlage aus zuverlässigen empirischen Regeln, die das Geheimnis der einzelnen Gilden und ein Mittel wirtschaftlichen Drucks auf ihre Auftraggeber waren. Aber wenn auch in Italien nur wenig bekannt, so waren sie doch empirische Regeln, und Leonardo muß in den Florentiner Künstlerkreisen davon gehört haben, in denen Brunelleschis Werk noch immer diskutiert wurde. Wahrscheinlich hat Leonardo die Florentiner Kenntnisse mit den herzoglichen Technikern am Hof Lodovico il Moros diskutiert und mit den Auffassungen Bramantes, des bedeutendsten Architekten des Sforza-Hofes, verglichen [S. 50]. Angespornt von Bramantes Wissen wird Leonardo sich oft die Frage gestellt haben, wie das Bogen-Gewölbe-Problem anzupacken sei. Seine Lösungsversuche waren in der Tat nicht erfolgreich, doch gelangte er intuitiv dicht an eine annähernde geometrische Lösung, die vierhundert Jahre später angenommen und mit der Methode des Seilpolygons durchgeführt wurde. [S. 54].[15]
Der Gedanke, den Bogen in eine Anzahl Blöcke aufzuteilen, mag ihm gerade bei der Konstruktion von Bögen mit Keilsteinen gekommen sein. Jedenfalls benutzte er diese Idee unter Hinweis auf seine Untersuchung über das Gleichgewicht von Keilen[16] zwischen zwei schrägen Streben [S. 58]. Tatsächlich erhielt er die horizontale Komponente der Reaktion jedes Gewölbesteins mittels einer geometrischen Konstruktion, die auf dem Cosinus des Winkels zwischen dem entsprechenden Radius und der Horizontalen beruhte, als ob jeder Gewölbestein sich wie ein halber der vorher genannten Keile verhielte. Um Gleichgewicht herzustellen, betrachtete er die Drehtendenzen an einem Stützpunkt: Das Moment des Gewichts eines Körpers muß von einem Moment des »Gegengewichts« ausgeglichen werden, wie im Fall einiger ausbalancierter Drei- und Vierecke im Codex Madrid I.[17] Es ist wichtig, sich klarzumachen, daß diese Überlegungen nur deshalb nicht stimmen, weil sie unvollständig sind. Denn außer dem von Leonardo berücksichtigten Momentengleichgewicht an einem Stützpunkt muß auch das Translationsgleichgewicht gesichert werden.
Für uns, die wir über Kenntnisse der graphischen Statik verfügen, wäre es an dieser Stelle wohl leicht, den letzten Schritt zur Lösung zu tun: Die Gewichtskomponente jedes Gewölbesteins senkrecht zu einer seiner Flächen wäre zu berechnen und die Resultante aus dieser Komponente

Dieses Gewicht m *bringt dem Gegengewicht* n *so viele verschiedene Belastungen, wie die Zahl der Orte ist, an die es sich auf seiner Stange verlagert; denn man erkennt klar, daß die Belastung für* n *eine andere ist, wenn das Gewicht in* h *ist, als wenn es in* a *wäre.*

X *bedeutet so viele verschiedene Gewichte für das Seil* b c, *wie die Zahl der Orte ist, bei denen das Seil an die Stange gebunden wird.*
Wenn das Seil in i *angebunden wird, erweist sich das Gewicht* X *als sehr groß für das Seil, und wenn es in* q *angebunden wird, wird das Gewicht* X *viel kleiner.*

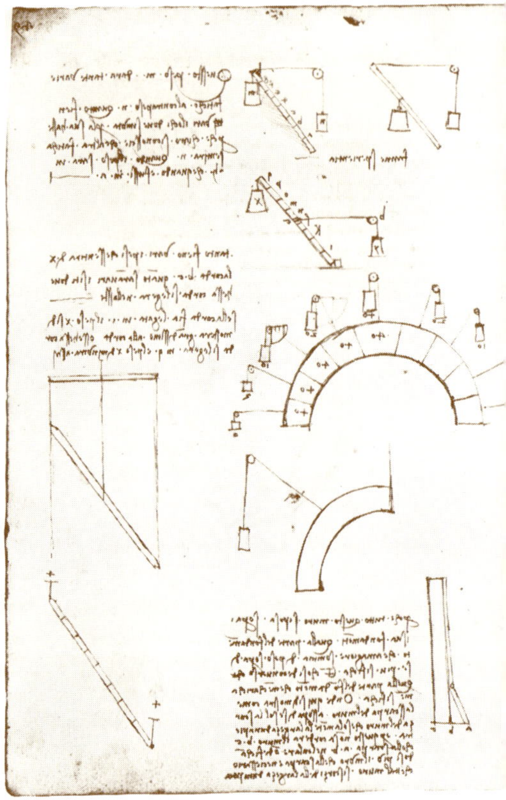

Die Renaissance-Baumeister nahmen die alte Konstruktionstechnik wieder auf, die auf den drei fundamentalen Bauelementen beruht: Säule, Balken und Bogen. Der Bogen, die Grundlage für die Konstruktion der hohen Kuppeln wie der des Doms von Florenz, bot die schwierigsten Probleme. Anstelle der von den alten Römern verwendeten Ziegel verwandten die lombardischen Architekten Haustein, der sich am Fuß der Alpen im Überfluß fand. Die Zeichnungen auf diesen zwei Seiten – Codex Madrid I, 142 verso (linke Seite) und 143 recto – zeigen Leonardo bei dem Versuch, eine theoretische Lösung für die Stabilität des Bogens zu finden. Er teilt den Bogen in einzelne Keilsteine von gleichem Gewicht auf. Seine Berechnungen zeigen, daß er nahe daran war, die moderne Methode zur Bestimmung des horizontalen Schubes im Bogen zu realisieren.

Weil diese ganze Mauer auf ihren Fundamenten ruht, drückt sich der Teil des Fundamentes, auf dem das größere Gewicht liegt, mehr ein. Und so drückt sich umgekehrt der weniger belastete Teil weniger ein. Darum wird hier gezeigt, wie die Mauerböschung nur die Verblendung der Mauer über sich hat, die lediglich die Breite eines Steines besitzt; und deshalb stimmen die Mauern b c *und die Böschung* a b *beim Einsinken nicht überein. Da sich so die Mauer mehr als die Böschung eindrückt, wird die Mauer notwendigerweise einen Stein breit kürzer.*

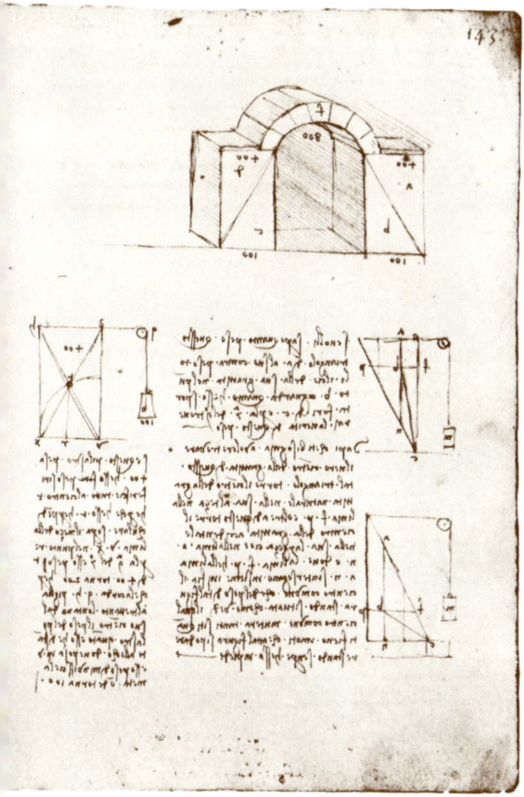

Wenn du wissen willst, wieviel Gewicht dieses Dreieck seinem Gegengewicht auferlegt, nimm den Mittelpunkt seiner Schwere in dem Punkt b *und sieh, wie weit er über* c *hinausragt, und aufgrund des 7. [Abschnitts] des 9. [Kapitels] findest du das wahre Gewicht. Wisse, daß, wenn du den wahren Mittelpunkt der Schwere dieses Dreiecks finden willst, du den Mittelpunkt der natürlichen Schwere in der Höhe der Linie* f p *nehmen mußt und darüber hinaus den Mittelpunkt der zusätzlichen Schwere in seiner Breite, d.h. auf der Linie* a n. *Und wo sich die Linien* f p *und* a n *schneiden, dort liegt der gemeinsame Mittelpunkt des Gewichtes dieser Figur, die so liegt, wie du siehst. Dieser gemeinsame Mittelpunkt verlagert sich an so viele Orte, wie die Bewegungen, die man einer solchen Figur geben kann, wobei sie immer aufrecht bleibt.*

Wenn dieser Pfeiler 400 wiegt, bezieht sich das Gewicht ganz auf den Mittelpunkt t. *Und weil* t *auf der im Punkt* r *der Linie* v X *errichteten Mittelsenkrechten liegt und entsprechend mit 9. [Abschnitt] des 7. [Kapitels] das Gewicht* t *von 400 zu 200 wird, und weil das Seil* g h *es gegenüber seinem Mittelpunkt* [t] *in doppelter Entfernung erfaßt, verringert sich das Gewicht des Pfeilers um soviel, um wieviel es von dem Ort* v, *an dem es aufliegt, entfernt ist, also um die Hälfte, und so wird es 100.*

Die italienischen Baumeister hielten nie richtig Schritt mit der Entwicklung der Bogenkonstruktionstechnik nördlich der Alpen, die in den Bauhütten von Generation zu Generation als empirische Erfahrungswerte weitergegeben wurden. Leonardo muß allerdings von diesen Regeln gehört und sie in den Künstlerzirkeln von Florenz diskutiert haben.

Nächste Seite: Vergrößerung derselben Doppelseite aus Codex Madrid I.

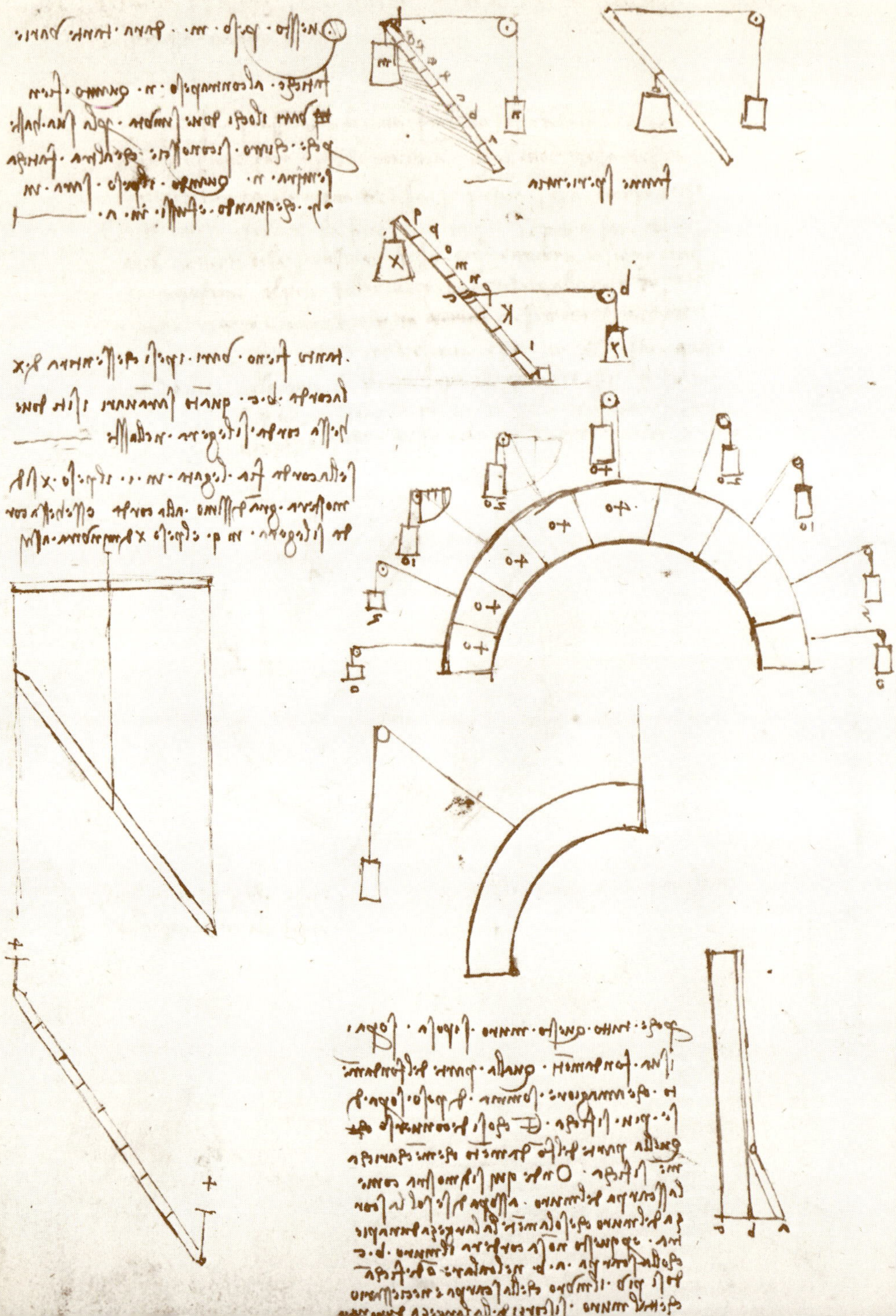

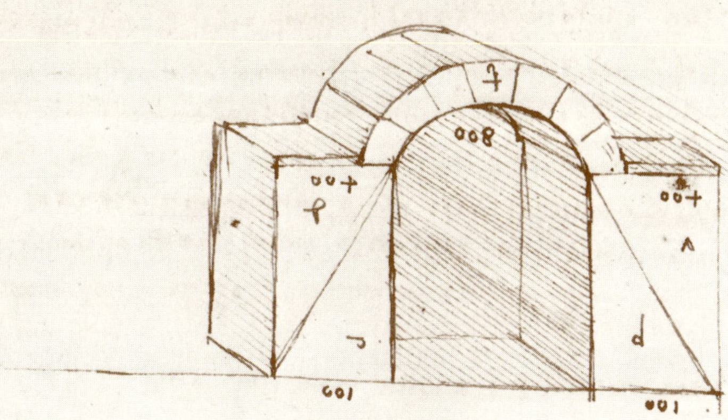
800
400
400
100
100

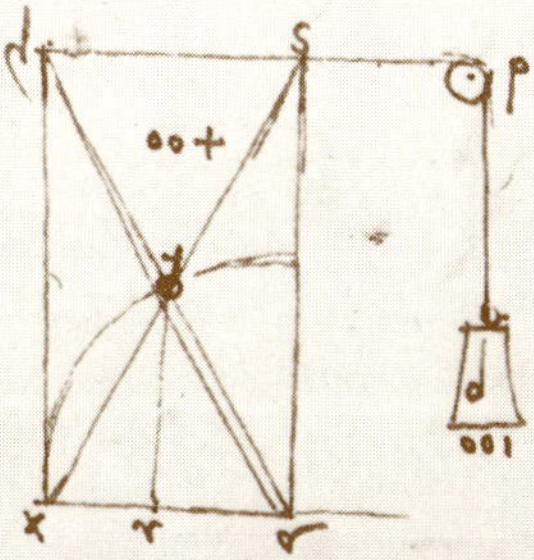
400
100

[illegible]

[illegible]

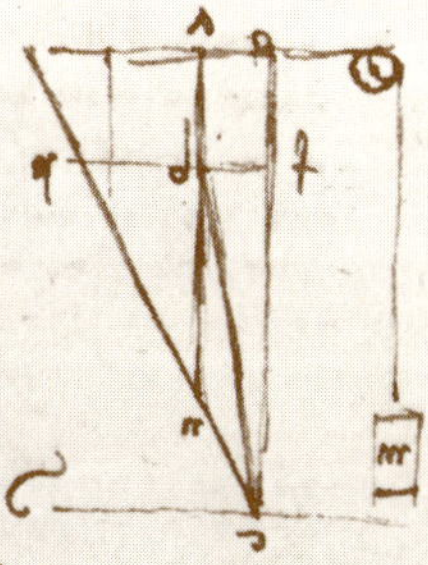

[illegible]

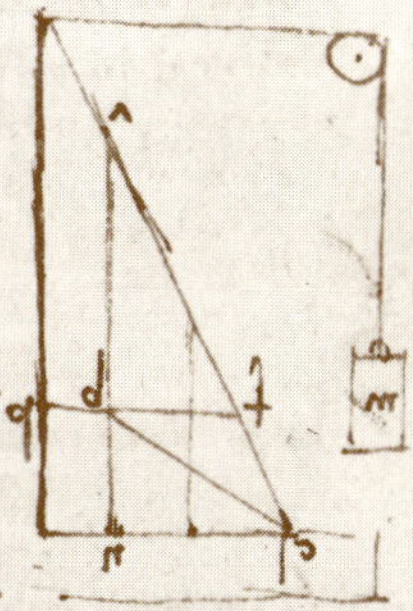

und dem vom Schlußstein herrührenden Schub zu finden. Diese Resultante wäre dann versuchsweise auf das Schwerezentrum jedes Gewölbesteins anzuwenden und so eine annähernde Kenntnis der Richtung und Größe der Kraft zu gewinnen, die vom Bogen auf die Flanken übertragen wird.

An diesem letzten Schritt hinderten Leonardo vielleicht ein paar Folgerungen, zu denen er nach den Regeln und Lehrsätzen der Mechanik, besonders der Statik, gelangt war. Er hatte sie in die Form eines systematischen Corpus von theoretischen Erkenntnissen gebracht, bevor er sich der physikalischen Interpretation mechanischer Phänomene widmete. Nach dem gegenwärtigen Zustand der erhaltenen Leonardo-Manuskripte ist es

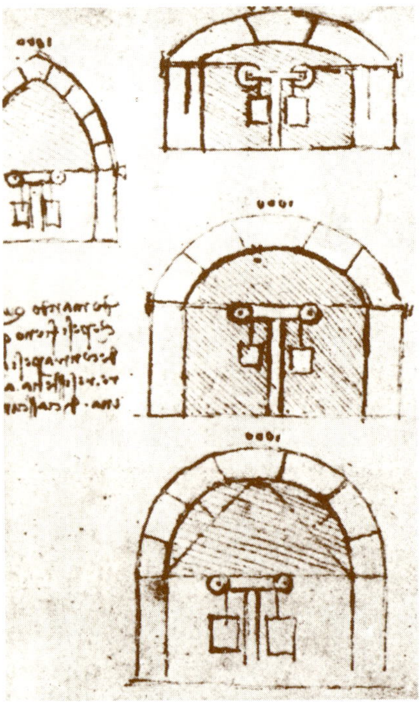

In diesen Zeichnungen versucht Leonardo, die Regeln für den Druck aufzustellen, der das Einstürzen eines Bogens verursacht. In den Arundel-Skizzen (S. 59 Mitte und rechts außen), betitelt »Über das Einstürzen von Bögen«, verwendet er eine Kette als Zugstange, um den horizontalen, auf die Stützen wirkenden Schub aufzufangen. Toskanische Architekten hielten solche Ketten für die Lösung des Problems der Bogenstabilität. In Wirklichkeit versagten die Ketten oft, denn den Baumeistern fehlten die notwendigen theoretischen Kenntnisse über die richtige Größe und Verankerung. Obwohl Leonardo eine andere Lösung nicht zu finden vermochte, bemerkt er: »Die mit Ketten befestigten Bögen werden nicht halten.«

nicht festzustellen, ob er diese Sammlung von Regeln sorgsam niedergeschrieben oder in Notizen aufgezeichnet und nach und nach ausgearbeitet hat. Jedenfalls gibt es verschiedene Listen mit Überschriften der von Leonardo geplanten Bücher über Mechanik, und die Hinweise auf Kapi-

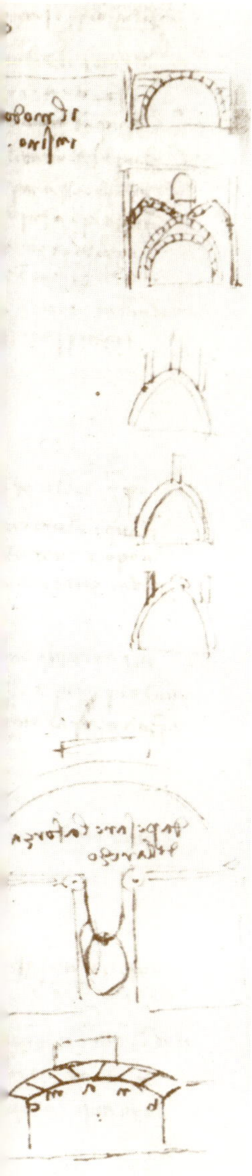

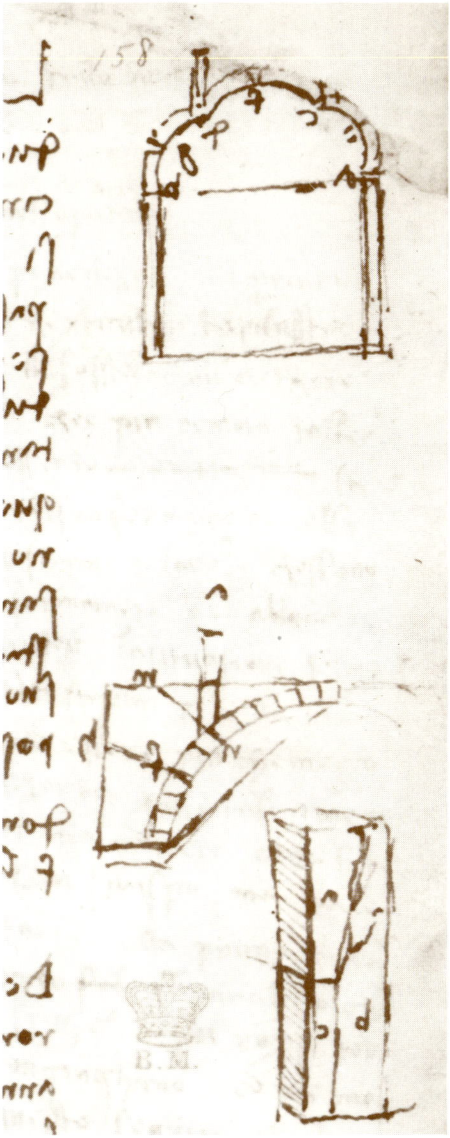

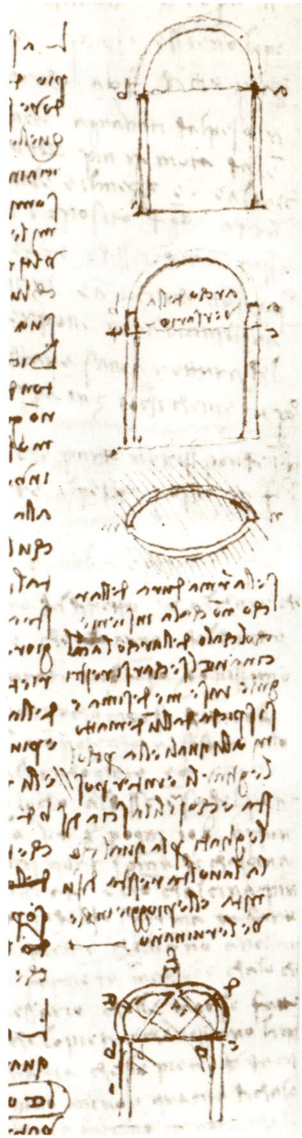

telnummern und Lehrsätze in seinen Untersuchungen sind so genau, als bezögen sie sich auf eine schon abgeschlossene Zusammenstellung.
Einer dieser Lehrsätze, auf die er sich im Codex Madrid I bei der Diskussion über die Stabilität von Gurtbogen und Gewölben bezieht, lautet:

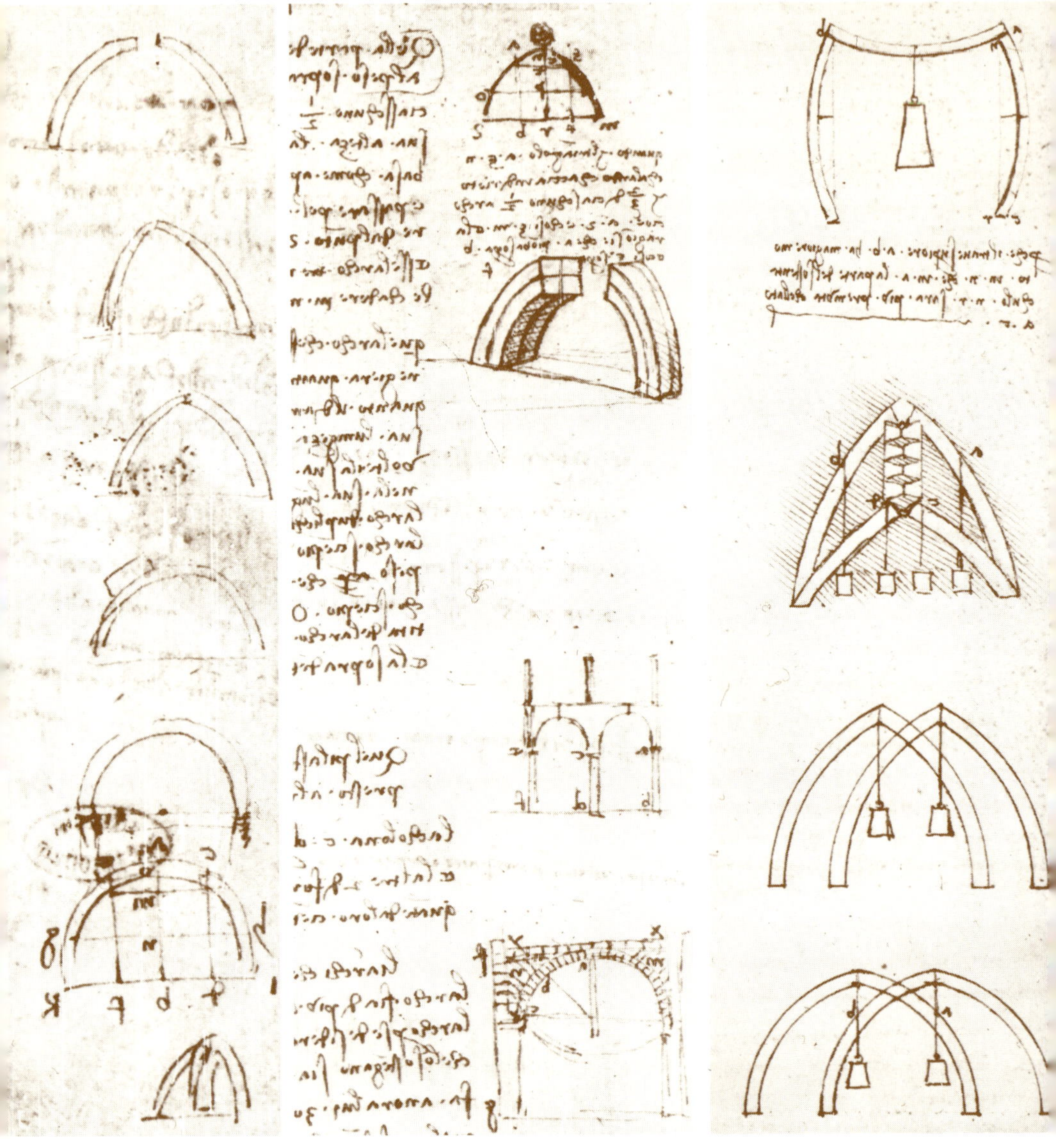

»Der Teil des unverbundenen Gewichts, der näher am Zentrum seiner Schwere liegt, drückt mehr.«[18] Mit anderen Worten, derjenige Teil eines verteilten Gewichts, dessen Schwerpunkt näher an der Vertikalen liegt, übt größeren Druck aus. Natürlich ist das nicht der Fall, wenn außer den vertikalen Kräften noch Momente da sind, die die Wirkungslinie der Kräfte verschieben. In einem Beispiel auf der gleichen Seite, das die Regel bestätigen soll, schließt Leonardo tatsächlich irrtümlicherweise, daß ein Bogen, der die Kuppel von Santa Maria delle Grazie in Mailand unterfängt, am inneren Rand des Kuppelfußes mehr wiegt als am äußeren Rand. Diese zweifache Zusammensetzung des Kuppelfußes hatte den einzigen Zweck, die Basis des Kuppelfußes zu erweitern, um den Seitenschub, der aus dem oberen Teil der Kuppel und der Laterne wirksam ist, der Vertikalen anzugleichen.

Wie auch dieses Beispiel zeigt, scheint Leonardo dem horizontalen Schub des Bogens als einem kritischen Faktor für die Stabilität keine Bedeutung beigemessen zu haben. Diese Einstellung könnte damit zusammenhängen, daß er die Verwendung von Zugstangen kannte, die zuerst von toskanischen Architekten in die Konstruktion der Bogen eingeführt wurde. Mit der Einfügung dieses Zugelements in den Bogen glaubten jene Baumeister, das Problem des horizontalen Schubs auf die Bogenflanken ein für allemal gelöst zu haben und daher den Bogen als an festen Stützen hängend betrachten zu können. In Wirklichkeit erwies sich das oft als falsche Annahme, denn es fehlten ihnen Kriterien für die Dimensionierung des Stangen-Querschnitts und für die richtige Verankerung im Mauerwerk, damit die Stützen auch ganz fest saßen. Jedenfalls hat Leonardo bei seinen Untersuchungen über den Einsturz des Bogens immer die Verwendung befestigter Stützen vorausgesetzt [S. 60].[19] Er vermutete die Ursache für das Einstürzen in der Aufteilung der ursprünglichen Bogenführung in einzelne Abschnitte, wie sie den verschiedenen Bauteilen entsprechen. Nach den geometrischen Konstruktionen, die er zu benutzen scheint, um die Art des Drucks festzustellen, der den Einsturz des Bogens verursacht, könnte man meinen, er sehe den Fehler als Folge eines biegenden Moments, das an der Belastungsstelle entsteht. Doch wird diese Erklärung im Text neben der Abbildung nicht erwähnt. Möglicherweise wollte Leonardo diesen Punkt in der mathematischen Abhandlung untersuchen, die er im Codex Madrid I zu schreiben versprach.[20]

Vielleicht hätte er in jener Abhandlung auch erläutert, warum in einem Gestell aus zwei Pfosten und einem Balken die Pfosten sich nach außen neigen, der Balken aber nach innen, also abwärts, wie es in Madrid I heißt[21]; doch damals traf Leonardo nur diese Feststellung, ohne sich auf eine quantitative Analyse einzulassen.

Andererseits gelang es Leonardo in diesem Codex, bei der Betrachtung der Formveränderung einer gekrümmten Stange, das Phänomen der Längs-

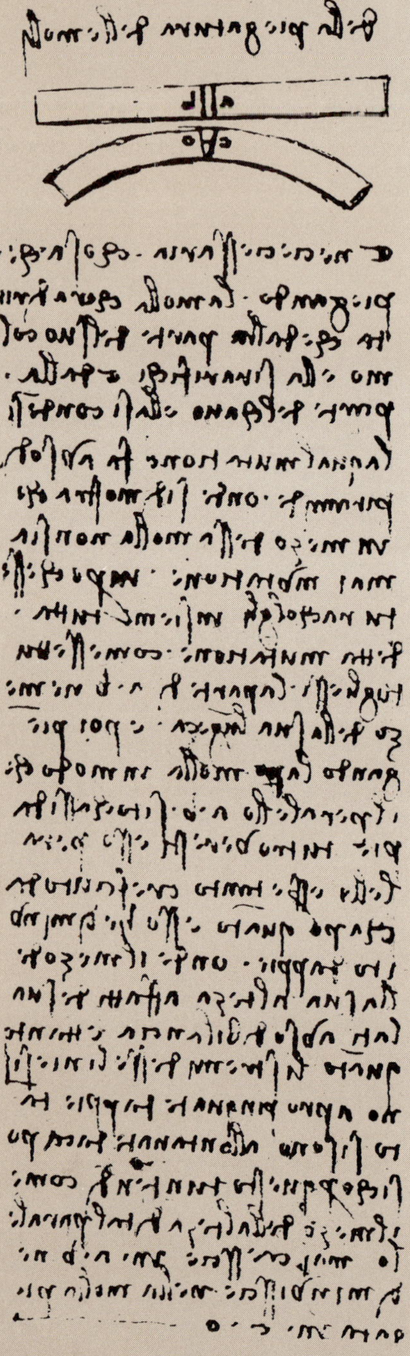

Vom Biegen der Federn

Eine Feder, die gerade war, wird sich beim Biegen notwendigerweise auf der buckeligen [konvexen] Seite verdichten. Diese Veränderung nimmt die Form eines Dreiecks an, woran sich zeigt, daß man in der Mitte der Feder niemals eine Veränderung hat. Denn wenn du die besagte Veränderung als ganze zusammennimmst, wie wenn du den Teil [Schnitt] a b *in der Mitte der Länge nähmest und die Feder dann so biegen würdest, daß sich die ehemaligen Parallelen* a *[und]* b *unten berührten, würdest du feststellen, daß [der Abstand] der Parallelen am oberen Ende soviel gewachsen wie am unteren kleiner geworden ist. Dadurch hat sich die Mitte der Höhe für ihre Seiten wie eine Waage verhalten. Und je mehr sich die Endpunkte der Linien unten genähert haben, desto weiter haben sie sich oben entfernt. So verstehst du, wie die mittlere Höhe der Parallele in* a b *niemals wächst, noch bei der gebogenen Feder in* c o *kleiner wird.*

Weit erfolgreicher war Leonardo in der Untersuchung des Verhaltens einer belasteten Stange oder Feder. Im Codex Madrid I, Folio 84 verso (S. 62), beschreibt er den Mechanismus einer gespannten Feder mit erstaunlicher Exaktheit: Die Fasern der Feder werden an der gekrümmten Außenseite verlängert, an der Innenseite verkürzt; in der Mitte sind die Fasern nicht verformt; Verlängerung und Verkürzung vollziehen sich im Verhältnis zur Entfernung von den nicht verformten mittleren Fasern. Als diese Hypothese über die innere Spannungsverteilung mehr als zwei Jahrhunderte später Johann Bernoulli (links) aufgestellt hatte, wurde sie die Grundlage der modernen Elastizitätstheorie .

spannung unter der Überschrift »Vom Biegen der Federn« exakt zu beschreiben.[22] Hier sieht er deutlich: 1. Der innere Teil der Stange (zum Krümmungszentrum hin) verkürzt sich, das heißt die inneren Fasern werden zusammengepreßt; 2. der äußere Teil der Stange verlängert sich, die äußeren Fasern sind also gespannt; 3. die Länge der Mittelachse der Stange bleibt unverändert; 4. das Verlängern oder Verkürzen der Fasern verhält sich proportional zu ihrer Entfernung von der Mittelachse der Stange (links).

Dies ist das exakte Schema longitudinaler Spannungsverteilung entlang dem Querschnitt eines gekrümmten elastischen Körpers, das Johann Bernoulli zweihundert Jahre später unter starker Kritik als Hypothese aussprach. Auf der Basis dieser Hypothese und mit Hilfe von Differential- und Integralrechnung war Bernoulli in der Lage, den Widerstand des Stangen-Querschnitts mit dem Moment seiner »inertia« (Trägheit) zu verbinden und Hookes Gesetz »Spannung ist der Dehnung proportional« darauf zu beziehen. Das ist die Basis der modernen Elastizitätstheorie. Nebenbei sei gesagt, daß Galilei glaubte, der ganze Querschnitt einer gekrümmten Stange stehe unter Spannung, wie er im *Trattato delle resistenze* behauptet, der von Vincenzo Viviani zusammengestellt und vom Abt Giulio Grandi von der Universität Pisa 1712 vollendet wurde.

Jahrelang war die unvollendete Zentralkuppel des Mailänder Doms die Ursache heftiger Kontroversen. 1488 beteiligte sich Leonardo an einem Wettbewerb für den Entwurf mit einem Plan, der auf diese Skizzen im Codex Atlanticus, Folios 310 verso-b und 310 recto-b (S. 65 und 66/67) zurückgeht. Aus unbekannten Gründen zog er ihn später zurück.

Auch in diesem Fall hielt Leonardo bei der Beobachtung des Federverhaltens inne. Um brauchbare Ergebnisse daraus zu ziehen, müßte man Hookes Gesetz formulieren und die Beobachtung durch Induktion auf den allgemeinen Fall eines Körpers von beliebigem Querschnitt ausdehnen, der sich entlang seiner Längsachse krümmt. Doch damals fehlte die Vorstellung eines äußeren, auf den Schnitt einwirkenden krümmenden Moments wie auch eines der Faserspannung widerstehenden inneren Moments, welches das äußere Moment ausgleichen kann.
Man kann jedoch keine derartig komplizierten begrifflichen Analysen in einer Zeit erwarten, in der selbst die Grundbegriffe noch ganz nebelhaft waren. Auch dürfen wir nicht vergessen, daß der jahrhundertealte Universalienstreit, obwohl zu Leonardos Zeit fast beendet, doch nicht vermocht hatte, den Weg zur Verallgemeinerung von Grundbegriffen zu

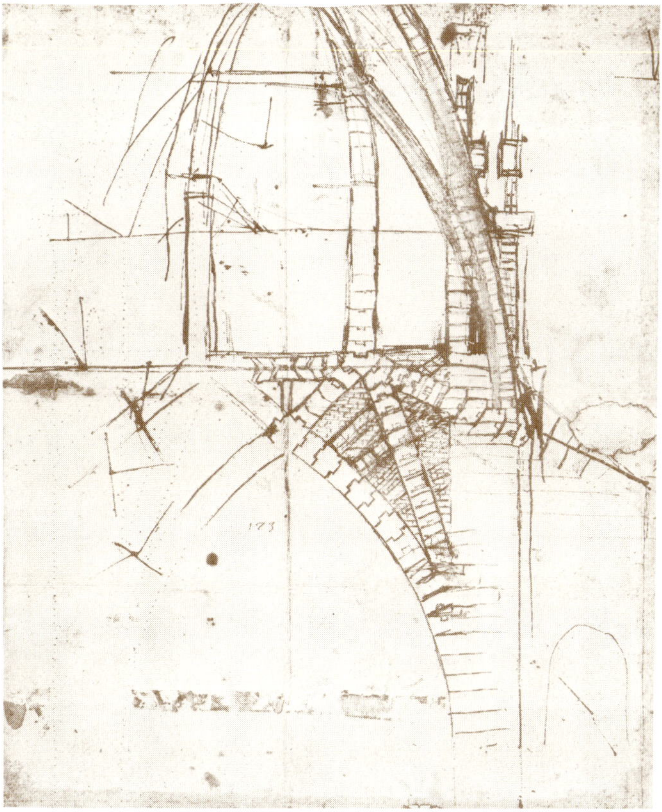

weisen, und sich mit Vergleichen und Messungen von »größerer« und »kleinerer« Universalität begnügte. Die Wandlung zur Universalität vollzog sich durch die philosophisch-kritische Methode unter dem Einfluß des Kantschen Geistes erst viele Jahrhunderte später. Das muß betont werden, damit wir sehen, wie Leonardo versucht hat, zu »allgemeinen« Aussagen vorzustoßen, wann immer er es vermochte. In den meisten Fällen taugt die von ihm gefundene Gültigkeit nicht zur Verallgemeinerung, sondern nur zur Ausdehnung der Beobachtungen und Untersuchungen, die er für einen konkreten Fall anstellte, auf eine ganze Gruppe von Erscheinungen. Verallgemeinerungen können wir jetzt für uns beanspruchen auf der Basis des zusätzlichen Wissens, das wir in den fünf Jahrhunderten seit Leonardo erworben haben.

»Und so aufzuzeigen, wie groß das Gewicht ist und wie viele und welche die Ursachen für den Einsturz der Häuser sind, und welche denn nun ihre Stabilität und ihren Bestand sichern. Um nun aber diese Ausführungen vor Euer Exzellenz nicht ungebührlich in die Länge zu ziehen, werde ich jetzt den Plan des ersten Architekten des Doms erläutern und seine Absichten in klarer Weise darlegen, wie sie sich in dem von ihm begonnenen Bau zeigen. Und wenn Exzellenz diesen Ausfürungen gelauscht haben, werden Sie verstehen, daß mein Modell die Symmetrie, die Proportionen und die Einheitlichkeit verkörpert, die der Bau von Anfang an in sich schloß.«

Auszug aus einem Leonardo zugeschriebenen Brief, den er zusammen mit dem Modell seines Vorschlages für einen Zentralturm an die Bauleitung des Mailänder Doms geschickt haben soll.

»... Glanz,
der sich nur zu kurzem Aufleuchten entzünden kann
in einem Wort, einem Satz
oder in wenigen Zeilen
und doch beim Leser einen tiefen Eindruck hinterläßt.«

LEONARDOS SCHRIFTEN

AUGUSTO MARINONI

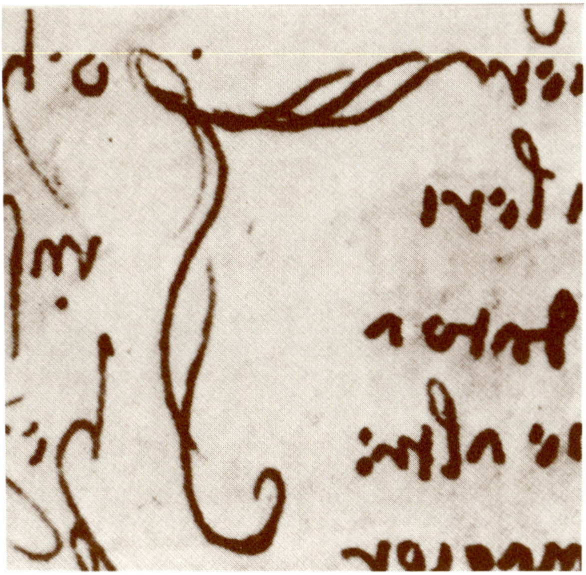

Leonardo schrieb, zeichnete und malte mit der linken Hand, und die meisten seiner Eintragungen in seinen Notizbüchern sind in geheimnisvoll anmutender Spiegelschrift von rechts nach links geschrieben .

Die bedeutendsten Manuskripte Leonardos befinden sich heute in Italien, Frankreich, England und Spanien. Vereinzelte Blätter sind auch in Deutschland, Österreich, der Schweiz, Holland, Ungarn und den Vereinigten Staaten.

In Italien befindet sich in der Mailänder Biblioteca Ambrosiana die große Sammlung von mehr als 1200 Blättern verschiedener Größe, die der Kunstsammler Pompeo Leoni im 16. Jahrhundert auf zirka 400 große Folios des sogenannten Codex Atlanticus geklebt hatte. (In den letzten Jahren sind Leonardos Blätter aus diesem Codex des Leoni abgelöst, restauriert und in zwölf herrlichen Bänden neu zusammengestellt worden.) Ebenfalls in Mailand, in der Biblioteca Trivulziana, wird der Codex Trivulzianus aufbewahrt; in Turin, in der Biblioteca Reale, der kleine Codex über den Vogelflug; in Venedig, in der Galleria dell'Accademia, eine Gruppe von Zeichnungen. England besitzt, neben der überaus reichen Sammlung von Zeichnungen in Windsor Castle, noch den Codex von Leicester, den Codex Arundel des Britischen Museums und die drei Codices Forster des Victoria and Albert Museum in London.

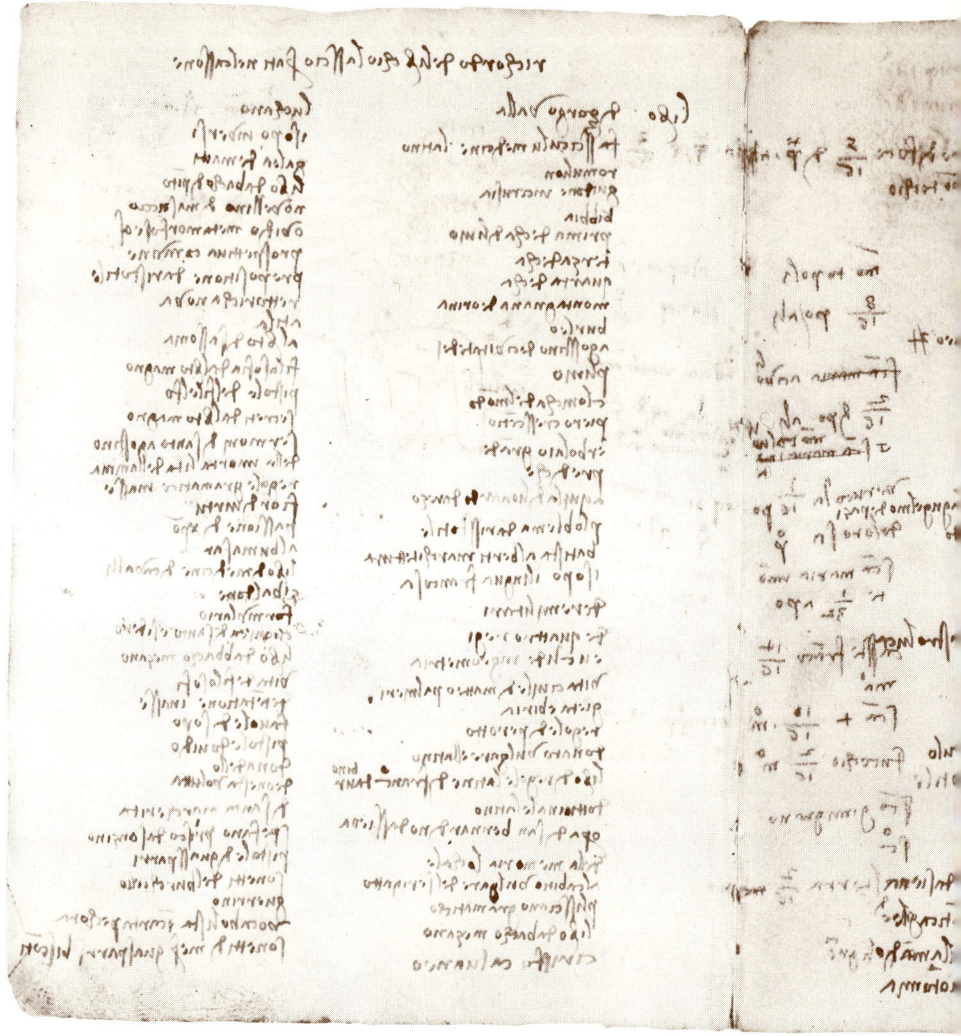

Frankreich verwahrt in Paris zwölf der dreizehn Manuskripte, die Napoleon der Biblioteca Ambrosiana entnommen hatte. Sie tragen die Kennzeichen A, B, C, D, E, F, G, H, I, K, L, M. (Die sogenannten Ashburnham Codices gehören zu den Codices A und B, aus denen sie im vorigen Jahrhundert herausgetrennt wurden.)
Erst seit einigen Jahren ist uns bekannt, daß in der Nationalbibliothek von Madrid die beiden wichtigen Manuskripte Codex Madrid I und Codex Madrid II verwahrt werden.

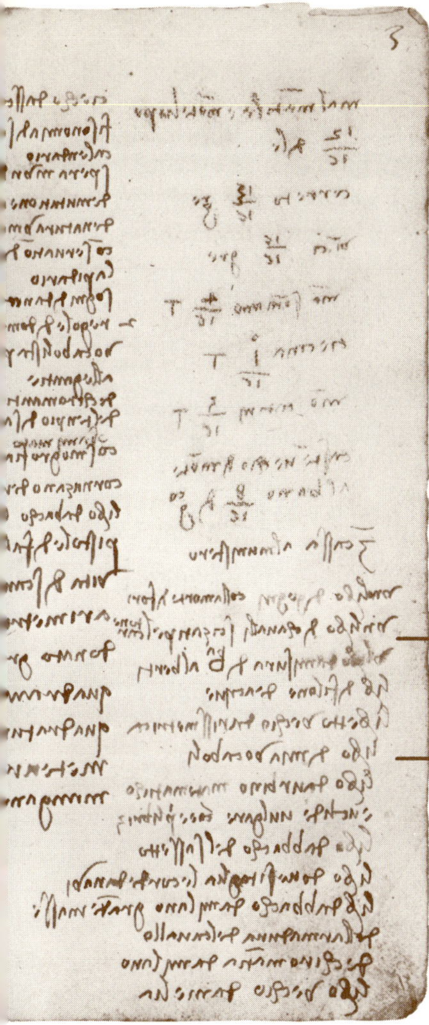

Die wiederentdeckten Madrider Codices geben Aufschluß über den Bestand von Leonardos Bibliothek und liefern Hinweise auf die Anzahl seiner eigenen Notizbücher. Auf diesen beiden Seiten des Codex Madrid II (Folios 2 verso und 3 recto) stellte Leonardo eine Liste von 116 Büchern auf, die er in Florenz zurückließ, als er 1504 nach Piombino ging. Obwohl er sich selbst gern als wenig belesen bezeichnete, läßt diese Aufstellung auf einen gebildeten Mann mit großem Interesse an Medizin, Mathematik und lateinischer Grammatik schließen. Zwei Bücher seiner Bibliothek – eines »mit meinen Wörtern« und eines über »Pferde, für den Karton entworfen« stammten vermutlich von Leonardo selbst. Die folgende Seite des Codex Madrid II (Folio 3 verso) enthält eine weitere Liste von Büchern, jedoch ohne Titelangaben und nach Formaten geordnet (unten). Hier liegt die Vermutung nahe, daß es sich um Leonardos eigene Notizbücher handelt.

Ein Buch über Pferde, für den Karton entworfen

Ein Buch mit meinen Wörtern

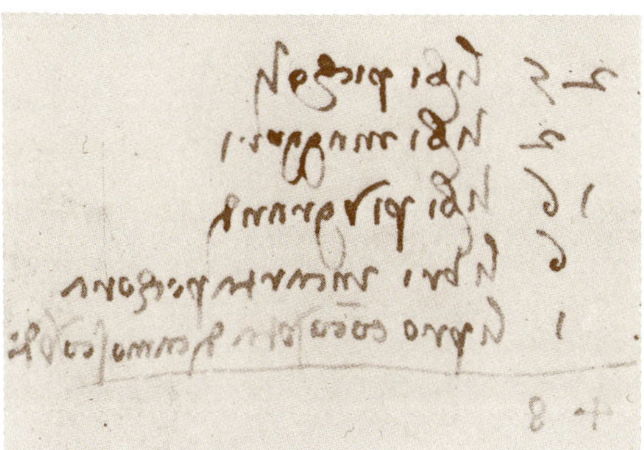

25 kleine Bücher
2 mittelgroße Bücher
16 größere Bücher
6 Bücher in Pergament
1 Buch mit grünem Gemsenlederdeckel

Im Laufe der Jahrhunderte sind leider viele andere Manuskripte spurlos verschwunden. Wie viele, können wir nur vermuten. Leonardo erwähnt des öfteren von ihm geschriebene Bücher und Traktate, die wir allerdings in den uns überkommenen Manuskripten nicht feststellen können. Was wurde aus dem *libro de pictura e movimenti umani*, das Leonardo, Luca Pacioli zufolge, schon 1498 geschrieben hatte, zu einem Zeitpunkt, als er das *inextimabile del moto locale* gerade beendete? Sicher gingen einige Schriften Leonardos schon zu seinen Lebzeiten in andere Hände über.
Aber Codex Madrid II kann uns vielleicht darüber Aufschluß geben, wie viele Hefte mit eigenen Aufzeichnungen Leonardo im Jahre 1504 in Besitz hatte. Die wichtige und schon berühmt gewordene Liste der 116 Bücher [S. 70], die Leonardo »im Kloster«[1] zurückläßt, enthält mindestens zwei von ihm selbst: »Ein Buch mit meinen Wörtern« und »Ein Buch über Pferde, für den Karton entworfen«. Danach spricht Leonardo von einer Menge Bücher, deren Titel und Art er uns allerdings nicht nennt, sondern nur die Zahl und annähernd das Format.[2] Es sind 25 »kleine« Bücher, 2 »mittelgroße«, 16 »größere« und 6 »Bücher in Pergament« sowie ein »Buch mit grünem Gemsenlederdeckel« [S. 71]. Auch in der Folgezeit wurden Leonardos Manuskripte von den Sammlern nach Format geordnet; so verfuhren Leoni, Melzi und Arconati. Da die von Leonardo aufgeführten 50 großen und kleinen Bücher nicht zu jenen 116 gehören, deren Titel auf den beiden vorhergehenden Seiten aufgezählt sind, haben wir Grund zur Annahme, daß es sich um eigene Werke Leonardos handelt.[3]
Die Manuskripte, die Leonardo noch bei seinem Tode besaß, erbte sein treuer Schüler Francesco Melzi (rechts), der sie nach Italien brachte und in seiner Villa in Vaprio sehr sorgfältig verwahrte; er ordnete sie, kennzeichnete sie teils mit Buchstaben, teils mit etwas phantastischen Zeichen und fügte noch einige Vermerke über die Zahl der vorhandenen oder fehlenden Blätter hinzu. Zudem versuchte er das zu tun, was Leonardo nur beabsichtigt, aber nicht verwirklicht hatte. Er las aufmerksam sämtliche Manuskripte, bezeichnete mit *o* jene Stellen, die die Malerei betrafen, übertrug sie in den Codex Urbinas und stellte solcherart Leonardos *Trattato della Pittura* zusammen. Folio 231 recto und verso enthält die Liste der Leonardo-Manuskripte, aus denen der *Trattato* zusammengestellt wurde: insgesamt achtzehn, von denen drei als »Büchlein« definiert werden, d.h. sie sind in Sedez. Von diesen achtzehn Manuskripten sind heute nur noch sieben vorhanden.[4] Zwischen Leonardos autographischen Schriften und dem *Trattato* sind verschiedene Vergleiche ange-

Francesco Melzi

Kardinal Borromeo

Leonardo vermachte seine Manuskripte seinem Schüler Francesco Melzi (links), der bis zum Tod Leonardos 1519 in Cloux bei seinem Meister geblieben war. Melzi brachte die Handschriften nach Mailand zurück und führte die umfassende Katalogisierung durch. Eines der Manuskripte ging an den Kardinal Federigo Borromeo (rechts), den Gründer der Biblioteca Ambrosiana in Mailand; er schenkte es der Bibliothek im Jahre 1609.

stellt worden; sie beweisen, wie getreu der Text abgeschrieben wurde, führen aber auch zu der wenig erfreulichen Feststellung, daß etwa drei Viertel des *Trattato* in den bekannten Leonardo-Manuskripten nicht feststellbar sind. Dies kann einen Anhaltspunkt bieten für das Ausmaß der verlorengegangenen Leonardo-Schriften, selbst wenn man dem Umstand Rechnung trägt, daß Leonardos Blätter über die Malerei bei den Künstlern des 16. Jahrhunderts die begehrtesten und daher viel mehr von Verlust bedroht waren als diejenigen über andere Themen.

Nach Francesco Melzis Tod um das Jahr 1570 verkannten seine Erben, insonderheit sein Sohn Orazio, den Wert der Leonardo-Papiere und schafften sie auf den Speicher. Der Hauslehrer Lelio Gavardi glaubte bei so viel Mißachtung keinen Raub zu begehen, als er sich davon dreizehn Manuskripte nahm; er bot sie, wenn auch vergeblich, dem Herzog von Florenz zum Kauf an. Gewissensbisse über die unkorrekte Handlungsweise rief bei ihm ein Studienkamerad aus Pisa hervor, Ambrogio Mazenta; er übernahm es, das widerrechtlich Angeeignete nach Mailand zu bringen und Orazio Melzi zurückzuerstatten. Aber der bestätigte ihm nur, daß er sich nichts aus den Papieren mache und sagte, er solle sie behalten. So wurden die dreizehn Manuskripte zwischen den beiden Brüdern Mazenta aufgeteilt: Guido, der sechs behielt, und Alessandro.

Auch die alltäglichen und inmitten seiner Gedankengänge und Beobachtungen rasch hingeworfenen Skizzen Leonardos verraten den großen Künstler, wie er sich in seinen Gemälden und Zeichnungen manifestiert. Hier, vergrößert aus verschiedenen Seiten des Codex Madrid I, die Großbuchstaben seines Alphabets in ihrer Einfachheit und ausgewogenen Eleganz. Gelegentlich sind sie – wie das O und das Q – noch besonders verziert. Nicht immer ist Leonardos Handschrift so gepflegt. Oft kritzelte er seine Notizen hastig und erregt in irgend einem Notizbuch, das gerade zur Hand war, an den Rand, in willkürlicher Rechtschreibung, Wörter und ganze Sätze auslassend. Die sorgfältige Ausführung des Codex Madrid I ist in der Tat ein Hinweis darauf, daß Leonardo diese Aufzeichnungen für andere oder gar zur Veröffentlichung

Jetzt tritt Pompeo Leoni in Erscheinung, Hofbildhauer des spanischen Königs Philipp II. und großer Kunstsammler. Er versprach Orazio Melzi die Gunst des Königs und einen Sitz im Senat und erhielt auch die sieben Manuskripte des Alessandro Mazenta, konnte aber erst nach fünfzehn Jahren drei von den sechs Manuskripten Guidos bekommen. Die anderen drei waren schon an Kardinal Borromeo (das jetzige Manuskript C), den Herzog von Savoyen und A. Figgini verschenkt worden. Wie schon Melzi, katalogisierte auch Leoni sorgfältig dieses reiche Material. Nachdem er die Manuskripte nach Format, von den größten bis zu den kleinsten, sortiert hatte, kennzeichnete er sie mit einer fortlaufenden Nummer am Anfang oder am Ende eines jeden Bandes. Die höchste uns heute noch bekannte Zahl ist 46. Dann versah er sie noch mit einem alphabetischen Zeichen oder ließ dies durch einen Kopisten tun. Von diesen durch Leoni gekennzeichneten Manuskripten existieren heute nur noch neunzehn, aber sie lassen uns ahnen, wie viele andere verlorengegangen sind.[5]

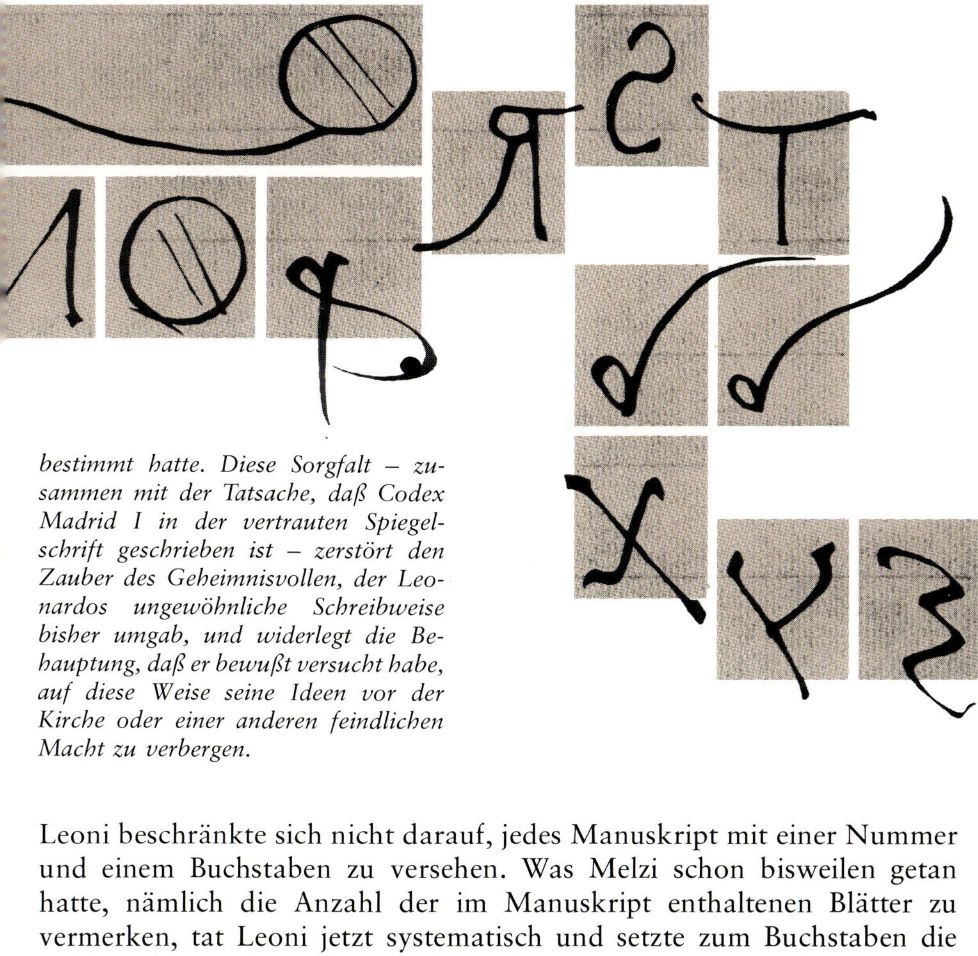

bestimmt hatte. Diese Sorgfalt – zusammen mit der Tatsache, daß Codex Madrid I in der vertrauten Spiegelschrift geschrieben ist – zerstört den Zauber des Geheimnisvollen, der Leonardos ungewöhnliche Schreibweise bisher umgab, und widerlegt die Behauptung, daß er bewußt versucht habe, auf diese Weise seine Ideen vor der Kirche oder einer anderen feindlichen Macht zu verbergen.

Leoni beschränkte sich nicht darauf, jedes Manuskript mit einer Nummer und einem Buchstaben zu versehen. Was Melzi schon bisweilen getan hatte, nämlich die Anzahl der im Manuskript enthaltenen Blätter zu vermerken, tat Leoni jetzt systematisch und setzte zum Buchstaben die Zahl der im Band enthaltenen Blätter: beispielsweise A 190, C 140, BB 14, LL 48 usw. Ein wertvoller Hinweis, der uns darüber Aufschluß gibt, aus wie vielen Blättern bestimmte Manuskripte zu Leonis Zeit bestanden, wie viele später entwendet wurden und wie viele vorher schon entwendet worden waren.[6]

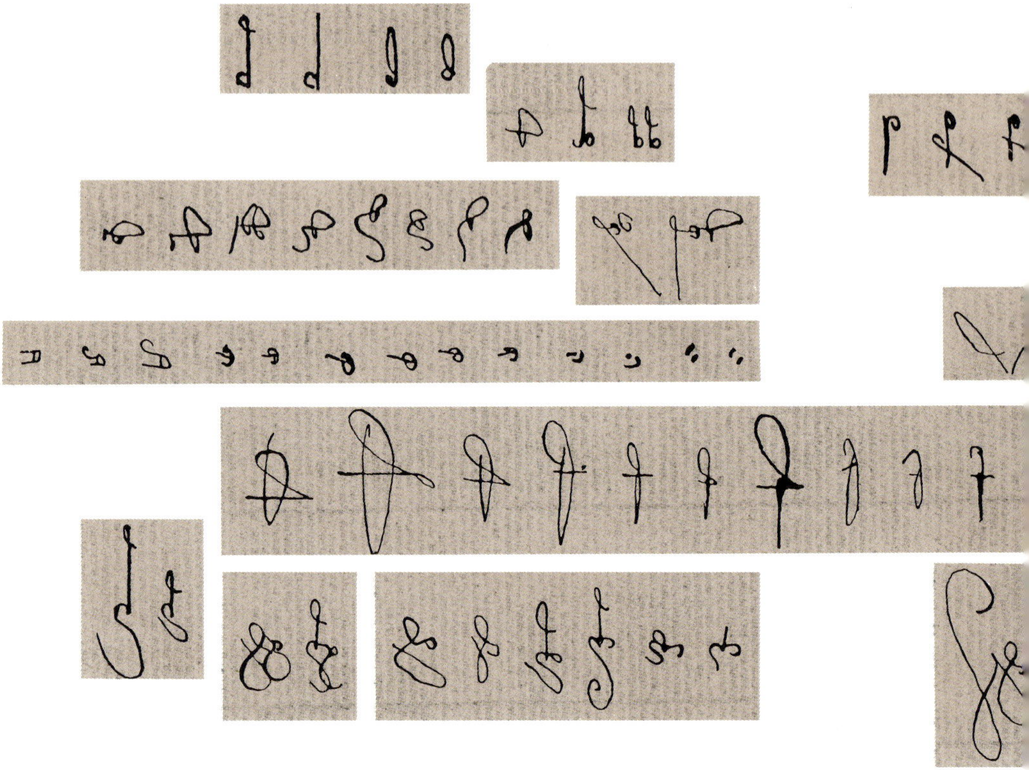

Im Fall der beiden Madrider Manuskripte bemerken wir, daß Leoni das Zeichen A 190 auf Folio 191 verso des Codex Madrid I gesetzt hat. Das Manuskript besteht aus zwei Bänden zu je 96 Blättern, die recto von Leonardos eigener Hand von 1 bis 95 numeriert sind, ausgenommen das erste Blatt, das zunächst weiß gelassen wurde als Deckblatt, als provisorischer Einband oder auch, um dann beim Binden auf die Innenseite des Deckels geklebt zu werden. Der Umstand, daß die beiden Zahlenreihen 1 bis 95 in entgegengesetzter Richtung vom Anfang und vom Ende her verlaufen und sich in der Mitte des Bandes treffen, läßt vermuten, daß Leonardo die beiden Bände schon unterschieden, sie jedoch als zwei Teile ein und desselben Werkes angesehen hat. Als sie in Leonis Besitz kamen, waren sie jedenfalls schon ein einziger Band, und Leoni selbst oder sein Beauftragter oder ein anderer vor ihm (Melzi?) führte dann die Numerierung von Folio 95 fortlaufend bis zum Ende weiter. Man kann auch annehmen, daß die jetzt fehlenden und früher von 37 bis 42 und von 55

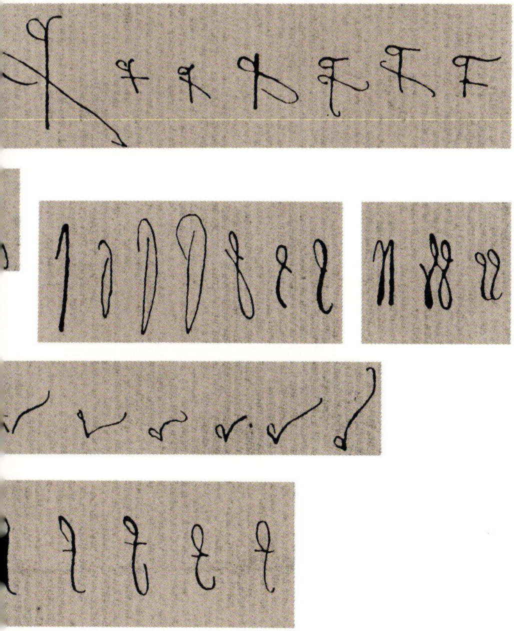

Diese Montage von Leonardos Handschrift zeigt verschiedenen Manuskripten entnommene Beispiele seiner kleinen Buchstaben. An den Gruppen einzelner Buchstaben kann man die Entwicklung seines Schriftstils ablesen. Die Unterschiede sind so deutlich, daß Gelehrte manchmal ein Manuskript aufgrund der Form der Buchstaben auf das Jahr genau datieren können. Als junger Mann, in seinem Schriftbild von der Welt der Kaufleute und Notare beeinflußt, schreibt er in ornamentalen, langsamen Schriftzügen. Zwischen seinem 38. und seinem 63. Lebensjahr wird seine Schrift zunehmend einfacher und eiliger. In den letzten Jahren ist sie schwer und mühsam.

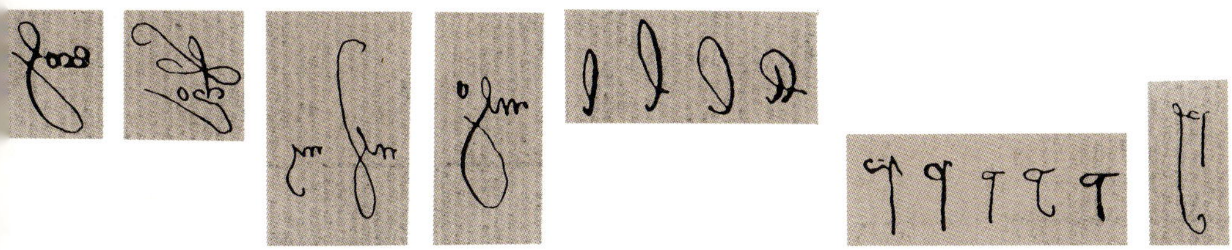

bis 56 numerierten Blätter erst nach der von Leoni vorgenommenen Arbeit verlorengegangen sind.[7]

Außer den von ihm numerierten und gekennzeichneten Manuskripten hat Leoni noch eine Menge verstreuter und verschieden großer Blätter mit Handschriften oder Zeichnungen Leonardos gesammelt. Leonardo benutzte – wohl aus Sparsamkeitsgründen – jedes Stück Papier, das ihm in die Hände geriet, Registerseiten, Briefe, Schriften anderer, wenn sie nur eine freie Seite hatten. Die Papierqualität war oft so schlecht, daß er nur auf der einen Seite schreiben konnte, weil die Tinte das Blatt ganz durchtränkte. Diese vereinzelten Blätter wurden zum großen Teil durch eine fortlaufende Numerierung, meistens in der Seitenmitte, ebenfalls klassifiziert. Da jedoch viele Zahlen mehrere Male auf verschiedenen Blättern erscheinen, ist anzunehmen, daß diese aus verschiedenen Sammlungen herrühren und später nicht systematisch zusammengefaßt wurden. Um einen Verlust dieser Blätter zu verhindern und ihnen wenigstens äußerlich

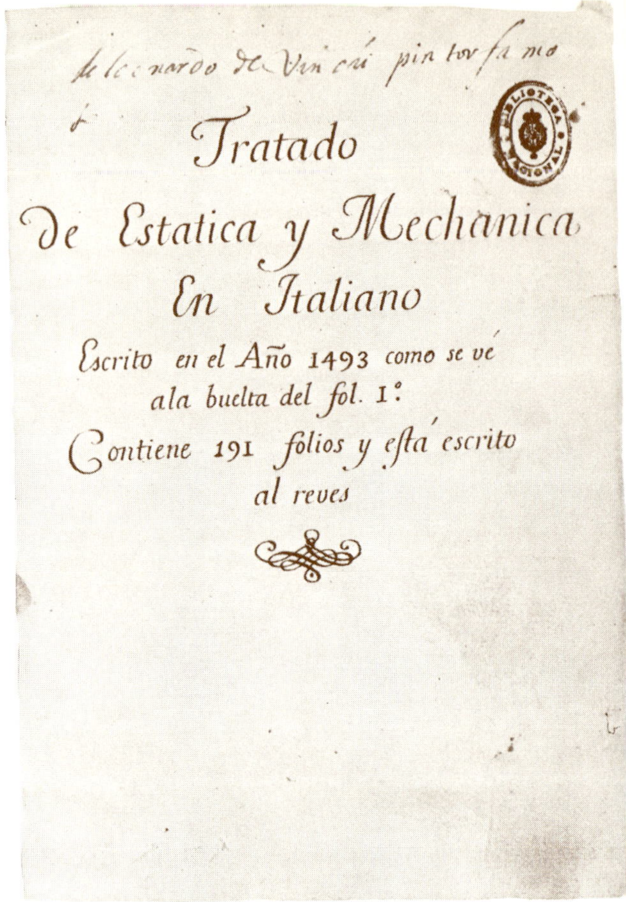
Tratado
De Estatica y Mechanica
En Italiano
Escrito en el Año 1493 como se vé
ala buelta del fol. 1°
Contiene 191 folios y está escrito
al reves

Die Titelseiten der 1965 in der Biblioteca Nacional in Madrid wiederentdeckten beiden Notizbücher Leonardos, der Codices Madrid I und II. Es gilt als beinahe sicher, daß die beiden Bände zur Bibliothek des spanischen Königs Philipp V. (1683–1746) gehörten. Nicht nur die Katalogzeichen auf den Vorsatzblättern, auch die roten Morrokkoleder-Einbände mit Goldprägung entsprechen denen anderer Manuskripte in der alten Palastbibliothek. Ob die Bände bei dieser Gelegenheit auch mit den vorliegenden Titelblättern versehen wurden, ist

eine Einheit zu geben, zog Leoni sie auf große Folien zweier dicker Alben auf: eines davon ist die Sammlung von Windsor mit dem Titel »Zeichnungen von Leonardo da Vinci, restauriert von Pompeo Leoni«, das andere der Codex Atlanticus mit dem Titel »Zeichnungen von Maschinen und geheimen Künsten und anderen Dingen von Leonardo da Vinci, gesammelt von Pompeo Leoni«. War das Papier beidseitig beschrieben, schnitt Leoni ein Fenster in das Albumblatt und klebte das Leonardo-Blatt so am Rande auf, daß es ganz zu sehen war.

Die sensationelle Entdeckung ist Gegenstand des Anhangs auf Seite 154.
Lange Zeit dachte man, Leoni habe für den Codex Atlanticus unseligerweise eine gewisse Zahl von Leonardo-Heften auseinandergenommen und verstümmelt, und erklärte sich solcherart das Verschwinden vieler Manuskripte; doch man tröstete sich damit, daß sie, obgleich verstümmelt

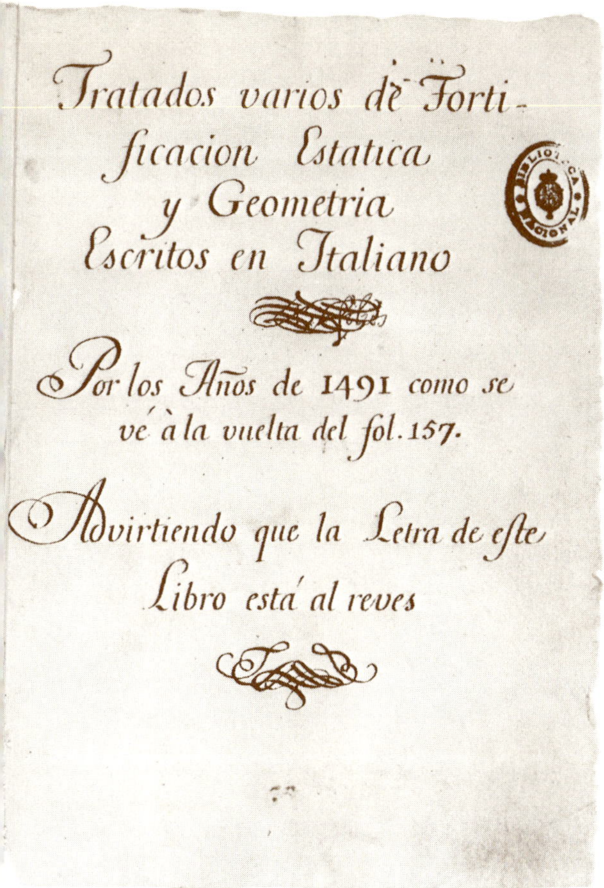
Tratados varios de Forti-
ficacion Estatica
y Geometria
Escritos en Italiano

Por los Años de 1491 como se
vé à la vuelta del fol. 157.

Advirtiendo que la Letra de este
Libro está al reves

fraglich, trägt doch die Titelseite des Codex I (ganz links) den ins 17. Jahrhundert datierten, möglicherweise von einem Schätzer stammenden Vermerk »de Leonardo da Vinci, pintor famoso« (von dem berühmten Maler Leonardo da Vinci). Das ließe darauf schließen, daß die Gestaltung des Titelblattes vor dem Neubinden erfolgte. Im Codex II findet sich keine solche Eintragung, allerdings wurde hier ein älterer Vermerk über den Umfang durch ein Schmuckelement nachträglich überdeckt (nach dem Haupttitel).

und durcheinandergebracht, immerhin im Codex Atlanticus und in der Sammlung Windsor noch vorhanden waren. Aber wir hatten uns geirrt oder hatten übertrieben. André Corbeau bemerkte zu Recht, daß viele Blätter des Atlanticus, hätte Leoni in der Tat echte Manuskripte auseinandergenommen, noch die Heftstiche und den Mittelfalz aufweisen müßten. Stiche sind jedenfalls nicht vorhanden, und ein Mittelfalz zeigt sich nicht gerade überaus häufig. Die kürzlich erfolgte Restaurierung des Codex Atlanticus, die nun eine genauere Prüfung erlaubt, weil die Blätter nicht mehr übereinandergelegt und gefaltet sind, wie dies Leoni aus Platzersparnis getan hatte, läßt neue Schlußfolgerungen zu. Gewiß hat sich Leoni viele Willkürlichkeiten erlaubt. So hat er, um Zeichnungen und Notizen zu zwei verschiedenen Themenkomplexen auf zwei Alben zu verteilen, aus mehreren Seiten des Codex Atlanticus Figuren heraus-

Pompeo Leoni, Hofbildhauer des Königs von Spanien, erwarb etwa fünfzig Notizbücher Leonardos und ordnete sie. Jedes wurde numeriert, mit einem Buchstaben versehen und die Blätterzahl vermerkt. Die letzte Seite des Codex Madrid I, Folio 19 verso (oben rechts), ist mit A 190 markiert. Die

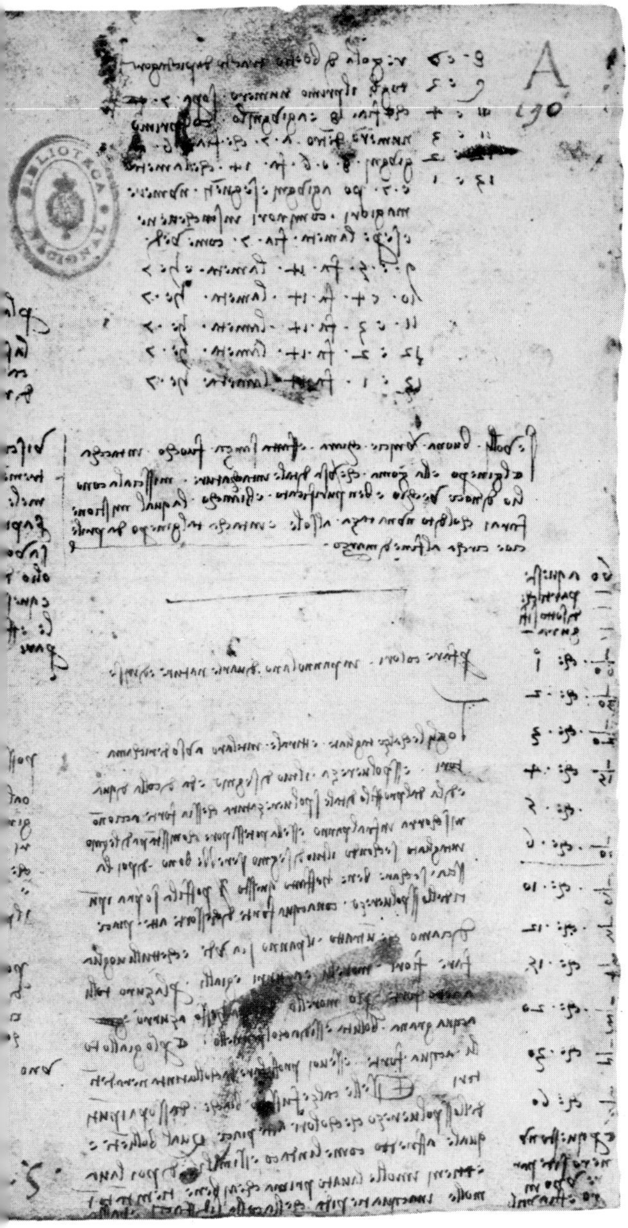

ursprünglich letzte Seite von Codex Madrid II, Folio 140 verso (oben links), ist mit C 140 bezeichnet (17 Blätter wurden später angefügt).

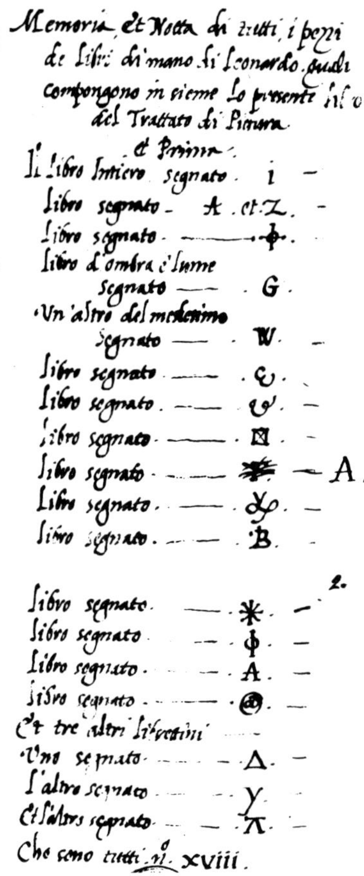

Memoria et Notta di tutti i pezzi de libri di mano di Leonardo quali compongono in sieme Lo presente libro del Trattato di Pittura.

Et Prima.

Il libro Intiero segnato . i –
libro segnato . A . et Z . –
libro segnato . [illegible] .
libro d'ombra e lume segnato . G .
Un'altro del medesimo segnato . W . –
libro segnato . [illegible] .
libro segnato . [illegible] . –
libro segnato . [illegible] . –
libro segnato . [illegible] — A .
libro segnato . [illegible] . –
libro segnato . B .

2.

libro segnato . * . –
libro segnato . Φ . –
libro segnato . A . –
libro segnato . [illegible] . –
Et tre altri libretini
Uno segnato . Δ . –
l'altro segnato . Y .
Et l'altro segnato . [illegible] . –
Che sono tutti n.° XVIII.

Leonardos Notizbücher gingen durch die Hände vieler mehr oder weniger rechtmäßiger Erben. Francesco Melzi stellte den Trattato della Pittura *durch sorgfältige Übertragung aller Passagen, die die Malerei betrafen, in den Codex Urbinas zusammen. Am Ende des Werkes führte er achtzehn Manuskripte Leonardos auf, die ihm als Quelle gedient hatten, und versah jedes mit einem Kennzeichen (oben). Heute sind nur noch sieben dieser Manuskripte erhalten.*

geschnitten, die er in der Sammlung Windsor unterbrachte, und dann die so entstandenen Löcher verklebt. Und wiederum aus Gründen der Sparsamkeit hat er Blätter auf verschiedene Seiten verteilt und auseinandergezogen, die wahrscheinlich, wenn auch noch lose, so doch in sich geschlossene kleine Faszikel gewesen waren. Aber man kann nicht behaupten, daß er richtige Leonardo-Bände auseinandergenommen hätte. Wir müssen ihm sogar dankbar dafür sein, daß er so viele lose Blätter vor dem wahrscheinlichen Verlust gerettet hat.
Nach Melzi hatte Leoni die meisten Leonardo-Manuskripte in seinem Besitz. Er behauptete, sie für den König von Spanien aufzukaufen, und brachte auch tatsächlich seinen zusammengetragenen Schatz nach Madrid. Einige spanische Beschriftungen und Titel wahren auf den Leonardo-Manuskripten das Andenken an diese Expatriierung, doch ist es nicht erwiesen, daß Leoni die Manuskripte dem Madrider Hof angeboten oder versprochen hätte. Ein Teil wurde sogar nach Mailand zurückgebracht, ein anderer Teil, wie die beiden Bände der Nationalbibliothek, blieb in Spanien, einige Manuskripte gerieten von dort nach England. Leoni starb 1608 in Madrid. Kurz darauf haben wir einen weiteren leidenschaftlichen Sammler von Leonardo-Manuskripten, Graf Galeazzo Arconati, Vater jenes Luigi Arconati, der, gewiß unter Nutzung der väterlichen Bibliothek, aus den Manuskripten eine Kollektion zusammenstellt und ihr den Titel »Traktat über Bewegung und Maß des Wassers« (1634) gibt. Im Jahre 1637 schenkt Galeazzo Arconati der Biblioteca Ambrosiana elf Leonardo-Manuskripte, die im Schenkungsakt hinreichend beschrieben werden, so daß wir in ihnen den Codex Atlanticus, den Codex Trivulzianus, den kleinen Codex über den Vogelflug sowie die jetzigen Manuskripte A, B, E, F, G, H, I, L und M erkennen können. Von jedem Manuskript ist die Zahl der Blätter verzeichnet, wodurch wir zum Beispiel erfahren, daß der Codex Trivulzianus, der ursprünglich aus 92 Blättern bestand, zur Zeit von Pompeo Leoni noch 55 hatte und zur Zeit von Arconati noch 54, während er heute nur noch aus 51 Blättern besteht. Arconati übergab jedoch die Manuskripte nicht gleich der Ambrosiana, denn er hatte sich ausbedungen, sie zu seinen Lebzeiten noch bei sich zu behalten. Und als sie dann tatsächlich an die Bibliothek übergingen, hatte das Manuskript D die Stelle des Codex Trivulzianus eingenommen, der 1770 von Gaetano Caccia dem Fürsten Trivulzio verkauft worden war. Das Manuskript C wurde von Kardinal Federigo Borromeo [S. 73] 1609 und Manuskript K von Graf Orazio Archinti 1674 der Biblioteca Ambrosiana geschenkt.

Nicht so klar ist, wie es sich zugetragen hat, daß die wertvolle Sammlung der Blätter von Windsor nach England kam. Und undurchsichtig ist die Geschichte der Codices Forster, die sich in Wien befanden, als Lord Lytton sie kaufte, um sie dann John Forster zu geben [S. 110], der sie seinerseits 1876 dem Victoria and Albert Museum schenkte. Wir wissen, daß Lord Arundel [S. 111] lange auf die Leonardo-Blätter Jagd gemacht hat; diejenigen, die sich im Britischen Museum befinden, sind recht unordentlich zusammengefaßt zu dem Codex, der seinen Namen trägt. Und schließlich wissen wir, daß der Codex, der Lord Leicesters Namen trägt [S. 110], im 18. Jahrhundert in Rom gekauft worden ist.

Eine nochmalige Verlagerung kam durch die napoleonischen Kriege zustande. Der großangelegten Beitreibung von Kunstwerken und wertvollen Büchern durch den französischen Kaiser fielen auch alle Leonardo-Manuskripte der Ambrosiana zum Opfer. Nach Napoleons Sturz kam nur der Codex Atlanticus nach Mailand zurück, die andern blieben in Paris. Dem ist noch hinzuzufügen, daß im 19. Jahrhundert Graf Libri die letzten Faszikel der Codices A und B herausgerissen und gestohlen und dann in England verkauft hat, wo sie zu zwei selbständigen kleinen Codices wurden mit dem Namen ihres Besitzers Lord Ashburnham [S. 111], der sie allerdings, als er ihre illegale Herkunft erfahren hatte, an Paris zurückgab.

Die früheren Sammler von Leonardo-Manuskripten, wie Melzi, Leoni, Arconati, verzeichneten und sortierten die Manuskripte nach Format, vom größten bis zum kleinsten. Mehr wissenschaftlichen Charakter hätte eine chronologische Klassifikation, deren Schwierigkeiten jedoch auf der Hand liegen, wenn man bedenkt, wie unsicher viele Daten sind und daß Leonardo in ein und dasselbe Manuskript und sogar auf dieselbe Seite zu verschiedenen Zeiten geschrieben hat.[8]

Eine weitere Unterscheidungsmethode bestünde darin, Leonardos Schriften in zwei Gruppen aufzuteilen. Der ersten Gruppe könnten wir die Hefte zuordnen, die gut geschrieben und gut gezeichnet sind, eine einheitliche Thematik besitzen und sich wahrscheinlich an Leser wenden oder zumindest fast bis zur Endfassung ausgearbeitet sind.[9] Leonardos ursprüngliche Absicht scheint offenbar eine geschlossene Abhandlung gewesen zu sein; aber dann kommt es oft so, daß er andere Bemerkungen hinzufügt, ein Datum, eine Zeichnung, die mit dem ursprünglichen Thema des Bandes

Auf den nächsten Seiten: Zwei Blätter aus Leonardos Notizbüchern. Auf Seite 84 eine Studie mit Rosettenmustern aus dem Codex Atlanticus, Folio 168 recto-a. Folio 5 recto des Codex Madrid I enthält Text und Zeichnungen von Zahnrädern.

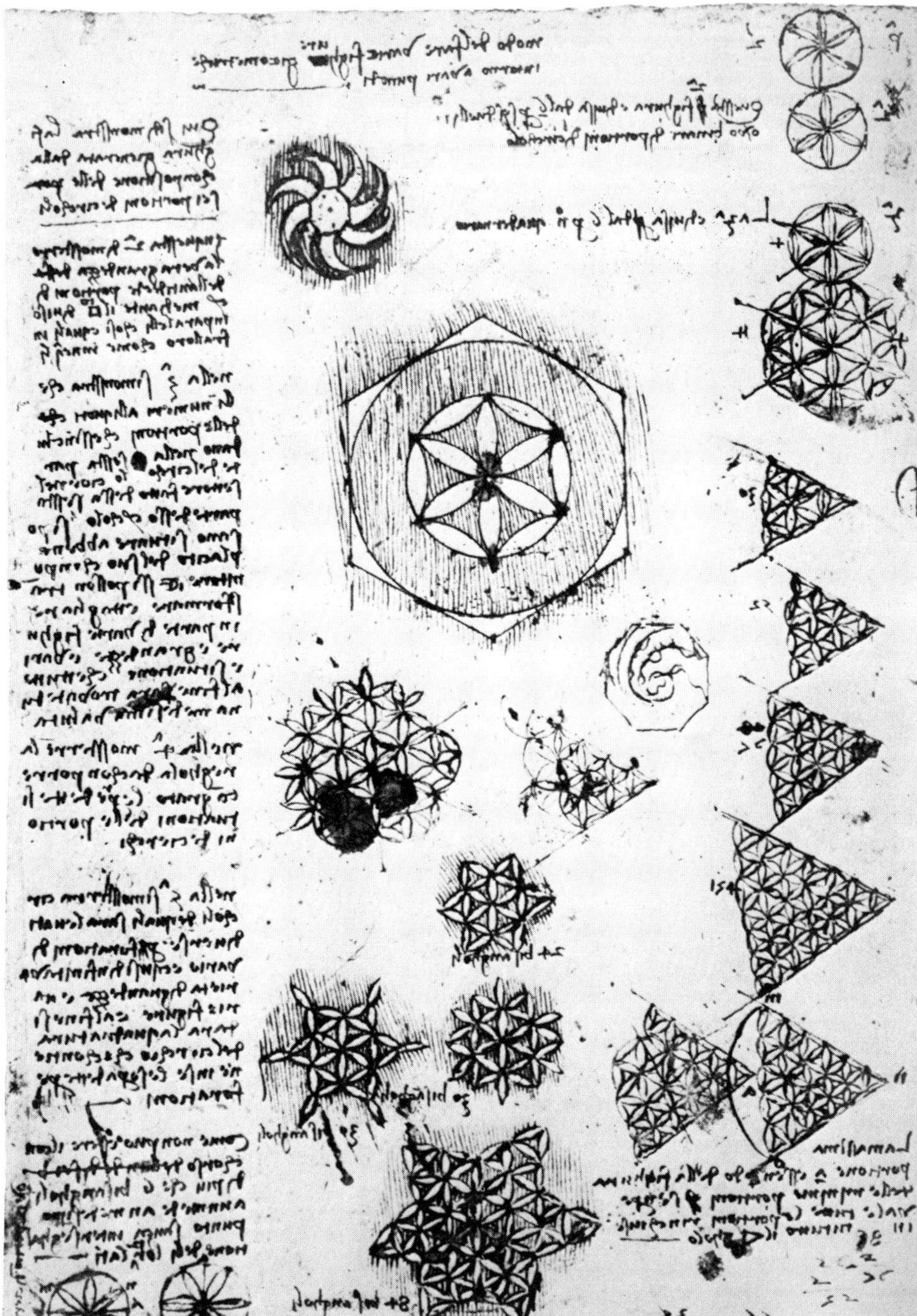

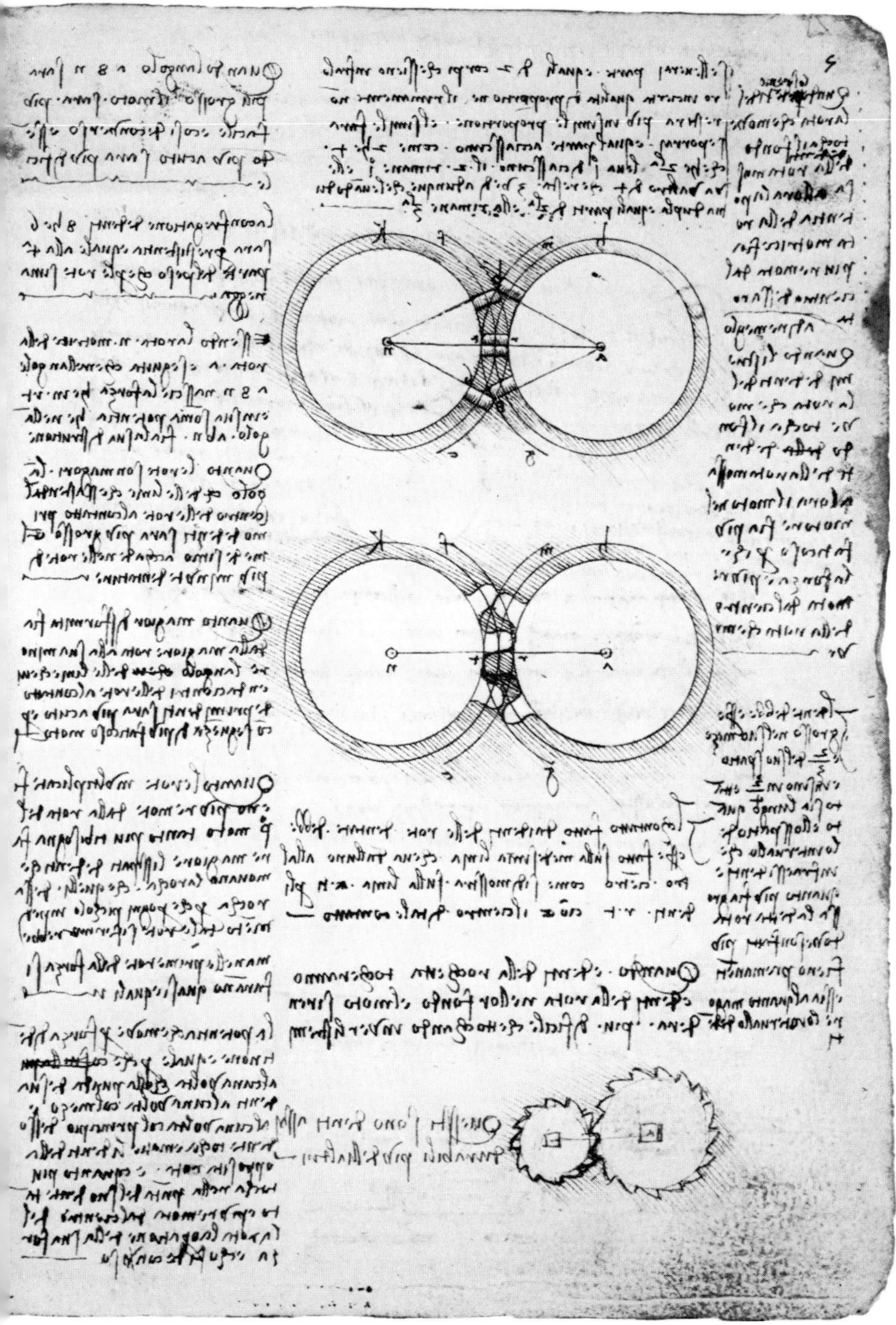

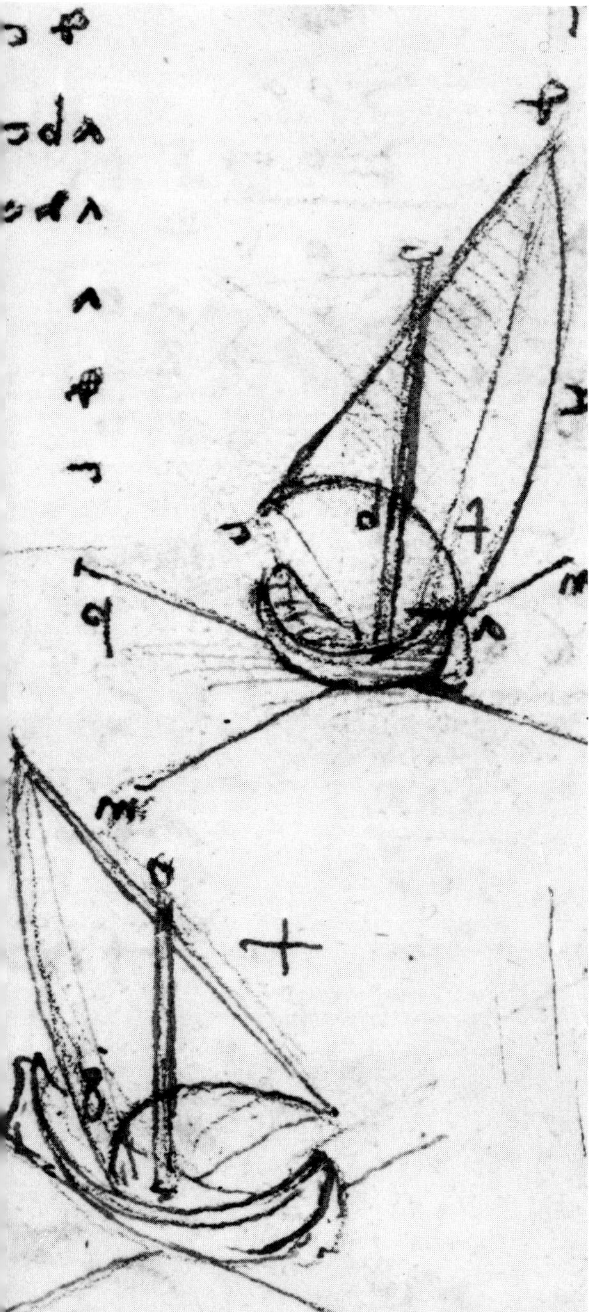

Nichts in der Natur faszinierte Leonardo so sehr wie Wasser und die unendliche Vielfalt und Schönheit seiner Formen. In seinen Notizbüchern finden sich an vielen Stellen Skizzen von Wellen, die sich aufbäumen, ausrollen oder sich in wilden Strudeln überschlagen. Er skizzierte die wellenähnliche Struktur von menschlichem Haar und manchen Pflanzen und stellte analog zu den Wasserwellen eine Theorie der Licht- und Schallwellen auf. In den späteren Jahren beschrieb und zeichnete er eine apokalyptische Vision des Weltuntergangs durch eine Sintflut. Selten hatte Leonardo Gelegenheit, das Meer unmittelbar zu beobachten. Im Jahre 1504 hielt er sich in Piombino an der Westküste der Apenninhalbinsel auf, um Pläne für militärische Befestigungen zu entwerfen. Im Codex Madrid II machte er Notizen über Segelboote – auf Folio 35 recto (links) – und über die Strudelbildung des Wassers beim Auftreffen auf den Strand (Folio 24 recto – rechts).

Zahllose Darstellungen des Fliegens sind in den Notizbüchern verstreut, von den in Käfigen gefangenen Vögeln, die Leonardo kaufte, um sie freizulassen, und die er in allen Einzelheiten zeichnete, bis zu seinem Traum vom fliegenden Menschen.

gar nichts mehr zu tun haben. Von den sechsunddreißig Seiten des Codex über den Vogelflug beschäftigen sich nur achtundzwanzig im eigentlichen Sinn mit dem Thema.
In die zweite Gruppe könnten wir das »Vermischte« einordnen, die Büchlein mit flüchtigen Anmerkungen, deren Seiten zu verschiedenen Zeiten mit den verschiedensten Notizen versehen werden, sei es mit Feder, sei es mit Bleistift, wo auch immer noch Platz zwischen den vorausgegangenen Notizen ist. Zu dieser Art von Manuskripten, die wir ebenso gut »Kladden« oder »Schmierhefte« nennen können, kommen auch die

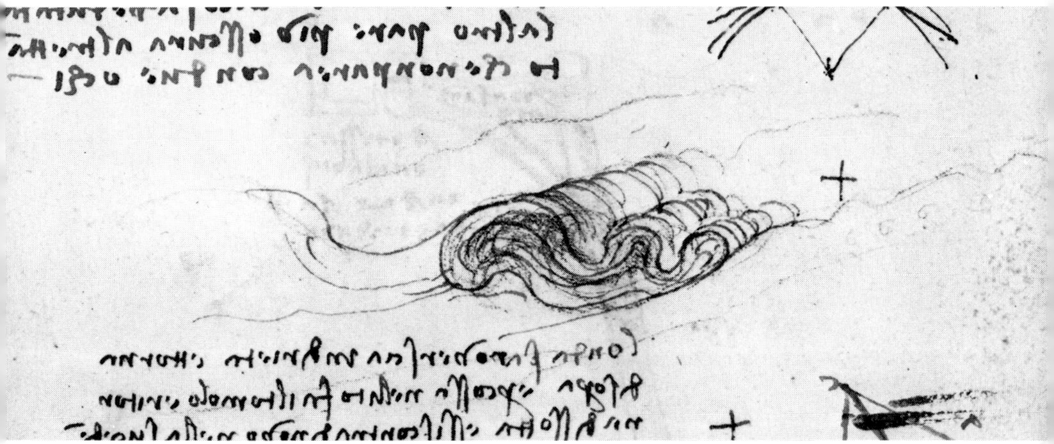

Seiten, die Leonardo wortwörtlich oder in Zusammenfassung aus Büchern anderer abgeschrieben hat, um zu lernen und sich weiterzubilden. Auch auf den losen Blättern, die Pompeo Leoni zum Codex Atlanticus zusammengefügt hat, begegnen wir dieser Unterschiedlichkeit der Schreibweise: einmal geordnet, einheitlich, elegant, dann wieder hastig hingekritzelt. Für diese beiden Kompositionsarten geben uns die Madrider Codices ein deutliches Beispiel. Codex Madrid I mit seiner überaus eleganten Schrift, den großartigen Zeichnungen, der harmonischen Seitengestaltung, der komplexen thematischen Einheit gehört zur ersten Kategorie. Codex Madrid II (Folios 1–140) hingegen ist eine typische »Kladde«, die eine zumindest summarische Untersuchung verdient, um die komplizierte Verquickung von Interessen und Problemen nachvollziehen zu können, mit denen sich Leonardo beschäftigt hat.[10] Jedenfalls wurden diese Notizen und Zeichnungen nicht ordentlich nacheinander und Seite um

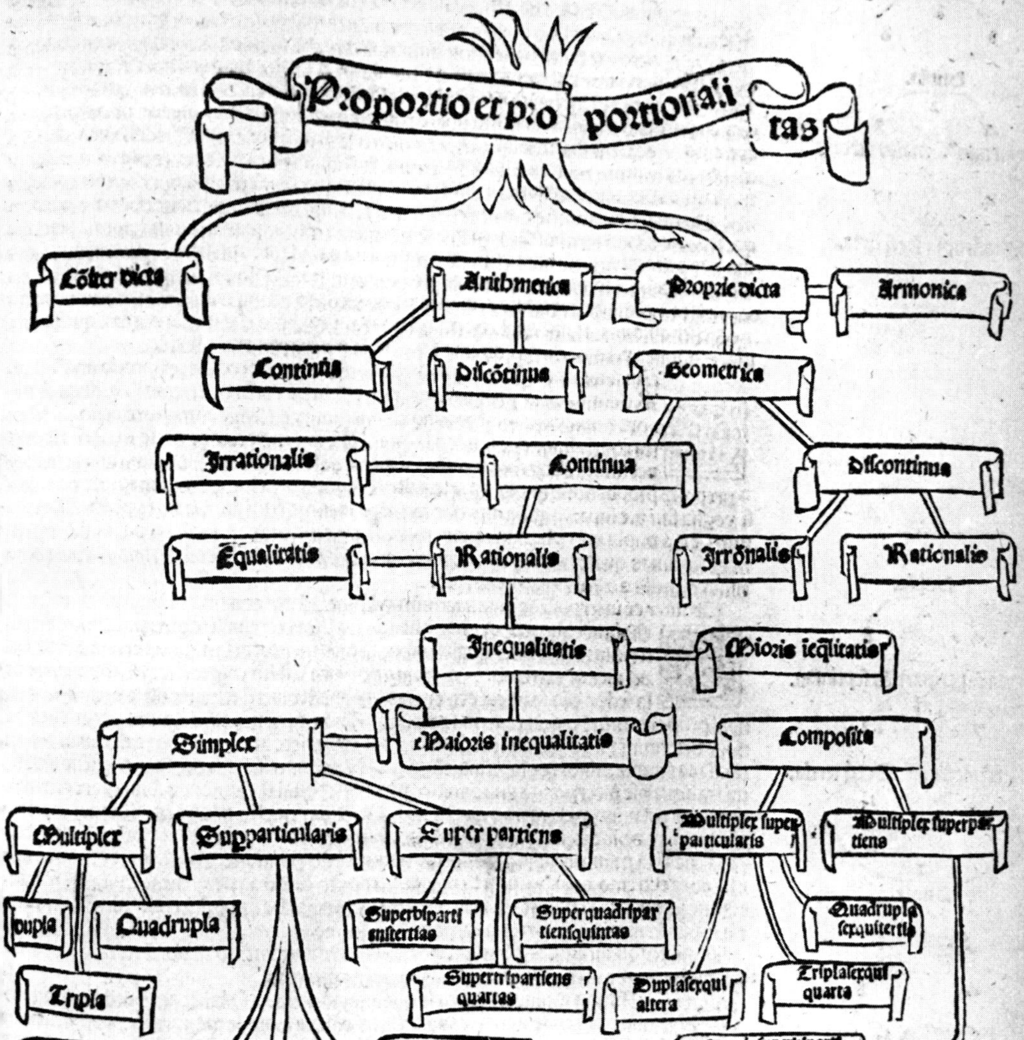

Et sic in īfinitum in vltimis speciebus. Que oīa ⁊ singula supra Theorice ⁊ Pratice sigillatim exemplariter declarata sunt. Quarū vires ex sequentibus cōclusionibus ⁊ casibus manifeste litteratis ⁊ vulgaribus apparent. Ut ibi. Ideo ⁊c.

Seite zu Papier gebracht. Leonardo hat, je nach Thema und Anlaß, an verschiedenen Stellen des Manuskripts zu notieren oder zu zeichnen begonnen; dazwischen blieben oft weiße Seiten, die später dann immer weniger wurden.[11]

Am 22. Juli 1504, dem »Magdalenentag«, zeichnete er einige kartographische Übersichten des Arno-Tals von Florenz bis zum Meer. Auf den ersten drei Seiten des Codex Madrid II[12] vermerkt er in topographischen

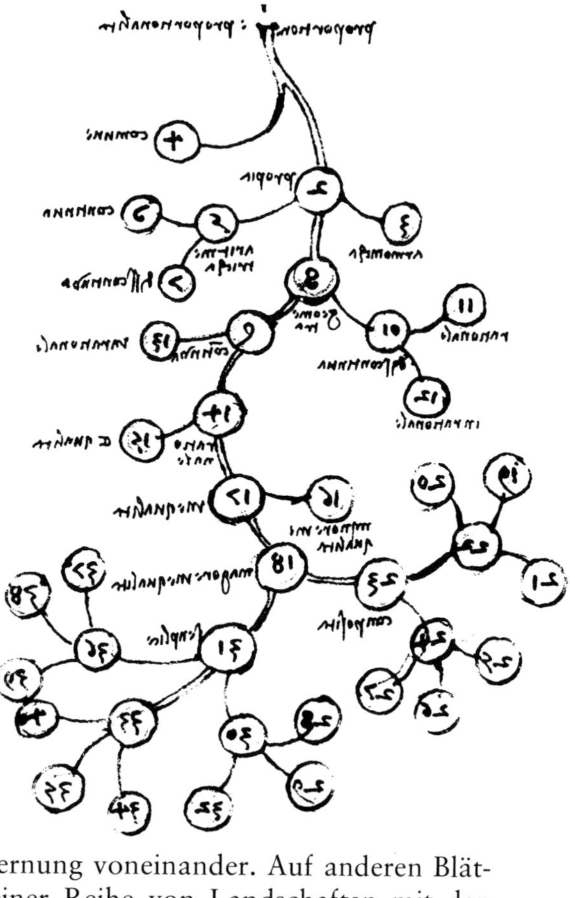

Um sein vierzigstes Lebensjahr wird Leonardo von einer neuen Leidenschaft gepackt: der Mathematik. Seine Notizbücher beginnen sich mit geometrischen Zeichnungen und Berechnungen zu füllen. Als Maler hatte er sich schon seit langem mit dem Studium der Proportionen befaßt, aber sein Zusammentreffen mit Luca Pacioli um 1496 in Mailand hat seine Entwicklung wohl entscheidend beeinflußt. Pacioli, einer der führenden Mathematiker seiner Zeit, bat Leonardo, die Illustrationen zu seinem Buch De divina proportione *zu zeichnen. Leonardo studierte Paciolis* Summa de arithmetica *und zeichnete daraus den Stammbaum der Proportionen (links) ab. Die weit verzweigte Darstellung enthält 40 Bezeichnungen verschiedener Arten und Untergruppen. Folio 78 recto des Codex Madrid II (rechts) zeigt, daß Leonardo von seiner Arbeit abgelenkt oder ihrer müde wurde, denn er schrieb nur 20 von den 40 Namen ab.*

Skizzen einige Orte und ihre Entfernung voneinander. Auf anderen Blättern[13] sind Bleistiftzeichnungen einer Reihe von Landschaften mit den Profilen der den Monte Pisano umgebenden Hügel. Zwei herrliche geographische Karten[14] sind eines der schönsten Ergebnisse dieser Arbeit. Auf diesen Seiten finden sich noch andere Anmerkungen, Zeichnungen und arithmetische Berechnungen, die in den letzten Monaten des Jahres 1504 in Piombino entstanden.

Den einigen Dutzend Seiten über die Befestigungsanlagen von Piombino muß man noch diejenigen hinzufügen, die seiner Beobachtung des Meeres zu verdanken sind, das bei seinem Aufenthalt dort seine Neugier wecken mußte. Sie enthalten Beobachtungen über den Wellengang[15] [S. 87], und auf etlichen Blättern finden sich Zeichnungen und Notizen über Windrichtung und Segelschiffahrt [S. 86].

Obwohl die verschiedenen Eintragungen den Anschein erwecken, sie seien hier und dort wie bei einem willkürlichen Aufschlagen des Buches ohne jede rationale Ordnung hingeworfen worden, hat man doch den Eindruck, daß Leonardo im ersten Teil des Manuskripts grundsätzlich im Sinn der jetzigen Numerierung vorgeht. Dieser Eindruck wird bekräftigt durch Aufzeichnungen, die Leonardo der *Summa de arithmetica* von Pacioli oder genauer dem Traktat über die Proportionen [S. 88/89] entnimmt. Am Ende des Manuskripts[16] sehen wir jedoch, daß er dort beginnt, die Übersetzung von Euklids *Elementen* in gepflegter Reinschrift zu kopieren.[17] Dann hört die Abschrift des Euklid-Textes auf, aber die Seiten über die Geometrie setzen sich fast durch das ganze neunte Faszikel fort; und dies mit einem enormen qualitativen Sprung, denn nach dem einfachen, geordneten Abschreiben eines berühmten Textes folgt ein Wechsel zur ungeordneten eigenen Forschung über Einzelprobleme, jedoch mit einem klar erkennbaren Zentrum unter der Überschrift *Scientia de equiparantia*[18]. Leonardo hat auf dem Gebiet der geometrischen Studien Eigenes zu sagen. Im folgenden Jahr 1505 schreibt er den heutigen Codex Forster I, das heißt ein kleines Traktat über die Umwandlung geometrischer ebener Figuren und Körper in ihre Äquivalente. Offenbar bereitet er nun das Material für jenes Traktat vor, und aus diesem Grund dominiert die Geometrie im Codex Madrid II.[19] Diese *Scientia de equiparantia* oder »Wissenschaft vom Vergleichen« wird beherrscht vom Problem der Äquivalenz kurvenliniger und geradliniger Figuren, darunter die Quadratur des Kreises. Und Madrid II offenbart uns einen erregenden Augenblick in Leonardos Leben: als er glaubte, die Lösung des berühmten Problems gefunden zu haben.

Dieses Manuskript enthält also die verschiedensten Eintragungen (einschließlich mehrerer »Scherze«) im Wechsel mit Seiten, die aus Büchern anderer abgeschrieben wurden: Pacioli, Euklid sowie Auszüge aus Francesco di Giorgio Martini über den Festungsbau, die sicher mit den Projekten für Piombino im Zusammenhang stehen. Vielleicht hat Leonardo vor seiner Abreise nach Piombino die Liste der Bücher und Kleidungsstücke angefertigt, die er in Florenz zurückließ.[20] Die letzte Notiz ist vielleicht diejenige, die an das schreckliche Unwetter vom 6. Juni 1505 während der Arbeiten zum großen Gemälde der *Schlacht bei Anghiari* erinnert.

Wir haben einen Überblick über Leonardos literarische Hinterlassenschaft gegeben. Dem muß hinzugefügt werden, daß die Lektüre seiner Schriften große Schwierigkeiten bereitet und enttäuschend sein kann. Obwohl Leonardo so viele Traktate geplant hat, schrieb er fast immer nur flüchtige Notizen nieder, die oft nur wenige Zeilen und so gut wie nie mehr als eine Seite ausmachten. Und die gleiche Bemerkung wird Dutzende von Malen in verschiedenen Manuskripten mit geringfügigen Abweichungen wiederholt. Die meisten Notizen sind auch nicht für einen Leser bestimmt,

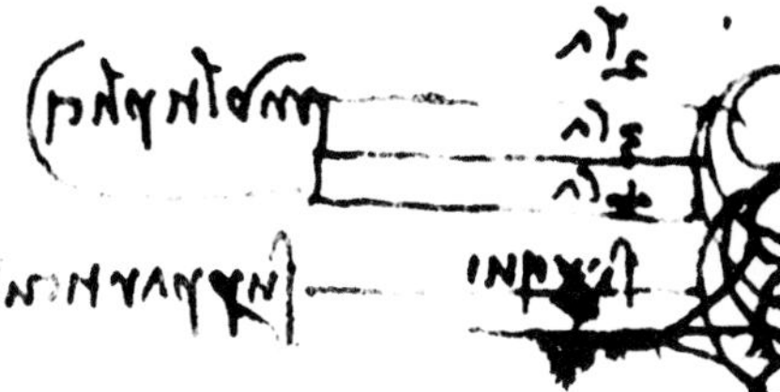

Viele Eintragungen dienten als Quellenmaterial bei seinen dauernden Bemühungen, sich weiterzubilden, besonders in Sprachen und Mathematik. Auf Folio 48 verso des Codex Madrid II (rechts) schreibt er die Multiplikationstabelle aus Paciolis Summa de arithmetica *ab. Neben der Tabelle faßt er einen Teil der schriftlichen Erläuterungen seines Mentors zusammen.*

sondern dienen lediglich als Gedächtnisstütze, die Leonardo für sich selbst niederschrieb. Zudem handelt es sich abwechselnd um Notierungen eigener Gedanken und Abschriften aus Seiten verschiedener Bücher. Für einen nichtspezialisierten Leser macht dies die Lektüre des Textes, dessen Verständnis und das Erkennen seines Zusammenhanges mit anderen, über verschiedene Manuskripte verstreuten Textstellen sehr schwer. Es kommt hinzu, daß die heute verfügbaren Transkriptionen eine gewisse Zahl von Fehlern enthalten, die sich verständlicherweise in den Übersetzungen widerspiegeln.[21]

Unter diesen Umständen ist es natürlich, daß nur wenige die Schriften Leonardos vollständig gelesen haben.[22] Und es ist ebenso natürlich, daß auf der Grundlage einer fragmentarischen Lektüre jene große Legende hat überleben und sich ausbreiten können, die aus Leonardo ein übermenschliches Wesen, ein alles Wissen der Zeit umfassendes und das Wissen der Zukunft vorwegnehmendes Genie gemacht hat. Die Legende enthält viel Wahres, aber einige falsche Vorstellungen müssen ausgeräumt werden. Die Tatsache, daß die ältesten Manuskripte Leonardos aus den letzten Jahren der vorletzten Dekade des 15. Jahrhunderts stammen[23], bedeutet: Er hatte vor seinem sechsunddreißigsten Lebensjahr noch nicht die Absicht gehabt, Bücher zu schreiben beziehungsweise seine Gedanken zu notieren. Das Manuskript B will auch kein Traktat sein, sondern ist nur

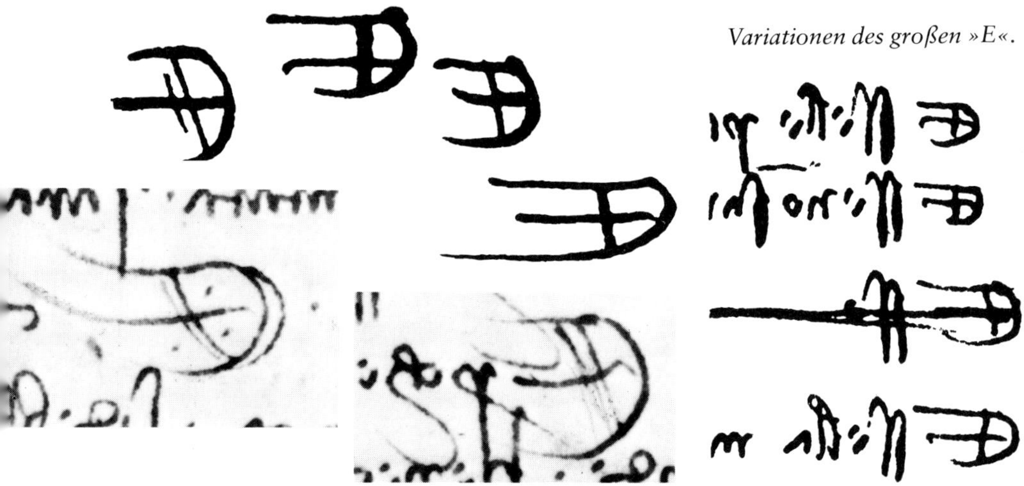

Variationen des großen »E«.

ein Notizheft ohne stilistisch-literarische Ansprüche und enthält Bemerkungen zu gelesenen Büchern[24], viele Lehrsätze, Aufzeichnungen und in großer Unordnung hier und dort verstreute Beobachtungen. Der Codex Trivulzianus hingegen dokumentiert eines der ersten und größten Probleme Leonardos, als er sich entschloß, Schriftsteller zu werden. Es wurde ihm nämlich klar, daß seine Heimatsprache, der florentinische Dialekt, und die Handwerkersprache der Kunstwerkstätten ihm eine Terminologie boten, die wohl die Objekte der sichtbaren und greifbaren Welt bezeichnen konnte, doch mangelte es ihr an abstrakten Hauptwörtern, Adjektiven, Adverbien und Verben, die nur die Literaten beherrschten oder durch Ableitung von entsprechenden lateinischen Wörtern neu formten. Deshalb nahm er sich vor, solche Vokabeln aus Grammatiken und Wörterbüchern zusammenzustellen[25] oder auch den Büchern zu entnehmen, die er gerade las. Später entschloß er sich zum direkten Studium des Lateinischen.[26]

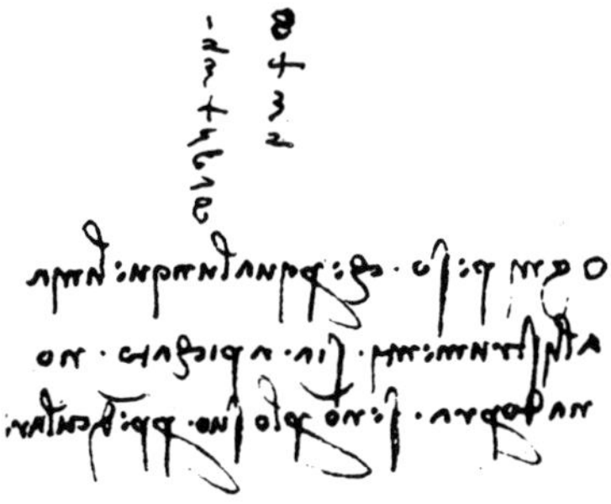

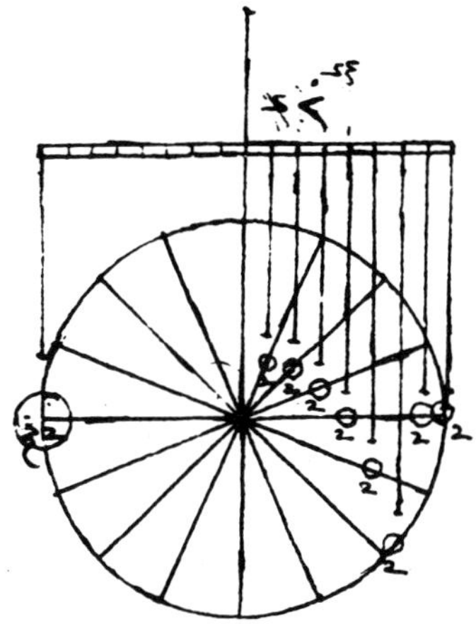

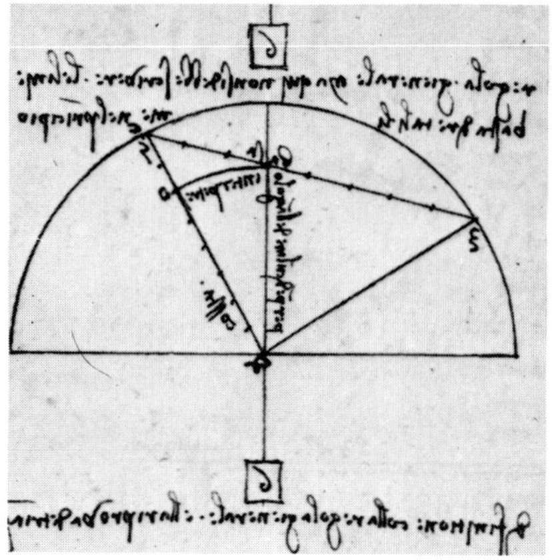

Eine geometrische Zeichnung.

Drei Varianten des Kürzels für die Silbe »di«.

Ein »Q« mit weit geschwungenem Querstrich.

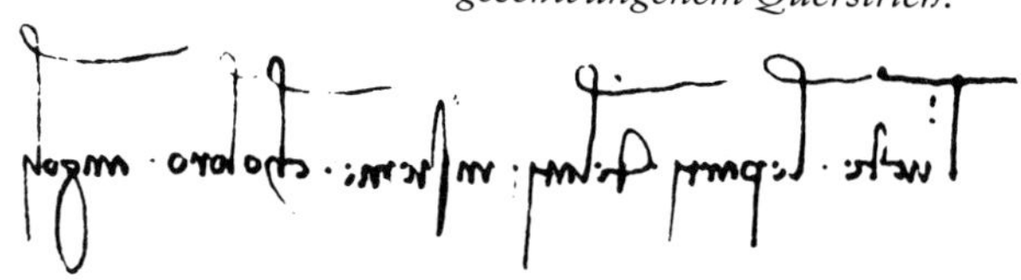

Die Oberlängen des »l« schweben wie flatternde Fahnen über dem Satz.

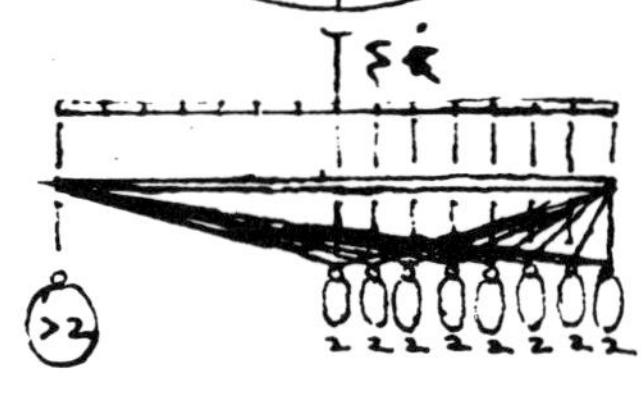

Eine Studie über das Gleichgewicht der Arme einer Waage.

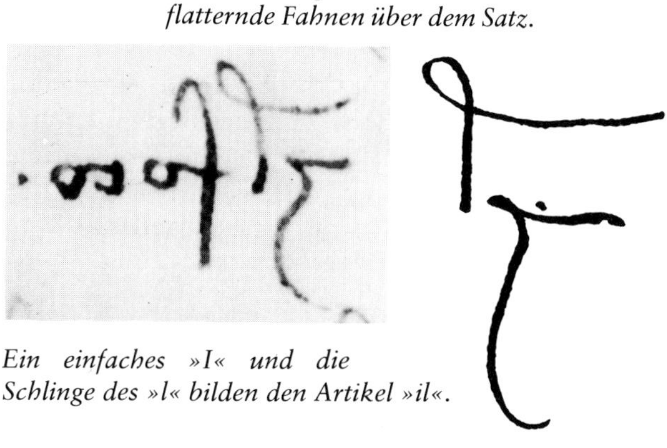

Ein einfaches »I« und die Schlinge des »l« bilden den Artikel »il«.

Auch auf dem Gebiet der mathematischen Wissenschaften war seine Jugendausbildung recht dürftig. Er ist nie sehr geschickt im Rechnen gewesen, und auch was die Grundbegriffe betraf, hatte er beachtliche Lücken. Eine gewisse Zeit lang bezweifelte er wie viele Laien die Richtigkeit einiger Hauptregeln.[27]
Pacioli [S. 95] sagt, daß er im Dienste des Lodovico il Moro von 1496 bis 1499 Leonardos Kollege und auch in den folgenden Jahren mit ihm zusammengewesen sei. Er berichtet des weiteren, Leonardo habe 1498 einige Bücher bereits geschrieben oder sei mit ihrer Niederschrift beschäftigt gewesen, und er habe die »wunderbaren Zeichnungen zu den fünf regelmäßigen Körpern« entworfen. Um eine derartige Arbeit durchzuführen, muß Leonardo die mit der Konstruktion regelmäßiger Polygone und im allgemeinen mit der Theorie der Proportionen zusammenhängenden Probleme gekannt haben. Es ist bezeichnend, daß von 1496 an Leonardos Manuskripte der Geometrie mehr Raum geben. Die zwischen 1496 und 1499 einzuordnenden Manuskripte M und I widmen rund hundert Seiten dem Studium der allerersten Bücher der *Elemente* von Euklid mit einigen Abstechern in das Buch X, was nicht anders als durch Paciolis Gegenwart und Leonardos Verpflichtung bedingt sein kann, *De divina proportione* zu illustrieren [S. 98–99]. Die Eintragungen in diesen beiden Manuskripten sehen eigenartig aus, denn Leonardo kopiert in keinem Fall irgendeine lateinische Textstelle, die er ja vor Augen hat, sondern skizziert nur ein paar geometrische Figuren, schreibt häufig an den oberen Rand oder neben die Zeichnung die Zahl der entsprechenden euklidischen Proposition oder nur ein Wort, das einen winzigen Bruchteil seines eigenen Gedankenganges darstellt, und gibt uns somit die Gewißheit, daß er wirklich nur für sich selbst schreibt. Aber da sich in demselben Manuskript I auch Leonardos Notizen für ein Anfangsstudium des Lateinischen befinden, fragt man sich, wie er den schwierigen lateinischen Text von Campano, Euklids Übersetzer und Kommentator, hat lesen und verstehen können. Daß Leonardo die lateinische Ausgabe benutzt hat, ergibt sich aus der exakten Entsprechung der Zeichnungen und aus einigen seltenen lateinischen Wörtern wie *conclusio* und *propositum*[28], die uns Beleg dafür sind. Die sprachliche Barriere kann nur mit Hilfe eines Experten überwunden werden, und wir glauben, ihn in dem Freund, Inspirator und Lehrer Luca Pacioli vermuten zu können. Pacioli hat ihm gewiß das jeweils Wesentliche einer euklidischen Seite gesagt, und Leonardo hat es in wenigen Zeilen verdichtet. Auch die beiden ersten Teile von Manuskript K aus dem Jahre 1504 widmen dem Studium weiterer

Bücher der *Elemente* viele Seiten, und es scheint so, als ob eine Gruppe von Blättern des Atlanticus [S. 96] diese in organischerer und vollständigerer Form resümieren möchte.[29]

Daraus ist der sehr wichtige Schluß zu ziehen, daß Leonardo erst zwischen 1496 und 1504 Euklids Buch kennenlernte und studierte, das heißt, daß er als etwa Fünfzigjähriger noch ein Schüler war – sowohl hinsichtlich des Lateins als auch der Mathematik.

Während man keine Beweise für eine Fortsetzung seiner Lateinstudien hat, wurde ihm die Geometrie zu einer wahren Leidenschaft bis an sein Lebensende. Er beschäftigte sich eingehend mit dem Problem der Verdoppelung des Kubus und versuchte sich in einigen ganz augenscheinlich absurden Lösungen. Doch in Codex Madrid II[30] erscheint, wenn auch nur

Der Franziskanerpater und Mathematiker Luca Pacioli (links) hatte nicht nur Leonardos Interesse für Geometrie und mathematische Proportionen geweckt, sondern war auch der erste Gelehrte, der ihn öffentlich als Schriftsteller bezeichnete. In der Einleitung zu seinem Buch De divina proportione, *zu dem Leonardo die Illustrationen zeichnete, rühmt Pacioli sowohl diese Zeichnungen als auch ein bemerkenswertes* libro de pictura e movimenti umani – *ein nicht mehr erhaltenes Werk Leonardos.*

gezeichnet, die von den Alten gegebene und von G. Valla referierte Lösung.[31] Leonardo kritisierte mehrere Male und sehr heftig diese alte Lösung, bis es ihm gelang, sie mit einer eigenen kleinen, aber echten Entdeckung[32] zu verbessern, auf die er sehr stolz war und die bis heute unbeachtet geblieben ist.

Nicht so berechtigt ist sein Stolz, Archimedes übertroffen zu haben, was das Problem der Quadratur des Kreises betrifft. Die Lösung, die ihm 1504 in der Sankt-Andreas-Nacht plötzlich einfiel, besteht in der Gegenüberstellung zweier Kreise, deren Oberflächen sich zueinander wie 1:1 000 000 verhalten. Der kleinere Kreis entspricht daher einem Sektor des großen Kreises und ist der millionste Teil desselben. Dieser Sektor sei praktisch einem Dreieck gleich, weil der ihn abschließende äußerst kurze Bogen – wie Leonardo sagt – »fast gerade« sei. Anders ausgedrückt: Während Archimedes den Kreisumfang in 96 Teile teilte, teilt Leonardo ihn in eine Million Teile, als ob er ein Polygon mit einer Million Seiten konstruierte. Doch während Archimedes aus seiner Darlegung das Verhältnis von 22:7

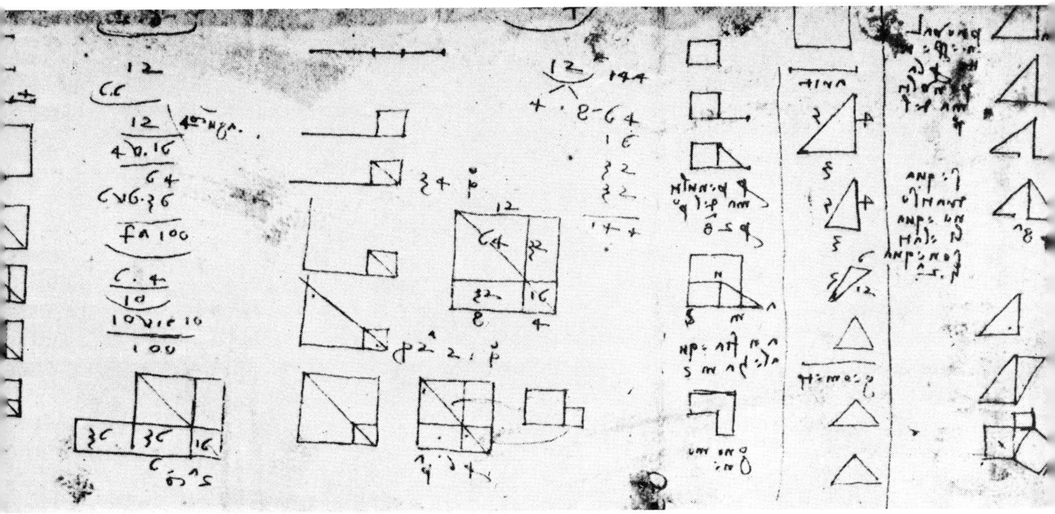

ableitet, ein Verhältnis, das für die tatsächliche Messung von Kreisen äußerst zweckmäßig ist, beschränkt Leonardo sich darauf, die Äquivalenz eines Kreises mit einem Sektor eines anderen Kreises zu behaupten, ohne jede Messung vorzunehmen. Leonardo meinte, die Quadratur des Archimedes sei »gut gesagt und schlecht bewiesen«; aber seine eigene ist nur gesagt und überhaupt nicht bewiesen.

Nachdem Leonardo etwa acht Jahre lang Euklid und Archimedes studiert hat, geht er seinen eigenen Weg weiter. Er stellt den späteren Codex Forster I (1505) zusammen, der sich mit der Umwandlung einer Fläche in eine andere oder eines Körpers in einen gleichwertigen anderen befaßt, und füllt einen Teil des Codex Madrid II und Hunderte von Blättern des Atlanticus [S. 100,101,105,106/107] mit Studien über die Umwandlung krummliniger Flächen in ebenso viele geradlinige. Die ersten sind Dreiecke mit drei gekrümmten Seiten oder »Sicheln« mit zwei gekrümmten Seiten oder nur einer; es folgen Segmente zwischen den Seiten eines in einen Kreis eingezeichneten Polygons und dem Kreisumfang. Mehrere Male zeigt er die Absicht, die Ergebnisse seines Studiums in einem oder in mehreren Traktaten zusammenzufassen, wofür er die Titel vorschlägt: *scientia de equiparantia, libro de equatione* und *de ludo geometrico*. Streng wissenschaftlich gesehen sind die Ergebnisse nicht bedeutend, doch kann man sich nicht vorstellen, daß Leonardo die letzten fünfzehn Jahre seines Lebens einer banalen Arbeit gewidmet hätte.

Die Elemente *des Euklid gehörten zu den wichtigsten Werken, aus denen Leonardo seine Kenntnisse auf dem Gebiet der Mathematik und der Geometrie bezog. Seine Notizbücher zeigen, daß er sich bei seinen Studien mit dem gesamten Komplex der euklidischen Geometrie befaßt hat (links).*

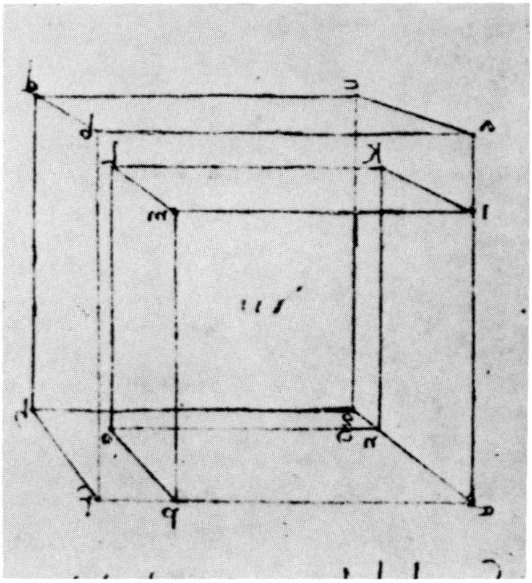

Leonardo setzte sich mit einer Reihe von geometrischen Problemen auseinander, die die Gelehrten seit der Antike immer wieder zu lösen versucht hatten. Rechts sucht er nach einer Lösung für die Verdoppelung des Würfels.

Zuletzt sind die Figuren, auf die er am häufigsten zurückkommt, in einen Kreis gezeichnete kurvenlinige Sterne, die oft komplexe und harmonische Zeichnungen bilden. Die Konstruktion dieser Figuren wird durch eine konstante mathematische Norm geregelt, die den Sinn hat, eine oder mehrere Oberflächen bei unveränderter Quantität »ins Unendliche zu variieren«[33]. Das Prinzip der Proportionen hat in Leonardos Denken stets den Vorrang gehabt. Und auch beim Studium von Pacioli und Euklid hat die Theorie der Proportionen stets einen großen Raum eingenommen. Jetzt beschäftigt er sich gern damit, unendlich viele geometrische »Gleichungen« aufzubauen und findet daran den gleichen Gefallen wie ein Mathematiker bei der Entwicklung algebraischer Gleichungen. Stellen wir uns vor, wir zeichnen in einen Kreis ein Quadrat und vereinigen dann paarweise durch Zusammenfügung der geraden Seiten die vier Segmente,

Pacioli bezeichnete Leonardos Illustrationen zu De divina proportione *– dreidimensionale stereometrische Zeichnungen – als »hervorragende und sehr schöne Figuren«. Zu den Zeichnungen gehörten die sogenannten »Platonischen regelmäßigen Körper«, fünf Polyeder, mit denen nach der Auffassung Platons die Form der fünf Elemente zu bestimmen ist: der Tetraeder ist das Symbol für das Feuer, der Würfel für die Erde, der Oktaeder für die Luft, der zwanzigflächige Ikosaeder für das Wasser, der Dodekaeder für das Weltall. Leonardo zeichnete diese Körper in allen Varianten, und die abstrakte Vollkommenheit dieser komplizierten Formen muß ihn gereizt und gefesselt haben. Im Jahre 1501 war er so sehr mit Mathematik beschäftigt, daß er die Malerei vernachlässigte und, wie ein Zeitgenosse schrieb, der Anblick eines Pinsels ihn in schlechte Laune versetzte. Ein neues Interessengebiet führte ihn jedoch immer wieder zu bereits vertrauten Dingen zurück.*

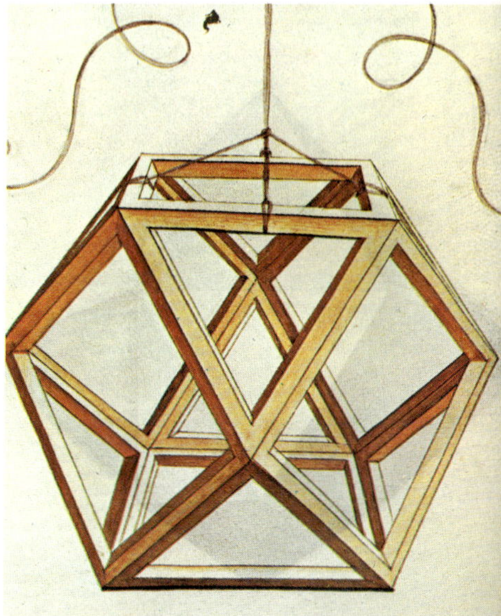

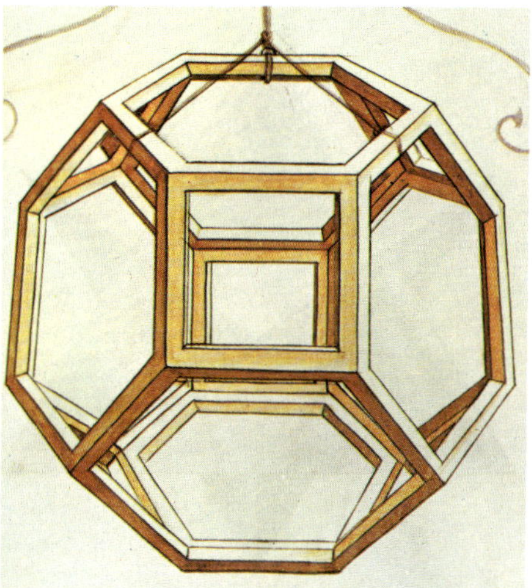

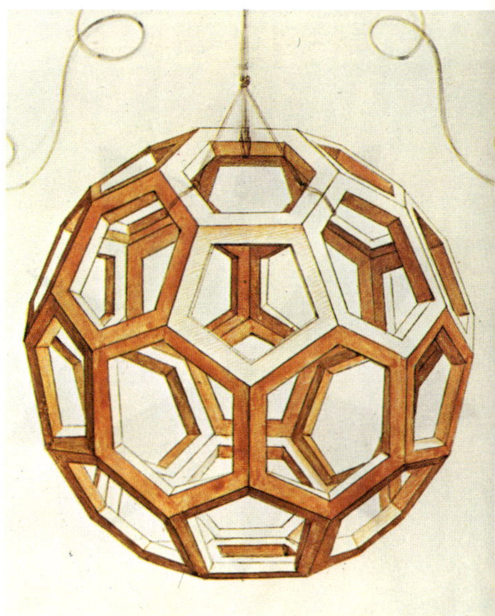

die außerhalb des Quadrats bleiben. Sie werden zwei »zweiwinklige Figuren« (Leonardo nennt sie *bisangoli*) bilden, die in der Form Olivenblättern ähneln. Wenn man diese in den Kreis hineinlegt, erhält man zwei Flächen; die eine, innerhalb des Kreises und außerhalb der beiden Figuren, ist nun kein Quadrat mehr, hat aber noch den gleichen Flächeinhalt. Die andere, innerhalb, entspricht den vier ursprünglichen Segmenten.
Er sieht im Aufbau der Welt der Natur die Vorherrschaft einer mathematisch begründeten »Notwendigkeit, Schranke und ewigen Regel«, die alles dem Gesetz der Proportionen unterordnet.

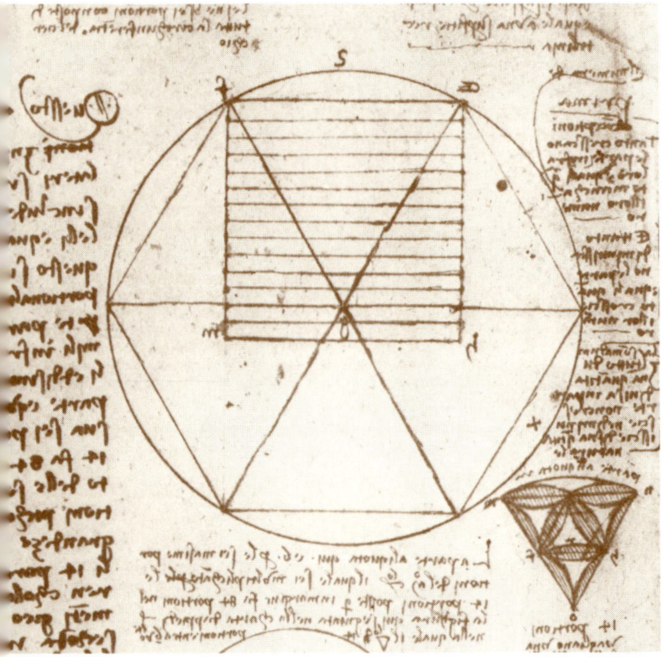

In der Zeichnung links zeigt Leonardo, wie ein Teil einer Kreisfläche in vierzehn gleiche Segmente unterteilt wird. Er konstruiert ein Quadrat über einer Seite des in einen Kreis eingezeichneten Sechsecks und unterteilt es in vierzehn Rechtecke. Dann verwandelt er eines der Rechtecke in ein Quadrat, in das er einen Kreis einzeichnet, und innerhalb dieses Kreises ein Sechseck. Der neue Kreis, das Sechseck und seine Unterteilungen stehen nun im Verhältnis 1:14 zu dem ursprünglichen Kreis, dem Sechseck und seinen Teilen. Rechts eine Empfehlung Leonardos, die Unterteilung in eine ungerade Anzahl proportionaler Teile zu vermeiden.

Was tut denn die Natur anderes als ihre Formen unendlich zu variieren bei begrenzter und unveränderbarer Quantität der Materie? Beim Spiel mit den mathematischen Gesetzen der Proportion und Proportionalität übt sich Leonardo darin, die Formen einer quantitativ unveränderbaren Fläche unendlich oft zu variieren. Das hat der Titel *Libro de equatione* zu bedeuten; aber auch die unerschöpflichen Formen der Natur sind nichts anderes als unendliche Variationen einer Grundgleichung. Die Form wird als Funktion gesehen, das ist eine der wissenschaftlichen Errungenschaften

des Rinascimento, an deren Verwirklichung die Künstler und Naturphilosophen, die Entdecker der Perspektive, die Naturwissenschaftler und Praktiker Luca Pacioli und Leonardo arbeiten. Es ist das Ergebnis einer geometrischen Forschung, die mit der Zusammenarbeit der beiden am Traktat der *divina proportione* begonnen hatte, über viele Jahre hinweg vom Künstler allein und mit begrenzten Mitteln fortgesetzt und nicht etwa mit der Definition eines Naturgesetzes, sondern mit einer Serie von Bildern abgeschlossen wurde, die seine Anwendung in der Praxis zeigen.
Diese neue Betrachtung von Leonardos Aktivität beim Studium des Latei-

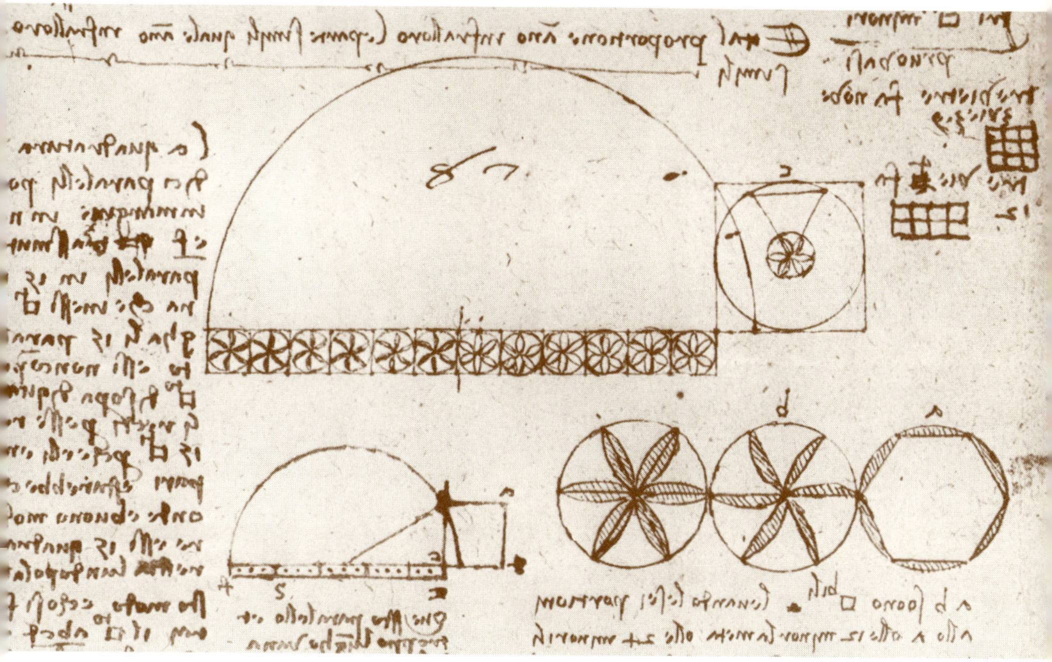

nischen und der mathematischen Wissenschaften macht es leichter, einige Fragen zu beantworten, die in der Vergangenheit viel Verwirrung hervorgerufen haben. War Leonardo mehr Künstler oder mehr Wissenschaftler? Hat er die experimentelle Methode entdeckt? Hat er wirklich die italienische wissenschaftliche Prosa begründet?
Gewiß war er ein großer Künstler, und die Wissenschaft hat von den Künstlern der Renaissance einen großen Beitrag erhalten. Die Entdeckung der Perspektive und ihrer Konzeption des durch die geometrischen Pro-

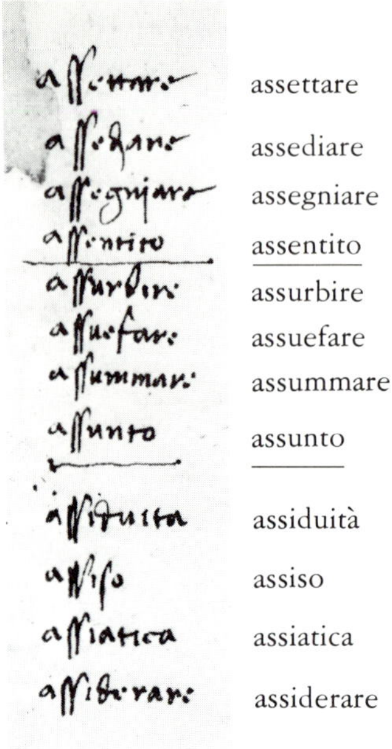

Diese Liste italienischer Wörter aus der rechts wiedergegebenen Seite war ein Teil von Leonardos Selbstunterricht. Ähnliche Aufstellungen – abstrakte Substantive, Adjektive und Verben, die den Gelehrten, aber nicht dem Volk geläufig waren – füllen 54 Seiten in dem früher entstandenen Codex Trivulzianus.

Die Seiten des Codex Madrid I lassen immer wieder Leonardos Gefühl für Proportionen und harmonische Gestaltung erkennen. Gewöhnliche Schriftblöcke werden bei ihm zu graphischen Formen von besonderer Schönheit. Rechts ist Folio 1 verso reproduziert; oben rechts ein Schema der Seitenaufteilung. Dieses Schema erinnert in seiner abstrakten Harmonie fast an ein Bild von Mondrian. Der Inhalt der Seite scheint zufällig zusammengewürfelt zu sein. In der obersten Zeile ist das Datum festgehalten, der Neujahrstag 1493. Darunter drei Schriftblöcke: zuerst Überlegungen zu der Frage, wie man einen großen Kreis vollkommen rund macht; die beiden anderen Absätze, die jeweils einzeilige Überschriften haben, befassen sich mit der Verwendung von Zahnrädern. Der große Absatz links unten auf der Seite enthält einen der praktischen Ratschläge, die sich immer wieder in Leonardos Notizbüchern finden. Hier geht es um ein Verfahren, »gebräuntes Eisen herzustellen, daß es mit blauen Flecken bemalt erscheint«.

A dì primo d'agosto 1493

assettare
assediare
assegniare
assentito

assordire
assuefare
assummare
assunto

assiduita
assiso
assiatica
assiberare

[illegible]

[illegible]

[illegible]

[illegible]

Leonardo hat einen Abschnitt eines Sechsecks in einen Kreis eingezeichnet und will die außerhalb des Sechsecks liegenden Flächen in eine bestimmte Zahl von kleineren Flächen einteilen. Er stellt fest, daß diese Zahl immer ein Vielfaches von sechs sein muß. Also stellt er eine Tabelle mit zwei horizontalen Zahlenreihen auf: einmal die Zahlen von 1 bis 50 (die er im allgemeinen »unabhängige Veränderliche« oder x nennt) und zum anderen die entsprechenden Vielfachen von sechs (»abhängige Veränderliche« oder y). Y ist also eine Funktion von x.

Unten zeichnet Leonardo zwölf ineinanderliegende Kreise, die sowohl eine mathematische Proportion – die Fläche der sechs hellen Sicheln zusammen entspricht der halben Fläche des größten Kreises – als auch den verwirrenden Eindruck immer mehr schwindender Mondsicheln ergeben.

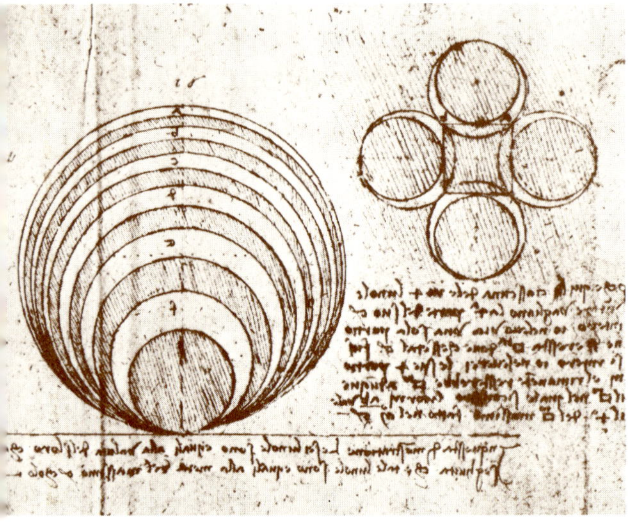

Nächste Doppelseite:
Die abstrakte Spielerei mit der Quadratur von Kreissegmenten wird unter Leonardos Feder immer lebendiger und führt zu ganzen Serien von Sicheln, Blättern, Windrädern und Rosetten.

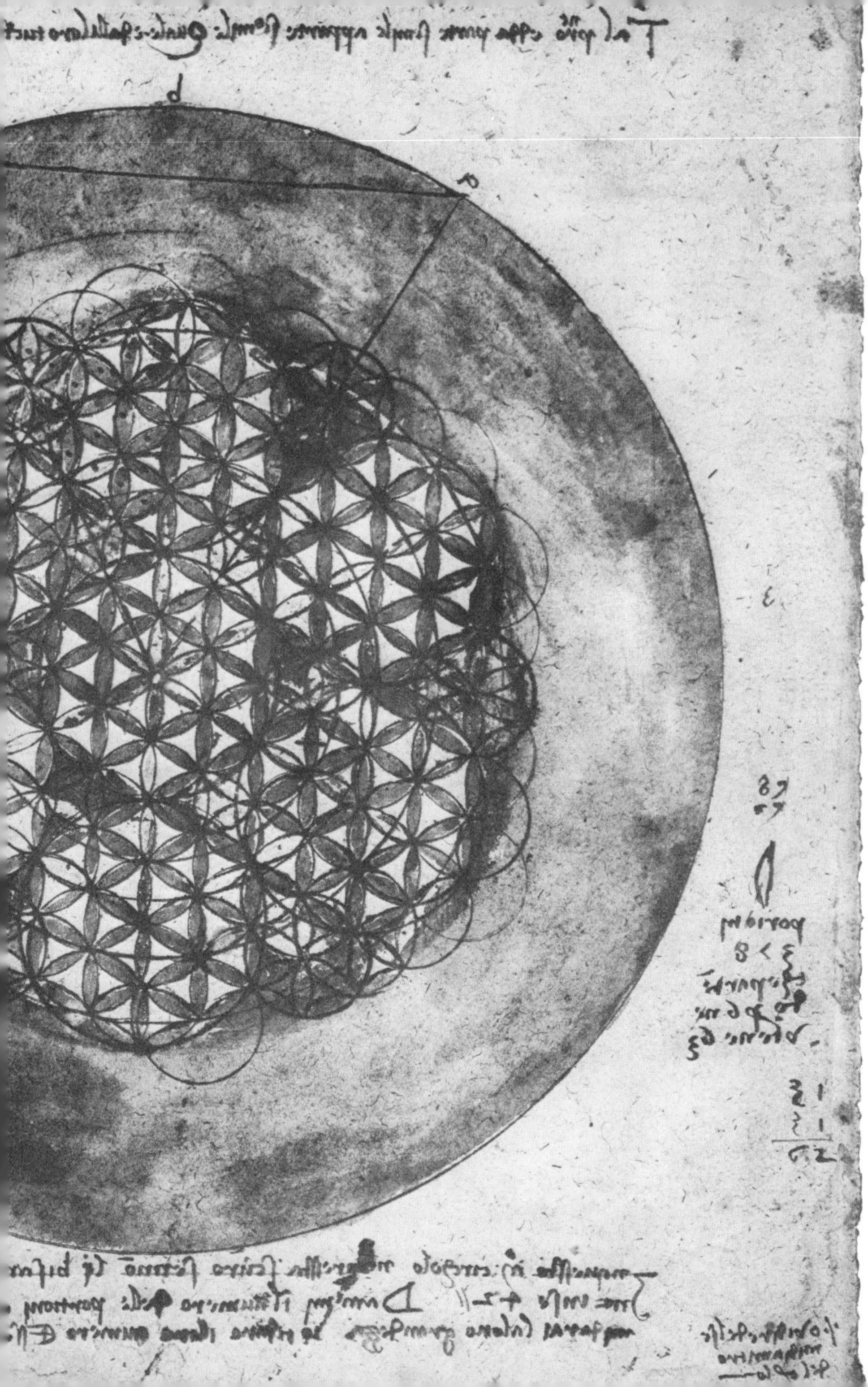
b
a

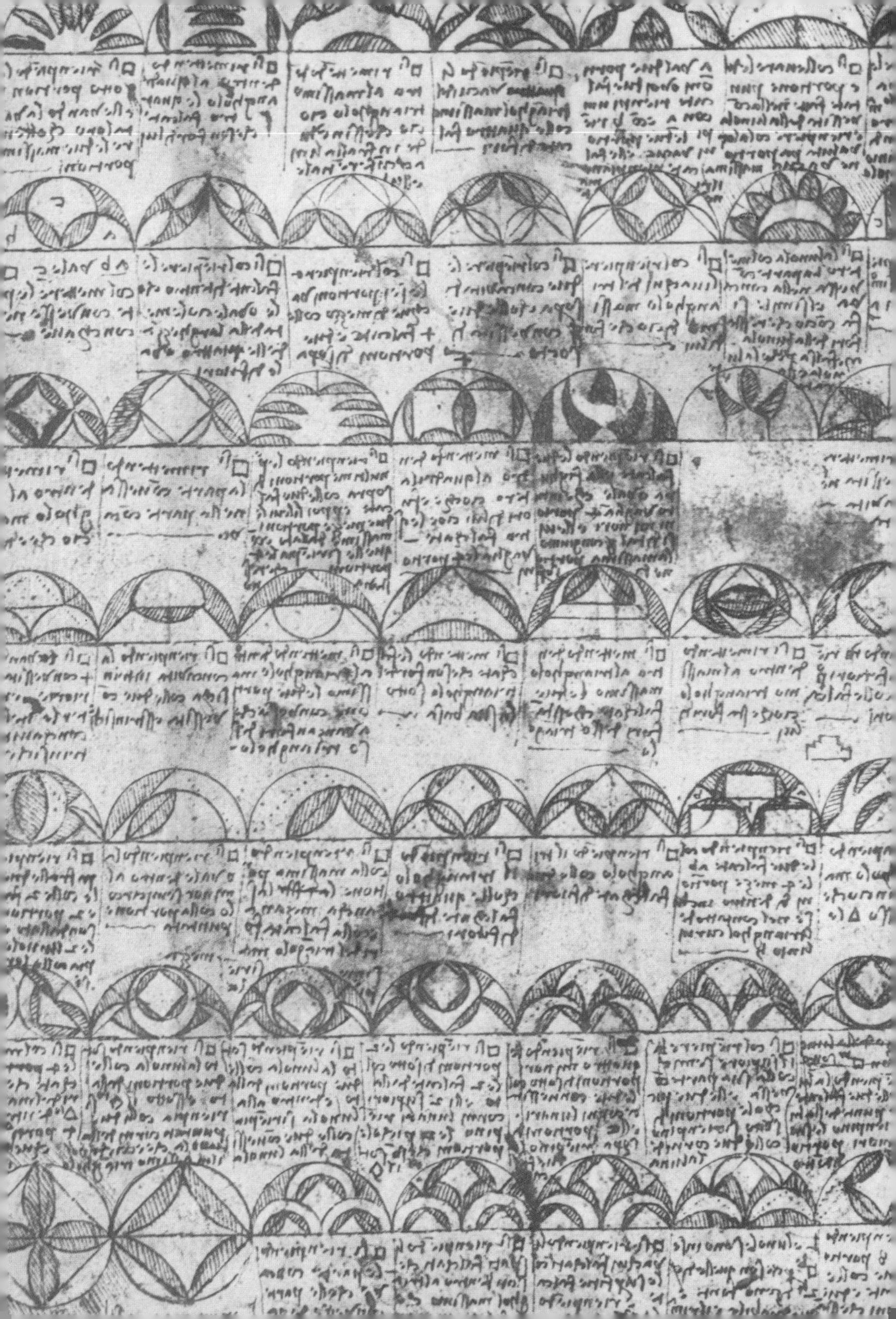

jektionen der Lichtstrahlen unterteilten und zusammengefaßten Raums, die Verwendung der Zeichnung als des vollkommenen Instruments für wissenschaftliche Darlegungen, der Begriff von Kunst und Schönheit als mathematische Proportion oder harmonische Einheit der Teile gaben dem wissenschaftlichen Denken eine neue Richtung und zugleich eine entscheidende Wende. Die Künstler waren nicht völlig isoliert von der Welt der anerkannten Wissenschaft. Zwischen den Meistern der freien und denen der mechanischen Künste, zwischen abstraktem Denken und praktischer Anwendung auf dem Gebiet der manuellen Arbeit mangelte es nicht an Kontakten. Toscanelli und Manetti beeinflußten Brunelleschi, Alberti vereinigte in sich die zweifache Erfahrung literarischer und handwerklicher Aktivität; Leonardo und Luca Pacioli arbeiteten mehrere Jahre zusammen, und wie wir gesehen haben, war der Einfluß von Meister Luca von entscheidender Bedeutung. Immerhin bestand jedoch zwischen den beiden Gruppen ein sozialer und hierarchischer Konflikt, auch wenn das Primat der freien Künste als alleiniger Trägerinnen der wahren Wissenschaft von niemandem jemals bezweifelt worden war. Wer sich ganz entschieden gegen den Ausschluß der mechanischen Künste aus dem Gebiet der Wissenschaft oder, wie es damals hieß, der »Philosophie« wehrte, war eben Leonardo.

Vielleicht ist die Idee, ein Traktat über die Malerei zu verfassen, sogar aus einer Debatte hervorgegangen, die er mit Schriftstellern und Philosophen über das Primat der Künste hatte. Francesco Melzi hat Leonardos polemische Diskussion über das Primat der Malerei an den Anfang des *Trattato* gestellt und beweist damit, daß er es als wirklichen Ausgangspunkt für eine revolutionäre Wende begriffen hat. Die erste Zielscheibe für Leonardos Polemik ist die Poesie, das heißt die Literatur, die er unter Anklage stellt. Und mit der Anklage verteidigt er sich selbst, denn er gibt seine Mängel zu. Der Maler ist »kein Belesener«; er verfügt nicht völlig über die sprachlichen Instrumente der Zeit, er weiß, daß er »sich nicht gut ausdrücken« und darum auch die großen Bücher der Menschheit nicht lesen und zitieren kann. Doch der Maler liest und studiert tagtäglich das göttliche Buch der Natur, interpretiert und reproduziert unmittelbar die Worte des größten Meisters und Schöpfers, ohne anderer Mittler zu bedürfen. Kein Dichter vermag den Maler zu übertreffen in der Darstellung der »Werke der Natur« und der »Schönheit der ganzen Welt«, auch wenn er ihn übertrifft in der Fähigkeit, die menschliche Rede wiederzugeben. Doch »Wie es schwieriger ist, das Werk der Natur zu verstehen als das Buch eines Dichters«...[34]

Das zweite Ziel ist die Musik. Diese wird als geistige Wissenschaft begriffen und daher auch den nichtmechanischen oder freien Künsten zugeordnet, denn sie ist begründet auf den Zahlen der harmonischen Proportionen. Aber auch die Malerei ist geistige Wissenschaft, denn, wie »die Musik und die Geometrie die Proportionen der kontinuierlichen und die Arithmetik die der diskontinuierlichen Quantitäten betrachten«, so betrachtet die Malerei »in ihrer Perspektive alle kontinuierlichen Qualitäten und die Qualitäten der Proportionen von Schatten und Lichtern und Entfernungen«[35]. Die Befreiung der Malerei und ihre Umwandlung in geistige oder freie Wissenschaft wurde durch die Erfindung der Perspektive ermöglicht, die die Zahl in die Technik des Künstlers eingebracht hat. Dies alles genügt aber nicht, die überragende Stellung der Malerei zu bestimmen. Das Leben der Menschen und Dinge ist nicht fixiert in der synchronen Einheit eines unbeweglichen Raums; es bewegt sich im Fluß der Zeit und verändert fortwährend Linien, Oberflächen und Formen der Dinge. Hier könnte man die schwache Stelle der Malerei entdecken, die »sich in Oberflächen, Farben und Figuren verbreitet«, während die »Philosophie in die Körper selbst eindringt und sich mit deren Eigenschaften darin genau befaßt«[36]. Nun, die Perspektive des Malers »verbreitet sich auf die Zunahme und Abnahme der Körper und ihrer Farben... Also ist die Malerei Philosophie.« Aber Leonardo spürt, daß die Pyramiden von Lichtstrahlen, in die der Maler seine Objekte hineinstellt und ihre Dimensionen je nach ihrer Entfernung abstimmt, etwas Starres, Unbewegliches haben; sie umhüllen die Körper von außen, während die Wissenschaft in sie eindringt, um ihre inneren »Eigenschaften« zu entdecken. Das Leben flutet in ihnen wie eine Woge, strahlt aus ihrem Innersten die Wärme der darin wohnenden Energien aus. Ficino, dessen Lehre Leonardo in seiner Jugend während der Ausbildung in Florenz zumindest indirekt erhalten hatte, Ficino hatte die Definition der Schönheit als Harmonie oder Proportion von Teilen kritisiert und sie als »actus vivacitatis et gratia quaedam in fluxu ipso refulgens« definiert. Daran denkt Leonardo, wenn er, Ficinos eigene Worte aufnehmend, die Malerei als Philosophie betrachtet, »weil sie sich mit der Bewegung der Körper in ihrer Aktionsschnelligkeit befaßt«[37]. Wenn wir die Gemälde und viele Zeichnungen Leonardos aufmerksam betrachten, werden wir feststellen, daß ihre Schönheit eine »gratia quaedam in fluxu ipso refulgens« ist.

Leonardo vereint in sich die Hinterlassenschaft der Entdecker der Perspektive, die dem Licht als Ursprung der Sicht und somit der Erkenntnis eine hohe Bedeutung gaben, und diejenige der Forscher nach den »geisti-

John Forster

Lord Leicester

Ein großer Teil der Manuskripte und Zeichnungen Leonardos befindet sich jetzt in England; allerdings ist es oft unklar, auf welchen Wegen sie dorthin gelangten. Im 19. Jahrhundert kaufte Lord Lytton in Wien die drei Codices Forster. Er übergab sie John Forster, der sie dem Victoria and Albert Museum schenkte. Zwischen 1713 und 1717 erwarb Thomas Coke, der spätere Lord Leicester, den nach ihm bekannten Codex, der sich ausschließlich mit dem Thema Wasser beschäftigt, von einem Maler in Rom. Im 19. Jahrhundert wurden zwei Codices nach dem vierten Lord Ashburnham benannt; tatsächlich

gen Eigenschaften«, das heißt nach den in der Welt vorhandenen Energien Wärme, Kraft und Schwerkraft als Ursprung von Bewegung und Leben. Für ihn ist der Raum nicht ein einfaches Gefäß, sondern ein Feld, das von sichtbaren und unsichtbaren Kräften durchzogen wird; die Oberflächen reflektieren nicht nur das Licht, sondern lassen die inneren Spannungen der empfindsamen und nicht empfindsamen Wesen durchblicken. Vor Euklid noch hat Leonardo *De Ponderibus* studiert, wo es heißt, das Schwere »appetit esse sub levi et leve supra grave quietare«. Daher stammen von Leonardo gern gebrauchte Redewendungen, wie »jeder Körper will fallen«, »die Kraft hat stets das Verlangen, schwächer zu

Lord Arundel

Lord Ashburnham

hatte jedoch Graf Guglielmo Libri sie aus den Manuskripten A und B herausgetrennt. Graf Libri verkaufte die gestohlenen Manuskripte an Ashburnham, der sie später nach Paris zurückgab. Der erfolgreichste Sammler in England war Lord Arundel im 17. Jahrhundert. Der nach ihm benannte Codex befand sich in seinem Besitz, und sehr wahrscheinlich ist es ihm zu verdanken, daß die jetzt in Windsor Castle aufbewahrte große Sammlung von Zeichnungen nach England gelangte.

werden und zu erlöschen« und »wenn das Gewicht liegt, ruhet es da«. Aber Leonardo begnügt sich nicht damit, das Primat der Malerei über Poesie, Musik und Bildhauerei zu verfechten, das heißt, die Malerei als geistige Wissenschaft in den Bereich der freien Künste einzuordnen. Seine Polemik geht so weit, daß er der traditionellen Wissenschaft eine echte Gültigkeit abspricht und eine neue Art von Wissenschaft vorschlägt. Die Konfrontation von Poesie der Literaten und Malerei der Nichtliteraten endet mit der Aufteilung der Wissenschaft in zwei getrennte Gebiete: »die Poesie erweitert sich auf die Moralphilosophie«, die Malerei »auf die Naturphilosophie«[38]; »die Literatur stellt die Worte mit größerer Wahrheit dar«, »die Malerei stellt die Werke der Natur dem Sinnesempfinden mit größerer Wahrheit und Gewißheit dar«[39]. Opposition besteht also zwischen Moralphilosophie und Naturphilosophie, die durch eine verschiedene Methodologie voneinander getrennt sind. Der Maler, der aus den Schulen der mechanischen Künste hervorgeht, hat die Methode der praktischen Erfahrung, die ja die Gültigkeit der vorgeschriebenen Richtlinien erprobt. Die Moralphilosophie hingegen »beginnt und endet im Verstand«, doch »bei solchen geistigen Reden stellt sich keinerlei Erfahrung ein, ohne die nichts von sich selber Gewißheit gibt«[40]. Andererseits ist die Praxis allein auch unzureichend. «Wo man nicht eine der mathematischen Wissenschaften anwenden kann, gibt es keine Gewißheit«[41]. Nur die mathematischen Wissenschaften mit ihrer geometrischen Beweisführung und die Zahlenberechnung erlauben, die Erfahrung in eine geistige Rede einzubeziehen, die wahre Wissenschaft, ja sogar die neue Wissenschaft herausbildet, wie Leonardo sie konzipiert. Den Literaten überläßt er das Studium der metaphysischen Probleme und des Wesens der Dinge, überaus erhabener Objekte, die jedoch für die Erfahrung unerreichbar und daher Anlaß endloser Dispute sind. »Wo geschrien wird, ist keine wahre Wissenschaft, denn die Wahrheit hat nur einen einzigen Terminus, und ist dieser einmal bekanntgemacht, erledigt sich jeder Streit auf ewig«[42]. Da die traditionellen Philosophen auf eine so zuverlässige Quelle wie die experimentelle Überprüfung verzichten müssen, flüchten sie sich in die Autorität der Alten, und sie kommen oft so weit herunter, daß sie nur deren Worte wiederholen, ohne irgend etwas Eigenes hinzuzufügen, sie sind »Austrompeter und Nachsager von Werken anderer«[43]. Leonardo lehnt das Autoritätsprinzip ab, verzichtet auf metaphysische Probleme, verkündet die Geburt einer neuen Wissenschaft aus der Vereinigung von Mathematik und experimenteller Tätigkeit. Auch wenn es ihm nicht gelingt, die korrekten Normen der Experimentalmethode präzise zu formulieren und anzuwenden, ahnt er doch deutlich und behauptet, daß die Wissenschaft nicht vorankommen kann, wenn sie sich nicht die Methode der verachteten mechanischen Künste zu eigen macht. Die einst den Sklaven vorbehaltene manuelle Arbeit, der unmittelbare Kontakt mit der Materie, einmal als Hindernis angesehen für die Reinheit idealer Kontemplation, werden nun voll und ganz rehabilitiert als notwendiges Element zur Erlangung der wissenschaftlichen Wahrheit. Aus dem bisher Gesagten ergibt sich deutlich, daß man Leonardo nicht vergleichen kann mit den traditionellen Gelehrten und Schriftstellern und daß die Frage müßig ist, ob er mehr Künstler oder mehr Wissenschaftler war und ob er die italienische wissenschaftliche Prosa begründet hat. Auch seine berühmte Universalität muß neu begrenzt und definiert werden. Die Künstler des 15. Jahrhunderts waren innerhalb bestimmter Grenzen auch Wissenschaftler, doch keinem war stärker bewußt als Leonardo, daß der Beitrag, den die Schüler der Kunstwerkstätten für den Fortschritt der Wissenschaft leisteten, revolutionären Charakter hatte. Und wenn Ghiberti seine bescheidenen *Kommentare* geschrieben hatte, wenn Francesco di Giorgio Martini, Piero della Francesca und vor allem Alberti verschiedene Einzeltraktate über Perspektive, Malerei, Architektur und anderes verfaßt hatten, so dachte sich Leonardo – der doch eine geringere literarische und wissenschaftliche Ausbildung besaß als Piero und Leon Battista – eine viel umfassendere Abhandlung aus, die neben der Malerei auch die Mechanik, das Ingenieurwesen, die Anatomie und die Hydraulik einschloß und außerdem noch Probleme der Geologie, Kosmologie, Astronomie (Größe der Sonne und Entfernung der Sterne), der Botanik u.a. berührte. Dabei ist es unwichtig, daß die Mittel zur Lösung dieser Probleme nicht immer angemessen und die Resultate nicht immer glücklich waren; wichtig ist aber, daß er für alle praktischen Tätigkeiten der Ingenieure eine rationale Theorie aufstellen wollte und daß er mit so großer Sicherheit eine neue Konzeption für den von der Autorität der Vergangenheit befreiten wissenschaftlichen Fortschritt vorgelegt hat, der nur in der eigenen logischen Folgerichtigkeit und den experimentellen Beweisen das Kriterium für Wahrheit und Sicherheit zu suchen habe.

Literarisch und stilistisch gesehen zeigen Leonardos Schriften je nach dem besonderen Augenblick, in dem sie entstanden, eine ganz unterschiedliche Sorgfalt. Aber eine Gemeinsamkeit können wir bei ihnen allen feststellen: Obwohl Leonardo nachdrücklich behauptet, zahlreiche Bücher geplant zu haben, und obwohl die Titel dieser Bücher auf diversen Seiten obenauf stehen, kann man keine sich über eine feste Seitenzahl hinweg erstreckende Niederschrift auch nur irgendeines Buches entdecken.

Das handwerkliche Milieu, in dem Leonardo seine erste Ausbildung erhielt, hat mit Sicherheit seinen literarischen Stil beeinflußt: in diesen Kreisen pflegte man sich nicht mit ausgewogenen und gut abgefaßten Abhandlungen über gewisse Probleme zu äußern, sondern durch eine Reihe von Anweisungen und mehr oder minder knappe Formeln oder einfach durch das praktische Tun, das die mündliche Rede unterbricht und unmittelbar die sichere Anschaulichkeit bietet. Was Leonardo zu sagen hat, geht selten über die Länge einer Seite hinaus; häufig umschließt eine einzige Seite viele Sätze und Passagen mit unterschiedlichem oder ähnli-

Lord Ashburnham brachte auch eine Abhandlung von Francesco di Giorgio Martini mit Randbemerkungen von Leonardos Hand mit nach England. Auf der unten gezeigten Seite hat Leonardo eine tosende Welle gezeichnet und notiert:

Die Welle des Meeres bricht auf un
stürzt vor ihrer Basis zusammen;
und der Wellenkamm,
der zuoberst war,
wird zuunterst sein.

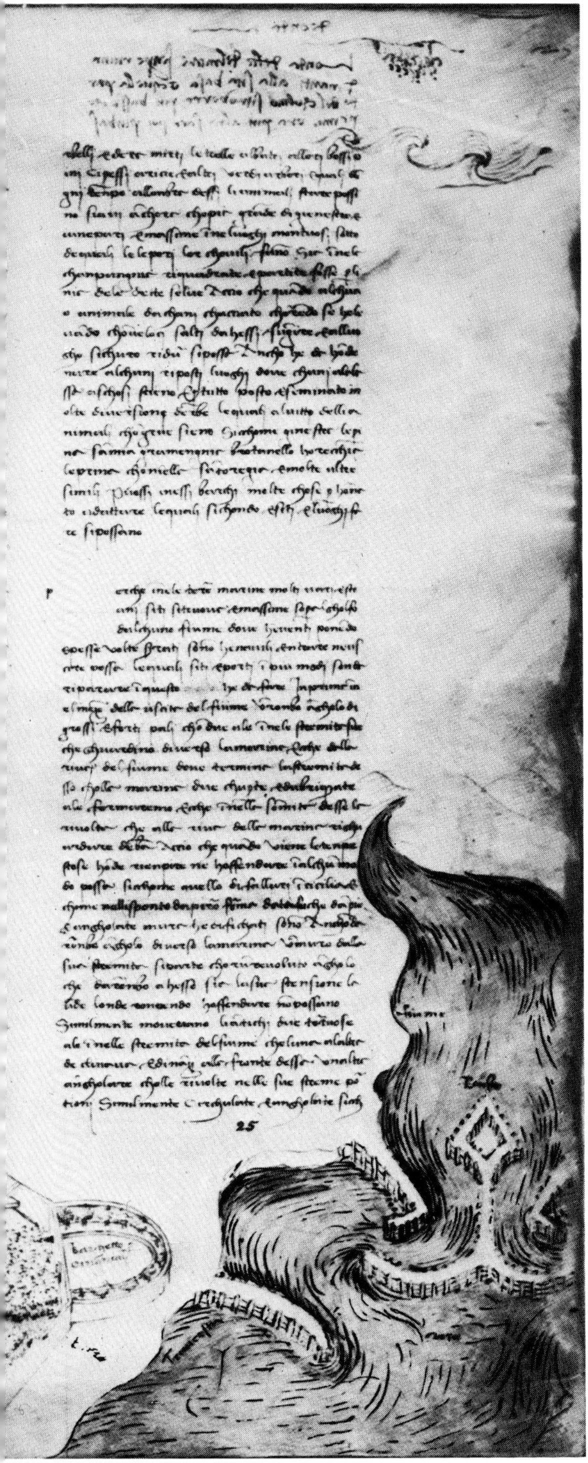

Francescos Abhandlung gehört zu den bedeutendsten Werken der Frührenaissance über Zivil- und Militärarchitektur. In seinen eigenen Notizbüchern übernahm Leonardo vieles aus dem Buch seines älteren Zeitgenossen. Auch könnte er durch diese Abhandlung dazu inspiriert worden sein, seine eigenen Schriften systematischer anzuordnen.

chem Inhalt, doch sind sie immer klar voneinander getrennt. Leonardo besitzt nicht die Fertigkeit, ein Argument in einem dichten Gefüge logischer Deduktionen oder Induktionen zu einer wohlberechneten Architektur zu entwickeln; auch nicht die Fähigkeit, einen Gedanken nach dem anderen zu behandeln, bis ein ganzer weiter Komplex von Betrachtungen entsteht, und doch gleichzeitig den Leser angenehm zu unterhalten. Sein Stil ist apodiktisch, entschieden und manchmal aggressiv.

Das Fragmentarische ist also konstantes Merkmal von Leonardos Schriften und entspricht seiner Gewohnheit, eine plötzliche Eingebung rasch auf dem Papier festzuhalten, nur als Gedächtnisstütze, als provisorische Notiz, die dann später wiederaufgenommen und weiterentwickelt werden kann. Er konzentriert sich nur auf die Notwendigkeit des Ausdrucks. Bei den Künstler-Ingenieuren ist es Gepflogenheit, sich weniger durch lange Reden als vielmehr durch die Zeichnung und die praktische Ausführung auszudrücken. Auch für Leonardo ist die Zeichnung ein wissenschaftliches und veranschaulichendes Instrument, das dem Wort bei weitem überlegen ist. »O Schriftsteller, mit welchen Buchstaben wirst du die ganze figürliche Darstellung so vollkommen wiedergeben, wie dies die Zeichnung tut?«[44] Diese Methode hat natürlich nicht für alle Wissenschaften Gültigkeit, aber die methodologische Anlage von Leonardos Gesamtwerk ist stark von ihr geprägt und setzt einmal die figurative Rede und einmal die wörtliche Rede ein, wobei die letzte untergeordnet und unterbewertet wird; das ist eine der Hauptursachen für die Zersplitterung seiner Überlegungen in Tausende unzusammenhängender Notizen.

Dies alles kann jedoch der Faszination von Leonardos Wort keinen Abbruch tun: einer Schönheit, die allerdings nicht in gleicher Weise aus allen Notizen hervorgehen kann, die unter jeweils verschiedenen Umständen in die Manuskripte eingetragen wurden; einem Glanz, der sich nur zu kurzem Aufleuchten entzünden kann in einem Wort, einem Satz oder in wenigen Zeilen und doch beim Leser einen tiefen Eindruck hinterläßt. »Meer, allumfassend als niedrigste Ebene und einziger Ruheplatz für die weitgewanderten Flußgewässer.«[45]

Berühmt ist die Beschreibung der Sintflut in Windsor 12665, eine Seite, wo sich ungeordnet die dramatischen Einzelheiten häufen, die der Maler dann für seine grandiose Darstellung der Weltkatastrophe verwenden wollte. Es besteht ein augenscheinlicher Gegensatz zwischen der Einheitlichkeit und Tiefe seines Gefühls (das nur in der echten malerischen Darstellung voll zum Ausdruck kommen kann) und der Zusammenhanglosigkeit in der Gesamtstruktur der Erzählung. Darum erstaunt es auch nicht, daß vom stilistischen Standpunkt aus die von Leonardo unter dem Titel »Teilungen« verfaßte Kurzbeschreibung, die sich schon fast auf eine einfache Liste von Vokabeln beschränkt, wie befreit anmutet von rhetorischen Klippen, von mühseligen grammatikalischen Verbindungen, von aller Pflicht eines architektonischen Aufbaus und sich schlicht dem Rhythmus einer genuinen inneren Skandierung überläßt: »Finsternis, Wind, Seesturm, Himmelsblitze, Erdbeben und Bergstürze, Zusammenbrechen von Städten...«

Auf der Spur dieses wechselnden musikalischen Rhythmus, der Leonardos Ausdrucksweise in ihren besten Momenten bindet und wirkungsvoller macht, können wir die lyrische Komponente seines Temperaments erkennen. Obgleich seine Ausdrucksweise für gewöhnlich linear und kurzgefaßt und abstrakt als eine Folge von geradlinigen, beinahe gleichen Segmenten zu schematisieren ist, gibt es Augenblicke, wo diese Segmente dazu tendieren, sich eines über das andere zu legen, als wollten sie, gleich Strophen, eine Gruppe von Versen bilden, die durch Nachschwingen von Rhythmus und Klang miteinander verbunden sind. »*...Se la cosa amata è vile, l'amante si fa vile ... Quando l'amante è giunto all'amato, lì si riposa. – Quando il peso è posato, lì si riposa...*« (»...Ist das Geliebte ein gemeines, wird auch der Liebende gemein ... Hat der Liebende das geliebte Ding erreicht, ruhet er dort. – Wenn das Gewicht liegt, ruhet es da...«) Die Kürze der Sätze veranschaulicht die Konzentration einer Idee, die sie allesamt in einem einzigen Rhythmus verbindet, es ist ein Mittel, die Wahrheit intensiv auszumeißeln und feierlich zu verkünden. Die Rhythmen sind sehr verschiedenartig und gehen von der Zartheit einer schüchternen, leichten Skandierung – wie etwa: »Beachte auf den Straßen, wenn es Abend wird, und bei schlechtem Wetter die Gesichter von Männern und Frauen, wieviel Anmut und Sanftheit man auf ihnen sieht« – bis zur heftigen, harten Definition von Kraft: »Trägheit macht sie groß und Raschheit schwach. – Sie lebt aus Gewalt und stirbt aus Freiheit. – Sie verändert jeden Körper und zwingt ihn zur Änderung von Lage und Form. – Große Macht gibt ihr Todesverlangen. – Sie verjagt mit Ingrimm, was sich ihrem Untergang widersetzt. – Veränderin verschiedener Formen...« In diesen Zitaten ist der eigentliche wissenschaftliche Gedanke nicht deutlich formuliert; er wird sogar ersetzt durch die Betrachtung von Bildern, von Tätigkeiten, die konkrete Äußerungen eines noch nicht recht individualisierten wissenschaftlichen Prinzips sind.

Die besten Seiten des Schriftstellers Leonardo aus dem Codex Madrid II herauszufinden, wo die formale Sorgfalt sehr zu wünschen übrig läßt, ist

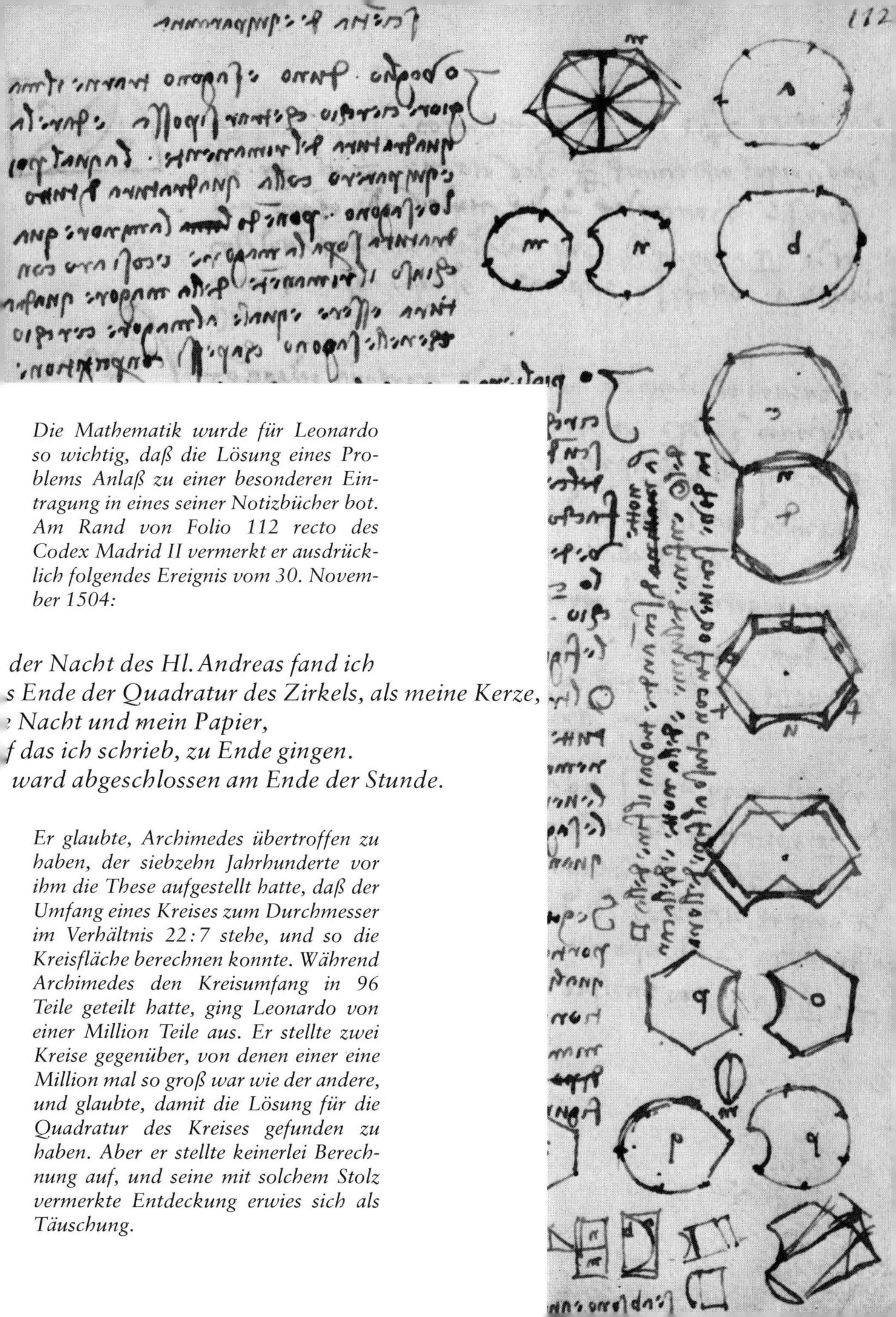

Die Mathematik wurde für Leonardo so wichtig, daß die Lösung eines Problems Anlaß zu einer besonderen Eintragung in eines seiner Notizbücher bot. Am Rand von Folio 112 recto des Codex Madrid II vermerkt er ausdrücklich folgendes Ereignis vom 30. November 1504:

der Nacht des Hl. Andreas fand ich
s Ende der Quadratur des Zirkels, als meine Kerze,
: Nacht und mein Papier,
f das ich schrieb, zu Ende gingen.
ward abgeschlossen am Ende der Stunde.

Er glaubte, Archimedes übertroffen zu haben, der siebzehn Jahrhunderte vor ihm die These aufgestellt hatte, daß der Umfang eines Kreises zum Durchmesser im Verhältnis 22:7 stehe, und so die Kreisfläche berechnen konnte. Während Archimedes den Kreisumfang in 96 Teile geteilt hatte, ging Leonardo von einer Million Teile aus. Er stellte zwei Kreise gegenüber, von denen einer eine Million mal so groß war wie der andere, und glaubte, damit die Lösung für die Quadratur des Kreises gefunden zu haben. Aber er stellte keinerlei Berechnung auf, und seine mit solchem Stolz vermerkte Entdeckung erwies sich als Täuschung.

nicht leicht. Auch das erste der Madrider Manuskripte zeichnet sich auf literarischem Gebiet nicht durch besondere stilistische Vorzüge aus. Die Schrift ist zwar sorgfältiger als sonst, und es fehlt die Hast der anderen Manuskripte, aber die Themen sind recht technisch: Beschreibungen von Apparaten und Maschinenteilen; und nur wenige Anmerkungen weichen davon ab. Das Schutzblatt bot sich an für einige Auslassungen, etwa gegen diejenigen, die nach dem Perpetuum mobile suchen, oder zu Eingeständnissen, wie dem Zweifel, der Leonardo wahrscheinlich über die Verwirklichung der großen Reiterstatue für Francesco Sforza befällt. Wenn man ein großes bronzenes Pferd macht, könnte dieses im Kriegsfall die Habgier der Feinde wecken, die es in eine ihrer Städte mitnehmen würden. Tatsächlich war Rom voller Denkmäler, die aus besiegten Städten geraubt worden waren. Und würde man es aus Marmor machen und so groß und so schwer, daß man es nicht transportieren könnte, würde es am Ende zertrümmert werden, um daraus »Mauerwerke und Kalk« zu gewinnen. Aber schließlich geht es um ein wie auch immer unvermeidliches Schicksal. »Mache wie du meinst, denn alles hat sein Ende.« Das ist wie eine Vorahnung auf das Ende seines Meisterwerks, das von feindlichen Soldaten nicht aus Habgier oder zu praktischer Nutzung, sondern aus Unfug zerstört wurde, womit sich auch die letzte Frage dieser Passage erübrigt: Ist es recht, daß ein Kunstwerk seinem Meister mehr Ehre einbringt als dem Auftraggeber? Es ist normal, antwortet Leonardo; doch sein Pferd konnte weder bei der Nachwelt noch bei seinen Zeitgenossen seinen Ruhm erhalten.

Ein anderer Einschub von großem Interesse betrifft eine Erklärung, mit der Leonardo sich an die Leser wendet: »Lies mich, Leser, wenn ich dir Freude mache, denn sehr selten kehre ich zu dieser Welt zurück. Denn die Geduld dieses Berufes findet sich bei wenigen, daß sie wieder von neuem ähnliche Dinge erfinden möchten. Und kommt, ihr Menschen, die Wunder zu sehen, die man bei solchen Studien in der Natur entdeckt.«[46] Es ist nicht sicher, ob diese Worte sich auf die darunter befindliche astronomische Zeichnung beziehen oder allgemein sein Naturstudium betreffen. Man vergleiche jetzt diese Seite mit jener überaus bekannten[47], wo Leonardo sich in aller Bescheidenheit vergleicht mit »demjenigen, der aus Armut als letzter auf den Markt kommt« mit einer »verachteten und abgelehnten Ware«, die nicht »viel Nutzen und Freude« bringt; und man beachte dabei die Umkehrung der Situation. Den von Leonardo ausgeübten Beruf hat es auf der Welt nur sehr selten gegeben, denn er erfordert eine Geduld, die nur wenigen gegeben ist, doch er bereitet viel Freude, weil er den Menschen die Wunder der Natur offenbart. Die Natur steht im Mittelpunkt von Leonardos grundlegenden Interessen, sie ist das Schauspiel, das er mit immerwährender Bewunderung beobachtet. Denjenigen,

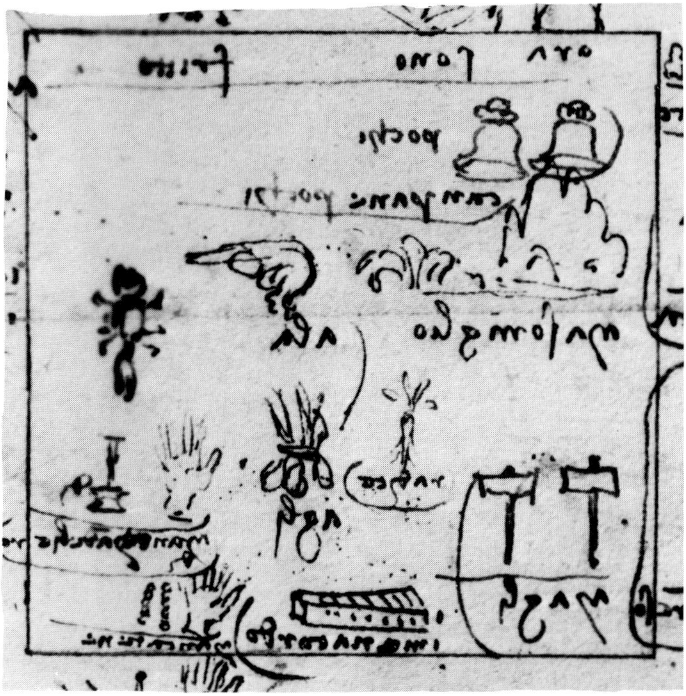

Leonardos Schriften spiegeln die einsamen Gedankengänge des Künstlers und Wissenschaftlers, vermitteln aber auch den Eindruck von einem Mann, der es liebte, seine Freunde zu unterhalten und zu amüsieren. Seine Schriften sind gewürzt mit Witzen, mit Fabeln von mythischen Wesen und mit Rätseln. In diesen Rätseln beschreibt er alltägliche Begebenheiten, drückt sie aber so aus, daß sie wie die apokalyptischen Visionen klingen, die er in späteren Jahren zeichnete. Am Hof der Sforza in Mailand hatte Leonardo offensichtlich die Funktion eines Unterhaltungskünstlers, der sang, improvisierte Verse vortrug, Sketches aufführte. Er drückte sich in Bilderschrift aus wie hier auf diesen Seiten, und kombinierte Bilder und Worte zu ganzen Sätzen. In der Mitte des oben wiedergegebenen Ausschnitts schreibt er: M'asomiglio ala *(»Ich sehe aus wie«) und fügt die Zeichnung von einer Ameise hinzu.*

Cogli acierbi
Mit den bitteren

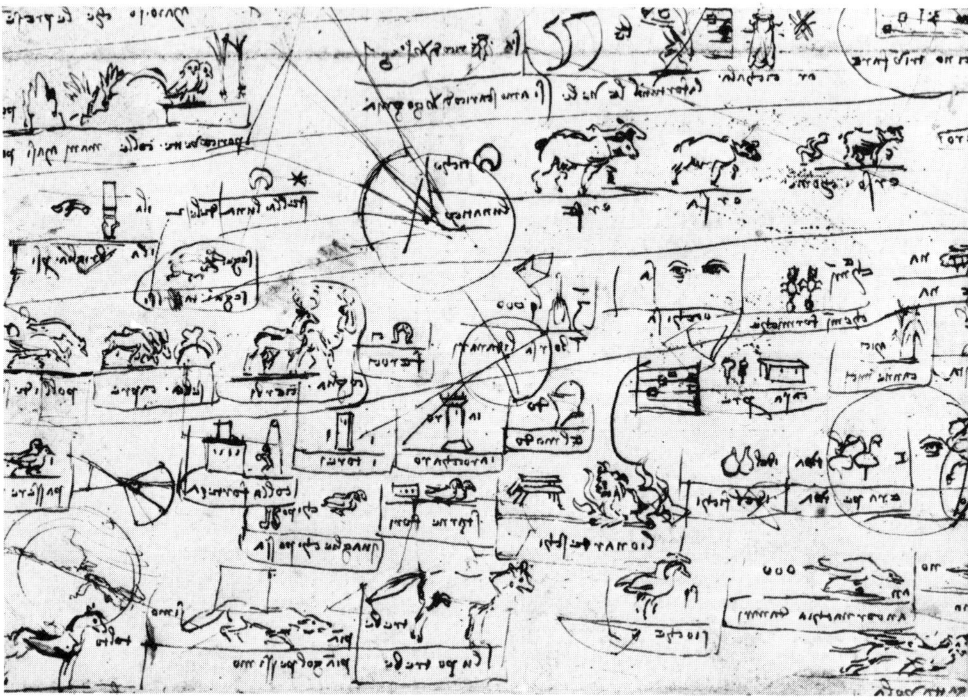

Tolto già, netto fatto
Schon weggenommen, ist alles getan

Lionardeschi
Leonardesk

die das Studium der Naturphänomene verachten und die Beschreibung der »Wunder und ... jener Dinge, wozu der Menschenverstand nicht fähig ist und die an keinem menschlichen Beispiel beweisbar sind«[48], vorziehen, stellt Leonardo in radikaler Umkehrung eine andere Art von Wunder entgegen, dasjenige nämlich, das »die mathematischen Wissenschaften« rational erklären können; Wunder, insofern es Erstaunen hervorruft, aber ein Erstaunen über die Entdeckung des den Dingen innewohnenden Sinns, also über die Lösung des sie umhüllenden Geheimnisses.

Dies ist ein heikler Punkt. Die Rationalität, die die innerste Struktur des Universums ausmacht, ist ein Gesetz, das Leonardo »Notwendigkeit« nennt, Schranke und Führung, die Gott der freien Entfaltung der kosmi-

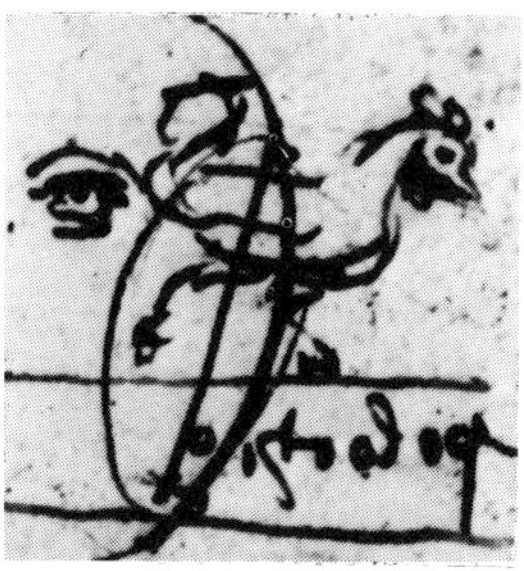

Po[n] l'occhio
Sieh dich vor

Einige Bild-Wortspiele Leonardos sind auf der linken Seite abgebildet, mit vier Beispielen vergrößert und übersetzt. Diese Bilderschriftserien waren wohl als eine Sammlung illustrierter Fragmente gedacht, aus der er Bilderrätsel für seine Freunde zusammenstellen konnte.

schen Energie entgegengestellt hat. Über das Wesen dieser die Welt beseelenden Energien kann nichts ausgesagt werden; die Wissenschaft, die vor der metaphysischen Rede haltmacht, beschäftigt sich nur mit deren Konsequenzen, nämlich mit Rhythmen und Modalitäten ihres Wirkens. Das echte Wunder, das man als Offenbarung einer grenzenlosen Weisheit kennenlernen und bewundern kann, ist das Gesetz oder die Notwendigkeit, denen die Elemente der Materie und die sie bewegenden Kräfte untergeordnet sind. Man braucht nur an die schon zitierten Definitionen der Kraft zu erinnern, wo die wandelbaren Verhaltensweisen einer als unsichtbare, schreckliche, individualisierte Protagonistin empfundenen und dargestellten Energie zu unwandelbaren Gesetzen werden. Die dem Menschen zugestandene einzige erkennende Äußerung über diese ewige, unwandelbare Substanz ist die Beschreibung ihrer Auswirkungen, die Definition ihrer Funktionen. Auch hier haben wir eine Verschiebung des Brennpunkts der wissenschaftlichen Rede: von der Substanz zur Funktion.

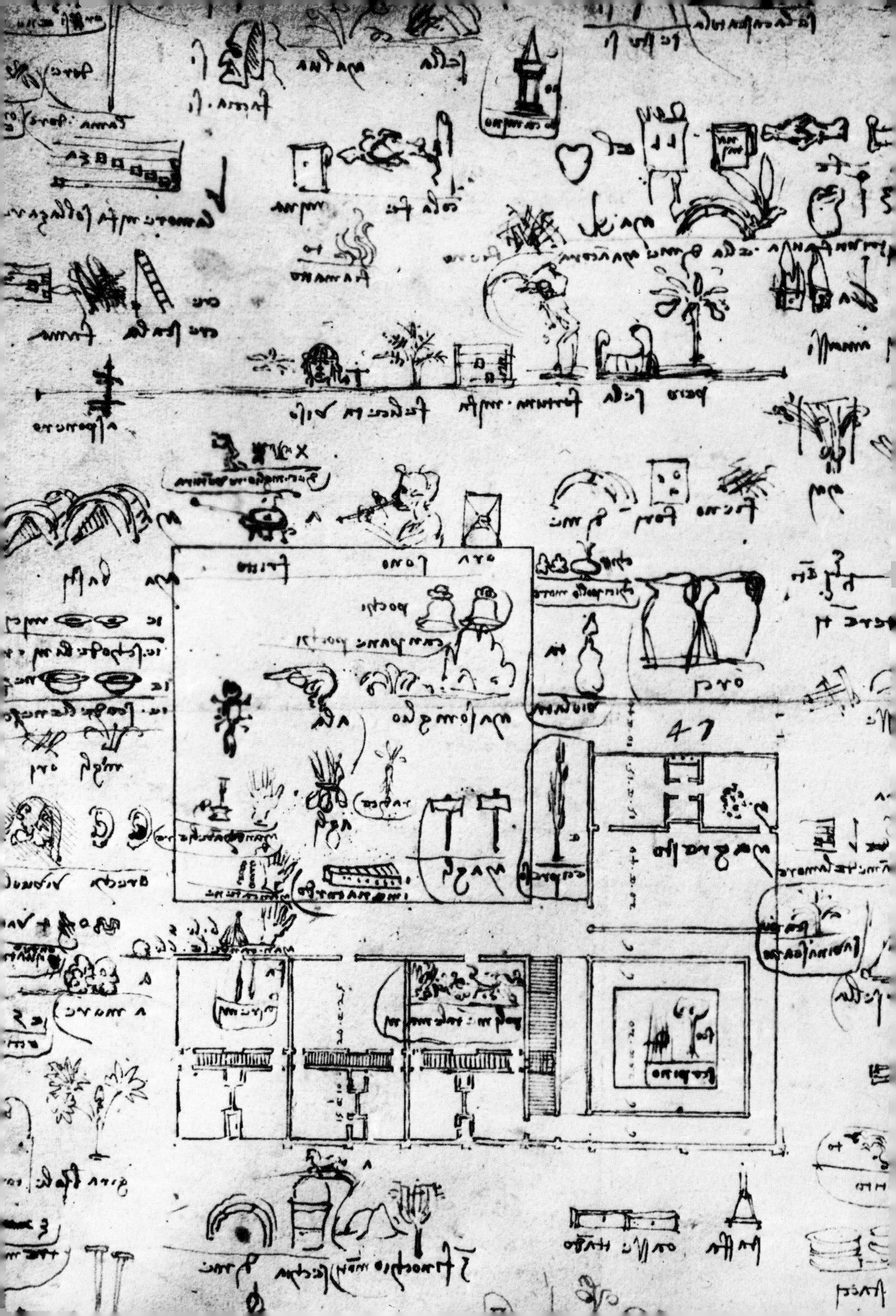

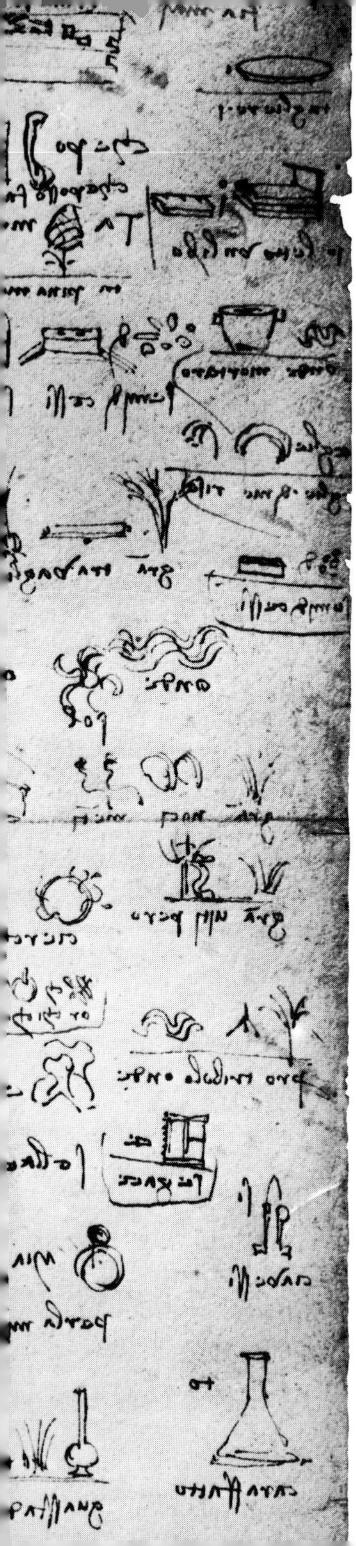

Però se la Fortuna mi fa felice, tal viso asponerò
Wenn aber das Schicksal mich froh macht, will ich solch ein Gesicht zeigen.

Felice sarei, se dell'amore ch'i'ti porto restaorata fossi
Ich wäre glücklich, wenn meine Liebe zu dir erwidert würde.

Però tribolo, onde ...
Aber ich leide, darum ...

Auf dem links abgebildeten Blatt mit den Bilderschriftserien findet sich – ohne jeden Zusammenhang – der Plan eines Palazzo. Es könnte die »Corte Vecchia« gewesen sein, in der Leonardo in Mailand wohnte.

...meine Absicht ist es,
erst die Erfahrung anzuführen
und sodann mit Vernunft zu beweisen,
warum diese Erfahrung
auf solche Weise wirken muß.

LEONARDOS WORTE

ANNA MARIA BRIZIO

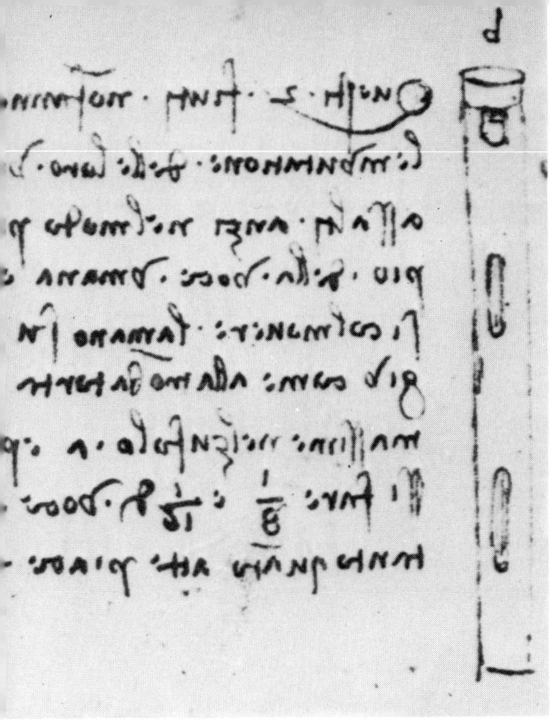

Dieser an eine Blockflöte erinnernde Entwurf einer Pfeife (am rechten Bildrand) ist offensichtlich von Leonardos profunder Kenntnis der menschlichen Anatomie inspiriert. Eine anatomische Studie zeigt nämlich die verblüffende Ähnlichkeit des oberen Kehlkopfendes mit dem einer Blockflöte. Immer wieder finden sich in den Notizbüchern Beispiele für Leonardos Zusammenschau von Kunst und Wissenschaft.

Damit beauftragt, die nachfolgende kurze Anthologie zusammenzustellen, habe ich mir lange überlegt, nach welchen Gesichtspunkten eine solche Auswahl vorgenommen werden sollte: Natürlich geht es nicht darum, eine erbauliche Sammlung schöner Stellen zu machen, die nur nach ästhetischen Gesichtspunken ausgewählt sind; der thematische Zusammenhang muß ja erhalten bleiben, und nichts schien mir so sehr Leonardos eigener Zielsetzung zu entsprechen, nichts so sehr geeignet, seine Persönlichkeit aufzuzeigen, wie das Thema des Wissens, Erfahrens, Lernens.

Die Folge beginnt mit einem sehr jugendlichen Zitat aus dem Codex Arundel, wo eindrucksvoll geschildert wird, wie der junge Leonardo sich symbolisch vor einer großen Höhle befindet und sich vorbeugt, um festzustellen, »ob darinnen irgendein wunderlich Ding sei«; und sie schließt mit einigen Zitaten aus seinen letzten Jahren, die eine Weltsicht von außerordentlicher Tiefe verraten. Liest man die Zitate vom Anfang bis zum Ende in einem Zug, so ist man betroffen von dem gewaltigen Unterschied in Inhalt und Form und erkennt das ganze Ausmaß des zurückgelegten Weges. Die einzelnen, in großen Zügen chronologisch geordneten Zitate

zeigen ohne jeden Zweifel, daß Leonardos Ausgangspunkt die Malerei ist, »Nachahmerin aller offenbaren Werke der Natur«. Im Sprachgebrauch der Renaissance hat ›nachahmen‹ eine von ›abbilden‹, ›wiedergeben‹ oder ›kopieren‹ klar unterschiedene Bedeutung; es heißt Formen schaffen, die denjenigen der Natur entsprechen, und zwar unter Beachtung der gleichen Gesetze, woraus sich die Definition der Malerei als »genaue Erforschung« und »legitime Tochter der Natur« ableitet wie auch der Satz: »Der Maler disputiert und wetteifert mit der Natur«, der wörtlich und keineswegs im rhetorischen Sinn zu nehmen ist. Leonardo geht von der Malerei und von der Schärfe des visuellen Erfassens aus; und von der Malerei entleiht er das Instrument zur Erforschung der Natur: die Perspektive.
Die Sehpyramide mit ihrem Bündel von Strahlen, die in einem Punkt zusammenlaufen oder umgekehrt von ihm ausgehen, sowie die Proportionalität ihrer Grundfläche, an welchem Punkt auch immer man das Strahlenbündel durchschneidet, liefern ihm die Grundlagen für seine Beweisführungen. Die Pyramide dient ihm auch zur Quantifizierung der Kräfte, die auf einem Punkt oder einer Oberfläche wirksam werden.
Leonardo hat eine dynamische und mechanistische Auffassung von der physikalischen Welt, die auch den menschlichen Körper und das Tierreich umfaßt. Seiner Theorie zufolge bewegen vier Kräfte die Welt und bewirken die dauernd stattfindenden Verwandlungen: Schwerkraft, Kraft, Bewegung und Schlag, der »mit großem Ausbruch eine jede der anderen übertrifft«. Schlag ist hier nicht nur der Schlag eines schweren Körpers gegen einen anderen: also »Beweger« und »bewegtes Ding«; gemeint sind auch die Sehstrahlen, die das Auge treffen und ihm das Abbild der Dinge zuführen, der Ton, der das Ohr trifft, und alle Reize, die auf die Endnerven der Sinne treffen und in ihnen Empfindungen auslösen. Phänomene des Schlages oder Stoßes sind Wasser, das auf anderes Wasser oder ein seinem Lauf entgegengestelltes Hindernis trifft, Luftbewegungen innerhalb der Luft selbst, der Flügelschlag eines Vogels in der Luft wie auch der dem Flügel entgegengesetzte Luftwiderstand, ebenso das Schnellen der Fische im Wasser:
Leonardos Forschung erstreckt sich in alle Richtungen; und seine Gedanken, die sich wieder und wieder mit unzähligen »Fällen« und »Propositionen« befassen, scheinen sich häufig wie Mäander um sich selbst zu schlingen. Doch bei fortschreitender Lektüre und Kenntnis seiner Schriften löst sich dieses scheinbare Gewirr auf, und man erfährt, daß die unendliche Vielfalt von Themen, mit denen er sich beschäftigt, eigentlich nur die unendlich vielen Aspekte einer einzigen Kraft sind, deren Existenz und

verschiedene Erscheinungsformen er unermüdlich verfolgt; dabei gelangt er immer wieder von einem allgemeinen Prinzip zur Interpretation der Einzelphänomene, von dieser eindringlichen und äußerst scharfsinnigen Interpretation der Einzelphänomene zu den bestimmenden Prinzipien und wiederum von diesen zur Entdeckung der unendlich vielen Varianten, mit denen sie in der Natur erscheinen.
Bei Leonardo gibt es keinen Antagonismus zwischen Kunst und Wissenschaft, sondern die eine geht ununterbrochen aus der anderen hervor und bereichert sich aus den Erfahrungen der anderen. Und nur, wenn man jeden Aspekt seines Werkes innerhalb dieser Kontinuität der Verknüpfungen und sich ausbreitenden Denkprozesse beläßt, ist man imstande, seine volle Bedeutung und tiefe und anhaltende Resonanz zu begreifen. Auf ebensolche Weise müssen auch seine Schriften gelesen werden, wo die äußerst exakte Beschreibung eines Phänomens, in seinen verschiedenen Phasen durch miteinander verknüpfte Wiederholungen gleicher Termini analysiert, schließlich zu einem herrlichen Naturbild wird: »Die unzähligen Abbilder, die sich in den unzähligen Meereswellen von den auf diese Wellen treffenden Sonnenstrahlen spiegeln, sind die Ursache für den andauernden und weithin leuchtenden Glanz auf der Meeresoberfläche.«

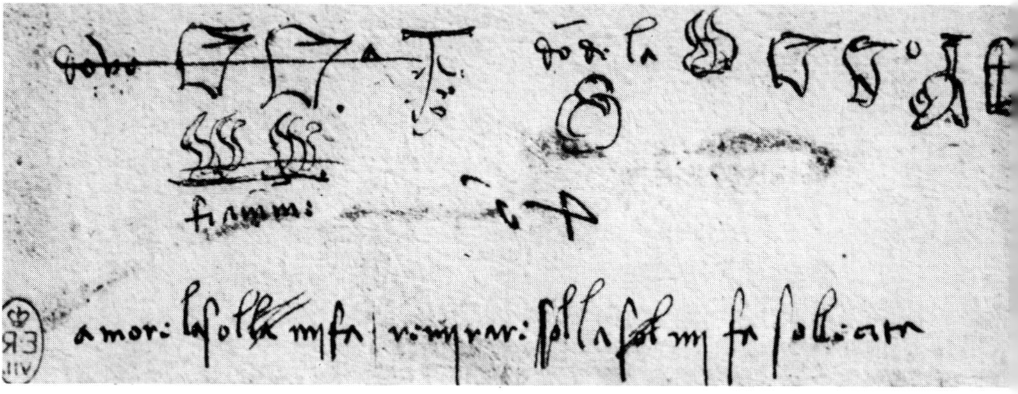

Die Liebe allein schafft mir Erinnerung, sie allein spornt mich an

Nächste Doppelseite: Wie dieses Blatt aus der Windsor-Sammlung (19150 verso) belegt, finden sich in Leonardos Notizbüchern oft verschiedenste Ideenskizzen nebeneinander: so hier Anmerkungen zur Bewegung, zur Anatomie und über optische Phänomene.

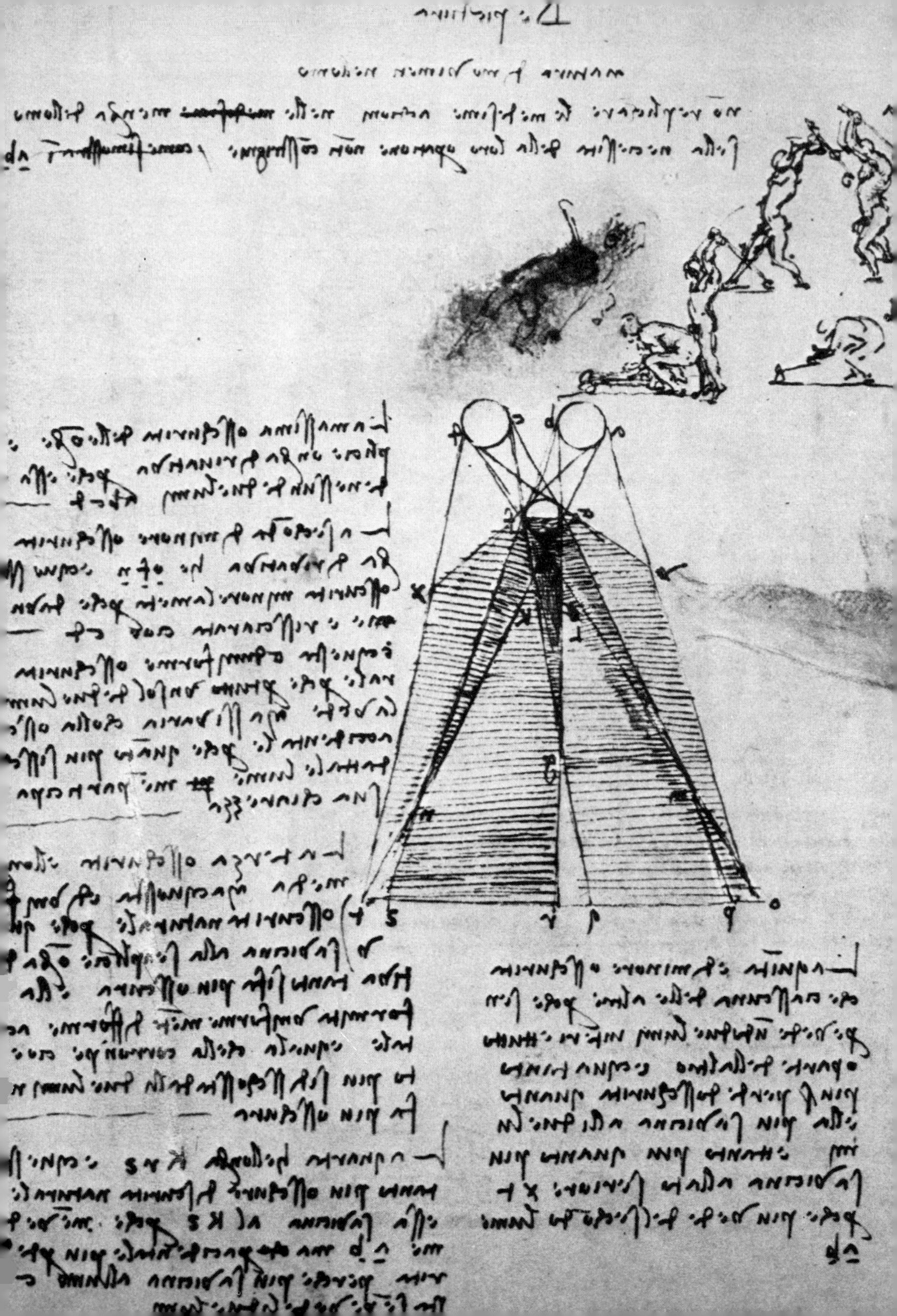

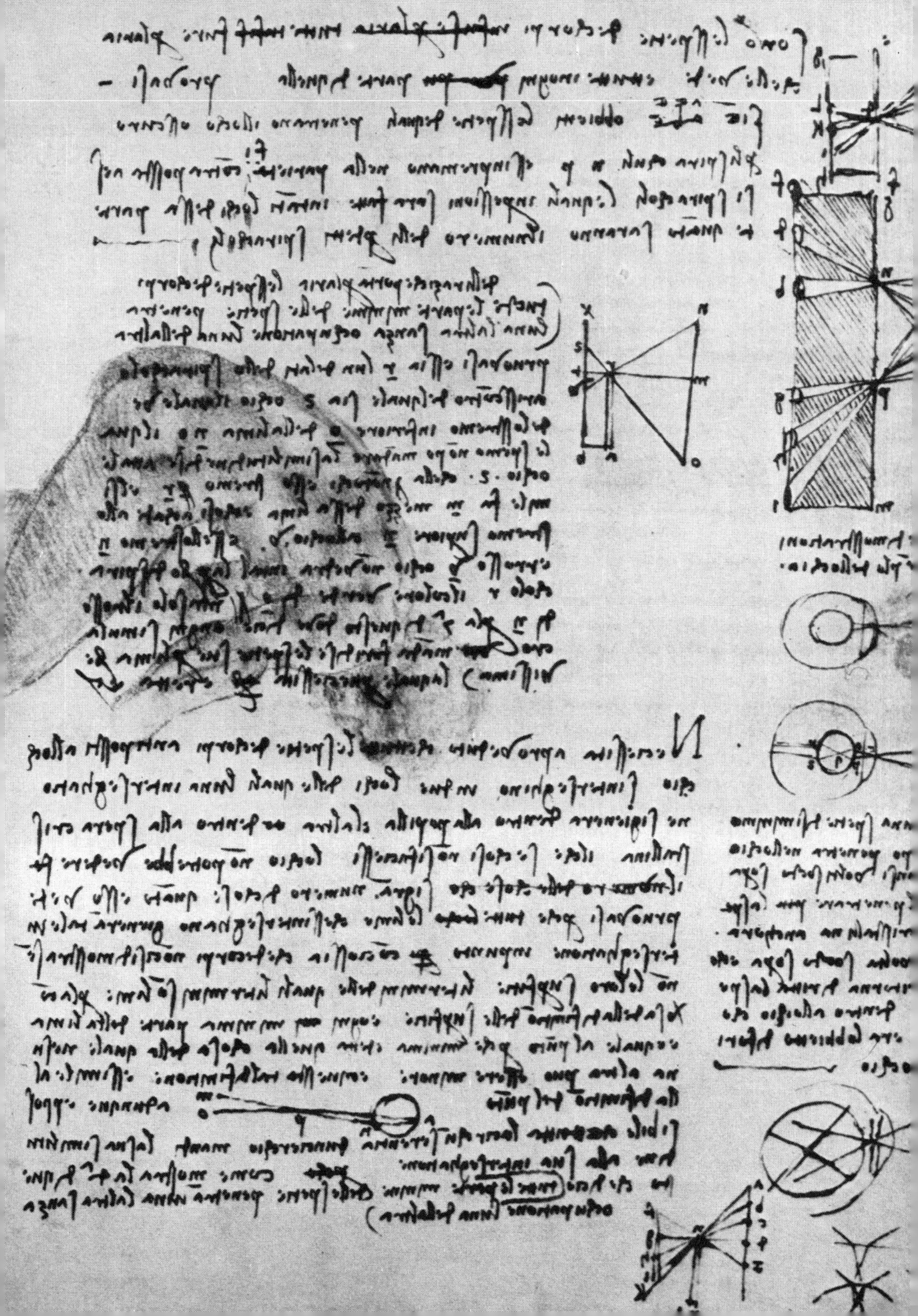

E tirato dalla mia bramosa voglia,
vago di vedere la gran copia delle varie e strane
forme fatte dalla artifiziosa natura, raggiratomi
alquanto infra gli ombrosi scogli, pervenni all'entrata di
una gran caverna, dinanzi alla quale restato
alquanto stupefatto e ignorante di tal cosa, piegato le mie reni
in arco e ferma la stanca mano sopra il ginocchio,
e colla destra mi feci tenebra
alle abbassate ... ciglia.
E spesso piegandomi in qua e in là per vedere
se dentro vi discernessi alcuna cosa e questo vietatomi
la grande oscurità che là entro era,
stato alquanto, subito salse in me 2 cose, paura
e desidèro: paura per la minacciante e scura spilonca;
e desidèro per vedere se là entro fusse
alcuna miracolosa cosa.

Proemio: So bene che per non essere io litterato,
che alcuno prosuntuoso gli parrà ragionevolmente
potermi biasimare coll'allegare io essere omo sanza lettere –
gente stolta!
Non sanno questi tali ch'io potrei,
sì come Mario rispose contro a' patrizi romani,
io sì rispondere dicendo: quelli che dell'altrui fatiche
sè medesimi fanno ornati le mie a me medesimo
non vogliano concedere.
Diranno che per non avere io lettere,
non potere ben dire quello di che voglio trattare.
Or non sanno questi che le mie cose son più da essere
tratte dalla sperienzia che d'altrui parola;
la quale fu maestra di chi ben scrisse, e così per maestra
la piglio e quella in tutti i casi allegherò.

Und, getrieben von meiner Neugierde,
zog ich aus, die von der sinnreichen Natur geschaffene
große Menge vielfältiger und eigentümlicher Formen
zu betrachten; nachdem ich eine Weile
zwischen den schattigen Felsen umhergewandert, geschah es,
daß ich mich am Eingang einer großen Höhle befand, vor der ich
recht erstaunt und in Unkenntnis eines solchen Dinges
stehenblieb, meinen Rücken beugte und die müde Hand reglos
aufs Knie stützte, mit der Rechten meine gesenkten Lider
beschattend. Und, mich des öfteren hierhin und dorthin reckend,
ob ich irgend etwas erkennen könne,
was mir die große Finsternis darinnen verwehrte,
blieb ich so eine Weile,
wobei ich zugleich Angst und Verlangen verspürte:
Angst wegen der bedrohlichen und dunklen Höhle; Verlangen,
doch nachzusehen, ob darinnen irgendein wunderlich Ding sei.

ARUNDEL 155r

Mir ist wohl bewußt, daß ich kein Belesener bin,
und daß es einigen Überheblichen rechtens erscheinen könnte,
mich zu schelten mit der Bemerkung, ich sei ein Mann
ohne Belesenheit – törichte Menschen!
Wissen diese denn nicht, daß ich,
wie schon Marius den römischen Patriziern, auch ihnen
erwidern könnte: wer sich mit den Arbeiten anderer schmückt,
der will mir meine eigenen nicht zubilligen.
Sie werden sagen, weil ich keine Belesenheit habe,
kann ich nicht gut zum Ausdruck bringen, was ich abhandeln will.
Wissen diese denn nicht, daß meine Dinge weniger aus dem Wort
als aus der Erfahrung abzuhandeln sind,
welche Lehrmeisterin derer war, die gut geschrieben haben;
gleichermaßen nehme auch ich sie zur Lehrmeisterin
und werde sie in einem jeden Falle anführen. ATLANTICUS 119v-a

Fuggi i precetti di quelli speculatori
che le loro ragioni non sono confermate dalla isperienza.

Se tu isplezzerai la pittura,
la quale è sola imitatrice di tutte l'opere evidenti di natura,
per certo tu sprezzerai una sottile invenzione,
la quale con filosofica e sottile speculazione
considera tutte le qualità delle forme:
aire e siti, piante, animali, erbe e fiori,
le quali son cinte d'ombra e lume;
e veramente questa è scienzia legittima figliola di natura...

Il dipintore disputa e gareggia colla natura.

Intra li studi delle naturali
considerazioni, la luce diletta più i contemplanti;
intra le cose grandi delle matematiche la certezza
della dimostrazione innalza più plecarmente
l'ingegni delli investiganti.
La prospettiva adunque è da esser preposta a tutte
le traduzioni e discipline umane, nel campo della quale la linia
radiosa complicata dà i modi delle dimostrazioni,
nella quale si truova la gloria
non tanto della matematica quanto della fisica...

Prospettiva è ragione dimostrativa,
per la quale la sperienzia conferma tutte le cose mandare
all'occhio per linee piramidali la lor similitudine;

Hüte dich vor den Lehren jener Spekulanten,
deren Überlegungen nicht von der Erfahrung bestätigt sind.

MS. B 4v

Verachtest du die Malerei, die nur Nachahmerin
aller offenbaren Werke der Natur ist,
so wirst du gewiß auch eine genaue Erforschung verachten,
die mit philosophischer und subtiler Spekulation
alle Beschaffenheiten der Formen in Betracht zieht:
Luft und Landschaft, Pflanzen, Tiere, Gräser und Blumen,
welche in Schatten und Licht eingebettet sind; und dies
ist wahrlich Wissenschaft und legitime Tochter der Natur…

MS. A 100r

Der Maler disputiert und wetteifert mit der Natur.

FORSTER III 44v

Bei den betrachtenden Studien über die Natur
erfreut das Licht die Anschauenden am meisten;
in den großen Fragen der Mathematik erhebt
die Gewißheit des Beweises den Geist des Untersuchenden.
Allen menschlichen Übertragungen und Disziplinen
muß also die Perspektive vorangesetzt werden,
in deren Bereich die komplizierte Strahlenlinie
die Beweisarten liefert und in der nicht so sehr
der Ruhm der Mathematik
als vielmehr derjenige der Physik liegt.

ATLANTICUS 203r-a

Perspektive ist das sichtbare Gesetz, nach dem,
wie die Erfahrung bestätigt, alle Dinge
ihr Ebenbild in pyramidalen Linien zum Auge schicken;

e quelli corpi d'equali grandezze faranno maggiore
o minore angolo a la lor piramide secondo la varietà
della distanzia che fia da l'una a l'altra.
Linie piramidali intendo esser quelle,
le quali si partano da' superfiziali stremi de' corpi
e per distante concorso si conducano in un sol punto.
Punto dicono essere quello il quale in nessuna parte
si pò dividere,
e questo punto è quello il quale, stando ne l'occhio,
riceve in sè tutte le punte della piramide.

Ogni corpo empie
la circustante aria della sua similitudine,
la quale similitudine è tutta per tutto e tutta nella parte.
L'aria è piena d'infinite linie rette e radiose
insieme intersegate e intessute sanza occupazione
l'una dell'altra, [che] rappresentano a qualunque obbietto
la vera forma della lor cagione.

Perchè in tutti i casi
del moto l'acqua ha gran conformità con l'aria,
io l'allegherò per esemplo alla sopraddetta proposizione.
Io dico: se tu gitterai in un medesimo tempo
2 picciole pietre alquanto distanti l'una dall'altra
sopra un pelago d'acqua sanza moto,
tu vederai causare intorno alle due predette percussioni
2 separate quantità di circuli, le quali quantità, accresciendo,
vengano a scontrarsi insieme e poi a 'ncorporarsi
intersegandosi l'un circulo coll'altro,
sempre mantenendosi per cientro i lochi
percossi dalle pietre.
E la ragion si è che benchè lì apparisca qualche
dimostrazione di movimento,
l'acqua non si parte del suo sito...
E che quel ch'io dico ti si facci più manifesto,

und die Körper gleicher Größe
werden je nach der Entfernung eine Pyramide
mit mehr oder weniger spitzem Winkel bilden.
Als pyramidale Linien verstehe ich solche,
die von den Begrenzungen der Körperoberflächen ausgehen
und in der Entfernung zusammenlaufen
und zu einem einzigen Punkte führen.
Als Punkt wird bezeichnet, was sich an keiner Stelle teilen läßt,
und dieser Punkt ist derjenige, der sich im Auge befindet
und in sich alle Spitzen der Pyramide empfängt. MS. A 3r

Jeder Körper füllt die umgebende Luft
mit seinem Ebenbild,
welches das Ebenbild im Ganzen und in allen Teilen ist.
Die Luft ist voll unendlich vieler gerader und
strahlenförmiger Linien, die einander überschneiden
und miteinander verwoben sind [und die] jedwedem Ding
die wahre Form ihres Ausgangspunkts darstellen. MS. A 2v

Da in allen Fällen der Bewegung
das Wasser eine große Ähnlichkeit mit der Luft besitzt,
will ich es für den genannten Lehrsatz als Beispiel anführen.
Ich sage: wenn du gleichzeitig zwei Steinchen
mit einigem Abstand voneinander
in ein tiefes unbewegtes Wasser wirfst,
kannst du um die beiden Einschlagstellen
zwei getrennte Mengen von Kreisen sehen,
welche, indem sie zunehmen, aufeinanderstoßen
und sodann ineinander übergehen, wobei sich ein Kreis
mit dem anderen überschneidet und doch alle als Mittelpunkt
die vom Stein getroffenen Stellen behalten.
Und der Grund dafür ist, daß das Wasser,
obwohl einige Bewegung auf ihm zu sehen ist,
sich doch nicht von seiner Stelle bewegt...
Und damit, was ich dir sage, deutlicher werde,

poni mente a quelle festuche che per lor leggerezza
stanno sopra l'acqua,
che per l'onda fatta sotto loro dall'avvenimento
de' circuli non si partan però del lor primo sito, essendo
adunque questo tal risentimento d'acqua più tosto
tremore che movimento...

L'acqua percossa dall'acqua fa circuli
dintorno al loco percosso;
per lunga distanzia la voce infra l'aria;
più lunga infra il foco;
più la mente infra l'universo;
ma perchè ell'è finita
non si astende infra lo infinito.

Ogni cosa mossa con furia seguiterà per l'aria
la linia del movimento del suo motore.
Se quello move la cosa in circulo,
s'ella fia lasciata in quel moto, il moto suo fia curvo;
e se il moto fia principiato in circulo
e finito in dirittura, in dirittura fia il suo corso;
e così sendo cominciata diritta e finita torta,
torto fia il suo cammino.
Ogni cosa mossa dal colpo si parte infra angoli uguali
del suo motore.

Ogni corpo sperico di densa e resistente superfizie,
mosso dai pari potenzia, farà tanto movimento
con sua balzi causato da duro e solio smalto quanto
a gittarlo libero per l'aria.
O mirabile giustizia di te, primo motore.
Tu non hai voluto mancare a nessuna potenzia l'ordini
e qualità de' sua necessari effetti,

denke an jene Hälmchen, die wegen ihrer Leichtigkeit
auf dem Wasser bleiben und sich durch die unter ihnen
mit dem Eintreffen der Kreise entstandenen Welle
keineswegs von ihrem ursprünglichen Platz bewegen,
da, was hier mit dem Wasser geschieht,
mehr Zittern als Bewegung ist... MS. A 61r

Von Wasser getroffenes Wasser
zieht Kreise um die Stelle des Aufpralls;
über weite Entfernung tut dasselbe die Stimme in der Luft;
über weitere das Feuer;
über noch weitere der Geist im Universum;
doch weil dieser endlich ist,
verbreitet er sich nicht in die Unendlichkeit. MS. H 67r

Jedes mit Heftigkeit bewegte Ding
setzt in der Luft die Bahn seiner Antriebskraft fort.
Wenn diese das Ding im Kreis bewegt und es in dieser Bewegung
belassen wird, verläuft seine Bewegung in der Kurve;
und wenn die Bewegung im Kreis begonnen
und in der Geraden beendet wird,
erfolgt sein Lauf in der Geraden; und folglich, wenn der Beginn
gerade und das Ende krumm, wird sein Lauf krumm.
Jedes durch Schlag in Bewegung gesetzte Ding entfernt sich
in den gleichen Winkeln von seiner Antriebskraft. MS. A 81v

Jeder sphärische Körper
von dichter und widerstandsfähiger Oberfläche wird,
wenn von gleicher Kraft bewegt,
so viel von hartem und kräftigem Stoß verursachte Bewegung
in Sprüngen machen, als würde er frei durch die Luft geworfen.
O, deine wunderbare Gerechtigkeit, Urbeweger!
Du wolltest es keiner Kraft an Ordnung und Wert ihrer

con ciò sia che una potenzia debe cacciare 100 braccia
una cosa vinta da lei e quella nel suo obbedire
trova intoppo, hai ordinato che la potenzia del colpo
ricausi novo movimento, il quale per diversi balzi
recuperi la intera somma dèl suo debito viaggio.
E se tu misurerai la via fatta da detti balzi,
tu troverai essere di tal lunghezza qual sarebbe a trarre
con la medesima forza
una simil cosa libera per l'aria.

Ogni grave che libero discende,
al centro del mondo si dirizza; e quel che più pesa,
più presto discende;
e quanto più discende, più si fa veloce.
Tanto pesa l'acqua che si parte del suo sito per causa
della nave, quanto il peso di essa nave appunto.

Ogni moto attende al suo mantenimento
ovvero ogni corpo mosso sempre si move,
in mentre che la impressione della potenzia del suo motore
in lui si riserva.

Ogni piccol moto fatto dal mobile circundato
dall'aria, si va mantenendo con l'impeto.

Perchè si sostiene l'uccello sopra dell'aria.
L'aria che con più velocità di mobile è percossa,
con maggior somma di sè medesima si condensa.
...essendo l'aria corpo atto a condensarsi in sè
medesima quando essa è percossa da moto di maggior
velocità che non è quel della sua fuga,

notwendigen Wirkung fehlen lassen und hast, wenn eine Kraft ein von ihr beherrschtes Ding einhundert Ellen weit treibt, und jenes, gehorchend, auf ein Hindernis trifft, angeordnet, daß die Kraft des Aufpralls neue Bewegung verursacht, welche durch verschiedene Sprünge die volle Summe des auferlegten Weges wiedergewinnt. Und mißt du die von besagten Sprüngen zurückgelegte Fahrt nach, wirst du feststellen, daß sie von der gleichen Länge ist, als würde mit gleicher Kraft ein ähnliches Ding frei durch die Luft gezogen.

MS. A 24r

Jedes Gewicht, das fällt,
strebt dem Mittelpunkt der Erde zu;
und was schwerer ist, fällt schneller;
und je mehr es fällt, umso schneller wird es.
Das von einem Schiff aus seiner Lage verdrängte Wasser
wiegt so viel wie das Gewicht eben dieses Schiffes. FORSTER II2 65v

Jede Bewegung strebt nach ihrer Erhaltung,
das heißt jeder bewegte Körper bewegt sich stetig,
wobei die Kraft, die ihn in Bewegung gesetzt hat,
sich in ihm erhält. VOGELFLUG 13 (12)r

Jede kleine Bewegung des von Luft umgebenen Beweglichen
erhält sich mit ihrer Heftigkeit weiter. MS. K3 111 (31)r

Warum der Vogel sich in der Luft hält.
Je rascher die Luft von dem Beweglichen geschlagen wird,
umso stärker verdichtet sie sich.
Dies, weil die Luft ein Körper ist,
der sich in sich selbst verdichten kann,
wenn er von einer Bewegung getroffen wird,

essa si prieme in sè medesima e si fa infra l'altra aria
a similitudine del nuvolo...
Ma quando l'uccello si trova infra 'l vento,
egli pò sostenersi sopra di quello
sanza battere l'alie,
perchè quello offizio
che fa l'alia mossa contro all'aria
stando l'aria sanza moto,
tal fa l'aria contro all'alia
essendo quella sanza moto.

Scrivi del notare sotto l'acqua,
e arai il volare dell'uccello per l'aria.

La scienzia strumentale over machinale è nobilissima
e sopra tutte l'altre utilissima,
con ciò sia che mediante quella tutti li corpi animati
che hanno moto fanno le loro operazioni.

...mia intenzione è allegare prima la sperienza
e poi colla ragione dimostrare perchè tale esperienza
è costretta in tal modo ad operare.

Convertansi li elementi l'uno nell'altro,
e quando l'aria si converte in acqua pel contatto ch'ell'ha
colla sua fredda regione,
allora essa attrae a sè con furia tutta
la circunstante aria, la quale con furia si move
a riempiere il loco evacuato della fuggita d'aria
...e questo è il vento.

die schneller ist als seine eigene Flucht,
und er sich in der umgebenden Luft
gleich einer Wolke zusammenzieht,
das heißt zu jener Dichte...
Doch wenn der Vogel im Wind ist,
kann er sich auf diesem halten,
ohne die Flügel zu schlagen,
weil die Funktion, die der bewegte Flügel
der unbewegten Luft gegenüber hatte, nun die Luft
gegenüber dem unbewegten Flügel übernimmt. ATLANTICUS 77r-b

Schreibe vom Schwimmen unter Wasser,
und du hast das Fliegen des Vogels in der Luft. ATLANTICUS 214r-d

Die mechanische Wissenschaft ist überaus edel
und vor allen anderen Wissenschaften äußerst nützlich,
weil durch sie alle lebenden Körper, die Bewegung besitzen,
ihre Tätigkeiten ausüben. VOGELFLUG 3r

... meine Absicht ist es, erst die Erfahrung anzuführen
und sodann mit Vernunft zu beweisen, warum diese Erfahrung
auf solche Weise wirken muß. MS. E 55r

Die Elemente wandeln sich das eine in das andere,
und wenn die Luft sich durch die Berührung
mit dessen kalter Region in Wasser wandelt,
so zieht sie mit Heftigkeit alle umliegende Luft heran,
die sich mit Heftigkeit bewegt, um den
durch die entflohene Luft leergewordenen Platz zu füllen...
und dies ist der Wind. ATLANTICUS 169r-a

Ogni figura
creata dal moto, col moto si mantiene.
Quando tira vento spiana la rena, e vedi in che modo essa
crea le sue onde, e nota quanto essa si move più tarda
che 'l vento; e 'l simile fa dell'acqua
e nota le differenzie ch'è dall'acqua alla rena.

Nota il moto del livello dell'acqua,
il quale fa a uso de' capelli, che hanno due moti,
de' quali l'uno attende al peso del vello
l'altro al liniamento delle volte.
Così l'acqua ha le sue volte revertiginose,
delle quali una parte attende a l'impeto
del corso principale, l'altra attende
al moto incidente e refresso.

Scrivi come li nugoli si compongano
e come si risolvano, e che causa leva li vapori
dell'acqua dalla terra infra l'aria,
e la causa delle nebbie e dell'aria ingrossata,
e perchè si mostra più azzurra e meno azzurra una volta
che un'altra; e così scrivi le regioni dell'aria
e la causa delle nevi e delle grandini, e del ristrignersi
l'acqua e farsi dura in diaccio,
e del creare per l'aria nuove figure di neve e alli alberi
nuove figure di foglie ne' paesi freddi,
e per li sassi diacciuoli...

E già sopra a Milano, inverso Lago Maggiore,
vidi una nuvola in forma di grandissima montagna,
piena di scòli infocati, perchè li razzi del sole,

Jede von der Bewegung geschaffene Gestalt
erhält sich mit der Bewegung.
Wenn Wind weht, ebnet er den Sand ein, und siehe, wie dieser
Sand seine Wellen bildet, und bemerke, um wievieles er sich
später bewegt als der Wind; und tue desgleichen beim Wasser
und beachte die Unterschiede zwischen Wasser und Sand.

ATLANTICUS 37v-c

Bemerke die Bewegung der Wasseroberfläche,
die sich ebenso verhält wie die Haare,
die zwei Bewegungen haben, wovon die eine
sich an das Gewicht des Gesamthaars hält
und die andere an den Verlauf der Wellen und Locken.
So hat das Wasser seine Wirbel, von denen sich ein Teil
an die Gewalt der Hauptströmung hält,
der andere an die zufällige und zurückprallende Bewegung.

WINDSOR 12579r

Schreibe, wie die Wolken sich zusammenballen
und auflösen, und welche Ursache die Wasserdämpfe
von der Erde in die Luft hebt, und die Ursache von Nebel
und trüber Luft, und warum sie sich
einmal mehr und einmal weniger azurblau zeigt;
und also schreibe von den Schichten der Luft
und von der Ursache des Schnees und des Hagels,
und vom Zusammenziehen des Wassers und Erhärten zu Eis,
und wie in der Luft neue Schneefiguren geschaffen werden
und für die Bäume neue Blätterfiguren in den kalten Ländern,
und für die Felsen Eiszapfen…

MS. F 35r

Und schon sah ich über Mailand,
in Richtung auf den Lago Maggiore, eine Wolke
in Form eines riesigen Gebirges voll feuriger Felsen,

che già era all'orizzonte che rosseggiava, la tignea del suo colore. E questa tal nugola grande ... non si movea di suo loco; anzi riservò nella sua sommità il lume del sole insino a una ora e mezza di notte, tant'era la sua immensa grandezza. E infra due ore di notte generò sì gran vento, che fu cosa stupente, inauldita; e questo fece nel riserrarsi, che l'aria che infra quella si rinchiudeva, essendo premuta dalla condensazione del nugolo, rompea e fuggia per le parte più debole, scorrendo per l'aria con ispesso tomulto, facendo a similitudine della spugna premuta dalla mano sotto l'acqua, della quale l'acqua di che era imbeverata fugge infra le dita della man che la preme, fuggendo con impeto infra l'altr'acqua.

Come la chiarezza dell'aria nasce dall'acqua che in quella s'è resoluta e fattasi in insensibili graniculi, li quali, preso il lume del sole dall'apposita parte, rendan la chiarezza che in essa aria si dimostra; e l'azzurro che in quella apparisce nasce dalle tenbre che dopo essa aria si nascondano.

Noterai nel tuo ritrarre come infra le ombre sono ombre insensibili d'oscurità e di figura... Le cose vedute infra 'l lume e l'ombre si dimosterranno di maggiore rilievo che quelle che son nel lume o nell'ombre.

Poni mente per le strade, sul fare della sera, i volti d'omini e donne, quando è cattivo tempo, quanta grazia e dolcezza si vede in loro.

weil die Strahlen der Sonne, die schon am roten Horizont stand, sie mit ihrer Farbe färbten. Und diese große Wolke bewegte sich nicht von ihrer Stelle; sie behielt sogar das Licht der Sonne auf ihrem Gipfel noch eine und eine halbe Stunde der Nacht, so riesenhaft groß war sie. Und um die zweite Stunde der Nacht erhob sich ein so starker Wind, daß dies etwas Erstaunliches, Unerhörtes war; und dieser Wind bewirkte durch seine Verdichtung, daß die von der Kondensierung der Wolke in ihr zusammengepreßte Luft ausbrach und an der schwächsten Stelle entfloh und mit starkem Gedröhn durch die Luft eilte, wobei die Wolke sich ähnlich verhielt wie ein unter Wasser von der Hand zusammengepreßter Schwamm, aus dem das Wasser, mit dem er getränkt, zwischen den Fingern der pressenden Hand in das andere Wasser entflieht. LEICESTER 28r

Wie die Klarheit der Luft aus dem Wasser entsteht, das sich in jener zu unwahrnehmbaren Teilchen aufgelöst, welche, wenn sie das Licht der Sonne von der entsprechenden Richtung erhalten, die in dieser Luft sich zeigende Klarheit wiedergeben; und wie das Azurblau in dieser Luft aus der Finsternis entsteht, die sich hinter der Luft verbirgt. LEICESTER 20r

Du wirst bei deinem Malen bemerken, daß es in den Schatten noch Schatten gibt, unwahrnehmbar an Dunkelheit und Gestalt…
Die zwischen Licht und Schatten gesehenen Dinge werden sich besser abheben als die, die im Licht oder im Schatten stehen.

MS. E 17r

Beachte auf den Straßen, wenn es Abend wird und das Wetter schlecht ist, die Gesichter von Männern und Frauen, wieviel Anmut und Sanftheit man auf ihnen sieht. MS. A 100v

Questi libri
contengano in ne' primi della natura
dell'acqua in sé e ne' sua moti;
li altri contengano delle cose fatte da e sua corsi,
che mutano il mondo di centro e di figura.

Io truovo il sito della terra
essere ab antico nelle sue pianure tutto occupato
e coperto dall'acque salse; e i monti, ossa della terra,
con le loro larghe base, penetrare e elevarsi infra l'aria,
coperti e vestiti di molta e alta terra.
Di poi le molte piogge, accrescimento de' fiumi,
con ispessi lavamenti ha dispogliato in parte l'alte cime
d'essi monti, lasciando in loco della terra il sasso...
E la terra delle spiagge e dell'alte cime
delle montagne è già discesa alle sue base e ha alzato
i fondi de' mari ch'esse basi circavano
e fatta discoperta pianura, e di lì in alcun loco,
per lontano spazio, ha cacciato i mari.

Nessuna parte della terra
si scopre dalla consumazione del corso dell'acqua,
che già non fussi superfizie di terra
veduta dal sole.

Perpetui son li bassi lochi
del fondo del mare e il contrario son le cime dei monti;
seguita che la terra si farà sperica e tutta coperta
dall'acque e sarà inabitabile.

Diese Bücher behandeln
die Natur des Wassers an sich und in seinen Bewegungen;
die anderen enthalten dann
die durch das Wasser und seine Strömungen bewirkten Dinge,
welche die Welt in Wesen und Aussehen ändern. LEICESTER 5r

Ich finde, daß die Oberfläche der Erde in frühen Zeiten
an den flachen Stellen ganz mit Salzwasser bedeckt war;
und daß die Berge, das Skelett der Erde, mit ihren breiten
Grundflächen hindurchdrangen und sich in die Luft erhoben,
mit vieler und hoher Erde bedeckt und bekleidet.
Danach haben viele Regen und angeschwollene Flüsse
durch häufiges Waschen einen Teil der Gipfel dieser hohen Berge
entblößt und anstelle der Erde den Fels zurückgelassen...
Und die Erde der Strände und hohen Berggipfel
ist heruntergekommen zu deren Grundflächen
und hat die Meeresböden gehoben, die von eben diesen
Grundflächen umgeben waren, und hat freie Ebene geschaffen
und von dort die Meere an irgendeinen Ort weit zurückgedrängt.
ATLANTICUS 126v-b

Kein Teil der Erde wird
durch die Strömung des Wassers abgetragen und entblößt,
wenn es nicht schon von der Sonne
beschienene Erdoberfläche war. ATLANTICUS 45v-a

Die Tiefen des Meeresgrundes sind immerwährend,
die Gipfel der Berge jedoch nicht;
ich folgere, daß die Erde ganz sphärisch
und wasserbedeckt und unbewohnbar wird. MS. F 52r

Farai regola e misura di ciascun muscolo
e renderai ragione di tutti li loro uffizi e in che modo
s'adoprano e chi li move.

E questo vecchio, di poche ore inanzi la sua morte,
mi disse lui passare cento anni
e che non si sentiva alcun mancamento nella persona,
altro che debolezza;
e così standosi a sedere sopra uno letto
nello spedale di Santa Maria Nova di Firenze,
senza altro movimento o segno d'alcuno accidente,
passò di questa vita.
E io ne feci notomia,
per vedere la causa di sì dolce morte:
la quale trovai venire meno per mancamento di
sangue e arteria, che notria il core
e li altri membri inferiori,
li quali trovai molti aridi, stenuati e secchi.
La qual notomia discrissi assai diligentemente
e con gran facilità, per essere privato
di grasso e di omore,
che assai impedisce la cognizione delle parte...

Tu non farai mai se non confusione
nella dimostrazione dei muscoli e lor siti,
nascimenti e fini, se prima non fai una dimostrazione
di muscoli sottili a uso di fila di refe;
e così li potrai figurare l'un sopra dell'altro
come li ha situati la natura...

E tu che di' esser meglio
il vedere fare la notomia che vedere tali disegni,

Du wirst Regel und Maß eines jeden Muskels geben
und alle ihre Aufgaben erklären
und wie sie benutzt werden und wer sie bewegt. ANAT. B 27r

Und dieser Alte sagte mir
wenige Stunden vor seinem Tode,
daß er über hundert Jahre alt sei
und keinerlei Gebrechen spüre außer der Schwäche;
und so auf seinem Bett sitzend
im Hospital von Santa Maria Nova zu Florenz,
ging er ohne weitere Bewegung
oder Anzeichen irgendeines Geschehens
aus diesem Leben.
Ich habe ihn seziert,
um die Ursache für einen so sanften Tod zu sehen:
ich fand ihn bedingt durch den Mangel an Blut in der Arterie,
womit das Herz und die anderen unteren Organe ernährt werden,
die ich sehr verbraucht und ausgetrocknet vorfand.
Diese Autopsie führte ich sehr sorgfältig
und ohne jede Schwierigkeit durch,
da er kein Fett und keine Feuchtigkeit besaß,
welche die Untersuchung der Teile recht erschweren... ANAT. B 10v

Du wirst nur Verwirrung stiften bei der Darstellung
der Muskeln und ihrer Lage, ihres Anfangs und ihres Endes,
wenn du nicht vorher eine Darstellung dünner Muskeln
in der Weise von Zwirnreihen machst;
und so wirst du sie einen über dem andern zeichnen können,
wie die Natur sie gelagert hat... ANAT. A 18r

Und du, der du sagst, daß es besser sei,
bei der Autopsie zuzusehen als solche Zeichnungen zu sehen,

diresti bene se fussi possibile
veder tutte queste cose,
che in tali disegni si dimostrano, in una sola figura;
nella quale, con tutto il tuo ingegno,
non vedrai e non arai notizia se non d'alquante
poche vene; delle quali io,
per averne vera e piena notizia,
ho disfatti più di dieci corpi umani,
destruggendo ogni altri membri,
consumando con minutissime particule tutta la carne
che dintorno a esse vene si trovava,
sanza insanguinarle,
se non d'insensibile insanguinamento delle vene capillare.
E un sol corpo non bastava a tanto tempo;
che bisognava procedere di mano in mano
in tanti corpi, che si finissi la intera cognizione;
la qual ripricai due volte per vedere le differenzie.
E se tu arai l'amore di tal cosa,
tu sarai forse impedito dallo stomaco;
e se questo non ti impedisce, tu sarai forse impedito
dalla paura coll'abitare nelli tempi notturni
in compagnia di tali morti,
squartati e scorticati e spaventevoli a vederli;
e se questo non t'impedisce,
forse ti mancherà il disegno bono,
il qual s'appartiene a tal figurazione.
E se tu arai il disegno,
e' non sarà accompagnato dalla prospettiva;
e se sarà accompagnato, e' ti mancherà l'ordine delle
dimostrazion geometriche e l'ordine delle calculazion
delle forze e valimento de'muscoli;
o forse ti mancherà la pazienzia, se tu non sarai diligente.
Delle quali, se in me tutte queste cose sono state o no,
centoventi libri da me composti
ne daran sentenzia del si o del no,
nelli quali non sono stato impedito nè d'avarizia
o negligenzia, ma sol dal tempo. Vale.

du hättest recht, wenn es möglich wäre,
alle diese Dinge, die sich auf solchen Zeichnungen zeigen,
in einer einzigen Figur zu sehen,
an der du bei allem Verstand nicht mehr sehen und erkennen
kannst als einige wenige Venen;
und von denen ich, um darüber
rechte und ganze Kenntnis zu erhalten,
mehr als zehn menschliche Körper auseinandergenommen,
alle anderen Glieder entfernt
und in winzigen Teilchen alles Fleisch weggenommen habe,
das sich rings um die Venen befand, ohne daß Blut auf sie kam,
es sei denn das ganz wenige der Kapillarvenen.
Und ein einziger Körper genügte nicht über so viele Zeit;
es mußte Stück um Stück vorangegangen werden in vielen
Körpern, um alle Kenntnis zu vervollständigen;
was ich zweimal wiederholte, um die Unterschiede zu sehen.
Und wenn du Lust zu solchen Sachen haben solltest,
wird dich vielleicht dein Magen daran hindern;
und wenn dieser dich nicht hindert,
wird dich vielleicht die Angst hindern,
zu nächtlicher Zeit mit solchen gevierteilten und enthäuteten,
schrecklich anzusehenden Toten zusammenzusein;
und wenn dies kein Hindernis ist, wird dir vielleicht
die Fertigkeit im Zeichnen fehlen,
die zu solcher Darstellung gehört.
Und machst du die Zeichnung, wird sie nicht
von der Perspektive begleitet sein;
und ist sie auch von ihr begleitet, wird es dir an der Ordnung
geometrischer Darstellungen fehlen sowie an der Ordnung
bei der Berechnung von Kraft und Wert der Muskeln;
und vielleicht wird dir die Geduld fehlen,
so du nicht fleißig bist.
Ob in mir alle diese Dinge waren oder nicht,
werden hundertzwanzig von mir zusammengestellte Bücher
mit ja oder nein beantworten,
bei denen mir weder Geiz noch Nachlässigkeit,
sondern nur die Zeit ein Hindernis war. Vale. ANAT. C 13v

Se guarderai le stelle sanza razzi
(come si fa vederle per un piccolo foro
fatto colla strema punta de la sottile acucchia,
e quel posto quasi a toccare l'occhio), tu vedrai esse
stelle essere tanto minime,
che nulla cosa pare essere minore.
E veramente la lunga distanzia dà loro ragionevole
diminuizione, ancora che molte vi sono,
che son moltissime volte maggiore che la stella
ch'è la terra coll'acqua.
Ora pensa quel che parrebbe quessa nostra stella
in tanta distanzia, e considera poi quante stelle
si metterebbe' e per longitudine e latitudine infra
esse stelle, le quali sono
seminate per esso spazio tenebroso.

Alli ambiziosi,
che non si contentano del benefizio della vita
nè della bellezza del mondo,
è dato per penitenzia che lor medesimi strazino essa vita,
e che non posseghino la utilità e bellezza del mondo.

O speculatore delle cose,
non ti laldare di conoscere le cose che ordinariamente
per sè medesima la natura conduce,
ma rallegrati di conoscere il fine di quelle cose
che son disegnate dalla mente tua.

Wenn du die Sterne ohne Strahlen ansiehst
(wie man das durch ein kleines Loch tut,
das mit der äußersten Spitze einer dünnen Nadel gemacht ist
und das man ganz dicht ans Auge hält),
dann siehst du, daß diese Sterne so klein sind,
daß kein Ding kleiner zu sein scheint.
Und in Wahrheit gibt ihnen die weite Entfernung
die entsprechende Verkleinerung, obwohl ihrer viele
um ein unendliches größer sind als der Stern,
der die Erde mitsamt dem Wasser ist.
Nun bedenke, wie unser Stern
in so großer Entfernung aussehen würde, und überlege dann,
wie viele Sterne der Länge und Breite nach
zwischen den Sternen stehen könnten,
die in den dunklen Raum gesät sind.

MS. F 5r

Den Ehrgeizigen, die sich weder mit der Wohltat
des Lebens noch mit der Schönheit der Welt begnügen,
ist die Buße aufgegeben,
daß sie selber ihr Leben verderben
und nicht den Nutzen und die Schönheit der Welt besitzen.

ATLANTICUS 91v-a

O Erforscher der Dinge,
brüste dich nicht, die Dinge zu kennen,
die für gewöhnlich die Natur von sich aus vollbringt,
sondern sei froh, das Ziel der Dinge zu begreifen,
die in deinem Verstand vorgezeichnet sind.

MS. G 47r

ANHANG

DAS FAHRRAD

AUGUSTO MARINONI

Die erstaunliche Zeichnung oben, die kürzlich im Codex Atlanticus auf der Rückseite des Blattes 48 recto-b (jetzt 133 verso) entdeckt wurde, stammt sichtlich von jugendlicher Hand. Allerdings lassen die außerordentliche Vorstellungsgabe, mit der hier ein Fahrzeug ersonnen wurde, und die überaus weitblickende mechanische Konzeption darauf schließen, daß es sich um eine Kopie einer anderen Zeichnung, vermutlich von Leonardo, handelt.

Weil die vielen losen Blätter Leonardos sich nicht in alle Winde verlieren sollten, klebte Pompeo Leoni sie im 16. Jahrhundert auf die großen Seiten eines Albums, des späteren Codex Atlanticus. Waren Leonardos Blätter auf beiden Seiten beschrieben, schnitt Leoni ein Fenster in die Unterlage und klebte Rand auf Rand. Stammte die Rückseite nicht von Leonardo, schnitt er allerdings die Unterlage nicht aus, und so blieb diese Seite völlig verborgen, bis vor wenigen Jahren die Restaurierung des Codex sämtliche Blätter wieder in ihrer Vollständigkeit sichtbar machte. Von den jetzigen Folios 132 und 133 waren den Forschern nur die Vorderseiten mit den Nummern 48 recto-a und 48 verso-b bekannt gewesen. Heute sind auch ihre Rückseiten und damit die erstaunlichste Enthüllung dieses Codex zugänglich. Auf Folio 133 verso erkennt man sofort ein von kindlicher Hand zu Papier gebrachtes Fahrrad. Die beiden Räder sind mit einem Zirkel gezeichnet, der sich beim Drehen leicht geöffnet hat. Sie sind braun angemalt, um das Holz anzudeuten. Der Rahmen ist völlig waagerecht,

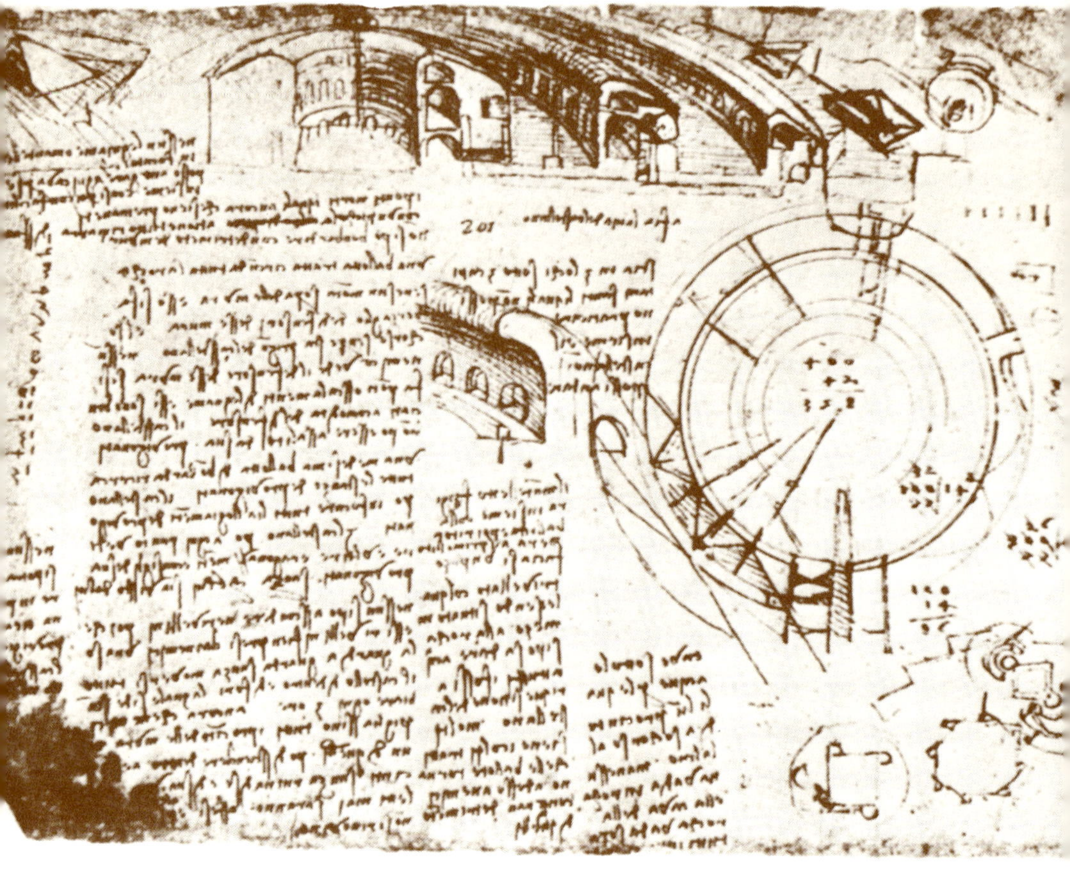

Die Restaurierung von Leonardos Codex Atlanticus brachte zum ersten Mal die Rückseiten zahlreicher Blätter zutage, die vierhundert Jahre lang auf andere Unterlagen aufgeklebt gewesen waren. Oben die Folios 48 recto-a und 48 recto-b, wie sie ursprünglich aufgezogen waren. Auf Seite 158 die bisher verborgenen Rückseiten. Es sind offensichtlich die beiden Hälften ein und desselben Blattes, das auseinandergeschnitten und um 90 Grad gedreht worden war, bevor Leonardo seine Entwürfe für eine Festung darauf zeichnete.

Ende Oktober 1504 wurde Leonardo nach Piombino entsandt, um die Befestigungsanlagen auszubauen. Dort zeichnete er detaillierte Pläne und machte Notizen für eine Reihe von Bauvorhaben. Er entwickelte so durchgreifende Neuerungen im Festungsbau, wie es ihresgleichen auf Jahrhunderte hinaus nicht mehr gab. In seinen Skizzen oben beginnt die erste moderne Bastion Gestalt anzunehmen. Außenposten an den vier Ecken sorgen für Flankierungsfeuer. Konzentrische Festungsringe bieten den Verteidigern des Kastells Feuerstellungen.

Die Rückseiten des Codex Atlanticus, Blätter 48 recto a und b, zeigen Zeichnungen, die Pompeo Leoni offensichtlich als unwichtig betrachtet hatte. Die losen Blätter wurden auf die Seiten eines Blindbandes geklebt, wobei man bei doppelseitigem Beschrieb »Fenster« in die leeren Albumseiten schnitt. Bei den hier vorliegenden Zeichnungen hatte man dies jedoch unterlassen, so daß sie für vier Jahrhunderte verdeckt blieben. Sie zeigen die Karikatur eines Knaben in Renaissancekleidung, pornographische Kritzeleien und die hervorragende Darstellung eines Fahrrades. Offensichtlich stammen sie von Schülern Leonardos; einer von ihnen wird namentlich mit dem Schriftzug »salaj« erwähnt.

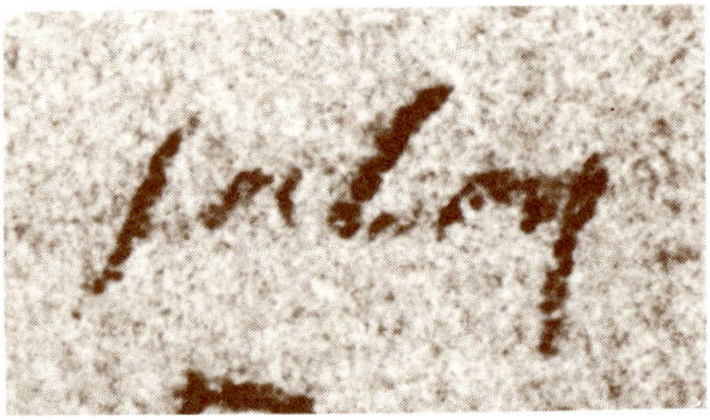

mit zwei Gabeln zum Halten der Räder. Auf der hinteren Nabe ruhen die Stützen für den großen Sattel, der noch eine dritte Halterung in der Mitte des Rahmens hat. An dem eigenartigen, T-förmigen Griff steht unten eine Schraube hervor; er ist mit der Nabe des Vorderrades durch zwei gebogene, vielleicht nachgiebige Arme verbunden. Um ein Anscheuern zu verhindern, ist das Rad mit einem Schutz versehen. Ebenfalls in der Mitte des Rahmens ist das Rad mit den großen Holzzähnen angebracht, die kubisch und nicht spitz sind, weil sie so der Zugkraft nicht standhalten würden. Man sieht nicht, wie das Vorderrad einzuschlagen ist, und es ist uns nicht bekannt, ob der Junge, der ja eine andere Zeichnung kopiert, eine Unterlassung begangen hat oder ob das Problem auch in der Originalzeichnung nicht gelöst worden ist. Gewiß aber müssen wir der Unerfahrenheit des Zeichners die übermäßige Länge der Pedale und die Durchsichtigkeit des Zahnrades zuschreiben, das wie ein Reifen ohne Haltestreben aussieht.

Die wenigen Sachverständigen, die diese Zeichnung betrachtet haben, sträuben sich entschieden dagegen, die frühe Entstehungszeit des Dargestellten anzuerkennen; und weil die Verwendung der Kette für das Fahrrad gegen Ende des 19. Jahrhunderts aufkam, neigen sie dazu, die Zeichnung auf die ersten Jahre unseres Jahrhunderts zu datieren. Dem stehen allerdings unabweisbare Argumente entgegen. 1. Die Seite war fast vier Jahrhunderte lang angeklebt, und es ist völlig unvorstellbar, daß vor siebzig oder achtzig Jahren ein Junge von der Biblioteca Ambrosiana die Erlaubnis zum Betrachten des Codex erhalten und so die Möglichkeit gehabt hätte, eines oder mehrere Blätter abzulösen, darauf zu zeichnen und sie wieder anzukleben. 2. Selbst in diesem Fall hätte er eines der damaligen Fahrräder gezeichnet, also nicht eines aus Holz und mit Schubkarrenrädern, ohne Lenkung und mit so unproportionierten Übersetzungszähnen, die in keine Kette passen. 3. Die sonderbaren Zahnräder und die Kette decken sich genau mit denen, die Leonardo im Codex Madrid I, Folio 10 recto, gezeichnet hat. 4. Wir können das Fahrrad nicht von den anderen Zeichnungen trennen, die sich auf den Folios 132 verso und 133 verso befinden. Sie wurden nämlich gezeichnet, als diese noch ein Stück, also die beiden Hälften eines einzigen Blattes waren. Fügen wir sie zusammen, so sehen wir, daß jemand, wiederum mit Bleistift und von links nach rechts, unten zwei obszöne Zeichnungen angebracht hat, über denen rechts in deutlichen Buchstaben »salaj« steht; damit ist Salai gemeint, Leonardos Schüler, Modell und Diener. Weiter oben die karikierte Büste eines Jungen mit unordentlicher Mähne, elegant verschnürter

Kleidung und schrecklich verunstaltetem Gesicht: fliehendes Kinn, hohle Wangen, unter raubvogelähnlichen Brauen stechende Augen, die sich mit einer zum Vogelschnabel umgebildeten Hakennase verbinden. Es ist sehr wahrscheinlich, daß die Karikatur ebenfalls Salai darstellen soll, der bereits mit der obszönen Zeichnung verunglimpft wurde. (Dem ist noch hinzuzufügen, daß sich noch weitere pornographische Kohlezeichnungen auf den Rückseiten der Folios 73 und 154b befinden, früher 24 recto-b und 55 verso-b.)

Diese Zeichnungen führen uns mitten hinein in Leonardos Werkstatt, wo stets Papierblätter zum Schreiben und Zeichnen bereitliegen und die ganz jungen Schüler und Lehrjungen leben und arbeiten: Salai, Marco

d'Oggiono, der schon ältere Gian Antonio Boltraffio und noch andere. Einer von ihnen (Salai?) kopiert auf einem dieser Blätter eine Zeichnung des Meisters. Er muß sie wohl kopiert haben, weil wir einem Kind diesen großartigen Einfall nicht zutrauen können, der um drei oder vier Jahrhunderte unser Fahrrad vorwegnimmt. Der von Leonardo lange gehegte Traum des Ikarus ist weit weniger originell als die subtile und zündende Idee, auf nur zwei Rädern im Gleichgewicht zu fahren. Doch schon ist ein Lern- und Arbeitskollege zur Stelle, er ist ein wenig älter und geschickt, und er wirft auf das gleiche Blatt ein höhnische Satire. Salais schönes

Die Serie von Zeichnungen unten zeigt die Entwicklung des modernen Fahrrades seit den Anfängen um 1817. Hier tauchen nach und nach die gleichen Bestandteile auf. Die ersten Fahrräder waren aus Holz, aber es fehlte der Kettenantrieb. Als der Hinterrad-Kettenantrieb aufkam, wurden sie bereits aus Metall hergestellt.

1882

ca. 1900

ca. 1900

Niemand kann wissen, welche Einzelheiten übersehen wurden, als dieses Fahrrad von irgendeiner Originalskizze abgezeichnet wurde. Die Darstellung der Zahnräder und der Kette stimmt jedoch völlig mit Leonardos Zeichnungen in Codex Atlanticus und Codex Madrid I überein (S. 165).

Gesicht ist auf gemeine Art verunstaltet und einem häßlichen Vogel ähnlich. Ein Spaß, der gewiß Ausdruck eines Ressentiments gegen denjenigen ist, der das Privileg der Schönheit besitzt; und die wird dort zerstört, wo sie am strahlendsten ist: im Gesicht. Doch es könnte auch Marcos oder Gian Antonios Rache an dem kleinen »Dieb, Lügner, Starrkopf und Schleckermaul« gewesen sein, der unterschiedslos Fremde, Kameraden und seinen väterlichen Meister bestahl. Weiter unten verbreitert sich die Satire in der Obszönität einer längeren und komplizierteren Zeichnung. Später wird das Blatt zusammengefaltet. Die Partien der Zeichnung mit stärkerem Graphitstrich drücken sich auf der gegenüberliegenden Blatthälfte ab. Messen wir die jeweiligen Randabstände der heutigen Blätter, so können wir feststellen, daß Folio 132 fünf bis sieben Millimeter verloren hat.

Wir wissen nicht, wie lange danach Leonardo das jetzt zweigeteilte Blatt zu Notizen und Zeichnungen für eine mächtige Befestigungsanlage benutzt hat. Wir wissen nicht einmal, ob das Blatt von ihm oder von anderen zerschnitten wurde. Im Codex Atlanticus gibt es viele große, gefaltete Blätter, die im Falz getrennt sind, was ja auch an einen Schnitt denken ließe. Sicher ist jedenfalls, daß Leonardo das bereits geteilte Blatt benutzte, ohne darauf zu achten, was seine Schüler vorher gezeichnet hatten. Er drehte die beiden halben Blätter um neunzig Grad, und da, wo der senkrechte Falz gewesen war, befand sich nun der obere Rand der beiden neuen Seiten, wie dies die Abfolge der Schriftzeilen zeigt.

Nicht einmal Pompeo Leoni achtete auf die obszönen Zeichnungen und ebenso wenig auf die des Fahrrades, das ja nichts wirklich Vorhandenes, sondern eine erst im Entstehen begriffene Idee darstellte. Doch er hat das

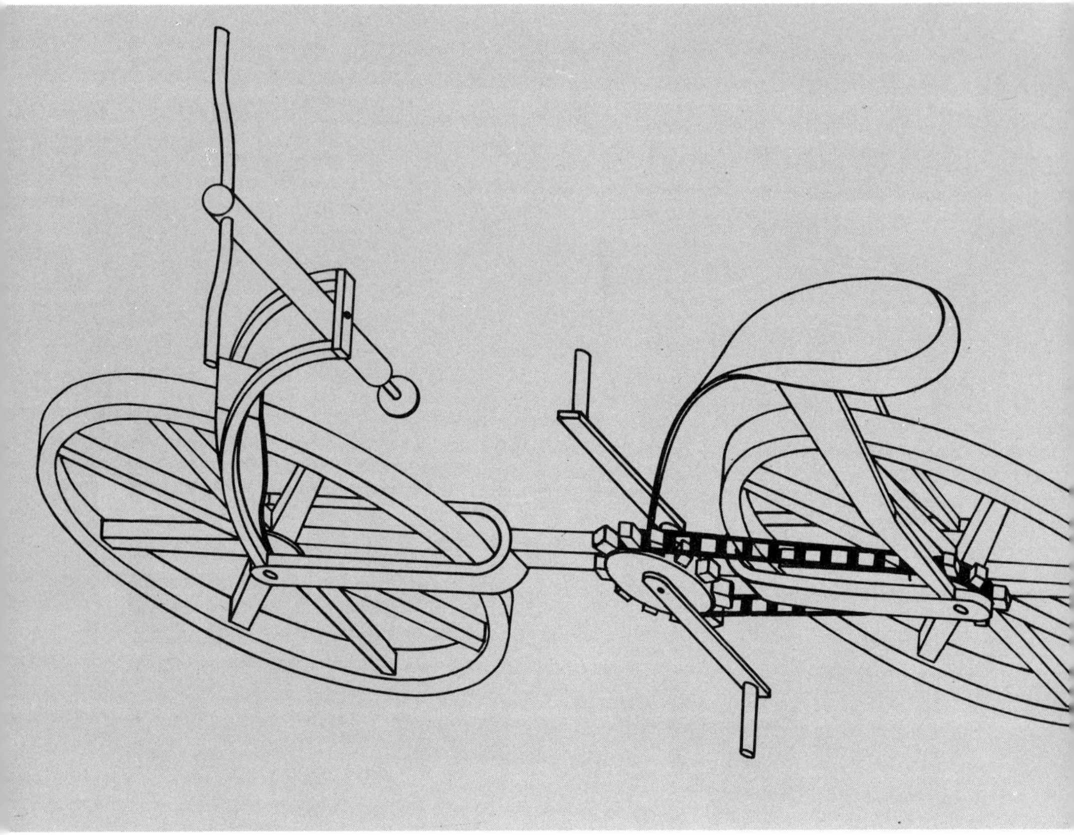

Verdienst, dieses Papier vor der Vernichtung bewahrt zu haben, indem er es in sein großes Album klebte, wodurch er es zwar fast vier Jahrhunderte lang vor jedem Blick verbarg, jedoch solcherart Alter und Echtheit einer umwälzenden Entdeckung garantierte.

Es bleibt noch, wenn möglich, der Zeitpunkt der Zeichnung zu bestimmen. Die Annahme, daß sich auch die Karikatur auf den schon mit der anderen Zeichnung verhöhnten Salai bezieht, stößt auf eine gewisse Schwierigkeit. Salai kam 1490, etwa im Alter von zehn Jahren, in Leonardos Haus. Er war von ungewöhnlicher Schönheit und hatte »gekräuseltes, lockiges« Haar, das in dieser gewollten Verunstaltung nicht erscheint. Ein gerader Strich über dem Kopf läßt an einen Hut denken, der

Links eine Rekonstruktion der Zeichnung aus dem Codex Atlanticus, Folio 133 verso, von Antonio Calegari. Die Proportionsfehler und Widersprüchlichkeiten beim Speichenabstand, bei der Anbringung der Lenkstange und der Länge der Pedale sind hier korrigiert worden. Außerdem ist eine zweite Halterung für das Hinterrad hinzugefügt und das Antriebsrad ergänzt bzw. durch ein massives Zahnrad ersetzt, wie Leonardo es im Codex Madrid I, Folio 10 recto (unten rechts), gezeichnet hat. Auffallend sind die würfelförmigen Zähne, mit denen der Entwurf unbrauchbar ist. Leonardo hat sich eingehend mit diesem Problem beschäftigt und im Codex Madrid I, Folio 5 recto (oben rechts), Zahnräder mit abgerundeten Zähnen gezeichnet, auf denen die Kette besser laufen würde.

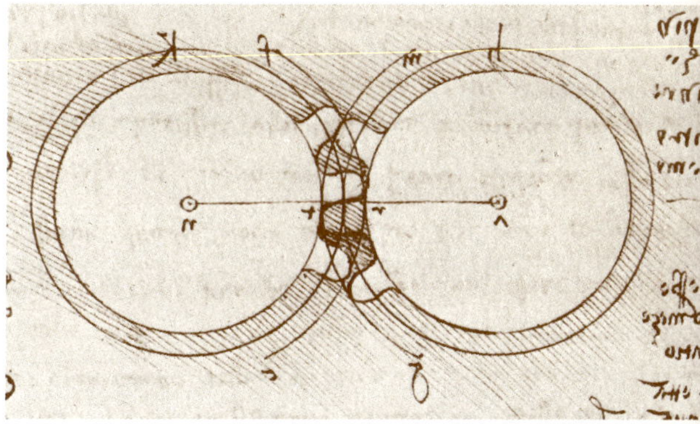

nicht zu Ende geführt wurde. Doch ist es im Grunde genommen sinnlos, aus einer verzerrenden und recht und schlecht zu Papier gebrachten Skizze eine wirkliche Ähnlichkeit mit dem verspotteten Jungen ableiten zu wollen, der damals vielleicht zwölf oder dreizehn Jahre alt war. Dies allerdings bringt uns etwa zum Jahr 1493 und zu einer bemerkenswerten Koinzidenz: Leonardo verfaßte damals den Codex Madrid I, auf dessen Folio 10 er das gleiche Zahnrad mit Kette zeichnete, das wir jetzt mit Überraschung auch an »seinem« Fahrrad sehen.

Wer das Leben
nicht schätzt,
hat es nicht
verdient

Leonardo da Vinci

LEONARDOS LEBEN

EINE CHRONIK IN BILDERN

Links: Selbstportrait Leonardos (Windsor-Sammlung 12579 recto).

Voranstehende Doppelseite: Die Erleuchtung des menschlichen Geistes ist das Thema dieses Renaissancefreskos von Raffael (1483–1520) im Vatikan. Es zeigt den Philosophen Plato im Gespräch mit seinem Schüler Aristoteles (Bildmitte). Denker und Gelehrte der Antike umringen die beiden. Sokrates steht mit dem Kopf nach links in der Mitte der linken Bildfläche, in olivfarbener Kutte und in hitzigem Streitgespräch. Auf der Treppe liegt lesend der halbnackte Diogenes. Im Vordergrund rechts erklärt Euklid geometrische Axiome. Sein Antlitz trägt allerdings die Züge des italienischen Renaissancearchitekten Bramante (1444–1514).

Die siebenundsechzig Lebensjahre von Leonardo da Vinci deckten sich mit einer der bewegtesten und zugleich schöpferischsten Epochen der Geschichte. Viele ihrer Ereignisse bilden die Grundlage, aus der sich die Neuzeit entwickeln konnte. Die Erfindung der Druckerpresse, die Entdeckung der Neuen Welt und der Seewege in den Orient und die Werke Leonardos, des umfassendsten Genies der Menschheitsgeschichte, fallen in die gleiche Zeit.
Zum Zeitpunkt seiner Geburt im Jahre 1452 hat sich Italien bereits in rascher Entwicklung vom Mittelalter entfernt. Diese Bewegung hatte zunächst auf der Ebene der Geisteswissenschaften, mit den Schriften der Humanisten, begonnen, stand aber in klarem Zusammenhang mit der Entwicklung der Naturwissenschaften, Veränderungen innerhalb der Kirche und dem allmählichen Übergang vom Feudalsystem zu einer Art kapitalistischer Wirtschaftsstruktur.
Gegen Ende des fünfzehnten Jahrhunderts stand die humanistische Bindung an die Antike dem Ansturm der neuen Entwicklungen auf sozialem, politischem, wirtschaftlichem und religiösem Gebiet gegenüber. Die Welt war vorbereitet für einen Künstler, der über die Kunst hinauswuchs, einen Wissenschaftler, dessen Forscherdrang keine Grenzen kannte, einen Menschen, der den Übergang von der antiken zur modernen Welt vollziehen konnte.

EINE BILDCHRONIK ÜBER LEONARDOS LEBEN

Hier beginnt eine Bildchronik mit Stichworten, die einen Überblick über Leben und Werk von Leonardo da Vinci gibt. Teil I enthält eine Biographie, begleitet von verschieden gerasterten Bändern, die die Stationen seines Lebens von seinem Geburtsort Vinci bis zu seinem Alterssitz in Cloux bei Amboise in Frankreich zeigen, wo er im Alter von siebenundsechzig Jahren starb. Darunter ist in Teil II eine Auswahl seiner Werke aus verschiedenen Dokumenten wiedergegeben.

1452

I SEIN LEBEN

In den vielen Notizen, die er hinterließ, erwähnt Leonardo fast nie seine Jugend. Sicherlich wurde er im Schreiben, Lesen und Rechnen unterrichtet. Später hat er wohl seine mangelnde akademische Bildung bedauert und sich bemüht, Latein und Geometrie zu beherrschen. Für seine künstlerische Entwicklung war jedoch die herrliche Landschaft, die er als Kind durchstreifen konnte, vermutlich von größerer Bedeutung. Mit ihren Weinbergen, Pinienhainen und sprudelnden Wasserläufen gehört sie noch heute zu den schönsten Gegenden Italiens. Kunst als Beruf war allgemein wenig geachtet, und der Junge wäre wohl dazu bestimmt gewesen, als Notar in die Fußstapfen seiner Vorfahren zu treten. Warum sein Vater bereit war, ihn Maler werden zu lassen, erklärt sich vielleicht aus der folgenden Geschichte.

VINCI

II SEIN WERK

Es gibt keinerlei Anhaltspunkte für die Existenz von Werken Leonardos aus den ersten zwanzig Jahren seines Lebens. Allerdings ist die Geschichte von einem frühen Gemälde überliefert, das bereits den reifen Künstler und auch den einfallsreichen Gestalter höfischer Feste ahnen ließ. Ein Bauer soll Leonardos Vater einmal gebeten haben, einen hölzernen Schild für ihn in Florenz bemalen zu lassen. Ser Piero gab ihn indes seinem Sohn. Angeregt von seiner eigenen Sammlung von Eidechsen, Fledermäusen und anderem Getier, bemalte Leonardo den Schild mit einem fürchterlichen und so echt erscheinenden Ungeheuer, daß es seinen Vater in Angst und Schrecken versetzte. Ser Piero kaufte einen anderen, schon bemalten Schild für den Bauern und verkaufte das Werk Leonardos mit ansehnlichem Gewinn. Das soll ihn davon überzeugt haben, daß Leonardos Talent ihm auch Absatz sichern werde, so daß er beschloß, seinen Sohn zu dem hervorragenden Florentiner Künstler Andrea del Verrocchio in die Lehre zu geben.

■ Abbildung
† Tod

1469

Leonardos Vater wohnt im Palazzo del Podestrè in Florenz; Leonardo als Schüler in Verrocchios ■ Werkstatt mit Botticelli, Perugino, Lorenzo di Credi.

1470

Unter Lorenzo de' Medici (il Magnifico) ■ wird Florenz zum Zentrum der Renaissance und des Humanismus in Italien.

1471

1472

Leonardos Name wird in die Liste der florentinischen Maler der *Lukasgilde* ■ eingetragen.

FLORENZ

Aus dieser Zeit (1469–1472) ist kein Werk Leonardos bekannt.

1473 | 1474 | 1475 | 1476 | 1477

1476: Leonardo wird gemeinsam mit allen Schülern Verrocchios anonym der Sodomie beschuldigt. Mangels Beweisen werden alle freigesprochen. Leonardo bleibt in Verrocchios Werkstatt.

5. August 1473: Federzeichnung des Arnotals ▪ (Uffizien, Florenz). Erstes bekanntes und datiertes Werk Leonardos.
1473–1475: *Verkündigung* (Uffizien, Florenz).
1473–1475: *Madonna mit der Vase* (Alte Pinakothek, München).

1473–1475: Mitarbeit Leonardos an der *Taufe Christi,* mit der Verrocchio beauftragt ist; er malt darin den knienden Engel ▪ und die Landschaft im Hintergrund (Uffizien, Florenz).

1476–1478: *Verkündigung* ▪ (Louvre, Paris). Ursprünglich Auftrag für Verrocchio.

1478

Januar: Auftrag an Leonardo für das Altarbild der Kapelle im Palazzo della Signoria. Später von Filippino Lippi ausgeführt.
10. Januar: Auftrag für ein Altarbild im Palazzo Vecchio.
14. März: Leonardo erhält die erste Zahlung für das Altarbild im Palazzo Vecchio.

1479

Ansicht von Florenz ■ zur Zeit Leonardos.

1480

1481

Kloster S. Donato a Scopeto gibt Auftrag für *Anbetung der Könige* ■ (Uffizien, Florenz).
28. September: letzte Zahlung der Mönche von S. Donato für die *Anbetung der Könige*.

1478–1518: Codex Atlanticus.
1478–1518: Sammlung Windsor.
Letztes Drittel des Jahres 1478: Federzeichnung von zwei Köpfen und mechanischen Vorrichtungen (Uffizien, Florenz). Das Blatt ist zerrissen; auf dem unteren Teil steht: »... 1478 begann ich die beiden Madonnenbilder.«
Benois-Madonna (Eremitage, Leningrad).
1478–1480: *Bildnis der Ginevra Benci* (National Gallery of Art, Washington).

28. Dezember: Zeichnung von Bernardo Bandini Baroncelli, ■ der Giuliano de' Medici ermordete (Musée Bonnat, Bayonne).

1481: *Anbetung der Könige* ■ (Uffizien, Florenz).
1480–1518: Codex Arundel.
1480: Leonardo malt *Hl. Hieronymus* (Vatikan).

1482

Leonardo geht nach Mailand und läßt die *Anbetung* unvollendet. Er bleibt dort bis zum Sturz von Lodovico il Moro ▪ im Jahre 1499.

1483

25. April: Die Confratelli della Concezione beauftragen Leonardo (und die Brüder De Predis), den Hochaltar in ihrer Kapelle in San Francesco il Grande zu bemalen. Es entsteht die *Madonna in der Felsengrotte*.

1484

1485

23. April: Leonardo erhält den Auftrag, eine Geburt Christi für Matthias Corvinus, den König von Ungarn, zu malen.

MAILAND

1483–1486: Leonardo arbeitet an der *Madonna in der Felsengrotte* ▪ (Louvre, Paris).

Diese Zeichnung ▪ ist zeitlich zu den ersten Studien für die Bronzestatue zu Ehren von Francesco Sforza, dem Vater von Lodovico il Moro, zu rechnen (Windsor 12358r).

1484–1488: Leonardo malt ein Bildnis der Mätresse von Lodovico il Moro, Cecilia Gallerani ▪ (Czartoryski-Galerie, Krakau).

1486

1487

Juli 1487 bis Januar 1488: Zahlungen für ein Modell eines Teils der Kuppel des Mailänder Doms.

Um 1487: Groteske Köpfe ■ (Windsor 12495r).
1487–1490: Codex Forster I2 (Fol. 41–55).
1487–1488: Manuskript B.

1488

Studien für eine Kuppelkirche. ■ Details aus einem der Codices Ashburnham (Manuskript 2037, Folio 5v).

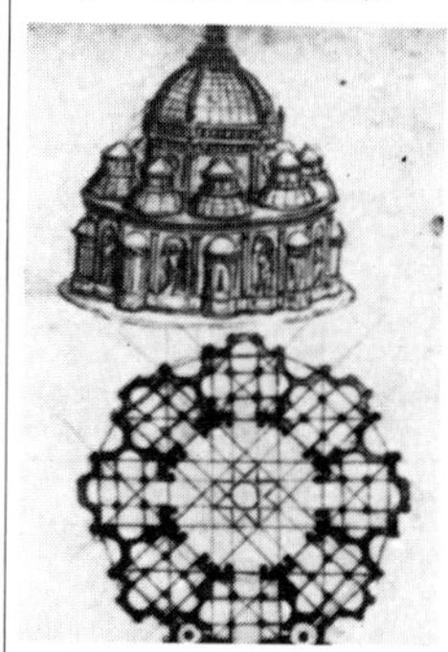

1489

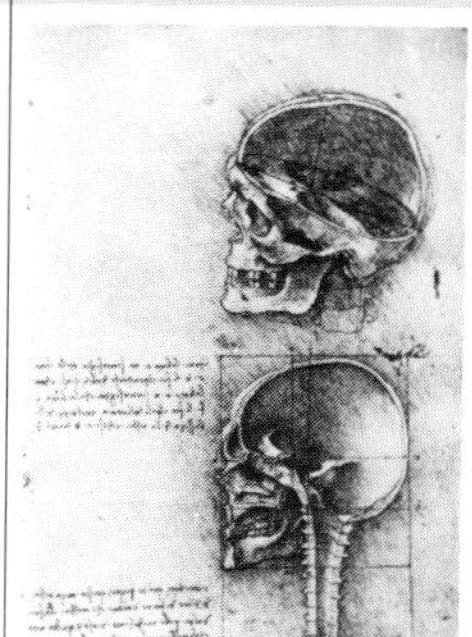

Anatomische Studien über Schädel, ■ Windsor 19057r. »2. April«, notierte Leonardo auf Folio 42 des Anatomischen Manuskripts B (Windsor 19059r.)

1490

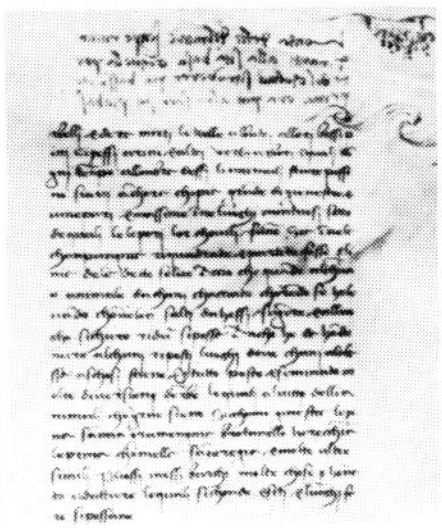

Untersuchungen von Francesco di Giorgio Martini und Bemerkung von Leonardo.■
22. Juli: Salai (Jacopo dei Caprotti) zieht zu Leonardo.

Leonardo malt das *Bildnis eines Musikers*■ (Ambrosiana, Mailand).
Manuskript C, Folio 15v: »Am 23. April 1490 fing ich dieses Buch an und begann wieder mit dem Pferd.«

1491

26. Januar und fol-

gende Tage: Festturnier anläßlich der Hochzeit von Lodovico Sforza mit Beatrice d'Este■ (Gemälde von Leonardo, Ambrosiana, Mailand).

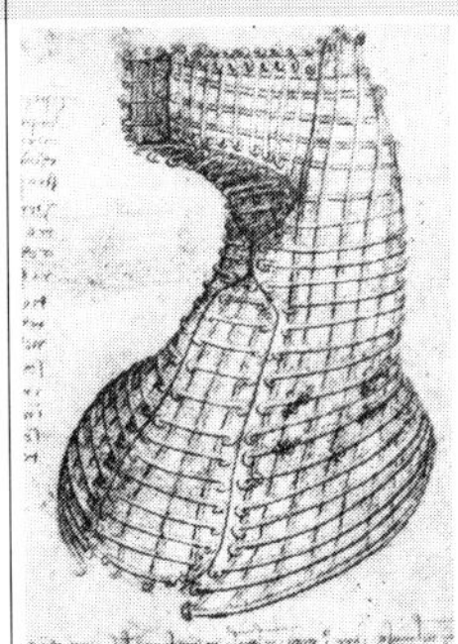

17. Mai: Vorbereitungen für den Guß des *Cavallo;*■ Codex Madrid II, 157r.
1491–1493: Fol. 141–157 des Codex Madrid II.

1492

Manuskript A.
1492–1497: Codex Madrid I.

1493

16. Juli: »Caterina« (Leonardos Mutter?) lebt in Leonardos Haus.

Aufzeichnungen über das Gußverfahren■ in Codex Madrid II, 151v.

1493–1495: Codex Forster II_1, II_2, III.
1493–1499: Manuskript H.

1494

Leonardo vergleicht die Tragfähigkeit verschiedener Bögen ▪ (Codex Forster II_2, 92r).

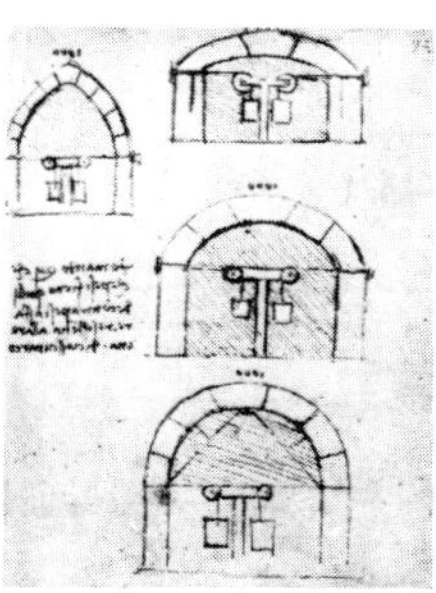

1495

Leonardo reist nach Florenz, um die neuerbaute »Sala del Gran Consiglio« zu besichtigen.

1495–1497: Dekoration der *Sala delle Asse* (Detail),▪ Castello Sforzesco, Mailand.
Etwa 1495–1497: Manuskript M. 1495–1499: Manuskript I.

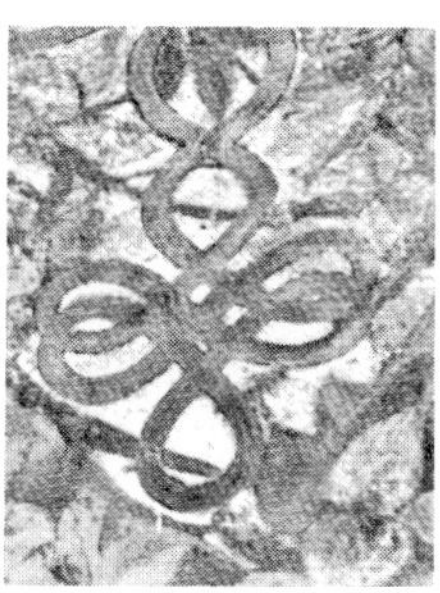

1496

Freundschaft und Zusammenarbeit mit Luca Pacioli.▪
31. Januar: Im Haus von Gian Francesco Sanseverino wird eine »Danae« aufgeführt.

1495–1498: Leonardo malt das *Abendmahl,*▪ (S. Maria delle Grazie,

Mailand).
Leonardos Zeichnungen der »regelmäßigen Körper« für Paciolis *De divina proportione.*

1497

Matteo Bandello schreibt in seinen *Novelle,* daß er Leonardo vom Sonnenaufgang bis zur Dämmerung malen sah.

Manuskript L (1502–1503).
Juni: Das *Abendmahl* ist fast fertiggestellt.

1498

9. Februar: der »ehrenvolle und wissenschaftliche Wettstreit« am Hof der Sforza, überwacht von Lodovico il Moro. Teilnehmer: Leonardo, Pacioli sowie Theologen, Professoren und Physiker.
2. Oktober: Leonardo erhält einen Weinberg von Lodovico il Moro.
Pacioli schreibt, daß Leonardo gerade ein Buch über Malerei beendet habe und ein Traktat über »Kraft und Gewicht« fertigstelle.

1498–1499: Zeichnet den Karton für die *Hl. Anna Selbdritt*■ (National Gallery, London).

1499

26. April: Die Schenkung des Weinbergs wird registriert.
14. Dezember: Leonardo verläßt Mailand. Vorher hat er 600 Goldgulden auf sein Konto in Florenz überwiesen.

1500

Februar: Mit Pacioli in Mantua.
März: In Venedig. Leonardo bereist den ganzen venezianischen Staat.
24. April: Rückkehr nach Florenz, zusammen mit Pacioli.

MANTUA VENEDIG

In Mantua zeichnet er den Karton für das *Bildnis der Isabella d'Este*■ (Louvre, Paris).
Pläne für einen Staudamm im Isonzo-Tal, um den Landstrich zur Abwehr türkischer Invasionen zu überfluten.

1501

3. April: Novellara schreibt in einem Brief an Isabella d'Este von dem Karton, den Leonardo für eine Darstellung der Hl. Anna gezeichnet hat.

FLORENZ

4. April: Nach einem Brief Novellaras arbeitet Leonardo an der *Madonna mit der Spindel.*

1502

18. August: Brief Cesare Borgias, mit dem Leonardo als Architekt und Militäringenieur eingestellt wird. Er bereist mit Borgia und Machiavelli die Romagna.

1503

Rückkehr nach Florenz. Leonardo entnimmt Geld von seinem Konto.

1504

25. Januar: Leonardo soll mit über den geeignetsten Standort für Michelangelos *David* entscheiden. Er erhält monatliche Zahlungen für seine Arbeit an der *Schlacht bei Anghiari*.
9. Juli: †Ser Piero da Vinci, Leonardos Vater.
1. bis 30. November: In Piombino (Codex Madrid II, Fol. 15r u. a.).

1505

Leonardo erhält höhere Zahlungen für die *Schlacht bei Anghiari*.

ROMAGNA FLORENZ ◀PIOMBINO

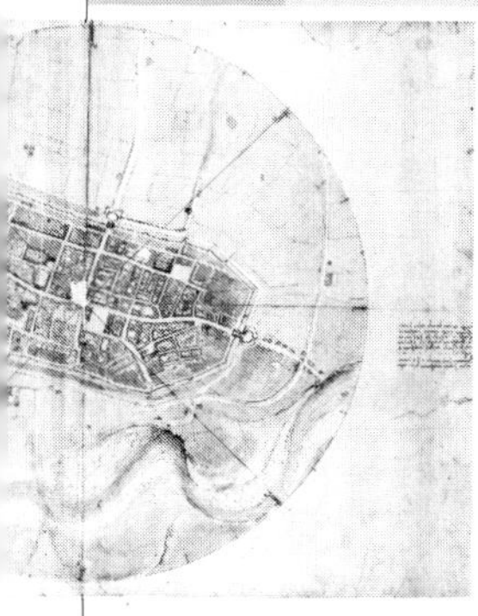

Plan von Imola ■ (Windsor 12248) und topographische Studien, ausgeführt im Dienst des Herzogs von Valentinois, Cesare Borgia. Manuskript L.

1503–1506: Karton und Wandgemälde der *Schlacht bei Anghiari* (Detail einer Skizze; ■ Windsor 12326r.)
1503–1505: Codex Madrid II, Fol. 1–140.

1504–1505: *Mona Lisa* ■ (Bildnis der Mona Lisa del Giocondo, Louvre, Paris).

Zeichnung aus dem Codex über den Vogelflug, Fol. 8 recto.■ Codex Forster I_1.

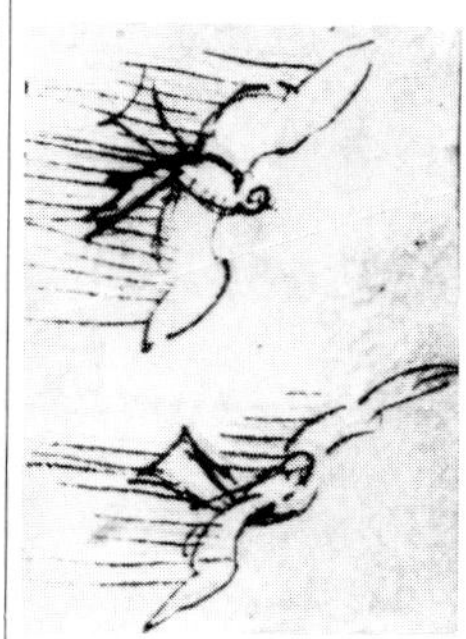

1506	1507	1508	1509
30. Mai: Leonardo verläßt Florenz und kehrt vorübergehend nach Mailand zurück. 18. August: Der Gouverneur von Mailand bittet die Signoria in Florenz um Verlängerung des Urlaubs für Leonardo um drei Monate. 28. August: Die Signoria bewilligt Leonardos Aufenthalt in Mailand bis Ende September.	Leonardo lernt Melzi kennen. 12. Januar: Noch immer in Mailand. Ludwig XII. möchte Leonardo in seinen Dienst stellen. 5. März: Leonardo ist in Florenz. 26. Juli: Leonardo in Mailand im Dienste von König Ludwig XII. Wird als »Unser teurer und lieber Leonardo da Vinci, unser ständiger Maler und Ingenieur« bezeichnet. 18. September: zurück in Florenz.	Juli: In Mailand. Oktober: Leonardo erhält eine Geldsumme und leiht Salai einen Teil davon.	

MAILAND FL. FLORENZ MAILAND

Studie für die *Leda,*■ Windsor 12518.
Um 1506: Codex Leicester.
Arbeit am Denkmal für Trivulzio.

Studie für die Kanalisierung der Adda,■ Windsor 12399.

Mehrere Hefte des Codex Arundel »im Haus des Piero di Baccio Mortelli am 2. März 1508 begonnen«.
Um 1508: Manuskript D.
Etwa 1508–1509: Manuskript F.

1509–1510: Leonardo malt die *Hl. Anna*■ (Louvre, Paris).
1509–1512: Manuskript K3.

1510

Zusammenarbeit mit Marcantonio della Torre,▪ Professor für Anatomie.
21. Oktober: In Mailand, Arbeit am Chorgestühl des Doms.

1511

Februar: †Charles d'Amboise,▪ Leonardos Dienstherr vor seiner Tätigkeit für Ludwig XII. ab 1507.
1510–1511: Gehalt von Ludwig XII.

1512

1513

25. März: Die Domverwaltung in Mailand holt Leonardos Rat ein.
24. September: Leonardo verläßt Mailand mit Freunden und Schülern.
10. Oktober: Leonardo in Florenz.
1. Dezember: In Rom, Atelier im Belvedere des Vatikans.

Anatomisches Manuskript A; auf Fol. A17▪ (Windsor 19016) ist vermerkt: »In diesem Winter 1510 werde ich wohl die ganze Anatomie abschließen.«
1510–1516: Manuskript G.

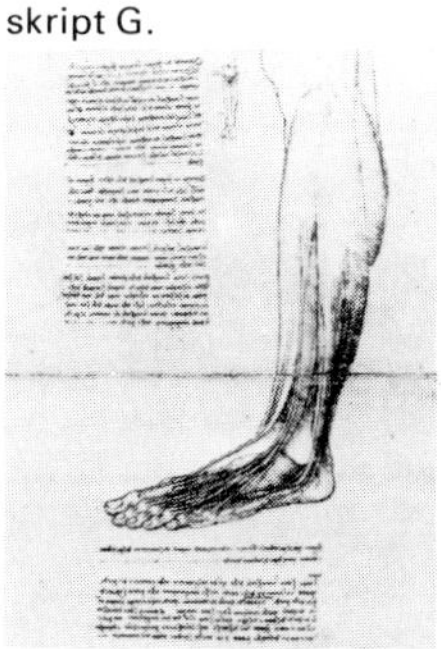

Um 1512: Selbstbildnis▪ (Biblioteca Reale, Turin).

1513–1514: Manuskript E. Zwei verlorengegangene Zeichnungen für G. B. Branconi.
1513–1516: Leonardo malt *Johannes den Täufer* (Louvre, Paris).

1514

1514–1516: Leonardo lebt in Rom, unternimmt aber zahlreiche Reisen.
Frühjahr: Leonardo in Civitavecchia.
25. September: Parma.
14. Dezember: In Rom.

FL. ROM

Um 1514: *Die Sintflut,*■ Windsor 12380.

1515

17. März: †Giuliano de' Medici, der Leonardo begünstigt hatte.
Leonardo in Florenz.
9. Dezember: Leonardo in Mailand. Brief an seinen Hausverwalter in Florenz. Reise nach Tivoli auf der Suche nach antiken Ruinen.

Leonardo schickt einen mechanischen Löwen nach Lyon zu den Krönungsfeierlichkeiten für Franz I. (12. Juli). Entwürfe für Stallungen für Giuliano de' Medici und Pläne für die Trokkenlegung der Pontinischen Sümpfe.

1516

Leonardo in Rom, im Winter Übersiedlung nach Frankreich mit Salai und Melzi,■ der später den größten Teil von Leonardos Nachlaß erbt.

Um 1516: Maskierter junger Mann auf einem Pferd,■ Windsor 12574. Notizen über die Maße der Kirche S. Paolo in Rom im Codex Atlanticus, 172v.

1517

17. Januar: Leonardo mit Franz I. in Romorantin; Pläne für ein Schloß für die Königinmutter.
Himmelfahrtstag: Leonardo in Cloux bei Amboise.

Geometrische und architektonische Studien.

Auszug aus Leonardos Testament

Der Erblasser
will in der Kirche Saint Florentin zu Amboise begraben werden,
und sein Leichnam soll von den Kapellanen derselben dorthin verbracht werden.

1518	1519

19. Juni: Planung von Festspielen für die Hochzeit von Lorenzo di Pietro de' Medici und Madeleine de La Tour d'Auvergne.

Das Schloß Amboise.▪ 23. April: Testament. 2. Mai: Tod. Beigesetzt in Amboise.

Um 1518: Eine von Leonardos letzten Zeichnungen,▪ Windsor 12670v.

Leonardo wurde in der Kirche St. Florentin zu Amboise beigesetzt.

ANMERKUNGEN

NATURWISSENSCHAFTLICHE STUDIEN

1 Codex Atlanticus, Folio 46r-b.
2 Codex Madrid I, Folio 169r.
3 Ibid., Folios 114v, 115r, 124v.
4 Ibid., Folio 125r.
5 Insbesondere Folios 114v und 115r
6 Codex Madrid I, Folio 124v.
7 Ibid., Folio 115r.
8 Ibid., Folio 33r.
9 Ibid., Folio 150v.
10 Codex Atlanticus, Folios 20r, 206r-a, 351r-a. Codex Leicester, Folio 11r.
11 Abgebildet in Codex Madrid I, Folio 134v
12 Manuskript F, Folio 53v. Siehe auch Manuskript F, Folio Or und Manuskript I, Folio 73v.
13 Codex Atlanticus, Folio 7r-b
14 Codex Arundel, Folio 241r.
15 Vgl. Codex Madrid I, Folio 142v.
16 Ibid., Folio 140v; Codex Forster II_2, Folio 92r.
17 Codex Madrid I, Folio 143r.
18 Ibid., Folio 113v.
19 Zum Beispiel Codex Madrid I, Folios 139r, 139v, 140v.
20 Ibid., Folio 139r.
21 Ibid., Folio 139r.
22 Ibid., Folio 84v.

LEONARDOS SCHRIFTEN

1 Folios 2v-3r.
2 Auf Folio 3v.
3 Es ist anzunehmen, daß die »kleinen« Bücher in Sedez (in Melzis Aufstellung werden sie »Büchlein« genannt) und die »größeren« Bücher im Oktav- oder Quartformat sind. Die zwei »mittelgroßen« Bücher könnten Manuskript C und Codex Leicester sein, die einzigen, die in späteren Listen als »Foliobände« auftauchen. Die Manuskripte D, E, F und G, Codex Forster I_1 (d.h. der erste Teil des Codex Forster I) sowie der Codex über den Vogelflug, sämtlich 1505 oder später entstanden, können nicht zu den 16 Quart- oder Oktavbänden gehört haben. Dagegen könnten die Manuskripte A und B, Codex Forster I_2, der Codex Trivulzianus, beide Teile des Codex Madrid I und zumindest die 17 Blätter des Codex Madrid II, die die Reiterstatue betreffen und später mit dem Notizbuch zusammengebunden wurden, sowie ein Merkbuch zur Anatomie darunter gewesen sein. Zu den 25 »kleinen« Büchern in Sedez könnten die Manuskripte L und M, die 2 Manuskripte I (I_1 und I_2), die drei Manuskripte H, vielleicht das erste der drei Manuskripte K, die beiden Codices Forster II und Codex Forster III gezählt haben.
4 Einschließlich Codex Madrid II.
5 In den heute noch vorhandenen Manuskripten finden sich folgende alphabetische Kennzeichnungen von Leonis Hand: A, B, C, D, G, L, O, T, W, Y, W und vielleicht Z, sodann BB, II, KK, LL, NN, OO, SS.
Offensichtlich reichten die Buchstaben des Alphabets für die Kennzeichnung sämtlicher Handschriften nicht aus; Leoni wiederholte daher das Alphabet mit Doppelbuchstaben. Wir schließen daraus, daß die Manuskripte mit den Markierungen E, F, H, I, M, N, P, Q, R, S, U, AA, CC, DD, EE, FF, GG, HH, MM, PP, QQ, RR verlorengegangen sind. Allerdings ist nicht mit Sicherheit zu sagen, ob irgendwelche Handschriften mit einer höheren Markierung als SS je existiert haben und wie viele es waren. Wenn man zu den 19 erhaltenen Manuskripten die 22 verlorenen hinzuzählt, so fehlen noch 5 bis zur Anzahl von 46 – was jedoch nicht heißen muß, daß 46 die letzte Nummer auf der Liste war. Unserer Ansicht nach könnte 50 als annähernde Zahl der Manuskripte angenommen werden.
6 Eine Frage ist hier noch ungelöst: Die einzelnen Buchstaben des Alphabets sind fast immer von einem *e* gefolgt, nur in einem Fall steht ein *a*. Bei den Doppelbuchstaben ist dies jedoch nicht der Fall: Be 100, Da 114, Le 17, Ge 55, Xe 64, Ye 46, Te 91, Oe 38, We 93. Die einfachste Erklärung dafür wäre, daß hier der Aussprache der Konsonanten gefolgt wurde (Be, Ge, Te usw.), das trifft jedoch nicht zu bei: Le, Da, Oe, Ca sowie Ye, wohl auch nicht bei Xe und We. Diese Abweichungen scheinen im ganzen zu zahlreich.
7 Codex Madrid II bestand jedoch noch aus zwei getrennten Teilen, die Leoni mit den Buchstaben C und L kennzeichnete. In der Tat findet sich der Vermerk C 140 auf Folio 140 und Le 17 auf Folio 157. Schon seine ungewöhnliche Zusammensetzung und das Vorhandensein mehrerer halber Blätter deutet darauf hin, daß dieser zweite Teil mit nur 17 Folios der verbliebene Rest eines größeren Werkes ist und schon zu Leonis Zeiten nur noch als Fragment vorhanden war. Später wurden die beiden Teile des Codex zusammengebunden, und irgend jemand vereinheitlichte die Numerierung, indem er die Nummern 1 bis 17 der mit L bezeichneten Handschrift in die Zahlen 141 bis 157 verwandelte. Er setzte eine 14 vor die Ziffern 1 bis 9 (zunächst wurde wohl versehentlich eine 12 geschrieben, die dann zur 14 verbessert wurde). Die folgenden Zahlen wurden jedoch unter die alte Numerierung 10, 11 usw. gesetzt, die zum Teil durchgestrichen wurde.
8 Wir können in großen Zügen folgende Reihenfolge der Handschriften annehmen: zwischen 1485 und 1490 B, Trivulzianus, Forster I_2, ein Teil von Forster II und einige Blätter des anatomischen Manuskripts B; 1490 C;

1492 A sowie Madrid II_1 bis 1493. Madrid I trägt in einem später eingetragenen Vermerk das Datum vom 1. Januar 1493; die Handschrift wurde also 1492 begonnen und vielleicht bis 1497 weitergeführt. Um 1492 entstanden die drei Manuskripte H, zwischen 1493 und 1496 ein Teil von Forster III, zwischen 1495 und 1497 die beiden Codices Forster II. Zwischen 1497 und 1499 M und I (M jedoch vor I). In den gleichen Jahren wurde Manuskript L begonnen und bis um 1503 weitergeführt. Dann wurde Madrid II begonnen, der bis ins Jahr 1505 reicht. Gleichzeitig entstanden K_1 (1504) und ein Teil von K_2, das einige Jahre fortgeführt wird. Der Codex über den Vogelflug und Forster I_1 (1505) werden gefolgt von Leicester, D und F (um 1508). In dieser Zeit gewann das Studium der Anatomie an Bedeutung. Die Folios der »Quaderni d'Anatomia« entstanden zum größten Teil zwischen 1506 und 1513. Die letzten Manuskripte verteilen sich über mehrere Jahre: K_3 zwischen 1509 und 1512, G zwischen 1510 und 1516, E zwischen 1513 und 1514. Die zahlreichen Blätter des Codex Atlanticus, des Codex Arundel und der Sammlung Windsor entstammen einer langen Zeitspanne. Die Datierung der einzelnen Blätter bereitet Schwierigkeiten. Bedeutende Beiträge auf dem Gebiet der Datierung verdanken wir Gelehrten wie Calvi und Giacomelli und in neuester Zeit Pedretti und Clark. Viele Fragen sind hier jedoch noch offen.

[9] Beispiele hierfür sind Forster I_1, Forster II_2, C, Madrid I, Vogelflug-Codex, Leicester und die anatomischen Manuskripte. Tatsächlich stellt jedoch keine dieser Handschriften eine wirklich organische, einheitliche Arbeit dar.

[10] Madrid II bestand ursprünglich aus 9 Lagen mit je 8 Bogen, die, in der Mitte gefaltet, 16 Blätter bzw. 32 Seiten ergaben. Die Vorderseiten der Blätter wurden später von Leoni numeriert. Insgesamt müßten 144 Folios vorhanden sein, tatsächlich sind es aber nur 140, da in der neunten Lage (zwischen 133 und 134) ein Bogen und in der ersten Lage ein halber Bogen (ein Blatt zwischen Folio 1 und 2) verloren ist und versehentlich die Nummer 62 zweimal geschrieben wurde. Wir wissen, daß ein Band normalerweise aus 6 Lagen mit insgesamt 96 Bogen bestand. Vielleicht wurde dieser Band erweitert, während er geschrieben wurde.

[11] Heute sind noch die Folios 7v, 12r-14v, 20r, 30v, 40v, 51v, 52r, 54r, 57v-60r, 83r, 103r-104r und 128v-130r unbeschrieben. In vielen Fällen griff Leonardo noch nach Jahren auf schon beschriebene Seiten zurück und füllte freien Raum mit neuen Notizen. Manchmal schrieb er mit schwarzem oder rotem Stift, manchmal mit der Feder. Zuweilen hat er mit der Feder über Passagen in Rötelstift hinweggeschrieben.

[12] Vielleicht auf den ersten fünf, wenn wir die beiden verlorengegangenen mitzählen, und auf den Folios 3r, 15r und 16r.

[13] Folios 16v, 17r und v, 18v, 19r und v, 20r und v, 21r.

[14] Folios 22v-23r, 52v-53r.

[15] Folios 64r und 126r.

[16] Auf Folio 140v.

[17] Hier geht er bis 138 verso entgegengesetzt zur Seitennumerierung vor, also von der Definition von »Punkt, Linie, Fläche« bis zur ersten Proposition.

[18] Oben auf Folio 112r.

[19] Einige der betreffenden Seiten wurden wie folgt zusammengefaßt: 64v-75v, 80v-82v, 105r-120v, 130v bis zum Ende.

[20] Die Liste mit Kleidungsstücken befindet sich auf Folio 4v.

[21] Ein Beispiel dafür findet sich am Schluß des Manuskripts B auf der Rückseite des Einbandes, wo Leonardo einzelne Notizen niedergeschrieben hat.. Die ersten drei lauten: *Trova Lodovico M° - Della carabe inelle Pandette - Il Vicario* (die großen Anfangsbuchstaben außer M stammen von mir). Es handelt sich um drei getrennte Notizen, deren zweite sich auf das *Corpus juris civilis* des Justinian *(Pandette)* bezieht, in dem von gelbem Bernstein *(carabe)* die Rede ist. In den bestehenden Transkriptionen des Manuskripts B heißt es jedoch: *»della carne nel panetto«*. Ravaisson-Mollien, der in der ersten und zweiten Notiz einen einzigen Satz sah, übersetzte entsprechend: *»Trouve, M. Ludovic, de la chair dans le petit pain«*. Hier hat Calvi eingewandt, daß im Mailänder Dialekt *panetto* auch *fazzoletto* (»Taschentuch«) bedeutete. Jemand versteckte also Fleisch in seinem Taschentuch. Bei Nachforschungen in Mailänder Archiven stieß Calvi auf Edikte, die der *Vicario* von Mailand zu Leonardos Zeit erlassen hatte, um den Schwarzhandel bei Hungersnöten zu unterbinden.

[22] Die meisten Leser kennen nur Sammlungen ausgewählter Stellen wie die von Richter, MacCurdy, Solmi, Fumagalli und Brizio.

[23] Manuskript B, Trivulzianus und ein Teil des Anatomischen Ms. B.

[24] *De re militari. De ponderibus.*

[25] Auch aus den *Rudimenta grammatices* von Perotto und Pulcis *Vocabolista.*

[26] Die im Codex Madrid II enthaltene Liste der Bücher, die Leonardo 1504 besaß, umfaßt Grammatiken von Priscian und Donatus (*Maior* und *Minor,* lateinisch und lateinisch-italienisch), Perottos *Rudimenta*, zwei *vocabolisti,* die *Synonima* des Flisco, das *Doctrinale* des

Alexander de Villa Dei sowie zwei Bücher über Rhetorik.

[27] Es erschien ihm seltsam, daß zwei Drittel geteilt durch drei Viertel acht Neuntel ergeben sollte, eine Menge, die größer ist als der Dividend (Codex Atlanticus, Folio 279r-c). Er schlug eine sehr einfache, aber absurde Regel für die Berechnung der Quadrat- und Kubikwurzel einer beliebigen Zahl vor, indem er die Wurzel als einen Bruch definierte, dessen *Zähler allein* mit sich selbst multipliziert wird und so die gesuchte Quadrat- oder Kubikzahl ergibt. Diese Methode ergäbe für die Kubikwurzel aus drei drei Neuntel, denn drei Neuntel mal drei Neuntel wäre siebenundzwanzig Neuntel oder drei (Codex Atlanticus, Folio 245r-b, Codex Arundel, Folio 200r). Er hat wohl sehr schnell erkannt, daß diese Methode nicht sehr zuverlässig ist, und vermerkte im Codex Atlanticus (Folio 120r-d): »Lerne die Multiplikation der Wurzeln von Meister Luca«; schließlich übertrug er aus Paciolis *Summa de arithmetica* alle Regeln für die Bruchrechnung in den Atlanticus.

[28] Manuskript M, Folio 19r.

[29] Codex Madrid II enthält eine Abschrift der ersten Seiten dieses klassischen Werks in einer Übertragung in die Umgangssprache. Wir wissen auch aus der Bücherliste, daß Leonardo in jenem Jahr eine lateinische Ausgabe von Euklid und eine italienische Fassung seiner ersten drei Bücher besaß.

[30] Folios 72v, 75v.

[31] In: *de expetendis et fugiendibus rebus*. Im Codex Atlanticus (Folios 178v-179v) nimmt Leonardo Bezug auf eine der grundlegenden Passagen Vallas über dieses Thema und übersetzt sie ins Italienische. Die Übersetzung ist richtig, aber die kleinen Buchstaben, mit denen die geometrischen Zeichnungen versehen sind, wurden oft so ungenau übertragen, daß der Text unverständlich wird. Auch das Schriftbild ist ungewöhnlich: nicht gleichmäßig und kompakt wie in Leonardos Reinschriften, aber auch nicht mit so vielen Änderungen und Streichungen versehen wie seine Rohentwürfe. Als Erklärung wäre denkbar, daß Leonardo die Übersetzung dieses Auszugs nach einem Diktat niedergeschrieben hat.

[32] Codex Atlanticus, Folio 218r-b.

[33] Codex Atlanticus, Folio 139r-a.

[34] Codex Madrid I, Folio 87v.

[35] *Trattato della Pittura*, Kap. 31.

[36] Ibid., Kap. 10.

[37] Ibid., Kap. 9.

[38] Ibid., Kap. 19.

[39] Ibid., Kap. 7.

[40] Ibid., Kap. 1.

[41] Manuskript G, Folio 96v.

[42] *Trattato della Pittura*, Kap. 33.

[43] Codex Atlanticus, Folio 11r-b.

[44] Quaderni d'Anatomia, Band II, Folio 1r. Dies gilt für die beschreibende Darstellung von anatomischen Einzelheiten oder Maschinen und ähnlichem. Die Blätter mit anatomischen Zeichnungen in Windsor und im Codex Madrid I können als eine Sammlung von Abbildungen mit den entsprechenden Bildlegenden gelten.

[45] Codex Atlanticus, Folio 108v-b.

[46] Zusatz oben auf Folio 6r des Codex Madrid I.

[47] Codex Atlanticus, Folio 119v-a.

[48] Quaderni d'Anatomia, Band II, Folio 14r.

VERZEICHNIS DER ABBILDUNGEN

Abkürzungen:
o = oben
u = unten
m = Mitte
l = links
r = rechts

EINLEITUNG

NATURWISSENSCHAFTLICHE STUDIEN

LEONARDOS SCHRIFTEN

LEONARDOS WORTE

128 Windsor 19149v
129 Windsor 19150v

ANHANG: DAS FAHRRAD

155 Atlanticus 133v
156 Atlanticus 132r
156–157 *u* Graphik Franz Coray
157 Atlanticus 133r
158 *o* Atlanticus 132v und 133v
158 *u* Atlanticus 133v
160 *o/l* Das erste Laufrad nach Karl Friedrich von Drais, 1818. Verkehrshaus der Schweiz, Luzern
160 *o/r* John Hobbys Einrad, um 1870. Deutsches Museum München.
160 *u/l* Fahrrad von Ph. M. Fischer, 1870. Verkehrshaus der Schweiz, Luzern.
160 *u/r* Michaux' »Knochenschüttler«, 1870. Verkehrshaus der Schweiz, Luzern
161 *o/l* Hochrad »Atlantic Special«, 1882. Deutsches Museum, München.
161 *o/r* Hochrad, um 1900. Verkehrshaus der Schweiz, Luzern
161 *u/l* Hochrad, »Star« aus den Vereinigten Staaten, um 1900. Verkehrshaus der Schweiz, Luzern
161 *u/r* Modernes Fahrrad, um 1900. Verkehrshaus der Schweiz, Luzern.
162 Atlanticus 133v
163 Atlanticus 133v
164 Zeichnung von Antonio Calegari nach der Fahrradskizze von Atlanticus 133v
165 *o* Madrid I, 5r
165 *u* Madrid I, 10r

LEONARDOS LEBEN:
EINE CHRONIK IN BILDERN

166–167 Fresko von Raffael (1483–1520), Vatikan, Stanza della Segnatura
169 Windsor 12579r

1469 Portrait von Lorenzo di Credi. Uffizien, Florenz. Scala
1470 Büste von Verrocchio. National Gallery of Art, Washington D.C., Samuel H. Kress Collection
1472 Eintragung von Leonardos Namen in der *Lukasgilde*. Staatsarchiv, Florenz. Scala
1473 Uffizien, Florenz. Mansell
1475 Uffizien, Florenz. Scala
1477 Louvre, Paris
1479 Holzschnitt aus dem *Supplementum chronicarum.* Florenz, 1490
Zeichnung: Musée Bonnat, Bayonne
1480 Uffizi, Florenz. Scala
1482 Ms. italien 372, Bibliothèque Nationale, Paris
1483 Louvre, Paris. Scala
1484 Windsor 12358r
1485 Czartoryski-Galerie, Krakau
1487 Windsor 12495r
1488 Ms. 2037, 5v. Institut de France
1489 Windsor 19057r
1490 Codex Ashburnham 361, 25a
Bildnis eines Musikers. Ambrosiana, Mailand
1491 Portrait. Ambrosiana, Mailand
Gußform, Madrid II, 157r
1493 Madrid II, 151v
1494 Forster II_2, 92r
1495 Sala delle Asse, Castello Sforzesco, Mailand, Photo Sinigaglia
1496 Museo di Capodimonte, Neapel. Scala
Abendmahl. S. Maria delle Grazie, Mailand. Scala
1498 National Gallery, London
1500 Louvre, Paris
1502 Karte. Windsor 12284
Portrait. Rom. Scala
1503 Windsor 12326r
1504 Louvre, Paris
1505 Codex über den Vogelflug, 8r
1506 Windsor 12518
1507 Windsor 12399
1509 Louvre, Paris. Scala
1510 Portrait. Stich aus dem *Theatrum vivorum* von P. Freher, Nürnberg. Mit freundlicher Genehmigung der Wellcome Trustees.
Anatomische Skizze, Windsor 19016r
1511 Portrait von Andrea del Gobbo, gen. Solario. Louvre, Paris
1512 Biblioteca Reale, Turin
1514 Windsor 12380
1516 Portrait *(Junger Edelmann)* von Giovanni Antonio Boltraffio. Kunstmuseum Bern. Eigentum der Gottfried-Keller-Stiftung
Maskierter. Windsor 12574
1517 Schloß Amboise. Nicht von Leonardos Hand. Windsor 12727
1518 Windsor 12670v
1519 Kirche St. Florentin, Amboise. Photo Karquel

INDEX